"十二五"国家重点图书出版规划项目·新世纪法学教育丛书

公司法学

（第三版）

◆

李东方 著

中国政法大学出版社

2024·北京

图书在版编目（CIP）数据

公司法学 / 李东方著. -- 3 版. -- 北京 : 中国政
法大学出版社, 2024. 7. -- ISBN 978-7-5764-1535-3

Ⅰ. D922.291.911

中国国家版本馆 CIP 数据核字第 20244PW739 号

出　版　者　　中国政法大学出版社

地　　　址　　北京市海淀区西土城路 25 号

邮　　　箱　　fadapress@163.com

网　　　址　　http://www.cuplpress.com (网络实名：中国政法大学出版社)

电　　　话　　010-58908435(第一编辑部) 58908334(邮购部)

承　　　印　　北京鑫海金澳胶印有限公司

开　　　本　　787mm×1092mm　1/16

印　　　张　　28

字　　　数　　681 千字

版　　　次　　2024 年 7 月第 3 版

印　　　次　　2024 年 7 月第 1 次印刷

印　　　数　　1~3000 册

定　　　价　　79.00 元

作者简介

李东方 男，西南政法大学首届经济法学博士，北京大学金融法专业博士后，美国哥伦比亚大学高级研究学者。中国政法大学教授，博士生导师。中国证券法学研究会副会长；中国经济法学研究会常务理事；北京市金融服务法学会副会长；北京等多家仲裁委员会仲裁员；主任律师；东北证券等多家上市公司独立董事；曾任中国北京同仁堂（集团）有限责任公司等多家国有独资公司外部董事，现任北京公共交通控股（集团）有限公司外部董事。长期从事民商经济法和文化遗产保护法的理论研究和实践活动，著有《上市公司监管法论》《证券监管法论》《证券监管法律制度研究》《人文资源法律保护论》等代表性学术专著，独著或主编《经济法学》《公司法学》《证券法学》《房地产法学》等多部重点教科书。

出版说明

　　"十二五"国家重点图书出版规划项目是由国家新闻出版总署组织出版的国家级重点图书。列入该规划项目的各类选题，是经严格审查选定的，代表了当今中国图书出版的最高水平。

　　中国政法大学出版社作为国家一级出版社，有幸承担规划项目中系列法学教材的出版，这是一项光荣而艰巨的时代任务。

　　本系列教材的出版，凝结了众多知名法学家多年来的理论研究成果，全面而系统地反映了现今法学教学研究的最高水准。它以法学"基本概念、基本原理、基本知识"为主要内容，既注重本学科领域的基础理论和发展动态，又注重理论联系实际以满足读者对象的多层次需要；既追求教材的理论深度与学术价值，又追求教材在体系、风格、逻辑上的一致性。它以灵活多样的体例形式阐释教材内容，既推动了法学教材的多样化发展，又加强了教材对读者学习方法与兴趣的正确引导。它的出版也是中国政法大学出版社多年来对法学教材深入研究与探索的职业体现。

　　中国政法大学出版社长期以来始终以法学教材的品质建设为首任，我们坚信"十二五"国家重点图书出版规划项目的出版，定能以其独具特色的高文化含量与创新性意识成为集权威性与品牌价值于一身的优秀法学教材。

中国政法大学出版社

第三版说明

2023 年 12 月 29 日修订通过的《中华人民共和国公司法》（以下简称《公司法》）是我国公司法自 2005 年以来的又一次系统性修订。同时，本书自 2016 年 2 月第二版至今，《中华人民共和国民法典》（以下简称《民法典》）、《中华人民共和国证券法》（以下简称《证券法》）、《中华人民共和国市场主体登记管理条例》（以下简称《市场主体登记管理条例》）等一系列民商经济法的法律、法规或颁布或修订，加之民商经济法学界也取得了许多新的关于公司法的理论成果。为确保本书始终能够与国家立法、司法以及公司法治的社会实践保持高度的一致性和前瞻性，并始终保持本书理论前沿性的同时及时吸收公司法领域的最新理论成果，笔者对本书进行了第三版修订。

这次修订的主要特点如下：

第一，尽量完整体现新《公司法》修订的全部内容，同时说明所修订条目的立法目的，这种情况下往往保留原条目进行对比说明，做到不仅知其然，而且知其所以然。新《公司法》修订的主要内容如下：①完善公司设立、退出制度；②完善公司资本制度；③完善公司债券相关规定；④加强股东权利保护；⑤优化公司治理；⑥完善国家出资公司相关规定；⑦强化控股股东、实际控制人和董事、监事、高级管理人员的责任。

第二，《公司法》与《证券法》联系紧密，可谓姊妹法，本书第三版的修订将 2023 年《公司法》与 2019 年新《证券法》有机结合起来。在公司金融中，股票和债券的发行离不开《证券法》的具体规范，这是《公司法》与《证券法》最需要衔接与协调的地方，二者相辅相成。2019 年新《证券法》修订最重要的一项制度就是确立了证券发行注册制的制度。因此，本书分别在第六章和第七章对股票发行注册制与债券发行制度的改革进行了深入的论述，既体现出了立法的最新精神，也反映了学术的最前沿观点。

第三，贯彻中共二十大关于深化国有企业改革、完善中国特色现代企业制度的精神，是这次修订公司法的主要目的之一。笔者先后在四家国有独资企业担任外部董事近十年，目前又受北京市国资委委派新入职北京公交集团公司任外部董事。因此，能够结合自己的履职实践更切合实际地论述《公司法》新增"第七章　国家出资公司组织机构"的内容。其实，在本书第二版修订时，笔者就较为详细地论述了"国有独资公司外部董事制度",并将外部董事制度与上市公司的独立董事进行了制度比较,同时在多种场合呼吁应当将国有独资公司的外部董事制度纳入公司法之中,这次 2023 年《公司法》终于将这项制度纳入到"第七章",使其在公司法的基本法中得到应有的法律地位。

本书自出版以来一直是中国政法大学一线教学用书和报考民商经济法专业研究生的推荐书目,也被许多高校公司法教学和众多专业人士深入学习公司法所使用。在使用过程中本人得到了许多有益的反馈意见,这也为本书在此次修订过程中的进一步打磨起到了重要作用。借此机会在此对曾经为本书提出过宝贵意见的老师和同学们深表感谢!

最后,一如既往地,希望各位读者和各位方家在发现本书的任何错误或者不足时,提出宝贵意见并能够联系作者,本人必致以诚挚的谢意!

李东方 字修远 号德元

联系邮箱:lidongfanggsfx@126.com

2024 年 2 月 18 日 于法大

第二版说明

本书自 2012 年 3 月出版以来，受到许多本科和研究生同学的欢迎与认可，不仅为许多高校公司法教学所采用，也为众多专业人士深入学习公司法所使用。然而，2013 年我国对《公司法》作出了重大修正，为适应修改后的《公司法》，2014年 2 月 19 日国务院修订并公布了《中华人民共和国公司登记管理条例》（以下简称《公司登记管理条例》），2014 年 2 月 25 日最高人民法院修改并重新公布了三个公司法相关司法解释。为使本书能够与国家立法、司法以及公司治理的社会实践始终保持高度的一致性和前瞻性，同时及时吸收公司法领域的最新理论成果，笔者对本书进行了修订。

这次修订的内容主要体现在以下四个方面：

第一，2013 年《公司法》修改的核心内容如下：①取消对公司注册资本最低限额的限制；②取消对公司注册资本实缴的限制；③取消对公司货币出资的比例限制；④取消公司登记提交验资证明的要求，公司营业执照不再记载"实收资本"事项。据此，笔者对本书相关章节进行了修改。同时，由于原《公司法》第 29 条被删除，因此，新法第 29 条之后的条目发生了变化，本书也相应作了全面的调整。

第二，2015 年初笔者担任北京房地集团有限公司的外部董事，同年 8 月转入中国北京同仁堂（集团）有限责任公司任外部董事，从而得以零距离地接触国有独资公司，所在公司为我的研究提供了实践平台和学术考察的"田野"。结合我对国有独资公司的认识，在本书的修订过程中增加了这方面的相关内容，即在"第十章 公司治理与公司组织机构"中的"第七节 国有独资公司的组织机构"新增加了以下两项内容：其一，在"国有独资公司的特征"中增加了"国有独资公司社会责任与政治责任的双重性"的内容；其二，在"国有独资公司的执行机构"中增加了"国有独资公司外部董事制度"的阐述。"外部董事"制度在我国现行《公司法》中尚未得到反映，但是，经过实践检验若是切实可行的有效制度，日后在《公司法》的修订中理应将其纳入公司法的正式制度。

第三，在公司金融中，股票和债券的发行离不开《证券法》的具体规范，这是《公司法》与《证券法》最需要衔接与协调的地方，二者相辅相成。我国于 2005年 10 月对《证券法》进行了较大修订，2015 年进行第二次大修订，这次《证券法》修改的一个重要制度就是证券发行注册制的改革。因此，本书分别在第六章和

第七章对股票发行注册制与债券发行制度的改革进行了深入的论述，既体现出了立法的最新精神，也反映了学术的最前沿观点。

第四，尽量发现并修改了原书的不足或者瑕疵。好文章是改出来的，一本好的教材也是在使用过程中不断发现问题并不断修改而得以提升的。本书的修订其实在其面世被使用的那一天起就开始了，几年来在研究生教学过程中，我要求研究生们在使用此书的时候一律带着质疑的态度去阅读。凡是发现并指出本书的任何瑕疵的，包括对文字的校正，在期末考评时均予以不同程度的鼓励。这样至少可以实现两个目的：一是使研究生积极地带着批判的眼光阅读老师写的书，有利于提高其自身的学术水平和研究能力；二是可以帮助老师在再版过程中纠正书中的不足甚至错误，自然也为后来的师弟师妹们做出了贡献。当然我作为作者更应当认真细致地发现问题并纠正错误。在此对曾经指出过书中问题的同学们深表感谢！也希望今后读者们和各位方家在发现本书的任何错误或者不足时，提出批评意见并能够联系作者，本人必致以诚挚的谢意！

李东方（字修远，号德元）
于蓟门桥烟树——修远居
联系邮箱：lidongfanggsfx@126.com
2015 年 8 月 2 日

第一版说明

2009 年中国政法大学出版社出版过由我编写的《公司法教程》，该书力求简洁和小篇幅，并且通过每节的小案例与司法考试结合起来，其目的在于为大家"减负"，在较短的时间里掌握公司法学的基本框架。而面前的这本《公司法学》相对于前者，则可能是在给读者们"增负"了，因为这本书的指导思想是为了进一步拓宽和深化读者在公司法理论方面的基础，以及更广泛地了解公司法学术和实践的前沿信息，因而篇幅增大，对公司法基本问题的论述也更加深入。所以，这本教材更适合对公司法有一定了解的本科学生使用。另外，我每年在给中国政法大学经济法专业的研究生讲授"企业与公司法"的课程时总感觉到，虽然研究生不一定需要有一本固定的教材，但毕竟有一本较为固定的书作为蓝本还是有益的，本书在写作时，就考虑到研究生的适用性，特别是经济法专业研究生的适用性。

本书的主要特点如下：

第一，法律信息新。2005 年《公司法》修订后，出现了一批很好的有关新《公司法》的教科书，但是，当时《最高人民法院关于适用〈中华人民共和国公司法〉若干问题的规定（一）》（以下简称《公司法解释（一）》）、《最高人民法院关于适用〈中华人民共和国公司法〉若干问题的规定（二）》（以下简称《公司法解释（二）》）、《最高人民法院关于适用〈中华人民共和国公司法〉若干问题的规定（三）》（以下简称《公司法解释（三）》）、《中华人民共和国企业破产法》（以下简称《企业破产法》）和《中华人民共和国反垄断法》（以下简称《反垄断法》）等均未出台，直到 2011 年上述法律和《公司法解释（三）》》才最终出齐。本书则将上述法律和司法解释结合《公司法》的相关部分进行了较为深入的解读。

第二，力求吸收和反映公司法领域的最新成果。本书在注重公司法原理体系完整的同时，对我国新《公司法》的诸多制度创新进行了重点论述。在内容上广泛吸收了我国公司法理论研究的最新成果，并且重点关注了英美法系的美国和大陆法系的德国、日本、法国以及我国台湾地区公司立法和公司法理论对我国大陆立法的借鉴意义。

第三，有意突出或者提炼公司法中经济法的理念，为经济法学专业的本科生或者研究生从本专业考察公司法提供思想方法。比如，在论述"股东平等原则"时，强调它的实质公正性和对"股份平等原则"的修正性，并且明确提出这是经济法实质公正原则在公司法中的具体体现。因为股权平等原则就是"资本面前人人平等"或者"资本多数决"原则，如果此原则被大股东滥用，就会导致中小股东处于实质上不平等的地位；股权平等原则与股东平等原则之间存在形式平等与实质平等的区别，后者对前者具有制衡和矫正作用，具有实现实质正义的功能。将这两项原则综合在一起，可以起到兼顾效率和公平的作用。现代公司法所强调的股东平等原则正是体现了现代法治对于实质正义的追求。我们也可以说，前者是民商法原则，后者是经济法原则，将二者结合起来可以更好地维护股东利益，这表明经济法与民商法相辅相成，具有密不可分的关系。

当然，对于公司社会责任、中小股东和债权人利益的实质保护、职工利益保护这些带有明显经济法特征的制度，本书自当予以重点关注。

由于个人水平有限，上述三点与其说是这本书的特点，还不如说是我个人力求本书所要实现的目标。所以，对于本书不足之处，欢迎各位读者批评指正。

李东方（字修远，号德元）
于蓟门桥西土城路——修远居
2011 年 12 月 26 日公司法学

目　录

第一章　企业、公司及公司法 ……………………………………… 1

　　第一节　企业的概念及其特征 / 1

　　第二节　公司的概念、特征及其分类 / 4

　　第三节　公司法的概念、原则及其历史沿革 / 14

第二章　公司设立制度 …………………………………………… 28

　　第一节　公司设立概述 / 28

　　第二节　公司设立的方式 / 33

　　第三节　公司设立的条件 / 35

　　第四节　公司设立的程序 / 39

　　第五节　公司设立的效力 / 42

第三章　公司章程 ………………………………………………… 45

　　第一节　公司章程的概念和特征 / 45

　　第二节　公司章程的性质 / 50

　　第三节　公司章程的内容 / 53

　　第四节　公司章程的制定与修改 / 56

　　第五节　公司章程的效力 / 59

第四章　公司登记制度 …………………………………………… 65

　　第一节　公司登记制度概述 / 65

　　第二节　公司登记的种类 / 70

　　第三节　公司登记的程序和规范 / 71

　　第四节　公司登记的监管 / 73

　　第五节　公司登记的效力 / 74

第五章　公司人格制度 …………………………………………… 77

　　第一节　公司人格制度概述 / 77

　　第二节　公司的权利能力、行为能力和责任能力 / 80

　　第三节　公司法人人格否认制度 / 91

第六章　公司资本制度 …………………………………………… 99

　　第一节　公司资本制度概述 / 99

　　第二节　公司资本原则 / 107

第三节 公司资本形成制度 / 112

第四节 股东出资制度 / 115

第五节 资本募集与股份发行 / 133

第六节 公司资本的变动 / 144

第七章 公司债 ·· 152

第一节 公司债概述 / 152

第二节 公司债的发行 / 158

第三节 公司债券的转让、上市与偿还 / 166

第四节 可转换公司债券 / 169

第五节 公司债券持有人的权益保护 / 177

第八章 公司的财务会计制度 ·· 184

第一节 公司财务会计制度概述 / 184

第二节 公司的财务管理制度 / 187

第三节 公司会计制度 / 192

第四节 公司财务会计报告制度 / 199

第五节 公司税后利润分配制度 / 203

第九章 股东、股权、出资及股份 ································· 210

第一节 股东 / 210

第二节 股权 / 226

第三节 有限责任公司股东的出资 / 236

第四节 股份有限公司股东的股份 / 242

第十章 公司治理与公司组织机构 ································· 258

第一节 公司治理与公司组织机构概述 / 258

第二节 股东会 / 265

第三节 董事会 / 278

第四节 监事会 / 287

第五节 经理 / 292

第六节 董事、监事、高级管理人员的义务与民事责任 / 296

第十一章 国家出资公司组织机构 ································· 314

第一节 国家出资公司组织机构概述 / 314

第二节 国有独资公司的组织机构 / 317

第三节 上市公司的组织机构 / 324

第十二章 公司变更 ·· 333

第一节 公司的合并 / 333

第二节 公司收购 / 351

第三节　公司重大资产出售与控制权转让　/ 359

第四节　公司的分立　/ 363

第五节　公司形式的变更　/ 368

第十三章　公司的终止与清算 ⋯⋯⋯⋯⋯⋯⋯⋯⋯⋯⋯⋯⋯⋯⋯⋯⋯⋯⋯⋯　372

第一节　公司的终止　/ 372

第二节　公司清算　/ 388

第十四章　外国公司分支机构 ⋯⋯⋯⋯⋯⋯⋯⋯⋯⋯⋯⋯⋯⋯⋯⋯⋯⋯⋯⋯⋯　401

第一节　外国公司分支机构概述　/ 401

第二节　外国公司分支机构的设立　/ 408

第三节　外国公司分支机构的权利和义务　/ 411

第四节　外国公司分支机构的撤销与清算　/ 412

第十五章　公司法律责任 ⋯⋯⋯⋯⋯⋯⋯⋯⋯⋯⋯⋯⋯⋯⋯⋯⋯⋯⋯⋯⋯⋯⋯　415

第一节　公司法律责任概述　/ 415

第二节　公司设立过程中的法律责任　/ 418

第三节　公司存续过程中的法律责任　/ 421

第四节　公司清算过程中的法律责任　/ 425

结束语 ⋯⋯⋯⋯⋯⋯⋯⋯⋯⋯⋯⋯⋯⋯⋯⋯⋯⋯⋯⋯⋯⋯⋯⋯⋯⋯⋯⋯⋯⋯⋯　427

第 一 章

企业、公司及公司法

【本章导读】公司是最典型的企业法人，是市场经济运行中最重要和最活跃的经济主体。而公司法则是民商经济法体系中最重要的法律部门之一。

本章首先从企业的概念和特征入手，层层深入，论述了公司及其特征，公司与其他企业形式的联系和区别，公司法的概念、特性、原则及其历史沿革，使读者对企业、公司及公司法有一个总体的了解，为以后各章的学习奠定理论基础。

第一节　企业的概念及其特征

一、企业的概念

公司属于企业之一种，故研究公司，必先以其上位概念"企业"为起点。"企业"（Enterprise），又称"厂商"。就严格的学术意义而言，企业是一个经济学的概念，而非法学概念。对于企业的概念，国内外在学说上表述各异。

属英美法系的美国，其《布莱克法律辞典》（Black's Law Dictionary）对企业的解释是："企业是一种冒险活动或事业，尤指投入财产的冒险事业"（A venture or undertaking especially involving financial commitment）[1]。而属大陆法系的德国，则一般认为企业是一种人力和物力相结合的、有组织的经济实体。如德国的商法教授卡尔斯腾·施密特就认为，企业是一个具有独立性的经济实体，在市场中从事有偿的活动，其持续经营并且具有计划性和目的性。[2]日本学者则认为，企业通常是指从事一定财物生产和提供劳务的经济组织，包括在政府和地方政府指导下从事以不追求利润为目的的公共财物生产和劳务的公营企业。[3]

我国学者对企业的界说，代表性的主要有如下一些观点：

第一种观点认为，企业是一个财产独立并且持续存在的组织。依此观点，企业包括物的部分和人的部分，两者结合构成一个以特定方式从事经营活动的整体。财产独立是企业的第一个典型特征。企业财产既是用于经营的资本，也是企业对第三人履行债务的物质保证。在法人企业中，企业财产与企业成员的个人财产是完全分离的。持续性是企业的第二个基本特征。这一特征派生出许多规则，其中包括雇佣关系不因企业易主而变更，企业所有权的转移不影响企业与第三人的债权、债务关系，企业的存在与企业构成人员的变化无直接关系等。以此为基础，持这一观点的学者将企业的概念界定为：企业是按一定的生产方式和经营方式将生产资料、劳动者和经营者结合为一个整体的，以营利为目的的，从事商品生产、运输、销售或提供劳务或服务的社会

---

〔1〕 See Black's Law Dictionary, West Publishing Co., 5th ed., 1979, p. 476.

〔2〕 参见范健：《德国商法》，中国大百科全书出版社 1993 年版，第 71~74 页。

〔3〕 中国对外经济贸易部条约法律局等编：《中日经济法律辞典》，中国展望出版社 1987 年版，第 55 页。

组织体。[1]

第二种观点认为："企业是依法设立的，从事经营活动并具有独立或相对独立的法律人格的组织。"[2]

第三种观点认为，企业是指依法成立并具备一定组织形式，以营利为目的独立从事商品生产经营活动和商业服务的经济组织。[3]

第四种观点则认为："企业是经营性的从事生产、流通或服务的某种主体；作为概括的资产或者资本和人员之经营体，企业也可以作为交易的客体。"[4]

上述几种观点各有其合理性，只是侧重点不同。列举这些观点的目的是让我们从不同的侧面了解企业所具有的各类属性，把握企业的经济和法律特征，从而加深对企业制度的理解。在此基础上，本书将企业概念界定为：企业是指以营利为目的而依法成立并具备一定组织形式的，独立从事商业生产经营和商业服务活动的经济组织。

二、企业的特征

通过上述对企业的界定，我们可以进一步将其特征作如下分析：

1. 企业以营利为目的（To engage in making profit）而设立。也就是说，投资者设立企业的目的在于获取利润。就此而言，企业的存在仅具有工具的意义。而如果从作为组织体的企业本身而言，则营利就是企业活动的宗旨。虽然企业作为一种组织体在利益上表现出了不同于投资者个人利益的企业利益，但是，企业只是投资者为实现营利目的而设立的一种经济组织，其本身并没有最终归属意义上的财产，在其运行过程中所占有或归属的财产，实质上只是企业为实现最终用于分配给其投资者的利润而必须存在的经营中的财产，其自身的利益也就变成一种为满足投资者利益的抽象利益。[5]可以说，不以营利为目的而设立的组织体，就不是商法意义上的企业。如公立学校、政府机关等法人，由于人们设立它们的目的不是营利，尽管它们是独立的民事主体，是依法设立的组织体，但它们不是企业[6]。

2. 企业通常表现为一种组织体。在这里所谓组织体（Organization），是指具有一定的人员、机构，控制着一定的财产，具有独立或相对独立人格的实体。企业的组织性，其一表现在它具有社团性（Association），即通常由两个以上的成员组成；其二表现在它具有意思表示能力，即这一组织体在其经营活动中，通常会形成企业生产经营活动的决策机关或决策机制，从而对内对外形成具有法律意义上的意思表示；其三表现在它的存续不受自然人生命和能力的限制，即在符合法律规定条件的前提下，企业成员的变更不影响企业的存在和活动，具有所谓永续性。

但在这里需要注意的是，我们应如何认识诸如一人出资的个人独资企业（Individu-

[1] 郑立、王益英主编：《企业法通论》，中国人民大学出版社1993年版，第9、11页。

[2] 杨紫烜主编：《经济法》，北京大学出版社、高等教育出版社1999年版，第106页。

[3] 甘培忠：《企业与公司法学》，北京大学出版社2001年版，第2页。

[4] 史际春、温烨、邓峰：《企业和公司法》，中国人民大学出版社2001年版，第2页。

[5] 参见范健、王建文：《公司法》，法律出版社2006年版，第7页。

[6] 在西方的企业理论中存在着"政治企业"的概念，它是指由地方或全国性的政治单位所拥有或设立的一种组织。这显然与商事企业有着严格的区别。参见［冰］思拉恩·埃格特森：《新制度经济学》，吴经邦等译，商务印书馆1996年版，第131～135页。

al sole-source investment/solely-owned enterprise）或一人有限责任公司（A person of limited liability company）等企业形式的组织体问题。因为这类企业似乎和组织体的第一个特点，即社团性相矛盾。按照《中华人民共和国个人独资企业法》第 2 条的解释，"本法所称个人独资企业，是指依照本法在中国境内设立，由一个自然人投资，财产为投资人个人所有，投资人以其个人财产对企业债务承担无限责任的经营实体"。可见，其强调的是一个自然人的投资，而并非指企业只有一人进行生产经营活动。事实上，该法第 8 条第 5 项即将"有必要的从业人员"作为设立个人独资企业应当具备的条件之一。该法第 6 条第 2 款甚至规定了"个人独资企业职工依法建立工会，工会依法开展活动"。一人有限责任公司作为一种组织体的道理亦如是。

3. 企业是具有经营性的组织体。所谓经营（To operate a business），是指基于一定的经济目的进行筹划运作，考虑投入产出，严格经济核算，预测企业盈亏而从事商业生产和商业服务活动。可以说，经营的目的一般是营利，即在企业运营活动中，设法获取超出所投入的资金和财物的利润或经济利益，但经营性不等于营利性，经营是企业的活动，而营利则是这类活动的目的或目标。企业可以从事营利性经营，如一般的公司企业；企业也可以从事政策性经营或公益性经营，如政府设立的水、电、公共交通等公用事业企业或控股公司、政策性银行等。政策性经营、公益性经营的企业所追求的不是在每一项具体的经营或交易活动中获利，也未必是为其自身获取利润，而是在某种宏观范围内追求一定的经济目的或经济效益。

企业的经营具有持续性的特点，所谓持续性，是指在特定的，一般以年为单位的时期内，企业的经营活动处于持续状态，任何季节性的或者一次性的短期商业活动均不被认为是企业的行为。这一特点，将其与流动摊贩、一次性交易等非固定、非稳定的经营行为区别开来。这一特点与上述企业组织体的永续性是相辅相成的。

4. 企业必须依法设立（To set up legally），并具备一定的法律形式（Legal form）。在人类历史上曾长期存在企业自由设立的原则和事实，当人类社会发展到资本主义阶段，企业的数量和规模急剧增长，并且由于企业在社会生活中的重要性以及企业在运行中连带的各种社会关系的复杂性，因此，需要政府对企业运行领域进行干预，并制定专门的法律法规具体规范和指引各类企业。历史上那种企业可以自由设立、不受法律调整的情形，已不复存在。

现在世界各国对各类企业的设立主要有特许设立、许可设立和准则设立等几种类型。在发达资本主义国家，主要实行准则设立制度，实践中也将这种设立制度称为"注册制"。从我国进行企业体制改革的现实情况来看，我国目前设立企业已经确立了以准则设立为一般原则，审批设立为特殊原则的制度。企业经营的业务中如有法律规定必须报政府有关机关批准的，要求企业在注册时或注册后，办理政府机关的批准手续。有些必须由国家垄断的特定行业，其企业的设立则由国家特许设立。

企业依法设立的另一层含义，是企业必须遵守法定的组织形式。一般而言，企业在法律形式上可以分为公司企业、合伙企业（Partnership enterprise）和独资企业三种形式。譬如投资者设立企业时，可以在法律规定的企业形式中任选其一，而不得采取法律没有规定的企业形式或自行创设某种企业形式。还需说明的是，不同形式的企业在设立时不仅在条件上有不同的法律要求，而且在企业的法律地位、权利义务、管理制度以及对外债务的承担上均有实质性的差别。

第二节　公司的概念、特征及其分类

一、公司的概念

公司是最重要的现代企业形式，由于法律体系及立法习惯的不同，对公司的概念的界定也各不相同。即便是在同一国家或地区，随着社会经济生活的变化和公司法的发展，公司的概念也会随之发生某些变化。

（一）大陆法系的公司概念

大陆法系关于公司的概念，一般来说是指依法设立的以营利为目的的企业法人。公司在德语中表达为"Handelsgesllschaft"；在法语中则表达为"Société""Compagnie"和"Commerciale"等；而在日语中则表达为"会社"。在大陆法系国家和地区，公司立法中通常都会明确规定公司的定义，例如，日本《商法典》第 52 条规定："本法所谓公司，指以经营商行为为目的而设立的社团"，"依本法规定设立的以营利为目的的社团，虽不以经营商行为为业者，亦视为公司"。该法第 54 条还规定"公司为法人"[1]。再如，我国台湾地区"公司法"第 1 条规定："本法所称公司，谓以营利为目的，依照本法组织、登记成立之社团法人。"

当然，在大陆法系中，有些国家的立法未就公司作统一定义，而是对各类不同的公司分别定义。例如，意大利《民法典》就分别对无限公司、普通两合公司、股份公司、股份两合公司、有限责任公司等作出了明确界定。还有些国家的立法，既未对公司作统一定义，也未对各类不同的公司分别定义，而只是规定各类公司设立的目的、性质，但从中能够概括出各类公司的定义。例如，德国股份法在这方面就比较典型。

（二）英美法系的公司概念

英美法系国家不注重对法律概念的严格界定，这与大陆法系国家的法律传统有很大的不同，因而英美法系缺少明确的公司定义。公司的英文表达方式有两种：一是Corporation，二是 Company。在英美法系的法律传统中，无论是 Corporation，还是 Company，其含义均比现代公司法上的公司概念要宽泛。

通常，"Company"为英国对公司的表达方式，是指一定数量的自然人为了共同目的，往往是以营利为目的进行经营，而结成的社团（Association），也指规模太大以致无法以合伙运作而采用的一种组织形式。

"Corporation"则为美国对公司的表达方式，根据《布莱克法律辞典》（Black's Law Dictionary）其含义为依据法律授权而注册成立，具有法定组织结构和法人资格的实体，包括市政法人（Municipal corporation）、非营利法人（Nonprofit corporation）、独任法人（Corporation sole）、商业公司（Business corporation）等法人社团。一般所谓"公司"在美国法中仅指 Business corporation，由于 Business corporation 在 Corporation这个体系中占绝大多数，也是其中最具代表性者，所以，当提及 Corporation 时一般均指 Business corporation。而关于对"Company"的解释，美国法则是泛指一切由个人组成的以从事工商事业或者其他事业为目的的社团或者联合体。这种社团或者联

---

[1]　吴建斌主编：《日本公司法规范》，法律出版社 2003 年版，第 17 页。

合体可能具有营利目的，也可能不具有营利目的；可能具有法人资格，也可能不具有法人资格。[1]

（三）我国的公司概念

我国《公司法》第 2 条规定："本法所称公司，是指依照本法在中华人民共和国境内设立的有限责任公司和股份有限公司"；第 3 条第 1 款规定：公司是企业法人，有独立的法人财产，享有法人财产权。公司以其全部财产对公司的债务承担责任。第 4 条规定：有限责任公司的股东以其认缴的出资额为限对公司承担责任；股份有限公司的股东以其认购的股份为限对公司承担责任。公司股东对公司依法享有资产收益、参与重大决策和选择管理者等权利。

根据我国《公司法》的上述规定，本书认为，公司是指依照公司法规定的设立方式，由股东以其认缴的出资额或认购的股份为限对公司承担责任，股东则对公司依法享有资产收益、参与重大决策和选择管理者等权利，公司以其全部财产对公司债务承担责任的企业法人。

二、公司的特征

从上述公司的概念我们可知，公司是企业之一种，是从事商业活动的经济组织。对其特征我们作如下概括：

（一）公司一般以营利为目的

公司是营利性的经济组织。这一特征与独资企业、合伙企业并无二致。公司营利的目的直接来源于股东，股东设立公司或向公司进行投资就是为了实现自己的经济利益。公司不从事营利性的活动，就无法满足股东的投资愿望。公司的营利性是其与生俱来、名正言顺、无需掩饰的本性。就此而言，公司不过是投资者实现投资利益的法律工具。所以，设立公司的宗旨就是通过经营活动获取最大利润（Maximization of profits）。当然，有一些例外的情况，例如，国有独资公司在其履行社会公共职能时就不主要是以营利为目的。

公司营利是通过其经营活动而取得，这种经营活动通常又称为营业。一般来说公司经营活动具有连续性或稳定性，将资金、劳务、资源、能源、技术、土地等因素结合起来，通过有效的管理进行产品生产或提供商业服务。偶尔进行的营利性行为，如仅仅通过买卖某一批货物而营利就不构成营业。经营活动的持续性与公司的存在相随，公司可以有期限地存在，也可以永久存在（Perpetual existence）。经营活动的范围还必须具有合法性，也就是说，从事任何经营活动，必须在合法的经营范围内进行，法律禁止的范围不得涉足。公司的经营活动一般应有固定的场所。经营活动体现公司的商事属性，它可以使公司与教育、科研、卫生、宗教、慈善机构、军事组织、国家机关等机构相区别。作为特定的公司企业，其名称中一般要求注明"公司"字样，当然，在现实生活中也有一些商业组织在其名称中没有"公司"的字样，例如，××饭店、××旅行社、××商业银行等，实质上它们也都是公司性质的企业。

公司的经营活动还具有行业性的特点。有些行业的人，其所从事的职业虽然也具有很强的营利性，如律师、医师、会计师等，但法律不认为他们是商人，这些行业极

---

[1]　See Black's Law Dictionary, West Publishing Co., 5th ed., 1979, pp. 255, 307.

少以公司形式出现。此外，单纯的农业生产也极少以公司的形式出现[1]。

（二）公司的社团性

从公司组织形式来看，公司是一种法人组织。传统法人理论将法人区分为社团法人和财团法人。社团法人是指由二人以上集合组成的法人，它以社员的结合作为其成立基础。其成立的目的有的是直接谋求全体成员的经济利益，如公司、合作社等；有的是谋求成员的间接经济利益或其他利益，如各种协会（如各类商业行业协会、注册会计师协会、律师协会等）、学会（如中国法学会）等社团组织。财团法人又称"目的财产"，是以一定的目的财产而成立的法人。财团法人的形态是无成员组成，表现为独立的特别财产，因此，其称为"一定目的的财产的集合体"。[2]它是以社会捐助所得财产作为其成立的基础，故我国又称为捐助法人。其成立一般是为了社会公益事业，如慈善机构、基金会等。

公司是一种社团性质的法人，因而，它的成立必须由若干成员发起设立。例如，我国1993年《公司法》就坚持公司社团性的基本原则，同时又允许有特殊的例外。具体而言就是，对一般的公司来说，都必须由2个以上股东组成，有限责任公司由2个以上50个以下股东共同出资设立，设立股份有限公司应当有5人以上为发起人。但同时，又允许设立国有独资公司，即国家授权投资的机构或者授权投资的部门依法可以单独投资设立国有独资的有限责任公司。

然而，随着一人公司的地位逐渐为许多国家的法律所承认，有些学者认为，公司已逐渐失去其社团性特征。因此，在一些公司法的著述中否认公司的社团性特征。不过大多数学者依然认为，无论是从公司的本质上看，还是从各国公司法的规定来看，公司都应当是一种社团或团体，这是公司与独资企业的根本区别之一。如果忽视了公司的社团性或团体性特征，就很容易把公司与独资企业混同起来，从而也就失去了公司企业组织形态存在的必要性。我国2005年《公司法》基于鼓励投资创业、促进公司设立和发展的立法目标，尊重现实生活中一人公司在我国大量存在的客观事实，并顺应各国先后承认一人公司的国际潮流，也同样承认了一人有限责任公司，并专列一节对其作了特别规定。这是我国公司法的一大突破，也是对公司社团性理论的一大突破。2005年《公司法》虽然承认了一人公司，但一人公司只不过是公司的一种特殊形态，这并不否认以社团性为常态的公司特征。传统公司法的许多制度和规定对一人公司并不适合，而一人公司存在的许多特殊问题在传统公司法中也并未涉及，正因如此，2005年《公司法》针对一人公司作了专门性的制度安排。而2023年《公司法》进一步降低了一人公司的设立限制，并允许设立一人股份有限公司，这有益于进一步激发市场活力。

（三）公司具有法人性

法人，是指具有民事权利能力和民事行为能力，依法独立享有民事权利和承担民事义务的组织。我国《民法典》第58条和第60条规定法人应当具备下列条件：①依法成立；②有自己的名称、组织机构、住所、财产或者经费；③能够独立承担民事责

---

[1] 江平主编：《新编公司法教程》，法律出版社2003年版，第28页。

[2] 龙卫球：《民法总论》，中国法制出版社2002年版，第336页。

任。在学理上，法人可以分为公法人和私法人、社团法人和财团法人、商法人和公益法人等。而我国《民法典》根据中国的实际情况，将法人分为营利法人、非营利法人、特别法人三大类。公司即属于其中的营利法人。公司的法人性具体表现如下：

1. 公司有独立的财产。公司有独立的财产，这一方面是其进行经营活动的物质条件，同时也是其承担财产责任的物质基础，更是公司独立人格的必备条件。我国《公司法》对公司财产有法定要求，规定了股东以其认缴的出资额或认购的股份为限对公司承担责任的资本制度。公司的财产主要由股东出资构成，此外，公司的盈利积累和其他合法渠道获得的财产也是形成公司财产的来源。按照公司法原理，尽管公司财产最初由股东出资构成，但股东一旦将自己的财产出资给公司，其所有权即归公司享有，此时股东只享有股权，亦即股东权或股份权。所以，从理论上讲，公司是其财产的所有人，对其财产享有法律上的所有权。我国《公司法》第 3 条第 1 款规定："公司是企业法人，有独立的法人财产，享有法人财产权。公司以其全部财产对公司的债务承担责任。"在这里《公司法》使用了一个比所有权更为宽泛的概念，即"法人财产权"，本书认为，这里的法人财产权不仅包括公司对物的财产的所有权，而且包括公司对其他财产享有的财产权，如债权、知识产权等。在 1993 年《公司法》中，关于法人财产权的规定较为模糊，甚至经不起推敲，例如，其中规定"公司中的国有资产所有权属于国家"，这与上述公司享有的法人所有权的公司法原理相冲突。2005 年《公司法》取消了这一规定，消除了人们将公司法人财产权解释为所有权和其他财产权的障碍。无论法人财产权的称谓如何，其实质内容都应当肯定公司享有独立的财产权，公司对其财产享有占有、使用、收益和处分的权利。

2. 公司有独立的组织机构（Organizational structure）。设立完善、健全的组织机构既是公司进行正常经营活动的组织条件，也是公司法对每个公司提出的法定要求。

（1）公司作为一个组织体有自己的名称。公司的名称表示与其他公司的区别，表明公司的性质。按照我国《公司法》第 7 条规定，有限责任公司必须在公司名称中标明有限责任公司或有限公司字样。股份有限公司则必须在公司名称中标明股份有限公司或股份公司字样。

（2）公司有自己的经营场所。公司经营场所是公司为了实现其设立目的而从事经营活动的地方。同时，公司还有自己的住所。我国《公司法》第 8 条规定："公司以其主要办事机构所在地为住所。"

（3）公司有健全的组织机构。公司具有社团性，健全的组织机构是其团体意志得以实现的组织保障。我国《公司法》分别在第三章和第五章的相关条款中对有限责任公司和股份有限公司的组织机构作了具体规定，主要内容包括股东会、董事会、监事会和经理等组织机构的组成及其职权。

3. 公司独立承担民事责任。公司独立承担民事责任，这是公司法人性的最终体现。

（1）公司应当以其全部财产对外承担债务。我国《公司法》第 3 条第 1 款规定："……公司以其全部财产对公司的债务承担责任。"在此，全部财产不仅包括流动资金、商品、设备、生产工具、厂房等有形财产，还包括各种知识产权、债权、持有其他公司的股权等无形财产权，也包括有偿取得的土地使用权，等等。

（2）公司对其法定代表人和其他工作人员的经营活动，承担民事责任。我国《民法典》第 61 条第 2 款规定，法定代表人以法人名义从事的民事活动，其法律后果由法人承受。而公司其他工作人员执行职务的行为效果亦可依据代理制度归属于公司。

（3）股东不对公司的债务直接承担责任。由于股东和公司在公司法中是两个不同的法律主体，公司的债务只能由公司用自己的财产来承担责任，不能由股东来承担，股东仅以其出资额或所持股份为限对公司承担责任。股东对公司债务承担有限责任是公司法的一项基本原则。当然，在坚持这一基本原则的前提下，许多国家的公司法也不排除在某些特定的情况下，可以揭开公司的面纱，即适用"公司法人人格否认制度"（或称为"直索责任制度"），由股东直接承担公司的债务。此为有限责任制度的例外与补充，用以弥补和克服有限责任制度的不足与局限。

（4）当公司不能清偿到期债务，并且资产不足以清偿全部债务或者明显缺乏清偿能力时，依照我国《企业破产法》的规定，该公司将进入破产清理债务程序。

三、公司的分类

对于公司的分类，我们可以从学理和法律规定两个角度来进行分析。

（一）公司的学理分类

1. 人合公司、资合公司与人合兼资合公司。以公司的信用基础为标准，可以将公司分为人合公司、资合公司与人合兼资合公司。

人合公司，是指以其成员即股东个人的信用为信用基础的公司。外界对公司的信赖，非产生于公司资产，而是产生于股东个人的信用、声誉、地位等，即所谓"信用在人"。因此，此类公司就股东对公司出资的数额、方式等均无限制，但对于股东之间的连带关系、人身信任关系以及股东的退出机制和出资转让等设有严格的限制性要求，并且股东个人对公司债务承担无限连带责任，人合公司的典型形式是无限公司。

资合公司，是指以公司自身的资产为信用基础的公司。外界对公司的信赖，非产生于股东个人，而是产生于公司资产，股东个人对公司债务仅以出资为限承担有限责任，即所谓"信用在物"或"信用在资"。因此，此类公司对股东之间的连带关系、人身信任关系以及股东之间的出资转让和身份转换规制较为宽松，但对于构成公司资本的股东出资、公司资本与资产制度、特定情形下对债权人的特殊保护等方面的规制则较为严格。资合公司的典型形式是有限责任公司和股份有限公司。

人合兼资合公司，是指兼以股东个人信用和公司自身资产为信用基础的公司。外界对公司的信赖，既产生于股东个人，也产生于公司资产，其中无限责任股东以其个人信用对公司债务承担无限连带责任，有限责任股东以其出资为限对公司债务承担有限责任。人合兼资合公司的典型形式是两合公司和股份两合公司。

2. 普通公司与特殊公司。以公司设立的法律依据和营业内容为标准，可以将公司分为普通公司与特殊公司。

普通公司，是指依照普通公司法设立的、从事普通商业经营活动的公司。这一界定表明，普通公司具有以下两个特征：一是依照普通公司法设立，所谓普通公司法是指规定公司这一组织形式基本问题的法律，如我国的《公司法》；二是从事普通的商业经营活动，如商品的制造、加工，商品的批发、零售，或者普通的服务业等。

特殊公司，是指依照商事特别法设立的、从事特别业务的公司。这一界定表明，特殊公司具有以下三个特征：一是依照商事特别法设立，所谓商事特别法，如《中华人民共和国商业银行法》（以下简称《商业银行法》）、《证券法》《中华人民共和国保险法》（以下简称《保险法》）、《中华人民共和国证券投资基金法》等即属之。值得注意的是，特殊公司虽是依照商事特别法设立，但当商事特别法无明确规定时，仍须适用普通公司法的一般规定。二是从事特别业务，所谓特别业务，指普通公司未经批准不能从事的各项业务，如商业银行业、证券业、保险业等金融行业。三是特殊公司的设立及其所从事的特别业务均须政府相关主管部门审核批准。

3. 公营公司与民营公司。以公司资本构成的所有制为标准，可以将公司分为公营公司与民营公司。

公营公司，又称为国有公司，是指在公司资本构成中，政府资本居独占地位或者政府与私人合资经营但政府资本居控股地位的公司。我国市场经济体制是由计划经济演化而来的，转型时期的大部分公司由国有企业改制而成，多数为政府资本居控股地位的公营公司，其中国有独资公司是典型的公营公司。

民营公司，又称为私营公司，是指在公司资本构成中，私人资本居独占地位或者政府与私人合资经营但私人资本居控股地位的公司。以私有制为主体的市场经济国家的公司，大多数属于民营公司。

4. 母公司与子公司。以公司之间的控制与隶属关系为标准，可以将公司分为母公司与子公司。

母公司（Parent corporation），是指拥有另一个公司一定比例以上的股份，或者通过协议等方式能够实际控制另一个公司的公司，又可称为控股公司。与此相对，子公司（Subsidiary corporation），是指其一定比例以上的股份被另一个公司拥有，或者通过协议等方式被另一个公司实际控制的公司。

所谓"一定比例"，通常指一个公司拥有另一个公司50%以上有表决权股份，但实践中，对于股东人数众多、持股分散的公司，无需达50%以上亦可取得实际控制权；所谓"实际控制"，通常指一个公司能够对另一个公司的重大事项产生决定性影响并能够据此获得利益，母公司与子公司由此形成关联公司（Associated corporation）的关系。值得注意的是，母公司和子公司均为独立法人，子公司"被实际控制"的事实状态不影响其在人格、业务、财产以及责任承担等方面法律上的独立性。

5. 本公司与分公司。以公司内部的组织、管辖关系为标准，可以将公司分为本公司与分公司。

本公司（Head office），是指依法设立的，负责统一管辖该公司内部的业务经营、资金、人事等全部事项和组织机构的总机构。我国2012年《企业名称登记管理规定》中要求，必须设有3个以上分支机构的公司，始得在其名称中使用"总"这一字样，此时本公司又称总公司。本公司具有独立法人资格。2020年修订后的《企业名称登记管理规定》取消了上述有3个以上分支机构的企业才能在名称中使用"总"这一字样的限制。根本原因是适应市场需求，简化审批程序，使"取名"更自主，进一步增强市场活力。

分公司（Branch office），是指依法设立的，其业务经营、资金、人事等事项均受本公司管辖的分支机构。值得注意的是，分公司虽有"公司"之名，但不具有公司的独立法人资格，也不具有法律和经济上的独立性，其须按照本公司的授权从事业务活动，由此产生的一切法律后果亦由本公司承担。这也是本公司、分公司与母公司、子公司之间法律关系的根本区别，在实践中，公司多从自身情况出发来选择具体的设立形式。

6. 本国公司、外国公司与跨国公司。以公司的国籍为标准，可以将公司分为本国公司、外国公司与跨国公司。

有关公司国籍的认定依据，世界各国有不同的立法和学说，大致有设立准据法主义、股东国籍主义、设立行为地主义以及公司住所地主义几种模式。我国通说认为，对公司国籍兼采设立准据法主义和设立行为地主义，即凡是依据中华人民共和国法律在中国登记设立的公司均为中国的本国公司；凡是依据外国的法律而在外国登记设立的公司即为外国公司。所以，本国公司，是指依照本国法律在本国境内登记设立的公司。由此可知，我国的中外合作经营企业、中外合资经营企业和外资企业均属我国的本国公司。而外国公司，则是指依照外国法律在本国境外登记设立的公司。依照我国《公司法》的规定，外国公司可以在我国境内设立分支机构，进行经营活动。

跨国公司（Transnational corporation），是指以本国为基地或中心，通过对外投资，在不同的国家或者地区设立子公司、分公司或者其他投资企业，从事具有国际性、世界性生产经营活动的经济组织。严格地讲，跨国公司并不是一个公司法上的概念，也不是法律上的独立实体，仅其内部基于母公司与子公司的关系、本公司与分公司的关系或者其他参股投资关系而形成一种跨国（边）境的特殊公司联系形式。故在各国公司法中都没有专门用来调整跨国公司关系的内容，跨国公司内部的子系统，各自分别受到其所在国的法律调整。

（二）公司的法定分类

公司的法定分类是指各国公司法对公司种类的具体规定，在现实经济活动中当事人只能在公司法规定的公司类型中选择某一适合自己的形式来设立公司。各国公司法均采用公司形态法定主义的原则。

1. 英美法系国家对公司的法定分类。

（1）美国公司法上有关公司的分类。在美国，公司形式分为三类：商事公司（Business corporation）、非营利公司（Not-for-profit corporation）和有限责任公司（Limited liability company）。为规范这三类公司，各州相应制定了商事公司法（Business Corporation Law）、非营利公司法（Not-for-Profit Corporation Law）和有限责任公司法（Limited Liability Company Law）。其中，商事公司在学理上通常又被分为封闭公司与公众公司。

美国法学会（American Law Institute, ALI）的《公司治理指南》（*Principle of Corporation Governance*）将封闭公司（Close corporation/Closely held corporation/Private corporation/Privately held corporation）界定为股权证券由少数人拥有并且不存在为这些证券提供活跃的交易市场的公司。此外，美国的一些州也对封闭公司予以专门立法。封闭公司具有下列特点：股东人数较少，一般为 30 人以下，且股东多亲自参与公司管理；不面向公众发行股票，其股份未注册为公开发行股份；其股票交易不存在公开的外部市场，股份转让受到限制。此类公司，所有权与经营权相互之间联系较为紧密，政府对其干预较少，赋予其公司治理更大的灵活性。与之相对，封闭公司之外的商事公司即为公众公司（Public corporation/Publicly held corporation），其特点为：股东人数众多，且多数股东不参与公司管理，对公司管理持不同意见的股东可用"以脚投票"（Voting by foot）的方式出售其股份；其股份公开发行（Public offering），且须进行登记注册；其股票交易在公开市场（Open market）上进行，如证券交易所或"柜台市场"（Over-the-counter market）。

在美国公司法中的另一类公司形式，即"有限责任公司"（Limited liability company），其与大陆法系所指的有限责任公司大相径庭，它实际上是立足于中小投资者的需要、为中小企业量身设计的一种公司类型。一方面，出资人享有传统有限责任公司中出资人以出资为限对公司债务承担有限责任的权利；另一方面，出资人又可以灵活选择管理模式，可以采两权分离的管理模式，也可像合伙企业中出资人那样直接经营管理公司，仅缴纳个人所得税，从而避免双重纳税。这可谓是合伙和传统有限责任公司的结合体（Hybrid），具有有限责任、一次纳税、管理模式灵活等多方面优势。相关立法的繁荣及其自身的优势，使有限责任公司这一组织形式具有了蓬勃的生命力，是众多中小企业乃至大型企业在设立时对公司组织形式的最优选择。其实，美国此类有限责任公司制度只有二十多年的历史，1977 年怀俄明州率先颁布了《有限责任公司法》（*Limited Liability Company Act*），之后美国国内税务机关于 1988 年裁决有限责任公司可以免缴企业所得税，大大刺激了有限责任公司的发展，美国"统一州法全国委员会"于 1994 年制定了《统一有限责任公司法》（*Uniform Limited Liability Company Act*）作为示范法，截至 1996 年美国 50 个州及哥伦比亚特区均制定了自己的有限责任公司法。

（2）英国公司法上有关公司的分类。在英国，以是否注册为标准，将公司分为注册公司与非注册公司。注册公司（Registered company），是指依照 1948 年的《公司法》（*the Company Act of 1948*）登记注册成立的公司，是英国最为普遍和重要的公司形式。非注册公司（Unregistered company），是指注册公司之外的依照特许令或者特别法而成立的公司，根据具体设立依据的不同，又可以分为"特许公司"（Chartered company）和"法定公司"（Statutory company）。所谓"特许令或者特别法"，主要包括皇家特许令状、国会特别法案以及某些专门法令等。

以股东人数及其股份能否自由转让为标准，将公司分为私人公司与公众公司。这是英国普通法中关于公司的最基本分类。私人公司（Private company）是指，由具有人数限制的股东共同出资设立且其股份转让受到限制、不对外公开招股并实行封闭式经营的公司。英国 1908 年的《公司法》对私人公司予以专门界定：成员不超过 50 人；对股份转让加以限制；禁止向公众发行股份。公众公司（Public company）则是指，股东人数无法定限制，依照法定程序可对外公开招股，且其股票可在公开市场上自由转让的公司。英国 1980 年的《公司法》（*the Company Act of 1980*）对公众公司予以专门规范：须在公司组织大纲（Memorandum of association）中明确规定其为公众公司；须遵守公司法上有关登记注册要求；须在公司名称中标明"公众公司"字样（Public limited company 或者其缩写 PLC）；公司正式营业前须满足法定最低资本限额要求。

2. 大陆法系国家对公司的法定分类。在大陆法系，依据公司法所规定的公司股东的责任形式的不同，可将公司分为无限公司、有限公司、股份公司、两合公司等四种基本类型。

（1）无限公司。无限公司（Unlimited company/Unlimited liability company），其全称为无限责任公司，是指由两个或两个以上的股东组成、股东对公司债务承担无限连带责任的公司。这是最早的一种公司形式，其原始形态是中世纪时期的家庭经营团体，现仅存在于大陆法系国家和地区，是大陆法系国家法律中特有的公司类型，如德国《商法典》第105条规定："各股东以共同商号经营商业，对公司债权人负无限责任的公司，为无限公司。"法国《商事公司法》第10条规定："无限责任股东均有商人资格，应就公司债务负无限连带责任。"

无限公司具有以下主要特征：①须由两个或两个以上的自然人股东组成。公司存续过程中发生股东仅剩一人之情势时，则应当予以解散或者变更为独资企业。另外，无限公司的股东必须为自然人，法人不得成为无限公司的股东。②股东对公司债务承担无限连带责任。所谓无限责任，是指股东对公司债务的清偿不受其出资额的限制，除其出资外，股东还应以其他个人财产担保公司债务的清偿；所谓连带责任，是指各个股东均对公司债务负有全部清偿责任，部分股东全部清偿了公司债务或其清偿债务超出其应负份额时，则有权向其他股东追偿。③具有典型的人合性质。无限公司的设立基础是股东的个人信用，因此，法律对无限公司股东的出资采相对宽容的态度：如无最低注册资本额限制，股东出资形式相对灵活、可以劳务或信用出资，资本的增加和减少不受限制、无需公开公示账目等；但股东转让出资却受到严格限制。上述特征均表明无限公司具有典型的人合性。④具有法人资格。尽管无限公司股东之间的关系具有类似合伙人关系的特征，但除个别国家，如德国、瑞士外，大陆法系国家的法律中均赋予无限公司以独立的法人地位。这是无限公司区别于普通合伙的关键所在。另外，无限公司在组织机构和规范性上，亦较普通合伙更为严密、谨慎。

尽管无限公司具有设立程序简便、组织结构稳定、股东出资灵活、信用可靠等优点，但同时亦存在股东风险过大、难以吸引投资的弊端，使得其规模发展受到限制。在实践中，采用无限公司形式的多为中小企业，且日渐式微。

（2）有限公司。有限公司（Limited company/Limited liability company），又称有限责任公司，是指由法定人数的股东组成，每个股东以其认缴的出资额为限对公司债务承担责任，公司以其全部财产对其债务承担责任的公司。依此界定可知，所谓"有限"，是股东责任的有限性，而非公司自身责任的有限性，亦正基于这一特点，有限责任公司可以极大降低股东投资的风险。

（3）股份公司。股份公司（Joint stock limited company/Company limited by shares），又称股份有限公司，是指由法定最低人数以上的股东组成，公司全部资本分为等额股份，每个股东以其认购的股份为限对公司债务承担责任，公司以其全部财产对其债务承担责任的公司。

股份公司和有限责任公司是现代企业制度中最为重要的两种公司组织形式，两者具有一个共同的重要特征，即股东负有限责任。同时，两者亦具有显著的区别：①股份公司全部资本分为等额股份，股东依其认购、持有的股份数享有股东权益；有限责任公司的资本则不划分为等额股份，股东依其所持有的出资证明书标明的出资比例享有股东权益。②股份公司可以向社会公众公开发行股份并自由转让其股票；有限责任公司则不得公开募集资本，仅由股东认缴出资。有限责任公司，其股东出资转让受公司法和公司章程的限制，不像股份公司那样存在公开的股票交易市场，可以自由转让。③股份公司股东人数众多，且具有公众性、开放性的特征，筹资渠道通畅，能够适应大规模社会集资的需要。因此，股份公司一般具有巨大的经济规模，多为大型企业选择的组织形式。有限责任公司股东人数则具有法定上限的限制，股东相互之间具有良好的人身信任关系，具有明显的封闭性特征，这在一定程度上限制了有限公司的筹资能力，经济规模受到一定影响，因此，多为中小企业选择的组织形式。④股份公司股东众多、规模巨大的特征，决定其必须采取两权分离的集中管理模式，专业化管理层的设置使得股份公司在财产结构和治理结构上均具有自身的特殊之处；有限责任公司股东多亲自参加公司经营管理，不具有明显的两权分离情形，集中管理的相对弱化在一定程度上降低了经理层职业化所引发的代理成本和道德风险问题。

（4）两合公司。两合公司（Jointly owned company），是指由一个以上的无限责任股东和一个以上的有限责任股东组成，其中无限责任股东对公司债务承担无限连带责任，有限责任股东则以其出资额为限对公司债务承担责任的公司。在其本质特征上，两合公司类似于普通法系国家以及我国的有限合伙。

具体而言，两合公司又可以分为一般两合公司和股份两合公司两种，前者如上所述，是无限公司和有限公司的结合；后者则是股份公司出现后，与无限公司相结合而产生的两合公司类型。股份两合公司与一般两合公司的区别在于其有限责任股东的出资划分为等额股份，有限责任股东以其认购的股份为限承担责任，并可以对外公开发行的方式募集股票，这使得其更容易吸收社会公众投资。

两合公司的最初设计理念是既吸纳无限公司中股东负无限责任的强大信用担保，同时又可以结合有限公司或股份公司中股东负有限责任的优点，吸引投资，扩大公司运营资金来源。但实践中的发展与其理论初衷渐生背离，一方面，无限责任股东的投资风险过大；另一方面，有限责任股东地位较低、无权参与公司经营管理，而丧失其投资吸引力。两合公司已日渐少用，目前仅德国、法国等少数国家还有保留。

3. 我国《公司法》上的公司法定分类。

（1）有限责任公司与股份有限公司。我国《公司法》第2条规定："本法所称公司，是指依照本法在中华人民共和国境内设立的有限责任公司和股份有限公司。"根据这一规定可知，我国《公司法》对公司的法定分类为：有限责任公司和股份有限公司，未承认无限责任公司和两合公司。

根据我国《公司法》的相关规定，有限责任公司是指由1个以上50个以下股东出资设立，每个股东以其所认缴的出资额为限对公司债务承担责任，公司以其全部财产对其债务承担责任的公司。股份有限公司是指由1个以上200个以下的发起人采取发起设立或募集设立的方式设立，其全部资本划分为若干等额股份，股东以其认购的股份为限对公司债务承担责任，公司以其全部财产对其债务承担责任的公司。

（2）一人有限责任公司（One-person companies with limited liability）和一人股份公司（One person joint-stock company）。我国2023年《公司法》在保留一人有限责任公司的前提下，又增设了一人股份公司。根据2023年《公司法》第92条的规定，允许设立一人股份有限公司，这是本次修订的重要变化之一。在此之前，我国公司法只承认一人有限责任公司，包括设立时的一人有限责任公司和设立后的一人有限公司（即有限公司成立后，因股东退出导致公司仅余一名股东的情况）。2023 年的此次修订增加一人股份有限责任公司，有助于降低投资者经营风险，维持企业，保护交易安全；减少纠纷，降低交易成本。[1]

这两类一人公司的定义，分别为：只有一个自然人或者一个法人设立的有限责任公司为一人有限责任公司；而一个自然人或者一个法人以发起设立方式设立的股份有限公司为一人股份有限公司。

一人有限责任公司和一人股份公司，在本质上虽仍属有限责任公司和股份公司的范畴，与普通公司具有共通之处，但因其股东仅为一人，在公司的社团性方面有其特殊性，导致其在股东出资、设立、组织机构以及责任承担等方面也存在诸多特殊性。

（3）国家出资公司（State-funded company）。除上述一人有限责任公司和一人股份有限公司外，我国公司法还规定有另一种特殊形态的公司——国家出资公司。根据我国《公司法》第 168 条第 2 款的规定，国家出资公司，是指国家出资的国有独资公司、国有资本控股公司，包括国家出资的有限责任公司、股份有限公司。国有出资公司在性质上仍属于有限责任公司或股份有限公司，但由于其投资主题具有特殊性，涉及国有股权和法人所有权之间的复杂关系，且其所处行业的垄断性和保值增值的经营目的，使其具有不同于普通公司的特殊之处。因此，2023 年在修订公司法时，设专章对国家出资公司的设立和组织机构作了特别规定。

（4）外国公司的分支机构。严格地说，外国公司的分支机构并不是我国公司法上有关公司的分类，但基于我国《公司法》在第十三章专门对其加以规范以及它在社会经济生活中日益重要的地位，因而，本书将其作为公司法的法定分类的一种。

根据我国《公司法》第 243 条的规定，外国公司是指依照外国法律在中华人民共和国境外设立的公司。而所谓外国公司的分支机构，是指外国公司依照我国法律规定在我国境内设立的非法人经营性组织。

第三节　公司法的概念、原则及其历史沿革

一、公司法的概念及其特性

（一）公司法的概念

公司法是调整各类公司在设立、组织、运营、管理和解散的过程中所发生的各种社会关系的法律规范的总称。

公司法所调整的社会关系主要包括以下两类：一是公司内部的关系，即公司、股东、管理层之间的权利义务关系，此主要表现为组织法规范；二是调整一定范围公司对外的社会关系，主要限于公司与债权人、特定交易相对人之间的关系，此主要表现为行为法规范。

公司法具有形式意义上的公司法与实质意义上的公司法之分。形式意义上的公司法，又称狭义上的公司法，是指一国立法机关颁布的公司法典，是直接以"公司法"命名的法律规范，世界大多数国家都有这种以制定法形式表现的公司法，例如，我国

---

[1]　施天涛：《公司法论》，法律出版社 2020 年版，第 47～48 页。

的《公司法》、法国的《公司法典》等。实质意义上的公司法，又称广义上的公司法，是指调整与公司有关的各种社会关系的全部法律规范，是作为部门法意义上的公司法，即公司法律规范总称意义上的公司法。任何市场经济的国家都存在实质意义上的公司法。

（二）公司法的特性

公司法具有以下特性：

1. 公司法是兼具公法属性的私法。公司作为最重要的商主体，其设立和运行主要是建立在当事人自愿平等、自由协商的基础之上的。而公司法是调整公司组织及其行为的法律规范，无论在公司的设立、营业、竞争，还是在股份的转让等方面均强调意思自治、权利本位等私法原则，如我国《公司法》中采用大量的"公司章程另有规定的除外""公司章程另有规定或者全体股东另有约定的除外"以及"除本法有规定的外，由公司章程规定"等表述，均为公司法私法属性和任意性规范的表现，同时赋予公司通过制定章程和会议决议等方式实现意思自治的权利和途径。因此，公司法在本质上应属于私法的范畴。

当历史进入到垄断资本主义阶段，国家不断加大对经济生活的干预力度，为了维护社会交易安全和交易秩序，西方国家将其经济干预政策纳入法律，出现了"私法公法化"的趋势。在此趋势中，公司法表现得较为突出，出现了大量属于公法性质的条款，如公司资本法定、公司机关设置法定、公司法定事项的公示主义以及公司行为的要式主义等。

国家对现代公司的干预是必要的，但是，对于缺乏私法自治传统并且具有浓厚管制情结的中国来说，特别要强调以下两个问题：首先是要解决适度干预的"度"的问题。政府对市场干预的程度无非有三种情况：一是"过多"干预，二是"过少"干预，三是"适度"干预。从社会主义国家和资本主义国家历史的经验教训来看，对市场的"过多"或"过少"干预其教训都是深刻的，当今实行市场经济的国家都纷纷走出这两个极端，而采取政府干预的适度性原则。其次是要解决行政干预与司法干预的关系问题。长期以来，我国公司法上的行政干预过于强势，1993 年《公司法》的强行性规范过多而同时司法干预却严重不足，2005 年对其修订后强化了法院对公司事务的司法介入，这体现在公司法规范的可诉性和公司纠纷的司法救济功能的大大提高。而 2023 年修订后，公司法吸收司法实践经验，完善了控股股东和经营管理人员的责任制度，这使得司法可以更加有效地介入到公司事务中，在公司监督制衡、责任追究、中小投资者和债权人保护方面发挥更加重要的作用。

总之，尽管公司法公法化的趋势非常明显，但这一切从根本上改变不了公司法的私法属性这一本质。

2. 公司法是兼具程序法内容的实体法。所谓实体法，是指以规定具体权利义务、职权职责为主要内容的法律；与之相对应，程序法则是指以规定实现实体法上具体权利义务、职权职责所应遵循的程序为主要内容的法律，程序法多具公法属性。公司法作为私法，应纳入实体法范畴，各国公司法都着重规定公司设立的条件、公司资本制度、公司组织机构及其职权、股东的权利义务、法律责任等，这些实体性内容贯穿公司法的始终，构成公司法的主要内容。所以，公司法应属于一种实体法。但在上述实体法之外，公司法也包含了不少程序性规范，如关于公司设立的程序、公司组织机构行使职权的程序以及公司变更、清算与解散的程序等，以保证实体性权利的实现，这使公司法同时带有一定的程序法性质。但无论有多少程序性规范都不可能使其成为一部与实体法相对应的程序法，实体法仍是其本质属性。

3. 公司法是兼具商事行为法内容的商主体法。商法以商主体及商行为为自己的调整对象，因而，我们可以将商法划分为商主体法和商行为法。商主体法又称商组织法，它是指规定各种商主体的设立、变更和解散、内部组织机构、内部成员的权利和义务等法律关系的法律规范的总称。公司法、合伙企业法、个人独资企业法等主要调整企业设立及组织的法律即属于商主体法。商行为法又称商活动法，它是指调整由商主体的行为或活动而产生的各种社会关系的法律规范总称。一般而言，证券法、票据法、保险法、海商法等主要调整商主体活动的法律属于商行为法。但这种界分只是就总体而言，事实上在同一部商事法律中，可能既包含商主体法又包含商行为法。甚至在有些商事部门法中，由于商主体法与商行为法的具体规范构成比例不明显，往往很难判断其到底属于商主体法还是商行为法，如破产法。

公司法属于兼具商行为法内容的商主体法。这是由以下两方面决定的：

（1）公司法在内容和形式上都具有商主体法的特征，各国公司法普遍规定了公司的设立、变更、终止，公司章程的制定、修改，公司的权利能力、行为能力，公司的法律地位、组织机构、经营管理，公司与股东之间以及股东之间的权利义务关系等内容，从而使公司能够作为一个独立的权利主体存在，对内对外发生法律关系、享有权利、承担义务、参与社会经济活动等。所以，公司法首先表现为商主体法或商事组织法。

（2）公司作为商主体，必然要从事各种生产经营和交易行为。这些交易行为并不全部由公司法调整，如买卖、担保、委托、租赁等普通商行为，应由合同法、担保法等商行为法调整。但是，只有公司才能实施的与公司组织特点直接相关的行为，如公司股票、债券的发行和交易，对外投资、担保、捐赠等行为，则应由公司法调整。当然有些国家可能将上述与公司组织特点直接相关的行为主要留给证券法或证券交易法等法律调整，但都会或多或少地在公司法中作出相应规定。所以，公司法还必然具有一定商事行为法的内容。

4. 公司法是兼具国际性的国内法。一方面，公司法就其本质特征而言，是一种国内法，它是一国发展经济的重要法律之一。另一方面，公司法又具有一定的国际性。这种国际性，源于以下四个方面的原因：

（1）经济全球化的发展使得一国经济须臾离不开与他国经济的交往，这种经济交往主要是公司间的投资和贸易往来，所以，公司法所涉及的公司不仅有本国公司，而且还有外国公司、跨国公司。本国公司中又有本国资本与外国资本合资经营的公司。我国《公司法》中也有独立的外国公司的分支机构一章，广义的公司法还包括我国的外商投资企业法。这使公司法必然具有一定的国际性。

（2）各国法律制度的相互借鉴或移植，使得各国在公司法的内容上相互协调、渗透，趋于一致。如各国公司法律中有关公司的概念、类型、资本制度、治理结构、公司证券的发行交易、公司的解散与清算等方面的规定并无本质性差异。公司制度是现代企业制度的典型形态，它是市场经济的产物。如果说在市场经济体制建立之前，我国的企业法律规范（如《中华人民共和国全民所有制工业企业法》，以下简称《全民所有制工业企业法》）等更多地反映出我国自己的特色，难以与各国通行的公司法规范相通的话，那么在市场经济体制建立之后，我国的公司法结构和内容在主要方面就应与各国通行的公司法规范接轨并趋于一致。

（3）公司法是对市场经济活动客观规律的反映，而且有相当一部分公司法律规范具有很强的技术性特征，如公司的设立登记程序、决议表决方式、累积投票制度以及公司财务会计等，均具有客观规律和技术设计上的共通性。可见，公司法就其内在性质而言，是具有国际共同性特征的。正是由于公司法规定的公司基本模式的相通性，才使得国际贸易和国际投资能够较为顺利地进行。

（4）一些区域性经济组织正在尝试通过制定国际公约、发布规则和指令等方式协调各成员国的立法，从而使各国公司法的国际性进一步加强。如欧盟即采用制定公约、发布指令以及制定统一的欧洲公司法的方式来协调和统一成员国的公司立法。但与票据法、海商法和保险法等商行为法不同，作为组织法的公司法，更多地受制于本国的法律传统和文化传统，更多地取决于各自的经济体制和社会制度，上述商行为法有许多国际公约或国际惯例，而公司法则没有任何国际公约或国际惯例。公司法的国际性远比商行为法要弱。正因如此，有关国际机构建立统一公司法的种种努力都没能取得成功。所以，公司法只能是具有国际性的国内法。

二、公司法的基本原则

公司法的基本原则，是指贯穿于公司法立法、执法、司法活动的各个方面和全部过程的基本理念和指导思想，是公司法律制度基本精神和价值目标的体现。它是克服公司立法局限性的有力工具，是公司法律规范的高度抽象和概括，是公司法性质、目的、任务和方法的综合体现，在公司法体系中起凝聚和统领作用，对公司法的实施具有重要的指导意义。概括而言，公司法的基本原则主要包括以下内容：

（一）鼓励投资原则

公司作为一种营利性组织体，其本质是投资者可以选择的股权式投资工具。公司法作为公司制度的基础性规范，其重要原则之一就是鼓励投资、获取投资收益、限制投资风险、募集经营资金和实行企业科学管理，促进企业发展和公司繁荣，同时又能兼顾债权人的权益安全，平衡公司参与人之间潜在的利益冲突。在全球经济激烈竞争的背景之下，各国经济的竞争不仅是产品和市场的竞争，某种程度上更重要的是制度的竞争，就是比试谁的规则更优，谁的制度更佳，谁能为企业成长和经济发展提供更广阔的空间和更优越的环境。由此引发了近年来各国在公司法制度改革方面的"朝底竞争"和"归零思考"，也就是朝向公司法最低限制、最低条件的放松管制、降低成本的竞争和对公司制度的设计不受任何既有规则和观念束缚的思考。[1]我国《公司法》在历次修订过程中也较为充分地贯彻了这一基本原则，改变过去将公司法作为"治乱之法""管理之法"和"国企改革之法"而过分强调规范、限制和管理等的片面认识，

---

[1]　赵旭东：《公司法修订的基本目标与价值取向》，载王保树主编：《转型中的公司法的现代化》，社会科学文献出版社2006年版，第65页。

转而在诸多具体制度安排方面体现为投资者的投资提供便利、服务和激励的立法理念。例如，实行资本认缴制、采取更加灵活的出资形式、取消公司转投资法律限制、允许设立一人有限责任公司和一人股份有限公司，引入授权资本制、类别股制度等，取消股份公司设立审批以及更加注重对股东权益的保护等，均为鼓励投资这一基本原则在我国现行《公司法》上的具体体现。

（二）有限责任原则

有限责任原则又被称为股东有限责任原则（Limited liability for its owners/shareholders），它是公司制度的基石。其基本含义是指股东作为出资者仅以其认缴的出资额或认购的股份为限对公司债务承担责任。在这里"有限责任"，是从股东的角度而言的，即股东作为单纯的出资者，无需对公司债务承担除出资之外的其他责任；而非指公司的有限责任，公司仍应以其自身所有的全部法人财产对公司债务承担责任。股东有限责任，是公司区别于其他经济组织形态的重要特征，同时也是现代公司法上的基本原则。《公司法》第3条第1款规定，公司是企业法人，有独立的法人财产，享有法人财产权。公司以其全部财产对公司的债务承担责任。第4条第1款规定，有限责任公司的股东以其认缴的出资额为限对公司承担责任；股份有限公司的股东以其认购的股份为限对公司承担责任。这即是对有限责任原则的法律表述。

有限责任原则与公司的独立法人性密切联系，其理论基础即为公司人格与其成员人格的相互分离，公司与其股东既属两种不同的、各自独立的民事主体，自应分别对各自的行为承担责任。基于人格分离而确立的有限责任制度，对公司组织形式和公司制度的发展至关重要，它能够最大限度地分散投资风险、可以降低监督代理人和监控其他股东的成本、刺激投资者的积极性，进而促进股份的自由转让，带动证券市场和规模经济的形成。但有限责任原则也有例外，由于股东可能滥用有限责任，侵害债权人的利益，有限责任制度隐含着一定的"道德风险"。为克服有限责任可能出现的这一"风险"，在公司法上产生了公司法人人格否认制度。即遇有股东滥用有限责任、公司人格与股东人格混同等情形时，得适用公司法人人格否认，使股东对公司债务承担无限责任。需要提及的是，公司法人人格否认制度并非对有限责任原则的动摇和否定，而恰恰是为了更好地发挥该原则的功能而对它的补充和完善。

（三）公司自治原则

公司自治是私法意思自治在公司法上的体现，其基本含义是指允许公司在法定的范围内自主决定公司的一切事项，允许以章程、决议及约定排除公司法中任意性条款的适用。公司是一个由投资人设立起来的经营性组织，作为一个私法上的主体，理应实行公司自治，公司自治充分体现了公司作为市场主体的主体特性。在不违反强行性法律规范、不损害社会公共利益的情况下，公司的意思由公司自主作出，投资人对自己的决策、选择行为负责，自主应对市场的变化自主经营，对由此产生的一切后果自行负责。

当然，公司自治并不是任意的，而是依据其章程。正如《公司法》第5条所规定："设立公司应当依法制定公司章程。公司章程对公司、股东、董事、监事、高级管理人员具有约束力。"公司章程是公司自治的依据。《公司法》第9条要求公司章程规定公司的经营范围，虽然它不是公司的权利能力范围，但它是公司机构行为的界限。关于公司法定代表人，《公司法》第 10 条第 1 款规定："公司的法定代表人按照公司章程的规定，由代表公司执行公司事务的董事或者经理担任。"可见，公司通过章程可以自主选择对外表示公司意思的代表人。根据《公司法》第 46 条的规定，公司还可以通过公司章程规定公司的机构及产生的办法、职权、议事规则等。

另外，公司法中还有诸多任意性条款，这些任意性条款只供当事人选择适用，公司章程或决议可以另外的规定或约定排除任意性条款的适用。公司法既有强制性规范，又有任意性规范，它应当是二者有机结合、合理布局的公司法规范体系。在此体系中对其中的强制性规范一般不会忽视，也较少发生认识上的分歧。经常出现的问题是对公司法规范任意性的忽视，因此，为突出公司法规范的任意性，有必要强调公司法上的公司自治原则。

（四）权力（权利）制衡原则

权力（权利）制衡原则包括以下三个方面的含义：

第一，权力（权利）制衡原则是指公司机关权力构造中三权分立与制衡的原则。从这个角度而言，现代公司有如现代国家的缩影，国家权力没有制衡会产生腐败，公司权力同样如此，凡权力就必须要有制约。公司法在公司内部治理方面强调权力的制约和平衡，权力制衡是调整公司内部关系的重要原则。大陆法系国家大都将公司的决策、执行、监督等事务分设不同的部门来行使，以实现权力之间的制约和平衡。英美法系国家虽没有设独立的监督机关，但在其公司执行机关内部仍设有执行监督职能的机构和人，如外部董事或会计检察或审计师等。我国《公司法》也体现了这一基本指导思想，明确了股东会、董事会、监事会的权力配置及职责分工：股东会作为公司的权力机构，决定公司的重大事项，股东们行使着对公司实行联合控制的最高权力。董事会执行股东会决议，进行日常的公司经营决策，并对其负责。监事会作为公司的监督机构，对公司的财务及董事、高级管理人员执行公司职务的行为进行监督。与此同时，我国《公司法》第 136 条要求上市公司设立独立董事，则是吸收了英美法系公司法的合理因素，以此确保公司不同权力的正确行使和有效监督制约。我国公司法正是借助三权分立的划分与制衡以达到公司内部自治监督的目的，以解决经营决策者可能出现的滥用权力和董事会与经理层"共谋"损害公司利益的问题。[1]

第二，制衡含有平衡或均衡的意思，这里涉及股东与债权人，公司与债权人、雇员、供应商、消费者以及公司所在社区居民等利益相关者之间的权利平衡问题。作为公司法人制度基础的有限责任制度，实际上是一种风险分配机制，是在股东与债权人之间从效率出发而创制的一种公平。有限责任尽管可以分散和减小股东的投资风险，但是它并不能从根本上消除或化解投资风险本身，它只是将投资风险在股东和公司债权人之间进行了重新分配，也就是将原本集中于股东的投资风险的一部分分配给了公司债权人。看似不公，但正是这种人为的制度分配，极大地激发了投资公众的投资热情，极大地促进了社会财富的增长，因而从效率优先和社会经济发展的角度来看，它又是公平的。只是如果此时股东滥用有限责任，侵害债权人的利益，则必然造成

---

〔1〕 梅慎实：《现代公司机关权力构造论》，中国政法大学出版社 2000 年版，第 1 页。

公司债权人面临更大的"道德风险"或实际风险，进而危及市场交易的安全和秩序。为了矫正股东独占权利的优势，公司法权力（权利）均衡的原则就显得十分必要了，公司法人人格否认制度就是这一原则的具体体现。同时公司法还应当均衡公司与债权人、雇员、供应商、消费者以及公司所在社区居民等利益相关者之间的权利，因此，公司社会责任制度也应运而生。

第三，在股东内部，大股东与中小股东之间也存在权力（权利）制衡的原则。公司的股权结构往往导致公司中大股东过度控制、中小股东受到欺压，因此，特别需要在大股东与中小股东之间进行权力（权利）的均衡，建立对中小股东特别保护的法律规则，以实现股东事实上的平等。我国现行《公司法》中的许多规定都是这一原则的体现和要求，例如，少数股东的股东大会召集权和主持权、股东表决权的限制、累积投票制、异议股东股份收买请求权、股东代表诉讼制度等。这和下面论述的股东平等原则的精神也是一致的。

上述第二项、第三项所包含的制衡或均衡原则实质上体现了公司法中所包涵的透过形式公平而追求实质公正的经济法理念。

（五）股权、股东平等原则

这一原则由股权平等原则和股东平等原则合并而成，二者有着深刻的内在联系，相生相克，故可以合并在同一个原则里面。

1. 股权平等原则。股权平等原则是指股东应按其持有的股份的份额和性质实行平等待遇，同种性质的股份应该享有同样的权利、承担同样的义务，不能有所歧视和实行差别待遇。或者说，股权平等原则是指股东在出资额或股份基础上的平等，而不是所有股东权利的同等。一切股东在资本面前人人平等，股东只能按其缴纳的出资额或所持的股份数享有权利、承担义务，股东享有的权利的大小与其向公司投入的资本额成正比。只要股东投资的性质、数额相同，公司就必须将其平等对待，至于股东的名望、出身、社会地位等与出资无关的各种因素则在所不问。股权平等原则是现代公司立法所奉行的基本原则之一，是公司组建及运作的基础，它是民法平等原则在公司法领域的具体体现，也是平等保护投资者利益，调动投资积极性的客观需要，它渗透于公司法的各个领域，成为各国公司法共同遵循的一项基本原则。我国《公司法》不少条款都体现着股权平等的基本精神，如《公司法》第143条第1款规定："股份的发行，实行公平、公正的原则，同类别的每一股份应当具有同等权利。"即我们通常所说的"同股同权""同股同利"。该法在第56条、第116条和第236条还分别规定了，按出资比例行使表决权或一股一表决权制度和按持股比例或出资比例分配剩余财产的制度等。

由于股权的平等只是资本意义上的平等，并非能保证全体股东在公司中经济地位的真正平等，因此，会存在大股东和小股东实际地位不平等的问题。大股东与小股东容易产生利益上的不一致，导致大股东利用支配地位损害中小股东权利。所以，仅有股权平等原则还不足以真正实现全体股东地位的平等，还需要树立股东平等原则。

2. 股东平等原则。股东平等原则是指当大股东滥用股权平等原则而侵害中小股东正当利益时，法律将对其滥用行为予以矫正，以实现中小股东的实质平等。股权平等原则的具体运用必然是"资本多数决原则"（The capital majority rule）的行使。根据上述股权平等的原则，要求股东按出资额度的多寡及比例而享有其权益，股东会决议形成的表决机制其计算基准是以股份数，而非以股东数为依据。资本多数决原则使得股东结构开始分化，即在公司内部形成大股东与中小股东之分。而大股东为了追逐经济利益最大化，往往可能滥用资本多数决原则，从而造成对中小股东利益，包括法定权利和章程中所设定的权利的损害。公司作为一种具有经济民主性的社团组织，应当同时兼顾公司大股东和中小股东的利益。在确定股权平等原则，行使资本多数决规则的同时，还应贯彻股东平等的原则，以切实保护中小股东的利益。所以，股东平等原则的实质意义在于禁止持有多数资本的大股东的权利滥用。或者说它是一种"禁止权利滥用"的原则，目的在于保护中小股东的利益，从而实现股东间的实质平等。

我国现行《公司法》加大了对中小股东利益的保护，许多规范都体现了股东实质公平的原则。例如，股东的知情权及质询权、少数股东的股东大会召集权和主持权、请求法院否认股东会和董事会决议的效力、股东表决权的限制、累积投票制、异议股东股份收买请求权、股东代表诉讼制度、请求法院解散公司的权利等。

3. 股权平等原则和股东平等原则的关系。股权平等的实质是资本平等，是公司资本主义，[1]是一种形式上的平等。它的运行必然要求少数资本服从多数资本，资本多数决这一计量化的决议方式内生着多数资本持有者权力扩张的逻辑。股权平等原则内含的"资本多数决"，需要内含"禁止权利滥用"的股东平等原则的制约，以实现大股东与中小股东之间权利的真正平等。可见，股权平等原则与股东平等原则之间存在形式平等原则与实质平等原则的区别，后者对前者具有制衡和矫正作用，能够实现实质正义。将这两项原则综合在一起，可以起到兼顾效率和公平的作用。现代公司法所强调的股东平等原则正是体现了法治对于实质正义的追求。我们也可以说，前者是民商法原则，后者是经济法原则，二者合在同一个原则里，表明经济法与民商法相辅相成、密不可分的关系。

（六）社会责任原则

公司是股东投资设立的以营利为目的的社团法人，实现股东利益最大化是股东设立公司的根本目的。由此产生的传统理念便是"股东至上"或"股东本位"主义。随着社会经济的发展，公司的数量和规模不断扩张，公司已经成为有效配置资源、创造社会财富最重要的市场主体，成为社会经济的支配力量。此时，公司利益已不仅仅是股东利益，而且涉及了供应链企业、消费者、雇员、社区居民等相关者的利益。公司应当对其利益相关者承担相应的责任，此即公司社会责任（Corporate social responsibility）。公司社会责任的提出，一方面有利于保护公司利益相关者的合法权益，另一方面有利于预防公司滥用经济支配力量，鼓励公益捐赠和环境保护活动等各种形式的社会公益行为。因而，为各国公司法立法所重视，并逐渐成为许多国家公司法的一项基本原则。这一原则的确立，使公司的营利性被社会责任所修正，不再具有不可挑战的

---

〔1〕　这里虽然仅指公司法领域的公司资本面前人人平等的资本主义，但在 1804 年以法国《民法典》（即《拿破仑法典》）精神指导下的传统资本主义社会，其本质就是一种形式上的人人平等，此与公司资本的平等不无关系。为了克服法学领域传统民商法这种形式平等的局限性，从而诞生了以追求实质公正和社会本位为基本特征的经济法。这里论述的股东平等原则即属于实质正义在公司法中的体现，以克服股权平等原则的不足。

地位。

我国《公司法》第 19 条、第 20 条规定，公司从事经营活动，应当遵守法律法规，遵守社会公德、商业道德，诚实守信，接受政府和社会公众的监督。公司从事经营活动，应当充分考虑公司职工、消费者等利益相关者的利益以及生态环境保护等社会公共利益，承担社会责任。国家鼓励公司参与社会公益活动，公布社会责任报告。以上条款即为这一原则的法律表述。除此之外，该原则在公司法的具体制度中亦有多处体现，如公司法人人格否认制度，职工董事、职工监事的设置等。毫无疑问，公司社会责任原则也是经济法社会本位原则在公司法原则中的具体体现。

三、公司法的历史沿革

（一）西方国家公司法的历史沿革

公司法的发展与现代公司的发展相互因应，现代意义的公司法最早是从商品经济发展较早的西方国家产生、发展并逐步完备的。大体而言，西方国家的法系可以分为大陆法系和普通法系两大类别，不同的法律传统和历史发展使得各国公司法具有自身的鲜明特点。同时，现代市场经济体制的普遍确立和经济全球化背景下法律文化的交流和融合，又使得各国公司法之间不可避免地具有相互影响、相互借鉴的价值和作用。西方国家公司立法已有三百多年的历史。公司立法促进了公司制度的不断发展和完善，同时，公司立法也随着公司制度的发展而不断完善。

1. 法国。法国的公司立法对欧洲大陆和世界公司法的发展具有深远影响，但这方面的影响不如其民法典的影响那么大。通说认为，1673 年法国国王路易十四颁布的《商事条例》（又译《商事敕令》），是世界上最早的公司立法，该条例首次在商人部分专门规定了公司的有关问题，以法律形式确立了普通公司和康孟达公司的分类，并规定公司设立采取核准主义原则。拿破仑在 1804 年颁布了著名的法国《民法典》之后，又于 1807 年颁布法国《商法典》，该法典第一编"商行为"中的第三章就是关于公司的规定，首次对股份有限公司作出了较为完备、系统的规定。但该法典内容相对简单，难以适应公司发展的需要。1866 年法国颁布了《公司法》，承认了股份两合公司的组织形式，将公司设立原则修改为准则主义，并对公司设立条件予以严格规定。1925 年，法国颁布施行《有限责任公司法》，正式承认有限责任公司，后为大陆法系其他国家和地区所效仿。1966 年，法国制定了一部全面调整各种公司形式的法国《商事公司法》，后陆续对其个别条文予以修订和增补。1985 年法国议会通过的第 85－697 号文件，正式承认一人有限责任公司的法律地位。1992 年修订法国《商法典》，将 1966 年法国《商事公司法》整体纳入该法典之中。

法国属民商分立国家，其公司法大多体现在商法范畴，但在 1978 年的法国《民法典》修订中将公司法有关内容纳入第九编，从而使得法国公司立法具有了民商合一的倾向。法国公司法的特点在于其规定严格，多为刚性规范，对公司股东行为和出资转让等具有较多限制。但值得注意的是，法国公司法在 21 世纪初经历了较大的变革，如2001 年《新经济规制法》、2002 年《社会法现代化法》、2003 年《金融安全法》《经济创新法》等均触及对公司法的重大调整，其中包括重新界定公司领导机关职权、取消最低出资限额、允许资本自由转让等，体现出扩大公司自治权的理念。

2. 德国。德国的公司立法尽管起步较晚，但是在世界范围内却有举足轻重的地位。

德国的公司立法最早见于 1861 年的《普通德意志商法》（现称"旧商法典"），该法于第二编就公司相关问题予以规定。1896 年《德国民法典》颁布，确立法人制度，对公司法发展起到推动作用。1897 年，德国颁布新的《商法典》，该法典第二编直接以"商事公司及隐名合伙"命名，对无限公司、两合公司、股份公司、股份两合公司的组织和活动予以规定。德国商法典有关公司的规定要比法国商法典丰富得多。1892 年，德国颁布单行的《有限责任公司法》，正式承认有限责任公司的法律地位，这是世界上第一个有限责任公司法，使有限责任公司成为一种新的企业组织形式。有限责任公司的形式更适宜中小企业的投资者采用，有力地促进了社会投资与经济的发展。之后世界许多国家纷纷效仿德国，进行有限责任公司的立法并以单行法形式出现。该法后于1980 年予以修订，允许设立一人有限责任公司。1931 年德国颁布单行法规对《商法典》中有关股份公司和股份两合公司的规定予以修正，并于 1937 年颁布《股份及股份两合公司法》（以下简称《股份法》）专门调整股份公司和股份两合公司，《商法典》中有关该两类公司的规定即告废止。二战后，联邦德国政府对《股份法》予以修改，于 1965 年通过修订后的《股份法》，增加了康采恩等新型联合企业的详细规定。1994年，再次修订《股份法》，允许设立一人股份公司。

德国公司法从其产生之初即受启蒙时代的个人主义精神影响，其显著特点表现为：①予以公司主体较大的自由弹性，任意性规范较多；②在公司内部管理体制上也颇具特色，如创设"职工参与制"、赋予监事会决策职能等；③对康采恩等联合企业予以全面规制，同时专门制定《企业转变法律形式法》，规定公司组织形式转化的条件和程序。另外，值得注意的是，欧洲统一运动使德国国内公司法亦受到一定程度的影响。

3. 日本。日本公司立法始于 1868 年的明治维新以后。日本早期并无统一的、综合性公司立法，其公司法多表现为规定特种公司的单行法规，如《国立银行条例》《私营铁路条例》等。日本第一部综合性公司立法是 1890 年以法国《商法典》为蓝本而制定的《商法典》（现称之为"旧商法"），该法典第一编第六章是有关公司的综合性规定。1899 年日本又以德国《商法典》为蓝本制定了新的《商法典》，该法典第二编直接以"公司"命名，对除有限责任公司以外的所有其他公司形式予以全面规制，形成了日本公司法的基本框架。1938 年日本颁布《有限责任公司法》，正式承认了有限责任公司的法律地位。二战后，受英美公司法发展的影响，日本对《商法典》中有关股份公司的规定进行了重大调整。1990 年对《商法典》和《有限责任公司法》予以修正，新法效仿欧陆国家的做法，承认一人公司的法律地位，它认为公司成立时几个发起人不是重要的事情，重要的是公司资本金的数额。进入 21 世纪，日本公司立法修改尤为频繁，如 2000 年增设公司分立制度，2001 年引入独立董事制度和执行经理制度，2002 年简化中小型公司股东大会程序、改革股东表决方式、放宽新股发行限制等。尤其值得一提的是，2005 年日本颁布《公司法》法典，取代《商法典》中原有公司方面的规定，取消最低注册资本制度、创设新的"合同公司"形态，设立新的公司机构——会计顾问等，对相关公司方面的立法予以整合、完善，统一规制。此后历经 15 年，经过两次立法活动，至 2019 年，日本《公司法》的现代化改革完成，2014 年、2019 年两次修改中，日本《公司法》在放松管制、事前规制、精细化立法等指导原则的指引下进行了全面的整理与调整，引入了多重代表诉讼、强制性的独立董事等制度，增强公司法制度供给，并对公司法整体结构和具体条文进行了精细的规定。[1]

日本公司立法的最大特点是其本身没有自己的独立体系，主要表现为对两大法系公司立法的借鉴和融合。就具体制度而言，新颁布的日本《公司法》法典，凸显了放松管制、强化公司自治、促进经济发展的理念。

4. 英国。英国的公司立法对英美法系国家和地区影响很大。英国是资本主义经济发展最早的国家，也是股份公司最早出现的国家之一，但在资产阶级革命胜利前英国没有公司法，当时是采取两种特许法的形式设立公司：一是国王颁布的王室特许状；二是国会颁行的特别法案。由于上述特许法形式设立公司成本过高以及 1720 年"泡沫法案"的过分限制，使英国公司发展过于缓慢。为适应并促进公司发展，1825 年英国废止"泡沫法案"，1834 年颁布《贸易公司法》，允许国王以特许证书形式授予组建公司的权力，1844 年颁布《合股公司法》（Joint Stock Companies Act），允许私人以注册方式成立公司。1856 年，英国颁布《有限责任公司法》，正式承认有限责任公司的法律地位，但值得注意的是，英国公司法中没有关于无限公司、两合公司以及股份两合公司的规定，类似的组织形式分别由 1890 年的《合伙法》和 1907 年的《有限合伙法》予以调整。1862 年英国颁布新的《公司法》（Companies Act），1908 年制定《统一公司法》，19 世纪末英国商务部形成惯例，成立专家委员会每隔 20 年左右对公司法进行定期审查，提出修改意见，并延续至今。英国公司法于 1929 年、1948 年、1967 年、1976 年、1980 年、1981 年、1985 年、1989 年历经多次修改并日渐完善，以适应公司发展的最新需要，英国公司法的最近一次修改是 2006 年，其核心理念体现为股东权利的回归。

英国虽为非成文法国家，但其公司法却以成文法的形式出现，其特点主要有二：一是就调整对象而言，仅适用于有限责任公司；二是调整范围广泛，包括证券法以及公司破产、清算、重整等内容。公司破产之所以规定在公司法，而不是在破产法中，是因为英国破产法只适用于个人而不适用于公司的破产，这也与其他许多国家不同。

5. 美国。美国公司立法虽然也属于英美法系，但又具有其自身的特殊性。在美国，公司立法权由各州议会享有，联邦政府仅有权制定有关公司破产的破产法和证券交易法。1807 年，纽约州颁布了美国第一个有关公司的法律，允许私人组织公司，其影响甚巨，为后续其他各州公司立法所效仿。这一时期公司方面的法律规范，不仅来源于立法机构，更多地来源于法院的判例，由法院判例构成的公司法，有时也称普通公司法。普通公司法在很多方面继承了英国的规范，但又有自己的发展。由于美国独特的立法体制，使各州在股东权利、投资限制、优惠和豁免、设立程序以及税负等方面均有所差别，各州亦在公司制度方面展开竞争，制定各种优惠措施吸引投资，其中尤以 1899 年特拉华州公司法最为著名，该州公司法规定的公司设立条件和程序比较灵活、简便，税收和费用又比较低，所以许多外州的公司便到该州设立公司并注册登记，然后在该州或该州以外的地点营业，这就是美国特拉华州公司法比起其他各州公司法名气更大的原因。20 世纪始，为规范公司活动、统一各州立法，美国于 1909 年制定了全国统一的《股票转让法》、1928 年制定了《统一商事公司法》、1950 年制定了《标准

---

[1] 朱大明：《公司法立法指导原则的研究——以日本公司法现代化改革为中心》，载《清华法学》2022 年第 2 期。

商事公司法》（或译"标准公司法"）。这些法律也像"统一买卖法""统一合伙法""统一商法典"那样，并不是联邦统一制定的具有强制效力的成文法，而只是供各州议会采纳，只有经过各州议会通过才对该州有强制效力。"标准公司法"经多次修正，对各州公司立法产生了积极的影响。

美国公司立法的最大特点是大多数的公司都按各州的公司法成立并活动。美国公司法中所称的外国公司不仅包括外国公司，而且包括外州公司。由于各州公司法规定的创办公司的条件和收费、权利能力、公司税收、优惠和豁免等都有所不同，有的差别还比较大。这就使得欲设立公司的发起人可以根据各州公司法规定的不同而有较大范围的选择。

（二）我国公司法的历史发展

1. 中华人民共和国成立之前的公司立法。中华人民共和国成立之前，我国公司立法只有近50年的历史。我国长期处于封建社会，商品经济的发展起步较晚，传统的中国社会中没有公司这种形式。直至清末西方列强入侵后，始仿效英美通过招商集股方式兴办轮船、电报等企业，如上海轮船招商局即为当时以招商集股方式设立的最早的公司之一。清政府为了加强商业贸易的发展，调整新出现的这种经济关系，于1902年（光绪二十八年）任命沈家本和伍廷芳为法务大臣，同年成立商部，把修订商律作为主要工作，开始制定商人通例和公司律。1904年1月（光绪二十九年十二月）正式颁布《公司律》，这是我国第一部公司法。这部公司法是以1856年英国《合股公司法》和1862年英国《公司法》以及1899年日本《商法典》为蓝本而制定，所以《公司律》是英美法与大陆法混合的产物。

中华民国成立后，北洋政府于1914年颁布了《公司条例》，该条例后来又经历了两次修改。1929年12月，南京国民党政府颁布了《公司法》，该法共六章233条，以德国、日本等大陆法系国家的公司立法为蓝本，是一部比较完整的现代中国公司立法。1946年，南京国民党政府吸纳英美法制，对其予以大幅修正，扩充为十章361条，将原由单行法规调整的有限公司涵盖其中，同时增设外国公司及公司登记、认许制度。该部公司法后来在我国台湾地区经过1966年、1968年、1969年、1970年、1980年、1983年、1990年、1997年、2000年、2001年多次修改而沿用至今。

2. 中华人民共和国成立以来的公司立法。中华人民共和国成立之后，废除了包括上述《公司法》在内的《六法全书》。1950年政务院颁布了《私营企业暂行条例》，1951年颁布《私营企业暂行条例施行办法》，规定当时存在的私营企业可以采取公司形式，包括无限公司、有限公司、两合公司、股份有限公司和股份两合公司五种。这时的公司立法只是限于调整私营企业的经济关系。1954年颁布了《公私合营工业企业暂行条例》，公私合营企业虽然不称为公司，但其实质内容具有有限公司的特征，因为它确认公私双方的股份并确定合营企业股东对企业债务负有限责任。

1956年社会主义改造完成后，上述公司形式即被取消。此后，在我国经济领域中只存在国营企业和集体企业。随着国营企业专业化协作的不断发展，一种体现高度计划统一模式的生产性专业公司就产生了。1961年的《国营工业企业工作条例（草案）》（即"工业70条"）第43条规定，企业要通过各种形式、有计划地组织协作，实行物资的定点供应。凡是企业和企业间能够和需要直接联系的，都要直接建立协作关系；

不能够直接联系的，可以按行业把有关的工厂组成生产性的专业公司（如通用机械公司、仪表公司等），可以按专业产品组成销售公司（如五金公司、化工原料公司等）或者购销站，由它们分别负责组织产品的生产和供应。可见，这些公司虽然名为生产性的专业公司或销售公司，实际是按计划组织生产和销售的行政性公司，而非现代公司法意义上的经营性公司。

从 20 世纪 60 年代起，中央采取在工业、交通部门试办托拉斯的改革措施，这是企业经营的一项重大改革措施。托拉斯即为联合公司，是效仿苏联工业联合公司的模式，实行专业化生产的大、中、小型企业相结合的生产体系。当时主要采取两种做法：第一种做法，是从一开始就建立全国统一的托拉斯，如中国烟草公司、中国医药工业公司、汽车工业公司、纺织机械公司等；第二种做法，是先建立地区性托拉斯，如长江航运公司、京津唐电力公司等。这种公司是生产经营性的，但它是根据行政命令组合而成的具有垄断性的国营工业联合公司，该种公司类型多受行业限制，数量有限。

1979 年后，中国进入改革开放时期，公司发展较快，立法上亦体现出活跃性。1980 年国务院公布《国务院关于推动经济联合的暂行规定》（已失效），提出走联合之路，将现有企业改组、合并为各种联合公司；提出要坚持自愿原则，不能用行政命令强行组织；允许组织联合体，不受行业、地区和所有制、隶属关系的限制。这个规定是后来企业联营式公司发展的基础。1986 年国务院公布《国务院关于进一步推动横向经济联合若干问题的规定》（已失效），用以推动建立领域广泛、形式多样的经济联合，使经济联合进入一个新的阶段。它可以是生产领域的联合，可以是生产与科研之间的联合，可以是生产与流通之间的联合，可以是流通领域之间的联合，可以是综合部门、专业部门、军用工业、民用工业、各地区、各中心城市之间的联合。除物资、市场、销售上的联合外，也可以是资金上的联合，后来又进一步提倡企业之间走资金联合的道路，这就形成了以企业联营为主要形式的有限责任公司。1986 年公布的《中华人民共和国民法通则》（以下简称《民法通则》，已失效）在"法人"一章中专门规定了联营，上述法律、法规共同构成联合性公司发展的法律基础。这一阶段亦着重强调对公司的整顿，国务院 1985 年公布了《国务院关于进一步清理和整顿公司的通知》、1988年公布了《中共中央、国务院关于清理整顿公司的决定》，1985 年国务院批准通过了《公司登记管理暂行规定》（已失效）、《工商企业名称登记管理暂行规定》（已失效），对公司制度的完善和发展具有积极作用。1988 年国务院公布《中华人民共和国私营企业暂行条例》（已失效），规定私营企业可以分为三种形式，即独资企业、合伙企业、有限责任公司，并在第 9 条第 1 款规定："有限责任公司是指投资者以其出资额对公司负责，公司以其全部资产对公司债务承担责任的企业。"这样，法律就实际上规定了以法人或自然人作为股东而设立的有限责任公司。同时，受对外开放政策的指引，国家亦相继于 1979 年公布了《中华人民共和国中外合资经营企业法》（以下简称《中外合资经营企业法》，已失效）、1986 年公布了《中华人民共和国外资企业法》、1988 年公布了《中华人民共和国中外合作经营企业法》，以吸引外国投资。以外商投资公司为先导，股份制公司组织也逐渐复兴，为适应公司形式的发展，在立法方面出现了地方性法规，如 1992 年的《深圳市股份有限公司暂行规定》《上海市股份有限公司暂行规定》；同时也出现了全国统一的公司立法，如 1992 年的《股份有限公司规范意见》（已失效）、《有限责任公司规范意见》（已失效），对股份有限公司和有限责任公司的设立、组织机构、财务会计、合并与分立、终止与清算等事项予以系统规定。上述规范性文件，为《公司法》的颁布和顺利实施奠定了基础。

1993 年 12 月 29 日第八届全国人民代表大会常务委员会第五次会议通过了《公司法》，并于 1994 年 7 月 1 日起施行，该部《公司法》的颁布标志着中国公司法的发展进入了一个新的规范阶段。随着改革开放的深入和市场经济的发展，为适应公司制度的发展，我国于 1999 年、2004 年和 2005 年对公司法进行了三次修订。修订后的《公司法》降低了最低注册资本限额，授予股东诉权、请求司法解散权，设立累积投票制，健全董事制度，专节规定一人有限公司、国有独资公司，承认公司法人人格否认制度等，这些制度凸显了鼓励投资、保护股东权益和债权人利益等基本原则，使得我国公司法无论是在立法技术还是在制度设置上均具有灵活性和前瞻性，为我国公司制度的发展和完善提供了法律支持。为配合 2005 年《公司法》的贯彻和实施，国务院于 2005 年 12 月 18 日修订、公布了《公司登记管理条例》；最高人民法院于 2006 年 4 月 28 日公布了《公司法解释（一）》，后来又分别于 2008 年 5 月 12 日和 2011 年 1 月 27 日公布了《公司法解释（二）》和《公司法解释（三）》。

2013 年我国对《公司法》又作了重大修正，这次修改主要包括以下四项核心内容：①取消对公司注册资本最低限额的限制；②取消对公司注册资本实缴的限制；③取消对公司货币出资的比例限制；④取消公司登记提交验资证明的要求，公司营业执照不再记载"实收资本"事项。为适应修改后的《公司法》，2014 年 2 月 20 日最高人民法院修改并重新公布了上述三个公司法解释。最高人民法院的这三个公司法解释，对公司纠纷案件的审判实践具有重要的指导意义。2018 年对公司资本制度相关问题作了修改。2023 年 12 月 29 日，十四届全国人民代表大会常务委员会第七次会议修订通过《公司法》，自 2024 年 7 月 1 日起施行。这次公司法的修订，也是一次全面的、系统性的修订。

第 二 章

公司设立制度

【本章导读】现代社会随着公司与社会公共利益的联系日益密切，公司的设立自然也就成为国家干预的一个重要领域。公司依法设立是公司取得独立法人资格，作为企业组织形式进行运营，实现其营利目的的前提，公司设立制度作为公司法上的基本制度，具有重要的作用和地位。

本章以公司设立的基本概念、特征以及公司设立的原则、效力为理论基础，较为全面地介绍了公司设立的具体方式、条件和程序。本章学习的重点和难点是掌握并理解公司设立的实质条件、公司设立与公司成立的关系、公司设立的效力等。

第一节　公司设立概述

一、公司设立的概念和特征

公司设立（Incorporation），是指公司的设立人为了成立公司并使其具有法人资格而依法渐次进行的一系列活动的总称。公司设立的实质在于使一个尚不存在或正在形成的公司逐渐具备条件进而取得民事主体资格的过程。总体而言，我们可以将公司设立的特征概括为以下几个方面：

1. 公司设立的主体是公司设立人。公司设立人[1]，又称公司创办人（Incorporators/Promoters），是指依法出资或认购股份并以筹建公司为目的的进行一系列法律行为的人。设立人可能是数人，也可能是一人；既可能是自然人，也可能是法人或国家等。设立人在公司法上具有特殊的主体地位，设立人对内执行设立业务，对外代表正在设立中的公司。若公司设立完成并依法成立，则设立人自动转为公司的股东；若公司设立失败未能依法成立，则由设立人对设立中公司的行为承担责任。

2. 公司设立必须依照公司法的规定进行。公司设立包括一系列的实体性条件和程序性要求，各国公司法对此均作出了严格规定。只有按照公司法规定的条件和程序完成设立行为，才能产生成立公司并使其获得法人资格的法律效果。也就是说，未完成设立行为或设立行为虽已完成但未满足法律规定的条件，公司均不能成立。比如，设立时没有提供设立申请或文件，股东出资未经验证等，都将导致公司设立的失败。

3. 公司设立以公司成立并取得法人资格为目的。公司设立行为的目标是取得公司法人资格，公司只有取得了法人资格，也就是取得法律上的主体地位，才具有行为能力和权利能力，才能以自己的名义享有民事权利和承担民事义务。公司不像自然人一

---

[1] 股份有限公司的设立人称为发起人，本书与我国现行的《公司法》相对应，仅对股份有限公司的创办人称发起人，其他场合则称包含了发起人在内的公司创办人为公司设立人。另外，《公司法》将从事有限责任公司的创办人直接称为"股东"，似乎不够周延，因为公司设立一旦失败，此时创办人就不能当然取得股东的身份，故称"设立人"为妥。

样可以基于出生获得法律人格，而必须依照法律规定完成设立行为始可获得法人资格。设立中的公司并不具有法律上的权利能力，且只能从事与设立、筹建公司相关的行为，超出该范围的行为即属设立人的个人行为，与公司设立无关，由此而产生的行为后果应当由设立人自己承担相应的法律责任。除非公司成立后对该行为予以追认。

4. 公司设立是一系列的法律行为综合实现的过程。公司设立包括公司发起、筹建和成立的全过程，涉及公司设立人为筹建公司而订立设立人协议（Agreements to form corporation），选择公司类型，制定公司章程，决定公司名称、住所、经营范围、出资方式、资本总额，由设立人认股并出资、召开创立会议、选举公司机关成员以及申请设立登记等一系列法律行为。值得注意的是，公司设立的具体内容会因公司类型的不同而有所区别，相对而言，在各种公司设立中，股份有限公司的设立无论在设立行为的实体内容上，还是在设立程序上，均较其他公司复杂。

二、公司设立与公司成立的联系和区别

要正确理解上述公司设立的概念和特征，还必须明确公司设立与成立的关系。公司设立与公司成立既有紧密的联系，又有显著的区别。如上所述，公司设立是公司设立人以公司成立为目的而进行的一系列法律行为，而公司成立则是指公司设立人完成公司设立行为，经公司登记机关核准登记，领取营业执照，获得公司法人资格的一种法律事实。公司成立的日期是营业执照的签发日期。公司设立是公司成立的前提条件，公司成立是公司设立的行为目的和法律后果。二者的区别主要在于：

1. 发生阶段不同。一般而言，公司设立行为发生在公司取得营业执照之前；而公司一旦领取营业执照、取得法人资格，即告成立。实际上，公司的成立是设立行为被法律认可后依法存在的一种法律后果。也就是说，设立行为并不必然导致公司的成立，设立行为只有符合法定的条件和程序，才可能为法律所承认，否则，公司也就无法成立。

2. 行为人不同。公司设立行为的当事人主要是由设立人，即发起人或者认股人组成；而公司成立行为的当事人则是由申请人和有权批准申请的主管机关组成。

3. 性质不同。公司设立表现为设立人一系列的民事法律行为，其要素是设立人的意思表示，受平等、自愿、诚实信用等民商法基本原则的指导。其性质因公司类型的不同可以界定为共同民事法律行为或单独民事法律行为。

而公司的成立发生在设立人与主管登记机关之间，即设立人必须向政府有关部门申请注册登记，导致成立行为以主管机关颁发营业执照为要素，属于行政行为。这一行政行为产生的是民法上的后果：申请成立的公司由此而取得法人资格。其作用相当于民法上的形成权。

4. 法律效力不同。设立阶段的公司并不具备独立的法律主体资格，公司在被核准登记之前，被称为设立中的公司，其内部、外部关系一般被视为合伙。公司设立仅仅是公司成立的前提要件。因此，在设立阶段，不得以公司名义从事与设立行为无关的活动。即便公司设立行为已经完成，只要未经注册登记，仍然不得作为民事法律关系的主体。公司成立之后，由设立行为所产生的权利义务，亦未必当然由公司承担，只有经股东会或创立大会认可设立行为的正当性之后，公司才承受设立行为的法律后果；公司一旦不能成立，就要类推适用有关合伙制度的规定，由设立人对设立阶段的行为后果承担连带责任。

5. 争议解决的依据不同。因公司设立行为产生的争议，属私法范畴，其争议的解决由相关的民事法律法规解决；而公司成立，因涉及公司登记机关的行政行为，具有公法属性，其争议的解决适用行政法和行政诉讼法。

三、公司设立行为的性质

如前所述，公司设立是设立人为了成立公司而依法进行的一系列法律行为的总称，对于这些法律行为的性质，学界认识不尽一致，大致可概括为如下四种学说：

（一）契约行为说

该说认为设立人合意组建公司，签订协议，制定公司章程等均为民法中的契约行为，并具体将其视为合伙契约。此说不足之处在于，在真正的契约关系中双方当事人各负对待给付义务，一方之所得为另一方之所失，是意思表示交错一致的关系；而在公司设立过程中设立人签订协议、制定章程，其意思表示平行一致，彼此不存在相互给付的义务，行为目标是一致希望成立公司。

（二）单独行为说

该说认为设立行为是每一设立人各自的单独行为，围绕成立公司这一共同目标而竞合。单独行为导致每一行为人的单独责任，并且因共同目的而导致单一责任的连带，所以，每一设立人就设立行为发生的债务负全部给付义务。[1]该说虽然强调了设立人的设立行为，但既然是每个设立人行为的集合，则应属共同行为，而非单独行为，只有设立一人有限责任公司的情形符合此说。

（三）合并行为说

该说认为公司设立既有上述契约行为的性质，又有单独行为的性质。公司设立行为是契约行为和单独行为的有机结合，或者说，是一种混合性质的行为。此说的不足之处主要在于：这里的合并行为本身并非严格意义的法律概念；同时，其所谓"混合性质"的定性实际上并没有明确设立行为的实质。

（四）共同行为说

该说认为公司设立行为的基础是多数人一致的意思表示，行为效果是行为人取得同质的股东权，因而属民法上的共同行为。共同行为人之间的关系是"平行融合型"。彼此不存在互相给付义务，行为后果是达到共同一致的目的。[2]共同行为说揭示了设立行为的实质，因为全部设立行为都是设立人以创立具有独立主体资格的公司为目的而为的共同一致的意思表示。目前共同行为说被认为是有关公司设立行为性质的主流学说，但它也有不周延之处，例如，一人公司的设立行为就属于个别的单独行为或单方行为，不具有多数人意思表示一致的性质。可见，公司设立行为是十分复杂的，难以用一种学说去涵盖。

综上所述，公司设立行为的性质，应当因设立公司类型的不同而具有不同的界定。一般情况下，公司设立行为是多个设立人基于共同的设立公司的目的指向，以设立人协议和公司章程的形式进行共同的意思表示，并对设立行为引起的法律后果承担连带

---

[1] 江平主编：《新编公司法教程》，法律出版社 2003 年版，第 80 页。
[2] 江平主编：《新编公司法教程》，法律出版社 2003 年版，第 81 页。

责任的法律行为，性质上属于多数人的共同行为。但在设立一人有限责任公司的情况下，其性质则表现为单独法律行为。

四、公司设立的法律原则

（一）公司设立原则的沿革

公司设立的法律原则，是指一国法律所规定的公司设立的基本依据和方式。此原则随着公司的发展而不断演变，且受一个国家社会经济发展、历史背景以及公司类型等因素的影响。概括而言，从古罗马社会到近现代工业社会，公司设立的法律原则经历了自由设立主义、特许设立主义、核准设立主义以及准则设立主义等几个不同的历史阶段。

1. 自由设立主义。自由设立主义，又称放任设立主义，是指公司的设立完全听任当事人的自由，设立何种公司、怎样设立公司等事宜国家不加任何干涉或限制。从罗马社会到中世纪，商业社团是依事实而存在，而不是依法创设。法律既不承认商业社团是"法人"，也不对商业社团的成立主动干预，故成为商业社团既无法定条件的限制，也无注册登记的程序。自由设立主义是欧洲中世纪公司制度萌芽时期各国对公司设立所采取的普遍态度，但是，这一时期的公司形式多为合伙或无限责任性质的公司，所以在理解自由设立主义时应注重考察其适用对象。自由设立主义虽然便于公司的设立，但极易导致公司滥设，危及债权人的权益，进而损害整个社会的商事交易安全，法律难以对其进行有效制约。这一原则随着法人制度的建立和完善而被淘汰。

2. 特许设立主义。特许设立主义，是指公司的设立需要国家元首特别许可或者议会颁布专门法令予以许可。这一原则起源于13世纪~15世纪，旨在矫正自由设立主义所带来的公司滥设等各种弊端，并于17世纪、18世纪在英国盛行。其形式主要表现为两种：一是经国王特许设立的"特许公司"（Charted company），如英国1600年设立的东印度公司就是经过英国王室特许设立的；二是经议会特别法案特许设立的"法定公司"（Statutory company），如英国早期经营运河、船坞、铁路、电力、煤气和自来水等业务的公司。特许设立主义对公司设立的限制过于严格，使公司设立成为一项特权，阻碍了自由竞争和统一市场的形成，难以适应社会经济发展的需要。故该原则亦逐渐被近代公司立法所摒弃，除个别特殊性质的公司外，一般公司的设立不再适用这一原则。

3. 核准设立主义。为克服特许设立主义立法所产生的弊端，核准设立主义应运而生。核准设立主义，又称许可设立主义或审批设立主义，是指公司的设立除需要满足法定的一般条件外，还需要经过政府主管部门的审核批准，方能成立。该原则最早源于1673年法国路易十四颁布的《商事条例》，后为法国1807年《商法典》和德国1861年《商法典》所采用，并逐渐扩展至其他国家。核准设立主义和特许设立主义的主要区别在于：核准设立是赋予行政机关的一种特权，公司的成立系基于已有的法律而由行政主管机关核准；而特许设立则是赋予立法机关或权力机关的一种特权，每一公司的成立须制定相应的法律或由国家元首发布命令。相对而言，核准设立主义极大地便利了公司的成立，它较特许设立主义有了较大的进步。但核准设立主义仍对公司设立过多限制，且国家行政机关的介入容易引起权力寻租的现象，有碍市场经济的发展和公司设立自由。在现代各国的公司法中，除为国家经济安全或国计民生的需要，而对某些特殊营业公司的设立采取核准设立主义外，多数国家不再采用此主张。

4. 准则设立主义。准则设立主义，又称登记设立主义，其本身又经历了从单纯准则设立主义到严格准则设立主义的演变过程。所谓单纯准则设立主义，是指法律预先规定公司设立的条件，公司只需满足法定设立条件即可取得法人资格，而无需主管机关的核准。单纯准则设立主义是为了适应当时自由资本主义经济发展的需要，由英国1862 年《公司法》最先确立，其初衷是为矫正核准设立主义的弊端，简化公司设立程序、便利公司成立。然而，单纯准则设立主义亦难摆脱自由设立主义失之过宽的缺陷，为加强对公司设立行为的监管，从而产生了严格准则设立主义。所谓严格准则设立主义，是指严格公司设立的法定条件，加重设立人的法律责任，同时加强司法机关、行政主管机关对公司设立的监管。严格准则设立主义既克服了特许设立主义和核准设立主义的程序繁琐和过于严格，又避免了自由设立主义和单纯准则设立主义的过于放任和疏于监管，为现代公司立法所普遍采用。

（二）我国公司设立的原则

就我国而言，在 20 世纪 90 年代之前，对公司设立长期实行注册前的审批主义，即这期间我国奉行核准设立主义原则。注册前的审批，其内容涉及发起许可、筹建许可、经营范围许可。设立公司的每一环节不止涉及一个主管机关。审批的依据主要是行政规章和行政管辖权。完成审批程序之后，由工商行政管理局进行"开业登记"，颁发营业执照。这种做法在我国公司法制尚不健全的时代，曾经起到过积极作用，但随着经济的发展，其弊端日益显露。如行政干预引起的权力寻租现象严重；带有计划经济痕迹的政企不分导致公司运作失灵；公司设立监管过度、成本过高、效率低下等。因此，为营造公平竞争的市场经济环境，对公司的设立和发展提供制度支持，1993 年《公司法》对公司设立制度予以改革，采取核准设立主义和严格准则设立主义相结合的原则。就有限责任公司而言，区分两种情况：一般的有限责任公司实行严格准则设立主义；特殊行业的有限责任公司则依照法律、行政法规的规定实行核准设立主义。但对于股份有限公司，根据 1993 年《公司法》第 77 条的规定[1]，则一律采取核准设立主义。

我国在 1993 年的《公司法》中，对有限责任公司和股份有限公司实行不同的设立原则并无充分的理论依据，而且对股份有限公司采取过度限制的核准设立主义原则，亦不符合股份制发展的现实需要。所以，我国在总结公司设立实践的基础上，充分借鉴国外的立法经验，对公司设立制度进行了重大改革。我国在 2005 年修订后的《公司法》第 6 条第 1 款、第 2 款规定："设立公司，应当依法向公司登记机关申请设立登记。符合本法规定的设立条件的，由公司登记机关分别登记为有限责任公司或者股份有限公司；不符合本法规定的设立条件的，不得登记为有限责任公司或者股份有限公司。法律、行政法规规定设立公司必须报经批准的，应当在公司登记前依法办理批准手续。" 2023 年《公司法》新设"公司登记"一章，将上述内容分别纳入该章的第 29 条、第 31 条之中。除此之外，《公司法》还对公司设立的注册资本、出资方式、设立

---

[1] 1993 年《公司法》第 77 条规定：股份有限公司的设立，必须经过国务院授权的部门或者省级人民政府批准。

人责任等予以明确规范。由此可知，我国现行《公司法》对公司设立采取的是准则设立主义和核准设立主义相结合的原则。具体而言，设立普通公司，包括普通的有限责任公司和普通的股份有限公司，采取准则设立主义，即只需满足法定的条件和程序，可直接向公司登记机关申请设立登记；而如果设立法律、行政法规规定必须报经批准的特殊公司，则采取核准设立主义，即除需要满足法定的条件和程序外，还须先取得主管机关的批准，始可申请设立登记。

第二节　公司设立的方式

按照大陆法系国家和地区的公司立法，公司的设立方式主要有发起设立和募集设立两种。在法国、意大利、瑞士和荷兰等国采取发起设立的方式较为普遍，而日本等国则多采取募集设立方式。在英美法系国家和地区，公司成立之前不要求设立人认购股份，也不允许公开发行股份，法律上对其注册资本也没有最低数额的限制，股东每人认购一股股份即可登记成立公司，公司设立只需履行一般的注册手续。只有在公司成立之后，才允许以公司名义公开发行股票筹集公司资本。所以，其公司立法中没有发起设立和募集设立的概念。我国《公司法》对发起设立和募集设立方式均有规定。就某个股份有限公司而言，是采取发起设立方式还是募集设立方式，可以由设立人根据具体情况自行决定选择其中之一。另外，我国公司实践中还存在国有企业的改建设立和股份有限公司与有限责任公司相互转化公司形态而产生的设立。

一、发起设立

发起设立，又称共同设立或单纯设立，是指由设立人认购公司应发行的全部股份而设立公司。总体而言，采取发起设立方式设立，是由于各个设立人的资金比较充足或者公司的资本总额无需太高，在设立公司时，无需向社会公众募集资金，仅凭发起人的出资就可构成公司的资本总额。这种情形下，发起设立方式有助于降低公司设立成本，程序简单，设立时间较短，而且可以维持股东的稳定性。一般来讲，任何类型的公司均可采取这一设立方式，中小企业更为适合。如果所需股本较大，发起人又难以认购公司应发行的全部股份，则不宜采取这种设立方式。

无限公司、两合公司、有限责任公司均属封闭性公司，人合性强，不能向社会发行股份，所以其设立方式只能是发起设立。股份有限公司属于开放性公司，可以向社会发行股份，因而股份有限公司既可以采取发起设立方式设立公司，也可以采取募集设立方式设立公司。

我国《公司法》未明确规定有限责任公司的设立方式，但《公司法》第47条第1款规定："有限责任公司的注册资本为在公司登记机关登记的全体股东认缴的出资额……"可见，有限责任公司可以而且仅能选择发起方式设立。我国《公司法》第91条明确规定股份有限公司可以采取发起设立方式，由发起人认购设立公司时应发行的全部股份而设立公司。

从上述规定可以看出对于普通公司，无论是有限责任公司还是股份有限公司，以发起设立方式设立公司的，我国现行《公司法》均取消了股东出资达到法定资本最低限额。这比 2013 年修正前《公司法》的相应规定[1]更有利于投资者设立公司。

二、募集设立

募集设立，又称渐次设立或复杂设立，是指由发起人认购公司应发行股份的一部分，其余股份向社会公开募集或者向特定对象募集而设立公司。募集设立方式可以向除发起人之外的社会公众或者特定对象筹措资金，有利于拓宽公司的资金来源，从而缓解发起人的资金压力、增加中小投资者的投资渠道。公司向社会公众或者特定对象募集股份，其结果是凡持有股份的人都是公司的股东，所以，以募集设立方式设立的股份有限公司，从其成立时起，其股东除发起人以外，还有社会公众或者特定对象。募集设立方式的不足是其设立程序复杂、成本较高；公司股东（包括发起人和认股人）处于变动状态，难以监管；且容易诱发发起人的道德风险，认购少量股份并溢价发行股票以套取社会公众资金，危害公众投资安全。

根据我国《公司法》的规定，募集设立方式仅适用于股份有限公司。且为了避免募集设立方式的弊端，遏制发起人的投机、欺诈行为，保持股份有限公司的公众性，对发起人和认股人的投资比例予以限制，《公司法》第 97 条第 2 款规定："以募集设立方式设立股份有限公司的，发起人认购的股份不得少于公司章程规定的公司设立时应发行股份总数的百分之三十五；但是，法律、行政法规另有规定的，从其规定。"针对这一规定，还有两点需要说明：①发起人认购的股份是指所有发起人认购的股份的总额，而不是某一个发起人认购的股份额。至于每一个发起人应当认购的股份的总额，《公司法》没有明确规定。因而在设立公司时，即使某一个或者某几个发起人认购的股份很少，但如果其他发起人认购的股份很多，所有发起人认购的股份在总额上达到了公司章程规定的公司设立时应发行股份总额的 35%，同样符合《公司法》对募集设立股份有限公司的发起人认购股份的要求。②此条列有"但书"，说明《公司法》对采取募集方式设立公司时发起人认购的股份比例的限制性规定是一般原则，如果其他法律、行政法规对该股份比例另有规定的，则应当适用相关例外规定。

另外，值得注意的是，我国《公司法》规定的募集设立方式包括向"社会公众"募集和向"特定对象"募集两种，即所谓的"公开募集"和"定向募集"。采取"公开募集"方式设立，是指公司发行的股份除由发起人认购外，其余股份应向社会公开发行。采用"定向募集"方式设立，是指公司发行的股份除由发起人认购外，其余股份不向社会公开发行，但可以向其他法人发行部分股份，经批准也可向本公司内部职工发行部分股份。定向募集方式在某些方面具有发起设立和社会公众募集设立方式所不具备的优点，特别是在我国国有企业股份制改造过程中，股票市场尚未充分开放的情况下，公司可以不受股票发行配额的限制，通过向特定对象发行股份的方式达到筹集资金和改变企业单一产权结构的目的，又可以掌握控制公司股权的主动性，同时，还可以在条件具备时转化为社会募集公司。但是，定向募集方式也有其弊端，主要表

---

[1] 2013 年修正前的《公司法》规定，以发起设立方式设立公司的，公司全体股东的首次出资额不得低于注册资本的 20%，也不得低于法定的注册资本最低限额，其余部分由股东自公司成立之日起 2 年内缴足；其中，投资公司可以在 5 年内缴足。

现为透明度不高，公司内部职工股与社会个人股之间待遇相差悬殊，甚至可能造成我国公司形态和证券市场的混乱，滋生出名目繁多的审批权等。

最后，有必要回顾一下我国定向募集制度的沿革。定向募集在我国资本市场也称作"私募"或"私募股权"（Private equity，简称"PE"），最早是在1992年的《股份有限公司规范意见》（已失效）第7条第3款、第4款中作出规定，即采取定向募集方式设立，公司发行的股份除由发起人认购外，其余股份不向社会公众公开发行，但可以向其他法人发行部分股份，经批准也可以向本公司内部职工发行部分股份。采取发起方式设立和定向募集方式设立的公司，称为定向募集公司；采取社会募集方式设立的公司，称为社会募集公司。定向募集公司在公司成立一年以后增资扩股时，经批准可转为社会募集公司。但由于"社会募集""定向募集"之分与当时的股票发行配额交错作用，人为地造成了我国公司形态与证券市场的混乱。因此，我国1993年的《公司法》及1999年的《证券法》都取消了在股份制公司募集设立中的"社会募集"与"定向募集"的划分，一律采取公开向社会发行的募集方法。尽管我国1993年《公司法》及1999年《证券法》没有关于私募发行的规定，但在我国证券和公司领域，私募发行事实早已存在。比如，我国境内上市外资股（B股）市场几乎都是采取的私募发行方式；还有我国新股发行中的向原股东配股实际上也相当于是私募行为；为规避法律的规定，表面上是公募而实为私募的发行等。然而，由于缺乏足够的法律规范，我国私募发行出现了许多问题，影响了资本市场的正常秩序。因此，在人们的印象中，私募似乎总是与非法集资联系在一起的。随着我国资本市场中机构投资者（Institutional investors）的日益壮大，我国私募发行的条件也日益成熟。特别是我国加入WTO后，发展和完善私募发行制度成为提升我国资本市场国际地位的要求。因此，我国2005年修订的《公司法》为鼓励投资创业、满足投资者对不同投资方式的需求，正式确立了股份有限公司可以采取定向募集的方式设立，至此私募发行行为在我国正式取得了合法性的地位。这是我国股份发行制度的重要变革，对我国企业特别是中小企业的融资需求与我国资本市场的完善有着重要作用。但是，我国现行《公司法》对私募发行的条件、程序以及监管等问题尚未作具体规定，有待于进一步完善。

第三节　公司设立的条件

公司设立的条件，是指公司依法取得法人资格所必须具备的要素，体现了公司法对公司设立行为的规制，公司设立的条件因公司类型的不同而有所差异。具体而言，设立公司应当满足以下条件：

一、设立人的条件

股东或者发起人符合法定人数，这是公司设立的主体条件。公司是社团法人，其成立须为多人之联合。对于有限责任公司股东人数的下限，各国或地区的公司法有不同的规定。如有的规定须在5人以上，有的则规定3人或2人以上等。由于现代公司法对一人公司的承认，许多国家或者地区已经取消了对有限责任公司最低股东人数的要求。我国2005年修订之前的《公司法》第20条规定2人以上才可以设立有限责任公司，但修订后的《公司法》承认了一人公司，不再有2人以上的要求。

关于有限责任公司股东人数的上限，由于有限责任公司具有人合性和封闭性的双重特点，所以，法律对其股东人数一般都设置了最高限额，比如，1948 年英国《公司法》规定，设立的有限责任公司不得超过 50 人；日本《有限责任公司法》和韩国《商法》均规定，设立有限责任公司不得超过 50 人。我国《公司法》第 42 条规定，有限责任公司由 1 个以上 50 个以下股东出资设立。由此可见，我国对有限责任公司的股东人数的上限同样作了严格限定，即不超过 50 人。

与有限责任公司相比，股份有限公司具有资合性和开放性，其股东人数较多，并且流动性也较大，发起人往往只是公司成立时的股东的一部分。对于股份有限公司的发起人，许多国家或地区的公司立法对发起人的数量都规定了下限，这几乎是世界公司立法的通例。例如，法国、韩国、英国、比利时、日本等国均规定发起人应为 7 人以上，德国规定发起人应为 5 人以上，挪威、瑞典规定发起人应为 3 人以上，意大利、瑞士、奥地利规定发起人应为 2 人以上。世界只有极少数国家（如美国《标准公司法》）规定发起人可为 1 人以上。

我国《公司法》对股份有限公司的发起人既规定了最低人数限额，又规定了最高人数限额，同时还对发起人的住所设定了要求，即第 92 条规定："设立股份有限公司，应当有一人以上二百人以下为发起人，其中应当有半数以上的发起人在中华人民共和国境内有住所。"此 2023 年修订后的《公司法》把公司发起人人数的下限由原 2005 年《公司法》规定的 2 人改为 1 人，主要是为了降低公司设立的门槛，鼓励投资。而将股份有限公司发起人人数的上限定为 200 人，其理由在于：由于募集设立方式条件要求严格，设立程序复杂，导致公司设立时间长、成本高，股份有限公司的设立人为避免法律对募集设立的各种要求，更愿意采取发起设立方式，而在发起设立方式中，如果发起人过多，则其设立便具有了社会公众性，不应再适用发起设立的规定。所以，将 200 人设定为上限主要是为了避免发起人的社会公众性，避免发起设立有名无实。

至于规定股份有限公司须有过半数的发起人在中华人民共和国境内有住所，其理由在于：设立股份有限公司往往需要较长的时间，在这期间需要一定数量的发起人具体承办设立公司的各种事项，只有一定数量的发起人在中国境内有住所，才便于进行各项活动。同时，只有一定数量的发起人在中国境内有住所，政府相关部门才便于对其进行监督和管理。发起人在中国境内有住所，就中国公民而言，是指该公民的户籍所在地的居住地或者其经常居住地在中国境内；就外国公民而言，是指其经常居住地在中国境内；就法人而言，是指其主要办事机构所在地在中国境内。最后需要指出的是，由于要求在本国有住所的规定往往被认为是一种歧视政策，所以，许多国家的公司立法都纷纷废除发起人在本国境内有住所的规定。

二、资本条件

公司资本是公司得以成立并运营的物质基础，也是公司对外独立承担责任的物质保证。大陆法系国家或地区的公司立法多对有限责任公司的资本总额规定最低限额。如德国《有限责任公司法》规定，有限责任公司基本资本不得少于 5 万马克。我国 2005 年的《公司法》也曾采用法定资本制，对公司设立时股东或发起人的最低出资限额作了强制性规定。[1]2013 年我国《公司法》修正之后废除了实缴资本制，改而采取认缴资本制。2023 年修订后，《公司法》进一步完善了认缴资本制，并且引入了授权资本制以增强公司筹资的灵活性。[2]

股份有限公司是典型的资合公司，公司的存在和对外的信用基础首先取决于其资本。为保护股东及社会公众的利益，大陆法系各国或地区的公司法对于股份有限公司的资本一般都规定了最低限额，而且通常比其他种类公司资本的最低限额要高。对于股份有限公司的资本条件，我国 2005 年《公司法》第 81 条第 3 款就规定：股份有限公司注册资本的最低限额为人民币 500 万元。然而，英美法系国家或地区的公司法由于实行授权资本制，法律上一般不规定公司资本的最低限额。2013 年我国《公司法》修正之后对于股份有限公司与上述有限责任公司一样也废除了实缴资本制，同样采取认缴资本制。但是，法律、行政法规以及国务院决定对有限责任公司或者股份有限公司注册资本实缴、注册资本最低限额另有规定的，从其规定。与此相配套，我国《保险法》《商业银行法》《证券法》等对特殊类型的有限责任公司或者股份有限公司的最低资本限额作了特别规定。

三、组织条件

组织条件包括公司的名称、住所、章程及依法建立的组织机构等。

（一）公司名称

公司名称，如同自然人的姓名一样，是公司在其经营活动中用以区别于其他公司或企业的称谓，也是公司人格化的标志。大多数国家的公司法均对公司名称的设定作出明确的规定，我国《公司法》第 7 条规定："依照本法设立的有限责任公司，应当在公司名称中标明有限责任公司或者有限公司字样。依照本法设立的股份有限公司，应当在公司名称中标明股份有限公司或者股份公司字样。"

一个公司只能有一个名称，且在同一登记机关辖区内，同行业的企业或者公司不得具有相同或类似的名称。根据《企业名称登记管理规定》和《企业名称登记管理实施办法》（已失效）的规定，公司名称一般由行政区划、字号、行业、组织形式等依次组成。且公司名称中不得有下列情形：①损害国家尊严或者利益；②损害社会公共利益或者妨碍社会公共秩序；③使用或者变相使用政党、党政军机关、群团组织名称及其简称、特定称谓和部队番号；④使用外国国家（地区）、国际组织名称及其通用简称、特定称谓；⑤含有淫秽、色情、赌博、迷信、恐怖、暴力的内容；⑥含有民族、种族、宗教、性别歧视的内容；⑦违背公序良俗或者可能有其他不良影响；⑧可能使公众受骗或者产生误解；⑨法律、行政法规以及国家规定禁止的其他情形。另外，企业名称冠以"中国""中华""中央""全国""国家"等字词，应当按照有关规定从严审核，并报国务院批准。国务院市场监督管理部门负责制定具体管理办法。企业名称中间含有"中国""中华""全国""国家"等字词的，该字词应当是行业限定语。

---

[1] 例如，我国2005年《公司法》第26条第2款规定："有限责任公司注册资本的最低限额为人民币三万元。法律、行政法规对有限责任公司注册资本的最低限额有较高规定的，从其规定。"第59条第1款规定："一人有限责任公司的注册资本最低限额为人民币十万元。股东应当一次足额缴纳公司章程规定的出资额。"
[2] 授权资本制的有关内容详见本书第六章公司资本制度。

使用外国投资者字号的外商独资或者控股的外商投资企业，企业名称中可以含有"（中国）"字样。企业分支机构名称应当冠以其所从属企业的名称，并缀以"分公司""分厂""分店"等字词。境外企业分支机构还应当在名称中标明该企业的国籍及责任形式。企业集团名称应当与控股企业名称的行政区划名称、字号、行业或者经营特点一致。控股企业可以在其名称的组织形式之前使用"集团"或者"（集团）"字样。

公司名称可以转让，我国 1985 年《工商企业名称登记管理暂行规定》（已失效）曾经规定，企业名称可随企业一同转让，也可单独转让。由于单独转让弊端甚多，而且，出于对消费者和债权人利益的保护，现代商法大都不允许商号单独转让，也就是说，公司名称的转让应当随同其所代表的公司本身的全部或部分一并转让。因此，我国 2012 年修订的《企业名称登记管理规定》废除了单独转让的规定，其第 23 条规定："企业名称可以随企业或者企业的一部分一并转让。企业名称只能转让给一户企业。企业名称的转让方与受让方应当签订书面合同或者协议，报原登记主管机关核准。企业名称转让后，转让方不得继续使用已转让的企业名称。"但是，2020 年修订的《企业名称登记管理规定》删除了一并转让的要求，其第 19 条规定："企业名称转让或者授权他人使用的，相关企业应当依法通过国家企业信用信息公示系统向社会公示。"根据该条规定，企业对其名称拥有自由转让的权利，也可以通过授权他人使用的方式扩大品牌效用，但考虑到消费者和债权人利益保护，其应当将企业名称的转让和授权情况充分公示。

（二）公司住所

根据我国《公司法》第 8 条的规定，公司住所是指公司的主要办事机构所在地。公司住所不同于公司的经营场所，前者是指公司的主要办事机构所在地，一个公司只能有一个住所且必须经过登记注册，是公司章程的必要记载事项之一；后者是指公司进行生产经营活动的场所，一个公司根据其自身规模需要可以有多个经营场所且无须登记注册。确定公司住所具有如下重要的法律意义：①公司住所是确定工商、税务机关对公司实施登记管理等事项的前提；②公司住所是诉讼中确认地域管辖和诉讼文书送达地点的依据；③公司住所是确定债务履行地和其他民事责任履行地的依据；④在涉外民事法律关系中，公司住所是确定准据法的重要依据。

（三）公司章程

设立公司必须具备章程条件，公司法对有限责任公司和股份有限公司章程的制定设有不同的要求：有限责任公司的章程由公司股东共同制定；股份有限责任公司，采取发起方式设立的，其公司章程由发起人制定，采取募集方式设立的，则由发起人制订公司章程，并经创立人大会通过。公司章程是公司自治的集中体现，对公司的成立、运作、管理等事项影响甚巨，且公司法对其制定、修改、内容以及效力等均作出了详细规范，因此，本书专设一章予以论述，详见本书第三章。

（四）公司机构

组织机构的建立可以使公司具备意思能力、执行能力，便于对外实施行为。大致而言，现代公司的组织机构包括权力机关、决策机关、监督机关和执行机关。组织机构的设立必须符合法律的规定，根据我国《公司法》的规定，有限责任公司应当设立股东会、董事会和监事会，在公司规模较小、股东人数较少的情况下，可以不设立董事会或监事会，而仅设立 1 名执行董事或者 1~2 名监事。有限责任公司和股份公司中的特殊形式一人公司和国有独资公司，鉴于其股东人数的特殊性，不设股东会。股份有限公司除其中的一人公司之外则必须设立股东会、董事会和监事会。

第四节 公司设立的程序

公司设立，除需满足法定的实质条件外，还需符合法定的程序性要件。有关公司设立程序的规定，各国公司法因其采取的公司法律政策和设立方式不同而各有区别。我国《公司法》对有限责任公司和股份有限公司的设立程序分别作了详细规定。

一、有限责任公司的设立程序

依据《公司法》第三章第一节的相关规定，有限责任公司的设立主要应经过下列程序：

（一）设立人发起并签订设立人协议

有限责任公司的设立只能采取发起设立的方式进行。首先，设立人要对设立有限责任公司进行可行性分析和预测，确立设立公司的意向。其次，在设立人有数人时，应当签订设立人协议或作出设立人会议决议。该协议或决议在法律性质上被视为合伙协议。其主要内容包括：公司的宗旨、经营范围和生产规模、注册资本、投资总额及各方出资额、出资方式、经营管理、组织机构以及利润分配和风险分担等。各国和地区的公司法对设立人资格都有限制性规定，而对继受股东的资格则较少限制。

（二）订立公司章程

任何公司的设立均须订立公司章程，订立公司章程的目的是确定公司的宗旨、设立方式、经营范围、注册资本、组织机构以及利润分配等重大事项，为公司成立后的各项活动提供一个基本的行为准则。公司章程必须记载法定的绝对必要记载事项，可以记载法定的全部或部分相对必要记载事项，还可以在不违反强制性规范和公序良俗的前提下，记载一些设立人协商一致的任意事项。依我国《公司法》的规定，公司章程须经全体设立人（股东）同意并签名盖章，才能正式生效。

（三）报经有关部门审批

我国《公司法》第 29 条第 2 款规定："法律、行政法规规定设立公司必须报经批准的，应当在公司登记前依法办理批准手续。"按照我国有关法律的规定，需要办理批准的有限责任公司主要有两类：一类是法律、法规规定必须经批准的。例如，设立经营保险业务的有限责任公司，就应事先得到保险监督管理机关的批准；又如，设立经营证券业务的有限责任公司，就应事先经证券监督管理部门的批准等。另一类是公司经营范围中有必须报经批准的事项。例如，经营烟草的公司，就必须依照《中华人民共和国烟草专卖法》的规定，经过国家烟草管理部门的批准方可经营。

（四）认缴出资

设立有限责任公司，应当有符合公司章程规定的全体股东认缴的出资额，即股东应当认足公司章程规定的出资。

（五）申请设立登记

我国《市场主体登记管理条例》第 3 条第 1 款规定："市场主体应当依照本条例办理登记。未经登记，不得以市场主体名义从事经营活动。法律、行政法规规定无需办理登记的除外。"

对于在申请登记时应当向登记机关提交规定的材料，该条例第 16 条具体规定：申请办理市场主体登记，应当提交下列材料：①申请书；②申请人资格文件、自然人身份证明；③住所或者主要经营场所相关文件；④公司、非公司企业法人、农民专业合作社（联合社）章程或者合伙企业合伙协议；⑤法律、行政法规和国务院市场监督管理部门规定提交的其他材料。国务院市场监督管理部门应当根据市场主体类型分别制定登记材料清单和文书格式样本，通过政府网站、登记机关服务窗口等向社会公开。登记机关能够通过政务信息共享平台获取的市场主体登记相关信息，不得要求申请人重复提供。

（六）登记与颁发营业执照

公司登记机关依法对各项设立申请进行审查，审查内容主要包括拟设立的公司是否具备法律规定的实质条件，其所提交文件的内容和形式是否符合法律、法规的要求。审核之后，对符合法定条件的拟设公司予以登记并发给营业执照，公司即告成立。营业执照的签发日期为有限责任公司的成立日期，自成立之日起公司取得法人资格，可以公司名义对外从事经营活动。凭登记机关颁发的企业法人营业执照，公司可以刻制印章、开立银行账户、申请纳税登记。对不符合法定条件的拟设公司，不予登记。申请人如果对登记机关不予登记的决定不服，可以依法提起行政诉讼。

二、股份有限公司的设立程序

股份有限公司既可采取发起设立方式，又可采取募集设立方式，股份有限公司的设立程序因设立方式的不同而有所差别。

（一）发起设立的程序

在发起设立的方式中，由于公司资本全部由发起人认缴，无需向社会公众募集，因而其设立程序相对简单，与有限责任公司的设立程序基本相同，主要包括签订发起人协议、订立公司章程、办理审批手续、发起人认缴股款、选举公司机关成员以及申请设立登记等。

（二）募集设立的程序

在募集设立的方式中，由于发起人需要对外募集股份，因而其设立程序相对复杂。募集设立的程序主要内容如下：

1. 发起人认足法定数额的股份。发起人认足法定数额的股份，是各国公司法普遍的做法。我国《公司法》第 97 条第 2 款规定："以募集设立方式设立股份有限公司的，发起人认购的股份不得少于公司章程规定的公司设立时应发行股份总数的百分之三十五；但是，法律、行政法规另有规定的，从其规定。"这一规定的目的在于保证公司设立能够顺利进行，加重发起人的责任从而保护众多投资人的利益。因为股份有限公司的经济能力来自发起人和其他股东的出资，如果发起人不认足法定数额的股份，则发起人对公司就不能够承担或者承担很轻的责任，这样就可能导致发起人不经过认真的可行性研究就设立公司，甚至利用设立公司进行欺诈活动。另外，如果发起人不予出资或者出资很少，那么他们就可能因为与公司利害关系不紧密而对公司的经营风险等闲视之，给其他股东、债权人以及公司自身造成损害。

2. 制作招股说明书。招股说明书又称募股章程，发起人向社会公开募集股份时，必须以公告招股说明书的方式，向社会公众公开有关信息，以便社会公众了解有关情况，自行决定自己的投资行为。招股说明书是发行人对非特定人发出的认购股份的要约邀请和申请募股的必备文件。《公司法》第154条第2款、第3款规定：招股说明书应当附有发起人制订的公司章程，并载明下列事项：①发行的股份总数；②面额股的票面金额和发行价格或者无面额股的发行价格；③募集资金的用途；④认股人的权利和义务；⑤股份种类及其权利和义务；⑥本次募股的起止日期及逾期未募足时认股人可以撤回所认股份的说明。公司设立时发行股份的，还应当载明发起人认购的股份数。

3. 报经国务院证券监督管理部门注册。发起人在向社会公开募集股份时，必须向国务院证券监督管理部门递交募股申请，并报送批准设立公司的文件、章程、经营估算书、发起人的姓名或者名称、发起人认购的股份数和出资种类以及验资证明、招股说明书、代收股款银行或者其他金融机构的名称及地址、承销或者代销机构的名称及有关的协议文件。国务院证券监督管理部门对发起人递交和报送的文件进行审查，对符合公司法规定条件的募股申请，予以注册；对不符合公司法规定条件的募股申请，不予注册，以调控股份的发行、所募资金的投向和防止滥发股票欺骗社会公众现象的发生。

4. 公告招股说明书和招募股份。发起人在募股申请得到国务院证券监督管理部门核准后，便可向社会公众公告其招股说明书。同时，根据《公司法》第100条的规定，发起人应制作认股书，在认股书上载明招股说明书规定的内容。认股人决定认股时，应依法在认股书上填写所认购的股份数、金额以及认股人的住所，并由认股人在认股书上签名或者盖章。从法律上看认股书具有合同性质，认股人一旦填写了认股书，就应当按照所认购的股份数足额缴纳股款，否则将承担违约责任。

5. 召开公司成立大会。发起人应当在足额缴纳股款、验资证明出具之后30日内召开公司成立大会。成立大会又称认股人会议，是指在股份有限公司成立之前，由全体认股人参加、决定是否设立公司并决定公司设立过程中以及成立之后的重大事项的会议。所以，认购发行的股份并缴足了股款的人，都有权参加创立大会。《公司法》第103条第1款规定：募集设立股份有限公司的发起人应当自公司设立时应发行股份的股款缴足之日起30日内召开公司成立大会。发起人应当在成立大会召开15日前将会议日期通知各认股人或者予以公告。成立大会应当有持有表决权过半数的认股人出席，方可举行。可见，成立大会由全体认股人参加，并不意味着在召开成立大会时，所有的认股人都必须出席成立大会。只要符合法律规定的条件，即使有的认股人没有出席成立大会，成立大会也是可以举行的。

成立大会是公司成立前的决议机关，行使与股东会类似的职权。《公司法》第104条第1款规定：公司成立大会行使下列职权：①审议发起人关于公司筹办情况的报告；②通过公司章程；③选举董事、监事；④对公司的设立费用进行审核；⑤对发起人非货币财产出资的作价进行审核；⑥发生不可抗力或者经营条件发生重大变化直接影响公司设立的，可以作出不设立公司的决议。成立大会在选出董事会并完成其使命后即告解散。

6. 申请设立登记。根据《公司法》第106条的规定，董事会应当授权代表，于公司成立大会结束后 30 日内向公司登记机关申请设立登记。以募集设立方式设立股份有限公司公开发行股票的，还应当向公司登记机关报送国务院证券监督管理机构的注册文件。登记机关对于符合法律规定条件的设立申请，予以登记，发给营业执照。营业执照的签发日期，即为公司成立的日期。

第五节　公司设立的效力

公司设立的效力，是指公司设立行为所产生的法律后果。概括而言，公司设立的结果包括两种情况：一是公司完成设立程序，符合法定条件，依法成立并取得法人资格；二是公司未完成设立程序，或者虽完成设立程序但不符合法定条件或违反法律强制性规定，未能依法成立或导致公司设立无效或被撤销而丧失法人资格。无论公司依法成立与否，就其主要内容而言，公司设立的效力主要包括设立中公司的地位、设立人的责任以及公司设立的无效和撤销。

一、设立中公司的地位

公司设立是一个渐次持续的过程，所谓设立中公司，是指自设立人达成设立公司的协议、制定公司章程到公司设立登记完成这一阶段的公司。严格而言，此阶段的公司并不能以公司称谓，其尚未取得法人资格，并不具有公司的权利能力，且仅能在以公司成立的目的范围内从事公司的设立、筹建行为。但因设立过程中的公司必然对内对外发生各种法律关系，法律上有对其予以规制的必要。

设立中公司在法律地位上一般归类于无权利能力团体，设立人为其执行机关和代表机关，在设立公司的权限范围内从事相关活动，并以此活动为限将其所产生的权利义务归属于设立中公司。但就最终结果而言，不会产生由设立中公司承担法律责任之情形。因若公司未能依法成立，则设立过程中因设立行为产生的相关费用和债务，由设立人承担连带责任；若公司依法成立并取得法人资格，则设立过程中设立人以设立中公司名义从事的设立行为，其法律后果自动转由成立后的公司承受。[1]

二、设立人的责任

设立人是设立中公司的执行机关和代表机关，是公司设立、筹建行为的具体实施者，其活动对设立中公司、成立后公司以及公司债权人等相关主体影响甚巨。设立人的责任可以区分为公司依法成立和公司未能依法成立两种情况予以分析，值得强调的是，此处所涉及的设立人责任以其必要的公司设立行为为前提，若超出设立公司权限范围、以其个人身份所为行为，则在一般情况下由其个人负责。[2]另外，本书第十四章专门论述公司的法律责任，其中包括公司设立过程中的法律责任，所以，关于设立人责任的具体内容在本节不予展开，以免与后文重复。

---

〔1〕　参见《公司法解释（三）》第 3 条规定："发起人以设立中公司名义对外签订合同，公司成立后合同相对人请求公司承担合同责任的，人民法院应予支持。公司成立后有证据证明发起人利用设立中公司的名义为自己的利益与相对人签订合同，公司以此为由主张不承担合同责任的，人民法院应予支持，但相对人为善意的除外。"

〔2〕　参见《公司法解释（三）》第 2 条规定："发起人为设立公司以自己名义对外签订合同，合同相对人请求该发起人承担合同责任的，人民法院应予支持；公司成立后合同相对人请求公司承担合同责任的，人民法院应予支持。"

（一）公司成立情况下的设立人责任

在公司成立的情况下设立人的责任主要包括两个方面：①设立人未足额缴纳出资的责任。设立人应当保证公司设立登记时的财产实际价值不低于公司章程规定的资本数额，否则由未足额缴纳设立出资的设立人补足差额，其他设立人承担连带责任[1]。②设立人的损害赔偿责任。即设立公司过程中，因设立人过失设立行为而侵害公司或第三人利益时，应由其承担损害赔偿责任。一般情况下，在公司依法成立时，设立人的设立行为的权利、义务及法律后果应由成立后公司承受，但为防止设立人滥用权利，仍以过错为前提为其设立行为设置了损害赔偿责任。[2]

（二）公司未能依法成立情况下的设立人责任

在公司未能依法成立的情况下设立人的责任也主要包括两个方面：①对因设立行为而产生的费用和债务的连带赔偿责任[3]。②对已收股款的返还责任。

三、公司设立的无效和撤销

在讨论公司设立的无效和撤销之前，首先须明确公司设立瑕疵的概念。所谓公司设立瑕疵，是指公司虽然在形式上已经成立，即已经依法登记并领取营业执照，但实际上却存在未能满足法定条件或者法定程序，或者存在违反法律强制性规定的情形。

对公司设立瑕疵的法律态度，各国因其公司制度的实际状况和法制水平而相差甚远。英美法系国家多采公司瑕疵设立有效理论，即使公司设立存在瑕疵，所设立的公司也不因此而无效或撤销，无论是公司股东还是公司债权人均不能以此为由向法院提起诉讼，要求法院宣告公司设立行为无效。大陆法系国家则多采公司瑕疵设立无效理论，即如果公司设立存在瑕疵，则公司的设立行为应属无效，公司股东或其他利害关系人可以此为由提起无效诉讼。我国公司法则采公司瑕疵设立行政撤销原则，即如果公司设立存在瑕疵，则可由行政主管机关予以撤销。我国台湾地区也采用行政撤销的原则。这一原则体现在我国2018年《公司法》第198条的规定，该项规定在法律上确认了公司瑕疵设立的行政撤销原则。2023年《公司法》对应的是250条，此新条款删除了对采取欺诈手段取得公司登记的情节严重的行为进行撤销登记的处罚。改革为通过《市场主体登记管理条例》赋予利害关系人申请撤销公司登记的权利。其基本内容是：提交虚假材料或者采取其他欺诈手段隐瞒重要事实取得市场主体登记的，受虚假

[1] 对于股份有限公司的认股人未按期缴纳所认股份的股款而发生纠纷的情形，《公司法解释（三）》第6条规定："股份有限公司的认股人未按期缴纳所认股份的股款，经公司发起人催缴后在合理期间内仍未缴纳，公司发起人对该股份另行募集的，人民法院应当认定该募集行为有效。认股人延期缴纳股款给公司造成损失，公司请求该认股人承担赔偿责任的，人民法院应予支持。"
[2] 参见《公司法解释（三）》第5条规定："发起人因履行公司设立职责造成他人损害，公司成立后受害人请求公司承担侵权赔偿责任的，人民法院应予支持；公司未成立，受害人请求全体发起人承担连带赔偿责任的，人民法院应予支持。公司或者无过错的发起人承担赔偿责任后，可以向有过错的发起人追偿。"
[3] 为解决公司设立诉讼中的此类问题，《公司法解释（三）》第4条规定："公司因故未成立，债权人请求全体或者部分发起人对设立公司行为所产生的费用和债务承担连带清偿责任的，人民法院应予支持。部分发起人依照前款规定承担责任后，请求其他发起人分担的，人民法院应当判令其他发起人按照约定的责任承担比例分担责任；没有约定责任承担比例的，按照约定的出资比例分担责任；没有约定出资比例的，按照均等份额分担责任。因部分发起人的过错导致公司未成立，其他发起人主张其承担设立行为所产生的费用和债务的，人民法院应当根据过错情况，确定过错一方的责任范围。"

市场主体登记影响的自然人、法人和其他组织可以向登记机关提出撤销市场主体登记的申请。登记机关受理申请后，应当及时开展调查。经调查认定存在虚假市场主体登记情形的，登记机关应当撤销市场主体登记。因虚假市场主体登记被撤销的市场主体，其直接责任人自市场主体登记被撤销之日起 3 年内不得再次申请市场主体登记。登记机关应当通过国家企业信用信息公示系统予以公示。当初之所以考虑建立公司瑕疵设立无效制度，是因为我国法律现代化和自由化的程度尚未达到选择瑕疵设立有效制度的水平。而行政撤销制度，只是一种行政处罚措施，但公司法上的设立无效主张是利害关系人可行使的一项私法权利，所以，在公司法中保留行政撤销制度不利于当事人正当私法权利的有效发挥。现在通过《市场主体登记管理条例》赋予利害关系人申请撤销公司登记的权利，而不是由行政机关直接对公司瑕疵设立的行为作出行政撤销的决定，这样更有利于当事人自行行使正当的私法权利。

第三章

公司章程

【本章导读】公司章程是现代公司文件的一个重要组成部分，是公司成立的必备条件。对公司而言，公司章程是公司治理最为重要的自治依据，是公司高效有序运行的重要前提，是维护公司利益、股东利益、债权人利益的重要保障，是公司、公司股东，特别是公司大股东和公司高级管理人员的行为规范。公司章程在规范公司组织和运营中居于十分重要的地位。

通过本章的学习，在了解公司章程的概念和基本特征的基础上，应重点掌握公司章程的性质、内容、制定和修改，以及公司章程的效力。

第一节 公司章程的概念和特征

一、公司章程的概念

公司章程是现代公司文件的重要组成部分，在公司治理和运营中具有举足轻重的地位。但对于公司章程概念的表述，各国由于文化传统和法律体系的不同而存在差异。

在英美法系国家，公司章程是由两个文件组成的。在英国，公司章程称为"公司宪章"（Company's constitution/Charter），由公司组织大纲（Memorandum of association）和公司组织章程（Articles of association）两个法律文件组成。公司组织大纲（Memorandum of association）是规定公司对外关系的法律文件，目的在于使公司的投资者以及与公司进行交易的第三人能够了解公司的基本情况。公司组织大纲是公司申请注册的必要文件之一，内容都是法定的，与公司组织章程相比修改相对困难，公司组织大纲一般只有经股东大会决议才能修改或废除。公司组织章程（Articles of association）是在组织大纲的基础上制订的，是用来调整公司内部关系，主要规定公司组织机构的设置及其相互关系、各自的权限、职责及业务执行等内部事务的文件。公司组织章程一般由董事会制订、修改或废除，在特殊情况下也可由股东大会制订、修改或废除。英国公司法还附有公司组织章程的标准格式。

在美国，各州的公司法也要求在公司设立时须有两个基本文件：一个是公司章程（Charter），相当于英国公司法的公司组织大纲（Memorandum of association）；另一个是章程细则（By-law），相当于英国公司法的公司组织章程（Articles of association）。在美国，章程细则不是公司注册文件，不必提交州务长官（Secretary of State）备案。在英国，担保有限公司的章程细则及无限公司的章程细则必须与组织大纲一起注册，而股份公司的章程细则可以不注册。同时，章程细则的内容不得与公司法及组织大纲的规定相抵触，章程细则一般在公司内部有效，不得对抗善意第三人。若公司章程细则与公司组织大纲相冲突时，以公司组织大纲为准。[1]

---

〔1〕 毛亚敏：《公司法比较研究》，中国法制出版社 2001 年版，第 76~77 页。

在大陆法系国家，公司章程由单一文件组成，一般记载公司的名称、宗旨、资本总额、组织机构以及其他重要事项。德国学者拉伦茨认为，章程是在法律规定的范围内对其成员有约束力的内部规范；一般由设立人规定在设立合同中，合同成立后生效；作为一规范性的法律规则，它仅对加入社团从而自愿服从这些规则的人有效。韩国学者李哲松认为，实质意义上的公司章程，依社员们的法律行为而成立，具有对成文法补充性、变更性效力；形式意义上的章程，是指记载其规范的书面文件。[1]

我国台湾地区也有学者对公司章程进行实质和形式意义上的划分，认为实质意义上的章程系就规定公司组织及活动的公司根本规则本身而言；形式意义上的章程系就记载上述根本规则的书面而言。设立人所订立的章程，于公司成立后，得经全体股东同意，予以变更。对于变更之章程而言，公司设立时所订立的章程，称为原始章程。[2]

对于公司章程的概念，我国大陆学者观点不尽一致。有的认为，公司章程是指依法制定的规定公司性质、宗旨、组织和活动原则、名称和住所、经营范围、组织机构及活动方式、权利义务分配等重大事项的文件。[3]有的认为，公司章程是规范公司内部关系的基本规章。[4]有的认为，公司章程是由设立公司的股东制定并对公司、股东、公司经营管理人员具有约束力的调整公司内部组织关系和经营行为的自治规则。[5]有的认为，公司章程是公司必备的规定公司组织及活动的基本规范的书面文件，是以书面形式固定下来的全体股东共同一致的意思表示。[6]有的认为，所谓公司章程，从实质意义上说，是指规范公司内部组织关系及经营行为的基本自治规则；从形式意义上说，是指记载公司组织及行动的基本自治规则的书面文件。[7]还有的认为，公司章程的概念有形式意义和实质意义之分，形式意义上的公司章程，是指关于公司组织和公司行为的基本规则的书面文件。实质意义上的公司章程，则是指对公司及其成员具有拘束力的关于公司组织和行为的自治性规则。[8]

本书认为，公司章程是指公司必须依法制定的对公司、股东、董事、监事、高级管理人员具有约束力的关于公司组织和公司行为的自治性规则。公司章程素有"公司宪章"之称，是公司设立、运营、管理过程中处理内外关系的重要依据。

二、公司章程的特征

公司章程具有要式性、法定性、真实意志性、公开性和自治性等特征。

（一）要式性

公司章程的要式性，是指公司章程必须采取书面形式，并且法律对其必要记载事项具有明确规定。公司章程之所以必须采取书面形式，一是因为在设立公司时，公司

---

〔1〕 ［韩］李哲松：《韩国公司法》，吴日焕译，中国政法大学出版社2000年版，第75～76页。

〔2〕 柯芳枝：《公司法论》，中国政法大学出版社2004年版，第78页。

〔3〕 周友苏：《新公司法论》，法律出版社2006年版，第195页。

〔4〕 石慧荣、石纪虎：《公司法》，中国人民大学出版社2008年版，第27页。

〔5〕 赵旭东主编：《公司法学》，高等教育出版社2006年版，第179页。

〔6〕 冯果：《公司法要论》，武汉大学出版社2003年版，第47页。

〔7〕 孙晓洁：《公司法基本原理》，中国检察出版社2004年版，第199页。

〔8〕 施天涛：《公司法论》，法律出版社2006年版，第117页。

章程是需要报送登记的必备文件；二是由于公司章程是关于公司组织与行为的基本准则，其内容涉及公司性质、宗旨、经营范围以及股东权利义务和管理人员职责等事项，对公司及其成员具有拘束力、影响甚巨，因而必须采用书面形式予以固定。公司章程的要式性是公司章程的生效要件，制定公司章程若未采书面形式，或者未能依法记载必要事项，将影响其效力。

（二）法定性

公司章程的法定性是指公司章程的制定、修改及其内容和效力范围等均应符合法律的规定。具体而言，主要体现在以下几个方面：

1. 公司章程是公司成立的必要条件，即公司章程必须具备，否则公司不能成立。公司章程是公司法强制要求的设立公司所不可或缺的法律文件之一。各国公司立法无一例外地明文要求公司在设立时必须提交公司章程。如日本《公司法》第 26 条第 1 款规定："设立股份公司，须由发起人制定公司章程，并由全体发起人在公司章程上署名或签名盖章。"美国《示范公司法》第二章第三节规定："一个人或若干人向州务长官送交公司章程作为组织公司的申请的可以作为发起人。"在我国，章程的法定性体现在《公司法》第 5 条的规定："设立公司应当依法制定公司章程。公司章程对公司、股东、董事、监事、高级管理人员具有约束力。"

2. 公司章程的内容和效力范围具有法定性。各国公司法对公司章程应当记载的事项均有明确规定，尤其是对其中的绝对必要记载事项，更是要求在公司章程中必须记载，否则可能导致章程无效。我国《公司法》第 46 条和第 95 条分别规定了有限责任公司章程和股份有限公司章程应当记载的事项。此外，公司章程还不得与国家强行性法律法规相抵触，公司章程有违反法律、行政法规的内容的，公司登记机关有权要求公司作相应修改。而公司章程的效力更是由公司法规定的，《公司法》第 5 条明确规定，公司章程对公司、股东、董事、监事和高级管理人员具有拘束力。

3. 公司章程制定、修改程序的法定性。公司章程的制定和修改必须按照公司法的规定进行。各国公司法都规定公司章程内容一经确定，非因法定事由并经法定程序，不得修改。根据我国《公司法》的规定，有限责任公司章程由股东共同制定，股东应当在章程上签名、盖章。有限责任公司章程的修改，须经代表 2/3 以上表决权的股东通过。股份有限公司，采发起方式设立的，由发起人制定公司章程；采募集方式设立的，由发起人制订[1]公司章程，并经创立大会审议通过。股份有限公司章程的修改，须经出席股东大会股东所持表决权的 2/3 以上通过。

4. 公司章程须经登记。根据我国《公司法》的相关规定，对于有限责任公司、发起设立的股份有限公司、募集设立的股份有限公司，其公司章程是申请设立登记必须

---

[1] 在我国《公司法》中，对于有限责任公司和发起设立的股份有限公司使用了"制定"公司章程的表述，而对于募集方式设立的股份有限公司使用了"制订"公司章程的表述。"制定""制订"的表述有不同的法律含义：一般认为，章程"制定"，强调发起设立公司的投资者签字盖章后形成的文本为最后文本，可以作为申请公司登记的文件；章程"制订"则不同，文本虽经发起设立的投资者签字盖章，但尚须经成立大会予以通过，方能成为作为申请公司登记的文件。但一般在学术界除非特别需要，否则对"制定""制订"不作严格区分。引自孙晓洁：《公司法基本原理》，中国检察出版社 2004 年版，第 218 页。

报送的文件之一。同时，公司章程经修改变更内容后，也必须相应地变更登记。公司章程的法定性特征，反映了国家对公司经营行为的干预，其目的是规范公司的组织和行为，保护公司、股东和债权人的合法权益，强调公司的社会责任，实现公司法的立法目标。

（三）真实意志性

真实意志性有两层意思：一是指公司章程的真实性，即公司章程记载的内容必须是客观存在的、与实际相符的事实。这是公司章程具有核心地位与强制效力的法律基础。二是指公司章程的意志性，即公司章程是全体股东或发起人意思表示一致的结果，是全体股东或发起人真实意志的体现。公司章程的真实性实际上也是意思表示真实的体现，而意思表示真实又是法律行为的有效要件之一。

在现代公司所有权与经营权相分离的背景下，公司章程成为维持股东、公司及管理层利益平衡的基本工具。为了防止某些股东恶意串通，订立虚假条款损害其他股东、公司及第三人的利益，各国公司法都有要求公司章程记载的内容须与事实相符、不得有虚假记载，否则将会产生登记机关拒绝登记、对外承担民事责任以及受到行政处罚等法律后果。[1]

（四）公开性

公司章程的公开性是指公司章程须予以登记并置于规定场所供股东查阅或依法向社会公众披露。公司章程的公开性在大陆法系国家和地区均予确认。例如，我国台湾地区现行"公司法"第210条规定："除证券主管机关另有规定外，董事会应将章程及历届股东会议事录、财务报表备置于本公司，并将股东名簿及公司债存根备置于本公司或股务代理机构。""前项章程及簿册，股东及公司之债权人得检具利害关系证明文件，指定范围，随时请求查阅或抄录。""代表公司之董事，违反第1项规定，不备置章程、簿册，或违反前项规定无正当理由而拒绝查阅或抄录者，处新台币1万元以上5万元以下罚锾。"而在英美法系国家和地区，章程细则（英 Articles of association、美 By-law）因其系内部文件的属性，一般不必提交公司登记机关备案或审批，也不必向社会公众公开，但仍需向公司股东公开。因此，章程细则也具有一定程度的公开性。

在我国公司章程的公开性有以下几个方面的表现：

1. 公司章程须依法登记注册。公司章程是公司申请设立登记的必备法律文件之一，须在法定的机关进行登记注册。同时，公司章程登记注册也是公司信息充分公开的一个重要前提。我国《公司法》第30条规定："申请设立公司，应当提交设立登记申请

---

〔1〕　对章程进行虚假记载的处理方式有三种：一是拒绝登记，即在公司登记时发现章程记载不实，则登记机关可以拒绝登记。如德国《股份法》第37条、第38条的规定。二是承担赔偿责任，指在公司成立后发现章程所记载的事项有虚假时，责任人应承担赔偿责任，这种责任通常是一种连带赔偿责任。如法国《民法典》第1840条规定："公司发起人以及经营、领导或管理机构的最初成员，对因未在章程中载明必须载明的事项，或因遗漏或未按规定履行法律规定的成立公司的手续而造成的损失，负连带赔偿责任。"三是对虚假记载责任人进行罚款或刑事制裁。如我国台湾地区"公司法"第101条第2款规定，公司章程有虚伪记载时，对公司负责人各处以4000元以下罚金。参见刘志文：《论公司章程》，载梁慧星主编：《民商法论丛》（第六卷），法律出版社1997年版，第200～201页。

书、公司章程等文件，提交的相关材料应当真实、合法和有效。申请材料不齐全或者不符合法定形式的，公司登记机关应当一次性告知需要补正的材料。"

2. 公司章程须置于规定场所供股东查阅。公司在经营过程中，股东有权查阅公司章程，公司应当将公司章程置备于本公司。同时，公司还应当尽量满足交易对方查阅公司章程的要求，因为对公司章程的知悉程度会影响到交易对方的决定。我国《公司法》第 109 条规定："股份有限公司应当将公司章程、股东名册、股东会会议记录、董事会会议记录、监事会会议记录、财务会计报告、债券持有人名册置备于本公司。"

我国《公司法》第 110 条规定：股东有权查阅、复制公司章程、股东名册、股东会会议记录、董事会会议决议、监事会会议决议、财务会计报告，对公司的经营提出建议或者质询。连续 180 日以上单独或者合计持有公司 3% 以上股份的股东要求查阅公司的会计账簿、会计凭证的，适用本法第 57 条第 2 款、第 3 款、第 4 款的规定。公司章程对持股比例有较低规定的，从其规定。股东要求查阅、复制公司全资子公司相关材料的，适用前两款的规定。上市公司股东查阅、复制相关材料的，应当遵守《证券法》等法律、行政法规的规定。

3. 公司章程是公司公开发行股票或公司债券必须披露的文件之一，投资者有权知悉公司章程的内容。投资公众既可以在该公司规定的场所查询公司章程的内容，也可以向公司的登记机关查询。我国《公司法》第 32 条第 2 款规定，公司登记机关应当将公司法规定的公司登记事项通过国家企业信用信息公示系统向社会公示。

公司章程的公开性具有重要意义，它有利于股东行使监督权、有利于债权人维护自身利益、有利于社会公众了解公司并为其是否进行投资提供可靠参考。

（五）自治性

公司章程的自治性特征，表现为任何公司在制定章程时，都可以在公司法允许的范围内，针对本公司的成立目的、所处行业、股东构成、资本规模、股权结构等不同特点，确定本公司组织及活动的具体规则。公司章程的自治性，体现了公司自主经营的自由精神。公司章程的自治性特征主要是通过章程的对内效力和对外效力两个方面来体现：①对内效力方面，是指公司章程对公司、股东和董事、监事、高级管理人员具有约束力。如果违反公司章程，就是对内部自治规则的违反，由此当事人应当承担相应的责任。例如，根据《公司法》第 188 条的规定，董事、监事、高级管理人员执行职务违反法律、行政法规或者公司章程的规定，给公司造成损失的，应当承担赔偿责任。②对外效力方面，是指公司章程对公司自身的效力，主要表现在公司的权利能力和行为能力方面。例如，根据《公司法》第 9 条第 1 款的规定，公司的经营范围由公司章程规定。公司可以修改公司章程，变更经营范围。

当然，公司章程的自治性是相对的，公司章程自治是以不违反法律、行政法规为前提的，或者说，公司章程的法定性是其自治性的前提。公司章程同时具有法定性和自治性的特征从一个侧面正好印证了公司法融强行性规范与任意性规范于一体的特点。公司章程的法定性和自治性关系，也可以看成是公司法上强制与自治关系的一个具体体现。

第二节 公司章程的性质

关于公司章程的性质，主要有以下几种不同的看法：

一、契约说

该学说为英美法系国家大部分学者所主张，是英美法系对章程的传统定性。[1]它源于英国公司法专家高维尔（Gower）首创的"公司契约理论"（Nexus of contract theory），开始并非适用于法人型公司，而是为了使非法人的合股公司成员之间建立一种以合同为基础的纽带关系。英国 1985 年《公司法》第 14 条规定：组织大纲和章程细则约束公司和股东，就像由每个股东签字盖章的文件一样，并且包含每个股东都会遵守有关条款的保证。在司法实践中有许多法官也确认了公司章程和组织大纲的合同地位，许多学者也同样认为这些文件本质上是合同。[2]

该学说最初认为公司章程是股东之间，股东与公司之间依法所签订的合同，是股东自由意志的体现。[3]公司章程生效后不仅对发起人有法律约束力，而且对所有的股东都有法律约束力。该学说认为：①公司章程是公司出资人意思自治的结果，章程的制定、修改都可以以共同的意思确定；②公司章程制定后，当事人自由决定加入或退出。当事人加入公司的前提是认可公司章程的内容，从而导致公司章程对其有约束力；当事人不愿受公司章程的约束，则可以通过转让股份或辞职的方式脱离公司。

可见，这一学说最初并未将董事、监事及高级管理人员的权利义务包含在内，即章程约束力并不及于董事、监事及高级管理人员。那么股东对于董事、监事及高级管理人员违反职责的救济不能通过章程本身来解决，这是不利于保护股东权益的，且公司更易为经营管理层所控制。为了克服这一缺陷，契约论的现代发展已经把章程的合同关系扩及公司与董事、监事等管理层之间。[4]

此外，经济分析法学派也在契约说的基础上提出了新的观点，认为公司是由一系列契约组成的，股东被视为提供注册资本的合同一方，根据合同他们享有公司利润并在承认他人优先权的前提下承担主要风险，他们同债权人、劳动力和服务提供者一起，通过管理层运用最适当、有效的管理方式而聚合起来。[5]公司章程是一种特殊的契约，即多方契约，由多方当事人基于追求同一共同利益而使得其意思表示达成并行一致，共同指向同一对象。[6]

契约说充分表达了当事人之间的自治，是私法自治在公司法领域的体现，对于公司法人治理机制的完善、股东权益的保护有重要意义。英美法系国家之所以如此强调

---

〔1〕 张汉槎编著：《香港公司法原理与实务》，科学普及出版社 1994 年版，第 38 页。

〔2〕 ［加］布莱恩·R. 柴芬斯：《公司法：理论、结构和运作》，林华伟、魏旻译，法律出版社 2001 年版，第 488 页。

〔3〕 Bruce Welling, "Corporate Law in Canada-the Governing Principles", *Butterworths Toronto*, 1984, p. 57.

〔4〕 例如，美国公司法学者汉密尔顿就持该种观点："They (the bylaws of a corporation) are often viewed as a contract between the corporation and its officers, directors and shareholders, and among those individuals themselves." 见 ［美］ R. W. 汉密尔顿：《公司法》，刘俊海、徐海燕注，中国人民大学出版社 2001 年版，第 62 页。

〔5〕 温世扬、廖焕国：《公司章程与意思自治》，载王保树主编：《商事法论集》（第三卷），法律出版社 1999 年版。

〔6〕 朱炎生：《公司法》，厦门大学出版社 2006 年版，第 34 页。

公司章程的契约性，我国有学者认为，这是因为除了与英美法系的历史、法律文化有着深刻的联系外，公司法本身所固有的私法属性是一个更重要的原因。公司合同理论，向人们展示的是一幅崇尚投资者、经营者自由意志，体现市场经济自由精神的十分精美的古典艺术品。潜心品味这幅作品的内涵，能使人们洞悉公司法的真谛，领会公司章程本质属性的基础所在。这种"品味"对中华民族来说或许更为重要。[1]

当然，正如美国学者汉密尔顿所说，"契约说并不能说明公司章程的全部问题"[2]。契约说的反驳者认为契约说有如下几个无法解决的缺陷：其一，公司章程的涉他性问题。一方面，公司章程不仅约束制定章程的发起人、后来加入的股东、公司本身、董事、监事、经理等高级管理层，也对公司外部关系人有约束力，如债权人等；另一方面，公司章程的记载事项不仅涉及有关公司内部管理运营的规定，也涉及有关公司合并、解散、清算等外部的规定。在公司章程的问题上其涉他性与契约性是不相容的。其二，公司章程的制定、修改原则和程序与契约说相悖。比如，根据我国《公司法》的规定，有限责任公司章程由股东共同制定，股东应当在章程上签名或者盖章。有限责任公司章程的修改，须经代表 2/3 以上表决权的股东通过。股份有限公司，采取发起方式设立的，由发起人制定公司章程；采取募集方式设立的，由发起人制订公司章程，并经创立大会审议通过。股份有限公司章程的修改，须经出席股东大会股东所持表决权的 2/3 以上通过。可见，公司章程体现公司最高意思决定机关——股东大会（The general meeting of shareholders/Annual general）的意见，是少数服从多数的调和物，而非全体股东的意志，这与合同当事人对合同的制定与修改有较大的自由不同。

二、自治法说

自治法说主要流行于以德国和日本为代表的大陆法系国家。自治法说认为公司章程是公司发起人或股东根据公司法的相关规定在法律的授权之下制定的规制公司活动的自治性规则。公司章程不仅约束制定章程的制定者或者发起人，而且当然地约束公司机关及后加入公司的股东。这种约束力体现在公司的对内对外活动必须依照公司章程的规定进行，否则会产生无效的法律后果。公司章程可以依据公司股东的一般意思进行变更，但章程的变更不影响章程自身的效力，它依然对公司及其所有成员具有约束力。因此，章程具有自治法的性质。

自治法说是大部分大陆法系学者对公司章程性质的基本定位。例如，韩国学者认为，章程不仅约束制定章程的设立者或发起人，而且也当然地约束公司机关和加入的公司组织者。章程对于已经成为其成员者，不管其意思如何都具有普遍的约束力，章程不管其成员个别意思如何，都可根据其成员的一般意思而变更；社员的变动或股份的转让也不能影响章程的法规性质，因此将公司章程视为自治法是正确的。[3]我国学

〔1〕　沈贵明：《公司法学》，法律出版社 2003 年版，第 161 页。

〔2〕　其原文是："It seems clear that the nexus of contracts is not entirely descriptive of today's real world, even though many corporate relationships are clearly based on contract concepts." 参见 ［美］R. W. 汉密尔顿：《公司法》，刘俊海、徐海燕注，中国人民大学出版社 2001 年版，第 8 页。

〔3〕　［韩］李哲松：《韩国公司法》，吴日焕译，中国政法大学出版社 2000 年版，第 76 页。

者也认为，公司章程是依照公司成员的法律行为而成立的规则，是对公司内部关系进行规范的规则。因此，这种规则是一种自治性规则。[1]

公司章程的自治法性在本质上是由公司的团体性决定的。大陆法系民法理论将法人分为公法人和私法人，私法人又分为社团法人和财团法人，社团法人是以社员为成立基础的法人（人的组织体），财团法人是以捐助财产为基础的法人（财产组织体），公司属于社团法人。[2]社团法人以社员大会为其意思机关，属于自律法人。"社团法人即为自律法人，得由社员大会变更组织及章程。"[3]公司的团体性，使其必须有独立的财产，资本是公司运营和承担责任的根基，尤其是股份有限公司资合性更强。因而，公司团体意志的作出，大多数情况下不是采人数上的优势，而是采资本多数决原则。

相比较而言，公司章程的自治法说既强调了公司章程的"自治"性，在一定程度上体现了公司当事人的意思自由，同时兼顾了公司章程的法规性质，能够较好地规范公司各方的利益。公司自治不应该是公司自由、任意程度的管理自我，而应是在国家法律规范下的自我调节。[4]

三、折中说

折中说实际上兼采契约说和自治法说，认为公司章程兼有内部自治规则和内部契约的双重属性。一方面，公司章程不同于一般契约，系公司内部自治规范性文件，是公司及其成员所制定的最高行为准则；但公司章程中的部分条款，特别是关于股东权利义务的有关条款也确有明显的契约性质，是股东与公司、公司与经营者及股东相互之间权利义务的安排，具有权利义务的对应性。另一方面，基于公司社团性和公司法团体性的特性，公司章程所体现的股东意思自治也不可能是一种纯粹的、完全的意思自治，公司法必须对公司事务预先作出适当安排，以给公司自治提供行动指南，这也是当今社会私法公法化在公司法领域的体现。[5]

四、宪章说

宪章说认为公司章程既不是自治法也不是契约，而是带有宪章性质的法律文件。不管是把公司章程说成是合意结果的契约说，还是把公司章程说成是在强行法指导下的"标准性"契约条款的理论，显然都是虚伪的，因为现行公司法中对公司章程大量条款的强制性规定就可以证明这一点。[6]

该说认为，公司章程是规定公司内部相关者权利义务关系的宪章性书面文件，国家对公司章程的制定、形式、内容、修改均应作强行性要求。公司章程的大部分规定既不能由管理层决定，也不允许他们作实质性的变更，股东对章程的制定或修改的权利被限制在一个较小的范围内。

我国赞同宪章说的学者认为，自治法说虽有一定的道理，但在我国学者普遍认同

---

〔1〕 施天涛：《公司法论》，法律出版社2005年版，第117页。
〔2〕 参见刘俊海：《股份有限公司股东权的保护》，法律出版社2004年版，第16页。
〔3〕 梁慧星：《民法总论》，法律出版社2001年版，第145页。
〔4〕 参见朱慈蕴：《公司章程两分法论——公司章程自治与他治理念的融合》，载《当代法学》2006年第5期。
〔5〕 参见冯果：《公司法要论》，武汉大学出版社2003年版，第48～49页。
〔6〕 ［美］M. V. 爱森伯格：《公司法的结构》，张开平译，载王保树主编：《商事法论集》（第三卷），法律出版社1999年版，第395、407、419页。

的法律体系中，并不包括自治法规这一立法层次，因而这一学说并不能很好地解释我国公司章程的性质。契约说忽视了契约与章程的差异，亦不能解释和说明公司章程的性质。宪章说较为准确地说明了公司章程在公司中的法律地位及效力，比较符合我国《公司法》关于公司章程的规定。我国还有学者提出公司章程是一种自律性规则，认为：①公司章程虽有契约因素，但它不同于合同。即公司章程的效力对第三人有一定的约束力，且修改有严格的程序，其生效是在注册之后。②国家立法与公司自治应有严格的界限，将章程称为"自治法规"，混淆了国家立法与公司自治的界限。③公司章程具备社团规章的一般属性，对公司及公司内部成员有约束力，是规范公司内部关系的基本依据。[1]

本书认为，契约说和自治法说作为两种主要的观点都有一定的道理，在一定程度上都提示了公司章程的本质。大体上，英美法系国家更强调公司章程的契约性质，大陆法系国家更侧重公司章程的自治法性质。但无论是契约说还是自治法说，自治性是两者的共性，因为公司章程是投资者就公司的重要事务及公司的组织和活动作出具有规范性的长期安排，这种安排体现了很强的自治性。

第三节 公司章程的内容

一、公司章程内容的分类

公司章程的内容即公司章程的记载事项。从条款制定的角度看，公司章程的内容可以分为：填空式条款、转抄式条款、授权式条款、指导式条款和自选式条款五种。[2] 根据公司章程记载的事项在法律上有无强制性要求，可分为绝对必要记载事项、相对必要记载事项和任意记载事项。

在英美国家，公司章程内容分为强制记载事项（Mandatory requirements）和任意记载事项（Discretionary provisions）。强制记载事项，非经记载，公司章程不发生效力；一经记载，即发生效力。日本在其《商法典》中的"公司编"对公司章程作了专条规定，第166条规定了"章程的绝对记载事项"，第168条规定了"相对必要记载事项"。德国在其《股份法》第23条采用"章程必须以……确认""章程必须包含"，第24条采用"章程可以规定"等立法表述，将记载内容予以分类。[3]

（一）绝对必要记载事项

绝对必要记载事项是法律规定的各公司必须在章程中加以载明的事项。如公司章程缺少其中任何一项或任何一项记载不合法，整个章程即归无效，并连带引起公司设立无效。[4] 对于公司章程的绝对必要记载事项，各国公司法都予以明文规定，主要都是与公司设立或组织活动有关的重大的基础性事项，如公司名称和住所、公司的宗旨、公司的经营范围、公司的资本数额、公司的机构、公司的代表人等。

---

〔1〕 参见石慧荣、石纪虎：《公司法》，中国人民大学出版社2008年版，第28页。
〔2〕 参见石慧荣、石纪虎：《公司法》，中国人民大学出版社2008年版，第29页。
〔3〕 周友苏：《新公司法论》，法律出版社2006年版，第201页。
〔4〕 江平主编：《公司法教程》，法律出版社1987年版，第58页；王保树主编：《中国商事法》，人民法院出版社2001年版，第102、104页。

在美国，公司章程必须载明下列事项：公司的名称；公司的存续期限；公司的宗旨；发行股份的数额；注册住所（The address of its registered office）和公司的代表人（Registered agent）；董事人数和初选董事会（Initial board of directors）的董事名字和人数；设立人（Incorporator）的名称和住址[1]。日本《商法典》第166条"章程的绝对记载事项"规定了股份公司章程应记载的事项，2005年日本《公司法》将股份公司章程绝对必要记载事项调整为五项：①目的；②商号；③总公司所在地；④设立时出资财产的价额或其最低额；⑤发起人的姓名或名称及住所。德国《股份法》第23条规定，章程必须规定：①公司的商号和住所；②经营对象；③股本数额；④将股本划分为面额股或无面额股；⑤股票无记名发行还是记名发行；⑥董事会成员的人数及据以确定该人数的规则；⑦公司公告的方式。

（二）相对必要记载事项

相对必要记载事项是指公司法规定的公司章程中可以记载也可以不记载的事项。就其性质而言，公司法关于公司章程相对必要记载事项的规定属授权性法律规范。相对必要记载事项的记载与否不会影响公司章程的效力，就事项本身而言，未载入公司章程当然不生效力，一旦载入公司章程即对相关主体产生约束力。

在英美法系国家和地区，通常不区分绝对必要记载事项和相对必要记载事项，但美国《商事公司示范法》及各州公司法（如《特拉华州普通公司法》）却是例外，在用语上使用了"必须记载"（Must set forth）和"可以记载"（May set forth）。该法在第2.02条（b）规定，章程大纲相对必要记载事项（May set forth）主要包括：①初始董事的姓名、住址；②公司目的（Objects）、经营公司业务和管理公司事务的方法；③董事会、股东的权利的定义、限制和调节；④授权发行的股票和各类股票的票面值；⑤在规定范围内和规定条件下关于公司债务加于各个股东的个人责任；⑥根据本法要求或本法允许开列在细则上的任何条款；⑦消除或限制董事对公司或公司股东责任的条款。[2]

大陆法系国家和地区，公司章程的相对必要记载事项通常包括：发起人所得的特别利益、设立费用及发起人的报酬、有关实物出资、公司的期限、分公司的设立等。我国台湾地区"公司法"第130条第1款规定，公司章程的相对必要记载事项包括：①分公司之设立；②分次发行股份者，定于公司设立时之发行数额；③解散之事由；④特别股之种类及其权利义务；⑤发起人所得受之特别利益及受益者之姓名。[3]

（三）任意记载事项

任意记载事项是指在公司法规定的绝对必要记载事项和相对必要记载事项之外，在不违反法律、行政法规强行性规定和公序良俗的前提下，由公司章程制定者意思表示一致自愿记载于公司章程的事项。任意记载事项充分体现了公司法中的意思自治理念，也是公司章程作为自治性规则的重要载体。在公司章程中，这

---

〔1〕［美］R. W. 汉密尔顿：《公司法》，刘俊海、徐海燕注，中国人民大学出版社2001年版，第53、54页。

〔2〕参见范健、王建文：《公司法》，法律出版社2006年版，第212页。

〔3〕参见范健、王建文：《公司法》，法律出版社2006年版，第212页。

些事项与其他事项同样具有约束力，非依股东会的特别决议不能更改。如不加记载，不影响整个章程的效力；如记载不合法，也仅该事项无效，不影响整个章程的效力，章程的其他事项仍然有效。在英美法系国家和地区，章程细则（英 Articles of association、美 By-law）记载的事项即属于任意记载事项，它们主要规定内部事项（Internal affairs）不涉及公共事项，也不需要提交登记机关（the Secretary of state）登记。[1]

二、我国公司章程的记载事项

我国《公司法》第 46 条第 1 款规定，有限责任公司章程应当载明下列事项：①公司名称和住所；②公司经营范围；③公司注册资本；④股东的姓名或者名称；⑤股东的出资额、出资方式和出资日期；⑥公司的机构及其产生办法、职权、议事规则；⑦公司法定代表人的产生、变更办法；⑧股东会认为需要规定的其他事项。该法第 95 条又规定，股份有限公司章程应当载明下列事项：①公司名称和住所；②公司经营范围；③公司设立方式；④公司注册资本、已发行的股份数和设立时发行的股份数，面额股的每股金额；⑤发行类别股的，每一类别股的股份数及其权利和义务；⑥发起人的姓名或者名称、认购的股份数、出资方式；⑦董事会的组成、职权和议事规则；⑧公司法定代表人的产生、变更办法；⑨监事会的组成、职权和议事规则；⑩公司利润分配办法；⑪公司的解散事由与清算办法；⑫公司的通知和公告办法；⑬股东会认为需要规定的其他事项。

通过上述规定，可见《公司法》第 46 条的第①～⑦项为我国有限责任公司章程的绝对必要记载事项。《公司法》第 95 条的第①～⑫项为我国股份有限公司章程的绝对必要记载事项。

我国《公司法》关于公司章程相对必要记载事项的规定，未像绝对必要记载事项一样予以集中规定，而是散见于《公司法》的多个条款之中。例如，《公司法》第 15 条第 1 款规定，对于公司对外投资与担保事项的决议，由股东会、董事会按照公司章程规定的权限和数额进行。该法第 78 条、第 95 条规定，公司章程可以规定股东会、董事会、监事会享有其他职权。该法第 215 条第 1 款规定，公司聘用、解聘承办公司审计业务的会计师事务所，按照公司章程的规定，由股东会、董事会或者监事会决定。这些规定均属于相对必要记载事项的内容。

我国《公司法》中关于任意记载事项的规定，主要体现在两类条款之中：第一类，《公司法》第 46 条第 1 款第 8 项规定的"股东会认为需要规定的其他事项"和第 95 条第 13 项规定的"股东会认为需要规定的其他事项"这两项概括授权条款。第二类，具有"公司章程另有规定或者全体股东另有约定的除外"字样的分散授权条款，此类条款在《公司法》中多有体现。例如，《公司法》第 64 条第 1 款规定："召开股东会会议，应当于会议召开十五日前通知全体股东；但是，公司章程另有规定或者全体股东另有约定的除外。"这类规定中的"除外"事项，均属于任意记载事项的内容。

---

[1] 参见［美］史蒂文·L.伊曼纽尔：《公司法》（影印本），中信出版社 2003 年版，第 18 页。原文为：Bylaws are usually not filed with the Secretary of State and are not matter of public record.

第四节　公司章程的制定与修改

一、公司章程的制定

公司章程的制定发生在公司的设立环节。公司章程是公司设立要件之一,原则上由全体股东或者发起人共同制定,但具体而言,其制定主体和程序因公司类型和设立方式不同而不同。

(一)公司章程的制定主体

从各国公司法的规定来看,制定公司章程的主体因公司类型不同而不同。如按照德国《有限责任公司法》规定,其有限责任公司章程经全体股东签字方为生效,按其《股份法》规定,德国股份有限公司章程由发起人共同制订。法国《商事公司法》第 37 条规定,有限责任公司章程是由全体股东和股东特别授权的委托代理人共同制定的;该法第 74 条要求,以公开募集方式设立的股份有限公司的章程草案由一名或若干名发起人制订。美国《示范公司法修正本》规定由公司发起人签署公司章程。根据英国公司法及我国香港地区公司条例的规定,公司章程大纲及公司章程细则都是由公司发起人签署的。[1]

在我国,根据《公司法》第 45 条的规定,有限责任公司的设立条件之一为股东共同制定公司章程。由此可知,有限责任公司章程的制定主体是公司设立时的全体股东。此处涉及对"共同制定"的理解,并非指全体股东均参与公司章程拟定的全部过程,股东可以通过在公司章程上签字或者盖章的形式来表明自己对其内容的认可和同意。另外,我国公司法上有两类特殊的有限责任公司形式,即一人有限责任公司和国有独资公司。就一人有限责任公司章程的制定主体而言,我国《公司法》第 60 条规定,只有一个股东的有限责任公司不设股东会,其章程由股东采用书面形式制定,并由股东签名或者盖章后置备于公司。而国有独资公司章程的制定主体,根据我国《公司法》第 171 条的规定,国有独资公司章程由履行出资人职责的机构制定。

我国《公司法》第 94 条规定,设立股份有限公司,应当由发起人共同制订公司章程。股份有限公司章程的制订主体,因其设立方式不同而不同。其一,采发起方式设立的股份有限公司,设立阶段的发起人其身份在公司成立之时自动转为公司股东,且不涉及发起人之外的第三方,故公司章程的制定由全体发起人意思表示一致,并在公司章程上签字或者盖章即告完成。其二,采募集方式设立的股份有限公司,公司股东不仅包括设立阶段的发起人,还包括认股的社会公众或者特定募集对象,故仅由发起人制订的公司章程不一定能反映全体股东的意志,因此,公司章程的制定,除由发起人制订外,还需经过成立大会审议通过。根据我国《公司法》第 103 条第 1 款的规定,募集设立股份有限公司的发起人应当自公司设立时应发行股份的股款缴足之日起 30 日内召开公司成立大会。发起人应当在成立大会召开 15 日前将会议日期通知各认股人或者予以公告。成立大会应当有持有表决权过半数的认股人出席,方可举行。该法第 104 条第 2 款规定,成立大会对通过公司章程作出决议,应当经出席会议的认股人所持表决权过半数通过。

---

[1]　孙晓洁:《公司法基本原理》,中国检察出版社 2004 年版,第 210 页。

（二）公司章程的制定形式

公司章程的制定是一种要式法律行为，必须符合法定的要求（Statutory require-ments）。在我国，章程必须采取书面形式，公司设立人应当在章程上签名、盖章。而有的国家除公司设立人签章外，还有另外一些强制性要求，如日本和德国公司章程经公证人公证才发生效力；美国有些州，如亚利桑那州规定，法定代理人（Statutory a-gent）必须提交接受任命的材料，公司章程须在其被提交的 60 天内在营业场所所在地的报纸上连续刊登三次。[1]

（三）公司章程的制定方法

各国关于公司章程制定方法大致有以下两种：

1. 共同制定，是指由全体股东或发起人共同起草、协商制定公司章程的制定方式。

2. 部分制定，是指由股东或发起人中的部分成员负责起草、制定公司章程，形成初始文本后，再经其他股东、发起人签字同意，形成正式文本的制定方式。

无论是共同制定还是部分制定，都是就公司章程草案而言的，从全体公司设立人真实意思表示一致并签字同意的角度来讲，无论哪种制定方式，实际上都采取的是共同制定的方式。只有在募集设立的情况下，由于认股人比较多，召开会议统一意见不易，为提高公司章程的制定效率，由发起人负责制订公司章程，但是最终文本要经过创立大会法定人数审议予以通过。

二、公司章程的修改

公司章程的修改（Alteration to articles of association），是指公司章程制定、生效之后，遇有法律、法规规定或公司具体情势的变动而对公司章程的内容予以增加、删减或变更。公司章程一旦制定，便以静止的文本状态存在，而公司的经营状况和外部环境常有变动，故客观上公司章程的修改具有必然性。鉴于公司章程的重要地位和影响，各国公司法均对公司章程的修改予以严格要求，我国《公司法》亦对公司章程的修改事由、程序等予以限定。

（一）公司章程的修改事由

根据相关法律、法规的规定，公司章程修改的事由主要有以下几种：法律、行政法规修订后，公司章程规定的原有事项与修订后的强行性规范相抵触；公司的情况发生变化，与公司章程的记载事项不一致，如公司变更名称、公司主要股东发生变化等；股东会决议修改公司章程；公司章程规定的其他修改事由。

（二）公司章程的修改程序

1. 提案。提案是指由有提案权的公司组织机构或人员提出关于修改公司章程的事项。根据我国《公司法》第 59 条、第 112 条的规定，由股东会或股东大会行使修改公司章程的职权，而股东（大）会包括定期会议和临时会议，有权提起召开股东（大）会会议的主体即可为公司章程修改的提案权人。根据我国《公司法》第 62 条、第 113

---

〔1〕〔美〕R. W. 汉密尔顿：《公司法》，刘俊海、徐海燕注，中国人民大学出版社 2001 年版，第 44 页。原文是"Arizona requires that evidence that the statutory agent has accepted his appointment be submitted and that the articles of incorporation be published in a newspaper of general circulation in the country in which the corporation's known place of business is located three consecutive times within 60days after the articles are filed"．

条、第 115 条的规定，有权提出修改公司章程的主体为：有限责任公司中代表 1/10 以上表决权的股东、1/3 以上的董事或监事；股份有限公司中的董事会、单独或者合计持股 10% 以上的股东、监事会。

2. 决议。公司章程对相关主体的利益影响甚巨，故其修改应当属于特别决议事项。如德国《股份法》第 179 条第 2 项，对公司章程修改的股东大会的决议要求为："股东大会决议需经至少包括在决议时被代表的股东的 3/4 的多数同意。"日本《商法典》公司编第 343 条对通过章程变更的特别决议规定为："应有代表已发行股份数过半的股东出席，以出席股东 2/3 以上的表决权通过。"[1]

根据我国《公司法》第 59 条、第 112 条的规定，享有公司章程修改权的主体仅限于股东会，其他机关或者个人不得行使。另外，《公司法》第 66 条第 3 款规定，有限责任公司修改公司章程的决议，必须经代表 2/3 以上表决权的股东通过；第 87 条规定，有限责任公司依法转让股权后，对公司章程的该项修改不需再表决；第 116 条第 3 款规定，股份有限公司修改公司章程须经出席股东大会的股东所持表决权的 2/3 以上通过。

3. 变更登记。公司章程修改涉及登记事项的，应当变更登记。我国《公司法》第 9 条第 1 款规定，公司可以修改公司章程，变更经营范围。公司章程修改涉及登记事项的，应当变更登记。反之，公司章程修改未涉及登记事项的不必变更登记。

（三）公司章程修改的内容限制

公司章程作为公司的宪章性文件，一些西方国家的法律对其修改规定了一定的限制性条件，下面就英、法两国在这方面的规定作简要论述。

1. 制定法上的限制。在英国，公司修改公司章程的权利受到英国 1985 年《公司法》的限制，不得与该《公司法》相冲突。[2]法国也有所规定，如法国《商法典》第 14 条第 3 款规定："公司章程条款，限制经理根据本条规定产生的权力的，不得对抗第三人。"公司法包含强制性规范和非强制性规范，而公司章程是股东自由意志的体现，故公司章程不能制定与公司法的强制性规范相违背的规定，否则公司章程的该项条款无效或不具有对抗第三人的效力。

2. 来自法院的限制。在英国，法院可以对公司修改章程的权利进行限制。[3]

3. 来自公司或其成员的限制。这主要是指英国法上的两项内容：

（1）非经股东一致同意（Proviso which allows any member to agree in writing），公司章程的修改不得给部分股东设定新的权利。

（2）非经股东一致同意，公司章程的修改不得给部分股东设立新义务。除非股东一致同意，否则不得通过修改公司章程的方式加重股东对公司的义务。英国 1985 年《公司法》第 16 条规定："无论是在章程大纲（Memorandum）或是章程细则（Articles）中，任何股东在以下情况下不受到公司章程修改的约束：通过修改章程使其承担

---

〔1〕 周友苏：《新公司法论》，法律出版社 2006 年版，第 210 页。

〔2〕 参见 Stephen W. Mayson, Derek French, and Christopher L. Ryan, Mayson, French & Ryan on Company Law, Blackstone, 1997, pp. 100 – 102. 原文是：A company's power to alter its articles is limited by the provisions of CA1985.

〔3〕 参见 Stephen W. Mayson, Derek French, and Christopher L. Ryan, Mayson, French & Ryan on Company Law, Blackstone, 1997, pp. 100 – 102. 原文是：The court may impose restrictions on a company's power to alter the memorandum or articles.

更多的股份，加重其对公司的义务，或是缴纳更多的金钱给公司。此目的在于保护股东免于公司强制加重其义务，但股东一致同意的除外。"[1]

4. 来自合同的限制。公司制定的合同对公司行使法定的修改权是有约束力的，因为公司章程的修改可能会违反合同规定或者使得公司在合同的约束下无法履行其义务。[2]

第五节　公司章程的效力

公司章程作为公司组织和公司行为的自治性规范，对公司及其成员具有重要的影响力，这一影响力具体表现为公司章程的效力，对此我们可以从时间效力和主体效力两个方面来理解。

一、公司章程的时间效力

公司章程的时间效力，是指公司章程的生效时间和失效时间，即公司章程从什么时候开始生效，至什么时候终止其效力的问题。

（一）公司章程的生效时间

公司章程的生效时间，包括公司章程制定场合下的生效时间和公司章程修改场合下的生效时间。

1. 公司章程制定场合下的生效时间。关于公司章程制定场合下的生效时间，学界有以下几种观点：

第一种观点认为公司章程自股东签字时生效（募集设立的公司在成立大会通过时生效）。因为公司章程是公司相关主体的合意，股东和发起人在公司章程上签字或者盖章，或者认股人在成立大会上通过公司章程，就表明其接受公司章程有关条款的约束。而对于诸如董事等其他未在公司章程上签字的人员，其加入公司的行为视为自动接受公司章程对其发生效力。[3]

第二种观点认为公司章程自公司成立时生效。公司章程是约束包括公司在内的当事人的协议，公司尚未成立，不得约束公司和后来加入的投资者以及公司的管理者。且公司章程是公司的内部文书，在公司成立前其内部文书当然不产生法律效力。公司章程生效就意味着公司行为能力的获得，所以公司未登记成立则公司章程不生效。各

〔1〕 参见 Stephen W. Mayson, Derek French, and Christopher L. Ryan, Mayson, French & Ryan on Company Law, Blackstone, 1997, pp. 100 - 102. 原文为：CA1985, s. 16, provides that notwithstanding any provision in the memorandum or articles, no shareholder can be bound by an alteration to the articles made after he became a member insofar as the alteration 'requires him to take or subscribe for more shares than the number held by him at the date on which the alteration I made, or in any way increases his liability as at that date to contribute to the company's share capital or otherwise to pay money to the company'. The section is obviously designed to protect members from having their financial obligations to the company forcibly increased, and it is therefore subject to a proviso which allows any member to agree in writing, either before or after the alteration is made, to be bound by the alteration.
〔2〕 参见 Stephen W. Mayson, Derek French, and Christopher L. Ryan, Mayson, French & Ryan on Company Law, Blackstone, 1997, pp. 100 - 102. 原文为：A contract made by a company that it will not exercise its statutory power to alter its articles is unenforceable. Alteration of a company's articles may put it in breach of contract or make it impossible for the company to carry out its obligations under a contract.
〔3〕 沈贵明：《公司法教程》，法律出版社 2006 年版，第 112 页。

国公司法一般都对公司章程的生效时间予以明确规定，大多数国家规定公司章程在政府注册或登记部门登记后正式生效。如德国《有限责任公司法》将公司章程称作"公司合同"，该法第四章"公司合同的变更"第54条规定"变更在登记入公司所在地的商业登记簿之前无法律效力"[1]。

第三种观点认为公司章程中调整发起设立公司的投资者之间的关系的内容，相当于公司设立协议，可以适用合同法的一般规则，自签字、盖章时成立并生效。发起设立公司的投资者均自章程成立时受其约束。章程中调整尚未成立的公司，尚未产生的董事、监事、经理以及未来可能加入公司的其他股东的那些内容，则自公司成立时生效。[2]

本书认为，公司章程制定场合下的生效时间，因公司的性质不同而不同。对有限责任公司和采发起方式设立的股份有限公司而言，公司章程自全体股东或发起人在公司章程上签字或者盖章时生效；对采募集方式设立的股份有限公司而言，公司章程则自成立大会决议通过时生效。值得注意的是，此时公司章程并不具有公司法上的整体效力，因为无论全体股东或发起人在公司章程上签字、盖章，还是成立大会的召开，均不构成公司的有效成立，此时公司尚处于设立阶段，性质上属无权利能力社团。

公司章程自股东签字时生效（募集设立的公司在成立大会通过时生效）的意义在于，公司章程自股东或者发起人签字或者盖章，或者自成立大会通过时起就对股东和发起人或者认股人产生约束力，享有章程所确定的权利和承担章程所确定的义务。否则，如果章程制定后须等待公司成立时才发生效力，在此之前，章程不发生效力，则当事人的权利义务处于不确定的状态，不利于保护当事人的权益，也不利于公司的成立。

2. 公司章程修改场合下的生效时间。公司章程修改场合下的生效时间，因其修改程序性要求不同而不同，一般来说有以下三种情况：①公司章程的修改依法需经政府主管部门审批的，自审批之日起生效。②公司章程修改涉及登记事项的，则自依法办理变更登记之日起生效。③公司章程修改既不需要政府主管部门审批又不需要变更登记的，自股东会依法通过修正案之日起生效。

（二）公司章程的失效时间

公司章程的失效包括公司章程的全部失效和部分失效两种情况。

1. 公司章程的全部失效，是指公司章程作为一个整体而丧失其全部拘束力。公司章程作为公司治理的重要文件之一，通常难以出现全部失效的情形，只是在公司不能成立或者公司依法终止时才会发生。即公司不能成立时，公司章程自公司不能成立之时全部失效，如设立公司失败；公司依法终止时，公司章程自公司依法办理注销登记之日起全部失效。

2. 公司章程的部分失效，是指公司章程在修改或者部分废除的情况下，其部分内容或部分条款失去效力。公司章程内容或条款的修改和废除，自股东会决议形成时失

---

〔1〕 有的国家立法规定公司章程于公证时生效，如日本《商法典》第167条规定："章程若非得到公证人的认证时，不发生效力。"参见卞耀武主编：《当代外国公司法》，法律出版社1995年版，第603页。

〔2〕 赵旭东主编：《公司法学》，高等教育出版社2006年版，第185页。

去效力。公司章程的部分无效既不影响其他部分的效力，也不影响公司章程整体的效力。

二、公司章程的主体效力

公司章程的主体效力，是指公司章程对什么人具有拘束力的问题。许多学者对此有不同看法：美国学者斯蒂芬认为，公司章程大纲和公司章程细则的法律效力是指公司对其成员的可执行权利，成员对另一成员的可执行权利和公司成员对有限责任公司的可执行权利。[1]韩国公司法也规定制定章程的社员或发起人以及后加入的社员、股东以及公司机关都受章程的约束。[2]我国有的学者认为，公司章程的约束力是"对公司的效力、对公司内部关系的效力"[3]。对公司内部的效力分为其对公司的约束力，其在公司成员之间产生的约束力和其对公司董事以及经理或监事的约束力。[4]

我国《公司法》第5条明确规定，公司章程对公司、股东、董事、监事和高级管理人员具有约束力。因此，公司章程的主体效力范围包括公司、股东、董事、监事和高级管理人员。另外，《上市公司章程指引》第10条规定，本公司章程自生效之日起，即成为规范公司的组织与行为、公司与股东、股东与股东之间权利义务关系的具有法律约束力的文件，对公司股东、董事、监事、高级管理人员具有法律约束力的文件。依据本章程，股东可以起诉股东；股东可以起诉公司董事、监事、经理和其他高级管理人员；股东可以起诉公司；公司可以起诉股东、董事、监事、经理和其他高级管理人员。

（一）公司章程对公司的效力

公司章程是关于公司组织和公司行为的基本准则，公司遵守并执行公司章程的相关规定自属应当。公司章程对公司的效力主要体现在三个方面：

1. 公司章程规定了公司组织机构的产生、组成、议事规则和职权，从而约束公司内部组织和活动，执行和实现公司的意志。

2. 公司章程规定了公司的经营范围，由此确定公司作为法律主体从事经营活动、对外发生法律关系时的权利能力和行为能力。我国《公司法》第9条规定，公司的经营范围由公司章程规定。公司可以修改公司章程，变更经营范围。公司的经营范围中属于法律、行政法规规定须经批准的项目，应当依法经过批准。

在英美法系中，公司超越公司章程规定经营范围的行为，称为越权行为（Ultra vires acts）。公司不得超越公司章程规定经营范围的原则，称为越权行为原则（Ultra vires doctrine）。关于记载公司章程的经营范围条款是否对公司有绝对的效力，这一认识在英美法中经历了以下变迁：①严格越权行为原则（Classical ultra vires doctrine[5]），即早期公司章程严格限制公司的经营范围，若超出范围，则交易行为视为越权行为，公司

---

[1] ［美］斯蒂芬·加奇：《商法》，屈广清、陈小云译，中国政法大学出版社2004年版，第246～247页。

[2] ［韩］李哲松：《韩国公司法》，吴日焕译，中国政法大学出版社2000年版，第77页。

[3] 沈四宝、沈健：《公司章程在新〈公司法〉中的重要地位与作用》，载《法律适用》2006年第3期。

[4] 张民安：《公司法上的利益平衡》，北京大学出版社2003年版，第66～69页。

[5] 参见［美］史蒂文·L.伊曼纽尔：《公司法》（影印本），中信出版社2003年版，第20页。原文为：Early statutes governing corporations usually narrowly restricted the activities in which a corporation could engage. If a corporation purported to act beyond the scope of what it was authorized by statute to do, such impermissible transactions were labeled 'ultra vires', and some cases held that the corporate action was totally void.

行为无效。②严格越权行为原则受到限制（Exception to the ultra vires doctrine[1]），即将超越公司章程的交易行为视为无效是不公正的，即越权行为原则被限用。具体而言是指以下两个例外：一是一方全部履行合同义务则另一方不得提出适用该原则；二是在一定情况下，股东明示或暗示批准该越权行为。③严格越权行为原则被摒弃（Ultra vires doctrine be largely eliminated[2]），由于以下两个原因导致越权行为原则被大量摒弃：一是除非公司章程明确限制公司的权力，否则依据法律，公司有权从事任何合法商业行为；二是绝大部分州的法律已经废除了越权行为原则，即使公司缺少行为权力，公司行为的有效性也不受影响。④现代新型越权行为原则（The new ultra viers doctrine[3]），现在法律规定，对于公司超越权力的行为，股东在以下情况下仍享有诉权：一是公司章程明确限制；二是公司章程未作明确规定且法律也未在此范围内赋予其可经营超越公司章程的合法行为的权利时，股东依越权行为原则仍可取得禁止令。

关于限制公司越权行为无效的适用范围，就我国的情形而言，《民法典》第504条规定，法人的法定代表人或者非法人组织的负责人超越权限订立的合同，除相对人知道或者应当知道其超越权限的以外，该代表行为有效。《民法典》第505条规定，当事人超越经营范围订立的合同的效力，不得仅以超越经营范围认定合同无效。但违反国家限制经营、特许经营以及法律、行政法规禁止经营规定的除外。这些规定均体现了我国关于限制公司越权行为无效的适用范围。

3. 公司章程对公司的效力还表现在"公司的解散事由与清算办法"是股份有限公司章程的绝对必要记载事项，特别是公司章程中有关解散事由和经营期限的约定方面。如果解散事由发生或者经营期限届满，则公司必将进入清算。[4]

（二）公司章程对股东的效力

公司章程是各个股东之间关于彼此权利义务的约定，股东应受其约束。受约束的

---

〔1〕 参见［美］史蒂文·L. 伊曼纽尔：《公司法》（影印本），中信出版社2003年版，第20页。原文为：A number of exceptions to the ultra vires doctrine were developed, including：①if one party fully performed, the other would be 'estopped' from relying on the doctrine；②under some circumstances, the shareholders would be said to have implicitly or explicitly 'ratified' the ultra vires act.

〔2〕 参见［美］史蒂文·L. 伊曼纽尔：《公司法》（影印本），中信出版社2003年版，第21页。原文为：Modern American corporate statutes have largely eliminated the ultra vires doctrine. Two distinct developments have made this occur：first of all, under most statutes unless the articles of incorporation expressly limit the corporation's power, it will be deemed to have the power to engage in any lawful business activity. Therefore, the probability that the corporation will try to do something beyond the scope of its charter is much reduced. Second, almost all states have explicitly abolished the doctrine as to lawsuits by or against a third party who has done business with the corporation. See, e. g., MBCA §3.04（a）（"The validity of corporate action may not be challenged on the ground that the corporation lacks or lacked power to act."）.

〔3〕 参见［美］史蒂文·L. 伊曼纽尔：《公司法》（影印本），中信出版社2003年版，第21页。原文为：The statutory abolition of most applications of ultra vires doctrine leaves a few holes, as noted. Most significantly, a shareholder may still sue to enjoin the corporation from acting beyond its power. If①the corporation has a charter that expressly limits its power, or②the charter is silent on those powers and the state has not yet revised its statute to give all lawful powers where the charter is silent, the shareholder may even today be able to obtain an injunction on an ultra vires theory.

〔4〕 赵旭东主编：《公司法学》，高等教育出版社2006年版，第187页。

股东不仅包括公司设立阶段参与公司章程制定的设立人，而且包括公司成立后及存续过程中新加入的股东。

公司章程对股东的效力表现为股东依公司章程享有权利和履行义务。我国《公司法》第21条第1款规定："公司股东应当遵守法律、行政法规和公司章程，依法行使股东权利，不得滥用股东权利损害公司或者其他股东的利益。"股东违反公司章程的规定，滥用股东权利的，将会引起对公司自身、其他股东或者公司债权人承担相应法律责任的后果。如《公司法》第21条第2款规定："公司股东滥用股东权利给公司或者其他股东造成损失的，应当承担赔偿责任。"《公司法》第23条第1款规定："公司股东滥用公司法人独立地位和股东有限责任，逃避债务，严重损害公司债权人利益的，应当对公司债务承担连带责任。"如《公司法》第51条规定，有限责任公司成立后，董事会应当对股东的出资情况进行核查，发现股东未按期足额缴纳公司章程规定的出资的，应当由公司向该股东发出书面催缴书，催缴出资。未及时履行前款规定的义务，给公司造成损失的，负有责任的董事应当承担赔偿责任。股东出资不实或未按期出资，亦为违反公司章程的表现。

（三）公司章程对董事、监事、高级管理人员和控股股东、实际控制人的效力、实际控制人的效力

公司章程对董事、监事和高级管理人员的效力，是指公司章程对上述人员具有约束力。上述人员的设置，是公司治理结构发展的结果，也是公司制度中所有权和经营权相分离的表现，他们在公司的组织和活动中扮演着十分重要的作用。因而，我国《公司法》第180条规定："董事、监事、高级管理人员对公司负有忠实义务，应当采取措施避免自身利益与公司利益冲突，不得利用职权牟取不正当利益。董事、监事、高级管理人员对公司负有勤勉义务，执行职务应当为公司的最大利益尽到管理者通常应有的合理注意。公司的控股股东、实际控制人不担任公司董事但实际执行公司事务的，适用前两款规定。"

为了避免或限制可能因此产生的道德风险和代理成本，公司章程一般会对董事、监事、高级管理人员的设置、职权、议事规则等作出规定，同时对上述人员违反公司章程的行为设定法律责任和相应的救济途径。

我国《公司法》对上述人员违反公司章程的行为设定了相应的法律责任，具体表现在第125条第2款和第188条的规定。第125条第2款规定："董事应当对董事会的决议承担责任。董事会的决议违反法律、行政法规或者公司章程、股东会决议，给公司造成严重损失的，参与决议的董事对公司负赔偿责任；经证明在表决时曾表明异议并记载于会议记录的，该董事可以免除责任。"第188条规定："董事、监事、高级管理人员执行职务违反法律、行政法规或者公司章程的规定，给公司造成损失的，应当承担赔偿责任。"

《公司法》对上述人员违反公司章程的行为设定了相应的救济途径，具体表现在该法第189条和第190条中分别设置的股东派生诉讼（Derivate actions）和股东直接诉讼（Direct actions），引入司法救济途径对公司和股东利益予以保护。第189条第1款、第2款规定，有限责任公司的股东、股份有限公司连续180日以上单独或者合计持有公司1%以上股份的股东，可以书面请求监事会向人民法院提起诉讼；上述股东可以书面请

求董事会向人民法院提起诉讼，或为了公司的利益以自己的名义直接向人民法院提起诉讼。第190条规定，董事、高级管理人员违反法律、行政法规或者公司章程的规定，损害股东利益的，股东可以向人民法院提起诉讼。

需要说明的是，公司章程的主体效力范围仅限于公司及其成员，即仅对其内部人员具有约束力。公司章程对公司债权人或者其他第三人等外部人不发生效力，亦不得以公司章程另有规定为由对抗善意第三人，善意第三人是指不知道也不应该知道公司章程内容的人。如公司超越章程规定的经营范围而与善意第三人签订合同，从事交易的，该合同不因此而归于无效。

第四章

公司登记制度

【本章导读】公司登记制度是国家登记主管机关依法对公司设立、变更、终止等有关事项进行核准登记的法律制度。该项制度的功能，在于维护社会交易安全和市场主体的合法权益。

通过本章的学习，在了解公司登记的概念和特征以及公司登记种类的基础上，重点掌握并理解公司登记立法、公司登记的意义、公司登记的程序、公司登记的监管和公司登记的效力。

第一节 公司登记制度概述

一、公司登记的概念和特征

公司登记，是指国家主管机关依法对公司设立、变更、终止等有关事项进行核准登记的制度。它属于企业登记管理[1]的一种形式。

公司登记具有以下特征：

1. 公司登记是产生公司设立、变更或终止后果的法律行为，它以申请人提出申请为前提，登记机关不主动、不强制进行登记。当代在世界绝大多数的国家和地区，公司登记都是公司取得合法主体资格的必要和唯一的途径，公司权利能力和行为能力的起始取决于公司登记行为的生效时间。只有少数国家允许公司依其制定章程的私法行为而自行设立公司，但大多要求在设立后的一定期间内仍需补办登记手续。

2. 公司登记是一种要式法律行为。公司登记向公众表明公司的营业状态，以登记事项的公开性和可靠性为基础。因此，各国的公司登记立法都要求公司登记必须严格按照法律规定的有关条件与程序办理，否则不能产生相应的法律效力。在具体形式上，公司登记必须采取规范的书面形式，依照法定程序向法定公司登记机关提出申请。公司登记注册的内容与事项往往由商事登记法或公司登记法律法规以强制性条款的形式规定并具体列明。

3. 公司登记在本质上是一种带有公法性质的私法行为。对公司登记的法律性质，学术界观点不一，有的学者认为公司登记是公法行为[2]，也有的学者认为其属于私法行为[3]。

本书认为，公司登记由申请人的申请登记行为与登记机关的登记行为共同构成。

---

[1] 所谓企业登记管理，是指国家主管机关依法对企业及其有关事项进行核准登记注册，以登记为基础对企业进行监管的一种工商管理法律制度。企业登记分为两类：一类是企业法人登记；另一类是营业登记。企业法人登记的目的是设立法人，对企业设立事项进行审查核准，授予企业法人资格并颁发《企业法人营业执照》，继而对其组织和存续加以监管。企业法人登记制度在历史上出现较晚，它是与企业设立普遍实行准则主义相伴而生的。营业登记是指登记主管机关对从事经营活动，但不具备法人条件的经营单位进行审查核准并颁发《营业执照》，确认其合法经营权的登记行为；是政府承认某项营业及某一商号、行号的合法性，并对其营业活动进行监督的制度。

[2] 参见范健、王建文：《公司法》，法律出版社2006年版，第117页。

[3] 参见蒋大兴：《公司法的展开与评判——方法·判例·制度》，法律出版社2001年版，第373~376页。

由此决定了：

第一，公司登记具有鲜明的公法性，理由如下：①从公司登记法律关系的主体来看，一方是登记申请人，另一方是公司登记机关。在绝大多数国家，公司登记机关都属于国家机关。登记机关根据法律设定的行政职责从事受理、审查、核准和公示等行政公法行为。②从公司登记的内容来看，其登记的事项、必备的文件、必经的程序、登记机关的职责、应履行的义务、违反法定义务的处罚等均不允许相关当事人自行排除。对于申请人的违法行为，并非主要表现为损害赔偿的法律后果，而是以行政罚款等强制措施为主。③从国家介入公司登记的目的来看，公司登记借助国家公权力的介入，用以更好地保障交易安全，维护社会公共利益，这是国家干预市场经济的直接表现。④从公司登记法的调整对象来看，多以国家主管机关和申请人之间的非平等主体的权利义务关系为其调整对象，其法律规范主要是公法性规范。

第二，公司登记同样具有明显的私法属性，理由如下：①从公司登记的目的与效果来看，公司登记是申请人为了设立、变更或终止公司的主体资格，是否提出该项申请完全取决于私法主体的意志，而非国家的主动行为。公司登记只是国家对公司资格的确认。②从公司登记的内容来看，体现公司资格并记载于登记簿的重要登记事项，如组织形式、营业部类、投资方式与数额、营业期限、营业地点、技术投入、人员配备等，均由申请人按照自身条件和意志确定。公司登记是私权主体意思自治的结果，并非登记机关意志的体现。③从公司登记法产生的基础来看，公司登记规则是公司基于营利目的的需要而逐渐发展并完善起来的。众多公司对营利的共同愿望，决定了交易活动必须在追求效率的同时兼顾安全。公权机关的介入，使公司可以凭借登记彰显自身的人格和信用，便于交易对方和公众识别和选择，从而提高交易机会和营利的可能性。

综上所述，公司登记兼具公法和私法双重属性，公司登记在本质上是一种带有公法性质的私法行为。但是，在缺少私法传统的我国，本书更愿意强调它的私法属性，因为这对于充分保障公司的营业自由具有重要意义。

二、公司登记立法

（一）公司登记法的概念

公司登记法是指规范公司登记行为，确定公司登记主管机关、登记内容、登记程序等事项，调整公司登记关系的法律规范的总称。

公司登记法理论上可分为形式意义上的公司登记法与实质意义上的公司登记法。所谓形式意义上的公司登记法，是指以公司登记而命名的统一成文法。例如，《中华人民共和国企业法人登记管理条例》（以下简称《企业法人登记管理条例》）、《公司登记管理条例》《企业名称登记管理规定》《企业法人法定代表人登记管理规定》《市场主体登记管理条例》等均属此类。[1] 所谓实质意义上的公司登记法，是指一切调整公司登记行为

---

[1] 《市场主体登记管理条例》于 2021 年 4 月 14 日国务院第 131 次常务会议通过，自 2022 年 3 月 1 日起施行。与此同时，《公司登记管理条例》《企业法人登记管理条例》《中华人民共和国合伙企业登记管理办法》（以下简称《合伙企业登记管理办法》）、《农民专业合作社登记管理条例》《企业法人法定代表人登记管理规定》被废止。为确保《市场主体登记管理条例》能够落地实施，国家市场监督管理总局公布了《市场主体登记管理条例实施细则》，也于 2022 年 3 月 1 日起施行。

的法律规范的总称。它不仅包括以公司登记为名的专门成文法，而且包括散见于其他各种法律、法规之中的与公司登记相关的法律规范，甚至还包括关于公司登记的法律解释、判例、习惯法等。在我国，除前面列举的形式意义上的公司登记专门法外，《民法典》《全民所有制工业企业法》《公司法》《保险法》《商业银行法》《证券法》等法律法规中关于各类公司登记的规定，也被视为我国实质意义上的公司登记法的组成部分。

（二）公司登记立法的沿革

早在 18 世纪初叶，德国就设立了公司登记簿、代表人登记簿、商号登记簿，以维护商人的道德与信用，确认公司的内外关系。1794 年《普鲁士邦法》首次规定了公开的、每个人都可查阅的登记簿，其相关条款被视为商事登记簿规则的前身。自 19 世纪中叶，发达国家对股份公司开始实施公司设立的准则主义。当时资本主义国家又正由夜警国家向行政国家过渡，在社会经济生活中开始扮演积极角色，对于维护社会经济秩序日益肩负起责任。这样，对各类经营或企业一并予以监管的一项制度，即企业法人登记和商事登记制度就应运而生了。英国在 1844 年颁布的《公司法》中规定了公司注册制度。而具有现代意义的公司登记是从 1861 年《普通德意志商法典》开始的，该法典首次对适用于一般商主体和公司的登记规则作出了系统规定，涉及登记机关、登记事项、登记程序、登记簿等方面。1897 年德国《商法典》使公司登记制度进一步健全。德国创制的公司登记制度很快被欧洲各国和日本效仿，成为后世公司登记法的典范。例如，法国于 1919 年在地方商事法院中设置地方商业登记簿，在没有商事法院的地方则设于民事法院中，办理商事登记；1935 年法国又增设中央商业登记簿，商事公司在地方法院登记后，还要再由国家工业产权局办理登记，具有商号认定和法人登记的性质，可见，在法国是由法院和政府分别办理企业登记。在日本，是由司法行政机关法务省系统主管商事登记和企业登记。在英美法系国家则由政府主管公司登记注册和商业登记的机关，分别办理相关事宜。

中国的企业登记立法始于清末，与清末民族资本初步获得自立的实力和地位、清政府颁布《公司律》承认并推动私营企业发展是同步的。1904 年与《公司律》同时颁布的《商人通例》中始有中国历史上最早的商事注册规定，但当时的目的在于助益政府的商业税收，实质上是官商解禁时期的特许制度。

民国时期，北洋政府于 1914 年颁布《商人通则》，对商事范围和商事登记作了规定，凡商号设立及其转让、法定代理人和经理人的设立及其职权消灭等，都需由商人向"该管官厅"呈报注册。

南京国民党政府时期，于 20 世纪 20 年代末 30 年代初先后颁布民法各编和《公司法》《银行法》等，与之配套的有《商业注册暂行规则》《公司登记规则》《银行注册章程》《工厂登记规则》《商办造船厂注册规则》《华洋制酒类营业执照章程》等。时至 1937 年，南京国民党政府效仿德、日，制定了专门的《商业登记法》，这标志着中国公司登记制度的正式确立。

中华人民共和国成立后，企业登记问题一直受到国家重视。20 世纪 50 年代以后，我国政府相继颁布了《关于公营企业和公私合营企业应进行登记的指示》、《工商企业登记管理试行办法》等一系列法规，数次对国营企业、公私合营企业、集体企业和个体工商业者进行全面清理整顿，重新登记发证，调整生产经营布局，取缔无证经营。这对当时国民经济的稳定发展起了非常重要的作用。1979 年以后，随着经济体制改革的深入和改革开放政策的推行，国家相继颁布了《中外合资经营企业登记管理办法》《工商企业登记管理条例》《企业法人登记管理条例》《公司登记管理条例》《合伙企业登记管理办法》等。其中，1982 年国务院公布的《工商企业登记管理条例》，是中华人民共和国成立后的第一个全面正式的企业登记管理法规。它具有以下重要意义：①扩大了企业登记管理的范围。外贸业、旅游业、修理业从服务业中划分出来，分别作为一个行业进行登记管理。党的十一届三中全会以后，军工企业转向民品生产，国营交通运输业也实行了企业化经营管理。所以，国防工业企业的民品生产部分和国营交通运输业均纳入了登记管理的范围。②首次规定了企业筹建登记，目的是对企业从筹建阶段就进行监管。③规定了申请登记人的申诉权。如要求其及时办理登记，被处罚的企业可以向上一级工商行政管理局提出申诉，加强了对工商行政管理机关行政行为的约束。1985 年公布的《工商企业名称登记管理暂行规定》（已失效），首次对企业名称进行规范管理。1985 年我国还公布了《公司登记管理暂行规定》（已失效），这些法规在 1993 年的《公司法》出台之前，对清理整顿党政机关和各行各业经商办企业热潮中而大量涌现的非法企业发挥了重要作用。

现行的《公司法》《市场主体登记管理条例》《市场主体登记管理条例实施细则》和《企业名称登记管理规定》等企业与公司登记法规体系的形成，标志着我国企业与公司登记管理法制已基本得到确立。

（三）公司登记立法的体例

目前世界各国或地区的公司登记立法体例主要有以下三种：

1. 由商法典规定统一的商事登记制度并由公司法就公司登记特殊事项作专门规定。德国、韩国为此立法例的代表。

2. 由商事登记专门法规定统一的商事登记制度，另外在公司法中就公司登记作出特殊规定。如日本于 1963 年制定了专门的《商业登记法》，对商事登记制度作出详细规定，同时《公司法》中也规定公司登记的专门规范。

3. 由公司法规定。在英、美等国家，未就商事登记制度作统一的专门立法，而是在相关的公司法中予以规范。

在我国《市场主体登记管理条例》出台（2021 年）之前，我国的企业与公司登记立法尚不属于上述境外任何一种公司登记的立法体例，而是属于按照企业与公司的不同类型分别立法的多足鼎立的模式。其中，《企业法人登记管理条例》调整法人登记，《合伙企业登记管理办法》调整合伙企业的登记，《个人独资企业登记管理办法》调整个人独资企业的登记，而在法人登记中，公司的登记又由《公司登记管理条例》调整。这种多元的企业登记规范分别调整不同的企业登记的做法，虽有很强的针对性，易于解决同一类企业的登记问题，但其不足之处也是十分突出的。这主要体现在：立法形式的分散性有碍于企业与公司登记制度有机体系的构建；在价值取向和制度设计上，带有较浓的计划经济色彩；前置审批程序因缺乏有效的法律约束而过多过滥等。就此不足我们应当借鉴国外企业与公司登记立法的先进经验，将我国企业与公司登记立法系统化，分类标准统一化，进而完善我国企业与公司登记法律制度。基于上述认识，

2021 年 4 月 14 日国务院第 131 次常务会议通过了《市场主体登记管理条例》，与此同时，《公司登记管理条例》《企业法人登记管理条例》《合伙企业登记管理办法》《农民专业合作社登记管理条例》《企业法人法定代表人登记管理规定》被废止。2023 年《公司法》新增"公司登记"这一章节，在公司基本法的层面也进一步完善公司登记制度，进一步简便公司设立和退出。

（四）立法原则

以公司登记行为的强制程度不同为依据，可以将公司登记法律分为任意登记主义与强制登记主义。任意登记主义形成于 19 世纪末 20 世纪初，是自由贸易时代的产物。该立法原则将公司的设立登记视为公司成立后依法须进行的行为，奉行先设立后登记原则，也就是在履行公证和其他一些手续后，公司即被视为自动成立，其后再将公司设立文件提交登记机关注册登记。采取任意登记主义的国家或地区日益减少，主要有荷兰、比利时、意大利、葡萄牙及我国澳门地区等少数国家和地区。这种做法在理论上被称为公司成立非要件主义，其法律效力则表现为公司登记的公示性。

随着市场经济的发展和国家对公司干预的加强，为维护市场经济的正常秩序，防止虚设公司实施欺诈行为，现代国家公司登记立法基本上都已采取了强制登记主义。在采取强制登记主义的国家中，只有依法履行了公司登记程序才能取得公司法律人格。未经公司登记者则不具有权利能力和行为能力，不得从事任何种类的经营活动，否则将受到法律的制裁。这种做法在理论上被称为公司成立要件主义，其法律效力则表现为公司登记的创设性。

我国采取的也是强制登记主义的立法模式。我国《市场主体登记管理条例》第 3 条规定："市场主体应当依照本条例办理登记。未经登记，不得以市场主体名义从事经营活动。法律、行政法规规定无需办理登记的除外。市场主体登记包括设立登记、变更登记和注销登记。"《公司法》第 29 条则规定："设立公司，应当依法向公司登记机关申请设立登记。法律、行政法规规定设立公司必须报经批准的，应当在公司登记前依法办理批准手续"；第 33 条规定："依法设立的公司，由公司登记机关发给公司营业执照。公司营业执照签发日期为公司成立日期。公司营业执照应当载明公司的名称、住所、注册资本、经营范围、法定代表人姓名等事项。公司登记机关可以发给电子营业执照。电子营业执照与纸质营业执照具有同等法律效力。"

三、公司登记的意义

公司登记具有以下重要的意义：

1. 公司登记是国家介入[1]公司领域最重要的方式之一。公司登记使公司得以成立和存续，获得合法资格，从而取得进入市场的"户籍"。通过科学的公司登记管理，政府得以了解国民经济各部门、各行业的发展趋势和比例，借以制定适当的产业政策和竞争政策，从而控制、引导社会资金流向，使资源的配置更加合理。公司登记制度作为现代市场经济的"户籍制度"，也是实施市场准入控制的基本手段。

---

[1] "国家介入"是较"国家干预""国家协调"更为中性的提法，这种提法既能体现经济法以公权为主的公法属性，又能体现经济法在一定程度上和一定范围内的私法性。参见李东方主编：《经济法案例教程》，知识产权出版社 2006 年版，第 4 页。

2. 公司登记是公司交易相对人和社会公众获取公司信息最重要的方式之一。公司登记可以使其交易相对人或社会公众通过合法途径在登记机关查阅到公司的实际状况，对与公司经营相关的信息，如公司的类型、名称、资金状况等有较为可靠和清晰的了解，从而更加理智地选择和决定自己的交易行为，进而保护交易相对人和社会公众的利益，维护社会交易的安全。

3. 公司登记是公司彰显自身最重要的渠道之一。公司登记有利于公司公示自己的经营身份、经营状况，确立经营信誉，从而可能获得更多的交易机会。

第二节　公司登记的种类

公司登记可依不同的标准划分不同种类。以公司的国籍为标准，可以分为本国公司登记和外国公司登记；以登记对象为标准，可以分为本公司登记和分公司登记；以登记公司的组织形式为标准，可以分为有限公司登记、股份公司登记、无限公司登记与两合公司登记；以国家对登记要求的强制程度为标准，可以分为强制登记与任意登记；以登记机关的管辖为标准，可以分为中央公司登记与地方公司登记。以公司登记的具体内容为标准，分为公司的设立登记、变更登记、注销登记和分公司登记，我国《公司法》与《市场主体登记管理条例》规定的登记种类就是以此分类的。此外，我国 2020 年修订的《企业名称登记管理规定》中还规定了公司名称登记制度。

由于公司的设立登记、变更登记、注销登记以及名称登记制度在本书相关章节里都有详细的论述，所以，在这里仅就分公司的登记进行讨论。

分公司是指公司在其住所以外设立的从事经营活动，不具有法人资格的机构。分公司的特点是没有自己的独立法律地位，其只是公司的一个附属机构，不具备法人资格。因此，分公司没有自己独立的名称、章程、财产，其在经营活动中所产生的债权债务关系，由公司承担。其人事、业务等都接受公司的控制，只代表公司开展业务活动。分公司的经营范围不得超过其所属公司的经营范围，如果是限制经营的项目，即使该公司可以经营，却并不表明分公司也可以经营。

分公司的登记同样包括设立登记、变更登记和注销登记三种。

1. 分公司的设立登记。设立分公司有两种情形：一是在公司设立的同时设立分公司。在这种情况下，设立人一般会在公司章程中就设立分公司的事项作出规定。但我国《公司法》对此未作强制性要求，属于公司章程的任意性事项。二是在公司成立以后，根据公司的经营需要而决定设立分公司，在这种情况下，应由公司根据相关法律规范作出有效决议，如股东会或董事会决议。

按照《公司法》及《市场主体登记管理条例》的规定，在设立公司的同时设立分公司的，应当由设立人指定的代表人或共同委托的代理人向登记主管机关申请设立登记，经核准后，登记主管机关向公司签发《企业法人营业执照》，向分公司签发《营业执照》。在公司成立之后设立分公司的，则可以由公司的法定代表人或全体股东向登记主管机关申请设立登记，经核准后，领取《营业执照》。

公司设立分公司的，自决定作出之日起 30 日内应当向分公司所在地的市、县公司登记机关申请登记。法律、行政法规或者国务院决定规定设立市场主体须经批准的，应当在批准文件有效期内向登记机关申请登记。分公司的登记事项包括：名称、营业场所、负责人、经营范围。分公司的名称应当符合国家有关规定。设立分公司，应当向公司登记机关提交下列文件：①申请书；②申请人资格文件、自然人身份证明；③住所或者主要经营场所相关文件；④公司章程；⑤负责人的任职文件和自然人身份证明；⑥法律、行政法规和国务院市场监督管理部门规定提交的其他材料。

2. 分公司的变更登记。分公司变更登记事项的，应当向公司登记机关申请变更登记。申请变更登记，应当提交公司法定代表人签署的变更登记申请书。因公司名称变更而变更分公司名称的，应当提交公司的《企业法人营业执照》复印件。变更经营范围涉及法律、行政法规规定必须报经审批的项目的，应当提交有关部门的批准文件。变更营业场所的，应当提交新的营业场所使用证明。公司登记机关核准变更登记的，换发《营业执照》。

3. 分公司的注销登记。公司撤销分公司的，应当自撤销决定作出之日起 30 日内向该分公司的公司登记机关申请注销登记。申请注销登记应当提交公司法定代表人签署的注销登记申请书和分公司的《营业执照》。公司登记机关核准注销登记后，应当缴销分公司的《营业执照》。

第三节　公司登记的程序和规范[1]

各国和地区关于公司登记的程序大同小异。比较而言，我国的公司登记程序历来较为繁复，在公司登记过程中关卡重重，人为地降低了效率、增加了成本，而在西方国家和地区，公司登记已十分简便快捷了。因此，为了规范公司登记行为，提高登记效率，《市场主体登记管理条例》和 2023 年《公司法》对我国的公司登记程序和规范进行了改革和完善。

一、设立登记程序

（一）提交申请材料

申请设立公司，应当提交设立登记申请书、公司章程等文件，提交的相关材料应当真实、合法和有效。申请材料不齐全或者不符合法定形式的，公司登记机关应当一次性告知需要补正的材料。申请人应当在申请材料上签名或者盖章，申请人可以通过全国统一电子营业执照系统等电子签名工具和途径进行电子签名或者电子签章。符合法律规定的可靠电子签名、电子签章与手写签名或者盖章具有同等法律效力。

（二）实名验证

在办理登记、备案事项时，申请人应当配合登记机关通过实名认证系统，采用人脸识别等方式对有限责任公司股东、股份有限公司发起人、公司董事、监事及高级管理人员进行实名验证。因特殊原因，当事人无法通过实名认证系统核验身份信息的，可以提交经依法公证的自然人身份证明文件，或者由本人持身份证件到现场办理。

（三）设立登记的事项

公司设立登记的事项包括：①名称；②住所；③注册资本；④经营范围；⑤法定代表人的姓名；⑥有限责任公司股东、股份有限公司发起人的姓名或者名称。公司登记机关应当将上述公司登记事项通过国家企业信用信息公示系统向社会公示。

---

[1]　参见《公司法》第二章、《市场主体登记管理条例》《市场主体登记管理条例实施细则》第三章。

（四）发给营业执照

依法设立的公司，由公司登记机关发给公司营业执照。公司营业执照签发日期为公司成立日期。公司营业执照应当载明公司的名称、住所、注册资本、经营范围、法定代表人姓名等事项。公司登记机关可以发给电子营业执照。电子营业执照与纸质营业执照具有同等法律效力。

二、变更登记程序

（一）基本要求

公司登记事项发生变更的，应当依法办理变更登记。公司登记事项未经登记或者未经变更登记，不得对抗善意相对人。公司申请变更登记，应当向公司登记机关提交公司法定代表人签署的变更登记申请书、依法作出的变更决议或者决定等文件。

（二）变更事项

1. 公司变更登记事项涉及修改公司章程的，应当提交修改后的公司章程。

2. 公司变更法定代表人的，变更登记申请书由变更后的法定代表人签署。

3. 公司营业执照记载的事项发生变更的，公司办理变更登记后，由公司登记机关换发营业执照。

三、注销登记程序

公司因解散、被宣告破产或者其他法定事由需要终止的，应当依法向登记机关申请注销登记。依法需要清算的，应当自清算结束之日起 30 日内申请注销登记。依法不需要清算的，应当自决定作出之日起 30 日内申请注销登记。公司申请注销后，不得从事与注销无关的生产经营活动。自登记机关予以注销登记之日起，公司终止。

市场主体注销登记前依法应当清算的，清算组应当自成立之日起 10 日内将清算组成员、清算组负责人名单通过国家企业信用信息公示系统公告。清算组可以通过国家企业信用信息公示系统发布债权人公告。

四、撤销登记

虚报注册资本、提交虚假材料或者采取其他欺诈手段隐瞒重要事实取得公司设立登记的，公司登记机关应当依照法律、行政法规的规定予以撤销。

五、公示

公司应当按照规定通过国家企业信用信息公示系统公示下列事项：①有限责任公司股东认缴和实缴的出资额、出资方式和出资日期，股份有限公司发起人认购的股份数；②有限责任公司股东、股份有限公司发起人的股权、股份变更信息；③行政许可取得、变更、注销等信息；④法律、行政法规规定的其他信息。

公司应当确保公示信息真实、准确、完整。

根据《公司法》第32条第2款规定，公司登记机关应当将公司登记事项、公司章程等信息通过国家企业信用信息公示系统向社会公示。根据《企业信息公示暂行条例》的进一步规定，登记机关通过企业信用信息公示系统向社会公众公告企业登记信息。企业应当于每年1月1日至6月30日，通过国家企业信用信息公示系统向市场监督管理部门报送上一年度年度报告，并向社会公示。当年设立登记的企业，自下一年起报送并公示年度报告。

第四节　公司登记的监管

一、公司登记监管的概念

公司登记监管，是指公司登记主管机关基于公司登记而对公司依法实行的监督管理。尽管公司登记主管机关并非全是行政机关，但即使是由法院或其他组织履行公司登记职能，其作为公司登记主管机关也具有一定程度代行行政权的特征。公司登记本身也并不纯粹是一种按照申请人自由意志实施的活动，公司登记在某种程度上也可以被认为是国家对公司管理与控制的行为。因此，公司登记监督管理应成为公司登记制度中的一项重要内容。登记主管机关监督企业按照规定办理设立或开业、变更、注销登记，按照登记注册事项和公司章程、合同从事经营活动，遵守国家法律、法规和政策；制止和查处不法经营行为，保护市场主体的合法权益。对于登记中隐瞒真实情况、弄虚作假或者未经核准登记注册擅自开业，擅自改变主要登记事项或者超出核准登记的经营范围从事经营活动，不按照规定办理注销登记或者不按照规定进行年度报告公示，伪造、涂改、出租、出借、转让、出卖或者擅自复印"企业法人营业执照""企业法人营业执照"副本，抽逃、转移资金，隐匿财产，逃避债务以及从事非法经营活动的，登记主管机关可根据情况分别给予警告、罚款、没收非法所得、停业整顿、扣缴或吊销"企业法人营业执照"等处罚。

二、公司登记主管机关及其职责

公司登记主管机关是指依法进行公司登记管理的机关。公司登记主管机关有三种设置模式：①法院是公司登记的主管机关。此以德国、韩国为代表，其公司登记由地方法院办理。②法院和行政机关均为公司登记机关。此以法国为代表，其公司登记由法院和行政机关分别办理。③行政机关或专门设立的附属行政机构为公司登记机关。此以英美法系国家及日本为代表，我国台湾地区和澳门地区也采取这种模式。

在我国，根据《市场主体登记管理条例》第5条的规定，国务院市场监督管理部门主管全国市场主体登记管理工作。县级以上地方人民政府市场监督管理部门主管本辖区市场主体登记管理工作，加强统筹指导和监督管理。其管理体制是：不同级别的市场监督管理机关独立行使职权，但上级登记机关有权纠正下级登记机关不符合国家法律、法规和政策的行为。

公司登记主管机关应依法履行职责，不得对不符合规定条件的登记申请予以登记，包庇违法登记，或以拖延、刁难、推诿、舞弊等行为而损害登记申请人或企业的合法权益。登记主管机关处理登记违法行为，必须查明事实，依法处理，并将处理决定书面通知当事人。否则，有关直接负责的主管人员和其他直接责任人员应依法承担相应的行政责任和刑事责任，同时，权益受到损害的当事人有权依法对登记主管机关提起行政诉讼。

根据《市场主体登记管理条例》第6条的规定，国务院市场监督管理部门应当加强信息化建设，制定统一的市场主体登记数据和系统建设规范。县级以上地方人民政府承担市场主体登记工作的部门应当优化市场主体登记办理流程，提高市场主体登记效率，推行当场办结、一次办结、限时办结等制度，实现集中办理、就近办理、网上办理、异地可办，提升市场主体登记便利化程度。

国务院市场监督管理部门和国务院有关部门应当推动市场主体登记信息与其他政府信息的共享和运用，提升政府服务效能。尽管这些规定在实践中尚未得到真正的落实，但它们毕竟体现了我国市场监督管理机关转变职能，由单纯的限制、禁止向加强为社会提供服务的方向转化，其积极意义乃不容低估。

三、公司登记监管的措施

（一）优化公司登记办理流程

公司登记机关应当优化公司登记办理流程，提高公司登记效率，加强信息化建设，推行网上办理等便捷方式，提升公司登记便利化水平。

（二）公司登记档案监管

公司登记档案是登记主管机关对公司登记注册、监督管理过程中形成的有关记录性文字、图表和音像等，主要包括公司申请登记的报告文件、公司申请登记注册书、公司名称预先核准申请书、有关主管机关的批准文件、公司章程、公司股东及董事会等基本情况、公司变更情况、公司年检报告情况、公司资信证明文件、公司违章情况和其他人档案材料。

通过对公司登记档案的监管，既可以为有关管理部门提供可靠的数据和资料，又可以为其他企事业单位、社会团体和个人提供公司信息和资信的查询服务。

登记机关应当负责建立市场主体登记管理档案，对在登记、备案过程中形成的具有保存价值的文件依法分类，有序收集管理，推动档案电子化、影像化，提供市场主体登记管理档案查询服务。

申请查询市场主体登记管理档案，应当按照下列要求提交材料：①公安机关、国家安全机关、检察机关、审判机关、纪检监察机关、审计机关等国家机关进行查询，应当出具本部门公函及查询人员的有效证件；②市场主体查询自身登记管理档案，应当出具授权委托书及查询人员的有效证件；③律师查询与承办法律事务有关市场主体登记管理档案，应当出具执业证书、律师事务所证明以及相关承诺书。

登记管理档案查询内容涉及国家秘密、商业秘密、个人信息的，应当按照有关法律法规的规定办理。对此，《企业信息公示暂行条例》第3条规定，企业信息公示应当真实、及时。公示的企业信息涉及国家秘密、国家安全或者社会公共利益的，应当报请主管的保密行政管理部门或者国家安全机关批准。县级以上地方人民政府有关部门公示的企业信息涉及企业商业秘密或者个人隐私的，应当报请上级主管部门批准。

市场主体发生住所（主要经营场所、经营场所）迁移的，登记机关应当于3个月内将所有登记管理档案移交迁入地登记机关管理。档案迁出、迁入应当记录备案。

第五节　公司登记的效力

公司登记的效力是指公司登记对公司自身和第三人的法律约束力，即公司对有关事项申请登记后，公司将取得什么样的地位以及已登记的事项对内对外具有何种效力。

一、公司登记对公司自身的效力

（一）创设效力

创设效力是指公司登记具有设立公司的效力。其具体表现如下：

1. 公司登记是创设公司的必要条件。在强制登记主义之下，设立登记是公司成立的生效要件，非经登记不得成立。我国各类企业登记法律均规定，未经登记的，不具有企业资格。《公司法》《市场主体登记管理条例》等法律法规中，更进一步将"核准登记"与"营业执照的签发"共同作为确认公司资格的必要条件。营业执照的签发日期，为公司的成立日期。

2. 公司通过登记取得营业资格。在我国，公司登记不但具有创设公司法人资格的效力，而且还具有创设公司营业资格的效力。即我国的公司登记制度将法人资格登记和营业资格登记合二为一。公司经核准登记后即取得企业法人营业执照，公司凭此执照可以刻制印章、开立银行账户、申请纳税登记等，并可以从事各项合法的生产经营活动。可见，公司获得法人资格的同时，也获得了营业资格。但是在有的国家，是将法人资格登记与营业资格登记分开，申请人要在不同的登记机关分别进行法人资格登记和营业资格登记，才能获得法人资格与营业资格。

3. 通过登记取得公司名称专用权。公司获得核准登记之后，也就同时意味着公司名称获得了登记注册，公司便享有名称专用权。

（二）免责效力

免责效力主要是基于公司注销登记而言的。若公司依法申请注销登记，该登记因主管机关的批准而生效后，则该公司的股东可基于注销登记而产生免责的效力。

（三）公示效力

公示效力是指凡经依法登记的内容，应当推定其具有相应的法律效力，对善意第三人产生对抗力。一般来讲，登记事项一经公示之后，即可产生如下两种法律效力：一是对抗力。这是指登记事项一经公告，任何第三人不得以不知道该事项为由而主张权利。许多国家的法律都规定，已登记事项具有对抗善意第三人的法律效力，应登记而未登记事项不能对抗善意第三人。二是公信力。这是指企业登记及公告仅对其登记及公告的内容赋予法律上的公信力，即使该内容有瑕疵，法律对信赖该内容的第三人也予以保护。[1]

我国现行的公司登记法中设置了登记公告的规则，如《公司法》第40条规定，公司应当按照规定通过国家企业信用信息公示系统公示相关登记事项。公司应当确保前款公示信息真实、准确、完整。

二、公司登记对第三人的效力

公司登记行为的复杂性决定了公司登记效力的多样性。登记与否、登记是否真实都会导致对第三人不同的法律效力。公司登记对第三人的效力主要包括以下三方面的情况：

1. 应登记的事项在得到正确登记和公告之后对第三人的效力。一般情况下，公司登记应登记的事项，已经正确登记并公告之后，第三人除基于不可抗力的正当理由而对此尚不知悉外，不论其出于善意还是恶意，均能对其产生对抗效力。通常而言，已经登记、公告的事项，法律就可以推定第三人对其已经知悉，并具有对抗第三人的普遍效力。例如，德国《商法典》第15条第2款第一句规定："已将此种事实进行登记和公告的，第三人必须承受事实的效力。"同时，为防止对第三人不利，德国《商法

〔1〕　参见王远明、唐英：《公司登记效力探讨》，载《中国法学》2003年第2期。

典》第 15 条第 2 款还规定，对于在公告后 15 日之内实施的法律行为，第三人如能证明其既不明知也不应知已公告事项，则已公示事项对该法律行为不产生约束力。瑞士《债务法》第 933 条第 1 款也有类似规定。[1] 我国公司法律对此虽未明确规定，但从其消极规定[2]可以明确推定出来。

2. 必须登记的事项在未履行登记或已履行登记但尚未公告的情况下对第三人的效力。多数国家的法律规定，只要必须在公司登记簿上登记的事项还未履行登记或还未予以公告，则不能发生使公司设立、变更的法律效果，或者不能以之对抗善意第三人。其应在分公司所在地登记的事项而未经登记或公告者，同样不得对抗善意第三人。除非第三人已经了解该事项的真实情况。对此，我国《公司法》第 34 条规定："公司登记事项发生变更的，应当依法办理变更登记。公司登记事项未经登记或者未经变更登记，不得对抗善意相对人。"德国《商法典》第 15 条第 1 款规定："在应登入商事登记簿的事实尚未登记或公告期间，在其事务上应对此种事实进行登记的人，不得以此种事实对抗第三人，但此种事实为第三人所知的，不在此限。"

3. 登记事项公布有误情况下对第三人的效力。如果登记事项公布有误，第三人可以针对负有登记义务的登记人，根据已公布的事实为法律行为。除非第三人已经知道公布事实有误。在此，第三人必须是善意的第三人，同时其对公布内容的信任必须是其法律行为的直接原因。例如，德国《商法典》第 15 条第 3 款规定："对应登记的事实已经进行不正确公告的，第三人可以对在其事务上应对此事实进行登记的人援用已经公告的事实，但第三人明知不正确的，不在此限。"这一规则的目的在于保护善意第三人，加大了登记义务人的责任。

---

[1] 该条款规定："登记之法律效力开始后，针对第三人的不承认登记的请求不予接受。"

[2] 如《公司法》第 34 条规定："公司登记事项发生变更的，应当依法办理变更登记。公司登记事项未经登记或者未经变更登记，不得对抗善意相对人。"

第五章

公司人格制度

【本章导读】公司独立人格与股东有限责任是现代公司制度的基石，公司经过设立并经核准登记后，即取得法人资格，具有相应的权利能力和行为能力。公司的权利能力与自然人的权利能力相比较，受到性质上、法律上和目的上的限制。公司的行为能力与其权利能力同时产生、同时终止，且公司行为能力的范围和内容与其权利能力的范围和内容相一致，公司不存在无行为能力或限制行为能力的情况；公司的行为能力，必须通过代表人或者代理人的行为来实现。

然而，公司人格制度在具体应用过程中却出现了股东滥用公司独立人格与有限责任的情形，把公司人格制度变成了逃避债务、规避责任的工具，极大地损害了公司人格制度的价值目标。为遏制公司人格制度的滥用和保护债权人的利益，维护公平与正义，公司法人人格否认制度便应运而生。

本章从公司人格的概念和特征入手，重点论述了公司的权利能力和行为能力以及公司法人人格否认制度，其中公司法人人格否认制度的适用和逆向揭开公司面纱等是本章的难点问题。

第一节 公司人格制度概述

一、公司的人格概念及其特征

（一）公司人格的概念

"人格"中的"人"是指民事权利主体，"格"是指成为这种主体的资格。人格者，即民事权利主体资格之称谓。近现代民法所认可的民事权利主体有两种：自然人和法人。公司是法人的一种，公司人格就是指公司作为民事权利义务主体的资格。在完成一系列公司的设立程序后，满足了法律规定的实质和程序要件，公司就取得了独立的人格。由此，公司拥有专属的名称和住所，拥有独立于股东的法人财产，能够以公司自己的名义开展经营活动并且能够以自己的财产独立承担民事责任。我国现行立法对公司人格的规定，主要体现在《公司法》和《民法典》中。《公司法》第 3 条第 1 款规定，公司是企业法人。《民法典》第 57 条规定，法人是具有民事权利能力和民事行为能力，依法独立享有民事权利和承担民事义务的组织。这在立法上明确了公司的法人人格，确立了公司的民事主体资格，而且公司人格是法人人格中的典型形式，所以公司人格制度也可叫做公司法人人格制度。

公司人格制度的基本内涵有二：一是公司具有独立的人格，是能独立对外承担责任的民事主体；二是公司的主体资格独立于公司的股东，法律确认公司与公司的股东相互独立，互不隶属，公司与其股东取得了同等的民事法律地位。这一特征使公司不因股东和成员的变更而变动，从而有效地维护了公司的经营和存续。

公司独立人格的获得，源于法律的拟制，是现代法律文明所作的一种制度安排。公司人格制度反映了日益扩大的生产规模、不断进步的技术手段和不断改进的经营管理对企业组织形式的客观要求。英美法学者形象地将公司的独立人格描绘为罩在公司头上的"面纱"（The veil of the corporation），这层"面纱"将公司人格与其成员个人人格分离，使股东免受公司债权人的直接追索。

（二）公司人格的特征

从公司人格的定义可以看出，公司人格具有如下特征：

1. 公司人格具有法定性。公司的人格不同于自然人的人格是与生俱来的，公司的人格是由法律拟制而成，依照法律规定的程序赋予公司以法律人格，使公司能够像自然人一样平等地从事民商事行为，平等地承担法律责任。所以，这就决定了其不同于自然人出生即取得人格，公司只有满足了公司法上规定的成立条件并在公司登记机关登记注册后才能取得法律人格，而且公司的内部组织机构也应当依照法律的规定设立，得到法律的认可。法定性是公司区别于自然人人格的重要特征，也是法律拟制人格的关键所在。

2. 公司人格具有独立性。这是公司独立人格的本质特征，缺少这一特征，公司的人格将不复存在。所谓独立性，是指公司与其组成人员是相互独立的不同的法律主体，具有不同的法律人格。这一独立性主要体现在：

（1）财产独立。公司拥有独立的财产，这一财产所有权是与其成员的财产所有权严格区分的，公司对其财产享有完全的占有、使用、收益和处分的权利，公司的财产归公司所有，由公司支配，非公司股东和管理人员所有，而且除公司解散等法定事由或者公司章程规定的情形外，股东只能转让股权而不能抽回出资，股东的去留不会影响公司财产的变化。这一特征是公司人格得以存在的基础，也是公司以独立人格对外进行业务往来和承担责任的物质基础。

（2）意思独立。公司的独立人格决定了它必须享有不同于其成员的权利能力和行为能力。尽管法人的能力与自然人有诸多不同，但是，能同自然人一样在法律设定的范围内独立为意思表示并享有权利、承担义务。

公司意思独立主要表现在：公司一旦成立，在其存续期间，便以其独立健全的组织机构（即公司的机关）为其意思机关独立地为意思表示，享受权利并承担义务。应当指出的是，由于公司法对股东权利及其行使方式、公司机关法律地位及其职权的规定，股东通过股东会决议所体现的意志，已经不再是股东个人的意志，也不仅仅是股东的共同意志，而是公司法人意志。包括股东会、董事会、监事会等在内的公司机关，是公司法人的意思机关，公司法人正是通过这些公司机关在各自职权范围内的活动，形成其作为法人的独立意志。

（3）存续独立。公司存续独立，又被学者称为"公司的永久存续"（Perpetual existence），即公司人格的生存周期不受其成员构成和成员人格期限的影响，可以独立于其成员而存在。它不会因其成员精神的或身体的疾病而丧失能力，也不一定有预定的生存周期。如果设立人没有预先设定公司的经营期限，则只有歇业，才可能使其终止存在。这与合伙组织迥异，在合伙组织中一旦发生某合伙人破产或死亡的情况时，对该合伙组织将造成巨大影响，有的甚至即行解体。正基于此，英美法系国家的公司法和公司章程大多未规定公司的存续期限。而在法国等少数大陆法系国家，虽然公司的存续被限制为不得超过99年，但这并不影响公司存续独立。因为所谓公司永久存续，究其实质并非指公司人格永久存在，而是指公司人格的生存周期可以独立于其成员，不受后者进退的影响。事实上，公司人格可能因各种法律或非法律原因而中断或终止，公司的永久存续只是一种理论上的可能性。

（4）责任独立。这一特征是股东有限责任制度的前提，也是公司人格独立的核心内容。它是指公司以其财产对公司债务独立地承担责任，在一般情况下，公司股东仅以其出资额或者股份对公司债务负责，除此以外，他对公司再无责任。可见，公司责任独立的后果，必然使其成员责任有限化。正基于此，公司责任独立又被称为公司股东的有限责任。公司以其全部财产对公司负责，这一责任在性质上对公司而言是一种无限责任。公司责任的独立性既是维护交易安全的需要，又是保障交易公平和交易效率的手段。因为，交易双方不必在每次交易时专门去调查交易对方的责任范围和限制。同时，作为投资人的股东也大体可以预估到自己投资风险的最后底线，避免出现风险和利益过度不对称的非公平后果。

（5）诉讼主体资格独立。这是指公司作为法人当其利益受到侵害或者其自身违背法律义务时，可以自己的名义参加诉讼活动，在诉讼活动中享有独立的主体地位，能够独立地从事起诉、应诉和上诉以及进行和解、调解等诉讼活动。这是公司人格独立的程序保障，也是公司人格独立性在诉讼法上表现出来的法律后果。

3. 公司人格具有平等性。作为法律拟制的人格，同自然人一样，公司自成立时起就享有平等的法律资格，这一人格不因公司类型的差异、公司规模的大小和组织形式的不同而不同。其内涵包括公司与公司或其他法人之间人格平等，公司与自然人之间人格平等以及公司与其他具有独立人格的非法人团体之间人格也平等。这一平等指的是法律地位的平等，即在法律活动中，不论公司的行业、性质、财产多寡，其民事主体资格一律平等，不承认任何特权。为此，必须强调公司的人格独立，反对任何非法的控制关系；在社会交易活动中，更要保障公司的意志自由。即公司在法律和章程规定的范围内，有权自由表达意志，自主经营事业、自行选择交易伙伴和交易时机等，任何机关、团体、个人或交易相对人不得对此强加干涉。否则公司有权请求法律救济。

当然，我们这里强调的人格平等，只是资格平等、机会平等，而不是指不同公司之间市场竞争结果的平等。事实上，公司作为法人，受其自身的性质、法人章程、经营范围、规模大小以及法律、法规的限制等，其实际享有的权利与承担的义务往往区别甚大，加之商业机会的把握和公司决策的正误，因而在市场竞争中的结果常常相去甚远，无平等（或同等）性可言。

二、公司人格的取得条件

公司人格法定性的特征，意味着公司欲取得独立的法律人格，必须具备法定的取得条件，这些条件主要包括：

1. 公司应有自己的名称和住所。公司名称是不同公司之间相互区别的标志，是公司人格独立和特定化的具体表现。公司名称是公司的成立要件之一，也是公司章程的必备条款。公司名称经登记注册后，即取得该名称的专用权，在法律上具有排他的效力。公司从事民事活动必须要有固定的住所，住所是公司的人格要素之一，是公司设立时的必备条件，也是公司章程的绝对必要记载事项。

2. 公司应当有独立的法人财产。我国《民法典》规定，法人成立必须有必要的财产或经费。《公司法》要求公司必须有独立的法人财产，而且规定了公司在存续过程中相应的资本维持制度，这都说明公司人格须以公司独立的财产为基础。在这一点上，作为法人的公司与自然人不同，自然人的人格与其财产状况没有关系。公司法人财产最初来源于股东的投资，股东应当将其财产投资于公司；一旦公司成立，该财产即是公司独立享有的财产，而不属于股东的财产，股东通过出资获得的是公司的股权。这种所有权的变化既反映了公司独立人格的本质特征，也反映了股东与公司的内在联系。

3. 公司的组织机构。公司作为法人，必须有一定的机构对内管理公司事务，对外代表公司进行活动，这就是公司的组织机构，或者称为公司机关。公司机关是公司人格不可缺少的一部分，各国公司法都要求公司在设立时即应具备相应的公司机关。

4. 公司独立承担责任。公司具有独立人格必然要求公司能够独立承担法律责任，这也正是公司这种法人组织与合伙企业、个人独资企业等不具备法人资格组织的重要区别。公司独立承担责任也就意味着包括股东在内的其他主体不应当为公司的行为承担责任，公司在以其全部财产承担偿债责任后，即使公司所负债务仍然不能得以全部清偿，公司的债权人也不得请求公司的股东承担超过其出资义务的责任，公司也不得将其债务转移到股东身上。公司人格与股东人格的分离，乃是有限责任产生的前提，不理解公司的独立人格，也就不能理解公司的有限责任。

此外，公司不仅需要满足上述实质条件，还需要满足一定的形式要件，即公司只有经登记注册才能取得法人资格，非经此程序，公司人格不能存在。

第二节　公司的权利能力、行为能力和责任能力

一、公司的权利能力

（一）公司权利能力的含义

公司经过设立并经核准登记后，即取得法人资格，便具有了权利能力和行为能力。公司权利能力是指公司作为法律主体依法享有权利和承担义务的资格。这种资格是由法律赋予的，它是公司在市场经济活动中具体享有权利、承担义务的前提。

公司权利能力的起始时间与自然人有所不同。自然人的权利能力始于出生，终于死亡。而公司的权利能力于公司成立时产生，至公司终止时消灭。那么，公司何时成立、何时终止，就是确定公司权利能力产生和消灭的关键。我国《民法典》第59条规定，法人的民事权利能力和民事行为能力，从法人成立时产生，到法人终止时消灭。据此可知，公司作为法人，其权利能力和行为能力始于公司注册登记，终止于注销登记。具体而言，依照我国《公司法》第33条第1款的规定，公司营业执照签发日期，为公司成立日期。因此，公司营业执照签发之日，为公司权利能力取得之时，设立中的公司不具有权利能力。同样，依照《公司法》第239条的规定，公司清算结束后，清算组应当制作清算报告，报股东会或者人民法院确认，并报送公司登记机关，申请注销公司登记。可见，公司注销登记并公告之日，即为公司权利能力丧失之时。处于清算中的公司，仍然具有一定的权利能力，只是其范围有所限制，即只能在清算范围内享有权利和承担义务。

公司的权利能力在法律上具有重要意义，它是判断公司是否享有某种特定权利或承担某种特定义务的标准，也是判断公司从事的法律行为效力的标准。从公司法的角

度研究公司权利能力，主要目的在于准确界定公司权利能力的范围，因为这关系到公司行为的效力问题。

还需要说明的是，公司权利能力虽然是公司取得具体权利的基础或前提条件，但公司的权利能力不同于公司的权利，其主要区别如下：①公司权利能力是一种主体资格、一种可能性，是取得具体民事权利的前提条件；而公司权利是公司在具体民事法律关系中实际取得的权利，是公司权利能力得以实现的结果。②公司权利能力不仅指享有民事权利的资格，也包括承担民事义务的资格；而公司权利是公司在具体的民事法律关系中实际取得的权利，它与公司义务是不可互相代替的。③公司权利能力是法律赋予的，它的内容和范围是直接由立法者的意志确定的；而公司权利是公司按照其自身意愿实际参加民事活动时取得的，它的内容和范围反映着公司意志。④公司权利能力与公司不可分离，公司既不能将其转让或放弃，他人也无权限制或剥夺；而公司权利则不然，除法律另有规定外，公司可依法转让或放弃某项民事权利，也可以依法限制其行使某项民事权利或者剥夺其某项民事权利。[1]

（二）公司权利能力的限制

公司的权利能力既然是法律赋予的，就不可能是无限的，法律在赋予公司权利能力的同时，也限定了公司权利能力的范围。公司的权利能力与自然人的权利能力相比较，受到性质上、法律上和目的上的限制。[2]如果公司的法律行为超越了公司的权利能力范围，一般为无效法律行为。

1. 性质上的限制。公司作为一个组织体，其人格由法律赋予，因而公司不能享有自然人以自然性质（如身体、性别、种族等）为前提的权利，如生命权、健康权、肖像权、婚姻自由权、亲属权、身体权等人身权。当然，也不承担与这些权利相对应的义务。它只能享有与自然人的自然属性无关的某些特定的人格权，如名称权、名誉权和荣誉权等。《民法典》第110条规定，自然人享有生命权、身体权、健康权、姓名权、肖像权、名誉权、荣誉权、隐私权、婚姻自主权等权利。法人、非法人组织享有名称权、名誉权和荣誉权。

2. 法律上的限制。公司在法律规定的范围内享有权利能力。基于对公共政策和维护公共利益的考虑，各国法律对公司权利能力有多方面的限制，既有公司法的限制，也有其他法律的限制，如反垄断法、证券法、银行法等。本书只涉及《公司法》上对公司权利能力的限制。

（1）转投资的限制。转投资（Reinvestment），是指公司投资于其他企业以获得股权的法律行为。公司是以营利为目的的企业法人，为了追求利润最大化，公司向其他企业投资入股或者收购其他企业的股份，并因此获得相应的利润，这是商业经营活动中的常见现象，是公司从事经营活动的一种具体方式。但是，公司转投资可能会影响自身的安全和正常运转，也可能导致资本信用的过度膨胀和虚增。为了控制投资风险、维护交易安全、保护公司股东和债权人的利益，各国公司法往往会对公司转投资作出

---

〔1〕　参见马俊驹、余延满：《民法原论》，法律出版社2005年版，第53页。

〔2〕　现代公司法理论对公司权利能力是否受目的限制进行了质疑，认为公司权利能力只受自身性质和法律限制，因而一些公司法教材在论述公司权利能力的限制时就只提及自身性质和法律限制两个方面。

限制，这种限制一般包括转投资对象和转投资数额两个方面的限制。

第一，对转投资对象的限制。各国和地区公司法往往禁止公司成为其他公司无限责任股东或者合伙事业的合伙人，原因在于无限责任股东或者合伙人在其公司或合伙事业的资产不足清偿债务时，须负连带清偿责任，这样对公司投资行为的风险无法在投资时进行合理控制，有可能危及股东及债权人的预期利益。如日本《商法典》与《有限责任公司法》规定，公司不得为其他公司的无限责任股东。我国台湾地区"公司法"第 13 条第 1 款也规定，公司不得为他公司无限责任股东或合伙事业之合伙人。

我国《公司法》第 14 条规定："公司可以向其他企业投资。法律规定公司不得成为对所投资企业的债务承担连带责任的出资人的，从其规定。"这一规定，放宽了 2005年修订前的《公司法》只允许向有限责任公司和股份有限公司投资的规定，适应了市场经济社会投资多元化的要求，如向基金、信托等机构的投资。但仍坚持公司转投资时只能对公司投资后的企业承担有限责任的要求，即只要不承担连带清偿责任就可以进行投资。法律之所以如此要求，是因为如果公司成为合伙企业的普通合伙人或者其他需要对所投资企业债务承担连带责任的投资人的话，一旦其所投资的企业不能清偿债务，公司势必受到牵连，整个公司的资产都将处于巨大风险之中，影响公司股东和债权人的利益。当然，解读《公司法》第 14 条，我们并不能得出公司一定不能投资于合伙企业的结论，事实上，公司可以有限合伙人的身份投资于有限合伙企业，这也体现在 2006 年修订的《中华人民共和国合伙企业法》（以下简称《合伙企业法》）的相关规定中。该法第 2 条规定，合伙企业，包括普通合伙企业和有限合伙企业两种；普通合伙企业由普通合伙人组成，合伙人对合伙企业债务承担无限连带责任；有限合伙企业由普通合伙人和有限合伙人组成，普通合伙人对合伙企业债务承担无限连带责任，有限合伙人以其认缴的出资额为限对合伙企业债务承担责任。据此，《合伙企业法》第 3 条规定，国有独资公司、国有企业、上市公司以及公益性的事业单位、社会团体不得成为普通合伙人。此条目的在于避免上述公共性企业或者单位作为普通合伙人而承担合伙企业债务的无限连带责任，从而风险底线不保。但可以成为有限合伙企业的有限合伙人，因为有限合伙人只承担有限责任。此外，还有一个关于向无限公司投资的问题，我国《公司法》没有规定无限公司这一公司类型，所以，不存在任何公司成为我国境内无限公司的股东问题。但是，仍然存在公司向境外的无限公司投资的可能性和实际情况，根据上述对转投资立法意图的分析，我国任何公司向境外无限公司投资的行为，理应在《公司法》第 14 条的规范之列。

第二，对转投资数额的限制。公司通过转投资可以组建关联公司或公司集团，形成协同效应和规模效应，从而扩大公司的利润来源。但是，转投资数额如果不加限制则会产生以下消极影响：一是会减少公司直接支配的有形财产，增加变现偿债的难度，从而可能降低公司的实际偿债能力，增加公司债权人的风险。二是由于转投资额不仅表现为投资公司的资本，也表现为被投资公司的资本，所以，转投资会使资本重复计算，从而导致资本虚增，违背了公司资本充实的原则。

为此，一些国家和地区的公司法对公司转投资的数额作出了一定限制。如我国台湾地区"公司法"第 13 条规定："公司如为他公司有限责任股东时，其所有投资总额，除以投资为专业或公司章程另有规定或经左列各款规定，取得股东同意或股东会决议外，不得超过本公司实收股本的40%。"[1]我国1993年《公司法》第12条第2款也规定："公司向其他有限责任公司、股份有限公司投资的，除国务院规定的投资公司和控股公司外，所累计投资额不得超过本公司净资产的百分之五十，在投资后，接受被投资公司以利润转增的资本，其增加额不包括在内。"

但是，在实践中，对公司转投资进行数额限制的规定不仅缺乏操作性，而且往往被架空，亟待修订[2]。所以，2005年修订后的《公司法》取消了对转投资比例的限制，该法第16条第1款规定："公司向其他企业投资或者为他人提供担保，依照公司章程的规定，由董事会或者股东会、股东大会决议；公司章程对投资或者担保的总额及单项投资或者担保的数额有限额规定的，不得超过规定的限额。"至此，我国将公司转投资额的上限取消，而将其交由公司自行决定。

（2）担保的限制。公司为其他主体提供担保意味着可能代其承担债务，这是一种隐形的负债，可能会使公司遭受重大损失。为保护股东和债权人利益，大陆法系的国家和地区通常就公司对外提供担保作了较为严格的限制，例如，我国台湾地区"公司法"第16条第1款规定"公司除依其他法律或公司章程规定得为保证者外，不得为任何保证人"；又如，法国《商事公司法》第106条规定："除公司经营金融事业外，禁止公司为董事、总经理、法人董事的常任代理人及他们的亲属向第三人承担的义务提供物的担保和保证。"而一些英美法系国家对公司的担保行为却无限制，如美国《示范商事公司法》及各州公司法赋予公司担保的权利，没有任何限制。

我国1993年《公司法》第60条第3款规定："董事、经理不得以公司资产为本公司的股东或者其他个人债务提供担保。"根据2000年《最高人民法院关于适用〈中华人民共和国担保法〉若干问题的解释》（已失效）第4条的规定，董事、经理违反《公司法》第60条的规定，以公司资产为本公司的股东或者其他个人债务提供担保的，担保合同无效。可见，1993年《公司法》及相关法律规定对公司对外担保采取了较为严格限制的态度。

2005年《公司法》则对对外担保的限制作了修订。该法第16条规定，公司向其他企业投资或者为他人提供担保，依照公司章程的规定，由董事会或者股东会、股东大会决议；公司章程对投资或者担保的总额及单项投资或者担保的数额有限额规定的，不得超过规定的限额。公司为公司股东或者实际控制人提供担保的，必须经股东会或者股东大会决议。前款规定的股东或者受前款规定的实际控制人支配的股东，不得参加前款规定事项的表决。该项表决由出席会议的其他股东所持表决权的过半数通过。

---

[1] 对此规定，我国台湾地区学者有不同的看法：公司之转投资是否逾越实收股本之40%，系属公司内部之财务管理，非他公司所能知悉，而一旦由于违反投资上限规定而对投资行为效力认定为无效，则从维护交易安全的角度显然有失公正。参见王文宇：《公司法论》，中国政法大学出版社2004年版，第90页。

[2] 亟待修订的具体原因如下：①在现实的公司经营过程中，存在着大量的对外投资超过50%的现象；②在企业转制过程中，产生了大量的转投资超过50%的情况，而且，有关部门并没有因为原公司法关于转投资数额的限制而进行阻止和限制；③工商行政管理等部门在登记、年检等活动中，发现转投资超过50%的现象，也基本上采取一种默许的态度；④关于超过50%限额之后的责任承担问题，法律一直没有一个明确的规定，这也是导致转投资数额限制在现实中缺乏操作性的主要原因。参见赵旭东主编：《公司法学》，高等教育出版社2006年版，第195页。

此外，2005 年《公司法》第 149 条进一步规定，董事、高级管理人员不得违反公司章程的规定，未经股东会、股东大会或者董事会同意，以公司财产为他人提供担保。违反上述规定而所得的收入应当归公司所有。通过这些规定，法律明确了公司对外提供担保的决策者、决策程序、决策内容和担保对象：

第一，明确了对外担保的决策机构。公司对外担保只能依照公司章程的规定，由董事会或股东会、股东大会以决议方式作出决定，其他任何机构和个人无权擅自作出公司对外担保的决定。

第二，明确了公司为股东或者实际控制人提供担保的特殊决策程序，以及违反程序应当承担的后果。如果公司为公司股东或者实际控制人提供担保的，必须经股东会或股东大会的决议；前述股东或受前述实际控制人支配的股东不得参加表决；该项表决由出席会议的其他股东所持表决权的过半数通过。这种规定，是为了防止大股东或实际控股人以自己的特殊地位，侵害中小股东的利益。这也是 2005 年修订后的《公司法》对中小股东利益的特殊保护的一个方面。

第三，明确了担保限额。公司章程对担保总额或单项担保的数额有限额规定的，不能超过规定的限额。这是《公司法》授权公司章程对担保限额的规定，目的也是减少股东的风险。

第四，明确了公司担保的对象。在符合条件的情况下，本公司股东、其他个人及单位都可以成为公司担保的对象。

就此，2005 年《公司法》肯定了公司具有担保的权利能力，同时，对公司为他人的担保行为进行了程序上的限制，并取消了 1993 年《公司法》关于"董事、经理不得以公司资产为本公司的股东或者其他个人债务提供担保"的规定。

2023 年《公司法》对该条款相对应的条文是第 15 条，除了个别文字作出修改之外没有实质性的修改。但是，2019 年《全国法院民商事审判工作会议纪要》（以下简称《九民纪要》）中关于公司为他人提供担保无须机关决议的例外情况值得注意。即存在下列情形的，即便债权人知道或者应当知道没有公司机关决议，也应当认定担保合同符合公司的真实意思表示，合同有效：①公司是以为他人提供担保为主营业务的担保公司，或者是开展保函业务的银行或者非银行金融机构；②公司为其直接或者间接控制的公司开展经营活动向债权人提供担保；③公司与主债务人之间存在相互担保等商业合作关系；④担保合同系由单独或者共同持有公司 2/3 以上有表决权的股东签字同意。[1]

（3）贷出资金的限制。公司资本是公司运营和对外承担责任的物质基础和保证，对债权人的利益起到一种担保作用，因而保持公司资本的充实具有重要意义。公司的对外借贷行为使公司的资本结构发生了变化，使部分公司资金处于风险之中。公司借贷不同于转投资，公司对转投资的对象有参与决策的权力，对转投资对象具有较强的控制力。公司借贷也不同于公司对外保证，公司借贷是一个现实发生的公司现金流的流出，且可能无法收回，而公司保证是一个可能发生的现金流丧失与转移。实践中，公司对外借贷往往与抽逃资本、挪用资金、不正当关联交易等行为相关。为保障股东

---

〔1〕 参见 2019 年《九民纪要》之 "'二、关于公司纠纷案件的审理'的（六）关于公司为他人提供担保"中的相关内容。

和债权人的利益，各国或地区法律一般都对公司的借贷行为予以限制。例如，我国台湾地区"公司法"第15条第2项规定，公司之资金，除因公司间业务交易行为有融通资金之必要外，不得借贷于其股东或他人。又如，日本《商法典》第265条规定，董事自公司接受金钱借贷，应取得董事会的承认。

长期以来，我国对企业间的资金借贷是严格禁止的。根据我国《贷款通则》第21条的规定，贷款人必须经中国人民银行批准经营贷款业务，持有中国人民银行颁发的《金融机构法人许可证》或《金融机构营业许可证》，并经工商行政管理部门核准登记。该"通则"第61条则更明确规定，各级行政部门和企事业单位、供销合作社等合作经济组织、农村合作基金会和其他基金会，不得经营存贷款等金融业务。企业之间不得违反国家规定办理借贷或者变相借贷融资业务。我国1993年《公司法》第60条第1款规定："董事、经理不得挪用公司资金或者将公司资金借贷给他人。"同这一规定相配套，1996年9月公布《最高人民法院关于对企业借贷合同借款方逾期不归还借款的应如何处理的批复》（法复〔1996〕15号），在该司法解释中明确规定，"企业借贷合同违反有关金融法规，属无效合同"。

但是，公司对外借贷在某些情况下确有存在必要，不可完全禁止。如我国当前企业融资渠道较窄，商业实践中有业务往来的公司之间确有必要相互融通资金。因而，对公司借贷的规制，应该在开放资金融通管道与规避金融资金管制之间谋求平衡。这样一种平衡可为关联企业之间的资金调度与资金流通，提供一个适度的可行渠道。

就公司对外借贷的行为，在2005年《公司法》修订前后也有明显的变化。如上所述1993年《公司法》第60条，在实践中一般被理解为禁止将公司资金借贷给他人使用。但是，2005年修订的《公司法》放宽了这一限制，并进一步明确了相关规定。2018年《公司法》第148条第1款第3项规定，董事、高级管理人员不得违反公司章程的规定，未经股东会、股东大会或者董事会同意，将公司资金借贷给他人或者以公司财产为他人提供担保。另外，2018年《公司法》第115条规定，股份有限公司不得直接或者通过子公司向董事、监事、高级管理人员提供借款。通过以上这些规定，可以明确以下四点变化：

第一，根据2018年《公司法》，公司具有将资金借贷给他人的权利能力。公司向他人贷款的行为属于公司自治的范畴，法律不作禁止性规定。

第二，董事、高级管理人员参与公司资金借贷给他人的活动，必须符合法定的程序。只要符合公司章程的规定，经过股东会、股东大会或者董事会的同意，董事、高级管理人员就可将公司资金借贷给他人。

第三，从2018年《公司法》第115条规定可以看出，2018年《公司法》并未禁止有限责任公司向其董事、监事和高级管理人员提供贷款，换言之，有限责任公司具有向包括本公司董事、监事、高级管理人员在内的任何人贷出资金的权利能力。

第四，2023年《公司法》在对应的第181条中直接删除了2018年《公司法》第148条第1款第3项的规定，彻底取消了公司贷出资金的权利限制。

对于《公司法》的上述变化，我国还要对相关金融立法和最高人民法院的司法解释及时进行调整和修改，以避免产生法律法规上的冲突。

通过以上论述，亦可见，在力求保障安全的前提下，我国商事立法的总体趋势是朝着更自由，更高效的方向改革。

3. 目的上的限制。在公司章程中应当记载公司的目的，即公司所从事的事业范围，此条款通称为目的条款（Object clause），在我国《公司法》中称之为经营范围条款。公司的经营范围是公司的必要登记事项。公司的权利能力是否应当受到经营范围的严格限制，超越经营范围的活动是否无效，这些问题争议颇多。各国法律在此问题上，大致经历了一个从严格限制到逐步放宽再到最终取消限制的过程，我国也同样如此。在英国，自 1856 年以来，其公司法均要求公司的组织大纲中包含一个"目的条款"，载明公司经营的内容，如旅客运输或者开采金矿，因为股东有权了解其所投资的公司的经营内容。所以，股东和债权人只有在了解公司的业务性质和经营内容的基础上，才能比较理性地判断其投资风险。[1] 在英美法系国家，公司的目的条款经过英国的早期判例逐渐演变为公司裁判中的"越权规则"（Doctrine of ultra vires）。进而形成所谓的"越权理论"，即公司必须在章程目的条款规定的范围内进行活动，否则为越权行为，在法律上被认定为无效，即使股东一致决议授权或者认可公司从事超出目的条款的行为，也不能使越权行为有效。[2] 越权理论在实践中造成了很大的弊端，它阻碍了公司的发展空间，不利于交易安全，容易造成对第三人利益的损害。为了规避越权理论的适用，在实践中许多公司在制定章程时采用笼统性的目的条款，例如，"公司可从事任何合法业务"等，以免将事业范围规定得太明确反而作茧自缚。这在一定程度上限制了越权理论的消极影响。英国 1985 年《公司法》开始修正越权理论，它规定善意第三人可以主张公司章程目的条款之外的行为有效，英国 1989 年《公司法》第 108 条则明确规定，"公司的能力不受公司章程的限制"，正式废除了越权原则。

对于"越权理论"，大陆法系国家与英美法系国家存在较大的差异，例如，德国的法律认为，除专属于自然人的权利外，法人享有与自然人相同的权利能力，法人的目的范围不构成对法人权利能力的限制。大陆法系其他一些国家虽也一度采用目的范围限制权利能力的原则，但最终都放弃了这一原则。

关于经营范围的问题，我国的法律和司法实践也经历了一个较大的变化过程。这一过程大致如下：我国 1986 年公布的《民法通则》第 42 条规定："企业法人应当在核准登记的经营范围内从事经营。"虽然《民法通则》并没有直接规定公司超越经营范围所签订的合同为无效合同。但是，1984 年《最高人民法院关于贯彻执行〈经济合同法〉若干问题的意见》和 1987 年 7 月《最高人民法院关于在审理经济合同纠纷案件中具体适用〈经济合同法〉的若干问题的解答》第 4 条明确规定：超越经营范围或违反经营方式所签订的合同，应认定为无效合同。直到 1993 年公布的《公司法》，该法第 11 条第 3 款依然明确规定："公司应当在登记的经营范围内从事经营活动……"可见，在这一阶段我国的立法和司法实践均采用经营范围限制公司权利能力的原则，超越经营范围所签订的合同一般均被认定为无效合同。这种做法导致大量合同无效，其后果是第三人交易严重缺乏安全感，从而极大地影响了当时的交易安全和交易秩序的稳定。因而，1993 年最高人民法院召开全国经济审判工作座谈会，提出不应将法人

---

〔1〕 L. S. Sealey, "Cases and Materials in Company Law", *Butterworths*, *7th ed.*, 2001, p. 144.

〔2〕 林秀芹主编：《公司法》，厦门大学出版社 2007 年版，第 65~66 页。

超越经营范围签订的合同一律认定为无效，而应区别对待，这在一定程度上起到了纠偏作用。1999 年《中华人民共和国合同法》（以下简称《合同法》，已失效）及其司法解释的颁布，进一步明确了这一原则。《合同法》第 50 条规定："法人或者其他组织的法定代表人、负责人超越权限订立的合同，除相对人知道或者应当知道其超越权限的以外，该代表行为有效。"《最高人民法院关于适用〈中华人民共和国合同法〉若干问题的解释（一）》（已失效）第 10 条规定："当事人超越经营范围订立合同，人民法院不因此认定合同无效。但违反国家限制经营、特许经营以及法律、行政法规禁止经营规定的除外。"2005 年《公司法》修订时，完全删除了"公司应当在登记的经营范围内从事经营活动"的规定，从而与《合同法》及相关司法解释在公司经营范围的问题上形成了协调一致的规定。

二、公司的行为能力

（一）公司行为能力的含义及特点

公司的行为能力是指公司基于自己的意思表示，以自己的行为独立取得权利和承担义务的能力。公司是否具有行为能力，由一国法律理论关于法人本质的认识决定。关于法人本质的认识，在法学史上存在着两种不同的学说。一种是以萨维尼为代表的法人拟制说（Fictions theories），该说认为：自然人才是权利义务的主体，法人只不过是出于需要，法律将其拟制为自然人以确定团体利益的归属。其只存在于法律世界，存在于人们的观念之中，而非实际存在的民事主体，只有具有意思能力的主体才具有行为能力，所以公司无行为能力，公司董事依公司章程授权所为的行为是代理行为，法律后果由公司承担。由此可看出该学说遵循罗马法"非自然人者无人格"的观念。另一种是以基尔克为代表的法人实在说（Realities theories），该学说又分为有机体说（或称团体人格说或具体实在说）、组织体说、社会作用说等，这三个分说的核心理念是一致的，该说认为：法人是社会有机体或社会组织体，是一种客观存在，公司具有团体意思，公司机构是其意思能力的表达机构。公司机构是法人组织的本质部分，并且与法人的关系是一体的关系，而不是代表或代理关系。董事会是法人机关，其职务行为是公司行为。所以，公司具有独立的意志，具有行为能力。

一些国家（如日本、德国等）的法律对法人的行为能力不作规定，仅确认应由法人负责的行为，而另一些国家则在法律中明文规定了公司的行为能力条款。我国民事立法和民事理论在法人本质上多采用法人实在说，[1]承认法人的意思能力和行为能力。我国《民法典》第 57 条规定："法人是具有民事权利能力和民事行为能力，依法独立享有民事权利和承担民事义务的组织。"可见，我国在立法上承认公司法人具有民事行为能力，其民事行为能力具有以下特点：

1. 公司的行为能力与其权利能力同时产生，同时终止，且公司行为能力的范围和内容与其权利能力的范围和内容相一致，公司不存在无行为能力或限制行为能力的情况。公司的权利能力产生于公司成立时，同时公司也就具有了行为能力。公司基于不同原因而终止后，其权利能力和行为能力同时消灭。这与自然人有着显著的区别：自

---

[1] 梁慧星：《民法总论》，法律出版社 2001 年版，第 127~128 页。

然人的权利能力和行为能力非同时产生，同时消灭，自然人的权利能力基于其自然出生而取得，基于其死亡而消灭；而自然人的行为能力的有无或完全与否，则是与其年龄和智力状况相关，未成年人不具有行为能力或仅具有有限制的行为能力，成年人如果对事物的辨别和判断能力有缺陷，则也可能全部或部分丧失行为能力。

2. 公司的意思形成于公司机关，但只有通过代表人或者代理人的行为，才能实现公司的行为能力。公司是法人，具有法律上的主体人格，它在按照自己的意志实施行为，而实现其行为能力时，与自然人有所不同，主要表现在以下两个方面：①公司机关形成公司的意思。公司机关通常由股东会、董事会和监事会构成，它们依照《公司法》规定的职权和程序，相互配合又相互制衡，进行公司的意思表示。②公司的行为能力由公司的代表人或代理人来具体负责落实和实施。公司的法定代表人按照公司的意思，以公司的名义对外实施法律行为，为公司取得权利和承担义务。在公司权利能力范围内，法定代表人所实施的法律行为就是公司的法律行为，法定代表人所享有的权利和承担的义务就是公司的权利和义务。而公司的经理，也可以作为代理人在授权范围内代表公司开展相应的业务活动。

（二）公司的法定代表人

我国《公司法》第10条、第11条规定，公司的法定代表人按照公司章程的规定，由代表公司执行公司事务的董事或者经理担任。担任法定代表人的董事或者经理辞任的，视为同时辞去法定代表人。法定代表人辞任的，公司应当在法定代表人辞任之日起30日内确定新的法定代表人。法定代表人以公司名义从事的民事活动，其法律后果由公司承受。公司章程或者股东会对法定代表人职权的限制，不得对抗善意相对人。法定代表人因执行职务造成他人损害的，由公司承担民事责任。公司承担民事责任后，依照法律或者公司章程的规定，可以向有过错的法定代表人追偿。

《公司法》允许公司根据实际情况，按照公司章程的规定，在董事和经理之间，自由决定法定代表人的人选，这也是法律对公司自治理念贯彻的一种体现。

公司的行为能力主要是通过公司的代表人来实现的，公司代表人，既可以指代表公司对外实施法律行为的公司代表机关，也可以指该机关的担当人。无论如何，公司的代表人最后必须由自然人来担任。法律所规定的有权担当公司代表人的自然人，就是公司的法定代表人。各国法律关于公司代表人制度的创设多种多样，如日本民法创设的是单独代表制，即每一董事均可对外代表公司；而德国公司法创设的则是共同代表制，也就是除公司章程有相反规定外，全体董事会成员应集体代表公司。我国1993年《公司法》第45条和第113条规定，董事长为公司的法定代表人。由此来看，董事长是公司的唯一法定代表人，其他成员均不得担任。从各国的规定和我国以前的法律规定来看，公司董事作为公司的对外代表机关是普遍的选择。但是，我国将代表机关限定于董事长一人未免过于僵化，难以适应现实的经济活动的需要，因为有些公司董事长并不经常参与公司的日常经营管理，实际控制人有可能是公司经理，如此要求一个对公司业务不甚了解的"局外人"在各种交易活动中对外代表公司，对公司和第三人均为不利。所以，2005年《公司法》第13条规定："公司法定代表人依照公司章程的规定，由董事长、执行董事或者经理担任，并依法登记。公司法定代表人变更，应当办理变更登记。"这一规定扩大了法定代表人的选任范围，公司可以根据实际需要在董事长、执行董事或者经理之间自由决定法定代表人的人选。2023 年《公司法》第 10 条则更进一步扩大了法定代表人的范围，即董事长之外的董事和经理均可担任法定代表人。这也是公司法对公司自治理念贯彻的一种体现。

当然，我国的公司代表人制度仍然是一种特殊的单独代表制，即一元制法定代表人，其法定代表人具有唯一性。在一元制法定代表人制度下，公司的法定代表人作为自然人，在对外活动中具有多重身份，其实施的行为可以是代表公司的行为，也可以是个人行为，这两种不同性质的行为，对其法律后果承担的主体也必不相同。法定代表人必须以公司的名义而不能以个人名义或其他名义进行业务活动。代表人以公司名义行为的，其产生的后果才由公司承担；以个人名义行为的，其产生的后果当然应归于个人承担。公司不必为代表人的个人行为承担责任。所以，认定法定代表人的某一行为是个人行为还是公司行为，成为公司是否承担相应法律后果的关键所在。

（三）公司意思表示的外在推定形式

从公司在实际交易中的形式来看，如果代表人的一项意思表示具备一定的外在表现形式，即可以推定其为公司的意思表示，除非有相反的证据可以推翻该推定。这些外在表现形式一般包括：

1. 法定代表人的签章。法定代表人以公司法定代表人的身份所进行的签章构成公司意思表示的外在推定形式。但是，如有证据证明该法定代表人的签约行为越权，并且相对人知道或应当知道，则可以推翻推定，而确认代表行为无效。

2. 公司印章。我国《公司法》未对公司印章的性质作出明确规定，但是，《民法典》第 490 条第 1 款规定，当事人采用合同书形式订立合同的，自当事人均签名、盖章或者按指印时合同成立。由此可以看出我国法律承认印章是公司意思表示的外在推定形式。

三、公司的责任能力和诉讼能力

公司具有独立的法人资格，公司机关及其公司成员从事的职务活动和以公司名义从事活动的后果由公司承担，公司以其独立财产对这种法律后果承担责任。能够独立承担责任，是公司独立人格的本质所在。依法设立的公司，除了具有权利能力和行为能力之外，还应当具有责任能力。也可以说，公司的行为能力，从承担法律责任的角度来看，表现为公司的责任能力和诉讼能力。公司的责任能力具体包括：民事责任能力、行政责任能力、刑事责任能力。诉讼能力则是指在实现上述责任能力时，公司能够充当诉讼当事人的资格。

（一）公司民事责任能力

公司民事责任能力学界通常又称为公司侵权行为能力。基于对公司法人本质不同的看法，对于公司是否具有侵权行为能力，也有两种观点：一是否认的观点。此观点以法人拟制说为理论基础，认为公司是一个拟制的法人，没有意思能力。而侵权行为以故意、过失为前提，公司当然也就不能实施侵权行为，因而不具有侵权行为能力。二是肯定的观点。此观点以法人实在说为理论基础，认为公司是一个真实存在的组织体，公司机关代表公司实施行为，公司既有行为能力，也有不法行为能力，能够实施侵权行为，并应对其侵权行为负责，因而公司具有侵权行为能力。

我国民事立法对法人本质采法人实在说，对于公司责任能力也必然采肯定说，认为公司具有侵权行为能力。《民法典》第61条第2款规定："法定代表人以法人名义从事的民事活动,其法律后果由法人承受。"公司对其代表机关和工作人员因执行职务实施的侵权行为,均承担民事责任。那么,公司在承担了民事责任后,可否向有过错的行为人再进行追偿?即要求行为人向公司承担赔偿的民事责任?《公司法》对此没有作出直接和明确的规定,但《公司法》第188条规定:"董事、监事、高级管理人员执行职务违反法律、行政法规或者公司章程的规定,给公司造成损失的,应当承担赔偿责任。"公司向第三人承担了赔偿责任,这应当被认定为公司受到了损失。因而公司可以根据《公司法》第188条的规定,要求有过错的行为人,即董事、监事、高级管理人员等向公司承担赔偿责任。

此外,关于行为人与公司是否要共同对被侵权人承担连带责任的问题,一些国家和地区的公司法对此作了肯定的规定。因为这不仅可以加强公司行为人勤勉、谨慎的意识,而且被侵权人还可以获得更多的赔偿机会。如我国台湾地区"公司法"规定,公司负责人对于公司业务之执行,如有违反法令致他人受有损害时,对他人应与公司负连带赔偿之责。虽然,我国《公司法》没有对公司相关人员的连带责任作出规定,但是,一些特别法中则规定了在特别情形下公司工作人员对公司侵权行为的连带责任,如《证券法》第85条规定,信息披露义务人未按照规定披露信息,或者公告的证券发行文件、定期报告、临时报告及其他信息披露资料存在虚假记载、误导性陈述或者重大遗漏,致使投资者在证券交易中遭受损失的,信息披露义务人应当承担赔偿责任;发行人的控股股东、实际控制人、董事、监事、高级管理人员和其他直接责任人员以及保荐人、承销的证券公司及其直接责任人员,应当与发行人承担连带赔偿责任,但是能够证明自己没有过错的除外。据此可以看出在特殊情况下,公司与侵权行为实施者共同承担连带责任。

（二）公司的行政责任能力、刑事责任能力

公司的行政责任能力、刑事责任能力均属于公法上的责任能力,故将二者归为一类。公司的行政责任能力,是指公司违反法律的规定而应接受行政处罚的能力。《公司法》中有许多关于公司应承担行政责任的规定,具体责任形式主要包括:罚款、撤销公司登记、吊销营业执照、没收违法所得等。

关于公司的刑事责任能力或犯罪能力,在法理上颇具争议,各国法律的规定也不尽相同。在古罗马法上,有"社团无犯罪能力"（Societas delinauere non-potest）的原则。自19世纪中期以后,英美法系开始规定公司或法人可以犯罪,并处以刑罚。如英国1889年的《解释法》（Interpretation Act）规定,犯罪人包括法人在内。美国1890年的《保护贸易和商业不受非法限制与垄断之害法》（即"谢尔曼法"）规定,垄断或图谋垄断、限制州际或国际贸易的行为属于重罪,对犯此罪的公司须处以高额罚金。大陆法系国家和地区,如法、德等国,法律上一般不认为公司或法人可以犯罪,但学说上也提出了法人具有犯罪能力的主张,并且在19世纪以后也逐渐承认公司可以作为犯罪主体,并且给予相应的制裁。

我国法律已确认公司可作为犯罪主体,这在刑法、公司法、海关法上均有体现。因为公司可以成为各种法律责任主体,当其行为触犯刑律时,即构成犯罪,理应承担相应的刑事责任。但是,对公司犯罪责任的追究应当注意两点:一是只能对公司处以罚金制裁，不可能对其处以人身自由刑和生命刑；二是要同时追究造成公司犯罪的直接主管人员和其他责任人员的刑事责任。

（三）诉讼能力

诉讼能力是指在实现民事、行政和刑事责任能力的过程中发生诉讼时，公司能够充当诉讼当事人的资格。具体表现在公司既可以作为民事诉讼的当事人，充当民事诉讼的原告或被告，也可以作为行政诉讼的原告或刑事诉讼的被告人。

第三节　公司法人人格否认制度

一、公司法人人格否认制度概述

（一）公司法人人格否认制度的概念及其意义

公司法人人格否认（Disregard of the corporate personality/entity），是指当公司股东滥用公司法人独立地位和股东有限责任来逃避债务时，法律否认公司的独立人格与股东的有限责任，责令滥用公司独立人格的股东对公司债务承担连带责任的法律制度。

公司的独立人格与股东的有限责任原则是公司人格制度最基本的特征。公司的独立人格是法律为了鼓励投资，便于公司开展活动而赋予公司组织体的一种独立地位，使公司可以独立于股东，以公司自己的名义独立开展活动，享有权利、承担义务。公司的独立人格与股东的有限责任密切联系，使公司不仅在法律地位上脱离股东个人，而且在法律责任上也独立于公司股东。公司以其拥有的财产对公司的债务承担责任，股东不对公司的债务承担责任。当公司资不抵债时，公司的债权人不得追诉股东个人。法律对公司法人资格和股东有限责任的确认，有效地防范和减少了股东的投资风险，体现了立法者对股东的倾斜保护，有利于鼓励投资与交易，促进经济发展。公司的独立人格和有限责任是公司法的两个核心原则，是现代公司存在和发展的两大基石。

但是，这种制度安排本身并不能从根本上杜绝商业风险，它所作的只是对商业风险的一种安排与分配。从股东、公司与公司债权人之间的关系上来说，公司法人人格独立就像一道面纱，把公司与股东隔离开来，避免了公司债权人对股东的直接追索，这样，当公司的财产不足以清偿其债务时，债权人的利益就不能得到充分的保障。可见，公司法人人格独立的最大缺陷便是削弱了对公司债权人的保护，无形中把股东一定程度的商业风险转移到了公司债权人的身上。尤其是当公司股东利用其对公司的影响与控制而滥用公司的法人人格以侵害公司债权人的利益时，因股东有限责任原则和公司独立法人人格的存在，债权人不能对公司股东直接提出偿付的请求，使得公司法人人格独立制度在某种程度上成为侵害公司债权人的责任豁免符，这显然不符合法律公平、正义的意旨。在这种情况下，公司法人人格独立制度在股东、公司、公司债权人三者之间的风险安排上，便有违设立该项制度时所秉承的风险分摊、鼓励投资的初衷，为滥用公司法人人格的现象提供了滋生的土壤。公司法人人格否认制度正是在司法实践中对公司法人制度的这一弊端的救济手段。公司法人人格否认制度起源于19世纪末的美国，后盛行于英美法系国家，英美等国称之为"刺破公司面纱"（Piercing the veil of the corporation）或"揭开公司面纱"（Lifting the veil of the corporation）。由于这一制度对保护公司债权人具有非常重要的意义，所以，这一制度被一些大陆法系国家相继引进，在德国称为"直索"（Durchagriff）责任，在日本则称为法人人格否认制度。

尽管表述略有不同，但目的和作用却是相同的。其主要内容都是指当公司股东滥用公司人格而损害公司债权人利益时，司法审判中应不考虑公司独立人格，责令公司股东直接对债权人或公共利益承担责任。公司法人人格否认，实质上并非是对公司人格的否认，而是对公司股东有限责任的否认。公司法人人格否认的实质是在个案中突破法律赋予公司股东的有限责任"护身符"，让股东对公司债务承担连带责任。公司人格之确认与公司人格之否认构成了公司人格制度辩证统一、不可分割的两个方面，犹如一枚硬币的两面。

（二）公司法人人格否认理论的相关学说

公司法人人格否认是19世纪末以来为纠正公司独立人格被滥用的弊端而发展起来的，散见于各国立法和判例当中，法院在运用公司法人人格否认制度时，需要一定的理论依据作为判决的基础，为此各种理论学说应运而生。归纳起来，主要有欺诈学说、代理学说、工具学说和企业主体学说等四种学说[1]。

1. 欺诈学说（Fraud theory）认为，"揭开公司面纱"原则的标准是防止欺诈和谋求公平。在具体案件中，欺诈是指违反法律法规或者违反公共秩序或者违反善良风俗的行为，如果股东滥用公司形式或者有限责任特权诈欺债权人，可导致"揭开公司面纱"制度启动，否认其独立主体地位，使股东对公司债务直接承担责任。

2. 代理学说（Agency theory）认为，当公司的设立、运行、存续等完全依照股东指示和命令进行，成为股东的代理人时，公司已不再具有独立人格的特征。法院可能就此认为公司只是股东玩弄的一种"外壳游戏"（Shell game），股东事实上是"未经披露的本人"（An undisclosed principal），所以，法院可据此要求股东对公司债务承担责任。

3. 工具学说（Instrumentality theory）认为，当公司已经成为股东对外活动的一种工具时，其所谓独立之人格当然不复存在。而当公司与股东间的所有权或其他权益达到高度统一，使两者不再成为各自独立的个体，或者当股东对公司实施了过度的控制（Excessive exercise of control）导致不公平的行为发生时，可认定该公司已经成了该股东的工具。在此种情形下，股东应当对公司的债务承担责任。

4. 企业主体学说（Enterprise entity theory）认为，公司能否成为独立的法律主体应当视公司事实（Corporate fact）是否符合企业事实（Enterprise fact）而定，若相符则可认定公司为独立的法律主体。若股东成立若干公司经营同一业务，虽然从外表上看是数个独立的法人主体，但从企业事实来看这些公司只是同一企业的不同法律部门而已，则应视这些公司为同一法律主体。不过，这一学说与其他学说不同之处在于，其主张由整个事实上的法律实体对公司债务负责而非由股东承担个人责任。

（三）公司法人人格否认制度的特征

1. 公司法人人格否认适用的前提条件是公司具备了独立的法人人格。公司法人人格否认制度是针对已经合法取得公司独立法人资格，且该独立人格及股东有限责任又被滥用之情形的公司而设置的。它包括两方面的前提：一是法人已经取得了公司法人人格；二是该公司法人人格自始合法有效，不存在人格上的瑕疵。因此，若公司无独

---

[1] 参见施天涛：《公司法论》，法律出版社2006年版，第30~31页。

立主体资格，就无需对根本不存在的"独立人格"予以揭开面纱，因为只有具有独立人格身份的公司才有公司独立人格被滥用的可能。如果一个"公司"没有取得合法身份，不具备独立法人资格，它就不能行使法人权利，其所有行为及后果都将被视为无效，也就不存在适用公司法人人格否认制度而要求公司股东或成员直接承担公司债务责任的必要。

2. 公司法人人格否认制度只是在特定法律关系中否认公司的独立人格。公司法人人格否认制度是在坚持公司法人人格独立和股东有限责任作为普遍、一般原则的前提下，在特定法律关系中，针对特定的当事人和具体案件事实，对合法成立的公司的法人人格予以否认，不是从根本上全面否认公司的独立人格。公司法人人格独立具有普遍适用性，是公司人格的常态，是一般原则。而公司法人人格否认制度的适用具有特定性，其适用范围限于特定案件。对此英美法系学者将其形象地描述为，在"由公司形式所竖立起来的有限责任之墙上钻一个孔，但对被钻之孔以外的所有目的而言，这堵墙依然耸立着"。而大陆法系学者则认为，公司法人人格否认制度是"基于法人制度的目的，在存在一定要件的情形下，仅就成为问题的该具体法律关系，并且仅就该特定当事人间的法律关系，其法人人格的效力被当作不存在来处理"。其实，这二者的表述在本质上是一致的，即公司法人人格否认制度的适用不是对该公司法人人格的全面、彻底、永久地否认，而是只适用于个案中公司法人人格不符合法律规定而需要否认的场合，其效力不涉及该公司的其他法律关系，也不影响该公司作为一个公司独立实体而继续合法存在。就此而言，公司法人人格否认不同于被撤销或被吊销营业执照，前者是暂时的、针对特定的法律关系；后者是永久的，是从根本上否认公司的人格。

3. 公司法人人格否认制度的实行必须由当事人通过司法程序来启动，这是公司法人人格否认制度的另一个重要特征。在具体案件中，公司股东因滥用公司独立人格给公司债权人利益造成损害，但此时，是否追究股东的责任则成为债权人的一种选择。当债权人为维护合法权益，向法院寻求法律保护而提出诉请时，法院才介入具体的法律关系中，对具体案件予以受理、审查，并揭开公司的面纱，对公司人格予以否认。否则，法院绝不会主动否认公司人格。

4. 公司法人人格被否认后需承担责任的范围只是有过错的股东。在否认公司独立人格而追究公司与其股东共同承担连带责任时，必须清楚的是，并不是要追究公司所有股东的责任，而是要追究采取了滥用公司独立地位的积极或者有过错的股东的责任。对其他消极或无过错的股东则往往不适用揭开公司面纱，并使其免于与公司承担连带债务责任。

5. 适用上的谨慎性。任何一种制度皆有其存在的合理限度，超过限度必然带来不利后果。公司法人人格否认制度亦然。如果超过限度而被滥用，则将可能严重打击股东投资的热情，不可避免地危害公司人格的独立性，甚至造成整个法人制度的不稳定。因此，公司法人人格否认制度在适用上应当慎重。一般而言，适用公司法人人格否认制度必须符合严格的法律条件和程序。在大陆法系国家，一般均要通过立法严格规定其适用的条件和程序；而在以判例为法律渊源的英美法系国家，在适用这一制度时，也较为谨慎，法院所掌握的条件也相当严格。

二、我国公司法人人格否认制度的立法

在我国，1993 年《公司法》修正之前，在法律上没有关于公司法人人格否认的规定，只是在个别规范性文件中，有针对特定情形作出的一些特别规定，在某些方面打破了股东有限责任的原则，起到了类似于公司法人人格否认制度的作用，但与公司法人人格否认原则的内涵还相去甚远。

日益猖獗的滥用公司人格行为，给正常的经济秩序造成混乱，法律规定的缺失又使被侵害人的合法权利不能依法得到保护，公平和正义在这里受到扭曲，法官对它无能为力，不少有识之士要求确立公司法人人格否认原则的呼声日益强烈。从以往我国经济体制改革中转换企业经营机制、推行和发展公司制的情况来看，其中存在的最大问题是在观念上将公司的独立人格绝对化，以至于不适当地认为股东在任何情况下均对公司债务不负责任，从而为个人滥用公司法人人格从事上述不法行为提供了可乘之机，造成对债权人和社会公益的损害。为此，我国《公司法》在修订后原则性地规定了公司法人人格否认制度。2023 修订的《公司法》第 23 条第 1～3 款规定了三种人格否认的情形：① 公司股东滥用公司法人独立地位和股东有限责任，逃避债务，严重损害公司债权人利益的，应当对公司债务承担连带责任。②股东利用其控制的两个以上公司实施前款规定行为的，各公司应当对任一公司的债务承担连带责任。③只有一个股东的公司，股东不能证明公司财产独立于股东自己的财产的，应当对公司债务承担连带责任。这一条明确规定了我国的公司法人人格否认制度。

《公司法》原则性地确立了公司法人人格否认制度，但是规范的范围还太有限，适用的条件也较为笼统，对相应的民事责任也没有作出规定，该制度在实践中的具体适用还没有明确的法律条文或司法解释，这会给司法实践带来重重困难。因此，有必要借鉴国外的公司法人人格否认的司法规则，对我国的法律法规进行充实，通过最高人民法院司法解释的形式，使公司法人人格否认制度在我国的适用更有法可依。有鉴于此，2019 年 9 月 11 日经最高人民法院审判委员会民事行政专业委员会第 319 次会议通过《九民纪要》，其中，第二部分"关于公司纠纷案件的审理"之"（四）关于公司人格否认"，对公司法人人格否认制度进行了相应的司法解释，其基本精神如下：否认公司独立人格，由滥用公司法人独立地位和股东有限责任的股东对公司债务承担连带责任，是股东有限责任的例外情形，旨在矫正有限责任制度在特定法律事实发生时对债权人保护的失衡现象。在审判实践中，要准确把握《公司法》第 23 条第 1 款规定的精神。一是只有在股东实施了滥用公司法人独立地位及股东有限责任的行为，且该行为严重损害了公司债权人利益的情况下，才能适用。损害债权人利益，主要是指股东滥用权利使公司财产不足以清偿公司债权人的债权。二是只有实施了滥用法人独立地位和股东有限责任行为的股东才对公司债务承担连带清偿责任，而其他股东不应承担此责任。三是公司法人人格否认不是全面、彻底、永久地否定公司的法人资格，而只是在具体案件中依据特定的法律事实、法律关系，突破股东对公司债务不承担责任的一般规则，例外地判令其承担连带责任。人民法院在个案中否认公司人格的判决的既判力仅仅约束该诉讼的各方当事人，不当然适用于涉及该公司的其他诉讼，不影响公司独立法人资格的存续。如果其他债权人提起公司法人人格否认诉讼，已生效判决认定的事实可以作为证据使用。四是《公司法》第 23 条第 1 款规定的滥用行为，实践中常

见的情形有人格混同、过度支配与控制、资本显著不足等。在审理案件时，需要根据查明的案件事实进行综合判断，既审慎适用，又当用则用。实践中存在标准把握不严而滥用这一例外制度的现象，同时也存在因法律规定较为原则、抽象，适用难度大，而不善于适用、不敢于适用的现象，均应当引起高度重视。

另外，《九民纪要》从人格混同、过度支配与控制、资本显著不足、诉讼地位等四个方面对公司法人人格否认诉讼的适用作出了具体解释。

三、公司法人人格否认制度的适用

（一）滥用公司法人人格的情形

行为人滥用公司法人人格是适用公司法人人格否认制度的前提，而滥用公司法人人格的情形在现实生活中纷繁复杂，不胜枚举。在此，我们只能就其主要形式进行列举：

1. 公司独立法律人格似有实无。依我国《公司法》规定，公司依法设立，即具有法人资格，拥有独立的财产，并以其独立的财产独立承担法律责任。但在现实生活中我国有些公司实质上并未拥有独立的法人人格，如有些公司的董事或高级管理人员就由其母公司的董事或高级管理人员兼任，尤其是在股份有限公司中，因这类公司绝大多数都是由一家企业作为主发起人改制后募股设立的，股份有限公司与主发起人股东具有天然的内在关联，容易在公司资产、财务、机构、人事等方面呈现公私不分的混乱状态。同时，由于我国《公司法》对有限责任公司股东之间的相互关系并无限制，实践中存在大量的夫妻、父子、亲朋好友共同举办的有限责任公司，这种有限责任公司表面上是由二人以上共同出资，实质上是虚构股东，只有一个投资主体，是"一人公司"。这类公司打着公司的招牌，名义上具有独立的法人人格，而当公司亏损时，则主张股东只负有限清偿责任，逃避债务的承担，将经营的风险全部转移给无辜的债权人。

根据《九民纪要》第 10 条第 1 款的规定，认定公司人格与股东人格是否存在混同，最根本的判断标准是公司是否具有独立意思和独立财产，最主要的表现是公司的财产与股东的财产是否混同且无法区分。在认定是否构成人格混同时，应当综合考虑以下因素：①股东无偿使用公司资金或者财产，不作财务记载的；②股东用公司的资金偿还股东的债务，或者将公司的资金供关联公司无偿使用，不作财务记载的；③公司账簿与股东账簿不分，致使公司财产与股东财产无法区分的；④股东自身收益与公司盈利不加区分，致使双方利益不清的；⑤公司的财产记载于股东名下，由股东占有、使用的；⑥人格混同的其他情形。

在出现人格混同的情况下，往往同时出现以下混同：公司业务和股东业务混同；公司员工与股东员工混同，特别是财务人员混同；公司住所与股东住所混同。人民法院在审理案件时，关键要审查是否构成人格混同，而不要求同时具备其他方面的混同，其他方面的混同往往只是人格混同的补强。

2. 注册资金不实，法人人格自始不完整。公司资产是指可供公司支配的全部财产，其中包括由股东出资构成的自有财产即公司资本，这是公司能否正常运转和承担责任的重要保证。为稳定市场秩序、防范商业欺诈，我国《公司法》将公司资本规定为法定资本制，要求奉行资本确定、资本不变、资本维持三原则，强调公司注册资本和运营资本自始真实可靠。但由于股东出资方式多元化的存在，以及注册资本审查机制不够严密，当股东采取非现金出资的方式时，常常会导致出现出资不足或不到位的情形。在我国的现实经济生活中，注册资本不实大致有两种情况：一是发起人虚假出资，骗取登记机关登记，取得法人资格，实际上并无发起人出资或出资不实；二是开办者先投入注册资金，待法人成立后，抽逃出资使企业成为空壳，也就是俗称的"皮包公司"，其股东设立公司的目的纯粹是逃避个人责任、追求无本万利。

3. 章程违法，组织机构不完备。依公司立法的原旨，公司章程应是公司的宪章性文件，但在我国公司的实际运转中，它的神圣性和约束力并未得到体现。问题在于许多公司的章程条款本身违法，却以经股东会通过并在工商机关登记为名披上了合法的外衣。如有的公司章程中规定董事长在公司重要事项的议程中享有两票表决权等。此外，我国公司法对公司组织机构的设置沿袭了大陆法系的"三会"制，本意是想推行分权制衡的公司内部治理结构，但在实践中，许多公司却视之为繁文缛节，常常敷衍了事：开股东会是走过场，董事会形同虚设，监事充当附庸，真正在公司中行使职权的不过是董事长、总经理两三人而已。毋庸置疑，独立的法人人格在上述公司中已然失去其制度价值，沦为了个人借以从事商业欺诈、逃避债务承担的工具。

4. 其他滥用法人人格规避法律义务的情形。有的公司负债累累，却不清理、注销，而是将企业现有财产抽出举办新的企业，把债务包袱甩给原企业，俗称"脱壳经营"。有的公司进行所谓的资产重组，实则带走优良资产，留下巨额凤债来搪塞债权人，上演"舢板逃命，大船搁浅"的闹剧。有的公司设立多家子公司，各自独立承担民事责任，而实际上资产大都暗中聚积于母公司，子公司能用以清偿债务的财产十分有限。有的公司利用设立的多家子公司向银行借贷，互相提供担保，骗取银行资产，或利用多家子公司对上市公司进行恶意收购等。

总之，在现实的经济生活中滥用公司法人人格的情形多种多样，甚至千变万化，审判机关在适用公司法人人格否认制度的标准时，必须根据具体个案中的实际情况，以公平、正义的基本价值目标为准则，灵活有度地确定不同个案中的适用标准。

（二）适用要件

任何一种制度皆有其存在的合理限度。一方面，我们要正视公司法人人格否认制度所宣示的维护公司独立性重要功能，另一方面又不能无视其作用限度而放任其无限扩充。事实上，在西方国家，分离原则即股东与公司人格分离为一般原则，而直接追索股东的责任为例外。因此，限定公司法人人格否认制度适用范围至关重要。只有符合下列要件的前提下才能适用公司法人人格否认制度：

1. 主体要件。适用人格否认的前提条件是公司必须具备独立的法人资格。在公司未取得独立人格或独立人格被依法撤销后，相关法律都会对相关各方利益采取特定救济办法，而无适用公司法人人格否认制度之必要。

在具备上述前提的情况下，才能够谈得上公司法人人格否认制度适用的主体。该主体一般是指从事了公司人格滥用行为的公司股东，对此是没有争议的。现在的问题是，各国理论和实务界都在探讨是否可将董事、经理等高级管理人员并入该主体的行列。因为随着公司所有权与经营权的分离，董事、经理等高级管理人员更有可能利用职务之便从事滥用公司法人人格以谋取私利的行为，若依传统公司法人人格否认理论，其行为将不能适用这一制度。而只能根据公司法中关于董事、经理相关职业行为责任的规定追究其相关的责任，这对于保护公司、股东和债权人利益的力度显得甚为不够。因此，许多国家开始考虑扩大该制度的适用对象，即如何将公司董事、经理等高级管理人员的相关行为纳入到公司法人人格否认的制度中去。

2. 行为要件。这是指股东实施了前述若干滥用公司法人人格的行为。

3. 结果要件。即滥用公司人格的行为造成了损害后果。公司法人人格否认的目的在于平衡公司股东与公司债权人和其他利益群体之间的利益冲突从而对受到损害的债权人或其他主体提供救济，若未发生损害后果则无适用该制度的必要。不过需要强调的是，该滥用行为与损害后果之间应存在因果关系，否则不能适用该制度。

4. 主观要件。即是否以行为人具有主观过错为适用要件，对此人们是存在争议的。有人主张应以滥用行为人存在规避法定或者约定义务的主观恶意为条件，而另有人主张不以行为人具有主观恶意为要件。因为在滥用公司人格的情况下，使用的手段往往是比较隐蔽的，要外部人收集证据证明其具有主观上的恶意将相当困难，这无疑加重了主张者的举证负担。所以西方许多国家的现行做法是采取客观滥用论，即只要股东实施了滥用公司独立人格的行为即推定其主观上有过错。

四、逆向揭开公司面纱制度

在西方国家的司法实践中，揭开公司面纱制度分"顺向揭开"和"逆向揭开"两种情形。上文所述的公司法人人格否认制度或揭开公司面纱制度均是顺向揭开的类型。所谓逆向揭开公司面纱（Reverse piercing the corporate veil）是指股东为逃避义务滥用公司法人资格导致损害其他股东、债权人利益的，经其他股东或债权人提起，要求法院否认公司人格，让公司为该股东的债务承担清偿责任。有学者还将逆向揭开公司面纱制度作进一步区分，分为"内部逆向揭开"（Inside reverse）和"外部逆向揭开"（Outside reverse）。内部逆向揭开是指公司的内部人（多为控股股东）要求法院否认公司人格，以使自己有资格对第三人提起诉讼，或者使公司的财产免于对第三人承担责任。而外部逆向揭开是指由公司内部人以外的第三人提起，要求法院否认公司人格，使公司的财产为股东承担责任。逆向揭开公司面纱包含了两层含义：一方面是揭开面纱的请求可能由内部人（如控股股东）提起，此为程序上的逆反；另一方面是揭开面纱的结果可导致公司为股东承担责任，此为结果上的逆反[1]。

起初法院对内部逆向揭开公司面纱根本不予支持，但在这种保守态度受到广泛的批评之后，法院逐渐在一些判例中开始承认内部逆向揭开公司面纱。而对于外部逆向揭开公司面纱制度，法院持更为谨慎的态度。因为如果允许公司对股东的债务负责，这将是对传统公司法理念的颠覆，同时也可能造成公司运行的不稳定。但是从追求实质公平的角度出发，在美国的一些判例中，还是体现了逆向揭开公司面纱的精神，试图让公司为股东的债务负责。例如，在卡斯卡德能源与金属公司诉银行案（Cascade Energy & Metals Corp. v. Banks）中，犹他州法院依据该州的法律对外部逆向揭开公司面纱的规则认定，几个公司事实上是主公司内部控股股东的工具，被股东用来实现个人目的，股东支配着这些公司实体的全部事务，而且得以自由地在其能支配的公司实体之间转移

---

〔1〕 参见施天涛：《公司法论》，法律出版社 2006 年版，第 42 页。

资金，只要是其需要的时候，就可以在任何时候这样做。如果不让所有公司实体对股东的这种行为负责，将对债权人极其不公，是一种事实上的欺诈。

从法理上讲，公司法人人格否认制度的本质是通过利益衡量的方法对因公司法人人格被滥用而失衡的利益体系进行调整，从而促使社会公平、正义的价值目标得以实现。该制度作为对债权人的一种救济制度，除了应当考虑公司的债权人的利益，还应当考虑股东的债权人的利益。换言之，顺向揭开公司面纱救济的是公司的债权人因股东滥用公司独立人格和股东有限责任的行为所受到的损失，既然法律保护公司债权人的利益，那么也不应当对股东债权人的利益置之不理。从产生根源来看，无论是顺向揭开公司面纱还是逆向揭开公司面纱，都是因为股东滥用公司独立人格和股东有限责任所致，既然法律首肯了顺向揭开公司面纱制度，基于公平正义之价值理念，也应当将逆向揭开公司面纱制度纳入立法保护的层面上来，如此才能达到矫正和恢复失衡的利益关系的目的。

同顺向揭开公司面纱制度一样，逆向揭开公司面纱制度必须具备相应的条件才能得以适用，这些条件也主要包括主体要件、行为要件、结果要件和主观要件。

这里只是强调主观要件上，与顺向揭开公司面纱制度有所不同，因为逆向揭开公司面纱制度要求公司以自有财产对股东债权人的债务负责，牵扯的利益关系更为复杂，并且有可能导致公司、其他股东、其他债权人的权益受到不应有的不利影响，所以，在适用该制度时有必要坚持有滥用行为的股东应当具有实施该行为的主观恶意，即应当要求行为人具有主观过错。从而在举证上加重请求人的举证责任，使之对提出否认法人人格之请求持必要的谨慎态度，这也是维护公司正常经营和运转的需要。

第六章

公司资本制度

【本章导读】公司资本制度在公司法中具有主导、核心地位，资本作为公司法上最为基本的概念之一，不仅是公司自身成立、存续的物质基础和实现营利目的的基本前提，同时也是构成公司信用体系的财产基础和对外承担责任的保障。公司法中的许多其他制度和规则都与资本制度有着内在的密切的联系，一些法律规则实质上是资本制度的具体体现和要求，我国公司法正是以资本信用为基础构建了自己的体系。

本章从分析公司资本的基本概念和特征、公司资本与相关概念的区别、公司资本的具体形式入手，重点论述了公司资本原则、公司资本形成制度等基本理论并予以评析，具体阐释了股东出资制度中的从最低注册资本限额实缴制向认缴制的转变、出资形式、出资缴纳、出资瑕疵及其法律责任等内容，并对公司资本募集与股份发行、资本增加与减少等予以论述。本章的重点和难点在于对公司资本原则、公司资本的形成以及对我国公司资本制度总体的理解和把握。

第一节　公司资本制度概述

一、公司资本的概念和特征

（一）公司资本的概念

公司资本（Corporate capital），是一个内涵极其丰富的概念，在不同的语境和领域中有不同的含义。

1. 经济学意义上的资本概念。资本首先是一个经济学上的概念，在中世纪以前，资本一直与"利息"相对应，是指在金钱借贷关系中，能够产生利息的本金。进入 16 世纪以后，随着工商业的进一步发展，资本概念的内涵不断得到发展。"股本（Stock capital）"开始逐步成为"资本"的核心内容。马克思主义的政治经济学认为，资本是能够带来剩余价值的价值；现代经济学则更多地将资本视为与土地、劳动相并列的生产的三大要素之一，是指用于生产其他商品（产品、服务）的全部资产。就公司经济活动的角度而言，资本是指一家公司生产商品（包括产品与服务）的总财富或者总资产，是公司赖以生存和发展的物质基础，不仅包括原料、设备等以实物形式存在的有形财产，而且包括以专利、商标、信誉、技能和劳务等形式存在的无形财产。

2. 会计学意义上的资本概念。仅就会计学意义而言，资本亦为一个复杂的概念，在不同的使用场合具有不同的含义。较为常见的含义包括以下四种：一是企业所有资金来源的总和，包括股本、以前年度留存盈利、长期借款和流动负债等，此种意义上的资本总额和资产总额相当，与经济学意义上的资本概念含义相近。二是资本总额减去流动负债后的长期资金，相当于财务分析中"使用资本"（Employed capital）这一概念。三是净资产，即企业中属于出资人权益的这一部分资产。四是出资人在设立企业时的原始投入（Initial capital）。

3. 法律意义上的公司资本概念。法律意义上的公司资本概念有广义和狭义之分。广义上的公司资本是指包括股权资本、债权资本和公司自生资本在内的资本，这是就资本的形成方式不同而作的划分。所谓股权资本是指基于股权融资[1]（Equity financing）而形成的资本；债权资本是指基于债权融资[2]（Debt financing）而形成的资本；而自生资本（Internal generated funds）则是指公司存续期间基于原始投入的经营所得而积累的资本，包括利润留成、提取的公积金和公益金、资产出售所得等。

狭义上的公司资本是仅就股权资本而言，又称为公司股本（Equity capital），是指公司成立时公司章程确定并载明，由全体股东出资或认缴构成的公司财产的总和。虽然大陆法系和英美法系奉行不同的资本制度，但都认为公司的资本不包含公司的借贷资本，也不包含经济学上公积金和未分配的利润，它仅仅相当于经济学上的业主资本或资本金，即股本。因此，公司法上的资本，是一个静态的数额，它是股东出资的货币的体现，并不随公司经营而变化。[3]公司资本不过是公司成立时注册登记的一个抽象的数额，而绝不是公司任何时候都实际拥有的资产。[4]股东在公司成立时所出资（或者认缴）的资本是原始资本（Initial capital），公司已经设立后通过增资程序而由股东缴纳的资本被称为新增资本。通常所谓法律意义上的公司资本，如无特别声明，即为此处所指狭义上的公司资本，它是公司设立必须具备的观念上的财产总额，在组成上包括货币出资和非货币出资，由于其数额固定不变，且需登记注册，故又称为"注册资本"。

（二）公司资本的特征

公司资本是公司成立的基本条件，是公司从事经营活动、对外承担法律责任的物质基础和保障。概括而言，公司资本具有下列几个方面的法律特征：

1. 公司资本是公司自身所有的独立法人财产，具有独立性。尽管公司资本源于股东出资，但股东一旦依法完成出资，即构成对公司的永久性投资，不得退股，并由此形成作为公司独立法人财产的公司资本和股东基于出资而享有的股权。公司资本的这一特点，使其区别于广义上的公司资本中的债权资本，也使其区别于经济学意义上的资本概念和会计学意义上的资本概念。资本也是公司的原始财产，公司成立后，在经营过程中会产生多种收益，但最初的财产就是公司的资本。

2. 公司资本仅来源于股东出资，具有来源上的单一性。公司资本只能由股东出资构成，具体而言，包括初始资本（Initial capital）和新增资本（Capital additions）。前者是指公司成立时的股东出资；后者则指公司成立后根据需要依法通过增资程序而新发行、募集的资本。此处需要明确，公司存续期间与股东出资有关的几种情形：一是公

---

[1] 股权融资是指公司向投资者募集股权资本的行为，投资者因为向公司投资而成为这一社团法人的成员，对其出资享有所有者权益，基于股权融资所形成的公司资本成为股权资本，投资者因为其出资而成为该公司的股东。

[2] 债权融资是指通过向第三人举债而筹集资本的方式，其形成的公司资本成为债权资本。债权资本的实质为公司的对外负债，体现的是公司与债权人之间的债权债务关系。债权融资主要有如下三种情形：一是向金融机构（主要是商业银行）贷款举债，二是在公司内部向股东举债，三是在公司外部向社会公众发行公司债券而举债。

[3] 冯果：《现代公司资本制度比较研究》，武汉大学出版社2000年版，第12页。

[4] 赵旭东等：《公司资本制度改革研究》，法律出版社2004年版，第26页。

司经营积累或接受赠与等形成的财产，在性质上属于公司的自有资产，而非属于股东出资，从而不能直接计入公司资本。二是资本亏损后，公司可以用以往的盈余弥补，此种弥补既是弥补资本，也是弥补股东出资，因此，其在性质上属于股东出资。三是在公司以公积金转增为资本的情形下，因公积金属于股东权益，本应分配与股东，故在转增为资本时亦可视为股东出资。四是公司溢价发行股份的情形下，因公司的资本额按照全部股份的票面金额计算，故股东的实际出资额会高于公司的资本额，在这种情况下超出公司资本额的股东出资应当计入公司的资本公积金而不是计入公司资本。这是因为高于资本额的这部分金额超出了股东对外承担"有限责任"的范围，故不为资本，而为资本公积金。这一情形属于公司资本概念中源于股东出资的唯一例外，值得注意。

3. 公司资本具有抽象性。尽管构成公司资本的财产可以货币、实物、知识产权、土地使用权等具体形式存在，并且这些具体形式之间可以依法进行转换，但公司资本本身是一个抽象的价值数额，而非具体的财产形式。所以，以实物、知识产权、土地使用权等非直接表现为价值数额形式的财产出资的，应当予以评估，转化为价值数额形式，始能计入公司资本。

4. 公司资本具有相对确定性。公司资本在公司成立时由章程载明并须依法予以核准登记，其数额一经确定，非经法定程序不得随意变更。公司资本的这一特征使其区别于公司资产这一概念，公司成立后，依其具体经营状况或盈利或亏损，资产数额变动不居，但并不因此而改变公司资本的数额。公司资本数额的变动必须依照法定的增加资本或减少资本的程序，由股东会作出决议、修改章程并办理变更登记。

5. 公司资本具有公示性、信用功能以及一定程度的公信力。公司资本是公司章程的绝对必要记载事项，无论是初始资本还是新增资本，其数额及变动均须由章程确定、载明，并依法注册登记，从而使其具有相当的公示性。交易相对方可以由此很容易地获知公司资本额的相关信息，并由此大体判断公司的资信状况，公司资本因此而具有重要的信用功能。公司资本"对于公司债权人，起公示公司信用度的功能。在股份公司中，股东只能以其认购价额为限承担责任，因而向公司债权人担保的只是公司的财产"。[1]公司的责任财产主要包括两个方面：一是注册资本，二是公司经营所得的财富积累。公司的交易相对人往往根据公司的注册资本多少而决定是否与之交易，可见，公司资本因其依法注册登记的公示性而产生了一定程度的公信力。所以，对于公司注册资本的认真监管是保护市场交易安全的一项重要措施。

二、公司资本与相关概念的比较

根据公司资本的上述定义和法律特征的论述，可以将其与以下相关概念予以比较和区别：

（一）公司资产

公司资产（Assets），又被称为公司实有财产，是指公司存续过程中可供其支配的全部财产或财产权利的总称。我国有限责任公司和股份有限公司的概念中都提到"公司以其全部资产对公司的债务承担责任"。这里的公司资产即指的是公司用以清偿自身

---

〔1〕〔韩〕李哲松：《韩国公司法》，吴日焕译，中国政法大学出版社2000年版，第149页。

债务的全部财产。就法律性质而言，公司资产可以分为有形财产和无形财产；就其内容而言，可以分为包括货币、财物、民事权利等在内的积极财产和包括债务、民事义务等在内的消极财产；就其来源而言，主要有股东出资、公司对外负债以及公司存续期间的资产收益和经营收益等三个方面。就资产与负债的关系而言，资产与负债作为公司资产负债表中的两个栏目，存在互动的对应关系，由于负债是资产的来源，因此，公司负债的增减必将导致资产的相应增减。

公司法人的独立财产责任，就是公司以实有的全部资产对其债务负责，公司资产才是公司对外承担财产责任的实际担保。

公司资产与公司资本的联系表现为二者均可以一定的数额来表示，且公司资本是公司资产的一部分。二者的区别表现为：①公司资产的外延大于公司资本，除公司资本外，公司资产还包括公司负债、经营收益和资产收益。②公司存续过程中，公司资产会随公司经营状况而不断发生变化；公司资本则自公司成立时起便具有相对确定性，由公司章程确定、载明，非依法定程序不得变更。③就数额而言，公司成立时，公司资本数额即为公司资产数额；公司成立后，基于其营利性特征，公司资产一般会高于公司资本，但亦会发生公司经营不善而导致亏损场合下使得公司资产小于公司资本的情形。一般而言，公司存续过程中公司资本实际上仅具有纯粹的账面意义。

（二）公司净资产

公司净资产（Net assets/Net worth），是会计学上的概念，指公司全部资产减去全部负债后的余额，主要包括资本金、资本公积金、盈余公积金和未分配的利润，是反映公司经营和盈亏状况的重要指标。另外，确定公司净资产的意义还在于其有助于理解股东权益的概念，公司净资产是股东权益的客体。

公司净资产与公司资本的联系表现为二者均可以一定的货币数额来表示，而且公司资本是公司净资产的一部分。二者的区别表现为：①公司净资产的外延大于公司资本，除公司资本外，公司净资产还包括资本公积金、盈余公积金和未分配利润。②公司存续过程中，公司净资产会随公司经营状况而不断发生变化；公司资本则自公司成立起便具有相对的确定性，由公司章程确定、载明，非依法定程序不得变更。③就货币数额而言，公司成立时，由于没有任何对外负债，公司资本数额即为公司净资产数额；公司成立后，公司的净资产随公司的经营状况而不断发生变化，其数额可能大于公司资本，也可能小于公司资本。在公司资产等于负债时，净资产等于零，而在公司资不抵债时，净资产则为负值。

（三）股东权益

所谓股东权益（Equity），既是一个会计学上的概念也是一个公司法上的概念，是指股东对公司净资产所享有的权利。股东权益又称所有者权益，共由四个部分组成，即资本金、资本公积金、盈余公积金和可分配利润。资本只是其中的一部分，因此，一般情况下股东权益要大于资本，但如果公司没有资本收益，从未盈利，因而也从未提留资本公积金和盈余公积金，则股东权益等于资本。如果公司亏损，可分配利润为负值的话，股东权益则低于资本。同时，股东权益只是股东对公司净资产的抽象价值的权利，而不是对任何具体形态资产的权利；股东权益无论多大，都无权直接支配或处分公司的财产。

（四）公司资金

由于历史习惯和观念意识的原因，我国在以往的企业立法中，曾长期使用资金和注册资金的概念，其中的资金与现在所用资产的法律含义基本相似，其中的注册资金与现在所用的注册资本法律含义基本相同。在实践中人们对公司资金的概念比较模糊，因而有必要对其进行辨析。公司资金（Fund），严格地讲，不是公司法上的概念，而是会计学和管理学等其他领域里的概念，其所称资金相当于公司法中的资产，都是指公司所拥有的财产。只是公司法中资产的概念范围更宽些，包含某些在会计上不能入账的特殊资产，如未变现的工业产权和商誉等。所谓自有资金与借贷资金之分，不过是表明资产或资金的来源。但无论如何，不应把公司的资金仅理解为货币形式的资产，也不应理解为是以货币价值计算的资产，因为任何其他形式的资产也都是以货币价值计算的，这并不构成资金与资产的区别。我国自 1993 年公布《公司法》之后，各种公司法立法和企业立法已基本改用资产和注册资本的概念，只是在实践中人们经常还在货币资产的含义上使用资金的概念。

三、公司资本的具体形式

在各国公司法的资本制度之中，基于其具体含义和表现形态的不同以及公司不同类型的划分，常在不同的含义上使用资本，资本由此表现出以下不同的含义和形式：

（一）注册资本

注册资本（Registered capital），又称额面资本或核定资本，是指公司成立时注册登记的资本总额。注册资本的表达方式，在各国公司法中并不多见。2013 年《公司法》修正之前，我国是少数的对注册资本有严格界定的国家。比如，我国 2005 年《公司法》将注册资本界定为以下几个方面的特征：①注册资本有法定最低限额，且根据公司类型的不同而不同，如有限责任公司为 3 万元人民币，股份有限公司为 500 万元人民币。②注册资本采取法定资本制。2005 年《公司法》较原来的严格法定资本制有所缓和，即除一人有限公司外，注册资本虽然必须在公司成立时由股东认足，但可以分期缴纳。在分期缴纳的情况下，首次缴纳数额不得低于法定比例，也不得低于最低注册资本限额。③注册资本由公司成立时的股东出资构成，必须记载于公司章程，并予以注册登记。2013 年《公司法》对上述制度进行了重大修正，放弃了最低资本额实缴制而采用更为灵活的注册资本认缴制。2023 年《公司法》又对认缴制进行了进一步的完善。

在其他国家和地区，公司法也规定资本是登记注册的重要事项，只是并不一定明确使用注册资本这一术语，但可以肯定此种登记的资本额实质上就是注册资本。至于注册资本是否应为实缴资本，是否可将授权资本或发行资本登记注册，各国的立法则不尽相同。

（二）授权资本

授权资本（Authorized capital），又称为名义资本（Nominal capital），是指公司章程授权可以分期募集的全部资本。换言之，授权资本制是指在设立公司时在公司章程预先确认资本总额，股东只需认足一定比例的资本或章程规定的最低限额，公司就可以成立，未认足的资本授权董事会在公司成立后根据公司营业需要和市场情况发行。采用授权资本制是现代公司法上资本制度的变化趋势。在这种资本制度下，公司设立不会因为资本金不到位而受影响，公司运行过程中如果需要增加资本的话，也不需要再行召开股东会，董事会在授权范围内就可以自行决定，其最大优势是赋予了公司最大的灵活性，给公司留下了最大的自由空间，并减少了增资成本，避免了资本浪费。英美国家多实行授权资本制，在其公司法中规定授权资本作为公司章程的必要记载事项，公司设立阶段不要求将授权资本全部发行，可以部分发行，剩余部分可以授权董事会根据需要分次发行。

为了提高融资效率，丰富完善公司资本制度，我国 2023 年《公司法》在股份有限公司中首次引入授权资本制度。该法第 152 条规定，公司章程或者股东会可以授权董事会在 3 年内决定发行不超过已发行股份 50% 的股份。但以非货币财产作价出资的应当经股东会决议。董事会依照前述规定决定发行股份导致公司注册资本、已发行股份数发生变化的，对公司章程该项记载事项的修改不需再由股东会表决。这表明，股份有限公司公司章程或股东会可授权董事会发行股份。当然，董事会发行新股受到期限和比例等限制：①董事会只能在公司章程或者股东会授权后 3 年内决定新股发行，防止董事会拥有永久的新股发行权，避免股东对发行新股失去控制。②董事会发行决定新股发行不得超过已发行股份 50% 的股份，避免董事会滥用职权，不正当发行新股稀释、损害股东的权益。③以非现金支付方式支付股款的应当经股东会决议。对董事会发行新股的限制也是对股东的保护。同时，这些限制应有利于董事决策权的实现，以推动公司治理。

（三）发行资本

发行资本（Issued capital），又称已发行资本，是指公司一次或分期发行股份时，已经发行的资本总额。发行资本，从不同的角度可以有不同的理解，对公司而言，称为已发行资本，在采取法定资本制的情况下，发行资本等于注册资本。在采取授权资本制的情况下，如果公司资本全部发行，则发行资本等于注册资本；如果公司股份尚未全部发行，则发行资本小于注册资本。对股东而言，发行资本则称为认购资本。股东认购股份后，可能一次缴纳全部股金，也可能按照法定期限和比例分期缴纳。在一次全部缴足的情况下，发行资本等于实缴资本；在分期缴纳的情况下，则发行资本等于实缴资本和待缴资本之和。

（四）实缴资本

实缴资本（Paid-up capital），又称为已缴资本、实收资本，是指股东实际已经向公司缴纳的资本。资本已经发行并不等于股东已经实际缴纳。在法定资本制下，如适用实缴制，则实缴资本即等于发行资本；如适用分期缴纳制，在发行资本被缴足之前，实缴资本小于发行资本。在授权资本制下，虽然发行资本可以低于注册资本，但所发行的资本也必须认足、缴足，股东实际缴纳的部分即构成实缴资本。我国 2005 年修订后的《公司法》允许分期缴纳，故亦存在实缴资本的概念。

（五）认缴资本

认缴资本（Subscribed capital），是指股东对公司注册资本的认购，但并未向公司实际缴纳的资本。认缴资本制度的意义在于既可使股东在认缴的范围内承担有限责任，同时又可以在设立公司时不用现实地实缴出资，便于充分利用资金。一旦需要股东实际承担有限责任时，则此时其资本必须实缴到位，否则承担出资不实的法律责任。我国 2013 年《公司法》确认了该项制度，即设立公司应当有符合公司章程规定的全体股东认缴的出资额；有限责任公司的注册资本为在公司登记机关登记的全体股东认缴的出资额。

认缴制在我国市场经济的实践中充分体现出它的优势，同时也暴露出该项制度的短处，认缴制在没有认缴上限和时限的条件下，有可能造成公司虚化的情形，甚至给少数投资者利用认缴制恶意逃脱债务提供了条件。其具体表现为：有的投资者在设立公司过程中认缴数额极高，且缴足出资的期限极长。这就导致许多空壳公司，利用虚高认缴资本的华丽商事外表而行欺诈之实，拉低了商事环境的诚信水平。基于这一现实状况，2023 年《公司法》第 47 条对上述不足进行了修改，规定了股东认缴的最长缴足期限为 5 年。即有限责任公司的注册资本为在公司登记机关登记的全体股东认缴的出资额。全体股东认缴的出资额由股东按照公司章程的规定自公司成立之日起 5 年内缴足。法律、行政法规以及国务院决定对有限责任公司注册资本实缴、注册资本最低限额、股东出资期限另有规定的，从其规定。

为了避免 5 年最长缴足期限可能给债权人造成的不利，2023 年《公司法》第 54 条进一步规定，公司不能清偿到期债务的，公司或者已到期债权的债权人有权要求已认缴出资但未届出资期限的股东提前缴纳出资。

需要强调的是，认缴制只是适用于普通公司，有利于促进投资，"全民创业"。但是，对于特殊公司则属例外，《公司法》第 47 条第 2 款，就属于认缴资本制度的例外情形。即对于证券公司、商业银行、典当行、信托公司、建设工程类公司等特殊行业的公司，如果仍实行认缴制，而不为其设置资金准入门槛，将会产生空壳公司或皮包公司，为该行业带来较大的信用风险。因此，相关法律、行政法规以及国务院决定为其设置了最低注册资本或实缴资本的要求。同时，法律、行政法规以及国务院决定也可以在综合考量不同行业实际情况的基础上，为公司设置特殊的股东出资期限。

（六）待缴资本

待缴资本（Uncalled capital），又称为催缴资本，是指公司已经发行、股东已经认购但尚未缴纳的资本。对于待缴资本，公司享有随时向股东催缴的权利，股东则负有按照法定或约定的期限和数额向公司缴纳的义务。因无论在法定资本制还是授权资本制下，发行的资本均必须认足、缴足，故在此意义上可以将待缴资本理解为发行资本和实缴资本之间的差额（只是此时的法定资本制须允许股东分期缴纳，而在我国 1993年《公司法》规定一次性缴纳的前提下就不会允许待缴资本）。从公司债权人的角度，公司待缴资本已经构成股东对公司债务的担保，已经纳入公司法人独立财产范畴，应当作为公司独立承担法律责任的财产。

（七）保留资本

保留资本（Reserve capital），又称为储备资本，是指公司正常经营状况下，在发行资本和待缴资本中不得向股东催缴的部分，对于待缴资本，仅得在公司破产情况下始可催缴，故为保留资本。我国《公司法》中尚无保留资本概念。

综上可知，资本是十分复杂的法律概念，普遍适用于各国公司法的统一资本概念是不存在的。因为公司法中的公司资本原则和公司资本形成制度对公司资本的基本理念和具体制度均影响甚大，所以，在不同国家，在法定资本制之下和授权资本制之下，对不同类型的公司，资本都会具有不同的含义或表现出不同的形式。

四、资本信用与资产信用

公司的信用基础究竟在于公司的资本还是公司的资产，是公司法理论目前关注和研究的重要问题。长期以来，公司法学理都认为，信用的高低由公司资本决定，资本越多公司的信用就越高，其债权人的权利就越容易得到实现。"以公司资本作为公司债权人利益的基本保障，此谓典型的资本信用。"[1]我国公司立法一直贯穿着资本信用的理念，1993 年《公司法》从公司资本制度到股东出资形式，再到公司权利能力和行为能力的限制无不贯彻着资本信用的理念和内在要求。具体表现为如下两个方面：其一，在资本制度方面，公司法秉承着资本确定、维持、不变的三原则，规定有设立公司的最低资本额的条件和增加资本、减少资本严格的法律程序。对于股东出资，公司法则实行严格的出资形式法定主义，只规定了货币、实物、土地使用权、工业产权和非专利技术五种出资形式，从而排除了劳务、信用、股权、债权等其他经营要素和条件的出资，不允许当事人对出资形式作另外的约定，并且限定了工业产权等无形资产出资最高比例的上限。其二，在公司行为规则方面，公司法设有一系列对公司或其股东行为的严格限制，主要包括：①对公司转投资比例的严格限制；②禁止股份的折价发行，但允许股份的溢价发行；③禁止公司收购本公司的股份和以本公司股份设定的抵押；④设定严格的公司减资程序；⑤禁止股东退股。

但事实却证明，以公司的资本作为公司信用的标准未必科学合理。因为公司的资本反映的是公司开办之初财产状况，公司在经营活动中，必然会不断发生盈亏的变化，时间越久，公司真实财产状况有可能越偏离其最初的注册资本。"注册资本仅仅是一个账面的数字，它不过是表明了股东已经按照其出资额履行了其对公司债务的责任，它在大多数情况下不能反映公司的资信情况。"[2]公司经营存续的时间越长，公司资产与资本之间的差额越大，甚至可能资产与资本完全脱节，从公司资本已无法判断公司的资产，从公司的资产也无法判断公司的资本。

2005 年《公司法》在很大意义上突破了对资本信用的一贯信条，对资本的形成与维持制度进行了较大的变革，具体内容体现在以下两个方面：其一，在资本的形成制度上：①降低了公司注册资本的最低限额，并修改了原公司法中的严格法定资本制与实缴资本制，现为法定资本制下的分期缴纳制；②在出资形式上，改变过去只列举五种法定的出资形式为具体列举加概括的包容性规定，使得"可以用货币估价并可以依法转让的非货币财产"都有可能成为出资方式，以满足公司在实际经营中对多种资源的需要，从而大大提高了资源的利用效率；③在货币出资的最低额上，改过去的无形资产出资不得超过公司注册资本的 20% 为货币出资不得低于注册资本的30%，既保证了公司资本的流动性又满足了多种出资方式的需要，优化了公司资本结构。其二，在资本维持制度上：①取消了对转投资的限制；②对公司的担保作了明确规定；③规定了特定情况下的股份回购制度，并允许异议股东申请公司回购股份。

2013 年《公司法》对上述资本形成制度又作出了重大修改，一是取消法定最低资

〔1〕 赵旭东等：《公司资本制度改革研究》，法律出版社 2004 年版，第 21 页。
〔2〕 刘燕：《对我国企业注册资本制度的思考》，载《中外法学》1997 年第 3 期。

本额实缴制而采用更为灵活的注册资本认缴制；二是取消 2005 年《公司法》第 27 条第 3 款的限制，即"全体股东的货币出资金额不得低于有限责任公司注册资本的百分之三十"，从而使货币出资与实物出资的比例更加自由。前述 2023 年《公司法》对认缴制条款的修改，并非根本性的修改，该条款的立法宗旨和基本原则未变，只是新增了股东认缴出资的期限，即由股东按照公司章程的规定自公司成立之日起 5 年内缴足。

对《公司法》两次修改（2005 修订、2013 年修正）所作出的这些重大立法调整，与一些学者们在公司法理论上"从资本信用到资产信用"的认识不无关系。在这些学者们看来，公司资产对公司的信用也许起着更重要的作用。公司赖以对外承担财产责任的是公司的资产，而非公司的资本，从实际的清偿能力而言，公司的信用是以公司的资产为基础，而不是以公司的资本为基础。公司的责任能力既然取决于公司资产，那么，维护公司资产的稳定和安全就显得更加重要。

第二节 公司资本原则

传统公司法认为公司是一种资本的集合，资本是公司从事经营活动的物质基础和对外承担法律责任的信用保障。有限责任制度的确立，使得股东仅以其出资为限对公司债务承担责任，而所有权和经营权的相互分离，更加大了委托代理关系所产生的代理成本和道德风险，为维护公司资本的真实、安全，确保公司稳健经营，保护股东有限责任之下的债权人利益，立法上预先设计了一整套关于公司资本形成、维持和退出的机制，其中最具影响力的即为公司法上的资本三原则，即资本确定、维持和不变原则。在此三项原则中，资本确定原则是前提，资本维持原则是核心，资本不变原则服务于资本维持原则。[1]

一、资本三原则的内容

（一）资本确定原则

资本确定原则是指公司资本必须在公司设立时由公司章程明确规定其数额，由股东认足并按期缴纳，否则公司不能成立；公司成立后若发行股份，则必须依法履行增资程序、修改章程。此原则的意义在于确保公司在设立时即有稳固之财产基础[2]。资本确定原则是关于公司资本形成的原则，其基本含义如下：

1. 公司资本必须由公司章程明确规定，并且有符合公司章程规定的全体股东认缴的出资额。

2. 公司章程规定的公司资本必须由股东认缴足。有关股东对其认缴的出资或认购的股份的缴纳，依所适用的资本形成制度不同而不同：在严格法定资本制之下，公司资本实行实收制或实缴制，即由股东一次缴足（1993 年《公司法》）；在相对宽松的法定资本制之下，则可以分期缴纳（2005 年《公司法》）；2013 年《公司法》实行更为宽松的普通公司注册资本认缴制。

3. 出资方式具有法定性。资本确定原则要求法律对可以作为出资的财产范围予以

---

[1] 周友苏：《公司法通论》，四川人民出版社 2002 年版，第 203 页。
[2] 柯芳枝：《公司法论》，中国政法大学出版社 2004 年版，第 128 页。

明确界定，超出规定范围的财产，不得作为股东出资。一般而言，法律往往认定价值容易确定的财产作为出资财产，而劳务、商誉等不易估价、评定其价值的财产会受到出资限制。如我国 2005 年《公司法》第 27 条第 1 款规定："股东可以用货币出资，也可以用实物、知识产权、土地使用权等可以用货币估价并可以依法转让的非货币财产作价出资；但是，法律、行政法规规定不得作为出资的财产除外。"可见，其中非货币财产出资的限制性条件是"可以用货币估价并可以依法转让"，而且无"法律、行政法规规定不得作为出资"的情形。2023 年《公司法》第 48 条又明确了"股权、债权"可以作价出资。

理论上有学者将资本确定原则等同于法定资本制，但实际上，无论是法定资本制、授权资本制还是折中资本制，均不同程度地体现了资本确定原则的要求，但各自强调的程度不同而已，法定资本制只是更为完整地体现了资本确定原则。

资本确定原则的目的是保证公司设立时资本的真实可靠，防止公司设立中的投机、欺诈行为，防止股东滥用权利设置公司，从而保护债权人的利益、维护交易安全。但资本确定原则亦存在诸多不足：过分地强调公司设立的资本要求，会人为地提高公司设立标准，产生操作障碍。而且公司资本的数额限制难以灵活设置，数额过高，不易尽快认足，造成资金的闲置和浪费；数额过低，则难以避免存续过程中繁琐的增资程序。鉴于公司资本确定原则的优势和缺陷，实践中多数国家公司法中摒弃了早期实行的严格资本确定原则，在坚持其基本精神的同时对其予以一定程度的缓和和弱化。我国 1993 年《公司法》采用的就是严格的资本确定原则，即要求公司设立时必须认足并全部缴纳注册资本，且不得低于法定最低注册资本限额。严格的资本要求难以体现公司法鼓励股东投资的原则，不适应公司实践发展的需要。2005 年《公司法》对其进行了修订，一方面降低了法定最低注册资本限额，另一方面允许有限责任公司和采发起方式设立的股份有限公司在设立时认足注册资本、分期缴纳；同时辅之以首次出资比例、出资缴纳时间、设定出资责任等制度的规定，保证债权人的利益，从而不致背离资本确定原则的基本精神。2013 年《公司法》则从根本上取消了普通公司法定最低注册资本限额和实缴制，代之以注册资本认缴制，这在某种意义上可以说取消了普通公司设立的门槛。本书认为在现行注册资本认缴制下更需要强调对债权人利益的保护和交易秩序的安全性，毕竟从实行普通公司法定最低注册资本限额与实缴制度的 2005 年至实行注册资本认缴制的今天，中国的社会信用制度并没有突破性的进步，全社会的诚信文化水平亦无实质性的提高。就商法的基本原则而言，在制度建设上必须始终坚持效率与安全并重，我们不能够因为鼓励投资、全民创业，而忽视了商事运行的安全性，注册资本认缴制的运行结果如何还有待于公司实践的检验。但无论如何，在注册资本认缴制的背景下，强调完善保护债权人利益的制度，维护商事交易安全必须引起高度重视。正是基于认缴制在实践中存在的不足，2023 年《公司法》第 47 条对认缴制进行了修订。

（二）资本维持原则

资本维持原则，又称为资本充实原则，是指公司应当维持与其资本总额相当的财产。即在公司存续期间，应当经常维持与其资本总额相当的财产，以具体财产充实抽象资本[1]。公司在其存续过程中，会基于其自身经营状况的变化而处于或盈利或亏损的状态，使得公司的实际资产与公司资本不相一致，尤其在公司亏损状态下，其实际偿债能力会大为降低。所以，此项原则要求公司的对外信用程度最低应该维持在公司资本总额的水平，公司一旦成立，其资本总额不能由于非经营事由而减少。因此，为了控制公司资本在公司存续过程中的状态，防止其发生实质性减少，确保债权人利益和公司经营活动的正常开展和持续进行，各国公司法均在其资本制度中确立了资本维持原则。这一原则对于防范公司经营过程中的违法行为，保护公司债权人利益、维护交易安全，具有重要的实践意义。

资本维持原则，不仅在公司法理论上以基本原则的形式出现，而且更多地体现于公司法上的诸多具体制度之中：

1. 禁止股东退股、抽逃出资。公司成立后股东不得以任何理由抽回出资。如我国2018年《公司法》第35条对有限责任公司的股东抽逃资金作出了禁止性规定："公司成立后，股东不得抽逃出资。"2023年《公司法》第53条在原规定的基础上，增加了第2款："违反前款规定的，股东应当返还抽逃的出资；给公司造成损失的，负有责任的董事、监事、高级管理人员应当与该股东承担连带赔偿责任。"2018年《公司法》第91条则对股份有限公司予以规定："发起人、认股人缴纳股款或者交付抵作股款的出资后，除未按期募足股份、发起人未按期召开创立大会或者创立大会决议不设立公司的情形外，不得抽回其股本。"2023年《公司法》105条第2款除了将上述规定中的"创立大会"改为"成立大会"之外，其余未变。

2. 不得折价发行公司股份。如《公司法》第148条规定："面额股股票的发行价格可以按票面金额，也可以超过票面金额，但不得低于票面金额。"

3. 对非货币出资的条件予以限制。非货币出资在财产价值确定和权利转移程序上具有特殊性，容易构成虚假出资，影响公司资本实际价值，故公司法常对其出资形式和数额比例予以限制，并要求依法对其价值进行评估。如《公司法》第48条规定："股东可以用货币出资，也可以用实物、知识产权、土地使用权、股权、债权等可以用货币估价并可以依法转让的非货币财产作价出资；但是，法律、行政法规规定不得作为出资的财产除外。对作为出资的非货币财产应当评估作价，核实财产，不得高估或者低估作价。法律、行政法规对评估作价有规定的，从其规定。"

4. 按照规定提取和使用公积金。公司经营过程中难以保证不会出现亏损现象，公司公积金则主要用于弥补亏损、转增资本、扩大生产规模，故公司法中关于强制提取资本公积金和盈余公积金的规定，即为实现资本维持的预防性措施。

5. 禁止回购公司自身的股份、禁止接受以本公司股份提供的担保。公司收购自己的股份，实际上等同于股东退股，从而导致虚假出资。因此，除满足法定情形和法定程序外，公司不得收购自己的股份。而接受本公司自己的股份作为质押权的标的，则会在实现质押权的同时导致公司取得自己的股份，产生与回购公司自身股份相同的效果，故亦应予以禁止。如《公司法》第162条第1~4款规定："公司不得收购本公司股份。但是，有下列情形之一的除外：（一）减少公司注册资本；（二）与持

---

[1] 柯芳枝：《公司法论》，中国政法大学出版社2004年版，第128页。

有本公司股份的其他公司合并；（三）将股份用于员工持股计划或者股权激励；（四）股东因对股东会作出的公司合并、分立决议持异议，要求公司收购其股份；（五）将股份用于转换公司发行的可转换为股票的公司债券；（六）上市公司为维护公司价值及股东权益所必需。公司因前款第一项、第二项规定的情形收购本公司股份的，应当经股东会决议；公司因前款第三项、第五项、第六项规定的情形收购本公司股份的，可以按照公司章程或者股东会的授权，经三分之二以上董事出席的董事会会议决议。公司依照本条第一款规定收购本公司股份后，属于第一项情形的，应当自收购之日起十日内注销；属于第二项、第四项情形的，应当在六个月内转让或者注销；属于第三项、第五项、第六项情形的，公司合计持有的本公司股份数不得超过本公司已发行股份总数的百分之十，并应当在三年内转让或者注销。上市公司收购本公司股份的，应当依照《中华人民共和国证券法》的规定履行信息披露义务。上市公司因本条第一款第三项、第五项、第六项规定的情形收购本公司股份的，应当通过公开的集中交易方式进行。"同条第5款规定："公司不得接受本公司的股份作为质权的标的。"

6. 没有盈利不得分配公司股利。"无盈不分"是公司股利分配的基本规则，公司盈利应当首先用于弥补公司亏损，只有在弥补亏损、提取公积金和公益金后仍有盈余的情况下才可以向股东分配股利。否则将侵蚀公司资本。如《公司法》第210条第4款、第5款规定："公司弥补亏损和提取公积金后所余税后利润，有限责任公司按照股东实缴的出资比例分配利润，全体股东约定不按照出资比例分配利润的除外；股份有限公司按照股东所持有的股份比例分配利润，公司章程另有规定的除外。公司持有的本公司股份不得分配利润。"第211条规定："公司违反本法规定向股东分配利润的，股东应当将违反规定分配的利润退还公司；给公司造成损失的，股东及负有责任的董事、监事、高级管理人员应当承担赔偿责任。"即使在"有盈分利"的情况下，根据《公司法》第210条第1款的规定也应当提取利润的10%列入公司法定公积金[1]，以备不时之需。

资本维持原则不仅在大陆法系公司法中抽象成为系统理论，同时在英美法系公司法中也得到了充分的肯定，且主要体现为在其公司法实践中形成的丰富而详尽的判例规范，在一定程度上亦可谓英美公司资本制度的根本原则。

（三）资本不变原则

资本不变原则，是指公司资本已经确定，不得随意改变，如需增减，必须严格按照法定程序进行。因此，所谓"资本不变"，并非指公司资本绝对地不得变更，而是指为确保债权人利益非经法定程序，不得随意增减。并且，就维护公司财产责任能力、保护债权人利益而言，资本不变原则的规范重点在于对公司减资行为的严格限制。

资本不变原则具有同资本维持原则相同的立法旨趣，即防止公司资本总额的减少导致公司偿债能力降低，充分维护债权人的利益。而且，资本不变原则对资本维持原则具有重要的辅助和补强作用，即尽管资本维持原则本意是保证公司实有财产和公司资本总额相一致，但若一旦公司实有财产减少即可通过减少资本总额的方式来达到这

---

[1] 该条第1款具体规定：公司分配当年税后利润时，应当提取利润的10%列入公司法定公积金。公司法定公积金累计额为公司注册资本的50%以上的，可以不再提取。

种一致性的话，则仅仅依赖资本维持原则就很难起到充实资本、保护债权人的实际作用。因此，可以说，资本维持原则是就公司存续过程中公司财产和资本总额相一致的角度来防止公司资本的实质性减少；资本不变原则是就公司存续过程中维持资本总额不变的角度来防止公司资本在形式上的减少。前者是一种动态上的维护，后者则是一种静态上的维护，二者相辅相成、相互配合，共同维护资本的真正充实。

我国《公司法》中同样贯彻了资本不变原则，主要体现为对公司减少注册资本的程序性限制。如《公司法》第 224 条规定：公司减少注册资本，应当编制资产负债表及财产清单。公司应当自股东会作出减少注册资本决议之日起 10 日内通知债权人，并于 30 日内在报纸上或者国家企业信用信息公示系统公告。债权人自接到通知之日起 30 日内，未接到通知的自公告之日起 45 日内，有权要求公司清偿债务或者提供相应的担保。公司减少注册资本，应当按照股东出资或者持有股份的比例相应减少出资额或者股份，法律另有规定、有限责任公司全体股东另有约定或者股份有限公司章程另有规定的除外。

二、对资本三原则的评价

公司资本三原则形成于大陆法系国家，构成了大陆法系公司资本制度的核心，也对英美法系国家的公司立法产生了重要影响。公司资本三原则在公司资本制度发展中具有重要的积极意义，其基本目的是在股东有限责任框架下维持公司清偿债务的财产责任能力，从而保护债权人利益、维护交易安全，实现股东与债权人之间的利益平衡；其基本逻辑是由资本确定原则确定资本的基本水准，资本维持原则确保此水准得以真实反映公司财力，资本不变原则是在债权人利益获得确切保障前，禁止此水准之变动[1]。在法定资本制下，公司资本三原则得到了最充分的体现，在折中资本制及授权资本制下，也充分体现了维护交易安全和保护债权人利益的社会本位的立法思想。

但是，随着公司实践的发展和公司理论研究的深入，资本三原则的地位受到了极大的挑战和冲击。人们不仅在理论上对其进行质疑和抨击，同时在立法实践中也进行了相应的修正和变革。这些内容主要表现为以下几个方面：

1. 以资本三原则为基础而建立起来的公司资本制度有违交易自由和公司自治的原则。资本三原则，无论就资本的形成、维持到退出，均具有明显的强制性，给公司自身和投资者留下的自治空间极为狭窄。较为严格的、整齐划一的资本准入标准和实际缴纳出资的要求，限制了投资者对投资工具和投资方式的自主选择权，从而产生不同程度的资金浪费和闲置，并且造成各个公司难以根据具体情况对资本进行适宜安排。资本确定原则下的较高数额的注册资本门槛以及实缴要求无疑会把低收入者排斥在投资者的范围之外，这样势必造成投资者在投资机会上的不平等，弱化、抑制了投资者的投资积极性，不符合现代公司法上鼓励股东投资的原则和理念，难以形成具有竞争力的公司发展环境。

2. 以资本三原则为核心而建立起来的公司资本制度有违交易的效率原则。现代民商法均以交易效率为重，以促成交易为基本原则。而公司资本三原则难以符合这一要

---

[1]　方嘉麟：《论资本三原则理论体系之内在矛盾》，载《政大法学评论》1998 年第 59 期。

求。如就资本确定原则而言，由于要求公司在设立之初须有确定的资本总额，而且须缴足，从而不仅有碍公司迅速成立，并且迫令公司于筹设之初，即须收足超过该公司所需的巨额资金而加以库存，甚不合理。就资本不变原则而言，原为配合资本维持原则而设，立意至善，但程序繁复，致公司资本的筹集，在时间上缓急不能相济。[1]

3. 以资本三原则为基础而建立起来的公司资本制度难以实现其维护交易安全的立法目标。注册资本一旦形成，就构成一个静止的数额，仅具有账面意义，它表达的仅仅是公司成立时的信用基础，公司在经营过程中随着盈亏的变化，其实际财产始终处于变动状态，因而，公司以注册资本形式体现的资本信用和公司的实际信用并不相符。公司作为独立法人以其全部财产为限对外承担责任，而此处"全部财产"的数额和范围显然是指公司责任资产总额，它更多地是关注公司的资产总额，或者更准确地说是公司的净资产额，而非注册资本数额。总之，对于公司的债权人而言，写在公司章程上的、抽象的注册资本实际上根本起不到保障债权人交易安全的作用。在公司实践中，尽管公司资本信用的判断更为直观和简易，但相对于公司表面的注册资本而言，理性的债权人在与公司发生交易的过程中更加重视公司以财务结构、现金流量等形式表现出来的资产信用。

由于资本三原则存在上述诸多问题和不足，"原采资本三原则的国家和地区，纷纷改弦更张，或改采英美法系之授权资本制，以修正资本确定原则"，如日本及我国台湾地区；或改采认可资本制，如德国。[2]总之，为应对经济全球化条件下增强企业国际竞争力的迫切需要，各国纷纷放松政府管制，弱化公司法的强行性规定，加大公司自治空间，增加公司经营的弹性，尽量减轻公司运营的成本。"公司法之根本目的在于如何顺应时代之变化，调和公司之私益性与公益性之冲突，以缓和两者间二律背反之紧张关系，并寻求公司自治与公司监控之竞争性平衡。"[3]有鉴于此，传统的资本制度，尤其是"资本三原则"，得到相当程度上的修正，我国在公司立法方面也顺应世界潮流，对公司资本制度进行了突破性的调整。

第三节　公司资本形成制度

公司资本是通过股份或资本的发行而形成的，它可以选择一次性发行，也可以选择分次发行；发行后的股份可以一次性全部缴足，也可以依法分期缴纳。各国公司法基于其立法宗旨、社会背景、法律传统和现实需要等多方面因素的考虑产生了不同的公司资本形成制度。将其进行类型化归纳，主要有法定资本制、授权资本制和折中资本制三种表现形式。

一、法定资本制

法定资本制（The statutory capital system）又称为资本确定制，是资本一次形成的方式，具体指公司设立时，由公司章程明确规定公司资本总额，并一次性发行、全部认足，否则公司不得成立。公司设立中，公司资本或者股份经认足后，各认股人缴纳

---

[1] 柯芳枝:《公司法论》，中国政法大学出版社 2004 年版，第 129 页。

[2] 柯芳枝:《公司法论》，中国政法大学出版社 2004 年版，第 129 页。

[3] 赖源河等:《新修正公司法解析》，元照出版有限公司 2002 年版，第 1～2 页。

股款可以采用一次性缴纳的方式，也可以采用分期缴纳的方式。所谓一次性缴纳，是指认股人必须按照认购额一次性缴纳全部股款，不得分期缴纳；分期缴纳，则指认股人可以分期分次缴纳股款而不必一次全部缴清，但由法律对认股人分期缴纳的比例和期限予以限定。公司成立后，公司章程中规定的资本额不得随意变更，公司如因经营活动需增加资本或减少资本，必须经股东会作出决议、修改公司章程、履行变更登记等法律程序，始可为之。法定资本制由法国、德国公司立法首创，后为意大利、瑞士、比利时等大陆法系国家公司立法效仿，是大陆法系中公司资本制度的典型形式。

如前所述，法定资本制通常与严格的资本确定原则紧密联系，二者具有大致相当的优缺点，即有利于保证公司资本的真实可靠、强化公司的资本信用，从而保护债权人利益、维护交易安全。但同时过于严格和僵化的资本要求，增加了公司设立的资金成本和资本变更的程序障碍，易造成资金闲置、浪费，难以根据公司自身实际需要灵活调整。实践中，各国公司法多根据各自公司制度发展的现实需要对法定资本制采取不同程度的矫正和改造。

二、授权资本制

授权资本制（The authorized capital system），是指公司设立时必须在公司章程中确定公司资本总额，但章程载明的资本总额不必一次性全部发行、认足，股东只需缴纳其中的一部分，公司即可有效成立，未认足部分的资本，授权董事会根据公司经营需要和市场状况在必要时一次或分次发行。授权资本制是英美公司法经长期发展而形成的制度，它最初来源于公司设立特许主义之下的国家授权发行股份数额，且该种授权必须记载于公司章程，称之为授权资本额。由于其自身的灵活性和适应性，使得这一传统一直延续至公司设立实行准则主义之后，而发展成为又一个典型的公司资本形成制度。其主要内容包括：①公司设立时，必须在公司章程中载明公司资本总额，这一点与法定资本制相同。②公司章程中载明的公司资本总额，在公司设立时不必一次性全部发行。公司可以仅发行其中的一部分，并由股东认足和缴纳，公司即可成立。在英国，只要求每一发起人至少认购并缴纳一股；在美国则需根据各州规定的情况而定。③公司设立时发行的股份，各认股人就其认购的部分，既可以一次缴纳，也可以分期缴纳。但也有例外，如美国《商事公司示范法》就规定不得分期缴纳。④公司成立后如需增加资本，仅需在授权资本数额内由董事会自行作出决议、发行新股，而无需履行经股东会决议并变更公司章程等程序。

授权资本制最为显著的特点就是资本或者股份的分次发行，并由此产生了授权资本这一概念。在授权资本制下，公司章程必须载明的只是授权资本，而发行资本则取决于公司实际决定发行的数额。这里需要注意的是，在法定资本制允许分期缴纳的情形下，很容易与授权资本制下的分次发行相混淆，但二者具有显著的区别：授权资本制下的分次发行是指公司资本的分次形成，而法定资本制下的分期缴纳则指在资本一次形成的前提下采取较为灵活的分期缴纳股款的方式。

授权资本制基于其分次发行公司资本或者股份的特点，具有显著的优势：公司不必一次性发行全部资本或者股份，可以减轻公司设立的难度；授权董事会根据公司经营需要和市场状况自行决定增加资本，而无需经过股东会决议、变更公司章程，一方面简化了公司增资程序、降低成本，另一方面可以适时发行资本，从而避免资本闲置、提高资本利用效率。现代公司法上资本原则的一个趋势是授权资本制的采用。我国也不例外，终于在 2023 年《公司法》中引入了授权资本制，如本章第一节所述。

当然，授权资本制也存在着其自身难以克服的缺陷：公司章程中载明的授权资本，仅具名义数额，且未对公司首次发行资本的最低数额和发行期限作出限制，极易导致实缴资本与名义资本以及公司实际财产能力之间的产生落差，引发交易风险，损害债权人的利益。因此，我国在运用授权资本制时，要对上述缺陷有充分的认识，注意风险防范。

三、折中资本制

折中资本制（The eclectic/compromise capital system），是大陆法系公司法在对法定资本制的制度弊端进行反思、矫正，同时借鉴、吸收授权资本制的制度优势的基础上演变而来的公司资本形成制度。具体包括折中授权资本制和许可资本制两种类型。

（一）折中授权资本制

折中授权资本制，是指公司设立时，必须在公司章程中载明公司资本总额，但不必一次性全部发行、认足，首次发行、认足部分资本或者股份，公司即可有效成立，其他部分授权董事会根据经营需要和市场状况予以发行，但这种发行须在法定期限内完成，且首次发行不得低于法定最低限额或比例。

折中授权资本制，坚持了授权资本制的基本内容，故其核心仍为授权资本制，但在此基础上增加了董事会于公司成立后决定发行新股的期限限制和比例限制，又体现了法定资本制的要求。折中授权资本制由部分原采法定资本制的大陆法系国家和地区适用，如日本、韩国以及我国台湾地区，我国台湾地区"公司法"第 156 条第 2 项规定，前项股份总数，得分次发行，但第一次应发行之股份不得少于股份总数的 1/4。

（二）许可资本制

许可资本制，又称为认许资本制，是指公司设立时，必须在公司章程中载明公司资本总额，并且必须一次性全部发行、认足，公司始可有效成立；同时公司章程可以授权董事会在公司成立后一定期限内、在授权的公司资本的一定比例范围内，发行新股、增加资本，而无需经股东会决议等特别程序。

许可资本制，坚持了法定资本制的基本内容，即对公司设立时的资本发行仍须一次性全部发行、认足，故其核心内容仍为法定资本制。但对公司成立后的发行新股、增加资本等行为则放宽了限制，可以依据公司章程对董事会的授权通过相对简化的程序完成公司增资，在这一点上体现了授权资本制的灵活性和适应性。原采法定资本制的一些大陆法系国家，改行许可资本制，这些国家主要包括德国、法国、丹麦、奥地利等，如法国《商事公司法》第 75 条规定，公司资本必须被全部认购；货币股份，在认购时应至少缴纳面值一半的股款；剩余股款根据董事会或经理室的决定，自公司在商业注册登记之日起不超过 5 年的期限内，根据情况，一次或分数次缴纳。

就我国而言，在 1993 年《公司法》制定时，由于正处于社会主义市场经济初步建立阶段，我国刚刚实行公司制度，实践中出现了大量公司虚假出资、架空经营的不规范现象，为保护公司债权人利益和社会公共利益，维护交易安全、稳定社会经济秩序，1993 年《公司法》实行了严格的法定资本制。要求公司股份必须在公司设立时一次性全部发行、认足，并必须一次性全部缴纳，这在当时具有十分重要的现实意义。但这种严格的资本形成制度，仅建立在表面的公司资本信用基础之上，使得保护债权人的初衷流于形式，并且对公司的设立效率和交易成本造成了极大的障碍，难以适应公司的现实发展需要。同时，我国的外商投资企业法中对以公司形式设立的外商投资企业的出资形式采取了与内资公司不同的态度，一方面造成内外资公司在设立出资上的不平等，另一方面也为我国《公司法》的修改提供了可供参照的国内立法蓝本。

为矫正 1993 年《公司法》过于严格的公司出资要求，2005 年《公司法》适应公司发展的需要，对公司资本形成方面的制度给予了一定程度的修订，如 2005 年《公司法》第 26 条第 1 款规定："有限责任公司的注册资本为在公司登记机关登记的全体股东认缴的出资额。公司全体股东的首次出资额不得低于注册资本的百分之二十，也不得低于法定的注册资本最低限额，其余部分由股东自公司成立之日起两年内缴足；其中，投资公司可以在五年内缴足"；第 81 条第 1 款、第 2 款规定："股份有限公司采取发起设立方式设立的，注册资本为在公司登记机关登记的全体发起人认购的股本总额。公司全体发起人的首次出资额不得低于注册资本的百分之二十，其余部分由发起人自公司成立之日起两年内缴足；其中，投资公司可以在五年内缴足。在缴足前，不得向他人募集股份。股份有限公司采取募集方式设立的，注册资本为在公司登记机关登记的实收股本总额。"根据上述规定，2005 年《公司法》对不同的公司类型采取了不同的公司资本形成制度：对有限责任公司和发起设立的股份有限公司，实行一次发行、分期缴纳的较为宽松的法定资本制；对募集设立的股份有限公司，仍实行严格的法定资本制。但随着资本信用理念向资产信用理念的演变以及公司实践的现实要求，我国公司法中的公司资本形成制度也将朝着更鼓励投资、提高公司运作效率、增强公司制度竞争力的方向发展。遵循这一发展方向，我国 2013 年《公司法》取消了普通公司法定最低注册资本限额和实缴制，转而实行更为宽松的普通公司注册资本认缴制。我国 2023 年《公司法》对资本认缴制又进行了相应的制度完善。

第四节　股东出资制度

一、股东出资的概念及其意义

股东出资，是指公司股东在公司依法设立或增加资本时，以取得股权为目的，根据法律法规、公司章程的规定以及认股协议的约定，向公司履行交付财产或者其他给付义务的法律行为。出资制度是资本制度的组成部分，同时也是公司设立的必要条件之一。完备的股东出资制度，首先，可以促使公司更好地进行资本运营，为企业内部激励提供良好的运行机制；其次，从宏观来看，出资形式和出资额度门槛的高低对于促进投资，转化民间储蓄资本，以及中小企业的发展，保持经济的稳定和繁荣起着制度保障的功能。具体而言，股东出资制度在公司法上主要有如下重要的意义：

1. 股东出资是股东对公司负有的最基本的义务，也是公司设立和产生股权等一系列法律关系的前提。

2. 股东出资是公司资本的形成基础。公司资本直接来源于股东的出资，公司的资本总额即由全体股东的出资总和构成。为确保公司资本的真实、可靠，公司法一般会对股东出资予以严格限定，如限制法定出资形式、设定股东出资义务的履行时间以及禁止股东抽逃出资等。

3. 股东出资以取得股权为目的，是股东取得股权的对价和依据。股东按照法律规定或者协议约定向公司履行出资义务的目的是取得股东身份，并进而享有以股东身份为前提的股权。其股权收益的实际取得，也以出资义务的实际履行为前提，并且股权收益的多寡一般也由实际出资的比例或数额决定。

4. 股东出资是股东有限责任的前提。一方面，公司法上的股东有限责任和无限责任是以股东的出资额为基准予以划分的。如我国2023年《公司法》第4条第1款规定："有限责任公司的股东以其认缴的出资额为限对公司承担责任；股份有限公司的股东以其认购的股份为限对公司承担责任。"另一方面，股东享受有限责任保护权利的前提是其须依照公司法和公司章程的规定全面、适当地履行出资义务，否则，应当承担相应的出资责任，或者在导致公司法人人格否认适用的情形下丧失有限责任利益，须对公司债务承担无限责任。

股东出资制度为公司法上的重要制度，各国公司法均对其予以高度重视。在股东出资制度上，各国公司法大多实行较为严格的出资形式法定主义。各国公司法普遍规定，股东可以货币出资，也可以实物、工业产权、土地使用权、商誉等作价出资，无限公司和两合公司的无限责任股东还可以劳务和信用出资。而且股东出资制度与公司法上的其他制度具有密切的联系，就其内容而言，包括公司设立时股东的出资形式、出资限额、出资履行、出资验证以及出资瑕疵责任等，亦可扩展至公司存续期间的资本变动如增资、发行新股等，还会涉及股东资格的取得、变更和丧失等一系列的内容。本节中有关股东出资制度的内容主要涉及最低注册资本限额实缴制向认缴制的转变、出资形式、出资估价以及出资瑕疵责任等方面，其他内容详见本书其他相关章节。

二、从最低注册资本限额实缴制向认缴制的转变

（一）最低注册资本限额实缴制

最低注册资本限额（The minimum amount of capitalization），即公司注册资本必须达到法律规定的最低数额，否则公司不得成立。这体现了对公司资本的量化要求，在资本数额上保证公司具备从事经营活动的物质条件和对外承担责任的财产保障。

最低注册资本限额的规制动因源于在股东有限责任的前提下对股东和债权人之间的利益平衡。即由立法设定公司准入的最低资本门槛，来为公司债权人提供最低限度的财产担保，亦使股东在享有有限责任利益的同时承担相应的出资对价。大陆法系公司法和英美法系公司法均对最低注册资本限额予以规定，但近年来，公司资产信用理论的发展以及各国为了吸引投资、增强公司制度竞争力，有关最低资本数额的规定逐渐放宽，甚至是废除最低资本数额的限制。废除最低注册资本的理论依据是，最低注册资本与公司的真实资本需求没有多少关系，对于债权人的保护也就不具有什么实际意义。如美国1969年《示范公司法》就完全取消了最低资本额的限制，后为很多州公司立法效仿，目前美国大多数州均不再实行最低资本额制度，理论上1美元即可成立一家公司。尽管立法上放宽了标准，但实践中公司设立仍会产生相关费用，并且为了使设立的公司能够对外产生足够的公信力，仍须依赖相应的资本支持。

我国1993年《公司法》沿袭了传统公司法上最低注册资本限额制度，规定了较高的最低注册资本限额，尤其对股份有限公司设定了过高的最低注册资本限额，还对有限责任公司根据所在的行业不同设置了不同的最低资本限额要求。上述规定不仅缺乏

足够的理论基础，而且不符合现代公司法的发展趋势和我国公司实践的现实需要。这是因为：首先，过高的注册资本限额会导致资本的闲置。注册资本高于公司运营时的实际所需，高出部分的资本就不能被利用而闲置。其次，过高的注册资本限额，会形成对新投资者进入的障碍。一国经济发展的重要动力是大量的中小企业和小微企业，立法者应该为中小企业和小微企业的设立发展提供有利的条件，而不应为中小企业和小微企业的发展设立障碍，要求过高的注册资本额就会将许多民间资本甚至是很有发展前景的项目排斥在公司之外，这无异于作茧自缚。

为了适应公司发展，提高资本利用效率，体现鼓励投资原则的需要，2005 年《公司法》在坚持最低注册资本限额制度基本精神的前提下对其作了重大变革。根据 2005 年《公司法》的规定，最低注册资本限额制度具有以下特点：

1. 在坚持最低注册资本数额规定的前提下，降低了数额标准。根据 2005 年《公司法》第 26 条、第 81 条的规定，我国有限责任公司的注册资本最低限额为 3 万元人民币，股份有限公司的注册资本最低限额为 500 万元人民币。

2. 废除了对有限责任公司根据不同行业设定不同注册资本限额的规定，同时增设了一人有限责任公司，并针对其仅具一个股东的特性设定了特殊的注册资本限额。根据 2005 年《公司法》第 59 条规定，一人有限责任公司的注册资本最低限额为人民币 10 万元。

（二）注册资本认缴制的确立

为了进一步实现公司法鼓励投资的原则，我国在对 2013 年《公司法》的修正过程中，将原第 26 条第 1 款修改为："有限责任公司的注册资本为在公司登记机关登记的全体股东认缴的出资额"。将原第 59 条第 2 款修改为（2018 年《公司法》第 58 条）："一个自然人只能投资设立一个一人有限责任公司。该一人有限责任公司不能投资设立新的一人有限责任公司"。将原第 81 条第 1 款、第 2 款修改为（2018 年《公司法》第 80 条第 1 款、第 2 款）："股份有限公司采取发起设立方式设立的，注册资本为在公司登记机关登记的全体发起人认购的股本总额。在发起人认购的股份缴足前，不得向他人募集股份。股份有限公司采取募集方式设立的，注册资本为在公司登记机关登记的实收股本总额"。可见，对 2013 年《公司法》的修正放弃了最低资本额制而采用更为灵活的资本认缴制。与此同时，为保证经济安全、保护相关主体利益、维护交易秩序，公司法仍给法律、行政法规针对特定行业的特殊公司另行设定更高的最低注册资本限额实缴制预留了空间。如 2013 年《公司法》第 26 条第 2 款规定："法律、行政法规以及国务院决定对有限责任公司注册资本实缴、注册资本最低限额另有规定的，从其规定"；第 80 条第 3 款规定："法律、行政法规以及国务院决定对股份有限公司注册资本实缴、注册资本最低限额另有规定的，从其规定。"如前所述，2023 年《公司法》进一步完善了注册资本认缴制。

三、出资形式

现代公司法一般都倾向出资形式的多样化，这在一定程度上代表着组建公司的灵活性和自由化。许多国家的公司法都规定，发行股份的对价可以是任何有形财产和无形财产，或者对公司提供的利益，包括现金、现物、已获支付的期票、已经履行的劳务或者服务或者其他证券。由于大势所趋，即使是原先一些坚持对股东出资形式进行限制的国家的法律也相继放弃原先的立场，使出资形式多样化。[1]关于股东出资形式结合我国和外国的公司法，本节主要论述以下内容：

（一）出资种类

股东对公司的出资可以有多种财产形式，既可以是货币，也可以是其他的财产形式，较之前的《公司法》而言，我国现行《公司法》放宽了对股东出资形式的限制。一方面，采取列举方式，规定股东可以货币、实物、知识产权、土地使用权、股权、债权等出资。另一方面，采取概括方式，规定凡可以用货币估价并可以依法转让的非货币财产均可以作为股东出资的形式。这一规定，极大地拓宽了股东出资的财产范围，即除货币出资外，非货币财产只需满足以下三个条件即可作为出资：一是可以货币估价，即具有价值上的可确定性；二是可以依法转让，即具有可转让性，可流通、变现；三是非属法律、行政法规规定不得作为出资的财产，即具有合法性。为保证公司资本的真实、可靠和充实，保障债权人利益和交易安全，《公司法》在放宽出资形式要求的同时仍保留了法律、行政法规在特定情形下对出资形式予以限定的权力，如《市场主体登记管理条例》第13条规定，除法律、行政法规或者国务院决定另有规定外，市场主体的注册资本或者出资额实行认缴登记制，以人民币表示。出资方式应当符合法律、行政法规的规定。公司股东、非公司企业法人出资人、农民专业合作社（联合社）成员不得以劳务、信用、自然人姓名、商誉、特许经营权或者设定担保的财产等作价出资。

（二）出资构成

公司法对股东出资的构成予以限制。股东出资的构成，又称为股东出资的比例结构，即在股东出资总额中各种出资形式的占比。所谓比例结构，实际上是在货币出资和非货币出资之间进行比较并合理配置，从而保证公司资产结构的合理性，这就要避免两方面的情况：一方面，避免货币出资比例过高而造成资本闲置和浪费；另一方面，避免非货币出资比例过高而影响公司资产的流通性和稳定性。这是因为，货币和其他财产形式相比较，有其独特的优越性。首先，货币是设立任何公司都需要的财产，公司可以很方便地通过货币购买一切经营所需的生产要素（Factors of production），而如果仅有非货币出资，公司的经营活动必将受到影响甚至无法开展。其次，货币出资直接表现为货币的金额，它作为商品交易的一般等价物，是一切商品交易的媒介，因此，无需评估作价，而其他财产的价值则必须经过繁简不一的评估作价。最后，在交付方式上，货币出资只需简单交付，即通过转移占有或者银行转账就可以实现出资，不涉及特殊的权利移转形式。比如，不动产的交付就必须办理变更登记。所以，股东在出资的时候，对于非货币的出资在公司资本中所占比例必须有所限制，这可以保障所有新成立的公司能够有效地开展经营活动，而非为了设立公司去满足法律上最低资本额的要求而拼凑不一定有用的非货币出资。同时也有利于保障公司债权人的利益，因为非货币出资的作价可能不准确，而其中知识产权等无形财产的价值变动又非常大，这就可能危害到公司债权人的利益。因此，许多国家的公司法规定了非货币出资的比例。

从立法的角度考察，对股东出资的构成有两种限制方式：一是规定货币出资的下

---

[1] 施天涛：《公司法论》，法律出版社2006年版，第169页。

限。比如，意大利、瑞士分别要求公司的现金出资至少为总资本的 30% 和 20% 以上。二是规定非现金出资的上限。比如，我国 1993 年《公司法》第 24 条第 2 款规定，以工业产权、非专利技术作价出资的金额不得超过有限责任公司注册资本的 20%，国家对采用高新技术成果有特别规定的除外。但是我国 2005 年《公司法》由第二种方式改成了第一种方式，第 27 条第 3 款规定："全体股东的货币出资金额不得低于有限责任公司注册资本的百分之三十。"相对而言规定货币出资的下限更具合理性。2013 年《公司法》则将上述第 27 条第 3 款取消，不再规定货币出资的下限，货币出资的比例完全由股东意思自治。

（三）非货币出资

在各国公司法理论和立法实践中，有关股东的非货币出资问题多有争议，而且相关规定颇有不同，如我国《公司法》及相关法律法规规定，可以作为股东非货币出资的财产形式有实物、知识产权、土地使用权以及可以货币估价并可依法转让的股权、债权、用益物权等。商誉、信用、劳务、特许经营权、设定担保的财产等则不得作为公司股东的非货币出资；而美国《示范公司法》第 6.21 条（b）规定，现金、本票、已提供之劳务、将提供劳务之契约或公司之其他证券都可以用于出资。就其总体发展趋势而言，各国均在逐渐放宽可以作为股东出资的财产形式限制，以鼓励自由创业和财富增长。下面结合我国公司立法的现行规定和现实经济生活发展的需要，对几种主要的非货币出资予以论述。

1. 实物出资。实物出资，是指公司股东以公司经营活动中实际需要的各种动产和不动产出资。这里所谓的"实物"，即民法上的"有形物"，包括房屋、车辆、设备、原材料、成品或半成品等不动产和动产在内。实物出资，具有可转让性，且易于估价，既可满足公司实际经营需要，也可免去再行购买的繁琐，降低公司成本，是公司实践中较为普遍的出资形式，尤其我国国有企业、集体企业改制组建公司过程中，多以原国有企业或集体企业的实物资产作为出资，并在出资总额中占有相当大的比例。

我国《公司法》规定，以实物出资的，应当依法办理其财产权的转移手续，应遵循物权变动的法律原则。根据《民法典》第 209 条、第 224 条、第 225 条的规定，除法律另有规定外，动产物权的转移以交付为要件；船舶、航空器、机动车辆等特殊动产的物权转移，非经登记不得对抗第三人；不动产物权的转移则以登记为要件。

2. 知识产权出资。知识产权出资包括工业产权出资和著作权出资。知识产权出资适应了投资者资源互补和科技人员的特殊投资需求。知识产权，作为一种具有财产价值的无形财产，对知识密集型、技术密集型公司的设立和成长极具经济价值和战略意义，各国公司法中均允许以知识产权作为股东出资的重要形式。但就知识产权的范围而言，各国则具有不同的界定。按照《与贸易有关的知识产权协定》的规定，知识产权包括版权和邻接权、商标权、专利权、地理标志权、工业品外观设计权、集成电路布图设计权以及未公开信息专有权等；而《世界知识产权公约》则将其界定为包括著作权、表演权、专利权、发现权、商业标记权以及关于制止不正当竞争的权利。我国《民法典》中规定的知识产权范围则包括著作权、商标权、专利权、发明权、发现权以及其他非专利技术权利。在我国加入 WTO 的背景下，实践中应将知识产权的范围作较为宽泛的理解，其中可以作为股东出资的知识产权包括专利权、商标权、非专利技术、企业名称权以及著作权中的财产权。对于著作权出资，1993 年《公司法》中没有规定，只规定了工业产权出资，2005 年《公司法》将其改为知识产权出资，意味着著作权也成为法定的出资形式之一。的确，著作权完全具备法定出资形式的要件，它既具有可估价的财产价值，也完全可以依法转让。因此，完全可以将著作权的财产性权利用于出资。尤其是随着计算机技术的发展，计算机软件著作权受到越来越多的重视，成为知识经济时代重要的无形财产。允许以计算机软件著作权出资是适应知识经济时代、推动科技进步、加速科技生产力转化的要求。

以知识产权出资的，应当办理知识产权的转让。专利权、商标权的转让应当按照《中华人民共和国专利法》《中华人民共和国商标法》等的相关规定办理申请核准、变更登记和公告手续；非专利技术的转让，则需比照一般动产的转让办理技术交付；著作权中的财产权的转让，则需根据作品的具体情况完成相关出资的要求。另外，知识产权多具有期限要求，股东须保证其用于出资的知识产权仍处于有效期之内。

3. 土地使用权出资。土地使用权是指非土地所有人依法对土地加以利用和取得收益的权利。

在我国，土地归国家或者集体所有，能够作为股东出资的不是土地所有权，而仅指土地使用权，而且并非所有的土地使用权均可以作为股东出资形式。用于出资的土地使用权只能是国有土地的使用权，而不能是集体土地的使用权。以土地使用权出资，实质上就是使用权从出资者向公司的转让，而依据现行法律的规定，能够作为财产权进行转让的只是国有土地的使用权。如果集体组织打算用集体所有的土地作价设立公司，则必须首先将集体土地通过国家征用的途径变为国有土地，再从国家手里通过土地出让的方式获得国有土地的使用权，这样才能将其作价出资。

而且，在我国，国有土地的使用权分为划拨土地使用权和出让土地使用权，用于出资的土地使用权一般是出让土地的使用权，而划拨土地的使用权不能直接进行出资。因为，划拨土地的使用权是各种社会组织基于其特定的社会职能从国家那里无偿取得的，而出让土地的使用权则是以向国家缴纳土地出让金的方式有偿取得的。以土地使用权出资，是土地使用者营利性的投资行为，所以，一般是以有偿取得的出让土地使用权对外投资，划拨土地的使用权通常被禁止出资。但是，根据《中华人民共和国城市房地产管理法》第 40 条的规定，以划拨方式取得土地使用权的，履行一定手续，并依照国家有关规定缴纳土地使用权出让金之后，该土地使用权则可以作为出资。

此外，用于出资的土地使用权应是未设定权利负担的土地使用权。因原土地使用权人出于自身经营的需要，该土地使用权往往会被设立如抵押权之类的权利负担，这种土地使用权不仅在权利的行使和处置上受到法律和抵押权人等其他权利人的限制，而且因其可能被其他权利人追索而在财产价值上发生贬损，甚至完全失去投资的价值。其结果将使股东的出资变得不实，有违公司法规定的资本确定原则。在内部会损害其他股东的利益，在外部则会损害公司债权人的利益。因此，用于出资的土地不应存在权利瑕疵。

股东以土地使用权出资的，应当办理土地使用权的转让手续。《民法典》第 335 条规定，土地承包经营权互换、转让的，当事人可以向登记机构申请登记；未经登记，不得对抗善意第三人。该法第 349 条则规定，设立建设用地使用权的，应当向登记机构申请建设用地使用权登记。建设用地使用权自登记时设立。登记机构应当向建设用地使用权人发放权属证书。根据上述规定，建设用地使用权的转让，以登记为生效要件；土地承包经营权的转让，则以登记为对抗要件。股东以土地使用权为出资的，其出资义务的适当履行应当包括土地的实际交付和土地使用权转让时的变更登记。

4. 股权出资。股权出资，是指股东以其所拥有的另一公司的股权作为出资转让给公司，并由此取得对该公司的股权。从性质上看，股权出资属于股权的转让，是股东将其拥有的另一公司股权转让给自己出资的公司；从法理上讲，股权出资可被视为货币、实物和无形资产等出资方式的结合体；从会计角度看，长期股权投资作为一项长期资产，由投资人拥有并且预计会给企业带来经济利益。股权出资已成为我国 2023 年《公司法》明确列举的法定出资形式。

出资人将其对某个公司所持有的股权作为投资，而不是将其完全转让变现，主要原因有二：一是充分利用现有股权的价值，相当于将所持股权未来的预期收益进行贴现。即该出资人参与设立公司时可以股权抵作现金出资。二是当出资人采用股权出资能够对将要成立的公司进行实质性控制时，其对于原有股权的控制力不但不会丧失，反而会因对新设公司实质性的控制力而对原股权的掌控更强。这就取得了较之完全转让变现更好的效果。当然，在这种情况下，股权作为出资，会出现同一资产产生两个或者两个以上的股权的情况，从而造成虚增资本的现象。

在实践中，股权出资亦较为常见，公司改制、资产重组和上市公司组建一般均采取股权置换的方式完成对新设立公司的出资，如针对改制企业，发起人或股东以其持有的股权出资设立拟发行上市公司的，股权应不存在争议及潜在纠纷，发起人或股东能够控制且作为出资的股权所对应企业的业务应与所组建拟发行上市公司的业务基本一致。从上市公司公开披露的信息也可以看出，股权出资确实并不少见。

不过，股权出资具有价值确定上的困难，容易导致虚假出资和股权出资的贬值，故通常需要对其原所属公司的资产状况和真实财务进行评估、审计，程序上较为繁琐。相对于不同性质的公司以及不同性质的股权而言，上述股权出资所产生的问题是不同的。股份有限公司尤其是其中的上市公司，其股权价值在市场上比较容易确定，并且如果依据严格的法定资本制，这类股权进入新设公司时其价值也比较容易确定。而有限责任公司的股权，其价值则难以确定，并具有相当的变动性。在实践中，如果确实需要以股权出资，无论是设立有限责任公司，还是设立股份有限公司，首先应当征得其他设立人的同意，然后评估作价，折合成股份。对于用以出资股权所属公司而言，由于股权所在公司的股东发生变化，因而必须召开董事会和股东会，通过决议同意该设立人以股权出资，如果是有限责任公司，还必须以其他所有股东放弃优先购买权为前提。股权出资的缴付，应当以股权所在公司办理工商变更登记为标志。

5. 债权出资。债权出资，是指股东以其对第三方拥有的债权作为出资转让给公司，并由此取得对该公司的股权。债权出资性质上属于债权转让，即股东将其对第三人享有的债权转让给公司，由公司取代股东作为债权人对第三人享有债权。只要符合非货币财产出资的三个条件的债权，均可以作为股东的出资财产，故债权出资属于我国 2023 年《公司法》明确列举的法定出资形式。债权出资所面临的法律问题与股权出资基本相似，与其他资产相比，债权同样具有很大的不稳定性。

国外公司立法中对于债权出资的合法性态度不一。英美法系国家对债权出资未作任何限制，均将其视为股权的适当对价而予以认可；而在大陆法系国家中，德国、日本等多数国家最初都不予认可[1]。但由于以债作股可抵销公司的负债，从而使公司的净资产增多，也便于公司融资。所以，近期这些大陆法系国家和地区对债权出资禁止性的立法正在发生改变，立法取向上有明显从宽之势，尤其是对公司重整时期的债转股。比如德国，在有限公司或股份公司破产时，可由破产人将公司全部财产提供给全体破产债权人重新设立另外一家新公司，将原破产债权变为股东出资，使全体破产债权人成为新设立公司的股东，以满足债权清偿的要求。此种方法为德国法院判例和学说承认。实践中，以此种方法进行重整和解的较为多见。再如日本，虽然公司在正常经营的情况下不允许以债权出资，但公司进入"重整更生"时，根据日本《公司更生法》第 222 条规定，重整债权人或股东，可根据重整计划，无须另外缴纳出资而取得新股。此规定相当于允许债权出资。我国台湾地区"公司法"第 156 条第 5 款也确认了"对公司所有之货币债权"可为出资形式。

在我国，股东以符合相应条件的债权出资并不存在理论上和法律上的障碍，而且在实践中以债权出资的情况已比较多见，如国有商业银行改革中的"债转股"现象，即为典型的债权出资形式，这种"债转股"就是将银行对债务人公司所享有的债权按约定的方法折抵为对该公司一定金额的股权，银行由此从债权人变为该公司的股东，该公司的此项债务由此消灭。另外，在国有企业改制组建的上市公司中，一些国有企业也是以原有的债权作为出资。当然，在我国现阶段，商业信用低下，债权作为出资，其实现多存在风险，且难以合理评估其价值，容易造成公司资产的不稳定，不利于公司的资本安全。所以，除上述由国家信用担保的情况外，一般的公司设立过程中较难接受股东的债权出资。

6. 用益物权出资。除《公司法》中明文规定的土地使用权外，其他用益物权如果符合非货币出资的条件，即可以货币估价、依法转让，未受强制性出资禁止限制，亦可以作为股东出资。根据我国《民法典》和其他特别法的规定，探矿权、采矿权、狩猎权、渔业权等用益物权均可以作为公司法上的股东出资，另外，实践中，还存在以公路收费权等不动产收益权作为出资的情况，性质上也可归入此种出资形式。下面就其中的探矿权、采矿权和公路收费权等的出资问题作简要论述。

（1）探矿权、采矿权出资。探矿权、采矿权出资指探矿权人和采矿权人将其依法取得的探矿权、采矿权转让给设立中公司或已成立的公司作为出资入股。探矿权、采矿权出资其性质属于探矿权、采矿权的转让行为，是指探矿权人和采矿权人依法转移探矿权和采矿权的行为。

探矿权是指在依法取得的勘查许可证规定的范围内，勘查矿产资源的权利。采矿权则是指在依法取得的采矿许可证规定的范围内，开采矿产资源和获得所开采的矿产品的权利。在西方市场经济国家，探矿权人和采矿权人将探矿权和采矿权广泛运用于

---

[1] 但大陆法系国家中的意大利是个例外，意大利《民法典》规定，允许经过评估作价的债权可以作为出资。参见意大利《民法典》第 2343 条，载费安玲等译：《意大利民法典》，中国政法大学出版社 2004 年版，第 549 页。

出售、转让和资本运作，包括合资、合营、矿业股票上市等。在我国，随着市场经济的深入发展，矿业产权交易也渐渐成为国家和社会十分关注的问题。探矿权、采矿权所包含的价值符合《公司法》第 48 条关于公司出资财产"可以用货币估价并可以依法转让"的基本特征，当然属于公司出资非货币形式的范围。目前在矿山企业，将探矿权、采矿权作价出资的现象已较为普遍。

1998 年 2 月 12 日公布、2014 年修订的《探矿权采矿权转让管理办法》，是探矿权、采矿权转让的主要依据。其第 3 条，除按照下列规定可以转让外，探矿权、采矿权不得转让：①探矿权人有权在划定的勘查作业区内进行规定的勘查作业，有权优先取得勘查作业区内矿产资源的采矿权。探矿权人在完成规定的最低勘查投入后，经依法批准，可以将探矿权转让他人；②已经取得采矿权的矿山企业，因企业合并、分立，与他人合资、合作经营，或者因企业资产出售以及有其他变更企业资产产权的情形，需要变更采矿权主体的，经依法批准，可以将采矿权转让他人采矿。转让探矿权，应当具备下列条件（第 5 条）：①自颁发勘查许可证之日起满 2 年，或者在勘查作业区内发现可供进一步勘查或者开采的矿产资源；②完成规定的最低勘查投入；③探矿权属无争议；④按照国家有关规定已经缴纳探矿权使用费、探矿权价款；⑤国务院地质矿产主管部门规定的其他条件。转让采矿权，应当具备下列条件（第 6 条）：①矿山企业投入采矿生产满 1 年；②采矿权属无争议；③按照国家有关规定已经缴纳采矿权使用费、采矿权价款、矿产资源补偿费和资源税；④国务院地质矿产主管部门规定的其他条件。国有矿山企业在申请转让采矿权前，应当征得矿山企业主管部门的同意。转让国家出资勘查所形成的探矿权、采矿权的，必须进行评估。探矿权、采矿权转让的评估工作，由国务院地质矿产主管部门会同国务院国有资产管理部门认定的评估机构进行；评估结果由国务院地质矿产主管部门确认。

（2）公路收费权出资。公路收费权又称公路经营权，是我国交通部于 1996 年公布的《公路经营权有偿转让管理办法》中规定的一种新型权利，并将其界定为无形资产。2007 年该"办法"修改后，改称《收费公路权益转让办法》。《公路经营权有偿转让管理办法》第 5 条规定："公路经营权是依托在公路实物资产上的无形资产，是指经省级以上人民政府批准，对已建成通车公路设施允许收取车辆通行费的收费权和由交通部门投资建成的公路沿线规定区域内服务设施的经营权。"依此，公路经营权作为可以转让的无形资产，其价值符合《公司法》第 48 条关于公司出资财产"可以用货币估价并可以依法转让"的基本特征，自然也属于公司出资非货币形式的范围。当然，如果国家通过相应措施，将所有公路均作为免费公共产品无偿向社会提供，使公路经营权不复存在，公路经营权出资问题将随之消失。

7. 关于商誉出资的问题。所谓商誉（Goodwill，Reputation of business），是指特定商事主体享有的一种具有特殊价值的社会评价。从经济学的角度来看，它是指企业在产品质量、经营管理、财务状况、资金信誉，以及职工素质和工作效率等方面，处于同行业中较优越的地位，因而在消费者心目中拥有较高的美誉度，可望在相同的交易条件下获得高于一般盈利水平的能力。商誉作为法律概念乃源于英美法系国家，《布莱克法律辞典》将其界定为"从社会公众那里赢得的关于商事经营的美好声誉"，并将其归属于无形资产的范畴。

而在大陆法系国家则基本上只是将商誉作为一个经济学的概念来看待，未在立法与法学上使用这一概念。尽管没有赋予"商誉权"这一概念，但商誉的法律保护还是存在的。我国法学界接受了商誉的概念，许多学者甚至明确主张，应当允许拥有商誉的企业将其商誉用于出资。其主要理由是，企业的商誉不能成为资产负债表中的所有者权益，这使得那些商誉价值高的企业进行再投资时，不能将其良好的商誉转化为新的投资，显然不利于企业的发展。并且提出，应设立专门的商誉评估机构，并建立一套科学的商誉评估制度。同时，考虑到商誉的可变化性，可适当进行相关规制。如为强化商誉出资者的责任，应禁止商誉出资股份的流通，设置对商誉出资者的赔偿责任，并在公司设立时将商誉出资予以特别公示。尽管如此，在立法上，我国尚未明确使用商誉或商誉权的概念。

然而，在实践中我国与有关国家签订的有关投资保护的双边协定已承认了商誉出资的合法性。如1982年我国与瑞典签订的《关于相互保护投资的协定》规定，"投资"应包括缔约的一方投资者在缔约的另一方境内，依照法律和规章用于投资的各种形式的资产，尤其是版权、工业产权、工艺流程、商号和商誉。1984年我国与法国签订的《中华人民共和国政府和法兰西共和国政府关于相互鼓励和保护投资的协定》，对"投资"范围的解释亦将商誉包括在内。1992年财政部与国家经济体制改革委员会联合颁发的《股份制试点企业会计制度》（已失效）第37条确认："无形资产包括专利权、商标权、专有技术、土地使用权、商誉等。"[1]

商誉，作为一种社会公众的良好评价，毫无疑问能够为其所属商事主体带来经济利益，但这种经济利益具有极大的变动性，容易受外在因素的影响，且其确切价值难以货币形式评估。另外，商誉作为社会公众给予商事主体的良好评价，显然不能脱离其所属的商事主体而单独存在，更不能作为一种出资形式单独转让。鉴于此，我国2021年的《市场主体登记管理条例》第13条第2款明确规定，不得以劳务、信用、自然人姓名、商誉、特许经营权或者设定担保的财产等作价出资。

8. 关于劳务出资的问题。我国《合伙企业法》确认了劳务出资的形式，但《公司法》却未予确认。劳务出资，是指股东以其向公司已经付出或将要付出的劳动作为出资，由此取得对公司的股权。此处所指劳务，不仅局限于简单的体力劳动，复杂的、高级技术或管理性工作亦包括在内。劳务出资，一方面，体现了人力资源的经济价值，符合劳动力资本商品化的市场经济要求，可以使劳动者同时获得投资者的身份，有利于调动其参与公司经营治理、获得产权和收益的积极性。另一方面，劳务出资的价值难以评估，具有强烈的人身性，其转让不得强制执行；不符合资合公司以财产为信用基础的基本精神，而且在社会信用不良的情况下极易形成虚假出资，损害债权人利益，增大交易风险。另外，持"干股"还很容易被腐败行为所利用。其实，不允许劳务作为出资，在很大程度上就是禁止非财产因素成为企业资本，从而达到制止腐败、防止贪污的作用。

各国公司法依据本国公司发展情况，对劳务出资采取了不同的态度。大陆法系公司法一般允许无限公司、两合公司中的无限责任股东以劳务出资，但不允许有限责任

---

[1] 参见吴汉东：《论商誉权》，载《中国法学》2001年第3期。

股东以劳务出资，甚至对劳务出资持有最为宽松态度的法国《商事公司法》也只是允许劳务出资作为参与公司权益分配和损失分担的计算根据，并不计入公司资本，或者只允许经营内容与技艺性劳务直接相关的公司以技艺性劳务出资。英美法系国家对劳务出资一般采取更为灵活的态度，如美国大多数州的法律都规定，已为公司实际履行的劳务和服务，可以作为取得股票的对价，而且相关判例亦确定公司设立前实际履行的劳务，也可以作为出资。

就我国而言，尽管《合伙企业法》中允许合伙人以劳务出资，但考虑到公司的资合性特征以及劳务出资本身缺乏独立转让性，不具有一般等价物的商品性和现实财产的价值性，加上评估上的随意与不确定等弊端，所以《公司法》未将劳务作为合法的出资形式予以确认，而且2021年《市场主体登记管理条例》第13条明确规定，股东不得以劳务作价出资。

但是，在我国现实经济生活中确实存在人们对公司进行劳务投入而要求获得相应股权的情形，近年来兴起的经理层持股、员工持股、股份期权计划等企业激励方式，都存在以管理人和公司职员对公司的劳务或服务投入获取公司股权的安排和需要，由此，劳务出资的问题成为公司法理论中值得研究的一大现实问题。

赞成劳务出资的学者，以劳务实质是一种人力资本为立论基点，认为人力资本商品化是市场经济的内在要求，劳动者拥有劳动力与拥有其他物质材料一样，其应当参与剩余利润的分配，从而应当建立劳动力产权制度和收益分配制度，使劳动者具有劳动者与投资者的双重身份。同时，劳务出资具有经营的功能，甚至是极强的经营功能。任何公司都不可能离开人的工作和管理，即不可能缺少对劳务的需要。虽然劳务是以工资、酬金等形式通过公司经营成本的支付而获得，但劳务由此所体现出的经营功能却是毫无疑问的，在资本密集型的公司中如此，在智力密集型的公司中更是如此。有些公司，特别是高新技术企业，要从事经营和取得经营绩效，并不一定需要太多的资金或实物，更为关键的是人才，是管理能力和技术。撇开公司对外偿债的需要不谈，劳务本可进入公司的资本并允许股东以此作为投资的手段，股东之间也完全可以达成有关劳务出资作价的任何协议。[1]

9. 关于信用出资的问题。信用出资，是指通过某种方式让出资人的商业信用为公司所使用并以之作价出资，由此取得公司股权。信用出资所利用的主要方式，是允许公司使用出资人的名称从事交易活动或直接将名称权转移给公司或者出资人对于公司所签发之汇票予以背书或承兑，或出资人为公司债务提供担保等。信用出资同样具有价值确定和有效转移上的困难，其紧密依附于出资人的个体。因此，各国公司法中除无限责任股东外，一般不允许以信用出资。但信用的经营功能却是不容否认的，作为一种商业评价和信誉，信用不仅是公司所能拥有的无形资产，更是其开展营业活动的重要条件，有些公司甚至可能在资产很少的情况下靠其强盛的信用而获得经营的佳绩，对于从事某些特殊经营的公司而言，良好的信用往往比雄厚的资本更为重要。法律允许无限公司和合伙企业可以信用出资，其实是肯定了信用所具有的经营效用及其相应的财产价值。

---

[1] 赵旭东主编:《公司法学》，高等教育出版社2006年版，第280页。

基于信用出资，其价值不符合出资财产"可以用货币估价并可以依法转让"的基本特征，我国《公司法》未将信用作为合法的出资形式予以确认，而且 2021 年《市场主体登记管理条例》第 13 条明确规定，股东不得以信用作价出资。

10. 关于挂靠企业的出资或股权认定的问题。这一问题与上述信用出资的问题是紧密联系在一起的，甚至可以说是信用出资在我国现实经济生活中的一个实例。挂靠企业的出资或股权认定的问题，反映了在我国经济生活中确实存在以信用作为出资的现实需求。具体而言，在企业的挂靠关系中，存在着挂靠企业对被挂靠单位信用的利用所产生的收益是否可以认定，该收益可否被视为被挂靠单位对挂靠企业的出资或股权的问题。这一问题是我国企业与公司实践中独特而又十分复杂的法律问题，"谁投资，谁所有"是各国投资法的基本认定原则，但何谓投资？投资的形式又有哪些？信用的利用是否可被认定为投资？这些都涉及如何认定挂靠企业投资关系的处理。

事实上，许多被挂靠单位尽管未向挂靠企业进行有形资产的投入，但其信用却被挂靠企业实际利用并产生巨大收益，许多挂靠关系的发生其背后的动因在于挂靠企业要利用被挂靠单位的信用。有的挂靠企业虽然资产由私人投入，但资产数额却微不足道，有的甚至通过虚假出资和虚报资本取得公司注册，根本没有任何资产的投入。然而，这种企业起始资本或资产能力的微弱并不意味着其盈利能力的低下和成长性的不足。一些小型企业在短短的几年中，迅速成长为资产规模巨大的大型企业，按照"谁投资，谁所有"的产权界定原则，可以说这种企业并无严格意义上的传统出资形式的投资者，企业经营的一切条件完全靠企业成立后的融资和管理去创造。而在这一发展过程中，很大程度上利用了被挂靠单位的某种渠道、便利或影响，由挂靠关系所产生的身份和背景获得了他人所无法获得的商机和经营条件。在挂靠企业因此而大获其利的情况下，被挂靠单位不满足于管理费等名目的收益，而进一步主张其投资者的权益，从而纠纷不断。在这里被挂靠单位所主张的投资的方式正是也只能是信用的出资。信用出资的现实需要再一次在这里突显，对此，我国立法机关应当予以充分重视。

（四）非货币出资的评估作价

非货币出资的评估作价就是将非货币财产的出资折算为货币，并在此基础上换算为公司的股份。非货币财产的价值，不像货币出资一样具有直观表象，而且易受外部因素的影响。对非货币财产的过高估价，会造成股东出资不实和注册资本的虚假，损害债权人利益；过低估价，则又会对出资股东造成损害，现实中国有资产流失多由对国有资产出资的过低估价造成。许多国家的公司法都对非货币出资进行了相应的限制，比如，日本《公司法》就规定可以非货币出资的仅限于发起人，并且必须接受检查员的调查，并将非货币出资者的姓名、出资标的、价款及其相应的股份、种类、数量或者记载或者公示于章程，以便于社会监督。[1]

为了确保非货币出资所折算的价值额能够反映其真实价值，各国公司法对非货币出资的评估和确认都作了很明确的规定。比如，法国《商事公司法》第 40 条规定："章程必须载明对每笔实物出资所作的评估。评估应根据章程附件由投资评估员制作

---

[1] 吴建斌：《最新日本公司法》，中国人民大学出版社 2003 年版，第 58 页。

并承担责任的报告进行。投资评估员由未来股东一致同意指定；股东达不成一致意见的，由法院应最积极请求的未来股东的请求裁决予以指定。但未来股东经一致同意可决定，在任何一笔实物出资的价值均未超过 5 万法郎，且不经投资评估员评估的所有实物出资的总价值不超过公司资本 1/2 情况下，可不必请求投资评估员进行评估。"我国《公司法》也要求，对作为出资的非货币财产应当评估作价，核实财产，不得高估或者低估作价。法律、行政法规对评估作价有规定的，从其规定。

在非货币出资的评估中，对于无形资产的评估需要特别注意，因为相对于其他非货币资产，对无形资产的评估难度更大。按照我国《企业会计准则》第 31 条第 1 款的规定："无形资产是指企业长期使用而没有实物形态的资产，包括专利权、非专利技术、商标权、著作权、土地使用权、商誉等。"而美国评估公司则将无形资产按其在企业生产经营中所起作用分为三类：促销型、制造型和金融型。具体包括诸如商标、顾客名单、经销网、专有技术、专利、优惠融资、软件、商誉等近三十项。依照我国现行法律法规及相关准则并参照其他国家和国际惯例，无形资产的基本内容大致包括：专利权、商标权、专有技术、版权、计算机软件、经营秘密、营销网络、专营权、土地使用权、优惠融资、商誉等。相对于有形的资产，无形资产有如下三个主要特征：①无形资产的存在一般具有时效性，比如，专利、版权等只能在保护期限内才具有价值。②无形资产相对于其他有形的非货币资产，更具有抽象性和无形性，在公司的财产中较难体现。③无形财产往往具有特定性，没有其他财产进行价值类比。因此，在无形资产的评估中应当把握不同的无形资产的特征，采用适当的方式予以评估。

对于股东非货币出资的评估作价，其中一个重要的问题是关于评估权的设置，包括由谁享有对非货币出资进行评估作价的权力，以及对评估作价不实的责任设定和承担。考察外国立法例，早期的公司立法一般赋予股东会以评估作价的权力，现代公司法则多将这一权力交由董事会行使，由此降低评估程序过于复杂所产生的不当成本，同时有助于解决公司成立之后增加资本或者发行新股时由谁来决定出资财产价格的问题。董事会享有评估作价权的同时，对评估不实承担责任，同时有权视情况而定，是否将出资财产交由法定机构再行评估验资。我国《公司法》尽管明确规定对非货币财产出资必须进行评估作价，但却对评估权主体未作具体设定，仅第 104 条规定募集设立的股份有限公司由创立大会"对发起人非货币财产出资的作价进行审核。"非货币出资的评估应该是由具有相应资质的机构作出，对于非货币出资的评估工作，根据 1996 年公布的《资产评估操作规范意见（试行）》[1]的规定，资产评估要遵循独立性、客观性、科学性的工作原则。独立性原则是指资产评估要由具有资产评估行业管理机构授予资产评估资格的社会公正性机构独立进行操作，不受被评资产各方当事人利益的影响，评估机构及操作人员与被评资产各方当事人没有利害关系。客观性原则是指评估人员要从实际出发，认真进行调查研究，在掌握翔实可靠资料的基础上，采用符合实际的标准和方法，得出合理、可信、公正的评估结论。科

---

[1]　随着我国资产评估准则体系的发展和完善，1996 年公布的《资产评估操作规范意见（试行）》（中评协 [1996] 03 号）涉及的规范内容，可以由相关的评估准则进行规范，《资产评估操作规范意见（试行）》由财政部于 2011 年 2 月 21 日予以废止。但上述三项原则和基本的评估方法，在各个评估准则中仍有所体现。

学性原则是指在具体评估过程中，根据特定目的，制定科学的评估方案，采用科学的评估程序和方法，用资产评估基本原理指导评估操作。评估方法一般可以采用收益现值法、重置成本法、清算价格法等评估方法。

四、出资缴纳

出资缴纳，即公司股东按照法律、章程的规定或者协议的约定实际履行交付财产或者其他给付的义务，从而实现股东的财产转移到公司的过程。我国 1993 年的《公司法》对于出资缴纳采取的是"实缴制"。[1]由于这种制度过于严苛，2005 年《公司法》对出资缴纳制度进行了一定程度的改革，而 2023 年《公司法》对出资缴纳制度的变革步伐更大，其内容主要包括以下几个方面：

1. 股东出资的缴纳，除依募集方式设立的股份有限公司须一次性全部缴纳外，有限责任公司和依发起方式设立的股份有限公司均可以采用注册资本认缴制。《公司法》第 47 条第 1 款规定："有限责任公司的注册资本为在公司登记机关登记的全体股东认缴的出资额。全体股东认缴的出资额由股东按照公司章程的规定自公司成立之日起五年内缴足。"《公司法》第 96 条第 1 款规定："股份有限公司的注册资本为在公司登记机关登记的已发行股份的股本总额。在发起人认购的股份缴足前，不得向他人募集股份。"这里应当注意，认缴制除了不适用于募集方式设立的股份有限公司的发起人，同样不适用于股份有限公司的公众认股人。因为公众认股人在认购股份时可以根据自己的实际能力决定认购股份的数额。

2. 股东缴纳出资，须履行相应的财产转移手续并依照规定的期限、方式和比例进行交付。根据《公司法》第 49 条第 1 款、第 2 款的规定，有限责任公司股东应当按期足额缴纳公司章程中规定的各自所认缴的出资额。股东以货币出资的，应当将货币出资足额存入有限责任公司在银行开设的账户；以非货币财产出资的，应当依法办理其财产权的转移手续。

根据《公司法》第 97 条第 1 款的规定，以发起设立方式设立股份有限公司的，发起人应当认足公司章程规定的公司设立时应发行的股份。在出资缴纳方式上，货币出资很简单，公司设立人只需要把货币存入指定的银行账户即告完成；而对于需要以登记确认其归属的财产，如土地使用权、专利权、商标权等，公司设立人在出资后，都必须进行产权变更登记，只有变更登记后，才能视为真正履行了出资义务。

关于以募集设立方式设立股份有限公司的情形下，发起人认购股份的比例问题，根据《公司法》第 97 条第 2 款的规定，其发起人认购的股份不得少于公司股份总数的35%；但是，法律、行政法规另有规定的，从其规定。

3. 发行股份的股款缴足后，必须经依法设立的验资机构验资并出具证明。所谓验资证明，是指由法定机构依法对股东所缴纳的出资是否真实、合法等进行检验并出具相关证明的行为。《公司法》第 101 条规定，向社会公开募集股份的股款缴足后，应当经依法设立的验资机构验资并出具证明。验资证明必须客观、真实，否则应由验资机

---

[1] 1993 年《公司法》第 25 条规定，股东应当足额缴纳公司章程中规定的各自所认缴的出资额……股东不按照前款规定缴纳所认缴的出资，应当向已足额缴纳出资的股东承担违约责任。该法第 78 条第 1 款则规定，股份有限公司的注册资本为在公司登记机关登记的实收股本总额。

构对验资不实承担法律责任。

这里需要说明的是，现行《公司法》分别取消了 2005 年《公司法》第 29 条和第 84 条第 3 款的规定，即取消"股东缴纳出资后，必须经依法设立的验资机构验资并出具证明"以及"发起人首次缴纳出资后，应当选举董事会和监事会，由董事会向公司登记机关报送公司章程、由依法设定的验资机构出具的验资证明以及法律、行政法规规定的其他文件，申请设立登记"。

所以，根据《公司法》除上述"向社会公开募集股份的股款缴足后，应当经依法设立的验资机构验资并出具证明"之外，有限责任公司股东的出资以及股份有限公司发起人的出资均无需向验资机构验资并出具证明。

最后值得提及的是《公司法》第 47 条第 1 款规定，全体股东认缴的出资额由股东按照公司章程的规定自公司成立之日起 5 年内缴足。那么，在 2023 年《公司法》生效之前已经设立的存量公司的出资缴纳如何调整？对此，2023 年《公司法》第 266 条规定："本法自 2024 年 7 月 1 日起施行。本法施行前已登记设立的公司，出资期限超过本法规定的期限的，除法律、行政法规或者国务院另有规定外，应当逐步调整至本法规定的期限以内；对于出资期限、出资额明显异常的，公司登记机关可以依法要求其及时调整。具体实施办法由国务院规定。"

在广泛征求行业协会、大中小各类企业、地方登记机关、国务院相关部门及专家学者等意见建议基础上，市场监管总局组织起草了《国务院关于实施〈中华人民共和国公司法〉注册资本登记管理制度的规定（征求意见稿）》（以下简称征求意见稿）。该"征求意见稿"解决上述问题的主要办法如下：

第一，依照 2023 年《公司法》第 266 条规定，设置 3 年过渡期，自 2024 年 7 月 1 日至 2027 年 6 月 30 日。公司法施行前设立的公司出资期限超过公司法规定期限的，应当在过渡期内进行调整。公司法施行前设立的有限责任公司自 2027 年 7 月 1 日起剩余出资期限不足 5 年的，无需调整出资期限；剩余出资期限超过 5 年的，应当在过渡期内将剩余出资期限调整至 5 年内。调整后股东的出资期限应当记载于公司章程，并依法在国家企业信用信息公示系统上向社会公示。公司法施行前设立的股份有限公司应当在 3 年过渡期内，缴足认购股份的股款。

第二，对公司法施行前设立、出资期限超过 30 年或者出资额超过 10 亿元的公司，公司登记机关可以结合股东出资能力、主营项目、资产规模等情况，对注册资本的真实性进行研判。公司登记机关可以要求公司提供情况说明，也可以组织行业专业机构进行评估，或者与相关部门协商研判，认定公司出资期限、出资额确实存在明显异常的，经省级市场监督管理部门同意后，可以依法要求其 6 个月内对出资期限、出资额进行调整，调整后的出资期限自 2027 年 7 月 1 日起不得超过 5 年。公司法施行前设立承担国家重大战略任务、关系国计民生或者涉及国家安全、重大公共利益的公司（包括民营、外商投资、国家出资等各类公司），经国务院主管部门或者省级以上人民政府同意，可以按原有出资期限出资。

第三，设立有限责任公司存在注册资本明显过高，有悖客观常识和所在行业特点，明显不具备实缴能力等违背真实性原则，违反法律、行政法规以及国务院决定规定的，公司登记机关不予登记。

五、股东出资瑕疵及其法律责任

（一）股东出资瑕疵

股东出资瑕疵，是指股东违反出资义务，未按照法律法规、公司章程的规定或者认股书、发起人协议的约定全面、适当地履行出资的行为。所以，股东出资瑕疵实际上是股东在履行出资义务方面出了问题。股东出资义务源于股东的股份认购行为。大陆法系国家认为，认购行为的法律性质是认股人（即出资人）与公司或设立中公司的机关所缔结的以加入公司为目的的社团法上的入社契约行为；而英美法系国家则认为，认购行为是一种表示愿意购买一个公司当时尚未发行的特定数量的股份并支付价款的要约，与公司的发行行为一起构成了完整的契约关系。因此，现代各国都认为股东出资义务是一种契约义务。股东出资义务瑕疵可包括股东出资义务的不履行和不适当履行两种表现形式。

1. 股东出资义务的不履行，是指股东根本未实际履行出资义务，具体包括以下几种情形：

（1）拒绝出资。即股东在公司章程、认股书、发起人协议生效后，无正当理由拒绝按照约定履行出资义务。

（2）出资不能。即股东因个人财产状况恶化或者作为出资的非货币财产毁损、灭失等原因，客观上不能履行出资义务。

（3）虚假出资。即股东宣称已出资但实际上并未出资的情形，性质上属于欺诈行为。

（4）抽逃出资。即股东将其已经缴纳并转移到公司名下的出资抽回，性质上亦属于欺诈行为。

2. 股东出资义务的不适当履行，是指股东虽然履行出资义务，但其出资在数额、期限、形式或程序等方面不符合法律法规、公司章程的规定或者认股书、发起人协议的约定。具体包括以下几种情形：

（1）不完全履行，又称为部分履行。即股东只履行了部分出资义务，其出资在数额上不符合其认股数额，未能足额缴纳股款。具体而言，又包括货币出资不足和非货币出资价值显著低于公司章程规定的价额两种情况。

（2）迟延履行。即股东未能按照规定或约定的出资期限交付货币、办理非货币财产的权利移转手续。

（3）股东作为出资的非货币财产在质量或者权利上具有瑕疵，如股东缴纳的财产存在质量缺陷或者存在第三人可以主张的影响实际出资的权利（如所有权）。

（二）股东出资瑕疵责任

股东出资瑕疵责任，是指股东违反出资义务所应承担的法律后果。有关股东出资瑕疵责任的分析，具有多种分析角度，如可以股东违反出资义务的时间阶段为标准，分为公司成立前的出资瑕疵责任和公司存续过程中的出资瑕疵责任；可以股东承担责任的性质为标准，分为股东出资瑕疵的违约责任、资本充实责任和损害赔偿责任等。本章则依照股东违反出资义务的表现形态，结合公司类型的不同和承担法律责任的具体主体来阐述股东的出资瑕疵责任。此与本书第十四章公司的法律责任在相关责任的后果上相同，但是分析的角度却不相同，我们可以将这两部分联系起来进行比较学习。

1. 有限责任公司股东未按期足额缴纳所认缴出资额的法律责任。《公司法》第 49 条规定，股东应当按期足额缴纳公司章程规定的各自所认缴的出资额。股东以货币出资的，应当将货币出资足额存入有限责任公司在银行开设的账户；以非货币财产出资的，应当依法办理其财产权的转移手续。股东未按期足额缴纳出资的，除应当向公司足额缴纳外，还应当对给公司造成的损失承担赔偿责任。根据上述规定，此情形下有限责任公司股东的出资瑕疵行为包括不履行、不完全履行以及迟延履行等行为，应当承担以下法律责任：

（1）继续履行。有限责任公司股东按照公司法的规定，对其认缴的出资额应当按期足额缴纳，未缴纳，或虽缴纳但构成迟延或者部分缴纳时，应当继续履行其出资义务，向公司足额缴纳。

（2）承担违约责任。股东的出资义务源于法律法规、公司章程的规定或者认股书、发起人协议的约定，对于公司的各个股东而言，无论是公司章程，还是认股书、发起人协议，均为股东之间基于意思表示一致而达成的协议。股东未能按照规定或者约定的出资义务按期足额缴纳股款，已经构成违约，应当向其他已经按期足额缴纳出资的股东承担违约责任。由于股东违反出资义务，可能导致公司或者其他股东的损失，甚至公司不能成立，对此造成的损失都应承担损害赔偿责任。有的国家还允许公司在章程中规定股东迟延履行出资的惩罚金。

2. 瑕疵出资时其他发起人的须承担的法律责任。《公司法》第 97 条第 1 款规定："以发起设立方式设立股份有限公司的，发起人应当认足公司章程规定的公司设立时应发行的股份。"对于违反上述规定的责任追究，第 99 条规定："发起人不按照其认购的股份缴纳股款，或者作为出资的非货币财产的实际价额显著低于所认购的股份的，其他发起人与该发起人在出资不足的范围内承担连带责任。"该 99 条是 2023 年《公司法》修订新增条款。本次修订是在吸收《公司法解释（三）》第 13 条规定的基础上新增本条，明确规定了瑕疵出资时其他发起人的须承担的责任，增强了对公司债权人的保护。值得注意的是，2023 年修订删除了 2018 年《公司法》第 83 条规定的瑕疵出资股东的违约责任的规定的提示性条款，代之以 99 条规定，并不意味着瑕疵出资股东无须承担相应违约责任。

发起人在承担足额缴纳出资的基础上，还负有确保公司资本充实的义务，还需要对其他发起人的瑕疵出资行为承担连带责任。这是因为股份有限公司以发起人的出资作为物质基础，发起人履行出资义务的情况关系到公司的偿债能力，从而影响到债权人的利益。一方面，在公司设立中，发起人是作为一个整体对外代表设立中的公司执行事务，因而也应当作为一个整体对外承担责任。另一方面，发起人间达成的设立公司的协议具有合伙协议性质，发起人因此成为合伙成员，因而发起人须与作为合伙成员的瑕疵出资发起人，就设立公司的行为所产生的债务对外承担连带责任。

《公司法》第 99 条规定也与第 50 条规定的有限责任公司设立时出现股东瑕疵出资的责任承担方式保持一致。

3. 股东出资核查与催缴的法律责任。《公司法》第 51 条规定，有限责任公司成立后，董事会应当对股东的出资情况进行核查，发现股东未按期足额缴纳公司章程规定的出资的，应当由公司向该股东发出书面催缴书，催缴出资。未及时履行前款规定的义务，给公司造成损失的，负有责任的董事应当承担赔偿责任。

在认缴制下，对于公司内部而言，公司与股东属于民事主体间的契约关系，股东迟延出资的情况下是否要进行催缴，可以由公司自行进行商业判断。但对于公司外部而言，股东认缴的出资构成了公司对外承担有限责任的财产。如果允许公司自行判断，那么极有可能损害外部第三人的利益。对此必须对公司自治予以必要的制约，将催缴出资的义务上升为法定义务。通过对未履行或者未全面履行出资义务的股东进行催缴出资，并在催缴不成的情况下限制或者剥夺股东的权利。

股东未按期依照章程的规定足额缴纳出资，本质上是一种违约行为，它不仅可能导致公司缺乏必要的运营资金，影响公司经营计划、日常开支等管理事务的运行，还可能会降低公司债权人等对该公司履约能力的信任，同样也不利于董事会制订公司未来的发展计划、行使决策权。为了改善公司财务状况，制订对公司有利的发展计划，董事会有动力代表公司行使催缴职能。并且，考虑到董事会对内掌管公司事务、对外代表公司的经营决策和业务执行，充分了解出资应缴未缴的情况，董事会具备行使催缴职能的能力。因此，法律赋予董事会来行使催缴的职能。

对于《公司法》51条第2款，有以下几个问题需要注意：一是，如何确定负有责任的董事。一般而言，有两个途径，即通过股东会讨论决定，或是通过诉讼由法院根据事实认定。二是，赔偿责任承担金额的认定应当以公司的实际损失（而非预期损失）为标准。三是，在负责任的董事承担赔偿责任后，其催缴义务并不归于消灭。应当认为，股东足额缴纳出资，或者是公司向未履行出资义务的股东发出失权通知，方构成催缴义务消灭的事由。

4. 股东、发起人抽逃出资、抽回股本的法律责任。《公司法》第53条规定："公司成立后，股东不得抽逃出资。违反前款规定的，股东应当返还抽逃的出资；给公司造成损失的，负有责任的董事、监事、高级管理人员应当与该股东承担连带赔偿责任。"第105条规定："公司设立时应发行的股份未募足，或者发行股份的股款缴足后，发起人在三十日内未召开成立大会的，认股人可以按照所缴股款并加算银行同期存款利息，要求发起人返还。发起人、认股人缴纳股款或者交付非货币财产出资后，除未按期募足股份、发起人未按期召开成立大会或者成立大会决议不设立公司的情形外，不得抽回其股本。"第253条规定："公司的发起人、股东在公司成立后，抽逃其出资的，由公司登记机关责令改正，处以所抽逃出资金额百分之五以上百分之十五以下的罚款；对直接负责的主管人员和其他直接责任人员处以三万元以上三十万元以下的罚款。"根据上述规定，我国《公司法》对股东在公司成立后抽逃出资、发起人非依法定情形抽回股本的，仅对其明确设定了行政责任，而未明确规定民事责任，但依第253条"责令改正"的表述以及相关法理分析，在此情形下，抽逃出资的股东和抽回股本的发起人也应当承担民事责任，将所抽逃出资和抽回股本返还公司，因此对公司造成损失的，并应当承担损害赔偿责任。另外，股东抽逃出资、抽回股本目的在于滥用法人的有限责任而损害公司债权人利益的，公司债权人可以直接向股东主张责任，由股东直接对公司债务承担责任。即启用前文所述的公司法人人格否认制度，虽然该制度仅是作为有限责任的例外情形适用于具体个案，但是对于违反出资义务的股东而言，依然是承担责任的一种方式。

第五节 资本募集与股份发行

一、资本募集

资本募集，亦称资本的发行，是指以一定的条件向投资者发行资本，由投资者出资认购并取得股权或股份，公司获得相应的资产。公司的出资人包括发起人和认股人以及股东。公司资本的形成必须通过募集行为去实现，公司设立的主要内容就是资本的募集，公司设立最终是否成功，其重要标准就是看是否完成了预期的资本募集目标，达到了法定或章程确定的资本数额。

（一）资本募集的方式

有限责任公司和股份有限公司由于其类型不同，决定了它们资本募集方式的不同。有限责任公司具有封闭性和人合性，由此决定其资本募集通常是采取发起人募集、一次募集、不公开募集和内部募集的方式。股份有限公司具有开放性和资合性，由此决定其资本募集通常采取认股人募集、分次募集、公开募集和外部募集的方式。

1. 发起人募集与认股人募集。在公司设立中的出资人有发起人与认股人之分。公司发行的全部资本如果均由发起人认购，称为发起人募集；如果发起人只认购公司设立中的部分资本，其余部分由普通认股人认购，称为认股人募集。有限责任公司由于人数不多，不必区分发起人与认股人，公司设立人实质上都是发起人，即公司成立后的股东，因此，通常采取发起人募集资本的方式。股份有限公司发起设立时也属于发起人募集，只有股份有限公司募集设立时才会有发起人之外的认股人募集。

2. 一次募集与分次募集。所谓一次募集，是指将通过一次性发行募集从而完成公司资本的募集，又称一次性发行。所谓分次募集，是指通过分次发行从而完成公司资本的募集，又称分次发行。有限责任公司通常为一次募集。股份有限公司，在法定资本制下，为一次募集；在授权资本制下，则为分次募集。

3. 公开募集与不公开募集。公开募集是指面向社会公众和不特定的多数人募集资本。不公开募集则是向特定的投资者募集资本。公开募集是开放性的股份有限公司特有的权利，而具有封闭性和人合性的有限责任公司则不得公开募集资本。

4. 内部募集与外部募集。这是公司成立之后募集方式的区分。在公司现有股东的范围内进行资本的募集，称为内部募集；而在公司现有股东之外向其他投资者募集资本，称为外部募集。外部募集的结果通常会接受或吸纳新的股东加入到公司。有限责任公司和股份有限公司均既可采取内部募集，也可采取外部募集。采取外部募集时，现有公司股东通常享有优先认购的权利，内部募集与外部募集常被同时采用。

（二）资本募集的法律形式

资本募集的法律形式，是指通过一定的法律形式达成出资人之间的合意而实现募集公司资本的目标。这种合意的形式主要包括当事人之间签订的协议或公司章程，具体内容如下：

1. 签订发起人协议。采取发起人募集方式时，其采用的法律形式是由全体发起人签订发起人协议或称公司设立协议，约定各发起人认购资本的份额或比例及其他具体义务。

2. 签订认股协议。采取认股人募集方式时，其采用的法律形式之一是由全体认股人签订认股协议，约定各认股人认购资本的股份和金额及其他具体义务。

签订认股协议还可以通过签署认股书来完成。认股书是认股人承诺其认购资本的义务及其具体比例或金额的法律文书，可将其视为认股协议的一种特殊形式。其前提是设立中的公司已向认股人发出资本认购的要约，签署认股书的行为构成承诺，因此，它虽由各认股人单方签字盖章，但认股书一经签署，认股协议即产生效力。

3. 签署公司章程。在没有发起人协议或认股协议的情况下，全体发起人或认股人可以通过签署公司章程，在章程中规定各自的认购义务及其具体比例或金额。章程是公司成立的法定文件，通常发起人协议和章程对资本的认购都会作出规定。

4. 邀约招股与认股。它是由公司公开招股、公众认股和公司对认股行为进行确认三个行为共同构成的，这是股份有限公司公开募集特有的法律形式。其中，公开招股属于合同法上的要约邀请行为，公众填写认股书属于认购股份的要约行为，而公司根据认购情况，按一定方式或比例最终决定并通知认股结果的行为则属于认购股份的承诺行为。

综上所述，有限责任公司的资本募集是通过发起人（股东）认购出资来实现的，股份有限公司的资本募集是通过发起人、认股人对股份的认购来实现的。尽管两类公司募集资本的方式不同，但是，就其法律性质而言，认购出资与认购股份没有根本的差异，这二者都是资本募集的基本形式。只是由于股份有限公司股份发行条件的法定性和发行程序的复杂性，公司法必须详细规范股份发行。而有限责任公司的出资认购行为相对简单得多，并且，公司法关于股份发行与出资认购的许多规则，在没有冲突的情形下，相互之间可以直接或参照适用。所以，本章以下仅论述资本募集形式之中的股份[1]发行。

二、股份有限公司的股份发行

（一）股份发行的概念及原则

股份的发行，是指股份有限公司为筹集资本而依照法定的条件和程序向投资者出售其股份的行为。我国《公司法》第143条规定，股份的发行，实行公平、公正的原则，同种类的每一股份应当具有同等权利。同次发行的同类别股份，每股的发行条件和价格应当相同；认购人所认购的股份，每股应当支付相同价额。据此，形成了股份发行的如下原则：

1. 公开原则。公开原则，即信息披露原则，是指发行公司必须依照法定的格式和要求将与其发行股份相关的一切重要信息予以披露。股份发行信息披露的具体内容较为广泛，大致可分为两类：一类是关于公司及其发行股份的基本概况，包括发起人的情况、股份发行可行性、募集资金的用途、公司经营业绩、未来效益预测等；另一类则是关于股份发行操作安排方面的情况，包括发行的数量、方式、对象、价格、条件、程序等。《公司法》第100条和第154条特别对公司公告招股说明书、财务会计报告作了具体规定。

---

[1] 广义上的股份，是公司资本的构成单位，是资本的组成部分，包括股份有限公司发行的股份和有限责任公司的股权。狭义上的股份，只是股份有限公司发行的严格意义上的股份。本章所称股份发行系指狭义上的股份发行。关于股份的更多内容详见本书第九章"股东、股权、出资及股份"的相关论述。

股份发行的信息披露，在内容上必须真实、全面、准确，不得进行虚假或误导性的陈述，不得有重大的信息遗漏；在方式上必须将股份发行的有关文件在指定的报刊上刊载，必须保证投资者通过合法途径能够及时、有效地获得信息和有关资料。

2. 公平原则。公平原则，是指在股份发行过程中所有投资者受到平等对待。具体包括：①投资者的投资机会平等；②同次发行的同类股份，发行的条件和价格应当相同；③公司发行的同类股份应具有相同的权利或利益，同股同权，同股同利。

3. 公正原则。公正原则，是指对股份发行活动的监管和对股份发行争议或纠纷的处理应正确适用法律，处理结果应当客观公正。作为一种法律原则，公正的立意与公平是有很大区别的。如前所述，公平主要指的是投资者的权利平等、地位平等和机会平等。而公正原则是针对资本市场的监管者和执法者而言的，是对监管者、执法者权力或职责的赋予与约束。

上述公开、公平与公正三项原则有着内在的有机联系，是作为一个整体来共同指导股份发行行为的。就三者的关系而言，公平是目标和结果，公开是手段和方法。由于公平原则的确立，使法律调整的手段更具有灵活性，使股份发行制度能够适应不断变化的现实，适时地建立和修订各种具体的规则，也使执法和司法机关能够对股份发行中出现的各种复杂的争议和纠纷作出适当的处理。而公正原则既是实现公开原则的保障，也是公平价值得以实现的前提。资本市场不仅需要完善的法律体系，更重要的是这些法律规范能够得到公正的执行。因此，公正原则要求资本市场的监管者和执法者正确地行使法律赋予的职责，通过自身执行职务的行为使法律的公平正义价值得以实现。

（二）股份发行的种类

根据不同标准，股票发行主要有以下几类：

1. 根据发行对象的范围，分为公开发行与非公开发行，也称为公募发行与私募发行。

公开发行，又称公募发行，是指面向不特定的社会公众所进行的公开募集资本的行为。其募集对象包括法人、自然人。根据我国《证券法》第9条第2款的规定，有下列情形之一的，为公开发行：①向不特定对象发行证券；②向特定对象发行证券累计超过200人，但依法实施员工持股计划的员工人数不计算在内；③法律、行政法规规定的其他发行行为。公开发行必须符合法律、行政法规规定的条件，并依法报经国务院证券监督管理机构或者国务院授权的部门注册。未经依法注册，任何单位和个人不得公开发行证券。

非公开发行，也称定向发行或私募发行，是指面向少数特定的投资人所进行的资本募集行为。特定对象主要包括个人投资者和机构投资者：个人投资者通常是指公司的原有股东和公司的管理人、公司内部职工或雇员等；机构投资者通常是指具备投资知识背景，了解发行公司的相关信息的金融机构或与公司来往密切的其他公司。我国法律规定，非公开发行不得采用广告、公开劝诱和变相公开方式，如公告、广播、电视、网络、信函、电话等形式的宣传。非公开发行具有操作便捷、条件灵活、易于掌握以及发行成本低廉等优点，但由于投资者数量有限，所以，存在募集资金的规模较小和股份流通性差等不足。

我国1993年《公司法》没有明确规定非公开发行的制度和规范，但实践中曾实行的定向募集、内部职工股发行、对现有股东的股份配送、对法人单位的股份配售以及公司资产重组中的股份置换等方式都具有非公开发行的性质和特点。2005年《公司法》尊重现实经济生活中已经大量存在的各种私募现象以及依法规范的需要，首次从立法上明确允许了私募发行，即向特定对象募集而设立公司。对此本书第二章中关于"募集设立"部分已有论述，在此不再赘述。

2. 根据发行的时间或阶段，分为设立发行与新股发行。设立发行，是指股份有限公司以设立公司为目的，在设立过程中为筹集公司成立所需资本而对外发行股份的行为。这里募集的是公司的原始资本。公司的设立方式有发起设立和募集设立两种。依这两种方式发行股份，都属设立发行。发起设立的公司，发起人应当书面认足公司章程规定其认购的股份，并按照公司章程规定缴纳出资，不向社会公开发行；募集设立的公司，发起人按期认购缴足法定部分的股份，除此以外的股份则向社会公开发行或向特定对象非公开发行。

新股发行是指已经成立的股份有限公司，为了筹集资金、扩大经营规模等目的而再次发行股份的行为，其形成的是新增资本。因此，依发行的先后顺序，股份可以分为原始股和新股。公司设立时发行的股份是原始股，而增资发行的股份则是新股。新股发行除具备设立发行的一般条件外，公司法通常会对其规定更严格的条件，其中主要是经营业绩方面的严格要求。

3. 按照股份发行是否增加公司资本，分为增资发行与非增资发行。增资发行，是指公司发行股份以后导致公司注册资本增加的发行行为。以增加资本为目的的发行作为公司的重大事项，必须遵守法定的程序，即先由股东大会作出决议，修改公司章程，最后办理工商变更登记。我国实行法定资本制，新股发行均为增资发行。

非增资发行，是指在公司资本总额范围内，不增加公司资本而发行股份的行为。这一般是授权资本制的一种制度安排：公司的股份可以分次发行，除公司设立时第一次发行的股份外，其后所进行的股份发行属于非增资发行，此种发行只需董事会决议即可。另外，对已发行股份进行的股份拆细和股份合并，也被认为属于非增资的发行。股份拆细，是指减少原有股份的面额将其分为数量更多的股份。股份合并，是指增加原有股份的面额将其合为数量较少的股份。股份拆细和股份合并的目的在于增强或减弱公司股份的流通性。我国实行法定资本制，不存在非增资发行。

4. 根据是否存在发行中介机构，分为直接发行与间接发行。直接发行又称自办发行，是指发行人不通过证券承销机构代销或者包销，而是自担风险向投资者发行股份。其优点在于发行手续简便，筹资成本较低。其不足是发行时间较长，发行风险较大，直接发行主要用于私募发行，如我国目前上市公司对大股东或特定机构投资者的定向发行一般采取此种方式。

间接发行，是指发行人委托证券承销机构代为发售股票的方式。包括代销和直销。间接发行是公募发行中较为普遍的发行方式。我国《公司法》第155条规定，股份有限公司公开募集股份"应当由依法设立的证券公司承销，签订承销协议"，即必须采用间接发行方式。间接发行可以充分利用证券承销机构在发行渠道、资金支持和发行业务方面的优势，确保股份发行的及时和成功，这种发行方式符合专业化分工的要求，但是成本较高。

5. 按照新股发行的目的，可分为通常发行和特别发行。通常发行，是指以增资为目的而发行新股，一般情况下的新股发行都是通常发行。通常发行既增加公司资本，也增加公司资产。

特别发行，是指不以增资为目的，而是基于某些特殊目的发行新股。如基于向股东分配公司盈余、把公积金转为资本、把公司债转换成股份、与其他公司合并而置换股份等目的。其中，除与其他公司合并而置换股份的情况外，特别发行的结果通常只会增加公司的资本总额，而不会增加公司的资产总量，因为用于认购新股的款项是以公司已实际占有支配的财产进行支付的，这种发行只改变公司资产的结构和性质，改变不了其价值总额。但特别发行可以将公司盈余或借贷资金留在公司、防止公司资金的减少，所以，特别发行能够起到募集资金的间接作用。特别发行在我国公司实践中被广泛采用，如许多上市公司以向股东送股、配股的方式达到分配公司盈余的目的。

6. 其他发行种类。股份发行除上述分类外，在学理和实践中，还有其他各种分类。如按发行者的身份和发行的先后次序不同，分为初次发行和二次发行；按发行地域范围不同，分为国内发行和国外发行；按是否借助交易系统发行，分为网上发行和网下发行；按发行条件确定方式不同，分为议价发行和招标发行；按股份是否采用实物券形式，分为有纸化发行和无纸化发行等。

（三）股份的发行价格

股份有限公司发行股份是采取股票的形式，投资者必须按照一定的价格认购股票进行出资。股票发行价格与股票的票面金额往往可能会不一致，股票的票面金额是每一单位股份所代表的资本额，而股票的发行价格则是发行人（即发行公司）在向投资者发行股票时所确定的股票发售价格。股份的发行价格主要有平价发行、溢价发行、折价发行以及中间价发行四种形式：

1. 平价发行。平价发行也称面额发行，是指发行人以票面上所记载的金额作为发行价格而实施的股票发行。平价发行多适用于私募发行，在我国的公司实践中，国家股、法人股的发行一般都是平价发行，其发行费用有的是通过向投资者加收一定比例手续费的方式弥补的。由于其发行价格较为低廉而比较吸引投资者，但以此种价格筹集的资金量较少。

2. 溢价发行。溢价发行是指发行人以高于股票票面金额的价格发行股票。公司股份公开发行的高额费用，通常是靠股份溢价发行的收益来支付或填补的。在公司财务处理上，股份发行的溢价收益属于公司全体股东的共同权益，列为公司的资本公积金，并可用于转增资本或扩大生产经营，但不得用于弥补公司亏损。溢价发行是股份发行广泛采用的方式，在我国，所有上市公司发行的社会公众股，都是溢价发行，它能使公司以少量股票筹措到较多的资金。

3. 折价发行。折价发行是指发行人以低于股票票面金额的价格发行股票。折价发行使公司实际获得的股款低于其发行的资本总额，这与资本确定和资本维持原则相悖，因此，为各国公司法所禁止。我国《公司法》第148条规定："面额股股票的发行价格可以按票面金额，也可以超过票面金额，但不得低于票面金额。"可见，我国股份有限公司可以采取平价发行和溢价发行的方式发行股票，但不能折价发行。

4. 中间价发行。中间价发行是指按照股份票面金额与市场价格之间的某一中间价格发行股份。股份发行或上市以后，市场价格往往会高于发行价格，中间价格对投资者比较有利。我国上市公司对现有股东的配股通常采用中间价发行。

（四）股份公开发行条件

股份的公开发行，不仅对公司发起人和公司有巨大的经济利益，而且直接影响到社会投资公众的切身利益和证券市场的稳定。同时，现阶段我国资本市场处于发展初期，社会资金资源有限，市场发育不健全，投资者尚不成熟。因此，公司法通过对股份公开发行制定相应的条件而进行规制显得特别重要。我国对股份公开发行的条件目前主要是由《公司法》《证券法》和《股票发行与交易管理暂行条例》（以下简称《股票条例》）予以规范的。《公司法》对发行条件作了原则性规定，《股票条例》和《证券法》则作了较为具体的规定，具有较强的操作性。上述法律、法规对于不同的股份发行分别规定了不同的发行条件。

1. 设立发行的条件。根据《证券法》第12条的规定，设立股份有限公司公开发行股票，应当符合《公司法》规定的条件和国务院批准的国务院证券监督管理机构规定的其他条件。首先，我国《公司法》并未集中规定公司设立发行股份的具体条件，但根据其相关规定，股份的设立发行首先应符合股份有限公司设立的条件。其次，募集设立公司的发起人认购的股份不得少于公司股份总数的35%。此外，股份发行价格的确定还应遵守公司法的规定，即同股同价、不得折价发行等。设立公开发行股票还应符合《股票条例》第8条的规定。[1]

对于设立发行中的非公开发行，我国《公司法》和《证券法》未对其发行条件作出规定。

2. 改组设立发行的条件。我国国有企业进行现代企业组织形式改革的一个重要方式，就是将原有企业改组设立股份有限公司。这对于改变国有企业单一的投资结构、明晰产权关系、实行权力分工和制约，具有非常重要的意义。出于转换国有企业经营机制的需要，我国现有的股份有限公司，绝大多数都是通过原国有企业股份制改组设立的，因而明确改组设立发行股票的条件，具有重要的实际意义。根据《股票条例》第9条的规定，原有企业改组设立股份有限公司申请公开发行股票，除应当符合上述设立发行的条件外，还应当符合下列条件：①发行前一年末，净资产在总资产中所占比例不低于30%，无形资产在净资产中所占比例不高于20%，但是证券委另有规定的除外；②近3年连续盈利。国有企业改组设立股份有限公司公开发行股票的，国家拥有的股份在公司拟发行的股本总额中所占的比例由国务院或者国务院授权的部门规定。

---

[1] 《股票条例》第8条的具体规定是：设立股份有限公司申请公开发行股票，应当符合下列条件：①其生产经营符合国家产业政策；②其发行的普通股限于一种，同股同权；③发起人认购的股本数额不少于公司拟发行的股本总额的35%；④在公司拟发行的股本总额中，发起人认购的部分不少于人民币3000万元，但是国家另有规定的除外；⑤向社会公众发行的部分不少于公司拟发行的股本总额的25%，其中公司职工认购的股本数额不得超过拟向社会公众发行的股本总额的10%；公司拟发行的股本总额超过人民币4亿元的，证监会按照规定可以酌情降低向社会公众发行的部分的比例，但是最低不少于公司拟发行的股本总额的10%；⑥发起人在近3年内没有重大违法行为；⑦证券委规定的其他条件。

3. 新股发行的条件。关于新股发行条件，1993 年《公司法》曾有专门规定，[1] 2005 年修订后的《公司法》将其取消，而改由同期修订的《证券法》予以规定，2019 年《证券法》又进行了修改，即公司首次公开发行新股，应当符合下列条件：①具备健全且运行良好的组织机构；②具有持续盈利能力，财务状况良好；③最近 3 年财务会计报告被出具无保留意见审计报告；④发行人及其控股股东、实际控制人最近 3 年不存在贪污、贿赂、侵占财产、挪用财产或者破坏社会主义市场经济秩序的刑事犯罪；⑤经国务院批准的国务院证券监督管理机构规定的其他条件（《证券法》第 12 条）。

上市公司非公开发行新股，应当符合经国务院批准的国务院证券监督管理机构规定的条件，并报国务院证券监督管理机构核准。

4. 定向募集公司新股发行的条件。定向募集公司，是《公司法》颁行前，依据 1992 年国家经济体制改革委员会发布的《股份有限公司规范意见》第 7 条而设立的特殊股份有限公司。《股票条例》第 11 条对其申请公开发行股票的条件，作了专门的规定，除应符合前述设立发行和改组发行的条件外，还应当符合下列条件：①定向募集所得资金的使用与其招股说明书所述的用途相符，并且资金使用效益良好；②距最近一次定向募集股份的时间不少于 12 个月；③从最近一次定向募集到本次公开发行股票期间没有重大违法行为；④内部职工股权证按照规定范围发放，并且已交国家指定的证券机构集中托管；⑤证券委规定的其他条件。

（五）股份发行的程序

发行程序依不同形式或不同类型的股份募集而有所不同，设立发行不同于新股发行的程序，公开发行的程序不同于非公开发行。设立发行的程序与股份有限公司设立的程序[2]是重合的。所以，在此仅涉及新股发行的程序。在新股发行中，由于公开发行较非公开发行的程序复杂，因而，这里仅简要论述公开发行程序。

1. 发行决议。在法定资本制下，发行新股就是增加资本，属于公司的重大事项。我国《公司法》第 59 条和第 116 条规定了股东会行使"对公司增加或者减少注册资本作出决议"的职权，而在第 67 条和第 120 条则规定了董事会行使"制订公司增加或者减少注册资本以及发行公司债券的方案"的职权。所以，发行新股的决定权在公司的股东大会，需由股东大会作出决议。董事会的权力只是制定发行新股或增加资本的方案。对于新股发行的决议应当包含法定的事项，我国《公司法》第 151 条规定：公司发行新股，股东大会应当对下列事项作出决议：①新股种类及数额；②新股发行价格；③新股发行的起止日期；④向原有股东发行新股的种类及数额；⑤发行无面额股的，新股发行所得股款计入注册资本的金额。公司发行新股，可以根据公司经营情况和财务状况，确定其作价方案。

而在授权资本制或折中资本制下，在授权资本范围内发行新股的权力授予给公司董事会，此种新股发行只需董事会作出决议。但如果授权资本已发行完毕，在原有资

---

[1] 1993 年《公司法》第 137 条规定：公司发行新股，必须具备下列条件：①前一次发行的股份已募足，并间隔 1 年以上；②公司在最近 3 年内连续盈利，并可向股东支付股利；③公司在最近 3 年内财务会计文件无虚假记载；④公司预期利润率可达同期银行存款利率。公司以当年利润分派新股，不受前款第②项限制。

[2] 具体内容见本书第二章"公司设立制度"中"股份有限公司的设立程序"。

本范围外增加资本,则应当由股东大会重新作出扩大公司资本范围的决议。

2. 审查注册。股东大会作出发行新股决议后,由董事会向国务院证券监督管理机构和证券交易所报送相关文件,提出公开发行新股的申请。根据《证券法》第21条的规定,国务院证券监督管理机构或者国务院授权的部门依照法定条件负责证券发行申请的注册。公开证券发行注册的具体办法由国务院规定。按照国务院的规定,证券交易所等可以审核公开发行证券申请,判断发行人是否符合发行条件、信息披露要求,督促发行人完善信息披露内容。依照上述规定参与证券发行申请注册的人员,不得与发行申请人有利害关系,不得直接或者间接接受发行申请人的馈赠,不得持有所注册的发行申请的证券,不得私下与发行申请人进行接触。《证券法》第22条规定:"国务院证券监督管理机构或者国务院授权的部门应当自受理证券发行申请文件之日起三个月内,依照法定条件和法定程序作出予以注册或者不予注册的决定,发行人根据要求补充、修改发行申请文件的时间不计算在内。不予注册的,应当说明理由。"

3. 公告文件。公告文件,是指根据《公司法》第154条的规定,公司向社会公开募集股份,应当经国务院证券监督管理机构注册,公告招股说明书。招股说明书应当附有公司章程,并载明下列事项:①发行的股份总数;②面额股的票面金额和发行价格或者无面额股的发行价格;③募集资金的用途;④认股人的权利和义务;⑤股份种类及其权利和义务;⑥本次募股的起止日期及逾期未募足时认股人可以撤回所认股份的说明。公司设立时发行股份的,还应当载明发起人认购的股份数。《证券法》第23条规定:"证券发行申请经注册后,发行人应当依照法律、行政法规的规定,在证券公开发行前公告公开发行募集文件,并将该文件置备于指定场所供公众查阅。发行证券的信息依法公开前,任何知情人不得公开或者泄露该信息。发行人不得在公告公开发行募集文件前发行证券。"

4. 签订证券承销协议。根据《公司法》第155条的规定,公司向社会公开募集股份,应当由依法设立的证券公司承销,签订承销协议。公开发行新股的发行人有权依法自主选择承销的证券经营机构。承销方式主要分为代销和包销两种。《证券法》第28条规定,证券公司承销证券,应当同发行人签订代销或者包销协议,载明下列事项:①当事人的名称、住所及法定代表人姓名;②代销、包销证券的种类、数量、金额及发行价格;③代销、包销的期限及起止日期;④代销、包销的付款方式及日期;⑤代销、包销的费用和结算办法;⑥违约责任;⑦国务院证券监督管理机构规定的其他事项。

5. 公告。新股发行完成后,公司的注册资本和管理机构都可能会发生相应的变化,此时应当向社会进行披露。因此,我国《公司法》第156条第3款规定,公司发行新股募足股款后,应予公告。

三、关于股票发行注册制的改革

《证券法》自1998年12月制定以来,2004年8月、2013年6月、2014年8月分别进行了个别条款的修正,2005年10月进行了较大修订。2019年12月进行第二次大修订,这次《证券法》修改后形成的一个重要制度就是股票发行注册制。

(一)注册制改革的立法背景

过去二十多年,中国资本市场一直是核准制占主导地位。在核准制下,监管者控制发行上市和退市的数量和节奏，对公司的盈利能力进行实质性审核。虽然其出发点是符合当时市场环境和经济发展阶段的，但却滋生了种种弊端：一是发行门槛较高，挫伤发行人的积极性；二是不利于提高效率，未能发挥市场作用；三是容易滋生腐败与"寻租"空间；四是使投资者产生误解和依赖心理；五是监管者可能出现审核失误的情况。

注册制的关键是放权于市场，是一场深化改革开放、优化资本市场制度的重要改革。在注册制下，投资者作为判断公司价值的决定者，监管者负责制定包容多元的发行上市标准以及监督证券市场中的不法行为，通过真实、准确、完整的信息披露，严格的退市制度，充分的中小投资者保护制度，使市场起决定性作用，实现优胜劣汰。注册制的优势在于：一是降低入市门槛，实现发行人之间的公平公正；二是优化审核注册程序，提高市场效率；三是最大程度减少政府对市场的干预，防止政府不当干预所带来的风险；四是培养更加成熟的投资者，更加专业化的证券中介机构。

因此，在2013年11月党的十八届三中全会明确提出"健全多层次资本市场体系，推进股票发行注册制改革，多渠道促进股权融资，发展和规范债券市场，提高直接融资比重"，这标志着股票发行正式开启注册制的改革。2019年12月通过修订后的《证券法》，至此，股票发行注册制在我国得以确立。

（二）《证券法》关于股票发行注册制的主要内容及其评价

1. 《证券法》关于股票发行注册制的核心内容如下：

（1）注册程序。公开发行股票，由证券交易所负责审核注册文件。按照国务院的规定，证券交易所等可以审核公开发行证券申请，判断发行人是否符合发行条件、信息披露要求，督促发行人完善信息披露内容。（第21条第2款）。国务院证券监督管理机构或者国务院授权的部门应当自受理证券发行申请文件之日起3个月内，依照法定条件和法定程序作出予以注册或者不予注册的决定，发行人根据要求补充、修改发行申请文件的时间不计算在内。不予注册的，应当说明理由。（第22条）。

（2）发行条件。公司首次公开发行新股，应当符合下列条件：①具备健全且运行良好的组织机构；②具有持续经营能力；③最近3年财务会计报告被出具无保留意见审计报告；④发行人及其控股股东、实际控制人最近3年不存在贪污、贿赂、侵占财产、挪用财产或者破坏社会主义市场经济秩序的刑事犯罪；⑤经国务院批准的国务院证券监督管理机构规定的其他条件（第12条第1款）。

（3）发行注册的撤销与停止。国务院证券监督管理机构或者国务院授权的部门对已作出的证券发行注册的决定，发现不符合法定条件或者法定程序，尚未发行证券的，应当予以撤销，停止发行。已经发行尚未上市的，撤销发行注册决定，发行人应当按照发行价并加算银行同期存款利息返还证券持有人；发行人的控股股东、实际控制人以及保荐人，应当与发行人承担连带责任，但是能够证明自己没有过错的除外。股票的发行人在招股说明书等证券发行文件中隐瞒重要事实或者编造重大虚假内容，已经发行并上市的，国务院证券监督管理机构可以责令发行人回购证券，或者责令负有责任的控股股东、实际控制人买回证券（第24条）。

2. 对于股票发行注册制，本书作以下四个方面的评价：

第一，在股票注册的程序方面：①取消股票发行审核委员会制度，彻底革除了发审委所存在的各种弊端，也堵死了发行审核权而产生的"寻租"空间。在取消发审委的同时，改由证券交易所审核公开发行证券申请。②证监会依然行使行政许可权，即证监会应当自受理证券发行申请文件之日起3个月内，依照法定条件和法定程序作出予以注册或者不予注册的决定。

第二，在发行条件方面：①规定切实可行、注册机构能够把握的积极条件，发行人具有符合法律规定的公司组织机构、最近3年财务会计报告被出具为标准无保留意见。而对于那种难以把握或者处于变动不居的积极条件予以取消，即取消对发行人财务状况及持续盈利能力等盈利性要求。②规定在一定程度上能够反映人性善恶及贪婪与否的消极条件，即发行人及其控股股东、实际控制人最近3年内没有贪污、贿赂、侵占财产、挪用财产或者破坏社会主义市场经济秩序的犯罪记录。

第三，在信息披露方面：信息公开是证券发行注册制的核心理念，为了保证所公开信息的真实性、准确性和完整性，必须明确参与各方各自应尽的责任。因此，注册制要求：①发行人注册文件及补充修改情况、解释说明等，均应当公开。②发行人报送的注册文件，应当充分披露投资者作出价值判断和投资决策所必需的信息，并且其内容应当真实、准确、完整。而保荐人则应当对发行人的注册文件进行审慎核查，对发行人是否符合发行注册条件提出明确意见，保证注册文件的真实、准确、完整，持续督导发行人规范运作。③证券服务机构及其从业人员应当恪守职业道德和执业规范，勤勉尽责，保证出具文件的真实、准确、完整。④负责承销的证券经营机构应当对发行文件的真实性、准确性、完整性进行核查。

（二）关于我国股票发行注册制的进一步完善

这次《证券法》修改虽然确立了股票发行注册制，但是，仍需进一步完善，对此本书提出如下思考和建议：

1. 注册制的安排依然应当坚持效率与安全并重。将已有的核准制改革成注册制，一个根本原因是追求证券法的效率性。经济法律制度，从来都强调效率与安全并重。要安全就离不开监管，注册制的内核并非放松监管，而是监管的重点和时间段发生了变化，即从过去试图对股票的投资价值或者投资收益作实质性判断，转向对信息公开的监管；从市场准入设置高门槛的事前监管，转向事中事后监管。实践中有一种误解，认为学习美国的注册制就是放弃监管，其实，在招股说明书审核方面，美国证监会比中国证监会的监管可能还更严，提出的问题可能更多、更尖锐。美国证监会所提的问题大致可以分为三类：一是常规性的问题，有提醒性质的，也有"对格式"对出来的问题，还有属于几乎每次都会被问到的问题；二是了解性的问题，有时招股说明书的某些披露不清楚，或美国证监会负责审阅的人对相关行业的情况不熟悉，就此会提出一些问题，以便对披露的内容和背景作进一步的了解；三是要求性或质疑性的问题，美国证监会认为公司的披露不充分，相关的审阅人可能会直接要求公司作出披露，或者质疑公司为什么没有作出相应的披露，视公司回复的情况再作进一步要求。美国证监会提一两轮审核意见的很多，提十几轮审核意见的也不在少数。可见，美国的注册制，绝不等于放弃监管。而且，英美等强调放松管制的国家，也都在吸收以核准制的合理部分。因为注册制和核准制各自都有着自己的优势，也有着各自的不足，世界上具有代表性的国家和地区的证券立法，近年来都在通过不同的形式，将注册制和核准制进行有机结合的变革。我国证券发行审核制度当然没有必要从一个极端走向另一个极端，而是要集二者的优势为我所用。

实际上，我国股票发行注册制按照证券交易所审核发行人提出的申请，而由中国证监会行使注册决定权，就是综合了注册制与核准制有机结合的证券发行审核制度。

此外，在政府监管层面，由入口把关的核准监管方式向事中和事后的执法监管方式转变，并要根据这一监管方式的调整，及时通过加大查处违法行为的力度和加重对行为人处罚来弥补注册制在入口环节放松管制可能产生的规制不足。

2. 注册制的制度设计重心应当立足于信息公开监管。为此，本书认为主要从以下几个方面进行制度完善：

（1）对发行人资质和相关信息的审查，从实质审核转化为以合规性为主的审查。在注册制下，证监会的监管以合规性审查为主，不对发行人及其证券进行价值判断，不对发行人及其证券优劣作出评价，更不对发行人提供发行保证。发行人只要充分披露了相关信息，就应当让市场和投资者自行对其是否具有投资价值作出判断。

（2）对信息披露的审查除政府监管之外，还要充分调动市场其他主体参与其中。证监会应当与证券交易所和中介机构在发行信息披露审查上形成合力，不能相互替代，更不能够相互抵销。注册制意味着政府监管机构在发行准入方面把关功能的减弱，但是并不意味着发行监管本质上的弱化，这就需要通过政府监管机构调整监管方式来弥补；同时还需要通过加强市场约束来弥补。政府监管机构与证券交易所、中介机构在发行信息披露审查上的合力，首先是证券交易所应当担负起审查的作用；其次是政府监管机构对发行人披露信息的审查，应当以保荐人、会计师、律师等的尽职调查和专业意见为前提，强化对发行的市场约束；最后是将有过错的证券公司、律师、会计等中介机构对发行人的违法行为和损害后果承担连带责任等加重责任方式来避免中介机构与发行人合谋造假的现象。

（3）信息披露的监管措施、披露形式和公开手段的多样性。

第一，证监会对信息披露的监管措施应具有多样性，同时应尽量避免因信息披露义务过重给企业带来的负担。在注册制下，监管措施并非核准制那样单一。例如，美国证监会（SEC）对发行人信息披露审查主要采取"沟通对话"的方式，美国股票发行注册制的审查实际上就是 SEC 与发行人就信息披露进行对话的过程。对此，《证券法》规定监管机构可以采取以下监管措施：①责令改正；②监管谈话；③出具警示函；④责令公开说明、责令参加培训或者责令定期报告；⑤认定董事、监事、高级管理人员为不适当人选。

在监管过程中注意避免因信息披露义务过重给企业带来负担也是必须的。例如，SEC 会根据公司类别的不同制定不同的登记表格和不同的披露事项为小企业"减负"，又辅之以自愿选择性质的披露规则来避免因披露简化而带来的信息不足问题。另外，美国还通过规定整合披露制度、橱柜式登记和对州"蓝天法"适用的限制等方式来降低信息披露制度给企业造成的负担。我国注册制的推行也要在保障投资者的利益的同时，考虑发行人的承受能力，给予不同的发行人以多样化的选择标准，尽量避免因信息披露义务过重而给企业带来的沉重负担。

第二，改良信息披露的形式和程序。除了强制性信息披露外，还应当鼓励发行人自愿披露与投资决策有关的信息。考虑到我国发行人的不同情况和投资者多为"社会公众股股东"的实际情况,因而在信息披露的格式上可作适当的灵活处理,逐步建立起对"社会公众股股东"投资决策有用的差异化信息披露机制,相关信息应当做到语言简明、清晰、易懂,便于投资者阅读理解。

第三,充分运用互联网技术手段,提高信息披露效率。当今互联网已成为证券市场信息传播的首要途径,电子化信息披露系统也成为信息披露有效性的基础保障,电子化信息披露不仅降低了企业信息披露的成本,而且方便公众查阅相关信息。

第六节　公司资本的变动

公司法确立了资本确定、维持、不变的基本原则,但是,这并不意味着公司资本一成不变,实际上,公司资本时常随着公司经营状况的变化而需要适时调整,由此发生公司资本的变动,只是这种变动须经法定程序,方可为之。比如,在公司发展前景看好的情况下,为了拓宽业务和保持良好的资信,公司可能会增加资本。反之,如果公司资本一时过剩,为了避免资本闲置而造成浪费,公司则可能会减少资本。

公司资本变动,包括公司资本的增加和减少两种形式,简称为公司增资和减资。

一、公司增资

(一) 公司增资的概念、目的和作用

公司增资 (Increase of capital) 是指公司依据法定的条件和程序,增加和扩大公司原有注册资本总额的法律行为。公司增资的目的和作用主要表现在以下方面:

1. 为扩大公司现有经营规模而筹集经营资金。公司获取经营资金的方法多种多样,如借贷、发行公司债等,由股东增加资本是其中的重要方法之一。

2. 增强公司实力,提高公司信用。公司实质性清偿能力的净资产显示着公司对外信用的基础。但是,在判断公司的信用程度时,资本的作用不亚于净资产,资本对股东、债权人等利害关系人而言,是主要的关注对象。其理由在于:对内而言,资本是公司应持有的财产的规范性数额,公司经营者应该根据此标准保留或者处分财产,因此,资本额为资本充实原则的实践性标准;对外而言,净资产并非经常公示,因此,资本额成为衡量公司信用及活动能力的尺度,因为决算之前,净资产不可能公示,因此只能以过去的决算资料中所记载的净资产与资本相比较而判断出公司的健全程度。[1]总之,资本规模直接反映公司的资产实力和经营规模,增资由此成为显示和提高公司商业信用,并取得竞争优势的重要方式。

3. 通过调整现有股东结构和持股比例,从而改变公司治理结构。吸收新的股东,可以改变股东成分和结构。在现有股东范围内的增资,通过认购新股比例的安排,则可以调整现有股东相互间的持股比例,小股东可因增资而成为大股东。而在股东结构和持股比例变更之后,公司就可以通过对管理机构和管理人员的重新安排和调整,包括对董事、经理、法定代表人的重新安排和调整,以实现其治理结构的优化。

4. 在公司形成大量公积金和未分配利润的情况下,公司将面临股东提出的分配请求,通过增加资本可以停止或减少对股东的收益分配。换言之,通过减少股东收益分

---

[1] [韩] 李哲松:《韩国公司法》,吴日焕译,中国政法大学出版社 2000 年版,第 546 页。

配，可以保持现有运营资金，从而使公司继续占用现有的资金，维持现有的经营规模。

5. 在公司与其他公司吸收合并时，被合并公司的资产在并入另一公司的同时，可能会导致该公司净资产的大幅增加，被合并公司的所有者也可能会要求取得该公司的股权，由此便会促使公司增加资本。

总之，公司增加注册资本是公司为适应市场经济发展的客观要求而做出的一种法律行为，对有效开展生产经营活动具有重要的意义。

（二）公司增资的方式

由于股份有限公司和有限责任公司的资本构成不同，所以两者的增资方式也有所区别。股份有限公司通过发行和认购股份而增资，有限责任公司通过认购资本或股权而增资，但实质都是资本总额的增加。公司的增资方式大体上可分为以下几类：

1. 内部增资与外部增资。内部增资，是指由现有股东认购增加的公司资本。外部增资，是指由股东之外的投资者认购新增的公司资本。内部增资和外部增资可以同时采用。

2. 增加股份数额与增加股份金额。这是股份有限公司采用的增资方式。增加股份数额，即发行新股，公司在原定股份总数之外发行新的股份，使股份总数增加，而每股代表的资本数额不变。增加的股份，既可以由原有股东认购，也可以向社会公开发行。通常公司原有股东享有优先认购权（Preemptive right）。[1]《公司法》第228条第2款规定："股份有限公司为增加注册资本发行新股时，股东认购新股，依照本法设立股份有限公司缴纳股款的有关规定执行。"所以，股份有限公司通过发行新股来增加注册资本时，应符合《公司法》发行新股的相关规定。

增加股份金额，即公司在不改变原定股份总数的情况下增加每一股份的金额或面额。这种方式增加了原有股东的出资额度，可以通过将应分配的股息和红利转增资本，计入股东名下，也可以由原股东另外追缴股款。这类增资只能是内部增资，即由原有股东增加自己的股份出资。

公司可以同时采用上述两种方式增资，既增加股份的数额，又增加每股的金额。

3. 同比增资与非同比增资。同比增资，是指内部增资时各股东按原出资比例或持股比例同步增加出资，增资后各股东的股权比例或持股比例均不发生变化。非同比增资，是指内部增资时各股东改变原出资比例或持股比例而增加出资，有的股东也可能不增加出资，增资后各股东的股权比例或持股比例将发生变化。

4. 追加性增资与分配性增资。追加性增资，是指通过现行股东或其他投资者对公司的新的投入而增加资本，其结果既增加公司的资本，也增加公司的资产或运营资金。分配性增资，是公司内部增资的一种方式，是指在现有股东不作新的投入的情况下，

---

[1] 但是，原有股东的优先认购权有时会有一些限制，主要体现在：①是否赋予原股东优先认购权，公司具有选择权。虽然股东优先认购权是法定权利，但是公司有权对原股东的优先认购权进行限制。比如，美国有的州公司法和英国1985年《公司法》就赋予公司章程或经公司的授权董事会排除原股东优先认购的权利。②也有国家的公司法规定，原股东在库存股发行时不享有优先认购权。③优先认购权不适用于以现物（包括以其他公司股份）作为对价的股份。④不适用于已经授权但尚未发行的股份，如果这些股份代表了公司预期资本的一部分。⑤不适用于不同种类的股份，除非他种股份转换为该种股份。参见冯果、彭真明主编：《企业公司法》，中国法制出版社2007年版，第153页。

通过将未分配的利润用于股东出资缴纳或把公积金转为资本的方式而增加资本，其结果只是改变公司资产的性质和结构，而不会改变公司总的价值金额，即只增加公司的资本总额，而资产总量则不会发生变化。

5. 配股增资与送股增资。这主要是就上市公司而言，其广泛采用的一种增资方式。配股增资，又称增资配股，是指上市公司根据现有公司股东持股的数量按照一定的比例向其发售股份。配股的对象仅限于公司现有股东，配股的条件通常要优于公司对外发行的条件。送股增资，又称送股或送红股，是指上市公司根据现有公司股东持股的数量按照一定的比例向其无偿分配股份，其实质是向股东进行收益的分配，只是分配的不是货币，而是股份，因此，送股增资属于分配性增资。送股的对象也仅限于现有的公司股东。

6. 债权转股权增资与债券转股增资。债权转股权增资，是指当债权转换为股权时，公司负债消灭，公司注册资本增加。债券转股增资，是特指股份有限公司，尤其是上市公司增加股份数额还可以采取将可转换公司债券转换为公司股份的方式，这是债转股的一种特别形式。可转换公司债券是一种可以转换为公司股票的债券，如果将该种债券转换为公司股份，则该负债消灭，公司注册资本增加。上述两种情形可以统称为债转股。债转股增资曾经是我国商业银行改革和资产重组的过程中所实行的一种特殊增资方式，即将银行对债务人公司所享有的债权按约定的方法折抵为对该公司一定金额的股权，银行由此从债权人变成为该公司的股东，从而导致公司资本的增加。债转股方式目前尚无统一立法规定，但是，许多省级的地方性规范文件纷纷出台，比如，2010 年 9 月《北京市工商行政管理局公司债权转股权登记管理试行办法》（已失效）对债权转股权进行了界定，同时对债转股的协议内容和相关程序都作了详细规定。

公司增资，通常会导致股权的稀释和股权结构的调整，属于公司中直接影响现有股东利益并可能引发股东相互之间利益冲突的重大事项。不同股东的处境和要求不同，其在增资中的立场和态度也会完全不同。外部增资或不同比增资，会导致现有股东持股比例的变化并由此引起公司治理结构或公司控制权的变化。对同比增资或追加性增资，那些财力雄厚、投资能力强的股东会支持投资，而那些财力薄弱、投资能力弱的股东则可能反对增资。同时，如果是外部增资，还涉及对公司现有资产权益的界定问题。在公司实践中，由此引起的股东权益和增资纠纷时有发生，这是公司增资制度中需要我们认真关注和研究的重要课题。

（三）在公司增资中对股东利益的保护

在公司增资中由于股东面临着股权稀释（Dilution）和股权结构的重大变化，这些变化可能引发股东相互之间利益的冲突，可能直接影响到现有股东的合法权益。所以，在公司增资过程中存在着对股东利益保护的重要问题。为此，需要关注以下几个方面的问题：

1. 在公司增资时首先应对原有股东之间的权益进行界定，以保证对原有股东权益的维护与认可。同时在增资过程中对股东意志应当予以充分尊重。比如，根据《公司法》第 227 条的规定，公司新增资本时，原则上股东有权优先按照实缴的出资比例认缴出资，但是当全体股东有约定时也可以不按照出资比例优先认缴出资。这就体现了在增资时对股东意思自治的尊重。

2. 在增资过程中应当对原有股东和新股东的权益进行合理界定。公司在增资时可能存在两方面的情形：一方面，公司可能处于盈利状态，拥有大量的盈余公积金、资本公积金或未分配利润，因而其净资产可能已远远高出公司的原始资本；另一方面，公司可能处于亏损状态，没有任何经营积累，净资产可能早已低于公司资本，甚至可能已资不抵债。在上述情形下，合理的增资方式，首先是应该对公司的现有资产进行全面的评估，确定公司的净资产或股东权益的真实价值，并在此基础上，确定原股东的股权比例和新股东的出资金额与股权比例。其次是在盈利状态下，高于资本的股东权益应由原股东享有，而不应不加鉴别地归属增资后的所有新老股东，否则，将会导致新股东对原有股东权益的不当占有。最后是在亏损状态下，新股东相同比例股权的出资也不应该当然地按原有股东的出资额确定，否则，将会导致原有股东不合理地获得新股东出资的利益。

3. 应当明确股东追加出资主要是一项权利，股东增资应该是自愿的，不能强求。由于每个股东自身的财产能力和经济地位不同，不能强求股东向公司增加资本。股东加入公司和原来的出资均出于自愿，现在公司增资，其是否追加出资也应当是自愿的。当然，也有学者认为，既然增资是以股东会决议的形式出现，就应当对公司全体股东具有约束力，股东即负有按原有出资比例追加出资的义务。其实，在任何情形下股东增资最终都是出于自愿，不能强求，亦不可能强求。

（四）公司增资的程序

根据《公司法》的有关规定，公司增资的程序如下：

1. 董事会拟定公司增资方案。根据《公司法》第 67 条的规定，公司增资方案的拟定是公司董事会的职权之一，董事会有权制定公司的增资方案。

2. 股东会作出公司增资的决议。公司增加注册资本是公司的重大事项之一，对此必须由股东会（股东大会）作出决议。《公司法》第 59 条、第 66 条、第 116 条和第 172 条规定，公司董事会（或执行董事）制定的公司增资方案，需通过股东会特别决议通过。其中，有限责任公司股东会对公司增资作出决议，必须经代表 2/3 以上表决权的股东通过。股东会决议可以召开股东会的形式作出，也可以不召开股东会的形式直接作出。以直接形式作出的，须股东书面方式一致表示同意。国有独资公司增加注册资本应由国有资产监督管理机构决定。股份有限公司股东大会对公司增资作出的决议，必须经出席会议的股东所持表决权的 2/3 以上通过。

3. 股东缴纳出资或认购新股。有限责任公司增加注册资本时，股东认缴新增资本的出资，依照设立有限责任公司缴纳出资的有关规定执行。即有限责任公司增加注册资本，其股东认缴出资，应当按照《公司法》第 47~49 条的规定进行。

股份有限公司为增加注册资本而发行新股时，其股东认购新股应当按照《公司法》中有关设立股份有限公司缴纳股款的规定执行。具体而言，就是应当按照《公司法》第 96~98 条的规定进行。

4. 办理公司变更登记。公司增加注册资本以后，应当向公司登记机关申请办理注册资本变更登记。公司注册资本属于公司章程的绝对必要记载事项，也是公司登记内容的重要事项，因此，公司增加注册资本必须依法修改公司章程，办理相关变更登记手续。

二、公司减资

（一）公司减资的概念、目的和作用

公司减资（Reduction of capital）是指公司基于某种经营需要，依据法定的条件和程序，减少公司已注册资本总额的法律行为。

公司减资也是公司资本变动的情形之一。根据资本不变原则，公司是不能随意减少公司资本的。但是，在公司在生产经营过程中发生资本过剩、经营亏损等情况时，为了减轻公司的负担，发挥社会财富的整体效益，法律允许特定情况下的公司减资。因为如果坚持资本不变，就可能在公司资本过剩或者严重亏损时发生资本停滞和浪费现象，使资本失去作为公司经营物质基础和信用标示的作用。所以，在公司资本过剩时的公司减资可以消除公司运营过程中存在的预定资本过多、过剩现象，而在公司经营出现严重亏损时的公司减资能够及时注销公司的部分股份，使公司的注册资本与公司的净资产水准相符，有利于展示公司的真正信用状况。具体来讲，减资的目的和作用如下：

1. 因公司宗旨、经营范围等情况发生变化引起公司资本过剩，需减少资本过剩。如保持资本不变，会导致资本在公司中的停滞和浪费，不利于提高财产效用。

2. 所经营的项目停止，需缩小公司的经营规模。

3. 公司经营管理不善或者外部条件恶化而发生严重亏损，使公司净资产显著低于注册资本，那么通过减资可以使公司注册资本与公司实际资产保持一致。否则资本与其净资产差额过大，公司资本将失去其显示公司信用状况的实际意义。

4. 在有盈利才有分配的盈利分配规则之下，公司的盈利必须首先用于弥补亏损，如果公司亏损严重，将使股东长期得不到股利的分配，不利于调动股东的积极性，保持公司的凝聚力。通过减资，可以尽快改变公司账面的亏损状态，使公司具备向股东分配股利的条件。

5. 在派生分立或分拆分立情况下，原公司的主体地位不变，但资产减少，也会需要相应地减少公司资本。此外，当公司要解散时，为了使公司清算程序简化，公司通过减资把大部分财产提前返还给股东，仅留下必要的资产以维持公司的正常运行。

（二）公司减资的方式

1. 有限责任公司和股份有限公司均可适用的减资方式有：

（1）同比减资与非同比减资。同比减资，是指各股东按原出资比例或持股比例同步减少出资，减资后各股东的股权比例或持股比例均不发生变化。非同比减资，是指各股东通过改变原出资比例或持股比例而减少出资，也可能有的股东不减少出资，减资后各股东的股权比例或持股比例均发生变化。

（2）通过返还出资、免除出资义务、消除股权或股份的减资。返还出资的减资，是指对已缴足出资额的股权或股份，将部分出资款退还给股东，此类减资的结果既减少了公司的资本，也减少了公司的净资产。这属于实质意义上的资本减少。免除出资义务的减资，是对尚未缴足出资额的股权或股份，免除股东全部或部分缴纳出资的义务。消除股权或股份的减资，是在公司因亏损而减资时，直接取消部分股权或股份，或者直接减少每一股份的金额，并抵销本应弥补的公司亏损。后两种减资的结果只是改变公司资产的性质和结构，而不改变其总的价值金额，只减少公司的资本总额，而

不减少公司的净资产。这属于形式意义上的资本减少。

2. 仅适用于股份有限公司减资的方式有：

（1）减少股份总数。减少股份总数是指只减少公司股份的总数，每股股份的金额并不减少。该种方式又可分为消除股份和合并股份：消除股份是指取消一部分或特定的股份，依是否需要征得股东的同意，又分为强制消除和任意消除；合并股份是指将两股或两股以上的股份合并为一股。

（2）减少股份金额。减少股份金额是指减少公司股份每股的金额，而并不减少公司股份的总数。该种减资方式可以通过免除股东应缴纳的股款或者发还已缴纳股款的方式进行。

（3）同时减少股份总数和每股金额。同时减少股份总数和每股金额就是前两种方式的合并运用。这种减资方式的结果是既减少了公司股份的数量，同时又降低了每股股份的金额，公司股东的股权比例和持股比例都发生了减少。

（三）在公司减资中对股东和债权人利益的保护

1. 在公司减资中对公司股东利益的保护。公司减资对公司股东利益具有重大影响，因为"股份数的减少或者股金的返还在股东之间不平等地形成时，当然要伴随少额股东的经济损失，有时可以被逐出少额股东的方法来恶用。这一点，尤其是在以股份并合的方法减少时，更为明显"[1]。公司的股东有优先股股东与普通股股东之分，而其中的普通股股东又可划分为控股股东和非控股股东。由于股权的类别不同或者股权的比例不同，公司是否减资以及公司如何减资对不同股东的利益影响是有区别的。无论是实质性的减资，还是形式性的减资，减资的意向通常都是由控股股东更多地考虑自身利益而作出的，由此，中小股东的利益可能会受到不同程度的不利影响。因而，如何在减资过程中做到公正地对待不同的股东，协调好股东之间的利益冲突，成为各国公司立法必须认真考量的重要方面。

目前，绝大多数西方国家，如英国、法国、德国及日本等，在公司减资的立法中，为了保证公司减资能够体现不同股东群体利益的一致，在程序方面，要求公司减资须经股东会特别决议同意，并以股东会特别决议同意为减资的生效要件，以体现程序公正；在实体方面，有的要求得到各种股份股东的同意后方得减资，有的要求公司必须向法院提交减资的股东会决议以进行公正性审查，有的还要求对在减资时不遵守股东平等原则的董事长或者董事科以罚金。[2]

2. 在公司减资中对债权人利益的保护。不论是实质意义上的减资还是形式意义上的减资，对公司债权人的利益都会产生重大影响。在实质意义上的减资中，实际上就是将股东的出资予以返还，公司的责任财产减少，在法律效果上等于股东优先于公司债权人而回收其对公司的投入。导致公司净资产的减少，使公司的偿还能力实际降低。

---

[1]　参见［韩］李哲松：《韩国公司法》，吴日焕译，中国政法大学出版社2000年版，第586~587页。

[2]　法国《商事公司法》第215条第1款、第454条第2项规定：在任何情况下，减资不得损害股东的平等地位，如果董事长或董事未遵守股东平等原则，将被处以2000~60000法郎的罚金。德国《股份法》第222条第2款规定：如果有多种股份，那么股东大会决议只有在得到各种股份的股东同意后才有效。英国1948年《公司法》第66条规定，公司通过任何缩减资本的决议，都应提交法院，由法院对其公正性进行审查。转引自赵旭东等：《公司资本制度改革研究》，法律出版社2004年版，第242页。

在形式意义上的减资中，其净资产并不减少，所以对债权人保护不成问题。但是，即使是形式上的资产减少，也会缩小将来公司根据资本充实的原则应储备的净资产的规模，因此，从消极的意义上说，同样也会导致责任财产的减少。商法不分实质性的和形式性的减少，要求所有公司进行资本减少时，均应经过债权人的保护程序。[1]

综合一些国家或地区公司立法的规定，对于债权人利益在减资中的救济途径概括如下：

（1）减资的效力。关于减资的效力，一些国家或地区均对保护债权人作出了明确的规定。例如，日本《商法典》规定，公司未履行保护债权人程序，则可能会成为减资无效或可撤销的理由，债权人可在法定期限内提起减资无效之诉（日本《商法典》第 380 条及第 109 条）。另外，加拿大《商事公司法》第 38 条规定："如果有合理的理由相信：①公司不能或在资本减少后不能支付；②公司资产可实现的价值将因此而低于债务总和，那么公司不得减资。"我国台湾地区的"公司法"则规定，公司如不为通知及公告，或对于在指定期限内提出异议的债权人不为清偿或不提供相应的担保者，其减资的效力不受影响，但公司不得以其减资对抗债权人，债权人仍能在公司原有资本范围内向公司主张债权。可见，我国台湾地区的"公司法"是将保护债权人程序的履行，视为对抗要件，而非减资的生效要件。[2]

（2）减资停止请求权。公司违反减资的法律规定，不履行债权人保护的相关程序，债权人的利益有可能受到损害时，债权人享有要求公司停止其减资行为的权利。此权利的赋予属于公司债权人保护的事前救济方式。债权人行使这种请求权的方式有两种：一是诉讼外方式，即运用口头或书面方式请求公司停止不适当的减资活动；二是诉讼方式，即如果债权人在采取第一种方式无效果的情形下，债权人可向法院提起诉讼以停止减资行为，运用国家公权力来维护自身的利益。

（3）债权人的减资无效诉权和无效判决的溯及力。债权人基于特定理由有权请求法院判决公司减资行为归于无效，此为减资无效诉权。这是一种事后救济方式，发生在减资行为完成并且生效之后。在法院判决之前，减资有效；在法院判决确定减资无效时，减资无效。因而，减资无效诉权"就其性质而言，当解为形成权"。[3]为避免债权人滥用此种诉权危及公司运营及交易安全，法律通常会要求债权人应提供相应的担保。[4]同时，为维护团体法的统一性和资本交易的安全性，减资无效之诉应该在一定时间内提出（如日本规定此项权利的除斥期间为 6 个月[5]），逾期该项权利即消失。

关于无效判决的溯及力，我们以法国《商事公司法》为例来进行说明，该法规定，减资无效判决确定后，公司有义务在法定期间及时将判决结果周知全体股东及利害关系人，通知股东（含减资时的股东）退还其从公司所取得的返还资金，以便将资本恢

---

〔1〕［韩］李哲松：《韩国公司法》，吴日焕译，中国政法大学出版社 2000 年版，第 586 页。
〔2〕 参见赵旭东等：《公司资本制度改革研究》，法律出版社 2004 年版，第 243～244 页。
〔3〕 冯果：《现代公司资本制度比较研究》，武汉大学出版社 2000 年版，第 193 页。
〔4〕 参见日本《商法典》第 106 条、第 109 条，这些条款规定原告债权人的担保提供义务，如果原告败诉，在其有恶意或者重大过失的情况下，对公司应承担连带损害赔偿责任。转引自赵旭东等：《公司资本制度改革研究》，法律出版社 2004 年版，第 244 页。
〔5〕 参见日本《商法典》第 380 条。

复原状，并重新办理变更登记手续。对于无法收回的资金，则由董事会负责填补，由此给债权人造成损失的，还应承担损害赔偿责任。董事除应对公司或第三人承担民事责任外，还应承担行政法律责任和刑事责任。[1]

（四）公司减资的程序

由于公司减资直接影响到债权人及股东的利益，为遏制公司随意减资，规范公司减资行为，公司法对公司减资有较为严格的规定。根据《公司法》的相关规定，公司减少注册资本的程序大致如下：

1. 董事会拟定公司减资方案。根据《公司法》第 67 条、第 120 条的规定，公司减资方案的拟定是公司董事会的职权之一，董事会有权制定公司的减资方案。

2. 编制资产负债表和财产清单。公司减资对公司债权人及股东利益都有直接影响，股东与债权人合法权益得到保护的前提条件是公司清晰的财产状况。《公司法》第 224 条第 1 款规定："公司减少注册资本，应当编制资产负债表及财产清单。"因此，公司在减少注册资本时，必须清理公司资产、负债和收益情况，在此基础上编制出资产负债表和财产清单。

3. 股东会作出公司减资的决议。公司减少注册资本是公司的重大事项之一，对此必须由股东会（股东大会）作出决议。《公司法》第 59 条、第 66 条、第 116 条和第 172 条规定，公司董事会（或执行董事）制定的公司减资方案，需通过股东会（股东大会）特别决议通过。其中，有限责任公司股东会对公司减资作出决议，必须经代表 2/3 以上表决权的股东通过。股东会决议可以召开股东会的形式作出，也可以不召开股东会的形式直接作出，以直接形式作出的，须股东以书面方式一致表示同意。国有独资公司减少注册资本应由国有资产监督管理机构决定。股份有限公司股东大会对公司减资作出的决议，必须经出席会议的股东所持表决权的 2/3 以上通过。

最后仍需要强调的是，公司减资后的注册资本不得低于法定的最低限额，因为，最低注册资本是公司合法设立的必要条件，除法律、行政法规对公司的注册资本最低限额有较高规定外，有限责任公司的注册资本最低限额为人民币 3 万元，股份有限公司的注册资本最低限额为人民币 500 万元。

4. 通知和公告债权人。《公司法》第 224 条第 2 款规定："公司应当自股东会作出减少注册资本决议之日起十日内通知债权人，并于三十日内在报纸上或者国家企业信用信息公示系统公告。债权人自接到通知之日起三十日内，未接到通知的自公告之日起四十五日内，有权要求公司清偿债务或者提供相应的担保。"这是为防止公司假借减资而逃避债务，对公司债权人合法权益进行保护的程序性规定。

5. 办理公司变更登记。公司减少注册资本以后，应当向公司登记机关申请办理注册资本变更登记。公司减少注册资本，应自公告之日起 45 日内申请变更登记，并应提交公司在报纸上登载公司减资公告的有关证明和公司债务清偿或者债务担保情况的说明。公司注册资本属于公司章程的绝对必要记载事项，也是公司登记内容的重要事项，因此，公司减少注册资本必须依法修改公司章程，办理相关变更登记手续。

---

[1]　参见法国《商事公司法》第 454 条第 3 项。

第七章

公司债

【本章导读】公司债是一种重要的有价证券，是公司外部融资的一种重要手段，是公司融资的重要来源，也是金融市场上的重要金融工具之一。公司债法制度在于调整债券持有人、股东和发行公司之间所形成的社会关系，协调他们相互之间的利益关系。

本章主要从公司债的概念和特征、公司债的主要种类出发，重点论述了公司债的发行、转让和偿还以及可转换公司债制度，公司债券持有人保护制度等。本章学习的难点是可转换公司债和债券持有人的保护制度。

第一节　公司债概述

一、公司债的概念和特征

（一）公司债的概念

公司债（Corporate bonds）是指公司依照法定条件和程序，通过发行有价证券的方式，向社会公众募集资金并在约定期限内还本付息的一种金钱债券。我国《公司法》第 194 条第 1 款规定："本法所称公司债券，是指公司发行的约定按期还本付息的有价证券。"基于公司债的发行，在债券持有人和发行公司之间形成了以还本付息为内容的债权债务法律关系。公司债券是公司外部融资的一种重要手段，是企业融资的重要来源，也是金融市场上的重要金融工具之一。2023 年 10 月 20 日公布的《公司债券发行与交易管理办法》对公司债券的发行、交易或转让行为作了较为系统的具体规范。

公司在成立以后，为更新设备，扩大生产规模及补充流动资金等原因，通常需要在原来的资本之外另行筹措资金。另行筹措资金的方式主要有两种：一是股权融资，即通过发行新股，或由股东追加投资来增加公司的资本总额，获得所需资金；二是债权融资，通过举债以获得所需资金。债权融资又分为如下三种情形：①向金融机构（主要是商业银行）贷款举债；②在公司内部向股东举债；③在公司外部向社会公众发行公司债券而举债，形成公司债。当公司采用发行新股的方式募集资金时，在取得所需资金的同时，也产生了对新股进行利润分配的负担，并可能使利润分配的比率降低，因此，公司一般不宜或不愿意发行股份；而通过一般的金钱借贷方式，通常只能取得有限的资金，难以获得足额的、长期的资金供应。为克服上述融资方式的弊端，又因为公司债具有募集对象的广泛性，条件比一般借贷优越，且具有安全性和流通性，更符合一般投资者的需求，因而迅速成为现代公司融资的一个重要渠道。

（二）公司债的特征

1. 公司债是以有价证券形式表现的债权债务法律关系，其中，发行公司是债务人，债券持有人是债权人。公司债的投资者是不特定的社会公众，公司向不特定的社会公众负担债务。公司债务的证券化是公司债的标志性特征之一。公司债券是公司债的载体，公司债除了有发行市场即一级市场之外，还有相应的转让市场即二级市场。二级市场体现了公司债的流通性，流通性是公司债券作为有价证券而固有的一般性特征，即公司债券可以在证券市场上自由转让，无需征求发行人的意见。按照债的一般理论，债权转移需向债务人告知才对债务人生效，而为了减少交易成本，公司债券的转移则无需向债务人通知。当然债券种类不同，转让方式也不同，记名债券的转让方式以背书或者其他法定的方式转让，而无记名债券转让的方式为直接交付该债券。

2. 公司债是公司所负担的集团债务。公司债"以不特定多数人为对象，集团性、定型性地承担。一般来讲，公司债是以筹集大数目的资金为目的，就如同发行股份，自多数人处集中资本。与一般的消费借贷不同，对不特定的多数人作出集团性的债务承担行为，其发行条件或方法等带有定型性的性质（附合契约）"。[1]并且，同一次发行的同一种类公司债券持有人所享有的权利是相同的，即公司债券持有人的地位是平等的，其相互的区别只是所持有债券的数量不同。

3. 公司债的标的以金钱为限，是一种金钱之债。并且，公司债是"以票面价额单位化了的债务。公司债如同股份，由票面价额来细分，是为了便于认购公司债，促进公司债的流通性，最终目的是要易于募集公司债"。[2]

4. 收益性。公司债券的收益性是从债券持有人的角度来讲的，作为债券持有人的投资工具，债券能够为其带来一定的收益。债券持有人的可得收益包括两种，即固定利息收益和转让证券所得的利差收益。这两种收益也是有区别的，固定利息收益是确定的，公司必须按照债券载明的利率付息；转让证券所得的利差收益则是不固定的，甚至可能是负值。

5. 要式性。公司债券的要式性是指公司债券必须具备法定的形式才能发行和流通。各国立法一般对其票面格式都有强制性要求，我国《公司法》第196条规定："公司以纸面形式发行公司债券的，应当在债券上载明公司名称、债券票面金额、利率、偿还期限等事项，并由法定代表人签名，公司盖章。"因为公司发行债券面向的是社会公众或者不特定多数人，为减少交易成本和监管成本，采用法定形式是立法的必然选择。

6. 期限性。公司债券记载的是一种金钱债权债务关系，债券持有人对公司的债权是有固定期限的，而不像股权一样可以永久性存续。在债券记载的期限到来之日，发行人须偿还本金，此时双方之间的权利义务关系随之消灭。债券存续期限是公司债券的重大记载事项，对于债券利息的计算、债券的流通性等有着很重要的影响。而且，公司债的期限一般较长，公司债是公司为筹集长期资金而负担的债务，可以用于长期的投资。当然，实践中，亦不乏短期公司债，公司的长期、短期债务结构应尽可能合理。

（三）公司债券的积极作用

1. 具有实现公司融资和投资者投资需求双重功能。公司债券是企业融资的重要工具，公司通过发行公司债券募集生产经营资金，相对于发行新股和向银行或其他组织借贷这两种方式而言，公司债具备更多优势；对投资者而言，公司债券的收益水平可

---

[1]　［韩］李哲松：《韩国公司法》，吴日焕译，中国政法大学出版社2000年版，第657页。
[2]　［韩］李哲松：《韩国公司法》，吴日焕译，中国政法大学出版社2000年版，第657页。

能低于股票，但是其投资风险却肯定比投资股票要小，并且其收益高于国债和政策性金融债，属于较为稳健的投资工具，并且投资者众多，责任分散。可见，公司债券能够满足投资者的投资和公司的融资的双重需求。

2. 优化公司的财务结构。实践中，我国大部分企业的负债结构长期以来都是银行贷款占主要成分。这种负债结构的特点是期限短，不宜于企业进行长期投资。而且，银行贷款属于间接融资，融资成本高。因此，我国大多数企业不合理的债务结构表现在融资渠道方面，重间接融资而轻直接融资；在负债结构方面，中短期债务比例大，导致负债结构失衡。若公司融资过分依赖银行的状况继续下去，企业的经营风险和银行的金融风险都会增大。因此，应该调整企业的债务结构，使直接融资与间接融资的比例协调，中长期的债务结构趋于合理。实现这一目的重要途径之一就是公司发行期限较长的公司债券。从而使得债务结构与资金需求匹配度进一步提高，改善负债结构，提高企业的短期偿债能力以及企业运营资金的使用效率。

3. 债券融资对公司治理有着独特的积极作用。债券不应仅仅被看作是一种融资工具，而更应被看作是可供选择的治理方式之一，其有着自己独特的治理功能。具体表现为[1]：①债券融资能激励和约束经营者，缓解股东和经营者之间的利益冲突。债券本息要用事先约定的固定方式定期或到期支付，这将减少经营者随意支配现金的行为，进而限制经营者追求扩张公司的过度投资行为；同时也可以将债券看作是一种担保机制，这种机制可促使经营者节制职务消费，努力提高经营效率，从而大大降低因所有权与经营权分离所产生的代理成本，使经营者与股东的利益更加趋同。②债券持有人的相机控制机制，是对经营者的一种驱动力，可以较好地解决代理问题。企业控制权和剩余索取权的分配随着企业财务和经营状况的变化而变化。当公司无法偿还公司债券的本息时，企业控制权和剩余索取权便会由股东转移给债券持有人。这种相机控制机制迫使经营者努力工作，使公司的经营绩效得以提高。从一定意义上讲，债券融资是相机控制机制得以有效运转的动力之一，是公司治理结构合理安排的基础。③债券融资具有传递信息的积极作用。由于发行公司债券，公司需要按照证券监督管理部门的要求，严格披露与债券发行有关的公司经营信息和财务信息。另外，债券投资者还可以通过公司已发行债券的数量与种类来判定公司经营状况、财务状况是否良好。这也在一定程度上激励公司规范自身的经营行为和证券发行行为，从而促进公司提高治理绩效。

4. 对证券市场的发展有着积极的作用。发行公司债券有利于金融市场的稳定，投资市场的多样化，能够有效地促进证券市场的发展。因为成熟的证券市场要求证券品种应尽可能地多样化，发行公司债券，不仅有利于公司融资，满足投资者的投资需求，而且可以通过增加证券品种，扩大规模，形成结构合理的证券市场，有利于增加投资者的投资机会，也有利于保障证券市场的健康发展。

总之，公司债券作为一个健全资本市场的重要组成部分，对于当前中国资本市场的健康成长和企业自身完善其治理结构、建立现代企业制度有着重要的现实意义。

---

[1] 参见赵旭东主编：《公司法学》，高等教育出版社 2006 年版，第 423 页。

（四）公司债与普通公司债务的区别

公司债和普通公司债务的共同之处就是两者都是债权债务法律关系。两者的不同主要表现在以下方面：

1. 债权债务表现的形式不同。首先，公司债以公司债券为表现形式，是一种证券化的公司债务，有相应的发行市场和交易市场，转让便利，易于流通。普通公司债务不以有价证券来表彰，其是非证券化的债务，并且一般是合同的甲乙双方当事人之间的债券债务关系，因此不易转让，难以流通。其次，债权人之间的关系和地位不同。公司债是公司所负担的集团债务，同批次发行的同一种类公司债债券持有人所享有的权利是相同的，即公司债债券持有人的地位是平等的；而普通公司债形成的原因是多元的，即使普通公司债的债权人人数众多，也可能因债权的数量不同或受偿的优先次序不同等原因，而不能构成一个集团。

2. 债权债务发生的原因不同。公司债的发生是基于公司债券的发行，这是产生公司债的唯一原因，是合同之债的一种特殊情形。而普通公司债务的发生则是基于诸如合同之债、侵权之债、不当得利之债、无因管理之债等多种原因。

3. 适用的法律规范有所区别。普通公司债务主要是由合同法、担保法等来调整。公司债因为需要经过复杂的债券发行程序，须经严格的发行审核程序，双方的关系主要受公司法、证券法的调整，当然许多情况下也会适用合同法。

（五）公司债券与股票的区别

发行公司债券和发行新股作为公司募集长期资金的两种主要途径，二者有着一些相似之处。在市场投资融资中，从发行公司角度讲，二者都是公司融资的途径；从投资者角度讲，二者又都是证券市场上两种重要的投资品种。作为有价证券，二者具有有价证券的一般性特征。二者都要受到公司法和证券法等法律规范的调整。然而，在法律关系层面上，二者存在着本质性的区别，这些区别主要有以下几点：

1. 二者表彰的法律关系性质不同。发行债券与发行新股是两种完全不同法律性质的行为，产生不同的法律关系。发行债券产生的是债权债务关系，所募集的资金是一种负债，是有期限的临时性财产。而发行新股产生的是股权关系，所募集的资金计入公司的资本金，是公司永久性财产。这就表明，债券和股票实质上是两种性质不同的有价证券。二者反映着不同的经济利益关系。债券所表示的只是对公司的一种债权，而股票所表示的则是对公司的所有权。权属关系不同，这就决定了债券持有者无权直接过问公司的经营管理；而股票持有者，则有权直接或间接地参与公司的经营管理。

2. 投资主体的法律地位以及享有的权利不同。公司债券是公司发给投资者的债权凭证，投资者是作为公司的债权人而存在的，享有的权利不外乎一般债权人所享有的权利范围，即要求公司支付利息并在债券到期日归还本金，公司债债权人的这一权利优先于股东对公司盈余或剩余财产的请求清偿权。但是债权人无权参与公司的经营事务，也无权对公司的事务作出决策。而股票则是公司发给投资者投资的股权凭证，投资者是作为公司的股东身份而存在，投资者享有的是股权，包括公司的管理事务参与权以及其他财产性权利。当然，股东只能在公司解散或者公司全部债务已经清偿后，才能就公司盈余或者剩余财产请求分派。

3. 风险和收益的程度不同。公司债券的利息率是固定的，记载于债券之上，无论公司盈利还是亏损，公司必须按照载明的利息率支付利息，而且在利益分配顺序上先于股东股息收益。当公司解散或者破产清算时，公司债券持有人也是先于股东分得公司财产，因此，公司债券的风险较小。相较而言，投资股票的风险则大得多，其交易转让的周转率高，市场价格变动幅度大，可能暴涨暴跌，安全性低，风险大。而且股息多少与公司经营业绩密切相关，可能高于也可能低于公司债券收益。从本金方面看，债券到期可回收本金，也就是说连本带利都能得到，如同放债一样。股票则无到期之说。股票本金一旦交给公司，就不能再收回，只要公司存在，就永远归公司支配。公司一旦破产，还要看公司剩余资产清盘状况，那时甚至连本金都会蚀尽，小股东尤其可能遭遇此种情况。另外，在公司交纳所得税时，公司债券的利息已作为费用从收益中减除，在所得税前列支。而公司股票的股息属于净收益的分配，不属于费用，在所得税后列支。这一点对公司的筹资决策影响较大，在决定要发行股票或发行债券时，常以此作为选择的决定性因素。

4. 发行主体、出资形式以及发行条件不同。股票的发行人只能是股份有限公司，而公司债券的发行人不限于股份有限公司，有限责任公司依法也可以发行公司债券。公司债券体现的是以还本付息为主要内容的债权债务关系，投资者只能以金钱为对价来购买公司债券。而对股票的投资者来说，获得股票的对价可以有多种选择，可以是货币出资，还可以是实物、知识产权、土地使用权等可以用货币估价并可以依法转让的非货币财产作价出资。我国《证券法》第 12 条和第 15 条分别规定了公司发行股票和公司债券不同的条件，两者在发行条件上也有较大差异。

二、公司债的种类

根据《公司法》和《证券法》的相关规定以及我国债券发行交易实践中的具体做法，我们可以在学理上将公司债券作出不同的分类，有助于我们加深对公司债券的理解。

（一）记名公司债券与无记名公司债券

依公司债券上是否记载持券人的姓名或名称为标准，可把公司债券分为记名公司债券和无记名公司债券。凡公司债券上记载债券持有人姓名或名称的为记名公司债券；无记名公司债券则是指债券票面不载明持有人姓名或者名称的公司债券。

我国《公司法》第 197 条规定："公司债券应当为记名债券。"同时该法第 198 条规定，公司发行公司债券应当置备公司债券持有人名册。发行公司债券的，应当在公司债券持有人名册上载明下列事项：①债券持有人的姓名或者名称及住所；②债券持有人取得债券的日期及债券的编号；③债券总额，债券的票面金额、利率、还本付息的期限和方式；④债券的发行日期。

区分记名公司债券与无记名公司债券的法律意义在于债券持有人行使权利的方式及意外灭失时的保护措施有所不同。首先，在转让方式上，记名公司债券以背书方式或者法律、行政法规规定的其他方式转让，转让后由公司将受让人的姓名或者名称及住所记载于公司债券存根簿，只有债券上载明的合法持券人才得向公司主张债权，其他任何人均无权主张。而无记名公司债券的转让在债券持有人将该债券交付给受让人后即发生转让的效力。其次，两者灭失时的补救方法也不同。通常记名公司债券灭失时可以通过公示催告程序向法院申请宣告债券无效，由公司补发债券；而无记名公司债券就无法得到这样的保护。最后，记名公司债券持有人在领取利息时，不仅要出示债券，还要出示登记册上载明的持有人的有关证件。

由于无记名公司债券容易给债券持有人会议的召开过程造成较大的不确定性，为确保债券持有人会议的顺利召开和有效表决，2023 年《公司法》取消了无记名公司债券的规定。而且在现代科技手段下，证券无纸化成为现实，无记名公司债券在证券无纸化的背景下也显得多余，电子化条件下的记名公司债券的成本也并不比无记名公司债券高。另外，此举还有利于开展反洗钱工作。

（二）担保公司债券与无担保公司债券

这是依公司债券有无担保为标准而进行的划分。

1. 担保公司债券（Guaranteed corporate bonds），是指以特定财产作抵押或者是附有第三人的保证而发行的公司债券。根据担保的方式不同，担保公司债券又可细分为抵押公司债券和保证公司债券。其中，以特定财产作抵押而发行的公司债券称为抵押公司债券。充当抵押品的特定财产，既可以是不动产，也可以是动产。而由第三人作为还本付息保证人而发行的公司债券称为保证公司债券。根据多数国家的惯例，担保公司债券的担保行为通常发生在母子公司之间，即由母公司对子公司所发行的公司债予以担保。特殊情况下，也有国家对公司债予以担保，但此属例外。在有些国家和地区，公司法允许股份有限公司发行有担保的公司债或无担保的公司债，但对两者规定适用的条件有较大的差异，即对发行无担保公司债所要求的条件要严于有担保公司债。

2. 无担保公司债券（Unsecured bonds），是指既无提供任何特定财产作抵押，也无第三人作为保证人，仅以公司的信用为基础所发行的公司债券，因此也称为信用公司债券。实践中，大多数公司债券被要求提供某种形式的担保，只有少数经营良好、信誉卓著的大公司可以发行无担保公司债券。无担保公司债券的持有人与公司的普通债权人，即非因持有公司债的原因而成为公司的债权人处于相同的法律地位，发行公司对他们并没有其他特别的义务，他们也不得要求以公司的特定财产作为他们债权的担保。但是，公司债权与普通债权却有较大的差别，因此，为了保护无担保公司债券持有人的利益，在一些英美法系的国家，确立了"消极担保"（Negative pledge/security）的制度，由法律规定对发行公司的一些行为予以限制，例如，限制发行公司对红利的分派及对资产的处置。在一些大陆法系的国家也有类似的规定。

区分担保公司债券和无担保公司债券的法律意义在于：担保公司债券到期不能还本付息时，若是抵押公司债券，债券持有人可以通过行使抵押权来实现自己的债权；若是保证公司债券，债券持有人可以请求债券保证人履行保证义务，要求保证人还本付息。而无担保公司债券在发行公司到期不能还本付息时，债券持有人只得以普通债权人的身份提出偿债请求。因此，对投资者来讲，担保公司债券与无担保公司债券二者的风险差异甚大。

（三）实物债券、凭证式债券、记账式债券

这是以债券的形态为标准而进行的划分。

1. 实物债券，是一种具有标准格式实物券面的债券，债权的记录以实物债券的形式进行，券面印有发行年度、券面金额等内容。实物债券是历史最长的一种债券，基于其发行成本和便捷等问题，有被逐步取消的趋势。

2. 凭证式债券，凭证式债券以填具"债券收款凭证"的形式记录债权，该凭证上记载购买人姓名、发行利率、购买金额等内容，是一种债权人认购债券的收款凭证，而不是债券发行人制定的标准格式的债券。凭证式债券从购买之日起开始计息，可以记名、可以挂失，但不能上市流通。[1]

3. 记账式债券，是一种没有实物形态的债券，记账式债券不需印制券面及凭证，而是利用账户通过电脑系统完成债券发行、交易及兑付的全过程。记账式债券可以记名、挂失，安全性较好，而且发行成本低，发行时间短、效率较高，交易手续便捷，是债券形态发展的主要趋势。

（四）可转换公司债券和非转换公司债券

依公司债券能否转换为公司股票为标准，可将公司债券分为可转换公司债券与非转换公司债券。可转换公司债券（Convertible bonds/debenture）是指公司债券的持有人有权在约定条件下将其持有的公司债券转换为发行公司股票的公司债券。反之，未约定债券持有人可以将债券转换为该公司股票的公司债券则为非转换公司债券。

区分可转换公司债券与非转换公司债券的法律意义主要在于：两种公司债券的持券人享有的权利不同，可转换公司债券的债权人享有一种选择权，即是否将其所持债券转换为股票的选择权，在转换前，持券人是债权人身份，只得请求利息收益；转换后，持券人是股东身份，可以分享因公司业绩增长带来的收益。而非转换公司债券的债权人则只得享有到期请求还本付息的权利。

除上述几种分类外，根据债券期限，公司债券可分为短期公司债券（1 年以内）、中期公司债券（1 年以上 5 年以内）和长期公司债券（5 年以上）；根据债券利率是否固定，可分为固定利率公司债券与浮动利率公司债券；根据持券人是否有权参与公司利润的分配，可分为普通公司债券与参加公司债券；根据发行人是否可以提前赎回公司债券，可分为可提前赎回公司债券和不可提前赎回公司债券；根据是否能够在证券市场公开交易为标准，可分为可上市的公司债券和非上市的公司债券；根据发行地及定值货币为标准，可分为国内公司债券和境外公司债券等。

我国现行《公司法》只规定了记名公司债券与可转换公司债券这两种分类。

第二节　公司债的发行

公司债的发行，是指公司为了筹集资金而依据法定条件和程序向投资者销售公司债券的行为。公司债券的发行，是公司主动负债的直接融资行为，其所面向的是证券市场内广泛的公众投资者，涉及公司以及社会公众投资者的双重利益。债券的发行公司的资信状况、发行过程中的一系列行为都关乎投资者（债权人）的切身利益，同时，也影响证券交易市场的安全和秩序。因此，公司债的发行必然要受到公司法、证券法

---

[1] 国债也可以采取这种债券形态发行。例如，我国 1994 年开始发行的凭证式国债，通过各银行储蓄网点和财政部门国债服务部面向社会发行，卷面上不印制票面金额，而是根据认购者的认购额填写实际的缴款金额，是一种国家储蓄债，可记名、挂失，以凭证式国债收款凭证记录债权，不能上市流通，从购买之日起计息。在持有期内，持券人如遇特殊情况需要提取现金，可以到原购买网点提前兑取。提前兑取时，除偿还本金外，利息按实际持有天数及相应的利率档次计算，经办机构按兑付本金的千分之二收取手续费。

的双重规制和保障。

一、发行主体

公司债的发行，是公司的主动负债，公司必须按照约定的时间和利率支付利息，并到期向投资者偿还本金。因此，公司的资信和资格条件对债权人和证券市场交易安全都有重要影响，各国对债券发行的主体都有一定限制。

一般情况下，股份有限公司可以发行公司债券，这是由股份有限公司的优势地位决定的。股份有限公司资本雄厚，资金来源广泛，组织机构健全，信息公开和社会监督完善，能够比较有效地保证公司支付利息并偿还本金，保护债权人利益。同时，公司发行股票也积累了一定证券市场的相关经验。而对于有限责任公司等其他类型的公司，各国或地区的法律规定各有不同，总体而言，可归结为禁止型和限制型两大类。[1]

我国1993年《公司法》第159条规定："股份有限公司、国有独资公司和两个以上的国有企业或者其他两个以上的国有投资主体投资设立的有限责任公司，为筹集生产经营资金，可以依照本法发行公司债券。"而我国2005年《公司法》删除了这一条文，这也就意味着，2005年修订后的《公司法》，对于发行债券的公司主体已经没有了1993年《公司法》的限制，根据法不禁止即自由的原则，只要是依法设立的有限责任公司以及股份有限公司都享有依法发行债券的主体资格。可见，我国法律对债券发行主体的规定相对其他国家和地区更为宽松。但不容忽视的是，有限责任公司的封闭性与公司债券作为公众投资工具应有的开放性之间存在相当大的冲突，对此应当引起高度的关注。

二、发行条件

（一）积极条件

公司债券的发行，是面向社会公众的融资手段，为防止一些不具备偿债能力的公司滥用发行权损害公众投资者的利益，发行公司债券必须符合法律规定的各项条件。我国《公司法》第194条第2款、第3款规定："公司债券可以公开发行，也可以非公开发行。公司债券的发行和交易应当符合《中华人民共和国证券法》等法律、行政法规的规定。"根据我国《证券法》第15条第1款的规定，公开发行公司债券，应当符合下列条件：公开发行公司债券，应当符合下列条件：①具备健全且运行良好的组织

---

[1] 禁止型和限制型两大类的具体情形是：①禁止型。即禁止有限责任公司发行债券，采取禁止型立法例的有法国、意大利、比利时、日本等国家以及我国台湾地区。例如，法国《商事公司法》规定，有限责任公司不得发行有价证券，否则发行无效。意大利《民法典》中有明确禁止有限责任公司发行公司债券的规定。比利时的公司法中也有明确禁止有限责任公司发行公司债的规定。②限制型。即允许有限责任公司发行公司债券，但同时以不得邀请公众认购其债券作相应的限制。采限制型立法体例的国家，以德国、瑞士、丹麦以及荷兰等为典型。关于是否允许有限责任公司发行公司债，英国在1948年对公司法修改之前曾明确禁止有限公司发行公司债，但是在后来对此作了修改。现在，英国的法律已经允许有限责任公司发行公司债。而在美国，私人有限公司能否发行公司债，各州的规定并不一致。例如，特拉华等州都允许有限责任公司以向公众发行债券的方式来进行融资。然而，这种向社会公众公开融资的方式对于私人有限公司是一种例外，而不是常态。这是因为绝大多数的私人有限公司的规模较小，并不需要外部的投资。而且，由于交易市场资源的不足，很难对私人有限公司所发行的债券的价值进行评估，导致外部的投资者一般也不愿意投资到私人有限公司。参见赵旭东主编：《公司法学》，高等教育出版社2006年版，第431页。

机构；②最近 3 年平均可分配利润足以支付公司债券 1 年的利息；③国务院规定的其他条件。可见，在公开发行公司债券条件方面，2019 年《证券法》与 2014 年《证券法》相比有了较大变化，通过这种变化可见我国债券立法方面的价值取向，因此有必要进行讨论。

1. 2019 年《证券法》删除净资产条件，增加具备健全且运行良好的组织机构的条件。债券是公司的负债，为保证债权人能够到期获取利息收回本金，发行公司必须具备相应的偿债能力，净资产额能够较为准确地反映公司的经营规模，是判断公司偿债能力的一个基本依据。[1] 我国 2014 年《证券法》第 16 条第 1 款第 1 项，首先对发行债券的公司的净资产最低限额作出了明确要求，即发行公司债券的股份有限公司的净资产不得低于人民币 3000 万元，有限责任公司的净资产不得低于人民币 6000 万元。由于有限责任公司具有封闭性，债权人对其不易监督，所以，对其净资产的额度要求比开放性的公众公司高出一倍。

2019 年《证券法》放宽了债券发行及上市的要求，删除对公司净资产数额、累计债券余额、筹集资金投向和债券利率等内容。其中，删除对公司净资产数额的要求，将有利于公司债券发行主体范围的扩大。2019 年《证券法》增加了"具备健全且运行良好的组织机构"的要求。组织机构是公司存在和运行的制度体现与保障，是公司成为法人组织的必要条件，也是公司实现有效治理的基础。公司组织机构设置是否完善及各组织机构之间的关系是否协调和有效率，直接关系着公司治理的效果。因此，证券法要求发行人不仅应当具备符合公司法规定的健全的组织机构，而且组织机构还需运行良好，这是公司良好运营进而具备偿债能力的基本保障。

2. 利润条件。公司必须按照约定如期向债券持有人支付利息，因此，公司必须有充足的利润作为支付的保障。对此，我国 2014 年和 2019 年的《证券法》未作改变。《证券法》第 15 条第 1 款第 2 项，要求发行债券的公司"最近三年平均可分配利润足以支付公司债券一年的利息"。公司可分配利润，是指公司依法纳税、弥补亏损、提取公积金之后，可用于分配给股东的利润。确保公司的可分配利润高于公司债券 1 年的利息，是确保公司能够充分实现对债权人的履约，确保公司具备基本偿债能力的标志。由于公司预期可分配利润属于未发生事件，发行债券的当下难以对未来公司盈利情况作出准确评估，因此，采用最近 3 年平均可分配利润作为检验公司偿债能力的依据。这样的规定在一定程度上能够较好地衡量公司的经营状况，一方面极大地降低了投资公司债券的风险，保障了债权人的利益，另一方面又保障了公司以债券形式融资的

---

[1] 考察其他国家和地区，公司债券发行限额与公司财务相联系的情形大致有如下四种：①将公司债券发行限额与公司的净资产数额相联系，如我国《证券法》的规定。②将公司债券的发行限额主要与公司的实收资本数额相联系。例如，针对可转换公司债券的发行，丹麦公司法专门规定了发行的限额，股份有限公司可以发行可转换为股份的债券，这种债券不得超过股份资本的 50%。在日本，公司债债券的发行总额，不得超过实收资本及法定准备金的合计数额。③在确定公司债券的发行限额的时候，兼顾公司的实收资本数额和净资产数额。如意大利，其法律规定公司可以发行记名债券或者无记名债券，但是，发行额不得超过公司实收资本以及根据股东大会通过的最近一次财务报告实际盈余的总和。④对于公司债的发行限额因公司债有无担保而有所不同。如我国台湾地区的相关法律规定，公司发行有担保公司债的，其发行总额不得超过公司现有全部资产减去全部负债及无形资产后的余额；发行无担保公司债时，其总额不得超过上述余额的1/2。参见赵旭东主编：《公司法学》，高等教育出版社 2006 年版，第 429 页。

权利。

3. 累计债券余额的确立与删除。发行公司债券能够为公司提供直接资金支持，但是如果盲目发行，公司的过度负债会减弱其偿债能力，最终可能使公司资不抵债，给债权人造成极大的风险。为防止这种情况的出现，2014 年《证券法》第 16 条第 1 款第 2 项规定，本次发行后"累计债券余额不超过公司净资产的百分之四十"；金融类公司的累计公司债券余额按金融企业的有关规定计算。"累计债券余额"是指公司申请发行债券时，已经发行但尚未偿还的债券总额与此次拟发行债券额之和。将"累计债券余额"控制在净资产的 40% 以下，目的在于把公司以债券形式负债的数额控制在一个合理的范围内，确保其充足的偿债能力，从而控制风险。2019 年《证券法》删除了累计债券余额不超过公司净资产 40% 的规定，这有利于进一步放开公司债券的发行规模。

4. 债券利率。2014 年《证券法》第 16 条第 1 款第 5 项规定，债券的利率不超过国务院限定的利率水平。当时，对公司债券利率进行限制，是国家对社会经济进行宏观调控的体现。由于公司债券的利息是在税前支付的，如果债券利率过高，则必然导致国家税收收入的减少，同时，过高的公司债券利率也可能抬高国家整个金融市场的利率，从而降低国家对金融市场的调控能力。2019 年《证券法》删除了债券的利率不超过国务院定的利率水平的内容，放开了对公司债券的利率管制，债券利率定价方式进一步市场化。

5. 筹资金投向条款作出重大修改。所筹资金投向，是指发行公司债券后所筹集资金的用途。2014 年《证券法》第 16 条第 1 款第 4 项和第 2 款规定，公司发行债券所筹资金的投向必须符合国家产业政策，必须用于核准的用途，不得用于弥补亏损和非生产性支出。对此，2019 年《证券法》第 15 条取消了所筹资金的投向必须符合国家产业政策和必须用于核准的用途。根据 2019 年《证券法》第 15 条的内容，在此对募集资金的用途论述如下：①须按公司债券募集办法所列资金用途使用。确保募集资金的用途、使用程序合法合规，是确保资金使用安全、保障投资者利益的关键。公司债券募集办法是对外公告发行人承诺，帮助社会公众了解债券相关信息，具有法律约束力的发行文件。债券发行不再采用核准制后，募集资金用途由发行人在债券募集办法加以规定并予以披露，监管机构对由发行人报送的债券募集办法只作程序性审查。只要债券募集办法没有遭到监管机构的否决，该债券募集办法就对发行人产生约束力，发行人就有义务按公司债券募集办法所列资金用途使用。②改变资金用途须经债券持有人会议作出决议。由于经营变化或企业运营调整，发行人存在改变资金用途的正常需求。早在 2009 年 11 月 3 日中国银行间市场交易商协会发布的《银行间债券市场非金融企业中期票据业务指引》就允许中期票据发行人在债券存续期间可以变更募集资金用途。与原证券法规定募集资金必须用于核准用途相反，新证券法允许发行人改变资金用途。变更资金用途具体包括变更资金使用项目、变更资金实施项目实施主体、变更资金使用方式等。2019 年《证券法》在吸收证监会 2015 年《公司债券发行与交易管理办法》的基础上明确规定了债券持有人会议制度。债券持有人会议是指由持有某一品种债券的全体债券持有人组成的、决定与债券持有人重大利益事项，代表全体债券持有人利益的非常设组织，是形成和体现债权人集体意志的机构。募集资金用途的改变，具有合同内容变更的性质，不能由发行人（债务人）单方决定，需要债券持有人（债权人）的集体同意。③不得用于弥补亏损和非生产性支出。资金被用于弥补亏损或非生产性支出，而非用于投资或生产性支出，必然无法取得产出、无法还本付息。因此，明确规定发行债券筹集到的资金不应当用于弥补亏损或非生产性支出，是出于保护债权人合法利益的需要。④鼓励募集资金投向的领域。2019年《证券法》不再将"筹集的资金投向符合国家产业政策"作为公开发行债券的硬性条件，而是通过其他相应的规范性文件由过去的强制性规范转变为倡导性规范。例如，《公司债券发行与交易管理办法》第13条第2款规定，鼓励公开发行公司债券的募集资金投向符合国家宏观调控政策和产业政策的项目建设。

6. 健全公司经营和内控制度。发行公司自身在日常生产经营活动中，其经营行为必须符合法律、行政法规和公司章程的规定，符合国家产业政策。由于债券发行的风险性和利益关系的辐射性，要求公司必须具备健全的内部控制制度，内部控制制度必须完整、合理、有效，不存在重大缺陷。

7. 国务院规定的其他条件。这是我国《证券法》第15条，在规定发行公司债券的一般条件的同时，又通过这种"兜底条款"为政府结合新情况及时颁布一些新规定，进一步管理和规范公司债留有法律余地，为国务院规制无法预测的情形提供法律依据。

此外，上市公司发行可转换为公司股票的公司债券，除应当符合上述规定的条件外，还应当符合《证券法》第12条关于公开发行股票的条件，并报国务院证券监督管理机构注册。对此，将在本章第四节加以阐述。

通过上述对债券发行条件修改前后的对比，可见，我国债券市场市场化进程在不断加快，监管理念也在不断调整。在投资者保护机制尚不健全、企业信用约束尚不成熟的资本市场发展初期，强制性的限制规定对于保障发行人的履约能力、控制债市风险发挥了积极作用。但是，随着资本市场朝市场化方向的发展，在企业发债准入标准中发挥市场调控而非管制作用的需求日渐突出。以发债时的净资产衡量公司信用，不仅不能真实反映动态变化中的公司信用状况，反而由于其对资产规模的要求，使得净资产限额规则成为阻挠中小企业融资的掣肘，阻挠中小企业的正常融资。另外，对于债券利率的强制性规定无法反映市场利率变动，也与利率市场化进程相悖，并且要求企业融资项目符合规定则会大大挤压企业融资的类型，压抑创新项目的孵化。随着投资者适格性规范等配套机制的完善，2019年的证券法删除多项限制条款，进一步弱化实质审查，全面提升中小企业债券市场融资能力，有助于进一步发挥债券市场本身在筛选发行人的自主性和能动性，也是市场化、法治化的注册制理念的具体体现。[1]

（二）再次发行公司债券的禁止条件

根据《证券法》第17条的规定，公司有下列情形之一的，不得再次公开发行公司债券：①对已公开发行的公司债券或者其他债务有违约或者延迟支付本息的事实，仍处于继续状态。②违反本法规定，改变公开发行公司债券所募资金的用途。这种严重的失信行为违反政府宏观调控政策，可能损害国家的整体经济秩序，带来不应有的风险。

---

[1] 参见郭峰等：《中华人民共和国证券法制度精义与条文评注》（上册），中国法制出版社2020年版，第169页。

三、公司债券的发行程序

按照我国《公司法》《证券法》及《公司债券发行与交易管理办法》等相关规范性文件的规定，符合条件的公司公开发行公司债券时，一般应遵循下列程序：

（一）股东会决议

申请发行公司债券，应当由公司董事会制订方案，由股东会对下列事项作出决议：①发行债券的数量；②向公司股东配售的安排；③债券期限；④募集资金的用途；⑤决议的有效期；⑥对董事会的授权事项；⑦其他需要明确的事项。股东会审议公司债券发行的决议，必须经代表 1/2 以上表决权的股东通过。另外，国有独资公司发行公司债券，由国有资产监督管理机构决定。发行公司债券募集的资金，必须符合股东会核准的用途，且符合国家产业政策。

（二）申报、保荐以及制作债券募集说明书和相关中介机构出具相关文件

公开发行公司债券，必须符合法律、行政法规规定的条件，应当由保荐人保荐，并依法向中国证监会申报。未经依法注册，任何单位和个人不得公开发行公司债券。保荐人应当按照中国证监会的有关规定编制和报送募集说明书和发行申请文件。公司全体董事、监事、高级管理人员应当在债券募集说明书上签字，保证不存在虚假记载、误导性陈述或者重大遗漏，并声明承担个别和连带的法律责任。保荐人应当对债券募集说明书的内容进行尽职调查，并由相关责任人签字，确认不存在虚假记载、误导性陈述或者重大遗漏，并声明承担相应的法律责任。债券募集说明书所引用的审计报告、资产评估报告、资信评级报告，应当由有资格的证券服务机构出具，并由至少 2 名有从业资格的人员签署。债券募集说明书所引用的法律意见书，应当由律师事务所出具，并由至少 2 名经办律师签署。债券募集说明书自最后签署之日起 6 个月内有效。债券募集说明书不得使用超过有效期的资产评估报告或者资信评级报告。

同时应当报送的文件还包括：公司营业执照；公司章程；公司债券募集办法；资产评估报告和验资报告；国务院授权的部门或者国务院证券监督管理机构规定的其他文件；保荐人出具的发行保荐书。

为债券发行出具专项文件的注册会计师、资产评估人员、资信评级人员、律师及其所在机构，应当按照依法制定的业务规则、行业公认的业务标准和道德规范出具文件，并声明对所出具文件的真实性、准确性和完整性承担责任。

（三）证券交易所受理、审核，证监会注册[1]

公开发行公司债券，由证券交易所负责受理、审核，并报中国证监会注册。

1. 申报与受理。发行人公开发行公司债券，应当按照中国证监会有关规定制作注册申请文件，由发行人向证券交易所申报。证券交易所收到注册申请文件后，在 5 个工作日内作出是否受理的决定。

自注册申请文件受理之日起，发行人及其控股股东、实际控制人、董事、监事、高级管理人员，以及与本次债券公开发行并上市相关的主承销商、证券服务机构及相关责任人员，即承担相应法律责任。

注册申请文件受理后，未经中国证监会或者证券交易所同意，不得改动。发生重

---

[1] 参见《公司债券发行与交易管理办法》第 17～30 条的规定。

大事项的，发行人、主承销商、证券服务机构应当及时向证券交易所报告，并按要求更新注册申请文件和信息披露资料。

2. 证券交易所审核。①证券交易所主要通过向发行人提出审核问询、发行人回答问题方式开展审核工作，判断发行人是否符合发行条件、上市条件和信息披露要求。证券交易所按照规定的条件和程序，提出审核意见。认为发行人符合发行条件和信息披露要求的，将审核意见、注册申请文件及相关审核资料报送中国证监会履行发行注册程序。认为发行人不符合发行条件或信息披露要求的，作出终止发行上市审核决定。②证券交易所应当建立健全审核机制，强化质量控制，提高审核工作透明度，公开审核工作相关事项，接受社会监督。③证券交易所在审核中发现申报文件涉嫌虚假记载、误导性陈述或者重大遗漏的，可以对发行人进行现场检查，对相关主承销商、证券服务机构执业质量开展延伸检查。④证券交易所应当自受理注册申请文件之日起2个月内出具审核意见。

3. 证监会注册。中国证监会收到证券交易所报送的审核意见、发行人注册申请文件及相关审核资料后，履行如下发行注册程序：①证监会认为存在需要进一步说明或者落实事项的，可以问询或要求证券交易所进一步问询。中国证监会认为证券交易所的审核意见依据不充分的，可以退回证券交易所补充审核。②证监会作出注册决定后，主承销商及证券服务机构应当持续履行尽职调查职责；发生重大事项的，发行人、主承销商、证券服务机构应当及时向证券交易所报告。证券交易所应当对上述事项及时处理，发现发行人存在重大事项影响发行条件、上市条件的，应当出具明确意见并及时向中国证监会报告。③证监会作出注册决定后、发行人公司债券上市前，发现可能影响本次发行的重大事项的，中国证监会可以要求发行人暂缓或者暂停发行、上市；相关重大事项导致发行人不符合发行条件的，可以撤销注册。证监会撤销注册后，公司债券尚未发行的，发行人应当停止发行；公司债券已经发行尚未上市的，发行人应当按照发行价并加算银行同期存款利息返还债券持有人。④中国证监会应当按规定公开公司债券发行注册行政许可事项相关的监管信息。⑤证监会应当自证券交易所受理注册申请文件之日起3个月内作出同意注册或者不予注册的决定。发行人根据中国证监会、证券交易所要求补充、修改注册申请文件的时间不计算在内。

4. 自主选择发行时点。公开发行公司债券，可以申请一次注册，分期发行。中国证监会同意注册的决定自作出之日起2年内有效，发行人应当在注册决定有效期内发行公司债券，并自主选择发行时点。公开发行公司债券的募集说明书自最后签署之日起6个月内有效。发行人应当及时更新债券募集说明书等公司债券发行文件，并在每期发行前报证券交易所备案。

5. 发行中止。存在下列情形之一的，发行人、主承销商、证券服务机构应当及时书面报告证券交易所或者中国证监会，证券交易所或者中国证监会应当中止相应发行上市审核程序或者发行注册程序：

①发行人因涉嫌违法违规被行政机关调查，或者被司法机关侦查，尚未结案，对其公开发行公司债券行政许可影响重大；②发行人的主承销商，以及律师事务所、会计师事务所、资信评级机构等证券服务机构被中国证监会依法采取限制业务活动、责令停业整顿、指定其他机构托管、接管等监管措施，或者被证券交易所实施一定期限

内不接受其出具的相关文件的纪律处分，尚未解除；③发行人的主承销商，以及律师事务所、会计师事务所、资信评级机构等证券服务机构签字人员被中国证监会依法采取限制从事证券服务业务等监管措施或者证券市场禁入的措施，或者被证券交易所实施一定期限内不接受其出具的相关文件的纪律处分，尚未解除；④发行人或主承销商主动要求中止发行上市审核程序或者发行注册程序，理由正当且经证券交易所或者中国证监会批准；⑤中国证监会或证券交易所规定的其他情形。

证监会、证券交易所根据发行人、主承销商申请，决定中止审核的，待相关情形消失后，发行人、主承销商可以向证监会、证券交易所申请恢复审核。中国证监会、证券交易所依据相关规定中止审核的，待相关情形消失后，证监会、证券交易所按规定恢复审核。

6. 发行终止。存在下列情形之一的，证券交易所或者中国证监会应当终止相应发行上市审核程序或者发行注册程序，并向发行人说明理由：

①发行人主动要求撤回申请或主承销商申请撤回所出具的核查意见；②发行人未在要求的期限内对注册申请文件作出解释说明或者补充、修改；③注册申请文件存在虚假记载、误导性陈述或重大遗漏；④发行人阻碍或者拒绝中国证监会、证券交易所依法对发行人实施检查、核查；⑤发行人及其关联方以不正当手段严重干扰发行上市审核或者发行注册工作；⑥发行人法人资格终止；⑦发行人注册申请文件内容存在重大缺陷，严重影响投资者理解和发行上市审核或者发行注册工作；⑧发行人中止发行上市审核程序超过证券交易所规定的时限或者中止发行注册程序超过6个月仍未恢复；⑨证券交易所认为发行人不符合发行条件或信息披露要求；⑩中国证监会或证券交易所规定的其他情形。

（四）公告

为便于社会公众了解和掌握发行公司的有关财务信息及所发行的债券的基本情况，同时方便政府有关部门对整个发行过程进行监督，债券发行申请经核准，发行人应当依照法律、行政法规的规定，公告公开发行募集文件，并将该文件置备于指定场所供公众查阅。发行证券的信息依法公开前，任何知情人不得公开或者泄露该信息。

公司应当在发行公司债券前的 2~5 个工作日内，将经中国证监会注册的债券募集说明书摘要刊登在至少一种中国证监会指定的报刊，同时将其全文刊登在中国证监会指定的互联网网站。

根据《公司法》第 195 条第 2 款的规定，公司债券募集办法中应当载明下列主要事项：①公司名称；②债券募集资金的用途；③债券总额和债券的票面金额；④债券利率的确定方式；⑤还本付息的期限和方式；⑥债券担保情况；⑦债券的发行价格、发行的起止日期；⑧公司净资产额；⑨已发行的尚未到期的公司债券总额；⑩公司债券的承销机构。

在公告上述法定文件后，公司即可以向社会公开发行债券，募集资金。

（五）承销

公司发行债券，应当由证券经营机构承销。发行公司委托证券承销商进行募集承销的方式包括代销和包销两种。

（六）置备公司债券持有人名册

公司发行公司债券应当置备公司债券持有人名册。公司债券持有人名册，是记载债券持有人及债券有关事项的公司法定账簿。依《公司法》第198条的规定，公司发行完公司债券后应当置备公司债券持有人名册，记载法定事项。这是公司管理的需要，这样可为债权人、管理部门提供查询，为债券转让或用于担保或产生争议时提供凭证。

置备公司债券持有人名册应当在公司债券持有人名册上载明下列事项：①债券持有人的姓名或者名称及住所；②债券持有人取得债券的日期及债券的编号；③债券总额，债券的票面金额、利率、还本付息的期限和方式；④债券的发行日期。

公司债券的登记结算机构应当建立债券登记、存管、付息、兑付等相关制度。

第三节　公司债券的转让、上市与偿还

一、公司债券的转让

公司债券作为有价证券，具有流动性和自由转让性。债券转让是指通过法定手续，使公司债券由持有人一方转让给受让人一方的法律行为。债券转让行为实现了公司债权债务的转让，丰富了证券市场的交易品种，也给潜在投资者提供了投资机会。

（一）公司债券的转让场所和方式

根据我国《证券法》第37条第1款的规定，公开发行的债券，应当在依法设立的证券交易所上市交易或者在国务院批准的其他全国性证券交易场所交易。

公司债券的转让方式，依《公司法》第201条的规定，公司债券由债券持有人以背书方式或者法律、行政法规规定的其他方式转让；转让后由公司将受让人的姓名或者名称及住所记载于公司债券持有人名册。

（二）公司债券的转让价格

公司债券的转让，应当遵循公平、自愿、等价、有偿的原则，由转受让双方自行协商确定其价格。我国《公司法》第200条明确规定："公司债券可以转让，转让价格由转让人与受让人约定。公司债券的转让应当符合法律、行政法规的规定。"公司债券在证券交易所上市交易的，双方大多采用集合竞价的方式确定转让价格。

公司债券的转让价格主要受发行者的经营状况、盈利水平、投资回报率、市场供求关系影响。国内外证券市场行情的变化及重大政治、经济事件等因素也会影响其交易价格，所以债券的转让价格与债券面值（或发行价格）经常不一致。

二、公司债券的上市交易

公司债券的上市，是指已经公开发行的公司债券根据《公司法》和《证券法》的有关规定在证券交易场所挂牌交易。目前，我国公司债券上市交易的主要场所是证券交易所。公司债券在交易所的交易应当采用公开的集中竞价方式，遵循价格优先、时间优先的原则。

（一）公司债券上市交易的条件

公司债券是公众投资工具，具有一定的风险性，因此，依据我国法律规定，申请上市的公司债券需要满足一定的条件。按照《证券法》第47条的规定，申请证券上市交易，应当符合证券交易所上市规则规定的上市条件。证券交易所上市规则规定的上市条件，应当对发行人的经营年限、财务状况、最低公开发行比例和公司治理、诚信

记录等提出要求。

（二）上市程序

根据《证券法》第46条第1款的规定，申请证券上市交易，应当向证券交易所提出申请，由证券交易所依法审核同意。公司申请债券上市交易时，应当向证券交易所报送相关文件，具体报送文件的内容由证券交易所上市规则规定。

公司债券上市交易申请经证券交易所审核同意后，公司与交易所签订上市协议，并在规定的期限内公告公司债券上市文件及有关文件，置备于指定场所供公众查阅。

（三）终止上市

根据《证券法》第48条、第49条的规定，上市交易的证券，有证券交易所规定的终止上市情形的，由证券交易所按照业务规则终止其上市交易。证券交易所决定终止证券上市交易的，应当及时公告，并报国务院证券监督管理机构备案。对证券交易所作出的不予上市交易、终止上市交易决定不服的，可以向证券交易所设立的复核机构申请复核。

（四）上市和交易过程中的持续信息公开

公开原则是证券法的核心原则，为了保护投资者利益和市场交易秩序，公司债券的上市和交易都应当严格遵守公开原则。公开原则的基本要求体现为公司的信息披露制度，严格完善的信息披露制度能够有效监督公司行为，保护投资公众的知情权。

1. 披露的内容。经国务院证券监督管理机构注册依法公开发行公司债券，应当公告公司债券募集办法和财务会计报告以及临时披露重大事件。

（1）定期信息披露。根据《证券法》第79条的规定，上市公司、公司债券上市交易的公司、股票在国务院批准的其他全国性证券交易场所交易的公司，应当按照国务院证券监督管理机构和证券交易场所规定的内容和格式编制定期报告，并按照以下规定报送和公告：①在每一会计年度结束之日起4个月内，报送并公告年度报告，其中的年度财务会计报告应当经符合本法规定的会计师事务所审计；②在每一会计年度的上半年结束之日起2个月内，报送并公告中期报告。

（2）临时信息披露。根据《证券法》第81条的规定，发生可能对上市交易公司债券的交易价格产生较大影响的重大事件，投资者尚未得知时，公司应当立即将有关该重大事件的情况向国务院证券监督管理机构和证券交易场所报送临时报告，并予公告，说明事件的起因、目前的状态和可能产生的法律后果。上述所称重大事件包括：①公司股权结构或者生产经营状况发生重大变化；②公司债券信用评级发生变化；③公司重大资产抵押、质押、出售、转让、报废；④公司发生未能清偿到期债务的情况；⑤公司新增借款或者对外提供担保超过上年末净资产的20%；⑥公司放弃债权或者财产超过上年末净资产的10%；⑦公司发生超过上年末净资产10%的重大损失；⑧公司分配股利，作出减资、合并、分立、解散及申请破产的决定，或者依法进入破产程序、被责令关闭；⑨涉及公司的重大诉讼、仲裁；⑩公司涉嫌犯罪被依法立案调查，公司的控股股东、实际控制人、董事、监事、高级管理人员涉嫌犯罪被依法采取强制措施；⑪国务院证券监督管理机构规定的其他事项。

2. 信息披露方式。依法必须披露的信息，应当在国务院证券监督管理机构指定的媒体发布，同时将其置备于公司住所、证券交易所，供社会公众查阅。

3. 信息披露的责任。上市公司董事、监事、高级管理人员应当保证上市公司所披露的信息真实、准确、完整。发行人、上市公司公告的公司债券募集办法、财务会计报告、上市报告文件、年度报告、中期报告、临时报告以及其他信息披露资料，有虚假记载、误导性陈述或者重大遗漏，致使投资者在证券交易中遭受损失的，发行人、上市公司应当承担赔偿责任；发行人、上市公司的董事、监事、高级管理人员和其他直接责任人员以及保荐人、承销的证券公司，应当与发行人、上市公司承担连带赔偿责任，但是能够证明自己没有过错的除外；发行人、上市公司的控股股东、实际控制人有过错的，应当与发行人、上市公司承担连带赔偿责任。

三、公司债券偿还

（一）公司债券偿还的含义

公司债券偿还，是指债券发行公司按照事先约定的期限和利率，向债券持有人履行还本付息义务的行为。公司债券的到期偿还，是消灭公司债券的基本形式，在内容上包括还本和付息两个部分。对于投资者而言，公司债券偿还是投资者实现投资收益的形式，具有经济上的意义。从法律意义上讲，对于发行公司而言，其偿还由自己发行的公司债券，则意味着由公司债券发行所引起的法律关系消灭。到期偿还公司债券本息是公司债消灭的最基本形式。除此之外，由公司债券表彰的债权债务法律关系，与其他公司债务一样，也会因提存、抵销、混同及免除等原因而消灭。

（二）公司债券偿还的期限

由于公司债券一般都是到期偿还，所以，公司债券的偿还期限与公司债的期限有关。一般情况下，公司债券的期限在发行时即已经确定，公司债券应到期偿还，公司不得违反债券持有人的意思随时偿还，公司债券持有人也不得要求公司随时偿还。我国《公司法》没有对公司债券的偿还期限作出明确规定。《公司债券发行试点办法》（已失效）第2条第2款规定："本办法所称公司债券，是指公司依照法定程序发行、约定在一年以上期限内还本付息的有价证券。"而替代上述"试点办法"的《公司债券发行与交易管理办法》取消了"约定在一年以上期限内还本付息"规定，其第2条规定："……本办法所称公司债券，是指公司依照法定程序发行、约定在一定期限还本付息的有价证券。"可见，公司法律的立法取向是更加尊重行为人的意思自治，公司债券的偿还期限由行为人自行决定，法律不作具体干预。

（三）公司债券偿还的方式

根据偿还的时间和次数的不同，公司债的偿还方式有一次性到期全部偿还、分批分期偿还以及提前偿还之分。

1. 一次性到期全部偿还。一次性到期全部偿还，是指公司在公司债券期限届满时，按照约定的利息率，一次性偿还该次所发行公司债券的全部资金和相应的利息。实践中多采用这种偿还方式。

2. 分批分期偿还。分批分期偿还，是指公司按照事先约定的日期和利息率，分次分批逐步向债券持有人偿还本金和利息的方式，这种方式一般都需要在债券发行时预先约定。具体包括两种情形：一是发行公司先按照规定的偿还日期和利息率向公司债券持有人支付利息，然后在规定的偿还本金期限内，根据债券发行时规定的办法进行，或采用分批抽签，或按债券号码的顺序还本，直到本金全部归还。二是发行公司先按照规定的日期和利息率向债券持有人支付利息，到规定的偿还本金期限届满时，再向债券持有人归还全部本金。

3. 提前偿还。如果在债券发行时有事先约定，公司也可以提前偿还债券。但是，债券的提前偿还对于投资者不一定是一件有利可图的事情。因此，一般情况下不允许提前偿还。提前偿还方式主要有以下几类：

（1）提前从公开证券市场买回债券注销。公开上市的债券，公司可以依据债券市场价格和利率的变动，通过提前在债券市场买回债券来合理地调度资金，获取利益。当债券的市价下跌到一定程度，公司可根据自身财务状况，从公开的证券市场上提前购回发行在外的债券予以注销，来偿还该部分债券的本息，以减轻负债。发行公司买回自己的债券，不仅可以达到注销债券、偿还债券的目的，还可以抬高债券市场价格，间接地起到支撑公司股票市场价格、维护公司形象的作用。

（2）向债券持有人赎回债券，即行使赎回权。赎回权（Right of redemption）是指在债券合同中约定的在债券到期前发行公司购回所有或部分债券的权利。在到期前赎回债券，等于是由发行公司行使一种期权，以便按更为有利的条件对债务进行重新安排。如果发行的是可赎回债券，发行人有权在特定的时间按照某个价格从债券持有人手中将其赎回。在市场利率跌至比可赎回债券的票面利率低得多的时候，债务人如果认为将债券赎回并且按照较低的利率重新发行债券，比按现有的债券票面利率继续支付利息要合算，就会将其赎回。大部分的可转换公司债券都有提前赎回的规定（详见本章第四节）。

（3）举借新债偿还旧债。如果通过发行债券对公司经营和发展有利，且有长期利用外借资金补充公司发展资金的需求和打算，公司可以发行新债券，以偿还旧债。举借新债还旧债可以通过直接交换、直接用新债券换回旧债券或用现金偿还等具体方式进行。

第四节　可转换公司债券

一、可转换公司债券的概念和特点

（一）可转换公司债券的概念

可转换公司债券，是指发行人依照法定程序发行、在一定期间内依据约定的条件可以转换成股份的公司债券。它是我国公司债券的法定种类之一。

债券持有人可以根据自身的投资需求和公司的发展状况，自主决定是否行使债券的转换权，这也是一种投资决策，而其一旦行使转换权，就会产生一系列的后果。即投资者持有的债券转换为公司股份，而债券持有人的债权人身份也即转换为股东，双方之间的法律关系也由债权债务关系转换为股权关系，公司的负债由此减少，而公司的资本相应增加。

根据《公司法》的规定，上市公司经股东大会决议可以发行可转换公司债券，并应当在公司债券募集办法中规定具体的转换办法，报经国务院证券监督管理机构核准。

（二）可转换公司债券的特点

可转换公司债券，是一种信用级别较低的、兼有债务性和股权性的中长期混合型融资和投资工具。主要有以下特点：

1. 兼具债权性和股权性。可转换债券是一种附认股权的债券,在转换成股份以前,公司与特定人或不特定人之间成立的是一种金钱债务关系,具有债权性。转换后,双方则转变为股权关系,债券持有人即变为公司股东,享有股东的权利和义务,因此又具有股权性。

2. 具有公司债券与买入期权的双重属性。可转换公司债券蕴涵着期权属性,即债券持有人有权在约定的期限内,依据自身的意志,自由选择是否以约定的条件将其持有的债券转换为发行公司的股票。因此,投资人可以选择持有债券至债券到期,要求公司还本付息;也可选择在约定时间内换股,享受股利分配或资本增值。

二、可转换公司债券的基本要素

可转换公司债券除具有公司债券的要素外,还具有自己的特殊要素,具体包括基准股票、票面利率、转换价格、转股溢价比率、赎回、回售等内容。

（一）基准股票

基准股票又称正股,是指债券持有人通过行使转换权,将债券转换成发行公司的某类股票。我国公司在境内发行的可转换公司债券的基准股票通常选择 A 股,在境外发行的可转换债券的基准股票通常选择 H 股。

（二）票面利率

可转换公司债券的票面利率是指债券所确定的利息率,其受市场利率、公司资信及债券要素的综合影响。可转换公司债券附有买入期权,债券持有人可获利益不限于利息收益,因此,可转换公司债券的利率通常比普通债券的利率低,有时甚至还低于同期银行存款利率。

（三）转换价格

转换价格是指可转换公司债券转换为每股股份所支付的价格。例如,一张面值100元的可转换公司债券上标明的转换价格为"10 元/股"。这样,每张可转换公司债券就可以转换为 10 股基准股票。转换价格是可转换债券的重要条款,通常随着公司股票拆细（Stock split）[1]和股份的变动情况而相应作出调整。它对投资者的收益、公司未来股权结构变动和效益增长、股票价格变动等因素有着重要的影响。

（四）转股溢价比率

可转换公司债券是一种混合型金融衍生产品,投资者可以把它看成是普通公司债

---

〔1〕 股票拆细又称股票分割,即将较大面值的股票细拆为若干较小面值的股票。股票拆细对公司的资本结构不会产生任何影响,一般只会使发行在外的股票总数增加,资产负债表中股东权益账户中各项（股本、资本公积、留存收益）的余额都保持不变,股东权益的总额也保持不变。其作用具体如下:①股票拆细会使公司股票每股市价降低,买卖该股票所必需的资金量减少,易于增加该股票在投资者之间的换手,并且可以使更多的资金实力有限的潜在股东变成持股的股东。因此,股票拆细可以促进股票的流通和交易。②股票拆细可以向投资者传递公司发展前景良好的信息,有助于提高投资者对公司的信心。股票拆细给投资者带来的不是现实的利益,但是投资者持有的股票数量增加了,给投资者带来了今后可多分股息和更高收益的希望,因此股票拆细往往比增加股息派发对股价上涨的刺激作用更大。③股票拆细可以为公司发行新股做准备。公司股票价格太高,会使许多潜在的投资者力不从心而不敢轻易对公司的股票进行投资。在新股发行之前,利用股票拆细降低股票价格,可以促进新股的发行。④在某种情况下,可以作为股利的一种分配方式。详见本书第八章第五节关于股利分配制度中股利的分配形式。⑤股票拆细带来的股票流通性的提高和股东数量的增加,会在一定程度上加大对公司股票恶意收购的难度。

券与公司股票看涨期权的组合体。在股市上扬时，可转换公司债券主要以股性为主；股市处于下跌时，则其债性表现突出。影响可转换公司债券价值的因素主要包括：纯债价值、到期收益率、纯债溢价率、转换价值和转股溢价率。前三个为转债的债性指标，后两个为转债的股性指标。为了保护公司原有股东的利益以及公司的股权结构稳定，可转换公司债券的转股价格一般要高于可转换公司债券发行时股票的二级市场价格。一般以发行前一段时间的股票收盘价的均价上浮一定幅度作为转股价格，通常在5%～20%幅度内。而转股溢价比率就是表示转股价格与债券发行时的股价差异程度的指标，计算公式为：转股溢价比率=（转股价格-股票时价）/股票时价×100%。

（五）赎回

赎回是指公司股票价格在一段时期内连续高于转股价格达到某一幅度时，公司按事先约定的价格买回未转股的可转换公司债券。

赎回权实质上是一种买入期权，发行公司可以根据市场的变化而自主选择是否行使此种权利。通过债券赎回，发行公司避免了市场利率下调而造成的利率损失，同时还把这种风险转移给了投资者，在某种程度上保护了发行公司和原有股东的权益。赎回条款一般包括以下几个要素：

1. 不赎回期。不赎回期是指可转换公司债券从发行日至第一次赎回日的期间，在此期间内公司不得行使赎回权。不赎回期越长，股票增值的空间和可能性就越大，投资者在这段时间内就有更多的机会和时间依据市场情况和自身投资需求决定是否转股，从而选择最有利于自己的方式，这对于投资者利益的保护是比较有利的。

2. 赎回时间。赎回时间是指债券发行时确定的，满足债券赎回条件时发行公司可以行使赎回权的时间。按照赎回时间的不同，赎回方式可以分为定时赎回和不定时赎回。定时赎回是指债券发行时即已经约定了确定的债券赎回时间，到期时，公司可以依相应的价格和条件赎回发行在外的未转股的可转换公司债券。不定时赎回是指双方没有事先约定赎回时间，公司可根据基准股票价格的走势，以一定的价格行使赎回权。

3. 赎回价格。赎回价格是事先约定的赎回可转债应当支付的价格，它一般为可转换债券面值的103%～106%。

4. 赎回条件。赎回条件是指发行公司可以行使赎回权利的条件，这是赎回条款中最为重要的因素。按照赎回条件的不同，赎回可以分为无条件赎回（硬赎回）和有条件赎回（软赎回）。

（六）回售

回售是指公司股票价格在一段时期内连续低于转股价格达到某一幅度时，可转换公司债券持有人有权按事先约定的价格将所持债券卖给发行人。

债券回售是投资者向发行公司转移风险的一种方式，它在一定程度上保护了投资者的利益，因此也更加吸引投资者。回售权实际上是一种卖出期权，它赋予投资者可以根据市场的变化而选择是否行使回售权的权利。回售条款一般包括以下几个要素：

1. 回售时间。回售时间是事先约定的，投资者可以把所持有的债券回售给发行公司的时间。回售期限一般为可转换债券偿还期的1/3，10年以上的可转换公司债券，回售时间大约为5年以上。

2. 回售价格。回售价格是投资者按照事先约定请求发行公司买回债券的价格。回售价格一般比市场价格略低，但高于可转换债券的票面价格，这保证了投资者在证券市场波动的情况下，也能获得稳定的收益。因此，附有回售条款的可转换公司债券更受投资者的欢迎。

三、可转换公司债券的发行

（一）可转换公司债券的发行主体条件

我国《公司法》《证券法》《上市公司证券发行注册管理办法》等法律、法规对公司发行可转换公司债券的条件作出了明确规定。我国目前只有上市公司以及重点国有企业有资格发行可转换公司债券。

由于可转换公司债券具有股票与债券的双重属性，因此，发行可转换公司债券既需要满足公开发行股票的条件，又需要满足公开发行债券的条件。我国《公司法》和《证券法》对股票和债券的公开发行都规定了相应的条件。《公司法》第202条、第203条规定，股份有限公司经股东会决议，或者经公司章程、股东会授权由董事会决议，可以发行可转换为股票的公司债券，并规定具体的转换办法。上市公司发行可转换为股票的公司债券，应当经国务院证券监督管理机构注册。发行可转换为股票的公司债券，应当在债券上标明可转换公司债券字样，并在公司债券持有人名册上载明可转换公司债券的数额。发行可转换为股票的公司债券的，公司应当按照其转换办法向债券持有人换发股票，但债券持有人对转换股票或者不转换股票有选择权。法律、行政法规另有规定的除外。

此外，《上市公司证券发行注册管理办法》第13条第1款规定，上市公司发行可转换公司债券，应当符合下列规定：①具备健全且运行良好的组织机构；②最近3年平均可分配利润足以支付公司债券1年的利息；③具有合理的资产负债结构和正常的现金流量；④交易所主板上市公司向不特定对象发行可转债的，应当最近三个会计年度盈利，且最近三个会计年度加权平均净资产收益率平均不低于6%；净利润以扣除非经常性损益前后孰低者为计算依据。

（二）可转换公司债券的发行程序[1]

可转换公司债券的发行程序与公司债券发行程序基本相同，也需要经过股东会决定、委托证券公司提出发行申请并保荐、中国证监会注册、公开发行等环节。

1. 董事会决议。上市公司申请发行证券，董事会应当依法就下列事项作出决议，并提请股东会批准：①本次证券发行的方案；②本次发行方案的论证分析报告；③本次募集资金使用的可行性报告；④其他必须明确的事项。上市公司董事会拟引入战略投资者的，应当将引入战略投资者的事项作为单独议案，就每名战略投资者单独审议，并提交股东会批准。董事会依照上述内容作出决议，董事会决议日与首次公开发行股票上市日的时间间隔不得少于6个月。

董事会在编制本次发行方案的论证分析报告时，应当结合上市公司所处行业和发展阶段、融资规划、财务状况、资金需求等情况进行论证分析，独立董事应当发表专项意见。论证分析报告应当包括下列内容：①本次发行证券及其品种选择的必要性；②本次发行对象的选择范围、数量和标准的适当性；③本次发行定价的原则、依据、

---

[1] 参见《上市公司证券发行注册管理办法》第20~37条

方法和程序的合理性；④本次发行方式的可行性；⑤本次发行方案的公平性、合理性；⑥本次发行对原股东权益或者即期回报摊薄的影响以及填补的具体措施。

2. 股东会决定。股东会就发行证券事项作出决议，必须经出席会议的股东所持表决权的 2/3 以上通过，中小投资者表决情况应当单独计票。向本公司特定的股东及其关联人发行证券的，股东大会就发行方案进行表决时，关联股东应当回避。股东会对引入战略投资者议案作出决议的，应当就每名战略投资者单独表决。上市公司就发行证券事项召开股东会，应当提供网络投票方式，公司还可以通过其他方式为股东参加股东大会提供便利。

股东大会就发行可转换公司债券作出的决定，应当包括下列事项：①股东会就发行证券作出决定的事项；[1]②债券利率；③债券期限；④赎回条款；⑤回售条款；⑥还本付息的期限和方式；⑦转股期；⑧转股价格的确定和修正。

3. 证券交易所审核。上市公司申请发行证券，应当按照中国证监会有关规定制作注册申请文件，依法由保荐人保荐并向交易所申报。交易所收到注册申请文件后，5 个工作日内作出是否受理的决定。

申请文件受理后，未经中国证监会或者交易所同意，不得改动。发生重大事项的，上市公司、保荐人、证券服务机构应当及时向交易所报告，并按要求更新申请文件和信息披露资料。自注册申请文件申报之日起，上市公司及其控股股东、实际控制人、董事、监事、高级管理人员，以及与证券发行相关的保荐人、证券服务机构及相关责任人员，即承担相应法律责任，并承诺不得影响或干扰发行上市审核注册工作。

交易所审核部门负责审核上市公司证券发行上市申请；交易所上市委员会负责对上市公司向不特定对象发行证券的申请文件和审核部门出具的审核报告提出审议意见。交易所主要通过向上市公司提出审核问询、上市公司回答问题方式开展审核工作，判断上市公司发行申请是否符合发行条件和信息披露要求。

上市公司应当向交易所报送审核问询回复的相关文件，并以临时公告的形式披露交易所审核问询回复意见。

交易所按照规定的条件和程序，形成上市公司是否符合发行条件和信息披露要求的审核意见，认为上市公司符合发行条件和信息披露要求的，将审核意见、上市公司注册申请文件及相关审核资料报中国证监会注册；认为上市公司不符合发行条件或者信息披露要求的，作出终止发行上市审核决定。交易所应当建立重大发行上市事项请示报告制度。交易所审核过程中，发现重大敏感事项、重大无先例情况、重大舆情、重大违法线索的，应当及时向中国证监会请示报告。

交易所应当自受理注册申请文件之日起 2 个月内形成审核意见，但法律另有规定的除外。上市公司根据要求补充、修改申请文件，或者交易所按照规定对上市公司实施现场检查，要求保荐人、证券服务机构对有关事项进行专项核查，并要求上市公司补充、修改申请文件的时间不计算在内。

---

[1] 股东会就发行证券作出的决定，应当包括下列事项：①本次发行证券的种类和数量；②发行方式、发行对象及向原股东配售的安排；③定价方式或者价格区间；④募集资金用途；⑤决议的有效期；⑥对董事会办理本次发行具体事宜的授权；⑦其他必须明确的事项。

4. 证监会注册。中国证监会收到交易所审核意见及相关资料后，基于交易所审核意见，依法履行发行注册程序。在 15 个工作日内对上市公司的注册申请作出予以注册或者不予注册的决定。

在 15 日的注册期限内，中国证监会发现存在影响发行条件的新增事项的，可以要求交易所进一步问询并就新增事项形成审核意见。上市公司根据要求补充、修改注册申请文件，或者保荐人、证券服务机构等对有关事项进行核查，对上市公司现场检查，并要求上市公司补充、修改申请文件的时间不计算在内。

中国证监会认为交易所对新增事项的审核意见依据明显不充分，可以退回交易所补充审核。交易所补充审核后，认为上市公司符合发行条件和信息披露要求的，重新向中国证监会报送审核意见及相关资料，上述规定的注册期限重新计算。

5. 公布可转换公司债券募集说明书。发行可转换公司债券，发行人必须公布可转换公司债券募集说明书。募集说明书应当包括下列内容：①发行人的名称；②批准发行可转换公司债券的文件及其文号；③发行人的基本情况介绍；④最近 3 年的财务状况；⑤发行的起止日期；⑥可转换公司债券票面金额及发行总额；⑦可转换公司债券利率和付息日期；⑧募集资金的用途；⑨可转换公司债券的承销及担保事项；⑩可转换公司债券偿还方法；申请转股的程序；转股价格的确定和调整方法；转换期；转换年度有关利息、股利的归属；赎回条款及回售条款；转股时不足一股金额的处理；中国证监会规定的其他事项。公开募集债券说明书自最后签署之日起 6 个月内有效。公开募集债券说明书不得使用超过有效期的资产评估报告或者资信评级报告。上市公司在公开发行债券前的 2 ~ 5 个工作日内，应当将经中国证监会注册的可转换公司债券募集说明书摘要或者募集意向书摘要刊登在至少一种中国证监会指定的报刊上公布，同时将其全文刊登在中国证监会指定的互联网网站，并置备于中国证监会指定的场所，供公众查阅。

6. 发行。可转换公司债券采取记名式无纸化发行方式，由证券承销机构承销，同时应当聘请具有保荐资格的机构担任保荐人，证券承销机构应当具有股票承销资格。承销方式由发行人与证券承销机构在承销协议中约定。发行人和证券经营机构应当在可转换公司债券承销期满后的 15 个工作日内，向中国证监会提交承销情况的书面报告。

四、可转换公司债券的上市交易

可转换公司债券可以在证券交易所公开上市交易。由于可转换公司债券到期可转换为公司股票，因而一般情况下，可转换公司债券的上市是在本公司股票上市的证券交易所内进行。根据我国上海证券交易所的交易规则，可转换公司债券的上市程序、交易规则、发行人的持续信息披露义务等与公司债券大同小异。此处仅介绍可转换公司债券交易的特殊之处。

根据转股权是否可以独立存在和转让，我国证券市场的可转换公司债券交易存在两种方式：一是转股权利附属于可转换债券的统一转让；二是转股权可以与债券分离的分离交易。

（一）统一转让

一般情况下，公司发行的可转换公司债券，转股权利是附属于债券本身的有机组成部分，不能与债券分离交易。债券持有人转让债券时，转股权必然随债券一并转让。转股权的行使以债券的存在为依据，受让人取得了可转换债券所有权，也就相应地取得了蕴涵其中的转股权，受让人既可以以债权人的身份获得利息收入及偿还的本金，还可以依据股票市场价格变动及自身投资需求决定是否到期行使转股权，成为公司股东。

（二）分离交易

分离交易的可转换公司债券，转股权与债券本身是独立的，二者可以分离交易和转换。转股权的权利形式从债券中抽离出来，以"认股权证"的独立形式存在，这种认股权证可以在证券市场中单独交易转让，而不依附于债券的占有和转让，在此种交易模式下，债券与认股权证可以分属于不同的持有者。

分离交易的可转换公司债券通常规定每 100 元面值的债券附送多少面值的认股权证，债券持有人在行权时即依此约定来转换股票。持有附认股权证的可转换公司债券的投资者，同时拥有债券及认股权证的所有权，其可以以债权人身份获得利息，到期获取本金，也可以到期选择行使认股权，转换为一定数额的公司股票。另外，投资者还可以在证券市场上公开转让可转换公司债券，可以把债券与认股权证一并转让，也可以单独转让认股权证，自身仍然持有债券，从而仅仅作为公司的债权人获取利息和本金。而认股权证的受让人则仅仅拥有认股权证标明的权利，如果股票市价高于认股价，其可以依约定到期按照认股权证上标明的认股价从发行人处购买股票，如果股票价格低于认股价，受让人可以放弃行权。

由于可转换公司债券包括了债券与认股权证两种证券品种，投资者可以获得多种投资机会和投资组合，也可以创造更多的盈利机会，因此，分离交易的可转换公司债券比较受投资者欢迎。这样一种创新型的复杂投资品种对于发行公司和证券市场的风险控制和监管提出了更高的要求，我国法律也对分离交易的可转换公司债券规定了更严格的交易条件和规程。

分离交易的可转换公司债券应当申请在上市公司股票上市的证券交易所上市交易。分离交易的可转换公司债券中的公司债券和认股权分别符合证券交易所上市条件的，应当分别上市交易，其期限最短为 1 年。债券的面值、利率、信用评级、偿还本息、债权保护适用可转换公司债券的一般规定。认股权证上市交易的，认股权证约定的要素应当包括行权价格、存续期间、行权期间或行权日、行权比例。认股权证的行权价格应不低于公告募集说明书日前 20 个交易日公司股票均价和前一个交易日的均价。认股权证的存续期间不得超过公司债券的期限，但自发行结束之日起不少于 6 个月。募集说明书公告的权证存续期限不得调整。认股权证自发行结束至少已满 6 个月起方可行权，行权期间为存续期限届满前的一段期间，或者是存续期限内的特定交易日。分离交易的可转换公司债券募集说明书应当约定，上市公司改变公告的募集资金用途的，赋予债券持有人一次回售的权利。

五、可转换公司债券的转换

可转换公司债券期限届满后会出现两种结果：一是债券持有人行使转股权，将持有的债券转换为股票；二是发行人对未转股的债券进行偿付。公司债券的转换是其区别于普通债券的显著标志。我国法律规定，公司发行可转换债券的募集说明书中必须对股份转换以及债券偿还事项作出明确的规定，以公平保护债券持有人的利益。

（一）转换权

转换权，即债券持有人享有的将其所持有的债券转换为发行公司股份的权利。债券持有人行使转换权的法律行为是单务法律行为，一旦行使就会对双方之间的权利义务产生根本的影响。虽然转换权的性质在学界还存在争议，但是综合来看，其比较符合形成权的特性，这样的解读也有利于保护债券持有人。

债券持有人的转换权以及权利行使的期限、条件都在债券发行时予以约定，债券持有人在期限内可以自由决定是否行使转换权，同时有权按照预先约定的条件直接请求发行公司转换成股票，而发行公司则负有将可转换公司债券换发为发行公司新股的义务。转换的请求自送达发行公司的交付场所即发生法律效力，发行公司必须及时为债权人换发新股。如果发行公司不按照约定应债券持有人的转股请求换发新股，那么发行公司则构成违约，债券持有人可以追究发行公司的违约责任。我国《公司法》第203条规定："发行可转换为股票的公司债券的，公司应当按照其转换办法向债券持有人换发股票，但债券持有人对转换股票或者不转换股票有选择权。法律、行政法规另有规定的除外。"

（二）转换期

转换期是指可转换公司债券可以转换为股票的期限。转换期并不一定与可转换债券的存续期限相同。根据不同的情况，转换期通常有以下四种：①发行后某日至到期日前；②发行后某日至到期日；③发行后至到期日前；④发行后至到期日。在前两种情况下，发行公司锁定了一个特定的期限，在该期限内不受理转股事宜，目的是不希望过早地将负债变为资本金，从而稀释原有的股东权益。在后两种情况下，虽然转换期与可转换债券的存续期间相同，但由于转股价格通常要高于当时基准股票的市场价格，因此，投资者一般也不会立即行使转股权。

根据我国《上市公司证券发行注册管理办法》第62条规定，可转换公司债券自发行结束之日起6个月后方可转换为公司股票，转股期限由公司根据可转换公司债券的存续期限及公司财务状况确定。债券持有人对转股或者不转股有选择权，并于转股的次日成为上市公司的股东。

（三）转换价格

转换价格，是指募集说明书事先约定的可转换公司债券转换为每股股份所支付的价格。为了平衡公司老股东与潜在新股东之间的利益平衡，我国规定转换价格应不低于募集说明书公告日前20个交易日该公司股票交易均价和前一交易日的均价。

可转换公司债券发行后，发行人可能根据实际情况对可转债的转换价格进行调整，如果公司的重大资本或资产调整可能引起股票价格下跌，那么就需要调整转换价格，否则原定的转换价格就有可能远远高于当前的股价，使得转股不能进行。因此，在一定条件下，必须对转换价格进行调整，发行可转换公司债券后，因配股、增发、送股、派息、分立及其他原因引起上市公司股份变动的，应当同时调整转换价格。而发行公司的募集说明书应当约定转换价格调整的原则及方式。募集说明书约定转换价格向下修正条款的，应当同时约定：①转换价格修正方案须提交公司股东大会表决，且须经出席会议的股东所持表决权的2/3以上同意。股东大会进行表决时，持有公司可转换债券的股东应当回避。②修正后的转换价格不低于前项规定的股东大会召开日前 20 个交易日该公司股票交易均价和前一交易日的均价。

（四）转换权行使

转换权的行使也必须符合一定的条件和程序，才能发生股票转换的效力。

1. 向发行人提出转换请求书。这应当由债券持有人发出，并且应当以书面形式、在规定的期限内以约定的方式向发行公司发出转股请求。投资者根据持有的可转换债券的面值，按照转换价格，通过开户的证券营业部申报转换成公司股票的股份数量。

2. 向发行公司提交债券。债券持有人应当向公司提交所持有的债券以换发股份。

3. 转股登记。证券登记结算公司根据有效申报，对投资者账户的股票和可转换债券的持有数量作相应的变更登记。债券持有人于转股的次日成为发行公司的股东。

（五）转换效力

1. 债券持有人由债权人转变为公司股东。债券持有人在持有债券阶段是公司的债权人，有权要求公司到期还本付息，一旦行使转换权，其所持有的债券就转换为公司的股份，可转换公司债券的持有人身份即由债权人转变为发行公司的股东，其享有的不再是债权，而是股东权。

2. 双方法律关系发生变更。可转换公司债券标志着发行公司与投资者的债权债务关系，发行公司负有到期偿付本息的义务。一旦可转换公司债券转换为股份，双方之间的债权债务法律关系即消灭，转变为公司与股东的权利义务关系。

3. 原债券丧失效力。可转换公司债券转换为股份以后，债券本身即已经失去了代表双方债权关系凭证的地位和效力，双方的权利义务关系以股票为标志。对于所持债券面额不足一股股份的部分，发行公司应当以现金偿还。

4. 发行公司资本增加，债务减少。公司债券转换为公司股份，直接导致公司增发新股，从而增加了公司的资本总额。同时，可转换公司债券转换为股份以后，债券效力灭失，由此所代表的债务也相应消灭，公司的负债即相应减少。

第五节　公司债券持有人的权益保护

一、公司债券持有人权益保护的必要性

公司债是通过整体、批量的发行方式形成的集团债务。与普通债务不同，公司债券的债权人众多且分散，而普通债权债务的内容单一，债权债务人相对性强。以发行有价证券的方式向社会不特定的多数人主动负债，债券发行数额较大、期限长且具有可流通性，这些使得公司债券持有人具有人数多、分散性和不确定性的特点，双方的利益链条又延伸到了证券市场，因此，公司债券持有人与公司的普通债权人的地位和风险承担情况有所不同：债券持有人作为债权人，在与发行公司博弈的过程中，容易处于劣势，其权利和利益容易被发行公司所侵害。如果公司债券持有人的合法权益得不到合理保护，不仅会损害社会广大投资者的利益，而且会打击潜在投资者的信心，影响证券市场的合理秩序。

从公司有限责任制度的角度考察债权人和股东的关系，有限责任制度经常被描述

为"一个将企业失败的风险由股东转移给债权人"的制度设计。[1]还有学者认为:"公司股东或经营阶层多是风险偏好者,而债权人却是风险规避者,而公司法未让债权人享有干预公司之投资方向的机会,却将投资失利之风险一部分转嫁给债权人承担。股东却因此享有与所需承担之风险不对等之利益。"[2]的确,公司股东和债券持有人间存在利益上的冲突,且债券持有人又处于弱势地位,其利益更易受到威胁。

再从不完全契约的角度来看对公司债权人利益的保护问题。所谓不完全契约,是指缔约双方不能完全预见契约履行期内可能出现的各种情况,从而无法达成内容完备、设计周详的契约条款。导致契约不完全的原因主要有两个:一是有限理性,即人的理性、思维是有限的,对未来事件、外在环境无法完全预期;二是交易成本,即对未来进行预测、对预测及措施达成协议并写入契约、确保可以执行等,均存在交易成本,在此情况下,缔约各方宁愿遗漏许多内容,或有意留待以后出现事件时再行协商。因此,需要设计不同的机制以对付契约条款的不完全性,并处理因不确定性事件引发的有关契约条款带来的问题。[3]债券持有人和发债公司之间的契约关系,亦属这种不完全契约。基于不完全市场、保护性条款成本过高、违约监控的操作性较低等原因,债券投资者和公司的债券契约最初就存在一定的不平等性,从而增大了债券持有人权益得不到足够保护的可能性。

因此,从法律层面和现实制度上保护债券持有人的各项权益是实践中亟待解决的问题。我国不仅在一般债权保护制度中对公司债券持有人提供了保护依据,而且在《公司法》和《公司债券发行与交易管理办法》的第七章中还规定了债券持有人会议和债券受托管理人等特殊的保护制度。

二、债券持有人的一般保护制度

(一)追究合同违约责任的保护方式

公司债券彰显着债券发行公司和债券持有人之间的债权债务法律关系。发行公司负有到期向投资者支付利息及偿还本金的义务;投资者则凭借所持债券行使债权人的权利,并可要求发行公司履行义务。如果发行公司不按照约定支付利息,以及到期不偿还本金,就属于违约行为,应当按照有关法律的规定和发行合同的约定承担违约责任。违约责任可以是违约金和赔偿损失两种形式。由于债券本身就是债务凭证,因此,可以按照债权保护的一般方式来保护债权人的利益。

(二)物权的保护方式

可通过设定担保来保护债权的实现。债券发行公司可以通过提供不动产、动产或其他财产权作抵押或质押,来担保支付公司债券的本息,也可以发行附保证的公司债券。

公司在发行债券的同时,为了保证债券的偿付以及吸引投资者,可以提供担保,具体形式包括保证、质押、抵押等,这使得债券持有人的利益有了更加有力的保障。

---

[1] [加]布莱恩·R. 柴芬斯:《公司法:理论、结构和运作》,林华伟、魏旻译,法律出版社2001年版,第533页。

[2] 王文宇:《公司法论》,中国政法大学出版社2004年版,第42页。

[3] [美]科斯、哈特、斯蒂格利茨等:《契约经济学》,李风圣主译,经济科学出版社2003年版,第14页。

当发行公司违约时，投资者可以通过行使担保权来保护自己的权益。我国法律规定，为公司债券提供担保的，应符合以下规定：①担保范围包括债券的本金及利息、违约金、损害赔偿金及实现债权的费用；②以保证方式提供担保的，应当为连带责任保证，且保证人资产质量良好；③设定担保的，担保财产权属应当清晰，尚未被设定担保或者采取保全措施，且担保财产的价值经有资格的资产评估机构评估不低于担保金额；④符合《民法典》和其他有关法律、法规的规定。

三、债券持有人会议

（一）债券持有人会议制度概述

债券持有人会议（Meeting of debenture holders），又被称为公司债券债权人会议，是指由同一次公司债券持有人组成的，对有关公司债券持有人共同利益的事项作出决议，所作决议对同一次公司债券持有人全体发生效力的临时性合议组织。我们也可以将债券持有人会议制度看成是一种债权人的团体制度，"需要确立公司债债权人团体制度，公司债债权人可以通过集体的力量，与发行公司处于对等地位，只有这样才能监督发行公司确实履行其债务，从而确保发行公司在公司债存续期间，履行其偿还该公司债本息义务"[1]。

债券发行人往往是资本市场上具有较高知名度的大型公司，具有较强的实力和较高的专业水平。而债券持有人的专业水平参差不齐，分布比较分散，持有期长短不一，投资目的与偏好也不尽相同，容易出现分歧和内耗。基于债券投资者的弱势地位，债券市场较为发达的国家和地区（特别是大陆法系国家和地区）的法律大多规定了债券持有人会议制度，例如，法、德、意、日等国的公司法都规定了股份公司债券持有人会议制度，即公司债券持有人可通过信托合同，指定受托人保护其在公司的日常权益。债券持有人或其受托人有权召开债券持有人会议，共同讨论与公司债权持有人权益有关的重大事项；有权查阅公司账目，并可以获得对公司有关管理事务方面的表决权。这对于防止公司因经营管理不善造成财产状况恶化而影响公司债权人的权益实现，具有积极的作用。我国澳门地区的《澳门商法典》第447条规定："公司应在发行债券的认购期届满30日后，以刊登公告的方式召集公司债债权人会议。在公司债债权人会议上，债权人应对共同利益的事宜进行决议。公司债债权人举行会议时，适用股东会的规则，经作出必要配合后，适用于公司债债权人会议。"[2]

债券持有人会议制度，将债券持有人会议作为债券投资者的意思表示机构和利益代表，为债券持有人提供整体的保护。债券持有人会议可以有效地提供给债权人以诉求表达机制，保护债权人利益。同时，多数决机制有利于协调债券投资者的立场，形成利益共同体，也使债券发行人与债券投资者进行实质性的协商和对话成为可能。

债券持有人会议与股东大会都是公司的非常设机构，但是股东大会是公司组织机构，而债券持有人会议则是公司临时性的决议机构，不属于公司的组织机构，二者的法律地位、职能、议事规则都不一样。在公司破产程序中存在债权人会议制度，其是为了在破产过程中便于债权人集中表达意愿，保护债权人利益，在这一点上债券持有

〔1〕 参见刘迎霜：《公司债：法理与制度》，法律出版社2008年版，第149～150页。
〔2〕 参见冷铁勋：《澳门公司法论》，社会科学文献出版社2012年版，第205页。

人会议与其有异曲同工之妙。但是，债券持有人会议的成员则是公司债的债权人，他们不同于公司一般债权人，二者在适用情形、组成及权限方面均有差异。

（二）债券持有人会议的组成

实践中，公司债券持有人会议必须由同一次发行的公司债券持有人组成。不同次的公司债券的持有者很难有共同利益，甚至可能存在利益冲突，因此，将会议成员限于同一次发行的公司债券持有人是合理的。我国《公司法》第 204 条规定，公开发行公司债券的，应当为同期债券持有人设立债券持有人会议，并在债券募集办法中对债券持有人会议的召集程序、会议规则和其他重要事项作出规定。债券持有人会议可以对与债券持有人有利害关系的事项作出决议。除公司债券募集办法另有约定外，债券持有人会议决议对同期全体债券持有人发生效力。

（三）债券持有人会议的召集及其权限[1]

根据各国的通常惯例，公司债券持有人会议的召集人既可以是发行公司，也可以是持有公司债券一定比例的投资者，还可以是公司债的管理人。日本《商法典》规定，发行公司可以召开会议。另外，持有公司债总额 1/10 的债权人，也可以请求发行公司召集债权人会议。法国《商事公司法》规定，公司债债权人大会由董事会、经理室或经理人、债权人集团代理人召集；至少代表一个债权人集团的 1/30 债券的一名或数名公司债债权人可向公司和集团代理人提出召开大会的要求。公司债债权人大会依照召集股东会议的相同形式和期限进行召集。会议既不得增加债权人的负担，也不得在同一集团内的公司债债权人之间建立不平等待遇。发行公司债公司承担大会的召集、举行、会议决定公告的费用。意大利《民法典》第 2415 条第 2 款规定，"在董事或者共同代理人认为必要时，或者在占发行的、有效债券总数 1/20 的债券持有人提议下，董事或共同代理人应当召集债券持有人大会"；第 2416 条规定，"债券持有人大会对全体债券持有人，即使是未出席会议的持有人或者有异议的持有人，均产生约束力"。

纵观各国和地区的规定，公司债债权人会议的召集人可以是以下主体：①发行公司；②持有公司债券达到一定比例的持有人；③公司债的管理人。公司债债权人会议的召集程序应当参照股东临时会议的召集程序进行。公司债债权人会议由同次公司债债权人组成，全体同次公司债债权人均有权出席会议。公司债债权人会议的决议应当由代表公司债债权总额的较大比例（如 3/4 以上）的债权人出席，以出席债权人表决权的较大比例（如 2/3 以上）同意才能生效。如日本《商法典》规定，公司债债权人按公司债的每一个最小单位行使一个表决权。一般问题，过半数表决权通过；特殊问题，如延期偿还、提起诉讼等，则需 2/3 通过。

债券持有人会议仅能对特定的事项作出有效决议。债券持有人会议决议事项应当限于与全体债券持有人利益相关的事项，而对于个别债券持有人拥有的诸如合法债权转让等权利的行使，债券持有人会议并无决定权。债券持有人会议是为了确保债权人的共同利益而存在的，一般可对下列事项作出决议：①推迟、减少或抵销债券本金、溢价或利息；②解除或设立债券的保证或担保；③与兼并或破产和解有关的将债券转换为公司的股份、与其他种类证券相兑换；④债券币种的变动，免除公司债管理人的

[1] 参见孙怡虹：《论大陆法系的公司债债权人会议制度》，载《商场现代化》2007 年第 18 期。

责任；⑤指定债券持有人的代表，就公司债提起诉讼；⑥撤销债券持有人代表等。

（四）我国债券持有人会议规则

根据我国《公司债券发行与交易管理办法》第62条的规定，发行公司债券，应当在债券募集说明书中约定债券持有人会议规则。债券持有人会议规则应当公平、合理。债券持有人会议规则应当明确债券持有人通过债券持有人会议行使权利的范围，债券持有人会议的召集、通知、决策生效条件与决策程序、决策效力范围和其他重要事项。债券持有人会议按照《公司债券发行与交易管理办法》的规定及会议规则的程序要求所形成的决议对全体债券持有人有约束力，债券持有人会议规则另有约定的除外。

该办法第63条还规定，发行债券的公司存在下列情况，可能影响债券持有人利益时，债券受托管理人应当按规定或约定召集债券持有人会议：①拟变更债券募集说明书的约定；②拟修改债券持有人会议规则；③拟变更债券受托管理人或受托管理协议的主要内容；④发行人不能按期支付本息；⑤发行人减资、合并等可能导致偿债能力发生重大不利变化，需要决定或者授权采取相应措施；⑥发行人分立、被托管、解散、申请破产或者依法进入破产程序；⑦保证人、担保物或者其他偿债保障措施发生重大变化；⑧发行人、单独或合计持有本期债券总额10%以上的债券持有人书面提议召开；⑨发行人管理层不能正常履行职责，导致发行人债务清偿能力面临严重不确定性；⑩发行人提出债务重组方案的；⑪发生其他对债券持有人权益有重大影响的事项。在债券受托管理人应当召集而未召集债券持有人会议时，单独或合计持有本期债券总额10%以上的债券持有人有权自行召集债券持有人会议。

公司债券持有人会议是一个会议机构，在对相关事项作出决议时应当贯彻债权多数决的表决原则。公司债券持有人以其持有的债券为单位，享有表决权，一般事项只需过半数通过即可。

（五）债券持有人会议制度之完善

我国债券持有人会议制度尚待进一步完善，对此，可以从以下几个方面考虑：

1. 完善公司债券持有人会议的召集权和提议权。公司债券持有人会议除了可以由发行人、受托人召集外，董事或者共同代理人认为有必要时，或者根据占发行的有效债券总数5%的债券持有人的提议，也可以召集债券持有人会议。2023年公布的《公司债券发行与交易管理办法》在这方面有了长足的进步，其中，第63条第2款规定，在债券受托管理人应当召集而未召集债券持有人会议时，单独或合计持有本期债券总额10%以上的债券持有人有权自行召集债券持有人会议。

2. 禁止发行公司的表决权。大多数国家的法律都没有禁止发行公司买卖本公司所发行的债券，这样一来，发行公司也可以成为本公司所发行的公司债券的合法债权人。如果允许其参加债券持有人会议，就可能使这一制度不能发挥其应有的功能。所以，大多数国家在确立公司债券持有人会议制度的同时，都要禁止发行公司在会议上享有表决权。

3. 限制某些特殊债权人的表决权。债券发行公司的股东，尤其是大股东，对发行公司具有较大的影响，所以可能与公司债券持有人存在利益冲突。为此，许多国家都限制其在公司债券持有人会议上的表决权。

4. 完善公司债券持有人针对公司债券会议决议的诉讼权。许多国家的法律都规定，当债券持有人会议的程序或决议违反法律或者信托合同的规定时，应该赋予债券持有人请求法院宣告会议决议无效的权利。

5. 重大事项的债券持有人会议的决定权。当公司面临重大的事项时，如合并分立、转移重大资产时，应事先经过公司债券持有人会议的同意，因为这些事项会直接影响到公司的偿债能力。

四、债券受托管理人制度

债券受托管理人制度本质上是公司债的信托制度（Corporate Bond Trust），它和上述公司债券持有人会议制度共同构成公司债券的管理制度。正如一位台湾学者所言，"从现行之规范观之，公司债的管理以公司债债权人会议制度为主，再以公司债信托制度为辅助之次要角色"[1]。

（一）债券受托管理人制度概述

债券受托管理人制度，是基于公司债券的长期性、集体性，依据信托的原理，选定一个受托人，将公司债券持有人对公司债券的监督管理事项信托给受托人，由受托人以自己的名义，为公司债券持有人利益，监督管理公司债券事务的一项信托制度。该制度利用信托原理间接确认了债券持有人的团体性，兼具财产信托与事务信托的法律性质。债券受托管理人就是在发行公司债券的过程中，受让债券有关的财产权利并允诺代债券持有人进行管理、处分的人。

债券受托管理人制度是受托人制度在现代金融领域的新发展，是为了更好地保护债券持有人的利益。成员广泛、组织松散的债券持有人通过信托制度，由独立的专业组织和机构代表其处理相关事务，保护其整体利益。债券受托管理人制度与债券持有人会议制度相互补充，相辅相成，共同提高债券持有人权利行使的时效和功用。

《公司法》第 205 条、第 206 条规定，公开发行公司债券的，发行人应当为债券持有人聘请债券受托管理人，由其为债券持有人办理受领清偿、债权保全、与债券相关的诉讼以及参与债务人破产程序等事项。债券受托管理人应当勤勉尽责，公正履行受托管理职责，不得损害债券持有人利益。受托管理人与债券持有人存在利益冲突可能损害债券持有人利益的，债券持有人会议可以决议变更债券受托管理人。债券受托管理人违反法律、行政法规或者债券持有人会议决议，损害债券持有人利益的，应当承担赔偿责任。

我国《公司债券发行与交易管理办法》第 57 条则规定，公开发行公司债券的，发行人应当为债券持有人聘请债券受托管理人，并订立债券受托管理协议；非公开发行公司债券的，发行人应当在募集说明书中约定债券受托管理事项。在债券存续期限内，由债券受托管理人按照规定或协议的约定维护债券持有人的利益。发行人应当在债券募集说明书中约定，投资者认购或持有本期公司债券视作同意债券受托管理协议、债券持有人会议规则及债券募集说明书中其他有关发行人、债券持有人权利义务的相关约定。

可见，债券受托管理人制度是我国保护债券持有人权益的一项强行性规范。

---

[1] 王泰铨：《公司法新论》，三民书局 2002 年版，第 384 页。

（二）债券受托管理人的选任

债券受托管理人与债券持有人是委托代理的关系，因此，应当为债券持有人的最大利益行事，不得与债券持有人存在利益冲突。根据《公司债券发行与交易管理办法》第58条的规定："债券受托管理人由本次发行的承销机构或其他经中国证监会认可的机构担任。债券受托管理人应当为中国证券业协会会员。为本次发行提供担保的机构不得担任本次债券发行的受托管理人。债券受托管理人应当勤勉尽责，公正履行受托管理职责，不得损害债券持有人利益。对于债券受托管理人在履行受托管理职责时可能存在的利益冲突情形及相关风险防范、解决机制，发行人应当在债券募集说明书及债券存续期间的信息披露文件中予以充分披露，并同时在债券受托管理协议中载明。"

（三）债券受托管理人的职责

根据《公司债券发行与交易管理办法》第59条的规定，公开发行公司债券的受托管理人应当按规定或约定履行下列职责：①持续关注发行人和保证人的资信状况、担保物状况、增信措施及偿债保障措施的实施情况，出现可能影响债券持有人重大权益的事项时，召集债券持有人会议；②在债券存续期内监督发行人募集资金的使用情况；③对发行人的偿债能力和增信措施的有效性进行全面调查和持续关注，并至少每年向市场公告一次受托管理事务报告；④在债券存续期内持续督导发行人履行信息披露义务；⑤预计发行人不能偿还债务时，要求发行人追加担保，并可以依法申请法定机关采取财产保全措施；⑥在债券存续期内勤勉处理债券持有人与发行人之间的谈判或者诉讼事务；⑦发行人为债券设定担保的，债券受托管理人应在债券发行前或债券募集说明书约定的时间内取得担保的权利证明或其他有关文件，并在增信措施有效期内妥善保管；⑧发行人不能按期兑付债券本息或出现募集说明书约定的其他违约事件的，可以接受全部或部分债券持有人的委托，以自己名义代表债券持有人提起、参加民事诉讼或者破产等法律程序，或者代表债券持有人申请处置抵质押物。

该办法第61条规定，受托管理人为履行受托管理职责，有权代表债券持有人查询债券持有人名册及相关登记信息、专项账户中募集资金的存储与划转情况。证券登记结算机构应当予以配合。

第八章

公司的财务会计制度

【本章导读】随着现代企业所有权和经营权的分离，会计对经济活动的记载不仅是投资者了解企业状况的重要途径，也是债权人考察债务人经营状况的重要渠道。同时，会计活动提供的各种财务信息，也为政府有效干预市场提供了依据。因此，会计信息的真实性和规范化已经成为现代社会的普遍需求。我国《公司法》第十章以专章的形式对公司财务会计制度进行了规范。

本章主要讲述了公司财务会计制度的概念、法律渊源、特征和功能，公司的财务管理制度，公司财务会计报告的主要内容，财务会计报告的编制、验证和公示，公司税后利润的分配。本章的学习重点是公司财务管理制度，公司税后利润的分配原则、分配方式、股利分配和公积金制度等。

第一节　公司财务会计制度概述

一、公司财务会计制度的概念、法律渊源和特征

（一）公司财务会计制度的概念

1. 会计的一般含义。会计（Accounting），是指运用货币为主要计量形式，通过记账、算账、报账等手段，核算和分析各国家机关、社会团体、企事业单位、个体工商户和其他组织的经济活动和财务开支，反映和监督其经济过程以及成果的一种活动。会计工作的基本任务是会计核算和会计监督，前者是基础，要求核算准确；后者是保障，要求监督有力。二者相辅相成，共同构成会计工作的整体。

2. 公司财务会计制度的概念。公司财务会计制度是指由法律法规和公司章程所确立的公司财务、会计的处理规则，包括公司财务制度和公司会计制度。公司财务制度是指有关公司的资金筹集、使用和分配的规则。公司会计制度是对公司经营业务和相关活动进行会计核算，实行会计监督的规则。它是对公司财产进行计算的一种手段，"公司的计算，始于评估财产和了解损益的作业，这些均应凭数据来认识，因此，应使用会计学的方法论"[1]。会计"是纪录企业真实财务状况与其经营成果之相关资讯，并进而将此等资讯完整揭露并公正表达之重要制度，从而，公司之会计实乃公司之核心问题"[2]。

（二）公司财务会计制度的法律渊源

1993 年 7 月 1 日之前，我国实行分所有制、分行业的会计核算制度。国有企业、集体企业、外商投资企业、联营企业、股份制试点企业分别有各自的会计制度；国有企业又按工业、商业、建筑、运输等行业标准进行细分，每一行业均有专门的会计制

---

〔1〕 ［韩］李哲松：《韩国公司法》，吴日焕译，中国政法大学出版社 2000 年版，第 603 页。

〔2〕 王文宇：《公司法论》，中国政法大学出版社 2004 年版，第 324 页。

度。其结果，一是会计信息资料缺乏可比性；二是随着新兴行业的崛起、所有制形式的多元化，不断地出现会计法上的空白；三是各类规章之间的矛盾、重合、含混之处越来越多，令企业无所适从。[1]

1992 年财政部根据《中华人民共和国会计法》（以下简称《会计法》）制定了适用于一切企业的《企业会计准则》和《企业财务通则》，并于 1993 年 7 月 1 日开始付诸实施。由此，开启了我国统一会计制度的历史，并且，在会计制度方面基本上实现了同国际惯例的接轨。

在我国，公司属"企业"之一种，其会计、财务事项当然适用《会计法》（2017修正）、《中华人民共和国注册会计师法》（以下简称《注册会计师法》）、《企业会计制度》《企业会计准则》《企业财务通则》的一般规定。然而，公司与其他企业仍有所不同，所以，我国《公司法》特设一章，即第十章"公司财务、会计"，优先于上述法律、法规、行政规章而适用于公司企业。

（三）公司财务会计制度的特征

公司财务会计制度为公司的内部管理制度，但与公司的一般规章制度相比，具有如下特征：

1. 公司财务会计制度具有强制性。公司虽为私法上的商主体，公司自治是其活力的保证，但公司运营中必须依法建立符合国家法律规定的财务会计制度。根据《公司法》第 207 条的规定，公司应当依照法律、行政法规和国务院财政部门的规定建立本公司的财务、会计制度。

2. 公司财务会计制度具有规范性。公司的财务会计制度必须遵循法律法规的基本规定，必须奉行通用的商业语言和商业规则。这是因为，公司财务会计制度虽属于公司的内部事务，但由于公司的活动涉及股东利益、债权人利益和社会公共利益，要让投资人、债权人及相关主管机关能够对公司的经营情况、财务情况有比较清晰的了解，财务会计记载必须具有规范性。按照我国《公司法》第 208 条的要求，公司应当在每一会计年度终了时编制财务会计报告，并依法经会计师事务所审计。财务会计报告应当依照法律、行政法规和国务院财政部门的规定制作。譬如，《企业会计准则》规定，企业的财务会计报表包括资产负债表、利润表、现金流量表以及其他财务附表。又如，财政部 1998 年发布的《股份有限公司会计制度——会计科目和会计报表》（已失效）要求，公司应当按照《企业会计准则》以及其他法律、行政法规的规定，编制和提供合法、真实和公允的财务会计报告。《公司法》第 217 条规定，公司除法定的会计账簿外，不得另立会计账簿。对公司资金，不得以任何个人名义开立账户存储。

3. 公司财务会计制度具有公开性。公司所有权与控制权的分离，要求公司的财务会计信息必须准确、及时地向股东披露。我国《公司法》第 209 条规定，有限责任公司应当依照公司章程规定的期限将财务会计报告送交各股东。股份有限公司的财务会计报告应当在召开股东会年会的 20 日前置备于公司，供股东查阅；公开发行股票的股份有限公司应当公告其财务会计报告。

4. 公司财务会计制度具有统一性。根据《会计法》第 8 条第 1 款的规定，国家实

---

[1] 江平主编：《新编公司法教程》，法律出版社 2003 年版，第 102 页。

行统一的会计制度。国家统一的会计制度由国务院财政部门根据会计法制定并公布。

二、公司财务会计制度的功能

各类公司都必须建立健全其公司内部各项财务会计制度，这是由公司财务会计制度的自身功能决定的。其主要功能体现在：

1. 有利于保护股东和债权人的利益。"公司系一营利性组织，自然以将本求利为其目标，故无论是债权人、股东、公司经营者甚至主管机关等，对公司之营运活动、融资活动及投资活动等盈利状况，皆当关心。"而"会计"正是公司真实财务状况公正表达的重要制度。"公司之财产乃公司债务之唯一担保，为保障债权人之权益使债权人得以评估公司之财务体质与偿债能力，要求公司会计之确实与透明，自属必要。"此外，"投资股东与投机股东之比例不在少数，为保障彼等不参与公司经营之股东族群，亦应当制定一套完整之会计规范，以避免公司经营阶层挪用公款，中饱私囊，侵害股东权益"[1]。股东除参加决定公司一些重大事项外，一般不参与日常的生产经营活动，股东往往是通过了解公司的生产经营状况和公司的财务状况来维护自身利益。股东能否从公司取得利润、取得多少利润，能以何种价格转让出资或股份，均与公司财务状况密切相关。然而，股份分散化往往导致所有权与控制权分离，公司的运作多由经理人员、董事操纵，股东并不直接参与。为防止执行公司业务的人损害股东利益，通过对公司各类会计表册的编制、提交、查阅、公告等进行法定安排就能有效提高公司财务的透明度。

公司的资产作为其对债权人的担保，资产状况如何，资产的经营状况如何，直接涉及债权人的债权能否得到清偿。财务会计工作的规范化，可以保证公司正确核算经营成果，合理分配利润，可以保证公司资产的完整，使债权人的利益得到保护。公司是一个独立实体，股东对公司债务不负责任，债权人只能就公司名下的财产而获清偿。公司财产有多少、如何变动、能否即时变现以偿债，均为债权人至为关切的问题。因此，公司法通过禁止在弥补亏损、提取公积金、公益金之前的利润分派等财务手段，能在一定程度上对债权人的利益起到保护作用。

2. 有利于保护社会公共利益和职工集体利益。当公司向社会公众发行股份或者债券时，就涉及社会公众投资者的利益，他们有权利了解公司的财务、会计状况。财务会计报告所提供的信息有利于帮助投资者作出理性的投资决策。公司，尤其是股份有限公司，比一般企业的社会经济影响大得多，为维护其稳定、健康地发展，进而维护社会秩序，有必要对公司的公积金提存等作出统一的规定。同时，为防止公司片面追求利润最大化而忽视职工经济利益，对公积金制度作出规定也是十分必要的。

3. 有利于促进企业的经营管理水平，进而有利于吸引社会投资。会计报表提供的指标实际上是对企业经营业绩的评价，并在此基础上找出问题、分析原因，寻找出提高企业经济效益的途径和方法，促进企业生产经营管理的改善。公司财务会计制度的规范化和公开化，可使社会各方面都能方便地了解到公司的经营状况和盈利能力。对经营状况比较好的公司，可以起到吸引社会投资的作用。

4. 有利于政府实施监管和宏观调控并有利于维护国家税收利益。公司在统一的财

---

〔1〕 王文宇：《公司法论》，中国政法大学出版社 2004 年版，第 324 页。

务会计制度规定下筹集分配资金，记录、反映经济业务，这有利于政府掌握情况，制定政策，实施管理。财务会计报表提供的经济指标为国家宏观调控和政府职能部门进行会计监督提供了依据。政府职能部门可以利用财务会计报表提供的经济指标进行宏观管理，制定合理的经济政策，对整个国民经济进行宏观调控，并对企业的各项经营活动进行具体的会计监督。规范的公司财务会计是税务征管机构准确征税的基础，是防止偷税漏税行为的有效措施。

三、我国《公司法》公司财务会计制度的基本框架

根据《公司法》及相关法律法规，公司财务会计制度主要有如下基本要求：

1. 依法建立本公司的财务、会计制度。《公司法》第 207 条规定，公司应当依照法律、行政法规和国务院财政部门的规定建立本公司的财务、会计制度。

2. 财务会计报告制度。《公司法》第 208 条、第 209 条规定，公司应当在每一会计年度终了时编制财务会计报告，并依法经会计师事务所审计。财务会计报告应当依照法律、行政法规和国务院财政部门的规定制作。有限责任公司应当依照公司章程规定的期限将财务会计报告送交各股东。股份有限公司的财务会计报告应当在召开股东大会年会的 20 日前置备于本公司，供股东查阅；公开发行股票的股份有限公司必须公告其财务会计报告。

3. 公积金制度。《公司法》第 210 ~ 214 条规定了公积金的提取、构成、用途以及转增资本的制度。

4. 股利分配规则。《公司法》第 210 条规定了股利分配的基本规则。

5. 公司审计制度。《公司法》第 208 条第 1 款、第 215 条和第 216 条规定，公司应当在每一会计年度终了时编制财务会计报告，并依法经会计师事务所审计。公司聘用、解聘承办公司审计业务的会计师事务所，按照公司章程的规定，由股东会、董事会或者监事会决定。公司股东会、董事会或者监事会就解聘会计师事务所进行表决时，应当允许会计师事务所陈述意见。公司应当向聘用的会计师事务所提供真实、完整的会计凭证、会计账簿、财务会计报告及其他会计资料，不得拒绝、隐匿、谎报。可见，我国《公司法》规定的是公司财务会计的外部审计制度，而关于公司内部的审计未作规定。

6. 会计账簿制度。《公司法》第 217 条规定，公司除法定的会计账簿外，不得另立会计账簿。对公司资金，不得以任何个人名义开立账户存储。

第二节　公司的财务管理制度

公司财务管理制度是指关于资金的筹集、运用和收益分配等活动的法律制度。公司财务管理涉及公司的资本与股份、运营资金的筹集与管理、经营成本管理、固定资产和流动资产的管理、利润分配等。公司应当建立健全内部财务管理制度，做好各项财务收支计划、控制、核算、分析及考核工作，依法合理筹集资产，确保公司财产完整与增值，提高公司的经济效率。公司的财务制度制定及执行情况应该接受政府有关部门的监督。本节主要依据《企业财务通则》以及公司财务管理的相关原理，[1]从资

---

[1] 1992 年我国公布了《股份制试点企业财务管理若干问题的暂行规定》，此暂行规定于 2003 年被废止，但是，其中有些企业财务管理的原理是通用的，故本书予以借鉴和参考。

金筹集管理、固定资产管理、流动资产管理、无形资产和递延资产的管理以及成本费用管理等角度阐述了公司财务管理制度。

一、资金筹集管理

公司财务管理的首要任务是资金筹集管理，它主要包括两个方面的内容：资本金管理和公司负债管理。

（一）资本金管理

资本金制度是现代公司法制度的基础，也是公司财务制度的重要内容。财务制度上所指的资本金是指公司在工商行政管理部门登记的注册资本。

除《公司法》第47条和第96条对于公司资本制度的强制性规定以外，财务制度上规定的资本金制度主要包括两方面内容：①强化对投入股本的管理。公司的财务会计人员要依据实际认股情况登记股份的种类、发行数量、每股面值、认缴或实缴股本的数量、其他需要记录的事项。非因减少资本等特殊情况的，公司不得收购本公司的股票，也不得库存本公司已经发行的股票。股东需要增加或者减少股份时，应当按照有关规定办理增资或者减资手续。股东投入的股本在公司存续期间不得抽回。②核算股东权益。股东权益或称所有者权益，在财务制度上是指股东对公司净资产的权利。公司的全部资产减全部负债后的净资产是股东权益，包括股本或者实收资本、资本公积金、盈余公积金、职工集体福利基金和未分配利润。股东按照出资或者认缴的股本比例分享经营收益、承担经营风险，或者按照公司合同、公司章程的规定分配收益、分担风险。

（二）公司负债管理

公司负债是指公司承担的能够以货币计量的，需要以资产或者劳务偿付的债务，如公司向银行借入的长期贷款或者短期借款等。在现代企业制度下，公司借入资金是一种重要的公司筹集资金的方式，加强对负债的管理既是保障债权人合法权益的重要手段，也是保障投资人即股东权益的重要保证。公司负债管理可以从以下两个方面入手：

1. 应当科学区分企业的长期负债和流动负债。依据会计学原理，公司的负债按照其流动性或者偿还期限的长短不同，可以分为长期负债和流动负债。长期负债是指偿还期限在1年以上或者超过1年的一个营业周期以上的债务，包括长期借款、应付长期债券、应付引进设备款、融资租入固定资产应付款等。长期负债往往关系到企业未来的重大生产项目、企业规模和经营范围，对其合理使用可以扩大企业再生产，提高生产能力。长期负债通常数额较大，对长期负债的合理规划和管理具有重大意义。流动负债是指可以在1年以内或者超过1年的一个营业周期内偿还的债务，包括短期借款、应付及预收货款、应付票据、应付税金、应付短期债券、预提费用等。流动负债一般是用来补充企业生产经营流动资金的，关系到企业日常运营的正常进行。

2. 正确核算负债利息的支出。新的财务制度改革了旧财务制度中关于利息支出与借款相互混淆的情形，对此作出重要调整。企业长期负债的应付利息支出，产生于筹资期间的，计入管理费用；产生于生产经营期间的，计入财务费用；产生于清算期间的，计入清算损益。但是，凡是与购建固定资产或者无形资产有关的，在资产尚未交付使用或者虽交付使用但尚未办理竣工决算之前，计入购建资产的账面价值。企业的流动负债应计利息支出，计入财务费用。这种依据利息来源不同而将利息支出作为筹资费用，或计入资产价值，或计入公司当期损益的做法具有科学性，有利于公司的发展。

二、固定资产管理

固定资产（Fixed assets）是指企业使用期限超过 1 年的房屋、建筑物、机器、机械、运输工具以及其他与生产、经营有关的设备、器具、工具等。不属于生产经营主要设备的物品，如果其单位价值在 2000 元以上且使用年限超过 2 年的，也被视为固定资产。固定资产是企业的劳动手段，也是企业赖以生产经营的主要资产。从会计的角度划分，固定资产一般被分为生产用固定资产、非生产用固定资产、租出固定资产、未使用固定资产、不需用固定资产、融资租赁固定资产、接受捐赠固定资产等。固定资产具有单位价值高、使用期限长的特点。

（一）固定资产的分类计价

固定资产的计价是指以货币为计量单位来计算固定资产的价值。固定资产的分类计价是固定资产管理的基础，正确地计算固定资产的价值是科学估算固定资产成本的前提，也可以使固定资产在生产过程中的损耗得到合理补偿。目前国际上通行的固定资产计价方法有三种：原始价值计价、重置价值计价、净价值计价。

（二）固定资产的折旧

固定资产本身具有使用周期长的特点，其寿命往往穿越多个会计期间。折旧是指在固定资产使用寿命内，按照确定的方法对应计折旧额进行系统分摊。固定资产的折旧是对固定资产由于磨损和损耗而转移到成本费用中去的那一部分价值的补偿。

固定资产磨损和损耗包括固定资产的有形损耗和无形损耗。其中有形损耗又包括实物损耗和自然损耗。固定资产的实物损耗是指固定资产在使用过程中其实物形态由于运转磨损等原因发生的损耗，一般是指机器磨损。固定资产本身结构、质量和使用状况，以及固定资产的维修情况，对固定资产实物磨损程度起决定性作用。固定资产的自然损耗是指固定资产受自然条件的影响发生的腐蚀性损失。固定资产的无形损耗是指固定资产在使用过程中由于技术进步等非实物磨损、非自然损耗等原因发生的价值损失。

固定资产的折旧方法有：年限平均法、工作量法、双倍余额递减法和年数总和法等。其中，双倍余额递减法和年数总和法属于加速折旧法。企业可以依据固定资产经济利益的实现方式合理选择固定资产的折旧方法，折旧方法一经选定，不得随意变更。我国新财务制度中规定允许技术进步快的公司对其机器设备采用加速折旧法。

（三）固定资产的大修理费用

固定资产的大修理费用或称支出，是指为恢复固定资产的性能，对其进行大部分或全部的修理。固定资产的大修理费用可以采用预提的办法，其提取数额按预计发生的大修理费用和大修理周期确定，实际发生的大修理费用超过预提的，按待摊办法进行核算，不另设大修理基金。大修理费用采用预提的大修理费用的部分，可以计入成本、费用，可用预提的大修理费用部分冲减当年的成本、费用；当大修理费用没有采用预提的办法，并且支出较大，收益期超过 1 年的大修理支出，应当作为长期待摊费用处理。采用待摊办法的，摊销期限和大修理周期相同。

三、流动资产管理

流动资产（Liquid/ Current assets）是指可以在 1 年或者超过 1 年的一个营业周期内变现或者耗用的资产，包括现金及各种存款、短期投资、应收及预付款项、存货等。

（一）现金和银行存款的管理

公司应当设置现金和银行存款的总账和日记账，分别进行总分类核算和明细分类核算。现金及各项存款均应按照实际收入和支出数记账。为了加强对现金的管理，应当建立严密的内部控制制度，它包括：钱账分管制度、现金开支审批制度、现金日清月结制度、现金保管制度等。依据《人民币银行结算账户管理办法》（部分失效）第 3 条第 1 款规定，银行结算账户按存款人分为单位银行结算账户和个人银行结算账户。

1. 存款人以单位名称开立的银行结算账户为单位银行结算账户。单位银行结算账户按用途分为基本存款账户、一般存款账户、专用存款账户、临时存款账户。个体工商户凭营业执照以字号或经营者姓名开立的银行结算账户纳入单位银行结算账户管理。

2. 存款人凭个人身份证件以自然人名称开立的银行结算账户为个人银行结算账户。一个企业只能选择一家银行的一个营业机构开立一个基本存款账户，不得在多家银行机构开立基本存款账户。任何单位和个人不得将单位的资金以个人名义开立账户存储。

（二）短期投资的管理

短期投资是指企业购入能够随时变现，并且持有时间不超过 1 年（含 1 年）的有价证券以及不超过 1 年（含 1 年）的其他投资，包括各种股票、债券、基金等。短期投资应按取得时的实际成本计价，并在资产负债表有关项目内注明期末时市价。公司取得股票，实际支付的款项中包括已宣告但未支取的股利，可作为应收款，计入短期投资的实际成本内，而本期宣告股票应分得股利、债券利息收入，以及转让股票、债券所取得的收入与成本的差额，应列在当期损失中。

（三）应收及预付款的管理

应收及预付款主要包括：应收票据、应收账款、其他应收款、预付货款和待摊费用等。应收及预付款应当按照实际发生额记账，并按照往来户名、费用种类等设置明细账，进行明细核算。实行坏账备抵法[1]的，按应收账款余额的千分之三至千分之五提取坏账准备，计入当期损益。发生坏账损失，应冲销坏账准备。已经确认的坏账，以后如果收回的，应冲销坏账损失。

（四）存货的管理

存货是指企业在日常活动中持有以备出售的产成品（即成品）或商品，处在生产过程中的在产品（即在制品），在生产过程或提供劳务过程中耗用的材料、物料等。存货区别于固定资产等非流动资产的最基本的特征是，企业持有存货的最终的目的在于出售，而不论是可供直接销售（如企业的产成品、商品等），还是需经过一步加工后才能出售（如原材料等）。总体而言，存货包括各类原材料、在产品、半成品、库存商品、商品以及周转材料（包装物、低值易耗品）等。存货的初始入账价值是存货的历史成本或者实际成本。存货发出时，可依据实际情况，选择先进先出法、加权平均法、

---

〔1〕 备抵法是期末在检查应收款项收回的可能性的前提下，预计可能发生的坏账损失，并计提坏账准备，当某一应收款项全部或部分被确认为坏账时，将其金额冲减坏账准备并相应转销应收款项的方法。

移动平均法、个别计价法进行核算。企业不得使用后进先出法确定存货的成本。各种存货应当定期进行清查盘点。对于发生的盘亏、盘盈以及过时、变质、毁损等，应计入当期损益。

四、无形资产和递延资产的管理

（一）无形资产的管理

无形资产（Intangible assets）是指公司拥有或者控制的没有实物形态的可辨认非货币性资产。无形资产通常包括专利权、非专利技术、商标权、著作权、土地使用权等。无形资产通常是按实际成本计量，即以取得无形资产并使之达到预定用途而发生的全部支出作为无形资产的成本。但是根据无形资产的来源不同，其取得的成本也不尽相同。公司主要通过以下方式取得无形资产：①外购的无形资产，其成本包括购买价款、相关税费。②投资者投入。投资者投入的无形资产成本应当按照投资合同或者协议约定的价值确定无形资产的取得成本。如果投资合同或者协议约定的价值不公允，应按照无形资产的公允价值作为初始成本入账。③通过债务重组或者政府补助等方式获得，应当以其公允价值作为其成本。

（二）递延资产的管理

递延资产是指不能全部计入当期损益，应当在以后年度内分期摊销的各项费用。其包括开办费、租入固定资产的改良支出以及摊销期限在 1 年以上的长期待摊费用等。递延资产实质上是一种费用，但由于这些费用的效益要期待于未来，并且这些费用支出的数额较大，是一种资本性支出，其受益期在 1 年以上，所以，应把它们作为递延资产处理，在受益期内分期摊销。

递延资产这个概念跟待摊费用很接近，只是在期限上存在差异。待摊费用是指不超过 1 年但大于 1 个月这期间分摊的费用。超过 1 年分摊的费用就是递延资产。摊销就是本月发生，应由本月和以后各月产品成本共同负担的费用。摊销费用的摊销期限最长为 1 年。如果超过 1 年，应作为递延资产核算。递延资产有时又被称为递延费用或长期待摊费用，它与固定资产和无形资产也有共同点，即都是受益期跨越未来若干个会计期间，其价值逐步转移到未来各期的费用中。递延资产具有如下特征：

1. 递延资产本身没有交换价值，不可转让。企业的固定资产是有形资产，可以进行转让。无形资产虽然没有实物形态，但其本身具有价值，可以相互转让。递延资产则不然，本身既无实物形态，又不能进行交换，不能为企业清偿债务等。

2. 递延资产实质上是一种费用，或者说是一种没有实体的过渡性资产，将其定义为长期待摊费用更为合适。它是为了一定目的而发生的支出，只是根据权责发生制原则不能全部计入当期损益而已。

五、成本、费用的管理

（一）成本、费用的范围

成本（Cost）是商品经济的价值范畴，是商品价值的组成部分。人们要进行生产经营活动或达到一定的目的，就必须耗费一定的资源（包括人力、物力和财力），其所费资源的货币表现及其对象化称之为成本。随着商品经济的不断发展，成本概念的内涵和外延都处于不断的变化发展之中。

费用（Expense）是指企业在日常活动中发生的、会导致所有者权益减少的、与向所有者分配利润无关的经济利益的总流出。费用应按照权责发生制和配比原则确认。在确认费用时，首先要区分生产费用和非生产费用的界限。生产费用是指与公司日常生产经营活动有关的费用，如生产产品所发生的原材料费用、人工费用等；非生产费用是指不属于生产费用的费用，如销售费用、管理费用等。其次要区分生产费用与产品成本的界限。生产费用与一定的期间有关，而与生产的产品无关；产品的成本与一定数量和品种的产品相联系，与期间无关。最后要区分清期间费用和生产费用。生产费用要计入产品成本，但是期间费用直接计入当期损益。

成本和费用主要包括：实际消耗的各种原材料、辅助材料、备品备件、外购半成品、燃料、动力、包装物等；低值易耗的摊销费、固定资产的折旧费、租赁费、修理费、无形资产摊销费等；按国家规定列入生产成本、费用的职工工资和按工资总额一定比例提取的职工福利基金，以及为组织生产、经营所发生的管理费用、销售费用、财务费用等。

（二）坏账准备制度

坏账准备制度是公司为了应对坏账损失给生产经营和财务收支带来困难而预先按照应收账款的一定比例提取的准备金。企业对坏账损失的核算采用备抵法。备抵法是指采用一定的方法按期（至少每年末）估计坏账损失，提取坏账准备并转作当期费用，实际发生坏账时，直接冲减已计提坏账准备，同时转销相应的应收账款余额的一种处理方法。在备抵法下，企业每期末要估计坏账损失，设置"坏账准备"账户。一般来说，应收账款符合下列条件之一的，就应将其确认为坏账：①债务人死亡，以其遗产清偿后仍然无法收回的账款；②债务人破产，以其破产财产清偿后仍然无法收回的账款；③债务人较长时期内未履行其偿债义务，并有足够的证据表明无法收回或收回可能性极小的账款。针对可能发生的坏账损失，公司可按照应收账款余额的千分之三～千分之五提取坏账准备金。若当年发生实际的坏账损失的，以坏账准备金冲抵坏账损失；相对地，已确认的坏账，以后收回的，也应当计入坏账准备金。

第三节　公司会计制度

公司会计制度是对公司经营业务和相关活动进行会计核算，实行会计监督的规则。公司会计行为应当以《会计法》为其基本规范，所以，本节以 2017 年修正《会计法》为依据来阐述公司会计制度。

一、会计机构和会计人员

（一）会计机构和会计人员的设置

根据《会计法》第 36 条的规定，各单位应当根据会计业务的需要，设置会计机构，或者在有关机构中设置会计人员并指定会计主管人员；不具备设置条件的，应当委托经批准设立从事会计代理记账业务的中介机构代理记账。国有的和国有资产占控股地位或者主导地位的大、中型企业必须设置总会计师。总会计师的任职资格、任免程序、职责权限由国务院规定。《会计法》第 37 条规定，会计机构内部应当建立稽核制度。出纳人员不得兼任稽核、会计档案保管和收入、支出、费用、债权债务账目的登记工作。

（二）会计机构和会计人员的职责

会计机构和会计人员依照《会计法》的规定，进行会计核算，实行会计监督。任何单位或者个人不得以任何方式授意、指使、强令会计机构、会计人员伪造、变造会计凭证、会计账簿和其他会计资料，提供虚假财务会计报告。任何单位或者个人不得对依法履行职责、抵制违反会计法规定行为的会计人员实行打击报复。

（三）会计人员的从业资格

1. 从事会计工作的人员，必须取得会计从业资格证书。

2. 担任公司会计机构负责人或会计主管人员的，除取得会计从业资格证书外，还应当具备会计师以上专业技术职务资格或者从事会计工作 3 年以上经历。

3. 因有提供虚假财务会计报告，作假账，隐匿或者故意销毁会计凭证、会计账簿、财务会计报告，贪污，挪用公款，职务侵占等与会计职务有关的违法犯罪行为被追究刑事责任的人员，不得取得或者重新取得会计从业资格证书。因违法违纪行为被吊销会计从业资格证书的人员，自被吊销会计从业资格证书之日起 5 年内，不得重新取得会计从业资格证书。会计人员从业资格的取得实行考试制度。

4. 会计人员调动工作或者离职，必须与接管人员办清交接手续。一般会计人员办理交接手续，由会计机构负责人或会计主管人员监交；会计机构负责人或会计主管人员办理交接手续，由单位负责人监交，必要时主管单位可以派人会同监交。

（四）总会计师

1. 设置。总会计师是在公司主要领导人领导下，主管经济核算和财务会计工作的负责人。建立总会计师制度，是我国加强经济核算，发挥会计职能作用的一项重要经验。根据《会计法》的规定，国有的和国有资产占控股地位或者主导地位的大、中型企业必须设置总会计师，总会计师的任职资格、任免程序、职责权限由国务院规定。

2. 职责。根据《总会计师条例》规定，总会计师的职责主要有两个方面：①由总会计师负责组织的工作。主要有：编制和执行预算、财务收支计划、信贷计划，拟订资金筹措和使用方案，开辟财源，有效地使用资金；建立、健全经济核算制度，强化成本管理，进行经济活动分析，精打细算，提高经济效益；负责对本单位财务会计机构的设置和会计人员的配备，组织对会计人员进行业务培训和考核；支持会计人员依法行使职权，保护会计人员的职权不受侵犯；承办单位领导人交办的其他工作。②由总会计师协助、参与的工作。主要有：协助单位领导人对单位的生产经营业务管理等问题作出决策；参与新产品开发、技术改造、科技研究、商品或劳务价格和工资奖金方案的制定；参与重大合同和经济协议的研究、检查。

二、会计核算

会计核算是对生产经营活动实施全过程、全方位的预测、计算、比较、分析和考核。但就《会计法》规范的会计核算而言，是指会计工作中事后的记账、算账、报账。会计核算的基本内涵，是指用货币为主要量度，对公司的生产经营活动或者预算执行的过程及其结果进行连续地、系统地记录、计算、分析，定期编制会计报表，形成一系列会计指标，据以考核目标或计划的完成情况，为制定经营决策和宏观经济管理提供可靠的信息和资料的一项管理活动。

（一）会计核算的内容

会计核算的内容，是指必须进行会计核算的经济业务的范围。根据《会计法》的规定，下列事项应当办理会计手续，进行会计核算：

1. 款项和有价证券的收付。款项即货币资金，主要包括现金、银行存款，以及其他视同现金和银行存款使用的外埠存款、银行汇票存款、银行本票存款、在途货币资金、信用证存款、保函押金和各种备用金等。款项和有价证券的收付直接影响单位资金的增减变化，因此，必须及时进行核算。

2. 财物的收发、增减和使用。财物是指各项资产，它是指过去的交易、事项形成并由公司拥有或者控制的资源，该资源预期会给公司带来经济效益。包括原材料、燃料、包装物、低值易耗品、外购商品、自制半成品、产成品、固定资产等。这些财产物资大都是单位的重要生产设备、生产资料或生活资料，它们的价值较大，在单位的资产总额中占有非常重要的比重。因此，必须进行会计记录和会计核算，全面反映单位财物的收、发、结存和使用情况。

3. 债权、债务的发生和结算。债权包括应收账款、应收票据、其他应收款、短期投资、长期投资等。债务主要包括短期借款、应付票据、应付账款、预收账款、应付工资、应交税金、应付利润、其他应付款、长期借款、应付债券、长期应付款等。债权、债务是单位日常生产经营和业务活动中不可缺少的，是会计核算的一项重要内容。

4. 资本、基金和经费的增减。资本是指所有者在企业资产中享有的经济利益，其金额为资产减去负债后的余额，包括实收资本、资本公积、盈余公积和未分配利润等。基金主要是指公司某些特定用途的资金，如事业发展基金、职工福利基金、后备基金、修理基金等。经费主要是指公司在执行预算或计划过程中的各项实际支出，如工资、职工福利费、业务费等。资本、基金的增减和经费的收支都会引起公司的资金变化。因此，会计上必须及时进行核算。

5. 收入、支出、费用、成本的计算。收入是指公司在销售商品、提供劳务及让渡资产使用权等日常活动中所形成的经济利益的总流入，包括主营业务收入和其他业务收入。支出是指公司在生产经营活动和业务活动中资金或者款项的支付。费用是指公司为销售商品、提供劳务等日常活动所发生的经济利益的流出，如管理费用、财务费用、事业费用等。成本是指公司为生产产品、提供劳务而发生的各种耗费，包括直接工资、直接材料、商品进价以及其他直接支出。收入、支出、费用、成本是互相联系、密不可分的，产生收入，必然要发生一定的成本和费用。因此，必须对其按照一定的标准进行会计核算。

6. 财务成果的计算和处理。财务成果，主要是公司在一定时期内全部生产经营过程在财务上获得的成果，具体表现为盈利或者亏损。由于对财务成果的计算和处理涉及有关方面的经济利益，因此，会计上必须严格按照规定进行核算。

（二）会计年度

《会计法》第 11 条规定："会计年度自公历 1 月 1 日起至 12 月 31 日止"，这是对我国会计年度的规定。

会计年度是以年度为单位进行会计核算的时间区间。划分会计期间是会计上重要假设之一。《会计法》规定，我国是以公历年度为会计年度，即以每年的 1 月 1 日至 12

月 31 日为一个会计年度。每一个会计年度还应当具体划分为月份、季度。月份的起讫日期都采用公历日期。按照《企业会计制度》的规定，会计期间分为年度、半年度、季度和月度。半年度、季度和月度均称为会计中期。我国的会计年度之所以采用公历制，主要是为了与我国的财政计划年度一致，便于国家对国民经济的计划管理和财政管理。

（三）记账本位币

记账本位币是指用于日常登记账簿和编制会计报表用以计量的货币。我国《会计法》第 12 条规定，会计核算以人民币为记账本位币。业务收支以人民币以外的货币为主的单位，可以选定一种货币作为记账本位币，但是编报的财务会计报告应当折算为人民币。

（四）会计电算化

会计电算化是以电子计算机为主的当代电子和信息技术应用到会计工作中的简称，它主要是应用电子计算机代替人工记账、算账、报账，以及替代部分由大脑完成的对会计信息的处理、分析和判断的过程。根据《会计法》第 13 条第 2 款的规定，使用电子计算机进行会计核算的，其软件及其生成的会计凭证、会计账簿、财务会计报告和其他会计资料，也必须符合国家统一的会计制度的规定。

（五）核算的方法、程序和要求

1. 对会计核算的基本要求。《会计法》第 5 条第 1 款规定，会计机构、会计人员依照本法的规定进行会计核算，实行会计监督。《会计法》第 9 条规定，各单位必须根据实际发生的经济业务事项进行会计核算，填制会计凭证，登记会计账簿，编制财务会计报告。任何单位不得以虚假的经济业务事项或者资料进行会计核算。

2. 对会计凭证的要求。会计凭证，必须符合国家统一的会计制度的规定。使用电子计算机进行会计核算的，其软件及其生成的会计凭证、会计账簿、财务会计报告和其他会计资料，也必须符合国家统一的会计制度的规定。任何单位和个人不得伪造、变造会计凭证、会计账簿及其他会计资料，不得提供虚假的财务会计报告。根据《会计法》的规定，办理会计核算，必须填制或者取得原始凭证并及时送交会计机构。会计机构、会计人员必须对原始凭证进行审核，对不真实、不合法的原始凭证不予受理，并向单位负责人报告；对记载不准确、不完整的原始凭证予以退回，并要求按照国家统一的会计制度的规定更正、补充。原始凭证记载的各项内容均不得涂改；原始凭证有错误的，应当由出具单位重开或者更正，更正处应当加盖出具单位印章。原始凭证金额有错误的，应当由出具单位重开，不得在原始凭证上更正。记账凭证应当根据经过审核的原始凭证及有关资料编制。

3. 对会计账簿的要求。公司必须依法设置会计账簿，并保证其真实、完整。根据《会计法》的规定，对会计账簿有下列要求：①会计账簿登记，必须以经过审核的会计凭证为依据，并符合有关法律、行政法规和国家统一的会计制度的规定。②公司发生的各项经济业务事项应当统一登记核算，不得违反会计法和国家统一的会计制度的规定私设会计账簿登记、核算。③公司应当定期将会计账簿记录与实物、款项及有关资料相互核对，保证会计账簿记录与实物、款项的实有数额相符，会计账簿记录与会计凭证的有关内容相符，会计账簿之间相对应的记录相符，会计账簿记录与会计报表的有关内容相符。

4. 对财务会计报告的要求。《会计法》第 20 条第 2 款规定，财务会计报告由会计报表、会计报表附注和财务情况说明书组成。根据《企业财务会计报告条例》第 2 条规定，财务会计报告，是指企业对外提供的反映企业某一特定日期财务状况和某一会计期间经营成果、现金流量的文件。财务会计报告包括会计报表（资产负债表、利润表、现金流量表及相关附表）、会计报表附注和财务情况说明书。

资产负债表是反映公司在某一特定时期财务状况的报表。由于主要是在某一特定时期揭示公司的资产、负债、所有者权益，以及它们之间相互关系的状态，因而又称财务状况表，是反映企业财务状况的静态报表。附注和财务情况说明书须经注册会计师审计的，注册会计师及其所在的会计师事务所出具的审计报告应当随同财务会计报告一并提供。财务会计报告应当由公司负责人和主管会计工作的负责人、会计机构负责人或会计主管人员签名并盖章；设置总会计师的公司，还须由总会计师签名并盖章。公司负责人应当保证财务会计报告真实、完整。

5. 对会计记录的文字和会计档案的要求。包括：①会计记录的文字应当使用中文。在民族自治地方，会计记录可以同时使用当地通用的一种民族文字。在中华人民共和国境内的外商投资企业、外国企业和其他外国组织的会计记录可以同时使用一种外国文字。②会计档案是指会计凭证、会计账簿、会计报表和其他会计资料，是记录和反映经济业务的重要史料和证据。充分利用会计档案资料，对于总结经济工作经验，指导生产经营管理和事业管理，查证经济财务问题，研究经济发展的方针、战略等都将起到重大的作用。为此，《会计法》第 23 条规定，各单位对会计凭证、会计账簿、财务会计报告和其他会计资料应当建立档案，妥善保管。会计档案的保管期限和销毁办法，由国务院会同有关部门制定。

（六）公司、企业会计核算的特别规定

根据《会计法》的有关规定，企业会计核算除遵守上述规定外，还应遵守下列规定：

1. 公司、企业必须根据实际发生的经济业务事项，按照国家统一的会计制度的规定确认、计量和记录资产、负债、所有者权益、收入、费用、成本和利润。

2. 公司、企业进行会计核算不得有下列行为：①随意改变资产、负债、所有者权益的确认标准或者计量方法，虚列、多列、不列或者少列资产、负债、所有者权益；②虚列或者隐瞒收入，推迟或者提前确认收入；③随意改变费用、成本的确认标准或者计量方法，虚列、多列、不列或者少列费用、成本；④随意调整利润的计算、分配方法，编造虚假利润或者隐瞒利润；⑤违反国家统一的会计制度规定的其他行为。

三、会计监督

会计监督是会计的基本职能之一，是经济监督的重要组成部分。《会计法》强调加强公司内部的会计监督、政府监督和社会监督三位一体的监督体系。

（一）公司内部的会计监督

根据《会计法》第 27 条的规定，公司应当建立、健全本公司内部会计监督制度。公司内部会计监督制度应当符合下列要求：①记账人员与经济业务事项和会计事项的审批人员、经办人员、财物保管人员的职责应当明确，并相互分离、相互制约；②重大对外投资、资产处置、资金调度和其他重要经济业务的决策和执行的相互监督、相互制约程序应当明确；③财产清查的范围、期限和组织程序应当明确；④会计资料定期进行内部审计的办法和程序应当明确。

公司负责人应当保证会计机构、会计人员依法履行职责，不得授意指使、强令会计机构、会计人员违法办理会计事项。会计机构、会计人员对违反法律和国家统一的会计制度规定的会计事项，应当拒绝办理或者按照职权予以纠正。会计机构、会计人员发现会计账簿记录与实物、款项及有关资料不相符的，应当按照国家统一的会计制度的规定进行处理；无权自行处理的，应当立即向公司负责人报告，请求查明原因，作出处理。会计机构、会计人员和其他人员对违反法律和国家统一的会计制度规定的行为，有权检举。收到检举的部门有权处理的，应当依法按照职责分工及时处理；无权处理的，应当及时移送有权处理的部门处理。收到检举的部门、负责处理的部门应当为检举人保密，不得将检举人的姓名和检举材料转给被检举单位和被检举人个人。

（二）国家监督

国家监督是指财政、审计、税收、人民银行、证券监管、保险监管等部门代表国家对各单位的财务会计工作实施监督。根据《会计法》的规定，财政部门对各单位的下列情况实施监督：①是否依法设置会计账簿；②会计凭证、会计账簿、财务会计报告和其他资料是否真实、完整；③会计核算是否符合国家统一的会计制度的规定；④从事会计工作的人员是否具备专业能力遵守职业道德。财政部门在对第②项所列事项实施监督，发现重大违法嫌疑时，国务院财政部门及其派出机构可以向与被监督单位有经济业务往来的单位和被监督单位开立账户的金融机构查询有关情况，有关单位和金融机构应当给予支持。

财政、审计、税务、人民银行、证券监管、保险监管部门按照各自的职责分工，依照有关法律、行政法规规定，对有关单位的会计资料实施监督检查。以上各监督部门在对有关部门的会计资料依法实施监督检查后，应当出具检查结论。有关监督检查部门已经作出的检查结论能够满足其他监督检查部门履行本单位的职责需要的，其他监督检查部门应当加以利用，以避免重复查账。依法对有关单位的会计资料实施监督检查的部门及其工作人员对在监督检查中知悉的国家秘密和商业秘密负有保密义务。

（三）社会监督

社会监督，是指社会中介机构依法对公司的经济活动进行审计，并据实作出客观评价的一种监督形式。根据《会计法》第31条的规定，有关法律、行政法规规定，须经注册会计师进行审计的单位，应当向受委托的会计师事务所如实提供会计凭证、会计账簿、财务会计报告和其他会计资料以及有关情况。任何单位或者个人不得以任何方式要求或者示意注册会计师及其所在的会计师事务所出具不实或者不当的审计报告。财政部门有权对会计师事务所出具审计报告的程序和内容进行监督。

四、法律责任

会计法律责任对于保证会计法律规范的有效实施具有十分重要的意义。1999年修订后的《会计法》，虽然在法律责任制度方面作了一些修订，但真正要对照执行，仍然存在会计法律责任界定不明，缺乏操作性等问题，难以按《会计法》的条文实施。另外，《会计法》轻视民事责任的追究，在会计法律责任中没有任何关于民事责任的规范。如何进一步完善会计法律责任制度，真正树立会计法的权威，是会计法制建设中十分重要的课题。

（一）会计单位、会计人员、主管人员和直接责任人员违反《会计法》的责任

1. 根据《会计法》的规定，违反会计法规定，有下列行为之一的，由县级以上人民政府责令限期改正，可以对单位并处 3000 元以上 5 万元以下的罚款；对其直接负责的主管人员和其他直接责任人员，可以处 2000 元以上 2 万元以下的罚款；属于国家工作人员的，还应当由其所在单位或者有关单位依法给予行政处分：①不依法设置会计账簿的；②私设会计账簿的；③未按照规定填制、取得原始凭证或者填制、取得的原始凭证不符合规定的；④以未经审核的会计凭证为依据登记会计账簿或者登记会计账簿不符合规定的；⑤随意变更会计处理方法的；⑥向不同的会计资料使用者提供的财务会计报告编制依据不一致的；⑦未按照规定使用会计记录文字或者记账本位币的；⑧未按照规定保管会计资料，致使会计资料毁损、灭失的；⑨未按照规定建立并实施单位内部会计监督制度或者拒绝依法实施的监督或者拒绝依法实施的监督或者不如实提供有关会计资料及有关情况的；⑩任用会计人员不符合会计法规定的。

会计人员有上述所列行为之一，财政部门责令限期改正；逾期不改正的，给予通报；情节严重的，由县级以上人民政府财政部门吊销会计从业资格证书。对直接负责的主管人员和其他直接责任人员，由其所在单位或者有关单位依法给予行政处分或者纪律处分。有上述所列行为之一，构成犯罪的，依法追究刑事责任。

2. 伪造、变造会计凭证、会计账簿或者编制虚假财务会计报告，构成犯罪的，依法追究刑事责任。有前述行为，尚不构成犯罪的，由县级以上人民政府财政部门予以通报，可以对单位并处 5000 元以上 10 万元以下的罚款；对其直接负责的主管人员和其他直接责任人员，可以处 3000 元以上 5 万元以下的罚款；属于国家工作人员的，还应当由其所在单位或者有关单位依法给予撤职直至开除的行政处分；对其中的会计人员，5 年内不得从事会计工作，并由县级以上人民政府财政部门吊销会计从业资格证书。

3. 隐匿或者故意销毁依法应当保存的会计凭证、会计账簿、财务会计报告，构成犯罪的，依法追究刑事责任。有前述行为，尚不构成犯罪的，由县级以上人民政府财政部门予以通报；可以对单位并处 5000 元以上 10 万元以下的罚款；对其直接负责的主管人员和其他直接责任人员，可以处 3000 元以上 5 万元以下的罚款；属于国家工作人员的，还应当由其所在单位或者有关单位依法给予撤职直至开除的行政处分或者纪律处分；其中的会计人员，5 年内不得从事会计工作，并由县级以上人民政府财政部门吊销会计从业资格证书。

4. 授意、指使、强令会计机构、会计人员及其他人员伪造、变造会计凭证、会计账簿，编制虚假财务会计报告或者隐匿、故意销毁依法应当保存的会计凭证、会计账簿，构成犯罪的，依法追究刑事责任；尚不构成犯罪的，可以处 5000 元以上 5 万元以下的罚款；属于国家工作人员的，还应当由其所在单位或者有关单位依法给予降级、撤职、开除的处分。

5. 单位负责人对依法履行职责、抵制违反会计法规定行为的会计人员以降级、撤

职、调离工作岗位、解聘或者开除等方式实行打击报复，构成犯罪的，依法追究刑事责任；尚不构成犯罪的，由其所在单位或者有关单位依法给予行政处分。对受打击报复的会计人员，应当恢复其名誉和原有职务、级别。

（二）财政部门及其他有关部门的工作人员违反《会计法》的责任

1. 财政部门及其他有关行政部门的工作人员在实施监督管理中滥用职权、玩忽职守、徇私舞弊或者泄露国家秘密、商业秘密，构成犯罪的，依法追究刑事责任；尚不构成犯罪的，依法给予行政处分。

2. 收到检举的部门和负责处理的部门违反规定，将检举人姓名和检举材料转给被检举单位和被检举人个人的，由其所在单位或者有关单位依法给予行政处分。

第四节　公司财务会计报告制度[1]

一、公司财务会计报告的概念和构成

公司财务会计报告，是指公司对外提供的反映公司某一特定日期的财务状况和某一会计期间的经营成果、现金流量等会计信息的文件。它由公司的会计报表或会计表册构成。所谓会计报表，是以货币形式综合反映公司在一定时期内（即会计期间）生产经营活动和财务状况的一种书面报告文件。它根据公司会计账簿的记录，按照规定的格式、内容和方法编制而成，是会计信息的载体，是会计信息系统向外界输出财务信息的主要形式，其目的在于系统地、有重点地、简明扼要地反映公司的财务状况和经营成果，向公司经营者、股东、债权人、潜在投资者、潜在交易方、政府有关部门等会计报表使用人提供必要的财务资料和会计信息。公司财务会计报告由资产负债表、利润表（损益表）、财务状况变动表、现金流量表、财务情况说明书和利润分配表等内容构成。

（一）资产负债表

1. 资产负债表的概念和作用。

（1）资产负债表的概念。资产负债表（The Balance Sheet），亦称财务状况表，表示企业在一定时期（通常为各会计期末）的财务状况（即资产、负债和业主权益的状况）的主要会计报表。资产负债表利用会计平衡原则，将合乎会计原则的资产、负债、股东权益等科目分项列表，在经过分录、转账、分类账、试算、调整等会计程序后，以特定日期的静态企业情况为基准，浓缩成一张报表。

资产负债表可以比较全面地体现公司资金的来源及其运行状况，是公司最重要的会计报表。资产负债表可以提供如下财务信息：①反映公司所掌握的资源总额及资源的分布与结构。资产负债表可以提供某一日期的公司资产总额，表明公司拥有或控制的经济资源及其分布情况，是理解公司资产规模、分析公司生产经营能力的重要资料。②反映公司的财务适应能力。公司财务适应能力体现在以下四个方面：一是资产的流动性或变现能力；二是公司经营流入现金能力；三是向投资者和债权人筹措资金的能力；四是在不影响正常经营前提下变卖现有资产取得现金的能力。③反映所有者权益

---

[1]　参见2014年7月23日财政部修改并颁布的《企业会计准则——基本准则》及其《企业会计准则——具体准则（41项）》。

的情况。该表可以表明投资者在公司资产中所占的份额，反映所有者权益的结构情况。④能够提供进行财务分项的基本资料，据以计算出各种财务指标。

（2）资产负债表的作用。其作用主要体现在以下三个方面：

第一，有助于合理分析评价公司的短期偿债能力。短期偿债能力是指公司偿还短期债务的能力。短期偿债能力主要表现在公司资产和负债的流动性。资产的流动性是指资产的变现能力，即资产转化为现金的能力。负债的流动性是指负债到期的时间长短。资产负债表中有关流动资产和流动负债的信息，有助于分析和评价公司的短期偿债能力。

第二，有助于分析评价公司的长期偿债能力和资本结构。长期偿债能力是指公司偿还全部债务本金和利息的能力。长期偿债能力取决于公司的资本结构和获利能力。资本结构是指公司权益总额中负债与所有者权益的相对比例，负债的比例越大，公司偿债压力越大，长期偿债能力也就越弱。资产负债表中有关负债和所有者权益的信息，有助于分析和评价公司的长期偿债能力和资本结构。

第三，资产负债表除了能够在公司内部分析和评价公司偿债能力和资本结构以及防止弊端外，还可以让所有阅读者于最短时间了解公司在某一特定时点上的资本构成、公司的负债以及投资者拥有的权益。由此可以评价公司的变现能力和偿债能力，考核公司资本的保值增值情况，预测公司未来的财务状况变动趋势。

2. 资产负债表的内容。资产负债表是根据"资产 = 负债 + 股东权益"这个基本会计平衡等式，按照资产、负债和股东权益分项列表编制而成的。该表分为借方和贷方。借方记载资产项目，列在报表的左方；贷方记载股东权益和负债，列在报表的右方。资产负债表的借贷双方必须保持平衡，因而也可以称之为资产负债平衡表。资产是指过去交易形成的预期会给公司带来经济利益的并由公司拥有或控制的具有经济价值的资源。在资产负债表上，资产应当按照其流动性分类列项，包括流动资产、长期负债、固定资产、无形资产及其他资产。负债是指由过去交易事项形成的现实义务，履行该义务将预期导致公司经济利益的外流，在资产负债表上，负债应该按照其流动性分类列项，包括流动负债、长期负债等。股东权益则是指股东在公司中享有的经济利益，也就是资产减去负债后的余额。在资产负债表上，股东权益应按照实收资本、资本公积金、未分配利润等项目分别列出。资产负债表反映公司某一定时期公司静态的财务状况，因而学理上又称之为静态会计报表。

（二）利润表（损益表）

1. 利润表的概念和作用。

（1）概念。利润表又称损益表、收益表（Income statement），是反映公司一定会计期间的经营成果及其分配情况的报表。利润表反映了公司一定日期内的收入、费用（包括成本）及其盈利或亏损，展示了公司的盈亏账目，凸显了公司利润（或亏损）实现的过程，体现了公司在某一时期动态的业务经营状况，因此，又称为动态的会计报表。利润表向人们提供一定期间内动态的公司营业盈亏的实际情况，人们可以利用该表分析公司利润增减变化的原因，评价公司的经营成果和投资的价值，判断公司的盈利能力和未来一定时期内的盈利趋势。利润表应当每月、每季度编制。

（2）作用。利润表的作用主要有以下五个方面：①有助于解释、评价和预测公司的经营成果和获利能力。公司的经营成果和获利能力都与利润多少有关。从利润表中可以了解公司当期的经营成果，将利润表与资产负债表等会计资料联系起来，可以评价公司的获利能力。②有助于预测公司未来的现金流量。利润是公司从内部获得现金流入的主要来源，公司未来的现金流量和公司目前的盈利能力有着密切关系，根据以往的利润水平，可以预测公司未来的现金流量。③有助于解释、评价和预测公司的长期偿债能力。公司实现净利润意味着公司财产中现金、应收账款等流动性资产的增加，这些资产是公司支付能力的有力保证。盈利能力是体现公司偿付能力最有意义的标志。④有助于考核公司管理人员的绩效。股东投资设立公司的目的就是要盈利，利润率越高，公司股东的收益就越大，所以，衡量一个公司经营者经营能力的高低的基本途径就是看当期公司获得利润的多少。通过前后各期利润表的对比，评估公司的经营管理水平。⑤有助于测算公司所得税的纳税基础。会计所得是计算应税所得的基础，纳税申报表中的许多项目，如营业收入、营业费用等，都可以在利润表中得到反映。

2. 利润表的内容。利润表是根据"收入－费用＝利润"这一基本会计等式编制的。收入是指公司在日常活动中所形成的、会导致股东权益增加的、与股东投入资本无关的经济利益的总流入，包括销售商品收入、劳务收入、让渡资产使用权收入、利息收入、租金收入、股利收入等，但不包括为第三方或客户代收的款项。在利润表中，收入应当按照其重要性分类列项。费用是指公司在日常活动中发生的、会导致股东权益减少的、与向所有者分配利润无关的经济利益的总流出。费用应当按照其性质分类列项。利润是指公司在一定的会计期间内的经营成果，利润应当按照营业利润、利润总额和净利润额的构成分类分项列出。在利润表中，通过收入和费用的对比，求出当期的净利润。

（三）财务状况变动表和现金流量表

1. 财务状况变动表。财务状况变动表（Statement of changes in financial position）是综合反映公司一定会计期间内营运资金来源、运用及其增减变动情况的报表。财务状况变动表向人们提供公司在一定会计期间内财务状况变动的全貌，包括报告期内有多少资金可供营运，营运资金的来源和用途，经过营运，期初和期末的相比，资金的增减变动情况，说明资金变化的原因。人们通过分析财务状况变动表，可以了解公司的经营方针，了解公司内部资金流转情况，解答各种重大财务问题，判断公司经营管理水平的高低。

2. 现金流量表。

（1）概念和作用。现金流量表（Statement of cash flow）是反映企业一定会计期间现金和现金等价物流入和流出的报表。1998年财政部发布的原《股份有限公司会计制度会计科目和会计报表》用"现金流量表"取代了上述"财务状况变动表"。现金流量表与财务状况变动表反映的侧重点略有区别。财务状况变动表以"运营资金"为考察对象，主要揭示了公司自有流动资金的分布状况和变化趋势；而现金流量表反映的是公司现金和现金等价物的流入和流出。这表明了人们关注的重点日益集中在公司的"现金和现金等价物"上。现金流量表具有如下作用：①判断公司的偿债能力、支付能力和周转能力，并预测公司未来的现金流量。②可以提高会计信息的可比性和真实性。③反映公司现金来源与去向，以便合理调度资金。

（2）现金流量表的主要内容。现金流量表应当按照经营活动、投资活动和筹资活动的现金流量分类分项列出。其中，经营活动、投资活动和筹资活动的定义及列示应当遵循如下规定：①经营活动，是指企业投资活动和筹资活动以外的所有交易和事项。在现金流量表上，经营活动的现金流量应当按照其经营活动的现金流入和流出的性质分项列示；银行、保险公司和非银行金融机构的经营活动按照其经营活动特点分项列示。②投资活动，是指公司长期资产的购建和不包括在现金等价物范围内的投资及其处置活动。在现金流量表上，投资活动的现金流量应当按照其投资活动的现金流入和流出的性质分项列示。③筹资活动，是指公司作为筹资活动的主体根据其生产经营、对外投资和调整资本结构等需要，通过筹资渠道和金融市场，运用筹资方式，经济有效地筹措和集中资本的活动。它导致公司资本及债务规模和构成发生变化。在现金流量表上，筹资活动的现金流量应当按照其筹资活动的现金流入和流出的性质分项列示。

（四）财务情况说明书

财务情况说明书是对财务会计报表所反映的公司财务状况作进一步说明和补充的文书。它主要说明公司的营业情况、利润实现和分配情况、资金增减和周转情况、税金缴纳情况、各项财产物资变动情况、对本期或者下期财务状况发生重大影响的事项以及需要说明的其他事项。

（五）利润分配表

利润分配表是反映公司利润分配和年末未分配利润情况的报表。它是利润表（损益表）的附属明细表。利润分配表通常按税后利润、可供分配利润、未分配利润分项列示。

二、公司财务会计报告的编制

（一）公司财务会计报告的制作

1. 制作形式的法定性。公司应当在每一会计年度终了时编制财务会计报告，并依法经会计师事务所审计。财务会计报告应当根据经过审核的会计账簿记录和有关资料编制，并符合《公司法》《会计法》和国家统一的会计制度关于会计报告的编制要求。公司应当按照国家统一的会计制度规定的会计报表格式和内容，根据登记完整、核对无误的会计账簿记录和其他有关资料编制会计报表，做到内容完整、数字真实、计算准确，不得有虚假记载、误导性陈述或者重大遗漏。总体而言，财务会计报告依法制作包括形式合法和实质合法。形式合法是指财务会计报告的制作格式和方法必须符合法律和财政部门规定的规则和式样。实质合法是指财务会计报告应当真实、准确、完整、清晰简明，便于理解和利用。财务会计报告应当全面反映公司的财务状况和经营成果，对于重要的经济业务应当单独反映。

2. 财务会计报告的制作人。财务会计报告的制作人是指组织和领导财务会计报告制作的人。《公司法》并没有明确规定财务会计报告的制作人，而只规定了由公司制作。财务会计报告的制作属于公司业务执行范围内的事情，而董事会是公司业务执行机关，由此可以认为董事会是公司财务会计报告制作负责人。董事会可以依照《公司法》第74条和第127条的规定，授予经理法律明定职权以外的其他职权，从而授权公司经理直接负责财务会计报告的制作工作，即由公司经理直接领导和组织公司的财会人员完成财务会计报告。设有总会计师的大型公司，应当由总会计师负责制作。

（二）公司财务会计报告的审核

公司财务会计报告应当由公司的董事长和主管会计工作的负责人、会计机构负责人签名并盖章。根据《会计法》第4条和第50条的规定，公司的法定代表人应为公司财务会计报告的责任人，对公司财务会计报告的真实性、完整性负责。

公司编制的财务会计报告，应依法经会计师事务所审计。会计师、会计师事务所审计财务会计报告，应当依照有关法律、行政法规以及注册会计师执业规则的规定进行，并对所出具的审计报告负责。具体而言，包括内部审核和外部审计两部分。

1. 内部审核。根据《公司法》第78条的规定，监事会具有检查公司财务的职权，所以在公司财务会计报告提交股东会之前，监事会应就财务会计报告的内容、编制方法的合法性及规范性进行审核。必要时，根据《公司法》第79条的规定，还可以聘请会计师事务所对财务会计报告进行审核，其费用由公司承担。

2. 外部审计。《公司法》第208条规定，每一会计年度终了时编制的财务会计报告依法经会计师事务所审计。

（1）会计师事务所的聘用和解聘。《公司法》第215条规定："公司聘用、解聘承办公司审计业务的会计师事务所，按照公司章程的规定，由股东会、董事会或者监事会决定。公司股东会、董事会或者监事会就解聘会计师事务所进行表决时，应当允许会计师事务所陈述意见。"该规定只适用于承办公司审计业务，不适用于仅为公司提供会计咨询业务的会计师事务所。

（2）审计的内容。对财务会计报告审计的内容有两项：①财务会计报告制作的形式是否符合法律、法规规定的程序、标准和格式；②财务会计报告的内容是否真实、可靠、可信。审核完后由审核人员签字并加盖审核机构的公章。对于股份公司，审核完成后由监事会向股东会提交审核报告，有限公司要通过股东会或全体股东审核报告。经股东会确认的财务会计报告，公司对其真实性、完整性和合法性负责。

三、公司财务会计报告的公示

实行公司财务会计报告的公示是公司财务会计制度的内在要求。公示财务会计报告对于保护股东、债权人、交易关系人的利益，对于维护交易安全和社会公共利益都具有重要作用。根据《公司法》及相关法律法规的规定，公司主要通过以下四种方式公示其财务会计报告：

1. 将报告送交各股东。有限责任公司应当依照公司章程规定的期限将财务会计报告送交各股东。

2. 将报告置备于公司供股东查阅。股份有限公司的财务会计报告应当在召开股东大会年会的20日前置备于本公司，供股东查阅。

3. 公告公司的财务会计报告。根据《公司法》和《证券法》相关规定，公开发行股票的股份有限公司应当公告其财务会计报告。

4. 向各有关部门或单位报送财务会计报告。公司财务会计报告应按期报送相关主管机关、财税部门及开户银行等。

第五节　公司税后利润分配制度

公司当年利润的分配不仅关系到公司今后的经营和发展，而且关系到股东能否得到股息。所以，对于利润的分配方案，公司各方利害关系人都非常重视。公司利润的分配方案涉及公司、股东、债权人、公司职工和国家等各方不同利益主体的切身利益，利润分配也是公司财务会计管理的重要内容。税后利润分配制度就是要协调和均衡上述各方利益主体的利益关系，因为这些不同利益主体之间的利益并非都是一致的，有时甚至是冲突的。因此，利润分配并不是完全由公司自己决定的，也不是可以任意决定的。各国公司法都对公司利润分配进行了规制，我国公司法对可供分配的利润范围、分配原则、分配顺序等也都作了具体而明确的规范，体现了国家为保护上述各方利益而对公司利润分配的介入和干预。

一、公司利润分配方案的制订与批准

公司利润主要由营业利润、投资收益和营业外收支净额构成。获取利润是公司作为营利性社团法人的本质要求，也是股东投资公司的主要目的。公司当年税后利润的分配关系到公司今后的经营和发展，同时也关系到股东能否得到股息，因此，《公司法》对公司利润分配方案的制订与批准作出了明确的立法规定。

（一）公司利润分配方案的制订

根据《公司法》第 67 条、第 120 条的规定，公司当年税后利润分配方案，不论是有限责任公司，还是股份有限公司，均由董事会负责制订。董事会依据《公司法》有关公司当年税后利润分配的规定，结合本公司当年盈利、公司历年亏损情况和公司今后经营发展对资金的需要，制订出当年公司利润分配方案，提交股东会审议。当然，董事会成员可能并非都是财务方面的专家，甚至有的公司董事会成员没有一个财务方面的专家，这时董事会可以授权公司经理和公司财务部门制订出当年公司利润分配方案，也可以委托专业会计师制订方案，交董事会审查通过，然后由董事会向股东（大）会提交审议。

（二）公司利润分配方案的批准

根据《公司法》第 59 条、第 112 条的规定，公司利润分配方案，由股东会批准。根据《公司法》第 66 条第 1 款的规定，有限责任公司股东会就分配方案作出决议的方式，由公司章程规定。根据《公司法》第 116 条第 2 款的规定，股份有限公司股东会就公司利润分配方案作出决议，必须经出席会议的股东所持表决权过半数通过。

二、公司利润分配的原则与顺序

法律规定公司的经营利润首先应当依法纳税，税后利润应当先按照国家的规定弥补亏损，提取法定公积金，然后才能分配给公司的股东，以保持公司资本的稳定性，维护债权人的利益。具体而言，公司利润分配的原则与顺序如下：

（一）公司利润分配的原则

1. 无盈利不得分配原则。公司是营利法人，其每营业年度所获得的盈余，自然应当分配给其股东。所谓盈余，是指公司现有的财产净额超过公积金的差额，即公司的财产净额扣除公积金后所剩余的财产金额，用公式表示即为：盈余 = 净资产 − 公积金。无盈利不得分配原则是公司分配利润的重要原则和前提之一。公司当年无盈利，原则上不得分配股利；即使公司当年有盈利，若有亏损还须先行弥补亏损，不得将亏损递延；弥补亏损后还须先行提取法定公积金，才能就剩余利润向股东分配股利。这说明，股利的分配源于公司弥补亏损和提取公积金之后的盈余，而并非可就所有盈余进行分配。由此可见，在我国，股利的分配实行的是"纯利润"分配原则，即"无盈利不得分配"原则。由于公司的盈利、纯利或者净利润是反映在损益表上的，因此，这一标准又称为"损益表"标准（Balance sheet test）。这一原则的目的在于贯彻资本充实原则，维护公司财产基础及信用能力以保护公司和债权人的利益。

2. 同股同权、同股同利原则。同股同权、同股同利是公司发行股份时应遵循的原则之一，也是公司向股东分配股利时应遵循的原则之一。依此原则，公司原则上应给予所有持有相同性质股权的股东以同一顺序的分配机会，并对所有股东按其出资或持股比例决定其可分得股利的具体数额。需要说明的是，此原则存在例外情况。依《公司法》第 210 条及第 227 条的规定，在有限责任公司中，经全体股东约定不按出资比例分取红利的，公司可以不按股东实缴出资比例分红；在股份有限公司中，公司章程规定不按持股比例分配红利的，公司可以不按股东持有股份比例分红。

（二）公司利润分配的顺序

《公司法》《企业财务通则》对公司利润分配顺序作了明确规定。《公司法》第 211 条还规定了公司违反法律规定向股东分配利润的，股东应当将违反规定分配的利润退还公司；给公司造成损失的，股东及负有责任的董事、监事、高级管理人员应当承担赔偿责任。公司利润分配按如下顺序进行：

1. 纳税在先。公司年终结算时，其收入总额应该首先向国家纳税，在完成纳税之前不得向股东分配股利。我国法律规定公司所得税率为 25%，纳税完成之后的利润才是公司的净利润，分配出去的股利必须从公司净利润中支付。

2. 弥补亏损。公司亏损是指在一个会计年度内，公司的盈利低于公司的全部成本、费用及其亏损的总和。在公司持续经营期间，必须经常保持与其资本相当的实有财产。当公司有利润时，在公司已有的法定公积金不足以弥补上一年度公司亏损时，先用当年利润弥补亏损，使公司持续发展。当税后利润不足以弥补公司亏损的时候，不进行利润分配。

3. 提取法定公积金。即应当提取税后利润的 10% 列入公司法定公积金；公司法定公积金累计额为公司注册资本的 50% 以上的，可以不再提取。公司不得随便变更法定公积金的提取比例。法定公积金转为公司资本时，所留存的该项公积金不得少于转增前公司注册资本的 25%。

4. 提取任意公积金。即经股东会或股东大会决议，提取任意公积金，任意公积金的提取比例由股东会或者股东大会决定。任意公积金不是法定必须提取的，是否提取以及提取比例由股东会或股东大会决议。

5. 支付股利。即在公司弥补亏损和提取公积金后，所余利润应分配给股东，即向股东支付股息。但是，根据《公司法》第 210 条第 5 款的规定，公司持有的本公司股份不得分配利润。

在此需要注意的是，在股东全部缴纳其出资之前公司分配股利的，或由于出资人没有及时或足额出资的情形下公司分配股利的，此时的分配原则应当如何把握？根据《公司法》第 210 条、第 227 条规定的立法精神，在股东出资义务没有完全履行的情形下，根据权利与义务相一致的原则，股东只能根据其实际出资额享有相应的权利，即按其实际出资的比例分取股利。

三、股利分配制度

(一) 股利分配的含义

股利 (Dividend)，是指公司依照法律或公司章程的规定，按期以一定的数额和方式分配给股东的利润。有的将股利区分为股息和红利，并将股息定义为股东定期从公司取得的固定比率的利润；红利 (Bonus) 为股息分配后仍有盈余而另按一定比例分配的利润。我国公司法及会计制度未对股息和红利加以区分，都通称股利。

公司分配形式有广义和狭义之分，广义的分配形式包括盈余分配和其他分配。狭义的分配形式是指盈余分配，而盈余分配的表现形式为股利分配。"股利分配" (Distribution of dividend)，是指对现在或者过去未分配收入的支付。"其他分配" (Other distributions)，则是指在法律许可的范围内，除盈余分配之外的资本分配或者剩余分配。资本分配 (Capital distributions) 是指从公司资本中进行的分配。原则上，只能从公司盈余中分配股利，而不能从公司资本中分配。但如果法律特别许可，则属于例外。公司解散后，需要进行清算，清算后如仍然有剩余财产，股东有权就剩余财产获得分配，即所谓的剩余分配 (Residue distribution)。本节只从狭义上讨论盈余分配，即股利分配。

(二) 股利分配的依据和形式

公司分配股利时，除章程另有规定外，应以出资比例或者股份比例为依据，即有限责任公司按股东的出资比例分配，股份有限公司按股东所持的股份比例分配，并按照股东平等原则、同股同利原则进行。

从世界范围来看，股利的分配一般采用现金形式支付，也可以采用财产形式分配，还可以采用股份形式分配。实务中，负债分配形式也属常见。可见，股利分配形式主要有四种：现金分配、财产分配、股份分配和负债分配。目前，我国的上市公司主要采取现金股利和股票股利两种股利分配方式。

1. 现金分配。或者称为现金股利，是指公司以现金形式向股东派发股利。现金分配是最常见的一种股利分配形式，也是最受股东欢迎的一种股利分配形式。现金股利主要是上市公司所采取的一种股利分配形式。这种分红方式可以使股东获得直接的现金收益，方法简便，在西方国家是最普遍的一种分红形式。但是在确定派现比例时，公司与股东之间往往存在矛盾。派现过多，股东当然高兴，但是公司用于扩大再生产的资金就会减少，不利于公司的长远发展。而派现过少，虽然公司扩大再生产的资金增加，但是股东的眼前利益受到影响，从而影响公司股票的价格。

2. 财产分配。又称财产股利，是指公司以其持有或者所有的财产代替现金向股东分配股利的一种形式。现实中使用较多的是公司以所持有的其他公司的有价证券（如股票、债券等）作为股利发放，有时甚至以公司享有的第三人债权作为股利分配的形式；公司也可以用自己生产的产品等实物作为股利向股东分红，这样做既扩大了产品销路也保留了现金，这是公司所乐意采取的分配方式。

3. 股份分配。这种分配有两种形式：一是股票股利；二是股份分割。

(1) 股票股利。股票股利 (Share dividend/Stock dividend)，是指上市公司以本公司的股票代替现金作为股利向股东分红的一种形式，它是公司以发行新股的方式实现的。股票股利俗称"送股""送红股"或者"派股"。送股是由股利转增资本或盈余公积金转增资本形成的，属于无偿增资发行股票，其实质是以盈余转作资本。由于所送股票是按股东所持股份的比例分派的，每位股东在公司拥有的权益不发生变化。同时，这种股利分配方式只是公司账户上的一部分留存收益转化为股本，公司的资产及负债并未受到影响。送股的好处有二：①现金可保留在公司内部，防止其流出公司，既增加了公司的资本，也为公司扩大生产经营保存了资金；②股东对分派的股票不需支付现金，而且在一些发达国家获得股票股利可以不缴纳所得税。由于股票股利须通过发行新股的方式去实现，所以需要遵守公司法或者证券法上关于发行新股的程序。根据我国公司法的规定，发行新股需要经过股东特别会议作出决议。

（2）股份分割。股份分割（Share split），或称为股份拆细，是指通过成比例地降低股票面值而增加股份的数量（详细解释见本书第七章第四节）。股票股利与股份分割在经济效果上并无差异，但二者在会计上的处理则是不同的。在股票股利的情况下，股票的面值不发生变化，但是在股票拆细时，股票的面值减少了。例如，在2∶1的股票拆细时，普通股、追加实缴资本以及留存收益账户余额都保持不变，唯一变化的是普通股的每股面值比原先降低了一半。股份拆细与股票股利一样，均不消耗公司资产。采用这种方式的直接目的在于解决现金分配的困难。由于股票的票面价值记载在公司章程之中，因此，在采用股票分割方式分配股利时，须修改公司章程。修改公司章程须经股东特别会议作出决议。

4. 负债分配。又称负债股利，是指公司以发行债券或者应付票据代替现金的形式向股东支付股利的一种分配形式。在此情形下，获得债券或者应付票据的股东对公司享有债权。通过这种分配形式，股东虽然没有得到现金收益，但是通过股东对公司所享有的债权，可以获得利息，到期可以收回本金，也可达到股东的投资目的。

四、公积金制度

（一）公积金的概念和特征

公积金（Reserve fund/Accumulation fund），又称为储备金或准备金，是指公司为增强自身财产能力，扩大生产经营和预防意外亏损，依照法律或自行决定而设置的基金。公积金具有如下特征：

1. 公积金是从公司盈余或者资本中提取的资金。一般而言，公积金从公司盈余中提取，但在法律有规定的情况下，也可以从公司资本中提取。

2. 公积金的提取具有法定性或章程的规定性。公积金的提取不仅涉及公司自身的维持和发展问题，而且涉及股东利益的保护问题，还涉及债权人利益的保护问题。因此，公积金的提取不仅需要遵守法律的规定，而且需要公司章程予以明确规定，公司自身对法定公积金的提取不能任意决定。

3. 公积金的用途具有法定性。《公司法》第214条明确规定，公司的公积金用于弥补公司的亏损、扩大公司生产经营或者转为增加公司注册资本。公积金弥补公司亏损，应当先使用任意公积金和法定公积金；仍不能弥补的，可以按照规定使用资本公积金。法定公积金转为增加注册资本时，所留存的该项公积金不得少于转增前公司注册资本的25%。

（二）公积金的种类

1. 以是否依照法律规定强制提取为标准，可把公积金分为法定公积金和任意公积金。

（1）法定公积金是指依照法律规定而强制提取的公积金。根据我国《公司法》的规定，公司在年终结算时，对当年的税后利润在分配前，应当提取不少于10%的部分作公积金，作为弥补经营亏损和发展的准备金。当公司法定公积金累计额达到公司注册资本的50%时，可以不再提取。

（2）任意公积金是指公司于法定公积金之外，根据公司章程或股东会决议而作为特别储备的公积金。公司的当年税后利润在扣除不少于10%利润额的法定公积金后，或者法定公积金已达公司注册资本的50%时，公司的权力机构股东会（股东大会）可以决定再从利润中提取若干份额作为任意公积金。

2. 以公积金的来源为标准，可把公积金分为盈余公积金和资本公积金。

（1）盈余公积金是指公司从其税后的营业利润中提取的公积金。

（2）资本公积金是指从公司非营业活动所产生的收益中提取的公积金。资本公积金的主要来源有：①超过票面金额发行股票所得的溢价收入；②公司资产评估后的增值额；③处分公司资产所得的溢价收入；④因公司合并而接受被吸收公司的财产减去公司因合并而增加的债务和对被吸收公司股东的给付后的余额；⑤公司接受赠与的财产。

我国1993年《公司法》在法定公积金之外，还规定了一种法定基金，即法定公益金。法定公益金是指公司从税后利润中依法提取的用于公司职工集体福利的款项。同法定公积金相比，法定公益金的用途单一，是专门针对保护公司职工利益而设置的，只用于职工福利。[1]但是，在实际操作中，存在大量违规的做法，职工往往无法享受由此带来的好处，公益金制度并未发挥其应有的作用。法定公益金是从企业税后利润中提取，所得税方面不能享受税收优惠，也为其存在及功效的发挥增加了障碍。这一制度备受股东、公司乃至公司职工的抵触。公益金制度的强制性规定，曾经是我国原《公司法》的一大特色，它其实是计划经济时代企业办社会的产物。随着我国社会保障体系的建立与完善，公司职工的社会保障应当通过社会保障体系来承担。法定公益金制度不仅没有满足职工福利的需要，而且给公司以及股东权益带来巨大负担。从各国的公司立法来看，法定公益金制度也不具有普遍性。基于以上多种原因，2005年《公司法》修订时取消了法定公益金制度。

（三）公积金的用途

根据《公司法》第214条规定，公积金的用途是：

1. 弥补公司的亏损。弥补亏损是公积金主要的用途，以确保公司能在其存续过程中保持与其资本额相当的资产，确保公司本身经营活动的正常开展和公司信用基础，保护债权人和社会公共利益。需要特别说明的是，公积金弥补公司亏损，应当先使用任意公积金和法定公积金。

2. 扩大公司生产经营。公司要提高自身的竞争力，需要不断扩大生产经营规模。

---

[1] 1993年《公司法》第177条、第180条规定，法定公益金的提取额为公司当年税后利润的5%～10%；公司逐年提取的法定公益金应当按照国家有关规定作为专项基金，用于本公司职工的集体福利（诸如医疗、住房、集体福利等），不得挪作他用。

除了通过借贷、发行新股和债券来增加投资外，用公积金追加投资，则是另一条重要途径。

3. 转为增加公司资本。增加公司资本就是增加股东的投资。用法定公积金增加公司资本，无需股东个人再进行投资，只是公司将法定盈余公积金分派到各股东名下，从而增加其投资额。对有限责任公司而言，是按每个股东的出资比例增加其出资额；对股份有限公司而言，则是按股东所持股份比例来增加其出资额，具体办法有两种：①增加公司的股份数，即按股东原股份比例派送新股；②不增加公司的股份数，在股东原有股份比例的基础上增加每股面值。但以法定公积金转增资本时，所留存的该项公积金不得少于注册资本的25%。将公积金转为增加公司资本，其方案应由董事会制订，并提交股东会进行决议。其中有限责任公司须经代表2/3以上表决权的股东通过，股份有限公司须经出席会议的股东所持表决权的2/3以上通过。

第 九 章

股东、股权、出资及股份

【本章导读】 股东是成立公司的主体要件，股东地位的确立是公司成立的基础，对股东利益的充分保护，是公司法律制度设计的根本原因之一，强调股东利益保护与强调公司社会责任具有同等重要的意义。

本章以股东的概念为起点，论述了公司股东的构成，股东资格的取得、限制与丧失，股东的法律地位，股东的权利和义务，股权的法律性质及股权法律关系，有限责任公司的出资和股份有限公司的股份以及股权的行使和救济等。本章的学习重点主要在于股东资格的取得及认定、股东的法律地位、股东的权利和义务、股权的概念及法律特征、股权转让的原则和程序等。本章的学习难点在于理解股权的法律性质、股权转让的效力、股权的救济制度等。

第一节 股东

一、股东与股东资格的取得、限制和丧失

（一）股东概念辨析

股东（Shareholder），英文的字面意思是股份的持有人。《辞海》对"东"的解释是"主人。古代礼制主位在东，宾位在西，所以主人称东"[1]，因而，中文"股东"的字面意思应该是股份的主人。在公司法上，股东是指基于对公司的出资或其他合法原因，持有公司资本一定份额，依法享有股东权利并承担相应义务的人。具体而言，有限责任公司的股东是指在公司成立时向公司出资或在公司存续期间依法继受取得股权而享有权利和承担义务的人；股份有限公司的股东就是在公司成立时或在公司成立后合法取得公司股份并对公司享有权利和承担义务的人。总之，股东的这一概念包括两层含义：①股东是公司的成员。正是由于股东通过出资联合，才使公司这一社团法人得以成立。②股东与公司之间存在权利义务关系。只要具有股东资格，就必然对公司享有权利和承担义务。

一般而言，凡是向公司出资而取得股份，不论何种公司类型，均可称为股东。但是，在个别国家仅将向股份有限公司出资者称为股东，其余出资者则统称为公司成员。我国《公司法》在有关股份有限公司的规定中，使用了发起人的概念，而在有限责任公司的规定中却未使用"发起人"而统一使用了"股东"的概念。实际上发起人与股东是两个既有联系又有区别的概念。公司的发起人，是指参加订立发起人协议、提出设立公司的申请、认购公司出资或股份并对公司设立承担责任者。发起人是公司当然的股东，但公司的股东却并不仅限于发起人。除发起人外，任何在公司设立阶段和公司成立后认购或受让公司出资或股份的人都可以成为公司的股东。就有限责任公司而

---

[1] 《辞海》，上海辞书出版社 1999 年版，第 355 页。

言，除非公司在成立后又吸收新的股东，股东与发起人只是不同阶段的不同称呼而已。

由此，我们可以概括得出公司股东大致由三类构成：①参与公司设立或者认购公司首次发行股份或出资的原始股东。②公司成立后的继受股东。继受股东是指在公司存续期间依法继受取得出资或股份的人，一般是在公司成立后因依法转让、继承、赠与或法院强制执行等原因取得股东地位的人。继受股东也受公司章程的约束。这类股东所取得的股东权利受其前手权利状态的影响，取得人不仅取得股东权利，而且也应承担前手股东的义务。③公司成立后因公司增资而加入的新股东。公司增资既可以向原股东募集，也可向原股东以外的人募集。如果公司采取后一种方式增资，则原股东以外的投资人就会因其向公司出资而成为公司的新股东。

（二）股东资格的取得、限制和丧失

投资是自然人、法人的一项基本权利，任何人都享有投资的自由，享有通过投资为自己获取财富的权利。可以说，投资权是公民和法人权利能力范围的一个具体方面。就股东的资格而言，股东的个性特征并不重要，不管是自然人还是法人，本国人还是外国人，甚至不考虑其是否具有行为能力，都可以成为股东。当然，股东资格的取得也不能一概而论，股东不仅在资格的取得方式上存在差异，而且还存在资格限制和丧失的情形。下面就对股东资格的取得、限制和丧失三种情形进行分析：

1. 股东资格的取得。就取得股东资格的时间和原因而论，股东资格的取得可分为原始取得和继受取得两种方式：

（1）原始取得。原始取得又可分为成立时取得和成立后取得两种情形。成立时取得是指凡在公司成立时因认购公司原始发行的出资或股份而成为公司股东的情形，这属于成立时股东资格的原始取得，这类股东可称为公司的原始股东。在有限责任公司及发起设立的股份有限公司中，原始股东主要包括公司的发起人或创办人，而在募集设立的股份有限公司中，除发起人或创办人外，原始股东还包括在公司设立时即认购了公司股份的其他投资人。成立后取得是指因在公司成立后认购公司发行新股（新增资本）而取得公司股东资格的情形，这属于成立后股东资格的原始取得。

（2）继受取得。继受取得是指因转让、继承、公司合并等方式取得公司出资或股份而成为公司股东。这类股东可称为公司的继受股东。

2. 股东资格的限制。各国或地区公司立法关于股东资格限制的规定不尽一致。一般对继受股东的资格限制较少，而对发起人股东的资格要求较严。在我国，这些限制主要有以下方面：

（1）自然人作为股东的限制。自然人作为发起人应当具备完全民事行为能力，我国《公司法》虽未明确对此作限制性规定，但是发起人因组织设立公司而需要从事一系列民事法律行为，并对其发起行为享有权利承担义务，因此，发起人须具有民事行为能力。对于一些特殊的行业，发起人还需要具备特殊的民事权利能力和民事行为能力。

另外，法律禁止设立公司的自然人，不能成为公司的股东。如我国有关法律、法规禁止公务员、检察官、法官、军警等作为公司的股东。当然，这只是一种限制，并不是说法律就剥夺了这些人的投资权利，只要他们停止了所从事的特定职业，其权利能力就能逐步得到恢复。

（2）公法人作为股东的限制。我国法律、法规禁止党政军机关经商办企业，因此，党政军机关既不能作为公司的发起人，也不能作为公司的股东。否则就可能出现以权经商、强买强卖、垄断经营的现象，不利于党政军的建设和社会主义市场经济体制的完善。当然，被法律、法规例外许可的不在此限，如国家作为国有独资公司的股东。

（3）公司自为股东的限制。原则上公司不能成为自己的股东，只有在几种例外的情形下公司可以购买自己的股份，但不享有表决权、股利分配权等。这些例外情形实质上只是解决减资、合并等实践中遇到的特殊问题的手段而已，其目的不在于使公司最终成为自己的股东。公司法如此限制的立法目的，在于防止将公司与股东的法律地位合二为一，混淆公司与股东的法律关系，使公司对外揭示的公司内部构成和条件与实际状态不符，从而可能对公司其他股东和债权人的利益造成损害。

（4）对发起人国籍和住所的限制。为了防止发起人利用设立公司来损害他人利益和社会公共利益，各国立法都对发起人的国籍和住所有一定限制。我国《公司法》主要对发起人的住所有所限制，即《公司法》第 92 条规定，设立股份有限公司，应当有 1 人以上 200 人以下为发起人，其中应当有半数以上的发起人在中华人民共和国境内有住所。

（5）公司章程对股东资格的限制。有限责任公司为保持公司的人合性，可以通过公司章程对股东的资格加以严格限制。如规定具有严重不良信用记录的人不得成为本公司的股东。对于章程中股东的这些约定应当予以尊重，以维护公司章程约定内容的效力，除非章程中的约定违反法律禁止性的规定。

3. 股东资格的丧失。股东资格的丧失是指股东因法定原因或依法定程序而丧失股东身份。在正常的情况下，股东资格一直保留，但出现下列情况之一的，股东将丧失其资格：①自然人股东死亡或法人股东终止；②股东将其所持有的股权合法转让给他人；③公司法人的资格消灭；④股权依法被公司回购；⑤股权作为质押标的后被依法处分；⑥未依公司章程约定履行股东义务，而受到除名处置；⑦股权被人民法院强制执行或因违法受到政府处罚而被剥夺股权（如没收财产）；⑧法律规定的其他事由。

二、股东名册与股东资格的认定

（一）股东名册

1. 股东名册的含义和作用。股东名册（Records of shareholders/records of owners/list of shareholders/stockholders），是指公司依法设置的记载股东及其股权信息的法定簿册。我国《公司法》第 56 条规定："有限责任公司应当置备股东名册……"第 102 条针对股份有限公司又规定："股份有限公司应当制作股东名册并置备于公司……"可见，所有的公司都应设置股东名册，但是，股东名册对股份有限公司尤其重要。在有限责任公司中，由于股东人数有限，股东身份及其出资完全可以通过公司章程记载加以确认。但是，对于股份有限公司来而言，就难以做到，这不只是因为股份有限公司人数众多，而且还因为股份有限公司股份转让自由，尤其是股份有限公司在证券交易市场公开发行的股份，股份随时可能易主，相应地股东也就随时可能发生变动。这样，就不可能通过公司章程记载并以之来确认股东的身份。在无记名股票情形下，股东可以通过提示股票证明其身份，但在记名股票情形下，则须通过股东名册来确认股东的身份。所以，股东名册能够附带地履行使外部人员认知谁是股东的公示功能。当然，股东名册并不是以其记载来确定股东权本身，即股东名册不是确定谁为真正股东的"权利所在的根据"，而不过是确定谁可以无举证地主张股东权的"形式上资格的根据"。[1]即在股东名册上记载的股东推定为股东，若有人对此有异议，则异议者负担举证责任证明其不是真正的股东。

总之，股东名册是公司不可缺少的重要文件之一，其有着如下重要的作用：①股东名册详细记载了股东和股权信息，这便于公司及时通知股东到会参与公司重大问题的决策；②股东名册是供外部人查阅和股权转让操作过户的重要文件；③股东名册是推定股东享有股权的依据。

2. 股东名册的置备与记载。

（1）置备主体。各国和地区公司法普遍将置备股东名册作为公司董事会或董事的一项法定义务。例如，我国台湾地区"公司法"第 103 条规定，"代表公司之董事不备置前项股东名册于本公司者，处新台币 1 万元以上 5 万元以下以罚镀。连续拒不备置者，并按次连续处新台币 2 万元以上 10 万元以下罚镀"。我国《公司法》虽未明确董事会或董事具体履行这一义务，但我国《公司法》规定公司必须置备股东名册，从董事会或董事的职责可以推定这一法定义务由其具体执行。

（2）股东名册的记载内容。各国和地区公司法对股东名册须要记载的事项，作了基本相同的规定。根据我国《公司法》第 56 条的规定，有限责任公司股东名册应记载下列事项：①股东的姓名或者名称及住所；②股东认缴和实缴的出资额、出资方式和出资日期；③出资证明书编号；④取得和丧失股东资格的日期。根据《公司法》第 102 条的规定，股份有限公司股东名册的记载事项有：①股东的姓名或名称及住所；②各股东所认购的股份种类及股份数；③发行纸面形式的股票的，股票的编号；④各股东取得股份的日期。

3. 股东名册的法律效力。

（1）推定效力。推定效力亦可称为确定效力，即在股东名册上记载为股东的人，应被推定或确定为公司股东，其无需向公司提示股票或出资证明书，仅凭股东名册记载本身就可主张自己为股东。我国《公司法》第 56 条第 2 款明确规定："记载于股东名册的股东，可以依股东名册主张行使股东权利。"第 159 条第 1 款规定："股票的转让，由股东以背书方式或者法律、行政法规规定的其他方式进行；转让后由公司将受让人的姓名或者名称及住所记载于股东名册。"股东名册的确定效力，是其最重要的法律效力，两大法系国家和地区普遍认可这种效力。

（2）对抗效力。当股东将其股权转让给他人时，受让人或实质上的权利人在尚未完成股东名册登记或者股东名册上的股东名义变更前，不能对抗公司，只有完成股东名册的登记或者名义变更后，才能成为对公司行使股东权利的人。各国公司法一般都有股东名册的对抗效力的规定。例如，2005 年日本《公司法》第 130 条第 1 款规定："股份的转让，不在股东名册记载或记录取得其股份者的姓名或名称及住所，不能对抗股份公司及其他第三人。"[2]从上述我国《公司法》第 56 条和第 159 条的规定看，实际上也包含了这一效力。

〔1〕 ［韩］李哲松：《韩国公司法》，吴日焕译，中国政法大学出版社 2000 年版，第 242 页。

〔2〕 参见《日本公司法典》，崔延花译，中国政法大学出版社 2006 年版，第 58 页。

（3）免责效力。这是针对公司而言的，由于股东名册具有推定或确定效力，股东名册上记载的股东具有形式上的股东资格。因此，公司向股东名册上记载的股东发出会议通知、分配股利、确认表决权、分配剩余财产等，即使该股东并非真正的股东，公司也可免责。但是，公司如果知道或者应当知道股东名册上记载的为非真正股东，则不能免责。

（二）股东资格的认定

股东资格的认定，是一个实务性很强的法律问题。近年来发生的公司纠纷民事案件中，许多都涉及股东资格的认定问题。由于我国《公司法》对股东资格的认定没有直接的规定，在处理相关实务问题时缺乏明确的标准。因此，探讨股东资格的认定问题具有重要的现实意义。下面主要从一般情形下和特殊情形下两个方面来说明股东资格的认定标准或基本原则。

1. 一般情形下股东资格的认定。

（1）以认缴出资或认购股份为依据的认定。这是最具有实质意义的股东资格认定标准，基于认缴出资或认购股份而产生的出资证明、股份证明或股票等，不仅是一种物权性凭证，而且可作为股东资格的凭证，在无充足的反证证明此类证据为不合法时，即可依此确认股东的资格。

（2）以公司章程和股东名册为依据的认定。股东是向公司认缴出资或者认购股份并记载在公司章程或者股东名册上的人。因此，股东身份的确定一般需要符合两个条件：一是向公司认缴出资或者认购股份；二是股东姓名或者名称被记载在公司章程或者股东名册。前者是对确认股东身份的实质要件；后者是对确认股东身份的形式要件。从形式要件来看，投资人因向公司认缴出资或者认购股份而成为公司股东必须借助于外观形式才能得以表彰。这种外观表彰的形式就是公司章程。因此，从形式上，凡是股东的姓名或者名称记载于公司章程者，即可以确认其股东身份。

但是，依据公司章程来认定股东身份，只能局限于有限责任公司的股东和股份有限公司的发起人。因为根据我国《公司法》第46条、第94条的规定，有限责任公司的全体股东应签署公司章程，而股份有限公司的章程由全体发起人签署即可。也就是说，我国《公司法》只要求有限责任公司的公司章程记载股东姓名或名称，股份有限公司的公司章程仅记载发起人的姓名或名称。那么，对于股东人数较多且股东相对不稳定的股份有限公司尤其是上市公司而言，社会公众认股人的股东身份应当如何确认？此时只能依赖于公司设置的股东名册。股东名册是记载股东姓名或名称的簿册，因此，从形式上，凡是股东的姓名或者名称记载于股东名册者，即可以推定其具有股东身份。

当然，相对于无记名股票则是另外一种情形。我国2018年《公司法》第129条规定："公司发行的股票，可以为记名股票，也可以为无记名股票。公司向发起人、法人发行的股票，应当为记名股票，并应当记载该发起人、法人的名称或者姓名，不得另立户名或者以代表人姓名记名。"无记名股票是可以任意转让的股票。任何人持有此种股票即表明其是该公司的股东，可以凭其持有的股票对公司主张股东权，享有该股票所代表的权利。不记名股票发行时一般留有存根联，它在形式上分为两部分：一部分是股票的本体，记载了有关公司的事项，如公司名称、股票所代表的股数等；另一部分是股息票，用于进行股息结算和行使增资权利。2023年《公司法》取消了无记名股票，该法第 147 条第 2 款明确规定，公司发行的股票，应当为记名股票。

在实践中，还有另一种情形需要注意，即对于人数极少的有限责任公司（尤其是一人有限责任公司）而言，记载公司股东的方式是多样的，不仅公司章程可以反映，而且公司注册材料中也有记载，在公司的财务账册中更能清晰地反映谁是股东，所以，应注重公司各类文件对股东的认可，而非一定以格式化的股东名册为凭证。

（3）以公司注册登记为依据的认定。公司注册登记主要包括设立登记和变更登记。就设立登记而言，其目的在于创设公司，授予公司法人资格，至于其对公司股东资格的记载，主要是依托于签署章程的归档，在章程归档的同时一并审查股东资格妥当与否。因此，设立登记档案中关于股东姓名或名称的记载，原则上应当具有认定公司设立时原始股东资格的证明效力。但就公司变更登记而言，因公司形态以及注册资本制度的差异，其对认定股东资格的法律意义差别较大。如我国《公司登记管理条例》第 34 条规定："有限责任公司变更股东的，应当自变更之日起 30 日内申请变更登记，并应当提交新股东的主体资格证明或者自然人身份证明。有限责任公司的自然人股东死亡后，其合法继承人继承股东资格的，公司应当依照前款规定申请变更登记。有限责任公司的股东或者股份有限公司的发起人改变姓名或者名称的，应当自改变姓名或者名称之日起 30 日内申请变更登记。"从上述规定可以看出，凡有限责任公司的股东发生变更的，均应进行变更登记，而对股份有限公司的股东变更则只有发起人变更登记的要求。因而对于股份有限公司发起人之外股东资格的认定，公司注册登记并不能起作用，此时仍然要借助股东名册来认定。所以，公司设立后新进入股东的资格认定，以注册登记为必要要件的情形，并非绝对。

2. 特殊情形下股东资格的认定。特殊情形下股东资格的认定问题，在司法审判和市场监管的实践中都大量存在，而在《公司法》中找不到现成的答案，因而需要我们结合公司实践进行探讨。

（1）出资瑕疵时股东资格的认定。在公司实践中，时常发生股东虚假出资、抽逃出资或出资不实的情形，此时就存在股东资格是否应予承认或保留的问题。这分两种情况来处理：

第一，出资瑕疵严重，导致公司设立无效的情形。如按《公司法》第 250 条的规定，虚报注册资本、提交虚假材料或者采取其他欺诈手段隐瞒重要事实，情节严重的，吊销营业执照。此时应当认定股东资格随公司法人资格的消灭而消灭。

第二，有出资瑕疵，但尚未达到公司设立无效的程度，应当承认股东的资格。尽管承认其股东资格，但是对其出资瑕疵应当承担相应的法律责任，如《公司法》第 49 条第 3 款规定："股东未按期足额缴纳出资的，除应当向公司足额缴纳外，还应当对给公司造成的损失承担赔偿责任。"

但是，经书面催缴又超过宽限期仍未缴纳出资的，该股东丧失其未缴纳出资的股权。《公司法》第 51 条规定，有限责任公司成立后，董事会应当对股东的出资情况进行核查，发现股东未按期足额缴纳公司章程规定的出资的，应当由公司向该股东发出书面催缴书，催缴出资。未及时履行前款规定的义务，给公司造成损失的，负有责任的董事应当承担赔偿责任。

《公司法》第 52 条规定，股东未按照公司章程规定的出资日期缴纳出资，公司依照

51 条第 1 款规定发出书面催缴书催缴出资的, 可以载明缴纳出资的宽限期; 宽限期自公司发出催缴书之日起, 不得少于 60 日。宽限期届满, 股东仍未履行出资义务的, 公司经董事会决议可以向该股东发出失权通知, 通知应当以书面形式发出。自通知发出之日起, 该股东丧失其未缴纳出资的股权。依照前款规定丧失的股权应当依法转让, 或者相应减少注册资本并注销该股权; 6 个月内未转让或者注销的, 由公司其他股东按照其出资比例足额缴纳相应出资。股东对失权有异议的, 应当自接到失权通知之日起 30 日内, 向人民法院提起诉讼。

此外, 出资瑕疵的股东还可能承担行政责任和刑事责任。所以, 在股东出资瑕疵的情形下, 通过使行为人修复瑕疵或承担相应的责任来补救, 而不是取消其股东资格。这有利于提高公司效率和维护市场的交易安全。

(2) 股权转让瑕疵时股东资格的认定。根据上述对出资瑕疵时股东资格认定的处理原则, 股权转让有瑕疵时, 只要不存在其他导致继受行为无效的因素 (例如, 在股权转让中, 如果股权转让合同本身依法被撤销或被宣告无效), 则应当认定继受股东的股东资格有效。

(3) 形式要件存在瑕疵时股东资格的认定。形式要件存在瑕疵是指取得股东资格的形式要件不具备或不完全具备的情况, 例如, 股东名册对股东姓名或名称没有记载、股东转让股权后没有变更登记等。对此, 应分别按照以下情况进行认定:

第一, 股东名册不规范情形下对股东资格的认定。公司股东是在股东名册上记载的人, 因此, 一般应当按照股东名册记载的股东姓名或名称来认定股东资格, 包括对出资人和股权受让人的股东资格的认定。按照我国《公司法》的规定, 公司的股东均应当记载于股东名册。如果公司未置备股东名册, 或因股东名册登记管理不规范, 未及时将出资人或受让人记载于股东名册, 但以其他形式能够证明出资人或受让人股东身份的, 例如, 已当选为公司董事参与公司决策, 或已经分取公司红利等, 就可以认定出资人或受让人具有股东资格。

第二, 公司登记瑕疵情形下的股东资格认定。我国 2018 年《公司法》第 32 条第 3 款规定: "公司应当将股东的姓名或者名称向公司登记机关登记; 登记事项发生变更的, 应当办理变更登记。未经登记或者变更登记的, 不得对抗第三人。" 2023 年《公司法》第 34 条将上述规定修改为: "公司登记事项发生变更的, 应当依法办理变更登记。公司登记事项未经登记或者未经变更登记, 不得对抗善意相对人。" 据此, 如果有限责任公司出资人未经市场监管登记或股东转让股权后未进行公司登记变更, 便不具有对抗第三人的效力, 亦即公司、转让股权的股东和股权受让人以外的第三人可以此为由否定出资人或受让人的股东资格。例如, 某有限责任公司股东甲将其持有的该公司全部股权转让给乙, 乙交付转让金后开始在公司内部行使股东权利, 但一直没有办理工商登记变更手续。股权转让半年后, 甲因一桩债务纠纷败诉, 法院在甲没有其他财产可供执行时, 通过查询发现甲在该公司仍然享有股权, 于是将该股权强制执行。乙知道后以该股权已转让为由向法院提出异议。根据《公司法》的上述规定, 甲乙双方股权转让应当办理股东变更登记, 没有变更登记不得对抗第三人, 因此, 乙的异议不能成立。[1]

---

〔1〕 周友苏:《新公司法论》, 法律出版社 2006 年版, 第 228 页。

　　公司登记瑕疵情形下，还有一个问题必须关注，即股权转让后尚未向公司登记机关办理变更登记，原股东再次处分股权的法律问题。对此问题应当按照《公司法解释（三）》第 27 条第 1 款的规定处理，即股权转让后尚未向公司登记机关办理变更登记，原股东将仍登记于其名下的股权转让、质押或者以其他方式处分，受让股东以其对于股权享有实际权利为由，请求认定处分股权行为无效的，人民法院可以参照《民法典》第 311 条[1]的规定处理。

　　原股东处分股权造成受让股东损失，受让股东请求原股东承担赔偿责任、对于未及时办理变更登记有过错的董事、高级管理人员或者实际控制人承担相应责任的，人民法院应予支持；受让股东对于未及时办理变更登记也有过错的，可以适当减轻上述董事、高级管理人员或者实际控制人的责任。

　　（4）隐名出资人和名义持股人的股东资格认定。隐名出资人（隐名股东），《公司法解释（三）》称之为"实际出资人"，是指不具备股东资格的形式要件的实际出资人。现实生活中，有的人出于个人隐私（例如，不愿公开自身的经济状况）或规避法律法规关于投资限制的规定（例如，有的党政干部为了谋取私利，以"影子股东"的身份参股经营公司）等而采取隐名出资的方式，隐名出资人虽然向公司实际投资，但在公司章程、股东名册和工商登记等公示文件中却将出资人记载为他人。因此，公司存在隐名出资人就当然存在与之相对应的另一主体，即名义持股人（显名出资人或显名股东），《公司法解释（三）》称之为"名义出资人"或"名义股东"。那么，如何认定隐名出资和名义持股的法律效力以及这种情况下的股权归属，长期没有法律规定。法院的司法裁判有的认定其有效，有的认定其无效。认为有效的主要采取类推适用代理、委托、信托、借贷等相关法律裁判案件，对利害关系人权利义务的确认各不相同。

　　关于这一问题，法理上存在着两种不同的学说：[2]一是实质说；二是形式说。

　　实质说认为，应当将实际出资人或者股份认购人视为股东，而无论名义上的股东是谁。其理论依据是，在名义持股人与隐名出资人之间存在着一个契约，这个契约就是隐名出资人"借用"名义持股人的名义。法律应当尊重这种协议，因为它是当事人意思自治的体现。同时，确认隐名股东为真正的股东有利于做到名实相符。

　　形式说认为，法律上应当将名义上的名义持股人视为股东。其理论依据是：①公司行为是团体行为，如果否认名义持股人的股东身份，则很可能导致公司的行为（如股东会会议决议）无效，从而影响交易安全。②如果确认实际出资人或者股份认购人为股东，将会极大地增加公司的负担，使公司卷入这种分不清理还乱的纠纷之中。

　　相比较而言，形式说更为可取。商法与民法有两个重要的区别，即民法重意思，商法重表示；民法重个人，商法重团体。这不仅是为了提高商事交易的效率，而且是为了保护交易的安全。因此，原则上，当名义持股人与实际出资人或者股份认购人不

―――――――――

[1]　《民法典》第 311 条规定，无处分权人将不动产或者动产转让给受让人的，所有权人有权追回；除法律另有规定外，符合下列情形的，受让人取得该不动产或者动产的所有权：①受让人受让该不动产或者动产时是善意的；②以合理的价格转让；③转让的不动产或者动产依照法律规定应当登记的已经登记，不需要登记的已经交付给受让人。受让人依照前款规定取得不动产或者动产的所有权的，原所有权人有权向无处分权人请求损害赔偿。当事人善意取得其他物权的，参照前两款规定。

[2]　施天涛：《公司法论》，法律出版社 2005 年版，第 230 页。

一致时，应以外观表示为原则来确认股东的身份，即应将名义持股人视为股东。《公司法》第 56 条第 2 款规定："记载于股东名册的股东，可以依股东名册主张行使股东权利。"同时，《公司法》第 34 条规定："公司登记事项发生变更的，应当依法办理变更登记。公司登记事项未经登记或者未经变更登记，不得对抗善意相对人。"可见，《公司法》采纳了形式要件标准，当处理公司内部股东资格确认纠纷时，以公司股东名册作为确认股权的依据，股东名册变更是股权变动的生效要件；当与公司之外第三人发生纠纷涉及股东资格确认时，以公司登记作为确认股权的依据，公司登记变更是股权变动的对抗要件。

按照上述形式说，股东资格对内以股东名册为准，对外以公司登记为准，那么隐名股东是否就当然不享有股权，只能依合同向名义持股人请求而不能向公司主张权利呢？在此就需要明白，股权的形式认定和实质认定是两个不同层面的问题。公司法以股东名册、公司登记确认股东资格解决的只是股权形式认定问题，是法律从形式上对股东资格作出的推定。其实，这与股权的实质认定并不矛盾。隐名股东完全可以根据协议等证据来证明自己的股东身份，从而要求法院对自己的股东身份作出实质认定，推翻法律形式上的推定，变更股东名册，从而行使股东权利。最后需要强调的是，对于隐名股东与名义持股人的关系，法律应当尊重他们的意思自治，允许他们通过合同来约定彼此间的权利义务关系。

隐名出资人和名义持股人之间发生纠纷，向人民法院提起诉讼的，应当按照最高人民法院《公司法解释（三）》第 24～26 条的规定作如下处理：

第一，有限责任公司的实际出资人与名义出资人订立合同，约定由实际出资人出资并享有投资权益，以名义出资人为名义股东，实际出资人与名义股东对该合同效力发生争议的，如无法律规定的无效情形，人民法院应当认定该合同有效。上述规定的实际出资人与名义股东因投资权益的归属发生争议，实际出资人以其实际履行了出资义务为由向名义股东主张权利的，人民法院应予支持。名义股东以公司股东名册记载、公司登记机关登记为由否认实际出资人权利的，人民法院不予支持。实际出资人未经公司其他股东半数以上同意，请求公司变更股东、签发出资证明书、记载于股东名册、记载于公司章程并办理公司登记机关登记的，人民法院不予支持。

第二，名义股东将登记于其名下的股权转让、质押或者以其他方式处分，实际出资人以其对于股权享有实际权利为由，请求认定处分股权行为无效的，人民法院可以参照《民法典》第 311 条的规定处理。名义股东处分股权造成实际出资人损失，实际出资人请求名义股东承担赔偿责任的，人民法院应予支持。

第三，公司债权人以登记于公司登记机关的股东未履行出资义务为由，请求其对公司债务不能清偿的部分在未出资本息范围内承担补充赔偿责任，股东以其仅为名义股东而非实际出资人为由进行抗辩的，人民法院不予支持。名义股东根据上述规定承担赔偿责任后，向实际出资人追偿的，人民法院应予支持。

（5）冒名股东和干股股东的股东资格认定。所谓冒名股东，是指实际出资人或者认购股份的人以虚拟人的名义或者盗用他人名义履行出资义务或者认购股份。在以虚拟人名义出资或者认购股份的情况下，由于虚拟人是不存在的，且不存在对立的利害关系人，所以，应当认定实际出资人或者股份认购人为股东。在盗用他人名义的情况下，同样应认定实际出资人或者股份认购人为股东，因为被盗用名义的人本人并不知情，不能享有权利或者承担义务。对此，《公司法解释（三）》明确规定，冒用他人名义出资并将该他人作为股东在公司登记机关登记的，冒名登记行为人应当承担相应责任；公司、其他股东或者公司债权人以未履行出资义务为由，请求被冒名登记为股东的承担补足出资责任或者对公司债务不能清偿部分的赔偿责任的，人民法院不予支持。[1]

所谓干股股东，是指由其他股东或公司赠与股权而获取股东名分的人。干股股东通常不实际出资，而是以其拥有一技之长或拥有某些为其他股东或公司所需要的社会资源，由此其他股东或公司愿意向其赠送股权。因干股股权或股东的资格问题时常发生纠纷，在处理干股股权和干股股东资格时，应原则尊重并承认干股持有者的股东资格（当然，某些党政干部以权谋私而获取干股等的违法行为除外），同时应尽可能维护赠与干股股权时的协议。就干股股权赠与人与受赠人的内部关系而言，可以凭借双方的协议来处理所发生的纠纷，但就对外关系而言，若是发生干股股东应尽的法律义务时，其不能以未出资为由主张免除身为股东应履行的法律义务。[2]

三、股东的法律地位

从出资动机的角度来看，在理论上可将公司股东区别为三种类型：经营股东、投资股东和投机股东。经营股东投资的目的是取得经营企业的权利，从而获得营利，经营股东多为普通股股东；投资股东取得公司出资或股份的目的，在于投入资本赚取股息及红利等收益，投资股东多为优先股股东；投机股东一般都是短线投资，其目的是短期内获得高额回报。无论股东出于何种投资动机而形成何种类型的股东，其法律地位一律平等。股东的法律地位既表现在股东与公司之间的法律关系中，又表现在股东相互之间的法律关系中，离开对公司具体的法律关系的分析，股东的法律地位就无从谈起。因此，应通过对具体的公司法律关系的分析确认股东的法律地位。股东的法律地位体现在以下两个方面：

（一）股东享有股东权

股东享有股东权，这是就股东与公司之间的法律关系而言的，也是股东法律地位的集中表现。股东正是在行使股东权时表现着他在公司中的法律地位，揭示着他与公司间的法律关系。股东权既是股东法律地位的具体化，又是对股东具体权利义务的抽象概括。在不同类型的公司中，股权表现出的内容不尽相同，股权与所有权联系的紧密程度也存在较大差异。比如，在无限责任公司中股权与所有权的联系较为紧密；而在股份有限公司中，由于所有权与经营权发生了分离，股东不再享有直接支配其投入到公司的财产的权利，股权与所有权的联系也变得十分间接，股权甚至因此成为一种与所有权迥异的新权利类型。然而，股权的具体内容无论在不同公司类型中的差异如何，股权都是各种类型公司的股东所普遍享有的权利。所以，各国公司法都对股东权作了明确的规定。

---

〔1〕 参见《公司法解释（三）》第28条。
〔2〕 虞政平：《股东资格的法律确认》，载《法律适用》2003年第8期。

（二）股东平等原则

股东平等原则，是就股东相互之间的法律关系而言的。

基于股东的资格，法律对其权利义务给予平等的对待，这就是公司法所确认的股东平等原则。各股东按其所持有的股份比例或拥有的出资额享有权利，承担义务，不得对任何股东予以歧视。股东平等原则是各国公司法的共同基石，它对于维护股东权益，防止大股东的专横和独断，都具有重要的意义。具体而言，股东平等原则包括两方面的含义：一方面，是股东平等原则的绝对性。即只要具有股东身份，不论股东个体有何差异，均可以该身份在公司中享有平等的权利，行使股东的各项权利；另一方面，是股东平等原则的相对性。即股东平等原则并不排除股权具体内容的不同，比如，股权有普通股和优先股的划分，股东所拥有的出资额和所持有的股份也可能多寡不一，大股东因其股份或出资额占有的多数而拥有更多的公司控制权。但是，这些差异不是对股东平等原则的违背，也不是对股东平等原则的否定。相反，它反映了公司法中的股东平等是一种在资本平等基础上的平等，或者说是一种按比例的平等，它以每一股东所持有的股权或股份的比例作为衡量标准。"一股一表决权"（One Share, One Vote）规则就集中体现了这种比例上的平等。各国或地区的公司立法对股东平等原则都有例外的规定，如对中小股东与大股东在事实上的不平等制定特别的保护措施，以实现对中小股东的实质公正。

四、股东的权利与义务

（一）股东的权利

股东的权利通常简称为股东权或股权，各国公司立法一般均无法具体明确地列举股东的全部权利，只是在法条中概括赋予股东最为核心的权利，如资产收益权、参与重大决策和管理权、获得信息的权利以及诉讼的权利等。我国《公司法》也没有集中详细列举股东所享有的权利，但《公司法》第4条第2款对股东权的主要内容作了概括性的规定，即公司股东对公司依法享有资产收益、参与重大决策和选择管理者等权利。其他关于股东权的规定散见于《公司法》的条文中。根据《公司法》第4条的规定，我们可以将股东权利或股权定义为，股东基于其对公司的出资而享有从公司获取经济利益并参与公司经营管理以及寻求权利救济的权利。参与公司经营管理实际上是对公司法上所规定的重大决策和选择管理者两项权利的概括。据此，我们可以从以下三个方面来论述股权的具体内容：

1. 从公司获取经济利益的权利。

（1）股利分配请求权。股利分配请求权（Dividend claims），即股东有权按照出资或股份比例请求分取股利。股东投资的目的就是盈利，即通过公司盈余分配获得股利。股利分配请求权实质上是股东对自己的投资期望得到回报的一种权利。因此，股利分配请求权是股东权的核心。股东是否能够实现这种权利，取决于公司经营是否能够产生利润。公司如无盈利，则无股利分配可言。即使公司有盈利，也不一定必然分配股利。实际上，各国的公司立法对股利的分配都作了较为严格的限制，比如，我国《公司法》第210条第4款就规定，公司弥补亏损和提取公积金后所余税后利润，有限责任公司除全体股东一致同意不按出资比例分配之外，按照股东的出资比例分配；股份有限公司除章程规定不按持股比例分配之外，按照股东持有的股份比例分配；公司持有的本公司股份不得分配利润。

（2）依法转让出资或股份的权利。转让出资或股份是指公司的股东将自己所持有的出资额或股份转让给他人，他人由此成为公司的股东。根据公司资本维持原则，法律不允许股东在向公司出资获得股权后抽逃出资。但是，股东有权为了转移投资的风险、及时获得投资回报或者收回资本金而转让其出资或股份。通常股份有限公司的股东转让股份要比有限责任公司的股东转让出资自由得多。

（3）公司新增资本或者发行新股的认购优先权。公司成立后，为了扩大生产规模，往往依法定的条件和程序增加公司的资本总额。在有限责任公司增加注册资本时，《公司法》第227条规定，股东同等条件下有权优先按照出资比例认缴出资。但是，全体股东约定可以不按照出资比例优先认缴出资的除外。而股份有限公司为增加注册资本发行新股时，股东不享有优先认购权，公司章程另有规定或者股东会决议决定股东享有优先认购权的除外。优先认购权是一种期待权，只有公司现实地增加资本或者发行新股时，股东才能行使该项权利。同时，这种权利也是一种选择权，股东可以行使，也可以放弃。当然，这种优先权利只限于认购上的优先性，而不是在发行价格或者其他认购条件上可得到优惠或者特殊的权利。

（4）剩余财产分配请求权。股东的剩余财产分配请求权（Residual claims），是指股东在公司清算时，就公司的剩余财产所享有的请求分配的权利。根据我国《公司法》的规定，股东有权按照自己的出资额或股份比例分配公司的剩余财产。公司剩余财产分配请求权的发生必须以公司向其全体债权人清偿债务之后尚有剩余财产为其实质要件。公司剩余财产分配请求权是股东向公司得以主张的最后的权利，而公司财产则是一种对债权人的责任财产，若公司清算时尚未清偿债务就向股东分配，清算后，公司因解散而不复存在，显然构成对公司债权人的危害。

2. 股东参与公司经营管理的权利。

（1）出席或委托代理人出席股东会并行使表决权。股东在公司治理的基本模式中的地位不是直接管理公司，而是通过其表决权来发表意见。股东表决权（Voting rights），是指股东就股东会会议的议案的决议权。股东表决权是股东基于股东地位而享有的、就股东会的议案作出一定意思表示的权利。表决权是公司股东权利的基础和核心，除非法律明确规定，否则不得以公司章程或者股东会决议为由剥夺或限制此权利。股东行使表决权是股东参与公司事务最为有效的手段。股东可通过表决权的行使，将内心的需要和愿望转化为法律上的意思表示，而众多股东的意思表示依资本多数决原则又可上升为公司的意思表示即股东会的决议，并对公司及其机关产生拘束力。就股东表决权的性质而言，其属于股东的固有权和共益权，也是单独股东权。股东行使表决权的原则主要有股权平等原则和多数决原则两种：①表决权行使的股权平等原则。通常体现为"一股一权"（One Share, One Vote）或者按照出资比例行使表决权。比如，依我国《公司法》第66条规定，除公司章程另有规定外，有限责任公司的股东按照出资比例行使表决权，即股东有多少出资就有多少表决权。当然，股权平等原则也有例外，比如，有的国家的法律允许"一股多权"（Multiple voting）、"多股一权"（Fractional voting）或者"有股无权"（Non voting）等。我国公司法允许有限责任公司的章程对表决权的行使另作规定，但是，对于股份有限公司则规定为一股一权，不允许公司章程另作规定。2023 年《公司法》143~146 条规定了股份公司的类别股制度，其中，第 143 条规定："股份的发行，实行公平、公正的原则，同类别的每一股份应当具有同等权利。同次发行的同类别股份，每股的发行条件和价格应当相同；认购人所认购的股份，每股应当支付相同价额。"相关内容将在本章第四节论述。②表决权行使的"多数决原则"（Majority rule），是指形成一项决议需要多数股份出席，并经出席股份多数通过。多数决原则有简单多数（Simple majority）和绝对多数（Absolute majority）之分。通常法律规定，一般事项的决议需要简单多数通过即可，特别事项则需要绝对多数通过。

股东表决权可由股东亲自行使，也可以委托他人代理行使。在法人股东情形下，则只能是由法人委托自然人代理行使表决权。

股东表决权是股东的固有权利，尽管公司债权人、职工等其他利害关系人也向公司提供资金或者劳务，但却不享有表决权。因为债权人和职工等对公司所享有的权利是确定的，债权人享有要求公司到期还本付息的权利，职工享有要求公司按期支付薪酬的权利。而股东却仅享有在债权人和职工获得支付后获取剩余利润的权利（Residual rights），这种权利是不确定的，股东是企业风险的最后承担者。因此，法律赋予股东（而非债权人或职工等其他利害关系人）决定公司经营管理的权利。

原则上，股东表决权不得与股份分离而转让。但是，在特定情况下，这一原则也存在着变通。比如，在表决权信托（Voting trust）的情况下，表决权可由受托人行使。在表决权代理（Voting proxy）的情况下，表决权可由他人代理行使。在股份寄托情况下，表决权可由托管人（如证券托管机构）行使。

一般情况下，股东表决权不受限制。但是，特定情况下法律会对股东表决权予以限制。这些情况主要有：①在公司持有自己股份的情况下，一般没有表决权。如我国《公司法》第 116 条第 1 款就规定："股东出席股东会会议，所持每一股份有一表决权，类别股股东除外。公司持有的本公司股份没有表决权。"②对利害关系股东表决权的限制。根据我国《公司法》第 15 条第 2 款的规定，公司为公司股东或者实际控制人提供担保的，应当经股东会决议，这时该股东或者受实际控制人支配的股东不得参加规定事项的表决。③在相互持股的情况下，法律通常会将表决权的行使限定在一定比例范围之内。④在子公司持有母公司股份的情况下，有的法律规定，子公司对母公司没有表决权。⑤公司发行无表决权股份时，持有该种股份的股东无表决权。无表决权股份（Non voting shares）是股东以牺牲表决权为条件换取分配顺序上的优先，而且无表决权股份的股息往往是确定的。但应注意的是，即使是无表决权股份，在特定情况下，比如，在该优先股种类股东会会议上，仍然享有表决权。无表决权股份的表决权在一定情况下有可能复活，即当公司不按照公司章程规定向优先股东优先分配时，无表决权股份的表决权可能恢复。

（2）选举权和被选举权。股东有权通过股东会选举他人为公司的董事或者监事，同时，公司的股东只要符合公司法规定的董事或监事的任职资格，也可依法定的议事规则被选举为公司的董事或者监事。选举权和被选举权是股东通过股东会参与公司经营管理的一项重要权利。我国《公司法》对股东的选举权作了规定，股东可以按照自己的出资额或持有股份的比例对所要选举的董事、监事表达自己的意志，决定是投赞成票、反对票还是弃权票。

为保护中小股东的利益，在选举权的行使方法上，我国《公司法》在股份有限公司中引入了累积投票制，这在一定程度上改变了传统的投票规则。《公司法》第 117 条规定："股东会选举董事、监事，可以按照公司章程的规定或者股东会的决议，实行累积投票制。本法所称累积投票制，是指股东会选举董事或者监事时，每一股份拥有与应选董事或者监事人数相同的表决权，股东拥有的表决权可以集中使用。"此项制度增加了中小股东选出代表其利益的董事、监事的机会，有利于保护其合法权益。

（3）知情权和查阅权。知情权（Information rights），是指股东获取公司信息、了解公司情况的权利。股东要参与公司重大事项的决策，前提就是要了解公司的经营状况和相关信息。因此，各国公司立法都赋予了股东知情权，以随时全面掌握公司经营管理状况，便于其作出判断。知情权实现的根本途径就是法律赋予股东对公司经营状况和财务状况的查阅权（Inspection rights），并且此项权利不能以章程加以限制或剥夺。针对有限责任公司的股东，我国《公司法》第 57 条规定："股东有权查阅、复制公司章程、股东名册、股东会会议记录、董事会会议决议、监事会会议决议和财务会计报告。股东可以要求查阅公司会计账簿、会计凭证。股东要求查阅公司会计账簿、会计凭证的，应当向公司提出书面请求，说明目的。公司有合理根据认为股东查阅会计账簿、会计凭证有不正当目的，可能损害公司合法利益的，可以拒绝提供查阅，并应当自股东提出书面请求之日起十五日内书面答复股东并说明理由。公司拒绝提供查阅的，股东可以向人民法院提起诉讼。股东查阅前款规定的材料，可以委托会计师事务所、律师事务所等中介机构进行。股东及其委托的会计师事务所、律师事务所等中介机构查阅、复制有关材料，应当遵守有关保护国家秘密、商业秘密、个人隐私、个人信息等法律、行政法规的规定。股东要求查阅、复制公司全资子公司相关材料的，适用前四款的规定。"针对股份有限公司的股东，《公司法》第 110 条规定："股东有权查阅、复制公司章程、股东名册、股东会会议记录、董事会会议决议、监事会会议决议、财务会计报告，对公司的经营提出建议或者质询。连续一百八十日以上单独或者合计持有公司百分之三以上股份的股东要求查阅公司的会计账簿、会计凭证的，适用本法第五十七条第二款、第三款、第四款的规定。公司章程对持股比例有较低规定的，从其规定。股东要求查阅、复制公司全资子公司相关材料的，适用前两款的规定。上市公司股东查阅、复制相关材料的，应当遵守《中华人民共和国证券法》等法律、行政法规的规定。"当然，为了避免股东滥用查阅权而影响公司的正常经营活动，或者损害公司的利益，有必要对股东的查阅权作出某些限制，例如，在查阅的时间、地点和查阅的目的等方面作出规定。对此，有些国家的公司法作了明确规定，但即便不予明确规定，也应将股东查阅权的行使限定于正当目的并不得违背诚实信用原则。

（4）建议权和质询权。有限责任公司的股东一般都能够比较充分地介入公司经营管理，而股份有限公司经营权和所有权的分离性较大，其股东一般不直接介入公司经营。所以，建议权和质询权更多地是针对股份有限公司的股东而言的。建议权是指，股东有权就其认为有利于公司经营的决策或措施向公司提出意见或建议，建议公司采取某种做法或者放弃原来的做法。质询权是指，当股东对公司的某些行为存有疑问，或者认为公司的经营不善时，可以口头或者书面向负有责任的机构，如董事会、监事会、经理等，提出自己的疑问，并要求他们予以解答。在任何背景下，质询都是一件很严肃的事情，质询的权利、义务主体以及质询的场所与范围，都应当在相关法规中作出相应规定。对此，我国1993年《公司法》未作规定，而2018年《公司法》第97条则规定，股份有限公司的股东有权对公司的经营提出建议或者质询。2023年《公司法》第187条又明确规定："股东会要求董事、监事、高级管理人员列席会议的，董事、监事、高级管理人员应当列席并接受股东的质询。"这表明我国《公司法》将质询的权利主体规定为股东、股东会将义务主体规定为董事、监事、高级管理人员，而质询的场所为股东会或者股东大会，具体质询事项未予限定，应理解为董事、监事、高级管理人员职务范围内的一切事项。由于股东会可以通过行使质询权而将其建议融于其中，因而该规定也解决了建议权的行使问题。同时由于2023年《公司法》第187条的规定既适用于股份有限公司又适用于有限责任公司，所以，有限责任公司的股东也可据此规定向公司董事、监事及高级管理人员行使质询的权利。

（5）提议召开临时股东会的权利。《公司法》第62条规定，有限责任公司的股东会"定期会议应当按照公司章程的规定按时召开"；第113条规定股份有限公司的"股东会应当每年召开一次年会"。可见，作为公司权力机关的股东会不是通过经常性地召开会议来决定公司事务的，这与其性质是相符合的。但是当公司有重大情况出现而不及时召开股东大会可能又有不妥时，应当允许召开临时股东会会议。股东作为公司重要的利益相关者，应享有提议召开临时股东会会议的权利。对此，各国公司法均规定，达到法定比例人数的有表决权的股东可以提议召开临时股东会。依我国《公司法》第62条和第113条之规定，在有限责任公司中，代表1/10以上表决权的股东，可以提议召开临时股东会会议；在股份有限公司中，单独或者合计持有公司股份10%以上的股东请求时，应在2个月内召开临时股东大会。

（6）股东会的召集和主持权。通常股东会应由董事会召集，由董事长主持；在董事会未履行规定的召集和主持股东会职责时，监事会也可以及时召集和主持股东会。如果公司董事会或监事会没有及时召集股东会，将会延误公司股东会及时进行相关决议，也会阻碍股东依法行使其权利的，股东应享有股东会的召集和主持权，并且召集权和主持权应具有统一性，以便及时启动股东会会议。在股东提议召开临时股东会时，更是如此。否则，在董事会不召集、董事长不主持或监事会不召集、不主持时，股东提议召开临时股东会的权利可能会完全落空。

（7）临时提案权。股东临时提案权，是指股东向股东会提出临时议题或临时议案的权利。我国《公司法》第115条第2款规定，单独或者合计持有公司1%以上股份的股东，可以在股东大会召开10日前提出临时提案并书面提交董事会。临时提案应当有明确议题和具体决议事项。董事会应当在收到提案后2日内通知其他股东，并将该临时提案提交股东大会审议。但临时提案违反法律、行政法规或者公司章程的规定，或者不属于股东会职权范围的除外。公司不得提高提出临时提案股东的持股比例。临时提案的内容应当属于股东大会职权范围，并有明确议题和具体决议事项。我国1993年《公司法》没有关于股东临时提案权的规定，2005年《公司法》对符合条件股东的临时提案权予以明确承认，这是对1993年《公司法》的重大突破与修订，增加了股东的权利，有利于保护公司中小股东的利益。

3. 寻求权利救济的权利。

（1）异议股东股份收买请求权。异议股东股份收买请求权，又称异议股东股份回购请求权，是指股东会作出严重影响股东利害关系的决议时，股东有权请求公司回购自己的股份。这是我国 2005 年《公司法》新增设的股东权利。《公司法》第 89 条第 1 款规定，有下列情形之一的，对股东会该项决议投反对票的股东可以请求公司按照合理的价格收购其股权：①公司连续 5 年不向股东分配利润，而公司该 5 年连续盈利，并且符合本法规定的分配利润条件；②公司合并、分立、转让主要财产；③公司章程规定的营业期限届满或者章程规定的其他解散事由出现，股东会通过决议修改章程使公司存续。需要注意的是，上述情形仅适用于有限责任公司股东行使股份回购请求权。对股份有限公司的股东而言，《公司法》第 161 条第 1 款规定了股份有限公司异议股东的股份回购请求权，但只限于对股东会作出的以下 3 种决议持异议的情形：①公司连续 5 年不向股东分配利润，而公司该 5 年连续盈利，并且符合本法规定的分配利润条件；②公司转让主要财产；③公司章程规定的营业期限届满或者章程规定的其他解散事由出现，股东会通过决议修改章程使公司存续。在上述情形下，对股东会该项决议投反对票的股东可以请求公司按照合理的价格收购其股份，公开发行股份的公司除外。自股东会决议作出之日起 60 日内，股东与公司不能达成股份收购协议的，股东可以自股东会决议作出之日起 90 日内向人民法院提起诉讼。

（2）特殊情形下申请法院强制解散公司的权利。根据《公司法》第 231 条的规定，公司经营管理发生严重困难，继续存续会使股东利益受到重大损失，通过其他途径不能解决的，持有公司 10% 以上表决权的股东，可以请求人民法院解散公司。这也是之前 2005 年《公司法》为保护股东利益而新设的规范。

（3）向人民法院提起诉讼的权利。股东享有诉权，股东诉权是指股东对损害公司利益和股东利益的行为向法院提起诉讼的权利。股东诉权包括股东直接诉讼权和股东代表诉讼权。股东直接诉讼（Shareholder direct litigation）是指股东为维护自身利益而提起的诉讼。代表诉讼，也称为派生诉讼（Shareholder indirect litigation），是指当公司权利受到侵犯，而由于各种原因公司不能或怠于行使诉权，股东有权为了公司的利益，代表公司并以股东自己的名义向加害于公司的人提起诉讼。二者的联系在于原告都是公司股东；发生的实质原因都是股东经济利益受到侵害；都是维护股东利益的重要手段等。二者的区别主要在于：①诉因不完全相同。股东代表诉讼的诉因是公司的权益受到侵害，间接侵害了股东的经济利益，但并未直接侵害股东的法定权利，而股东直接诉讼的诉因是股东的个人权利受到侵害。②诉讼利益归属不同。股东代表诉讼的胜诉利益归于公司，而股东直接诉讼的胜诉利益归于原告股东。③程序规则不同。股东代表诉讼首先应当按照公司法的特别规则进行，而股东直接诉讼则按照民事诉讼的一般规则即可。对于上述两种股东诉讼制度，我国 1993 年《公司法》只规定了直接诉讼，2005 年《公司法》修订后增补规定了代表诉讼。具体内容在本章第二节中有详细论述。

从上述对股东权利的列举可以看出，公司法历来把维护股东权利、实现股东利益的最大化作为公司的最高价值取向，甚至可以认为，公司法制史就是一部以保护股东利益为根本目的而努力奋斗的制度史。

（二）股东的义务

股东享有权利，也要相应承担义务。股东应当承担的义务主要包括以下内容：

1. 遵守公司章程。这是股东最基本的义务。公司章程对全体股东都有约束力，股东应依照公司章程的规定行使权利并承担义务。

2. 向公司缴纳股款。该义务又称出资义务，即股东应按其所认缴的出资额或所认购的股份金额，按照规定的方式、条件、比例和期限缴纳股款。从出资义务与股东资格的关系上看，出资义务的承担是取得股东资格的前提条件。股东认缴了出资后，如果无正当理由不履行缴纳出资的义务，必须承担相应的责任，由此给公司造成了经济损失的，应当负赔偿责任。

3. 对公司所负债务承担责任。此项义务因公司的不同类型而不同。无限公司的股东及两合公司中的无限责任股东，对公司所负的债务承担无限连带责任。有限责任公司及股份有限公司的股东则对公司所负的债务仅以其出资额或认缴的股款为限，不负其他财产责任。所以，严格地讲，此项义务实际上是针对无限公司的股东及两合公司中的无限责任股东而言的。由于我国《公司法》仅规定了有限责任公司与股份有限公司两种类型，因而此项股东义务在我国《公司法》中并不存在。

4. 不得抽回出资。公司成立后，股东不得抽回出资。我国《公司法》第105条第2款规定："发起人、认股人缴纳股款或者交付非货币财产出资后，除未按期募足股份、发起人未按期召开成立大会或者成立大会决议不设立公司的情形外，不得抽回其股本。"该法第253条规定："公司的发起人、股东在公司成立后，抽逃其出资的，由公司登记机关责令改正，处以所抽逃出资金额百分之五以上百分之十五以下的罚款；对直接负责的主管人员和其他直接责任人员处以三万元以上三十万元以下的罚款。"

5. 出资差额填补。股东要承担出资差额填补义务，并由董事会进行核查和催缴。对此，我国《公司法》分别规定了有限责任公司设立人及股份有限公司发起人的填补出资义务。《公司法》第51条规定："有限责任公司成立后，董事会应当对股东的出资情况进行核查，发现股东未按期足额缴纳公司章程规定的出资的，应当由公司向该股东发出书面催缴书，催缴出资。未及时履行前款规定的义务，给公司造成损失的，负有责任的董事应当承担赔偿责任。"关于股份有限公司发起人的资本充实责任，《公司法》第99条规定："发起人不按照其认购的股份缴纳股款，或者作为出资的非货币财产的实际价额显著低于所认购的股份的，其他发起人与该发起人在出资不足的范围内承担连带责任。"从上述规定来看，如果股东因为某种原因不能缴纳出资时，其余的股东对该股东不能缴纳的部分负连带填补责任。

第二节　股权

一、股权的种类

股权，即股东享有的权利的简称，亦称股东权，是指股东基于股东身份和地位而享有的权利。股权是任何公司类型中的股东都普遍享有的权利，在不同类型公司中的股东，或者同一公司中的不同类型的股东，其股权的内容及其表现形式有所差异。公司法理通常确认的股权分类主要有以下几种：

（一）自益权与共益权

根据股权行使的目的是自己的利益还是股东共同的利益，可将股权分为自益权和共益权。这是公司法理对股权所作出的最基本的分类，也是在公司实践中最常见的股权分类。此种分类方法为日本及我国学界的通说所采用。

自益权是股东为了自己的利益而行使的权利，如股利分配请求权、剩余财产分配请求权、新股认购请求权等。自益权主要体现为股东获取投资回报及其相应的财产权。这正是股东投资的本来目的所在。

共益权是股东为公司和全体股东的共同利益而实质为自己利益而行使的权利，如表决权、请求召集股东会的权利、请求判决股东会决议无效的权利、请求查阅账簿的权利等。共益权实际上也是股东参与公司经营管理的一种体现，行使该种权利所获得的利益使股东自己最终受益。

就自益权与共益权的性质而论，前者主要是财产权，后者则主要是公司事务的参与权，二者相辅相成，共同构成了股东所享有的完整股权。当然，自益权与共益权的划分并不是绝对的，这是因为某些共益权是作为自益权的手段而行使，从而使其兼具共益权和自益权的特点，例如，查阅公司章程及簿册的请求权，也可以作为自益权行使，从而使其兼具两种权利的属性。

（二）财产权、支配与经营权、救济与附属权

这是依权利行使目的标准所作的划分。其中，财产权相当于上述自益权；支配与经营权是指有关公司经营管理方面的权利，除表决权外，尚包括累积投票权等；救济与附属权是指从手段上保障前两种权利得以充分实现的权利，除表决权和累积投票权之外的大多数共益权均属此类。这种分类在日本1950年修改日本《商法典》时，对日本学界影响较大。

（三）固有权与非固有权

这是依股权受法律强制的程度为标准所作的划分。所谓固有权，又称法定股东权，是指未经股东同意，不得以章程或股东大会多数决予以剥夺或限制的权利；所谓非固有权，又称非法定股东权，是指可由章程或股东大会多数决予以剥夺或限制的权利。一般而言，共益权多属固有权，自益权则多属非固有权。将股权分为固有权与非固有权的意义在于，让公司发起人和股东明确哪些权利是可依章程或决议予以限制的，哪些权利是不得以章程或决议予以限制的，从而增强其权利意识。凡对固有权加以限制的行为，均为违法行为，股东可依法主张其权利，并采取相应的补救措施。

（四）单独股东权与少数股东权

根据是否需要股东持有一定比例的股份才能行使权利，可将股权区分为单独股东权和少数股东权。自益权均为单独股东权；共益权中虽然有相当一部分是单独股东权，但限于持有一定比例以上股份才能行使权利的情形也不少见。

可以由股东单独行使的权利为单独股东权。法律对这种权利的行使没有设置任何限制，只要持有公司股份即可行使股权。

只能由少数股东行使的权利为少数股东权。法律对这种权利的行使设置了一定的限制，即只有持有一定比例的股份才可以行使。这里的核心是要求"持有一定比例股份"。至于是一人股东单独持有一定比例股份，还是若干股东联合持有一定比例股份，

则在所不问。

我国《公司法》上对少数股东权的规定，大致有如下情形：

（1）请求召开股东会临时会议。[1]

（2）股东的召集和主持。[2]

（3）股东临时提案。[3]

（4）提议召开董事会临时会议。[4]

（5）股东派生诉讼的提起。[5]

（6）解散公司请求权。[6]

法律之所以将共益权的一部分规定为少数股东权，主要有两个理由：①由于资本多数决原则可能造成大股东或者多数股东滥用其权利，为了保护少数股东的利益，将少数股东权作为一种对抗大股东或者多数股东的措施。②表明法律在一定程度上对分散的公众股东行使特定权利的不认可态度。比如，上述我国《公司法》规定的少数股东召集临时股东会会议的请求权，如果允许任何股东都可以请求召开临时股东会会议，将极大增加公司成本，同时也容易造成股东权的滥用。

（五）比例股权与非比例股权

以股东权利的内容是否依照股东的持股比例为基础予以确定，可将股东权利区分为比例股权与非比例股权。

比例股权，是指股东权利的内容一般依照股东持有股份比例为基础予以确定的股东权利。例如，股利分配请求权、剩余财产分配请求权、新股认购权、表决权均为比例股权。

非比例股权，是指股东权利的内容不以股东持有股份比例为基础即可确定的股东权利。例如，股东提起各种诉讼等权利均为非比例股权。

---

〔1〕《公司法》第62条规定，代表1/10以上表决权的股东、1/3以上的董事或者监事会提议召开临时股东会会议的，应当召开临时会议。《公司法》第113条规定，单独或者合计持有公司10%以上股份的股东请求，可以召开临时股东会议。

〔2〕《公司法》第63条第2款规定，董事会不能履行或者不履行召集股东会会议职责的，由监事会召集和主持；监事会不召集和主持的，代表1/10以上表决权的股东可以自行召集和主持。《公司法》第114条第2款规定，董事会不能履行或者不履行召集股东会会议职责的，监事会应当及时召集和主持；监事会不召集和主持的，连续90日以上单独或者合计持有公司10%以上股份的股东可以自行召集和主持。

〔3〕《公司法》第115条第2款规定，单独或者合计持有公司1%以上股份的股东，可以在股东会召开10日前提出临时提案并书面提交董事会。临时提案应当有明确议题和具体决议事项。董事会应当在收到提案后2日内通知其他股东，并将该临时提案提交股东会审议；但临时提案违反法律、行政法规或者公司章程的规定，或者不属于股东会职权范围的除外。公司不得提高提出临时提案股东的持股比例。

〔4〕《公司法》第123条第2款规定，代表1/10以上表决权的股东、1/3以上董事或者监事会，可以提议召开董事会临时会议。董事长应当自接到提议后10日内，召集和主持董事会会议。

〔5〕《公司法》第189条第1款规定，董事、监事、高级管理人员执行职务违反法律、行政法规或者公司章程的规定，给公司造成损失的，有限责任公司的股东、股份有限公司连续180日以上单独或者合计持有公司1%以上的股东可以向人民法院提起诉讼；监事有前条规定的情形，前述股东可以书面请求董事会向人民法院提起诉讼。

〔6〕《公司法》第231条规定，公司经营管理发生严重困难，继续存续会使股东利益受到重大损失，通过其他途径不能解决的，持有公司10%以上表决权的股东，可以请求人民法院解散公司。

（六）普通股权与特别股权

这是依行使主体标准所作的划分。普通股权，是指公司的普通股东享有的权利。而特别股权则是指专属于股东中特定人的权利，如公司发起人和特别种类的股东（优先股股东、后配股股东、类别股股东、混合股股东和偿还股股东）所享有的股东权。特别股权看似有违股东平等原则，其实并不违背。这是因为：①特别股东的权利与义务是对等的，在某些方面的利益虽优于其他股东，但在其他方面的利益则劣后于其他股东，如无表决权的优先股股东权；②特别股权的设置或安排源于公司章程，合乎意思自治原则；③在同一序列的特别股的股东之间仍适用股东平等原则。

二、股权的法律性质

各国公司法对股权内容的规定大体相同，但对股权法律性质的认识却是大不相同。在我国法学界对股权法律性质研讨的过程中，较有影响的观点主要有以下四种：

（一）所有权说

该说认为股权的性质属于物权中的所有权，股东权就是股东的财产所有权，或者说出资者所有权，是股东对其投入公司的财产享有的支配权。在公司中并存着两个所有权，即股东享有所有权和公司法人所有权，可称之为"所有权的二重结构"。公司法人所有权并不是对股东所有权的否定，只是使股东所有权表现为收益权及处分权。股东认缴出资、持有股份并非丧失所有权，而是为了更好地行使和实现所有权。因为公司是股东共同设立的，股东对公司财产理应享有所有权，而股东（大）会就是股东行使所有权的法定途径。所有权的二重结构并不破坏"一物一权"规则，也并不意味着国家所有权的丧失。[1] 股权的所有权性质可进一步定性为财产所有权中的按份共有（也有认为是共同共有的），公司财产属于全体股东按份共有，各个股东都是公司财产的按份共有人，各自按照自己的份额对公司财产享有的所有权。

持这一观点的学者同时也指出，作为所有权性质的股权，与民法中典型的所有权相比，有自己的特点，前者称为"变态所有权"，后者称为"常态所有权"。二者的主要区别在于：一是传统所有权中所有人对物的直接支配权在股权中表现为间接支配权，即由股东授权董事会对财产行使权利，是所有权权能与所有权的分离；二是传统所有权的客体为有形物，股权的客体为公司。

（二）债权说

该说认为股东权的实质为民法中的债权，股东与公司的关系是债权人与债务人之间的关系。这样股东所有权实现了向债权的转化。特别是 20 世纪后期以来，随着公司所有权与经营管理权的分离，股东的所有权逐渐被削弱，主要表现为处分权基本丧失殆尽。股票已纯粹变成了反映债的关系，成为债的凭证。就发展趋势看，股票与公司债券的区别也正在缩小，股东的收益权几乎成为一种债务请求权。

然而，债权是纯粹的财产权，基于当事人约定或法律规定而产生，反映财产的流转关系；而股权除财产权外还包含内容十分丰富的管理权的要素，尽管公司董事与经理人员的权力（利）增强、股东的权力（利）弱化确为事实，但这种量变因素并不能影响股权与债权各自的本质属性。这些是债权说所面临的主要困扰。

---

[1]　王利明：《论股份制企业所有权的二重结构——与郭锋同志商榷》，载《中国法学》1989 年第 1 期。

（三）社员权说

社员权，又称成员权，是指社团法人的成员即社员对社团法人所享有的一种独特的民事权利。无论是营利性社团法人，还是公益性社团法人，作为社员均享有社员权。股权就是股东基于其在营利性社团中的社员身份而享有的权利，属于社员权的一种，包括财产权和管理参与权。

社员权与物权有别，这是由于社员对社团法人出资、取得社员资格后，即对其出资丧失了所有权，而作为独立民事主体的社团法人，则对社员的全部出资及其孳息享有实定法上的所有权。社员权亦非债权，这是由于债权是由交易法或行为法所规定的，而社员权是由团体法或组织法所规定的。自德国学者瑞纳德（Renaud）1875 年首倡这一学说以来，该说已逐渐成为德国、日本之通说。持该主张的学者也认识到，股权为一种特殊的社员权，有别于公益社团法人中的社员权，二者的区别在于：一是前者的主要目的在于确认和保护股东得到应有的投资回报，后者的主要目的却在于谋求公益社团法人章程所确定的公共利益，而不在于使社员获得经济利益。二是前者具有较高的流通性，而后者一般不具有可转让性。

由于社员权在法律上还没有明确的含义，在社员权本身的性质尚需从法律上明确的情况下，不可能用其来说明其他权利的属性，即使按照社员权说学者的阐释，社员权是一种综合性的包括人格权、财产权、管理权等多种内容的资格权，但这也没有揭示该权利的真正内涵。

（四）独立民事权利说

该说认为股权是一种自成一体的独立权利类型。作为独立民事权利的股权具有目的权利和手段权利有机结合、团体权利和个体权利辩证统一的特征，兼有请求权和支配权的属性，具有资本性和流转性。股权是由特定的法律行为创设的，即分别由出资合同行为及转让行为等创设，创设行为是产生股权的法律事实。股权与公司财产所有权是相伴而生的孪生兄弟。只有股权独立化才可能产生公司所有权，而公司所有权的产生必然要求股权同时独立化。

究竟应当如何认识股权的性质，对界定我国国家与公司的财产关系有重要影响。我国国有企业改革进程尚未完成，大量国有独资公司及国有控股公司中国有股权的正确行使，对于我国经济体制改革及现代企业制度的全面实施，都具有非常重要的意义。上述前三种学说均承认公司法人的财产所有权，都有一定的合理因素，但却存在着不能自圆其说的理论缺陷，并影响其对股权本质的揭示。相对而言，股权是独立的民事权利的学说更符合股权的本质。民事权利体系是开放和发展的，过去、现在和将来都存在某些类型的权利无法被简单地归入到自罗马法以来就存在的物权、债权等传统的权利范畴之中，股权就属于此种情形，将股权这种新型权利的性质定性为一种独立的民事权利类型，不仅是必要的，也是可行的。

三、股权的司法救济

当股东实体法上的权利受到侵害时，如果不能通过合理的司法程序进行救济，实体权利就很容易落空。所以，股权的救济不仅要注重对股东实体权利的健全和完善，还须对股权的司法救济程序进行制度安排。各国公司立法均有对股权进行司法救济的规定。我国 1993 年《公司法》只规定了股东直接诉讼，2005 年《公司法》修订后增补规定了股东代表诉讼。

（一）股东直接诉讼

根据《公司法》的规定，我国股东直接诉讼的情形主要有以下几个方面：

1. 撤销决议之诉。股东会、董事会的会议召集程序、表决方式违反法律、行政法规或者公司章程，或者决议内容违反公司章程的，股东可以自决议作出之日起60日内，请求人民法院撤销。

2. 要求查阅公司会计账簿之诉。有限责任公司的股东要求查阅公司会计账簿，公司拒绝提供查阅的，股东可以请求人民法院要求公司提供查阅。

3. 有限责任公司中小股东的退出之诉。根据《公司法》第89条的规定，在法律规定的条件下（《公司法》第89条规定的3项条件），对股东会的某些决议投反对票的股东可以请求公司按照合理的价格收购其股权。自股东会决议通过之日起60日内，股东与公司不能达成股权收购协议的，股东可以自股东会决议通过之日起90日内向人民法院提起诉讼。公司的控股股东滥用股东权利，严重损害公司或者其他股东利益的，其他股东有权请求公司按照合理的价格收购其股权。上述规定实际上是确定了有限责任公司中小股东在特定条件下的退出机制。

4. 对公司高管的违法与侵权之诉。根据《公司法》第190条的规定，董事、高级管理人员违反法律、行政法规或者公司章程的规定，损害股东利益的，股东可以向人民法院提起诉讼。

（二）股东代表诉讼

股东代表诉讼又称股东派生诉讼，是指当公司的合法权益遭受侵害，而公司怠于诉讼时，符合法定要件的股东为公司的利益以自己的名义对侵害人提起诉讼，追究其法律责任的诉讼制度。股东代表诉讼兼具"代表性"和"派生性"。一方面，起诉股东是代位公司行使诉权，以避免因公司消极不行使诉权而遭受损失；另一方面，起诉股东是代表全体股东行使诉权，以维护全体股东所应享有的"间接利益"。股东代表诉讼制度的设立旨在为股东特别是中小股东提供维护公司和自身合法权益的手段，以制止董事、监事、高管、大股东、第三人等人员对公司的侵害行为。

股东代表诉讼制度起源于英美法系，大陆法系的许多国家和地区也借鉴了这一制度，目前，它已成为现代各国或者地区公司法上的一项重要内容，且被认为是弥补公司治理结构缺陷及其他救济方法不足的必要手段，在保护中小股东权益等方面发挥着重要作用。我国2005年修订前的《公司法》没有对股东代表诉讼制度作出明确规定，但中国证监会、国家经济贸易委员会、最高人民法院等有关部门根据形势的发展和公司治理中存在的突出问题，结合各国或者地区的经验，在这方面作出了有益的探索。我国2005年修订后的《公司法》第151条第一次以法律的形式正式在我国确立了股东代表诉讼制度。

1. 股东代表诉讼当事人。根据我国《公司法》第189条的规定，我国股东代表诉讼的提起人可以为有限责任公司的股东、股份有限公司连续一百八十日以上单独或合计持有公司百分之一以上股份的股东，被告的范围包括董事、监事、高级管理人员、侵犯公司合法权益的他人。相对于其他国家和地区的立法例，我国《公司法》对原告、被告的要求是较为宽松的,原告股东不受"连续持股原则"[1]的限制,不受"高额股份比例"的约束,不受"诉讼担保规则"[2]的影响。被告则不限于"董事",侵害公司权益的股东、控制人、审计人等第三人均有可能成为股东代表诉讼的被告。

(1)股东代表诉讼中的原告。股东代表诉讼的原告通常是指提起股东代表诉讼的股东。我国《公司法》对有限责任公司的股东没有设置任何限制性条件,对股份有限公司的股东则要求其必须连续180日单独或合计持有公司1%的股份。对于股东代表诉讼,为了在鼓励诉讼和防止滥诉之间取得平衡,各国公司立法通常都设置了一些限制性条件,以使提起诉讼的股东具有"代表性"和"正当性"。我国也借鉴其他国家和地区的经验,在持股期限、股份比例等方面要求提起诉讼的股东必须具备特定条件。

就持股期限而言,我国《公司法》仅要求股份有限公司的股东必须连续持有公司股份达180日,除此未作进一步规范,如侵害公司利益的行为是否一定要发生在180日的持股期间内?原告的股东身份是否一定要保持到诉讼判决阶段?这些均不明确。其原因主要在于考虑到我国股东大多还没有提起股东代表诉讼的法律意识,故意放宽对原告资格的要求。《公司法解释(一)》第4条也持这一态度,即2005年《公司法》第151条规定的180日以上连续持股期间,应为股东向人民法院提起诉讼时,已期满的持股时间。这意味着法律不要求原告(股东)一定要在侵权行为发生时就持有公司的股份。英美法系上通常要求起诉股东必须满足"同时持股原则",即从侵权行为发生时起到派生诉讼结束时止股东必须持有公司股份,以防止"购买诉讼"的出现。股东在诉讼过程必须具有股东的身份,股份的转让将导致原告资格的丧失、诉讼程序的终结。这可以看作是"同时持股原则"的继续,以便使股东代表诉讼的"代位性"和"代表性"得到充分实现。但如果股东是因为股份转移或股份交换等非自愿的方式丧失股东资格,通常不认为其已丧失原告资格,其可以继续参与诉讼活动直至诉讼结束。如果股东因死亡、丧失行为能力等情形而无法继续诉讼,也不会导致原告资格的丧失,此时应按照诉讼终止的相关程序确定诉讼继受人。

就持股比例而言,我国《公司法》对有限责任公司的股东没有作任何规定,但要求股份有限公司的股东必须单独或合计持有1%以上的股份。这一规定在实践应用时有以下三种可能性:①某一股东"单独"持股的情况。此时要求其必须持有1%以上的股份,且持有时间满180日,这样才符合起诉的法定条件。②两个以上股东合计持股数量超过公司总股份数1%的,并且每位股东的持股时间均满了180日。③两个以上股东的持股数量符合条件要求,但是存在其中部分股东的持股时间还未满180日的情况。而去除持股时间不足的股东,剩余股东的持股数量又达不到公司股份总数的1%以上。对此《公司法解释(一)》第4条明确解释,2005年《公司法》第151条规定的合计持有公司1%以上股份,是指两个以上股东持股份额的合计。前列三种可能性中,第①、②种情形符合本条司法解释的规定,而第③种情形则不符合本条规定。此立法目

---

[1] 原告股东不受"连续持股原则"的限制,主要是针对有限责任公司的股东而言,股份有限公司的股东则要求"连续一百八十日以上单独或合计持有公司百分之一以上股份"。

[2] 诉讼担保规则是指在诉讼过程中法院要求原告提供以后可能判决由他负担的诉讼费用的担保,以防止原告恶意诉讼。

的在于，防止股东恶意提起诉讼而干扰公司正常生产经营。

近年来，日本公司法的现代化改革还明确规定了起诉股东的"主观要件"，即"如果提起诉讼追究董事责任的目的是追求该股东个人或第三人的不正当利益，或给公司造成损害，则该股东不得提起诉讼"。这种从主观方面加以限定的规定进一步完善了日本的股东代表诉讼制度，有助于防止恶意诉讼的提起，使股东代表诉讼具有更好的"代表性"。通常认为股东提起股东代表诉讼时必须是基于"善意"，必须以维护公司利益为目的，而不能借股东代表诉讼谋求个人私益或实现非法目的。"善意原则"没有具体化的判断标准，但股东若曾参加、批准或默许过所诉侵害行为，或者以干扰公司生产经营、损害公司股东权益为目的，或者为公司竞争对手牟取竞争优势，则其提起的诉讼可以推定为"恶意诉讼"。我国《公司法》没有就主观要件作相应的限制性规定，如果被起诉的董事、第三人等被告有证据证明原告的起诉具有恶意，司法机关也应借鉴日本立法并结合学说理论，认定起诉股东不具备原告资格进而驳回起诉。

（2）股东代表诉讼的被告。由于股东代表诉讼主要是源于董事对公司的侵害行为，故而董事属于各国股东代表诉讼立法规制的主要对象。比如，日本《商法典》就规定股东代表诉讼的被告仅限于董事，但随着司法经验的累积和学术研究的深入，被告的范围也扩大了，监事、股东、发起人等人员也可以作为被诉对象，并且这种做法最终为立法认可。而在英美国家，只要行为人实施了侵害公司权益的行为就有可能成为股东代表诉讼的被告，学者称之为"自由模式"。我国《公司法》规定董事、高级管理人员、监事以及侵犯公司合法权益的"他人"均可以成为股东代表诉讼的被告，也即采用了英美的"自由模式"。我国立法虽然没有对"他人"的范围予以明确，但公司的控股股东、其他股东、实际控制人等也应解释为包含在"他人"之中。因此，凡是对公司实施了不正当行为而对公司负有民事责任的人，在公司怠于对其行使诉权的情形下，都可以成为股东代表诉讼的被告。例如，根据《公司法解释（二）》第23条的规定，清算组成员从事清算事务时，违反法律、行政法规或者公司章程给公司或者债权人造成损失，公司或者债权人主张其承担赔偿责任的，人民法院应依法予以支持。有限责任公司的股东、股份有限公司连续180日以上单独或者合计持有公司1%以上股份的股东，依据《公司法》第189条第3款的规定，以清算组成员有前款所述行为为由向人民法院提起诉讼的，人民法院应予受理。另外，公司已经清算完毕注销，上述股东参照《公司法》第189条第3款的规定，直接以清算组成员为被告、其他股东为第三人向人民法院提起诉讼的，人民法院应予受理。这种较宽范围的解释有利于充分发挥股东代表诉讼制度的作用。

（3）公司的诉讼地位。在股东代表诉讼中，公司是必要的当事人，没有公司的参与，该诉讼将无法进行。公司在股东代表诉讼中的法律地位如何，各国立法例不尽一致。有的国家将公司规定为原告，有的国家则规定为被告，还有的国家规定为第三人。在英国和美国，公司是以被告的名义参加诉讼的。由于公司拒绝以自己的名义作为原告就其所遭受的损害提起诉讼，它被作为名义上的被告（A nominal defendant）。他们认为，公司之所以不能作原告，是由于董事会或股东大会作为公司的机关均未批准由公司提起诉讼，但公司又不得不作为股东代表诉讼的当事人，这样做的目的是公司可因此受到法院判决的约束，并从中获得利益。在日本，公司可以参加诉讼，也可以不参加诉讼。如果不参加诉讼，根据日本《民事诉讼法》第201条第2款之规定，代表诉讼判决的效力当然及于公司；而公司参加诉讼的，其可以成为共同诉讼人，或为辅助一方当事人。

我国《公司法》对于公司在股东代表诉讼中的地位没有规定，在股东代表诉讼的司法实践中，法院将公司列为被告，并且是作为名义上的被告以区别于实质上的被告，这和美国的通行做法一致。但从理论上讲，在我国，公司不应被作为名义被告来对待，因为这与我国诉讼法理论和实践不相符合。许多学者认为，可采取日本的做法，尽管判决效力当然及于公司，但不强求公司参加诉讼，当公司愿意参加时，将其列为共同诉讼人，归于原告一方参加诉讼。

2. 股东代表诉讼的程序。股东代表诉讼的程序主要涉及诉讼前置程序和诉讼管辖。

（1）诉讼前置程序。股东代表诉讼是股东"代位"行使公司的诉权，如果公司自己决定行使诉权或采取相关措施制止侵害行为，则股东应当尊重公司的决定。因此，各个国家和地区的公司立法都要求股东先向公司提起采取特定行动，如果公司采取相关措施保障了公司的合法权益，那么股东就不必、也不得提起诉讼。

根据我国《公司法》第189条的规定，股东必须以书面形式向公司提出请求，并表明请求诉讼的目的、被告的姓名和诉讼的原因等内容，在公司收到请求后拒绝提起诉讼或30日内未提起诉讼，或者情况紧急、不立即提起诉讼会使公司利益受到难以弥补的损害的情况下，股东可以以自己的名义直接向人民法院提起诉讼。这里要强调的是，只要公司在股东请求后拒绝起诉或30日内不予答复，不管其基于什么原因拒绝，股东均可以提起派生诉讼。

我国《公司法》规定，股东对于董事、高级管理人员的不法行为可以请求监事会或者不设监事会的有限责任公司的监事向法院提起诉讼，对于监事的不法行为可以请求董事会或不设董事会的有限责任公司的执行董事向法院提起诉讼。近年来，我国上市公司实施了独立董事制度，如果公司设置了由独立董事组成的诉讼委员会，则股东也可以要求诉讼委员会向法院提起诉讼，这可以视为对《公司法》规定中的"董事会"概念进行扩张解释的效果。

《公司法》原则上要求股东必须先请求监事会、董事会等机关采取特定行动，但"情况紧急、不立即提起诉讼将会使公司利益受到难以弥补损害的"，股东可以不经过前置程序的要求而直接向人民法院提起诉讼。至于何谓"情况紧急"，有待于积累司法实践经验作出更加细致并且具有可操作性的规定。一般来说，如果董事、监事、高级管理人员等人员多数为加害人，或受侵害人的实际控制，或实际参与侵权行为，或者明示或默示批准过侵权行为，则"前置程序"可以豁免。

（2）诉讼管辖。在我国当前的法治环境下，管辖法院往往会对判决结果产生较大的影响，因此，诉讼当事人都会发挥最大的能量争取对己方有利的管辖法院。我国《公司法》未对股东代表诉讼的管辖加以特别规定，因而原则上应当根据《中华人民共和国民事诉讼法》（以下简称《民事诉讼法》）的规定来处理，即以原告就被告和侵权行为地来确定诉讼管辖地。上述分析可知，股东代表诉讼涉及原告、被告和公司三方当事人，管辖地的确立不仅要方便当事人参与诉讼，而且要方便法院审理案件，特别是股东代表诉讼多数涉及董事、监事、控股股东和实际控制人的侵权行为，这些行为的发生地和结果地往往都在公司所在地。另外，公司这一商事主体往往股东人数众多，成员可能来自全国各地，如果一律采取原告就被告的诉讼原则恐怕会引起一系列的不便和问题。如果要快捷方便调取证据、询问证人，应当说，由公司所在地的法院来从事相关行为会使效率更高、成本更低。因此，有学者主张我国也宜参照别国，如日本的立法例，明确规定股东代表诉讼专属于公司所在地的法院管辖。

然而，股东代表诉讼不加区分一律适用公司所在地的法院专属管辖，也会存在弊端。股东代表诉讼有两种情况：一种是当内部人员侵犯公司利益时而提起的股东代表诉讼；另一种是当公司外部人员（即"他人"）侵害公司利益时而提起的股东代表诉讼。在"他人"侵害公司利益的情况下，公司如果直接起诉"他人"可能需要到"他人"所在地起诉，但如果公司与股东串通，公司不直接起诉而是由股东提起代表诉讼，此时的管辖法院不再是"他人"所在地法院而是由公司所在地法院。显然，规定股东代表诉讼由公司所在地法院管辖很可能会导致股东代表诉讼制度被滥用，从而破坏我国民事诉讼法所确立的管辖制度。从这一角度来看，采取区别对待的方式比较妥当，即当内部人员侵害公司利益时，由公司住所地法院管辖；当公司"他人"侵害公司利益时，应采用民事诉讼法的一般管辖原则。

（3）举证责任。在股东代表诉讼中，提起诉讼的股东与侵害人之间的法律地位是平等的，按照一般民事诉讼程序，股东需就其提起诉讼的侵权事实与后果向法庭负举证责任。但是，在股东代表诉讼中，提起诉讼的股东一般都是利益受损的中小股东，他们在公司中处于相对弱势地位，而且他们的诉讼代表权是由于公司利益受损时那些控股股东或公司高级管理人员不愿提起诉讼而由他们代替公司提起的。所以，在整个诉讼的起因与过程当中他们都处于被动状态，如果规定由提起诉讼的股东负举证责任，对他们来说显然是不公平的。因为在这种情况下，公司受控于大股东或高管人员，很多证据都掌握在他们手中，所以小股东不可能自如地取得重要信息，即使可以也可能会被控制者转移、修改甚至销毁。所以，宜适用举证责任倒置，由被告负举证责任来证明自己没有实施侵害行为，或侵害结果与自己没有因果关系。

3. 诉讼的法律后果。在股东代表诉讼中，胜诉后的利益原则上归于公司。但是，由于股东代表诉讼具有"代位性"和"代表性"的特点，原告、被告和公司之间的法律关系因原告胜诉或败诉而有所不同，股东代表诉讼判决的内容也会有所差异。

（1）原告胜诉的情况下。如果原告胜诉，在此情况下，就意味着董事、监事、控制股东、实际控制人、高级管理人员等确实实施了侵害公司利益的行为，其必须将所得不当利益返还给公司或对其所造成的损害给予赔偿。由于股东代表诉讼中提起诉讼的原告是股东，获得赔偿的却是公司，因此，这种赔偿责任的实现与传统的侵权损害赔偿有所差异，它涉及原告的损失和为诉讼而支出的合理费用如何处理的问题。对此，日本《商法典》规定股东在胜诉时可以请求公司支付其进行诉讼的必要费用和律师报酬。若着眼于股东代表诉讼制度的性质和特点，从公平的角度来考虑，在我国的股东代表诉讼司法实践中，提起诉讼的股东在胜诉时应当可以向公司请求支付必要费用和律师报酬。

（2）原告败诉的情况下。股东代表诉讼的立法原则总是试图在保护中小股东利益和防止滥诉二者之间寻找平衡点。原告败诉时，法律责任的追究同样应当遵循这一基本原则。在英美法系国家，股东提起派生诉讼较为容易，这是因为其公司法对股东代表诉讼的限制性条件相对较少，相应地，原告败诉时法律责任的追究则相对较严。比如在美国，大多数州并不要求提供诉讼担保，但在原告股东败诉时无论其是否恶意提起诉讼，均要求其承担赔偿责任。但是，在日本和我国台湾地区，法院只能判令恶意的原告股东对公司承担损害赔偿责任。我国的股东代表诉讼制度以日本和我国台湾地区的立法模式为鉴，设置了较为严格的起诉条件，如果再要求股东在败诉时承担严格赔偿责任，必然会影响股东提起诉讼的积极性，因此，当原告败诉时，原则上不应对公司和被告承担赔偿责任。但是，如果有证据证明原告系恶意诉讼，则败诉的原告应当就此给公司和被告造成的损失承担赔偿责任。

以上从股东代表诉讼的诉讼当事人、诉讼程序和法律后果等方面探讨了股东代表诉讼制度，由此可以看出，股东代表诉讼制度有助于弥补公司所有权与经营权分离的不足，强化股东对公司董事、高级管理人员的监督，但我国《公司法》有关股东代表诉讼的规定并不完备，还有待于在实践中进一步完善。

第三节　有限责任公司股东的出资

一、出资与股份的比较

出资与股份是两个相对应的概念。它们是分别相对于有限责任公司和股份有限公司的股东对各自公司的出资行为而言的。国外立法例中对不同类型的公司股份大多也加以区别，使用不同的称谓。如在日本《商法典》和《有限责任公司法》中，将出资和股份分别称为"持份"和"株式"。

出资与股份尽管都是组成各自公司资本的金额单位，但是，二者具有如下三项重要区别：①二者的发行主体不同。出资是有限责任公司发行的，而股份是股份有限公司发行的。有限责任公司的股东只能认缴出资，而股份有限公司的股东只能认购股份。②二者的表现形式不同。有限责任公司的股东出资表现为出资证明书，而股份有限公司的股份则表现为股票。③出资转让受到严格限制，而股份转让是相对自由的。

我国《公司法》上对出资概念的使用并不一致，有时是指有限责任公司股东对公司进行直接投资后所形成的相应资本份额，如第 56 条；有时是指股份有限公司股东认购的股份，如第 99 条；有时则又泛指各类公司的股东对公司进行的直接投资，如第 252 条。[1]除非特别指出，本节所称出资均指第一种含义，即与股份有限公司的股份相对应的概念。

---

[1] 《公司法》第56条规定，有限责任公司应当置备股东名册，记载下列事项：①股东的姓名或者名称及住所；②股东认缴和实缴的出资额、出资方式和出资日期；③出资证明书编号；④取得和丧失股东资格的日期。记载于股东名册的股东，可以依股东名册主张行使股东权利。第99条规定，发起人不按照其认购的股份缴纳股款，或者作为出资的非货币财产的实际价额显著低于所认购的股份的，其他发起人与该发起人在出资不足的范围内承担连带责任。第252条规定，公司的发起人、股东虚假出资，未交付或者未按期交付作为出资的货币或者非货币财产的，由公司登记机关责令改正，处以虚假出资金额或未出资金额5%以上15%以下的罚款；对直接负责的主管人员和其他直接责任人员处以1万元以上10万元以下的罚款。

二、出资证明书

（一）概念及其法律特征

出资证明书是有限责任公司股东出资的凭证，是有限责任公司成立后应当向股东签发的文件，是股东对公司享有权利、承担责任的重要依据，是一种权利证书。有限责任公司不同于股份有限公司，其全部资本不分为股份，而是体现为有限责任公司股东各自持有的出资份额，载明这一出资份额的权利证书就是出资证明书。也有学者称之为"股单"或"持股单"。

作为有限责任公司股东出资或持股的法律形式，出资证明书具有以下法律特征：

1. 出资证明书是一种证权证券。证权证券，是指证券所代表的权利原已存在，证券只是起一种权利证书的作用，而不创设权利（详解见本章第四节关于股票的特征）。出资证明书就是表彰有限责任公司股东的股权的证书，它不仅证明出资的主体，而且可以证明出资的金额和出资的比例，并依此享有相应的股权。

2. 出资证明书是有价证券。出资证明书是股东享有股东权的有价证券，但是，出资证明书与股票不同，股票是可流通的有价证券，而出资证明书则为不流通的证权证券。后者之所以为不流通证权证券，是因为有限责任公司的股东将股权转让后，公司应当注销原股东的出资证明书，向新股东签发出资证明书，并相应修改公司章程和股东名册中有关股东及其出资额的记载。[1]

3. 出资证明书是要式证券。出资证明书的制作和记载事项必须按照法定的方式进行。

4. 出资证明书是有限责任公司成立后签发的证明股东权益的凭证。即公司成立之前不能向公司的股东签发出资证明书。

5. 出资证明书作为有限责任公司股东所持有的权利证书，与股份有限公司表现股东权益凭证的股票相对应，都是公司股东的证权证券。但是，二者又有明显的区别：①票面金额的表现不同。在一般情况下，出资证明书的票面金额不一定相等，而股票的票面金额却是相同、统一的。股票有额面股和无额面股之分，而出资证明书无此划分。②出资证明书都是记名的，而股票却有记名股票和无记名股票之分。③股票作为有价证券可进行交易，特别是上市公司的股票，其交易更是自由，而出资证明书在股东依法转让股权时，其本身不能被转让，而是由公司注销原股东的出资证明书，向新股东签发出资证明书。

（二）出资证明书的记载事项

根据我国《公司法》第 55 条第 1 款的规定，出资证明书必须载明下列事项：公司的名称；公司成立日期；公司注册资本；股东的姓名或者名称、认缴和实缴的出资额、出资方式和出资日期；出资证明书的编号和核发日期。

1. 公司名称。公司名称不仅是公司章程的绝对必要记载事项，而且是公司出资证明书必须载明的事项。没有公司的名称，就无法确定该出资证明书是属于哪一公司的。

---

〔1〕 参见《公司法》第 87 条的规定：依照本法转让股权后，公司应当及时注销原股东的出资证明书，向新股东签发出资证明书，并相应修改公司章程和股东名册中有关股东及其出资额的记载。对公司章程的该项修改不需再由股东会表决。

出资证明书中对公司名称的记载，既有利于股东行使股权，也有利于公司对股东的管理。

2. 公司成立日期。公司营业执照的签发日期即为公司成立日期。从公司成立时起，公司的股东就可以对公司行使股权。如果没有公司成立日期，就无法确定股东开始行使股权的日期，从而给股东行使权利造成一定的困难。

3. 公司注册资本。公司的注册资本是在公司登记机关登记的全体股东认缴的出资总额。出资证明书之所以将其载明，一是为了彰显公司注册资本，二是便于股东和第三人将股东出资的份额和公司资本总额进行比较，一目了然。

4. 股东的姓名或者名称、认缴和实缴的出资额、股东缴纳的出资额和出资日期。有限责任公司重在人合，如果出资证明书上没有股东的姓名或者名称，一旦产生纠纷，就有可能引起主体识别的混乱，不利于保护股东或者债权人的利益。按照我国有关法律的规定，出资证明书上记载的姓名应当与居民身份证或护照相一致；股东是国家授权投资的机构、部门或法人的，在出资证明书上应记载该机构、部门或法人的名称，不得另立户名或以代表人姓名记名。出资证明书应载明股东认缴和实缴的出资额、缴纳的出资额和出资日期，股东便可清楚其出资额在公司注册资本中认缴和实缴的出资额和所占的比例，便于掌握其在公司权益分配中所应享有的份额，也便于其行使自己的股权。

5. 出资证明书的编号和核发日期。出资证明书的编号在于对多份文件进行排序，便于管理。出资证明书的核发日期是个极为重要的法律事实，对计算股东权益有着非常重要的意义。

无论从事何种行业、规模如何，有限责任公司都应当按照上述五项内容向股东签发出资证明书。

（三）出资证明书的效力

出资证明书应当由公司盖章，并由董事长签字。只有公司盖章以后，出资证明书才产生法律效力。出资证明书的效力主要表现在：

1. 出资证明书具有证明股东资格的效力。由于出资证明书是有限责任公司成立后向股东签发的证明其出资的凭证，凭借出资证明书可以确定设立人已经履行了缴付所认缴的出资的义务，其持有人已经成为该有限责任公司的股东，理应享有股权。

2. 出资证明书具有证明股东权利义务范围的效力。股东按照出资证明书记载的事项享有相应的权利，并承担相应的义务和责任。有限责任公司股东的权利义务是按照股东的出资比例而定的，而出资证明书中载明了股东缴纳的出资额和公司注册资本。因此，股东持有出资证明书，即可依出资比例分取相应的股利；在出席股东会时，可依出资比例行使表决权；同时，股东也在其出资额的范围之内对公司承担有限责任。

（四）出资证明书与验资证明书的区别

根据我国 2005 年《公司法》，验资证明书是在股东全部缴纳出资后，由法定的验资机构对公司的资本总额和每个股东的出资额进行审验，然后出具验资证明，没有该验资证明书这一前提条件，公司就不能成立。2013 年《公司法》由于采取注册资本认缴制，因而取消了设立公司的验资要求，但是验资证明在特定的环节还是需要的。

　　而出资证明书是确定并记载股东与公司这两个主体之间发生投资与被投资关系的凭证及法律形式，尽管股东的出资在公司成立之前就已经缴纳并经验证，但由于在公司成立之前公司的主体资格尚未取得，所以，出资证明书必须在公司成立以后才能向股东签发。

三、出资转让

（一）出资转让的概念及法律特征

　　出资转让是指有限责任公司的股东依照法律或公司章程的规定将自己的出资转让给他人的行为。其主要法律特征如下：

　　1. 出资转让不影响公司法人的主体资格。出资转让完成后，公司股东发生变化，在出资全部转让的情况下，出让方的原股东地位被受让方取代，受让方成为公司的股东。但就公司本身而言，除了因股东变更而发生若干登记事项的变化之外，公司法人资格不会有任何变化。

　　2. 出资转让是一种股权买卖行为，同时，也是对公司控制权出让的行为。对有限责任公司的股东而言，股权是股东出资形成的对公司的一种财产权和控制权，转让方转让出去的正是这种含有控制权的财产权。

　　3. 出资转让是要式行为。这主要表现为出资转让除须符合实体条件外，还应完成法律规定的出资转让的程序要件。

（二）转让的方式及限制

　　出资转让有四种方式：一是在公司内部发生的出资转让，即股东将出资转让给现有股东；二是向公司外部进行的出资转让，即股东将出资转让给现有股东以外的其他投资者；三是法院强制执行转让；四是公司回购出资。本节论述前三种形式，第四种留待第四节与股份有限公司的公司股份回购一并解读。

　　一般而言，各国或地区的立法对无限公司的股东，无论全部或部分转让股权，都规定了严格的限制条件，即非经其他股东全体同意，股权不得转让。之所以作出如此严格的规定，是因为无限公司以人合为基础，股东转让股权难以找到其他股东所信任的受让人。同时，也是为了防止无限公司的股东在公司经营欠佳时，以转让股权的方式来逃避连带的无限责任。有限责任公司虽在性质上属于资合公司，但因股东人数不多，股东又重视相互间的联系，具有人合公司的因素。当股东将其出资转让给公司外第三人时，虽然股东之间的股权结构没有发生改变，但股东之间和谐稳定、相互信赖的关系却遭到了破坏。因此，为了保证有限责任公司的内部稳定，绝大多数国家（地区）的公司法都对股东向公司外第三人转让出资进行了严格限制。由于股东之间转让出资属于内部转让，只会影响公司内部股东之股权结构，因而各国或地区公司法对此都不作严格限制。对有限责任公司股东转让出资的规定，考察外国大致有以下三种情形：一是如日本的做法，即股东之间自由转让，但向股东外第三人转让，"股东，无其他全体股东的许可，不得将其全部或部分出资份额向他人转让"[1]。二是如法国的做法，即股东之间在章程无限制的情况下自由转让，但向股东以外的第三人转让则"只有经至少持有公司一半股份的股东多数同意，公司股份才能转让给公司以外的第三人，

---

〔1〕　参见《日本公司法典》，崔延花译，中国政法大学出版社 2006 年版，第 273 页。

章程规定要求得到更高多数同意的情况除外"[1]。三是如德国的做法，即公司章程可以对股东之间转让出资附加其他条件，尤其是可以规定转让须经公司批准。[2]

我国《公司法》对有限责任公司出资转让的条件同样作了较为严格的限制，依照《公司法》第四章"有限责任公司的股权转让"的规定可以看出，我国立法将有限责任公司的股权转让区分为公司内部转让、公司外部转让、人民法院强制执行转让和公司回购出资。下面论述前三种情形：

1. 公司内部转让。股东之间可以自由转让其全部出资或部分出资，股东之间的转让不受限制，也不须股东会表决通过。即我国现行立法对在公司内部进行的股权转让采取自由主义原则，只要转让方与受让方协商一致，转让即可成立。但是，根据我国的产业政策，国有股必须控股或相对控股的交通、通信、大中型航运、能源工业、重要原材料、城市公用事业、外经贸等有限责任公司，股东之间转让出资不能使国有股丧失控股或相对控股的地位，但若依公司具体情况确需非国有资本控股，则须报国家有关部门审批。

2. 公司外部转让。除公司章程对股权转让另有规定外，我国现行立法对向公司外部进行股权转让，除合法继承人可以继承股东资格之外，均予以较为严格的限制。但是，2023 年《公司法》修订后的第 84 条放松了股东向股东以外的人转让股权的限制。具体表现如下：

（1）股东向股东以外的人转让股权的，应当将股权转让的数量、价格、支付方式和期限等事项书面通知其他股东，其他股东在同等条件下有优先购买权。在此，取消了 2018 年《公司法》第 71 条第 2 款所要求的"应当经其他股东过半数同意"。

（2）"股东自接到书面通知之日起三十日内未答复的，视为放弃优先购买权"，取消了 2018 年《公司法》第 71 条第 2 款所要求的"股东应就其股权转让事项书面通知其他股东征求同意，其他股东自接到书面通知之日起满三十日未答复的，视为同意转让。其他股东半数以上不同意转让的，不同意的股东应当购买该转让的股权；不购买的，视为同意转让"。如此一来，简化了有限责任公司股东对外转让股权的规则，从"同意权 + 优先购买权"的双层规则，调整为"优先购买权"的单层规则。由此，转让股东仅需进行一次通知，其他股东可以一次行权，提高了股权转让的效率。

（3）两个以上股东行使优先购买权的，协商确定各自的购买比例；协商不成的，按照转让时各自的出资比例行使优先购买权。公司章程对股权转让另有规定的，从其规定。

（4）股东的出资转让给股东以外第三人还可能因继承、夫妻共有财产分割和向近亲属的股权赠与而发生。与一般转让不同的是，这三种行为导致的出资转让并非基于当事人之间的协议而发生。因这三种情况发生的出资转让，是否会使受让人当然取得股东的身份呢？对此，我国《公司法》对第一种情形作了肯定的回答，即面对因继承而发生的股权变动，法律对股东优先购买权的保护是居次的，《公司法》第 90 条明确规定："自然人股东死亡后，其合法继承人可以继承股东资格；但是，公司章程另有规

〔1〕 参见《法国公司法典》（上），罗结珍译，中国法制出版社 2007 年版，第 75 页。
〔2〕 参见《德国有限责任公司法》第 15 条第 5 款。

定的除外。"这表明只要公司章程未另作规定，自然人股东死亡后，合法继承人无需其他股东同意即可继承股东资格。

但《公司法》未就夫妻共有财产分割和向近亲属的股权赠与而发生的股东的出资转让给股东以外第三人的问题作出明确规定。夫妻共同财产的分割和向近亲属的股权赠与是基于亲属身份关系发生的向特定对象的股权转让，而非向不特定的第三人出让股权。法律不仅需要保障公司股东之间的人合性，而且需要考虑基于特定亲缘关系而发生的财富的分割和自由流动。当二者发生冲突时，对特定亲属关系的优先考虑是法律伦理性的必然选择。类推是填补民事法律漏洞的基本方法之一，将股权继承原理类推，股东在夫妻家庭财产分割和向近亲属赠与股权时，公司其他股东的优先购买权亦当居次，股权受让人可以当然取得股东资格。只有在公司章程事先作出特别约定时，公司其他股东才可通过章程来限制受让人对股东资格的取得。

3. 人民法院强制执行转让。对于强制执行股权转让的情形，我国《公司法》第85条规定，人民法院依照法律规定的强制执行程序转让股东的股权时，应当通知公司及全体股东，其他股东在同等条件下有优先购买权。其他股东自人民法院通知之日起满20日不行使优先购买权的，视为放弃优先购买权。

（三）股东未履行或者未全面履行出资义务即转让股权的处理

根据《公司法解释（三）》第18条的规定，有限责任公司的股东未履行或者未全面履行出资义务即转让股权，受让人对此知道或者应当知道，公司请求该股东履行出资义务、受让人对此承担连带责任的，人民法院应予支持。公司债权人依照《公司法解释（三）》第13条第2款[1]向该股东提起诉讼，同时请求前述受让人对此承担连带责任的，人民法院应予支持。受让人根据上述规定承担责任后，向该未履行或者未全面履行出资义务的股东追偿的，人民法院应予支持。但是，当事人另有约定的除外。

（四）出资转让的程序

股东转让出资作为公司运营中的重大事项，直接关系到大多数股东、公司本身和市场交易相对人的利益，因此，各国法律对股东出资转让程序大多作了较为周详的规定。我国《公司法》对此规定不够详细，综合我国《公司法》和相关法律法规的规定，我国有限责任公司股东转让出资的主要程序如下：

1. 股东决定向股东以外的人转让出资的，首先应当向公司董事会提出转让出资的申请，由董事会提交股东会讨论表决。股东之间转让出资的，无需经过股东会表决。

2. 对转让出资中涉及的国有资产和土地使用权、知识产权、股权、债权等无形资产进行资产评估。

3. 签订股权（出资）转让协议。转让出资的股东与受让出资的股东或股东以外的人，按法律的规定并以股东会的表决结果为依据，签订股权转让协议；其中对双方转让出资的数额、转让的程序、双方的权利义务等事项作出规定，使其作为有效的法律文书来约束双方，规范双方的行为。

---

[1] 《公司法解释（三）》第13条第2款规定，公司债权人请求未履行或者未全面履行出资义务的股东在未出资本息范围内对公司债务不能清偿的部分承担补充赔偿责任的，人民法院应予支持；未履行或者未全面履行出资义务的股东已经承担上述责任，其他债权人提出相同请求的，人民法院不予支持。

4. 中外合作或中外合资的有限责任公司股东转让出资，要经过中方股东的上级政府部门审批，并报送国务院商务部或其授权的地方政府审批同意方可有效办理转让手续。

5. 进行公司内部股东变更登记。依我国《公司法》第87条的规定，股东依法转让其股权后，公司应当及时注销原股东的出资证明书，向新股东签发出资证明书，并由公司相应修改公司章程和股东名册中有关股东及其出资额的记载，否则，不得对抗公司及公司外的第三人。而且对公司章程的该项修改不需再由股东会表决。这就是公司内部股东变更登记，我国《公司法》没有明确不办理公司内部股东变更登记的法律责任。由于股权转让合同不一定为公司所知晓，由此应该由转让方（原股东）向公司申请变更登记。若因转让方过错未申请导致未能办理公司内部股东变更登记，则应由转让方依股权转让合同承担违约责任。如果是公司拒绝登记，则应区分以下两种情况对待：①如因股权转让不符合《公司法》及公司章程的规定，公司拒绝登记，则应认为股权转让无效，公司不承担任何法律责任，转让方与受让方之间的纠纷依股权转让合同处理；②如果股权转让符合《公司法》及公司章程的规定，而公司拒绝变更登记，则公司侵犯了股东依法转让股权的权利，应责令公司办理变更登记，并由公司承担相应的法律责任。

6. 召开股东会会议，表决修改公司章程；根据股东的提议，必要时变更公司董事会和监事会成员。公司章程对股东的名称及其出资额都有记载，股东转让出资必然引起股东结构及出资发生变化，因此必须召开股东会会议（但无需表决，见上述《公司法》第87条的规定），修改公司章程。对原股东出任或委派的董事或监事，受让人作为新股东可提议要求股东会予以更换，可由其出任或委派新的董事或监事。

7. 办理股东公司变更登记。根据《市场主体登记管理条例》第24条第1款的规定，"市场主体变更登记事项，应当自作出变更决议、决定或者法定变更事项发生之日起30日内向登记机关申请变更登记。"一般而言，公司变更登记应由转让方（原股东）向董事会或公司章程规定的公司内部组织机构（以下简称公司内部登记机构）申请股东变更登记，再由公司内部登记机构依《公司法》及公司章程规定进行审核。若转让符合《公司法》及公司章程的规定，公司内部登记机构应同意变更并记载于股东名册，然后到工商行政管理部门办理工商变更登记手续。

在必要时还可以进行转让出资公告，尽管这不是法律规定的必经程序。但是，对那些规模较大的公司而言，股东转让出资后进行公告，有利于增加公司管理的透明度，有利于提高社会公众特别是市场交易相对人对公司的信任度。

第四节　股份有限公司股东的股份

一、股份的含义和特征

股份是指股份有限公司股东持有的公司资本的基本构成单位，也是划分股东权利义务的基本单位。它是股份有限公司的特有概念，也是股份有限公司区别于有限责任公司的重要特征。股份的表现形式为股票，股东通过购买股票来进行投资，获取股东身份。我国《公司法》第142条第1款规定："公司的资本划分为股份。公司的全部股份，根据公司章程的规定择一采用面额股或者无面额股。采用面额股的，每一股的金额相等。"《公司法》第147条又规定："公司的股份采取股票的形式。股票是公司签发的证明股东所持股份的凭证。公司发行的股票，应当为记名股票。"据此，可以得出股份具有以下几个方面的含义：①它是股份有限公司资本最基本的构成单位和计算单位。股份有限公司的全部资本划分为等额股份，全部股份金额的总和就构成了公司的总资本。②它是股东身份和权利来源的基础，也是计算股东权利义务的最小单位。股东通过认购股份履行出资义务，据此取得股东身份。同时股东的权利义务多少以及其在公司中发挥作用的大小与其拥有的股份数量多少成正相关关系。③它表现为股票的形式，是股票价值的内容。④公司发行的股票，应当为记名股票。股份是股票的价值内容及存在基础，而股票是股份的表现形式和载体。

由此我们可以看出股份具有以下显著特征：

1. 平等性。股份在资本额和股东权利两个方面表现出明显的平等性：一方面，股份是构成公司资本的基本单位。股份包括额面股和无额面股两种。对于额面股，同一种类的每一股份金额相等，代表相同的资本额。对于无额面股，表现为在资本总额中所占比例相等。另一方面，股份是衡量股东权利义务的基本单位。股东表决权的行使是按照股份数额的比例计算的，它体现的是在公司决策方面的资本多数决原则。同一种类的每一股份代表的股东权利是相等的，即同股同权、同股同利。除非法律有特别规定，公司不得以任何理由限制或者剥夺股份所包含的股东权利。当然，这种平等性并不是绝对的，如果是不同种类的股份，股权的内容、大小就有可能不同。

2. 自由转让性。可转让性是股份的本质属性，这也是股份有限公司资合性的体现，特别是上市股份有限公司，其股票的自由转让度和流通性更高。股份的这种可转让性，使股份公司能够发挥其强大的筹资功能。股份的自由转让也是股东享有的一项权利，股东可以根据自己的投资规划自由决定股票买卖。

3. 不可分性。股份是公司资本构成的最小单位，其本身不能再分割，并且每一股份所包含的股东权利也不能分离行使。股东转让股份或行使权利，必须以整股为单位。但实践中存在着多人共同持有一股的情形，此种情况下的共有是共同共有，共有人可以共享股份权益，但不是对股份本体的分割。

4. 以有价证券为表现形式。股份是价值本体，股票只是股份的表现形式。股票是公司成立后，以公司名义签发的证明股东所持股份权利的法律凭证，是一种要式、非设权的有价证券，其所代表的股东权是一种具有财产内容的权利。

二、股份的表现形式：股票

我国《公司法》第147条第1款规定，公司的股份采取股票的形式。股票是公司签发的证明股东所持股份的凭证。股份与股票的关系形同表里，股份是股票的价值内容和存在基础，股票则是股份的载体和表现形式。股票具有以下特征：

1. 股票是一种证权证券。所谓证权证券，是指证券所代表的权利原已存在，证券只是起一种权利证书的作用，而不创设权利。证权证券和设权证券相对应。两者的区别主要在于：证权证券以证明权利的存在为目的；而设权证券是以设定权利为目的。股权的产生基础是股东认购股份的出资行为，而非股票的制作或签发。股东权利的真正载体是股份，但是为了示权和行权的便利，股份采取了股票的表现形式，股票通过其记载事项证明股东在公司中享有的权利，谁持有股票谁就被推定为公司的股东。在股票转让过程中，转让股票就意味着股份和股东身份的转让。这时，股份与股票往往合二为一。正因如此，人们习惯上把两者视为等同。

2. 股票是一种有价证券。有价证券是指各类记载并代表一定权利的法律凭证的统称，用以证明持券人有权依其所持证券记载的内容而取得相应的权益。它反映的是一种财产权利，且该财产权利的行使以提示证券为前提。股票与一般有价证券的不同之处主要在于它不是单纯的财产权证券，当然更不是单纯的人格权证券，它是多种权利的集合体。股票是股份的表现形式，而股份的获得是以付出一定的财产为对价的，持有股票代表持有者付出过相应对价，并可以凭借股票的记载获得相应的股息、红利等经济利益，同时可以在证券市场上按照市场价格转让。股票持有人有权取得该股票所表示的各项权利。

3. 股票是一种要式证券。所谓要式证券，是指证券的制作及记载事项必须严格按法律规定进行，否则，将导致证券的无效。股票必须记载一定事项，由公司法定代表人签名、公司盖章，才能发行，否则不发生法律效力。根据《公司法》第149条第1~4款的规定，股票采用纸面形式或者国务院证券监督管理机构规定的其他形式。股票采用纸面形式的，应当载明下列主要事项：①公司名称；②公司成立日期或者股票发行的时间；③股票种类、票面金额及代表的股份数，发行无面额股的，股票代表的股份数。股票采用纸面形式的，还应当载明股票的编号，由法定代表人签名，公司盖章。发起人股票采用纸面形式的，应当标明发起人股票字样。《公司法》第147条第2款还规定，公司发行的股票，应当为记名股票。

4. 股票是一种无限期证券。股票没有固定期限，是一种永久性证券，除非公司终止，否则它将一直存在。股票的持有者可以依法转让股票，在社会上自由流通，却不能要求公司到期还本付息，因为股票根本就没有到期日。股票的这一特性使公司摆脱了固定股东的限制，从而使公司获得持续的资金支持，可以通过资本的循环和流动、公司机构的有效运作而使公司长存，这也造就了那些有着悠久历史却仍然充满活力的号称百年老店的股份有限公司。

三、股份的分类

依据不同的标准，可以将股份作出不同的分类。本书择要予以介绍。

（一）普通股和特别股

依据股东所享有的权利和承担的风险大小不同为标准，可以将股份划分为普通股和特别股。在普通股和特别股这一分类中，依照股东有无表决权又可将股份再划分为表决权股和无表决权股。表决权股（Voting stock），是指享有表决权利的股份；无表决权（Non-voting stock），是指不享有表决权的股份。

从各国公司立法来看，对股份有限公司股份种类的规定，原则上都允许发行普通股和特别股，但一般以普通股为公司的基本股份，特别股多为一种例外情形。我国2018年《公司法》没有对发行特别股作出直接规定，但是2018年《公司法》第131条规定："国务院可以对公司发行本法规定以外的其他种类的股份，另行作出规定。"这说明我国《公司法》当时并不绝对禁止公司发行特别股，只是当公司有此需求时，应根据国务院的特别规定实施发行行为。2023年《公司法》则在其第六章规定了特别股，即类别股制度。设立类别股制度，一是有利于适应不同风险偏好投资者的多元要求，提供更多融资工具。例如，部分投资者更关注投资回报的确定性和优先性，另一部分投资者更期待投资完成后能够参与公司治理。类别股制度通过创设权利义务不同的股份，一方面满足投资者的需求，另一方面也能够合理安排公司的股权架构。二是类别股能够保证创始股东对公司的控制权，以免其股权被稀释。三是实践中也存在大量股份有限公司发行类别股，本次修订为其提供了法律依据和保障。

1. 普通股（Ordinary shares or Common stock），是指股东权利一律平等，在行使权利时无任何差别待遇的股份。普通股是股份有限公司最重要、发行数量最多、构成公司资本基础部分的股份。持有普通股的股东按股份比例享有公司利润分配权、优先认股权和剩余资产分配权，并承担公司经营亏损的风险。在公司分配利润时具有不确定性，不享有特别权利，由公司盈利状况决定。在公司破产清算时，后于公司债权人及特别股中的优先股股东分得剩余财产。普通股的另一类权利就是其股东享有表决权，也就是说享有决定公司一切重大事务的决策权。股东的表决权是通过股东大会来行使的，通常的规则是每一股份的股东享有一个表决权，即所谓的"一股一权"（One share，One vote）。

2. 特别股（Special stock），又称类别股（Class shares），是指股份所代表的权利、义务不同于普通股，持股股东由此而享有特别权利和承担特别义务的股份。特别股根据其所含权利义务的内容大致可分为优先股、后配股、特别表决权股、转让受限股以及国务院规定的其他类别股。

（1）优先股（Preferred stock）是公司在筹集资金时，给予投资者在分配收益及分配剩余资产等方面某些优先权的股份。优先股有固定的股息，不受公司经营状况和盈利的影响，并且其股息分配优先于普通股股东。当公司破产进行财产清算时，优先股股东对公司剩余财产有优先于普通股股东的索取权。但是，根据权利义务对等的原则，优先股其他方面的权利就会受到一些限制。一般而言，若优先股股东在股利分配、剩余财产分配方面享有优先权，则其表决权会受到限制或不享有表决权；若优先股股东在表决权方面享有优先权，则其在股利分配、剩余财产分配方面的权利就会受到一定限制。根据优先权内容的不同，优先股还可以分为盈余分配优先股和剩余财产分配优先股。在盈余分配优先股中，又有两大类：一是累积优先股和非累积优先股。累积优先股（Cumulative preference stock）是指公司在本年度未付足红利股息的，应在以后年度分配普通股红利股息前予以补足；非累积优先股（Non-cumulative preference stock）则不具有补足的优先权。二是参与分配优先股和不参与分配优先股。参与分配优先股（Participating preferred shares）是指在优先取得既定红利股息后，仍能同普通股股东一样参加公司盈余分配；不参与分配优先股（Non-participating preferred shares）则是指只能取得既定的红利股息。

（2）后配股，又称劣后股，是指在普通股之后参与公司盈余分配和剩余财产分配的股份。后配股因参与分配的顺序须排在优先股及普通股之后，故其风险更大。但后配股的股东对公司事务往往有高于其他股东的表决权，此类股份公开发行时，多由发起人认购，所以又被不是很准确地称为发起人股。后配股适用性不大，亦不常见。

（3）特别表决权股。特别表决权股包括超级表决权股和限制表决权股，是指其持有人持有每一个股份有多于或少于一个表决权。特别表决权股份的表决权数量由公司章程规定。特别表决权股只能非公开发行,不能公开发行,但是在公开发行之前公司已经发行的特别表决权股除外。这里的公开发行是指,向不特定对象发行证券、向特定对象发行证券累计超过 200 人（但依法实施员工持股计划的员工人数不计算在内）或法律、行政法规规定的其他发行行为。

目前,北交所、上交所科创板以及深交所创业板在其上市规则中对表决权差异安排都有详细规定。比如,《上海证券交易所科创板股票上市规则》第 4.5.2 条和《深圳证券交易所创业板股票上市规则》第 4.4.1 条规定,发行人首次公开发行上市前设置表决权差异安排的,应当经出席股东大会的股东所持表决权的 2/3 以上通过。发行人在首次公开发行上市前不具有表决权差异安排的,不得在首次公开发行上市后以任何方式设置此类安排。《北京证券交易所股票上市规则（试行）》第 4.4.2 条规定,特别表决权仅适用于公司章程约定的股东大会特定决议事项。除约定事项外,特别表决权股东与持有普通股份的股东享有的权利完全相同。涉及权益变动等事项的,特别表决权股东持股比例以其拥有权益的股份数（包括登记在其名下的股份和虽未登记在其名下但该投资者可以实际支配表决权的股份）计算。特别表决权股制度,公司在获得融资的同时,也能满足创始团队掌握股权层面控制权的需求。《公司法》第 144 条第 3 款规定,特别表决权股东在选举监事或审计委员会成员时,其每一股的表决权和普通股相同。监事和审计委员会成员在公司内部监督和控制中起到重要作用,类别股在其选任中与普通股的表决权保持一致有利于公司内部约束机制发挥作用。

3. 转让受限股。《公司法》第 160 条则规定了股份持有人在上市交易之后转让股份的限制以及董事、监事、高级管理人员任职期间转让股份的限制。除了上述法定的股份转让限制之外,本条规定股份有限公司可以发行转让受到限制的股份,比如必须经过公司同意才能转让的股份。股份的自由转让是股东应该享有的权利,如果根据《公司法》第 157 条规定,股份转让的限制应该由公司章程规定。不过需要注意的是,公开发行股份的公司不能发行转让受限股；但是在公开发行前就已经发行的除外。

4. 国务院规定的其他类别股。如上所述,本次修订公司法采取类别股种类法定的模式。这是因为我国目前的市场营商环境尚未达到成熟水平,引入类别股制度不能一蹴而就。正因如此,随着营商环境的不断优化,我国的类别股种类会愈加丰富甚至允许公司章程自行创设。《公司法》第 144 条第 1 款第 4 项规定,公司可以发行国务院规定的其他类别股,一方面更灵活地适应市场变化,另一方面也为其他类别股的设立预留了空间。

（二）记名股和无记名股

依股东姓名或名称是否记载于股东名册和股票票面之上为划分标准,可将股份分为记名股和无记名股。

1. 记名股（Inscribed/Registered stock）,是指将股东的姓名或名称记载于股东名册和股票票面之上的股份。此种股份的权利不全依附于股票之上,并且只能由记名股东本人行使,其不以持有股票为要件,股票实际持有人若非股东名册和股票之上记载之人,则无资格行使股东权。记名股票转让手续较繁琐,转让时必须将受让人的姓名或名称记载于公司股票之上,并同时变更公司股东名册的记载,否则,转让不发生法律效力。记名股票较为安全,如被盗、遗失或灭失,股东可以依照《民事诉讼法》规定的公示催告程序，请求人民法院宣告该股票失效，然后，股东可以向公司申请补发股票。

2. 无记名股（Stock to bearer），是指股东名册和股票票面上不记载股东姓名或名称的股份。无记名股的权利完全依附于股票之上，持有股票者即推定为股东，依法享有股东权。无记名股票转让方便，只需交付股票，即发生法律效力，无需履行复杂手续，股东身份及股东权利随之一并转让。无记名股票一旦被盗、遗失或者灭失，股东无法按照公示催告程序获得补救，安全性较低。

我国 2018 年《公司法》允许公司发行记名股和无记名股，并明确规定，公司向发起人、法人发行的股票，应当为记名股票，并应当记载该发起人和法人的名称或姓名，不得另立户名或者以代表人姓名记名。向社会公众发行的股份多为无记名股，发行无记名股票的，公司应当记载其股东数量、编号及发行日期。公司章程可以规定，经股东请求，记名股与无记名股可以相互转换。在现实生活中，无记名股票持有人可以随时请求将无记名股变更为记名股；而将记名股变更为无记名股，其程序则相对复杂。

我国 2023 年《公司法》取消了无记名股票，该法第 147 条第 2 款规定，公司发行的股票，应当为记名股票。即股份有限公司发行的股票只能是记名股票。我国公司法之所以作这样的修订，是因为现金和无记名股票往往被洗钱违法活动所利用。我国《金融机构反洗钱和反恐怖融资监督管理办法》《银行业金融机构反洗钱和反恐怖融资管理办法》以及《证券期货业反洗钱工作实施办法》等强化了反洗钱法中金融机构及特定非金融机构建立健全客户身份识别制度、客户身份资料和交易记录保存制度、大额交易和可疑交易报告制度等反洗钱义务。为了与反洗钱的有关规定相衔接，并根据我国股票发行的实际，因而取消了无记名股票。

（三）额面股和无额面股

依股份是否以票面金额表示为标准，可将股份分为额面股和无额面股。

1. 额面股（Par value stock），也称金额股，是指在股票票面上标明了一定金额的股份，而且每股金额必须相等。全部股份票面价值的总和即为公司的资本。股票发行价格可以按票面金额，也可以超过票面金额，但不得低于票面金额。[1]之所以如此，是为了贯彻资本维持原则。

2. 无额面股（Non-par value stock），又叫比例股或部分股，是指股票票面上不标明具体金额，只标明每股占公司资本总额的一定比例的股份，以此表明股东在公司中相应的股权。

根据我国《公司法》第 149 条第 2 款第 3 项的规定，股票应当载明股票种类、票面金额及代表的股份数，发行无面额股的，股票代表的股份数。由此可见，在我国不仅允许无面额股的发行，也允许发行面额股。2023 年《公司法》改变了 2018 年《公司法》第 128 条不允许无面额股发行的规定。

---

[1]　我国《公司法》第 148 条规定："面额股股票发行价格可以按票面金额，也可以超过票面金额，但不得低于票面金额。"第 213 条规定："公司以超过股票票面金额的发行价格发行股份所得的溢价款、发行无面额股所得股款未计入注册资本的金额以及国务院财政部门规定列入资本公积金的其他项目，应当列为公司资本公积金。"

（四）我国特有的几种股份类型

我国现行的市场经济体制是从计划经济体制改革而来，经历过一段股份制改造或者说建立现代企业制度的改革历程，因而在我国资本市场产生了一些特有的股份。

1. 以投资主体为标准，我国的股份可分为国有股和非国有股。

（1）国有股。国有股是国有资产股，包括国家股和国有法人股。

国家股是指国家以国有资产向股份有限公司投资所形成的股份。在我国股份制改造过程中，根据各地的不同做法，国家股曾经主要有这样几种代表模式：一是由政府国有资产管理部门来代表国家；二是由国家授权的其他政府部门来代表国家；三是由国家专门成立的国有资产经营公司来代表国家；四是由原国有企业的经营班子代表国家。在后两种情况下，在形式上是以法人股出现，但实际上的股东是国家。

国有法人股指国有法人单位，包括国有资产比例超过50%的国有控股企业，以其依法占有的法人资产向股份有限公司出资形成或者依据法定程序取得的股份。另外，国有企业、国有控股公司和国家设立的事业单位及社会团体法人以其依法占有的资产向公司出资或依法取得的股份也称为国有法人股，这也列入国有股的范围。

（2）非国有股。包括社会法人股和社会公众股。

社会法人股是指具备法人资格的社会组织向股份有限公司投资而形成的股份。具体包括民营企业法人股、外商投资企业法人股。

社会公众股是指社会上的自然人向股份有限公司投资而形成的股份。社会公众股包括一般社会公众股和公司职工股。一般社会公众股是指股份有限公司采取募集设立方式设立时向社会公众（非内部职工）募集的股份。公司职工股是指股份有限公司在本公司公开向社会发行股份时，由公司的职工按照发行价格所认购的股份。需要说明的是，公司职工股和内部职工股是两个完全不同的概念。在我国进行股份制试点初期，出现了一批不向社会公开发行股票，只对公司内部职工募集股份的股份有限公司，被称为内部职工股。这是1992年我国企业股份制改造的方式之一，后来在《公司法》中没有规定内部职工股。1994年公布的《关于立即停止审批定向募集股份有限公司并重申停止审批和发行内部职工股的通知》，明确规定停止内部职工股的审批和发行。此后，这些改制的企业经过批准转变为社会公开募集公司，内部职工股在新股发行满3年后得以上市流通。

2. 依据股份能否在证券交易市场流通，可分为流通股与非流通股。凡是可以在证券交易市场上自由转让的股份均属于流通股；否则，就属于非流通股。长期以来，国有股不允许自由转让和流通。鉴于流通股和非流通股的差别待遇和价格导致同股不同权、同股不同利的非正常现象，2005年4月29日，经过国务院批准，中国证监会公布了《中国证券监督管理委员会关于上市公司股权分置改革试点有关问题的通知》（已失效），宣布启动股权分置改革试点工作。2005年5月9日，正式启动了股权分置改革试点，使试点上市公司非流通的国有股转变为流通股。2005年8月23日我国公布了《关于上市公司股权分置改革的指导意见》，依该指导意见认为，流通股和非流通股的划分是我国经济体制转轨过程中形成的特殊问题，股权分置不能适应当前资本市场改革开放和稳定发展的要求，必须通过股权分置改革，消除非流通股和流通股的流通制度差异。为此，证券监督管理部门要通过必要的制度安排和技术创新，有效控制可流通股份进入流通的规模和节奏，据股权分置改革进程和市场整体情况，择机实行"新老划断"，对首次公开发行公司不再区分流通股和非流通股。2005 年 9 月 4 日，中国证监会公布了《上市公司股权分置改革管理办法》，对相关具体操作作了详细规定。为推进与解决股权改制中的问题，2005 年 11 月 10 日，国务院首次召集负责股改事宜相关部委官员、各省（市、自治区）负责股改事务的官员聚会北京召开了首次全国性股改会议，这标志着股改进入了关键时期，国有股流通问题终将得到彻底解决。股权分置改革至今，随着各上市公司限售股份解禁期的陆续到来，中国股市正在经历由"后股权分置改革"时代向"全流通"时代的历史性转变。在这一转变过程中，我国上市公司"人造"的"二元股权"结构现在已经得到矫正。随着时间的推移，限售股逐步解禁又会促进上市公司现有的股权结构产生新的变化，股权结构是上市公司内部治理结构的基础，股权分置改革对上市公司内部治理机制所产生的各方面影响效应会得到进一步的释放。[1]

3. 依是否以人民币币种进行认购和交易股份为标准，可将股份分为人民币股、人民币特种股。

（1）人民币股，又称 A 股，是指在股票面值上以人民币标明面额，以人民币认购和交易，专供我国的法人和公民（不含我国港、澳、台地区的投资者）以人民币认购和交易的普通股票。之所以称为 A 股，主要是相对于 B 股而言的。

（2）人民币特种股又有 B 股、H 股及红筹股之分。

B 股，即"人民币特种股票"，它是以人民币标明股票面值，专供境内外投资者以外币认购和买卖，在中华人民共和国境内发行、承销，并在上海证券交易所和深圳证券交易所上市交易的股票。《证券法》第 225 条也规定："境内公司股票以外币认购和交易的，具体办法由国务院另行规定。"B 股股票采取记名式，购买该股票的投资者开始限于外国的自然人、法人和其他组织，香港、澳门、台湾地区的自然人、法人和其他组织，定居在国外的中国公民和中国证监会规定的其他投资人。至 2001 年 2 月 21 日，《中国证券监督管理委员会、国家外汇管理局关于境内居民个人投资境内上市外资股若干问题的通知》允许我国境内居民个人用存入境内商业银行的现汇存款和外币现钞存款以及从境外汇入的外汇资金从事 B 股交易。故根据该通知，B 股又可称为"境内上市外资股"。

H 股，又称为"境外上市外资股"。我国《证券法》第 224 条规定："境内企业直接或者间接到境外发行证券或者将其证券在境外上市交易，应当符合国务院的有关规定。"由此规定可以看出，境外上市外资股是指我国境内企业，即股份有限公司向境外投资人募集并在境外上市的股份。所谓境外上市，是指我国股份有限公司向境外投资人发行的股票，在境外证券交易所流通转让。境外上市外资股采取记名股票形式，以人民币标明面值，用外币认购。在境外上市可以采取境外存托凭证（De-

〔1〕　李东方：《上市公司监管法论》，中国政法大学出版社 2013 年版，第 522 页。

pository Receipts)[1]形式或者股票的其他派生形式。之所以称其为 H 股，是由于最初的外资股是在我国香港地区挂牌上市，香港地区（Hong Kong）的英文第一个字母为"H"，所以得名。此后，均依股票在境外上市的不同国家和地区的英文名字的首字母来作为该种股票的名称，所以，又有了 N 股（New York，在纽约挂牌上市的外资股）、S 股（Singapore，在新加坡挂牌上市的外资股）和 L 股（London，在伦敦挂牌上市的外资股）。后来鉴于在香港地区上市的 H 股占了境外上市外资股的绝大部分，为了统计方便，中国证监会决定将所有在境外上市的外资股统一简称为 H 股。我国从 1993 年开始进行国有大中型企业到境外上市的试点，截至 2005 年 10 月底，共有 H 股上市公司 120 家，其中，仅发行 H 股公司 88 家，同时发行 H 股和 A 股的 32 家。在这些 H 股公司中，在新加坡上市的 2 家，在香港地区上市的 100 家，同时在我国香港地区和美国上市的 12 家，同时在我国香港地区和伦敦上市的 5 家。专门调整 H 股的法规主要有 1994 年 8 月 4 日公布的《国务院关于股份有限公司境外募集股份及上市的特别规定》（已失效）及 1994 年 9 月 29 日公布的《到境外上市公司章程必备条款》等。

红筹股（Red chips），是指在境外注册、中国内地资本控股的香港上市公司的股票。根据香港证监会和联合交易所的划分，至少拥有 35% 的中资股权的上市公司，才可称为红筹股。这些上市公司因循香港特别行政区的法律运作，受香港证券监管机构的监管。红筹股的概念产生于香港证券市场，20 世纪 90 年代初期，一些中国内地的公司收购香港中小型上市公司并将其改造成中资控股的香港上市公司。之后随着我国对外开放不断扩大，我国内地一些省市纷纷在香港地区设立了窗口公司，其中一些公司也在香港上市。香港地区和国际投资者习惯把这些带有中国内地概念的股票称为红筹股。从目前情况看，红筹股已成了除 B 股、H 股外，内地企业进入国际资本市场筹资的另外一条重要渠道。从《证券法》第 224 条的内容来看，H 股是该条规定的"直接"在境外发行和上市交易的股份，而红筹股则是该条规定的"间接"在境外发行和交易的股份。此外，国务院 1997 年 6 月公布的《国务院关于进一步加强在境外发行股票和上市管理的通知》以及中国证监会的有关规定，对红筹股均作了专门规定。

四、股份转让

股份转让（Transfer of shares）是股东通过转移股票所有权来转移股东身份和权利的法律行为。与具有封闭性和人合性的有限责任公司股东的股权转让受较大限制不同，在开放性的股份有限公司中，股份的自由转让是各国公司法的普遍原则，也被认为是股份有限公司股份所固有的特征。如果投资者不能根据自己的判断而随时处分所持有的股票，他们必然会因其利益无法得到保障而放弃以购买股票向公司投资的方式，转而寻求其他投资方式。股份有限公司因此将不复存在。我国《公司法》第 157 条规定："股份有限公司的股东持有的股份可以向其他股东转让，也可以向股东以外的人转让；

---

[1] 《证券法》第 2 条第 1 款规定："在中华人民共和国境内，股票、公司债券、存托凭证和国务院依法认定的其他证券的发行和交易，适用本法；本法未规定的，适用《中华人民共和国公司法》和其他法律、行政法规的规定。"据此，存托凭证已成为我国证券法规制的证券之一。

公司章程对股份转让有限制的，其转让按照公司章程的规定进行。"所以，公司成立后，只要符合法律规定，每个股东都可以转让自己持有的股份，除了法律限制或者禁止的情形外，公司章程或股东大会一般不能限制或禁止。[1]

股份转让表现为股票载体的交付和移转，但实质上却是股东身份和权利的转让，这也是股份有限公司资合性的重要体现。公司法的一个重要原则是在公司成立后股东不能抽回资本，而股份转让则为股东提供了退出机制，由此可以使股份有限公司保持资本的稳定性和持续性，不会因公司股东的变动而影响公司资本以及公司的存废。股份自由转让的压力也会促使公司提高经营管理水平，加强公司自我约束的意识，否则，股东一旦对公司的管理不满，就可以用脚投票（Voting by foot）转让其股份而退出公司。同时，对股东而言，其通过对自身投资需求、经济实力以及公司经营状况的综合考虑，可以通过股份转让随时转移投资风险，撤回其投资，也可以增加其所持股份，从而实现其长期投资或控制公司的目的。对于作为潜在投资者的社会公众而言，其可通过受让股份而成为公司股东，进行投资获取投资收益。

（一）股份转让的方式

股份转让是通过股票转让实现的。我国《公司法》对记名股票和无记名股票的转让作出了不同规定。

1. 记名股票的转让。我国《公司法》第159条第1款规定："股票的转让，由股东以背书方式或者法律、行政法规规定的其他方式进行；转让后由公司将受让人的姓名或者名称及住所记载于股东名册。"下面对此条第1款略作分析：

（1）股票持有人应当以背书或者其他法定的方式进行转让。记名股票的主要转让方式是背书。关于背书的方式，《公司法》没有具体规定，但商法规则是相通的，因而可以参照票据法上关于票据背书转让的方式进行。除背书转让方式外，记名股票的转让还可以采用其他法定方式。比如，对于簿记式股票，转让就无法采取背书形式，而是通常先由证券登记公司托管，再由证券登记公司将股票交证券交易所二次托管。每一股东的持股数体现在证券交易所电脑终端的电子信息上，股东本人仅有股东账户簿或账户卡，上面记载股东持有某种股份的总数及其增减情况。所以，"法律、行政法规

---

[1] 公司章程不得限制或者禁止股份转让的原则并非绝对，在有的国家已经有所松动。比如，韩国《商法》在1995年修改前，其第335条第1款规定，股份的转让不得以章程加以禁止或者限制。但修改后，该条规定，股份有限责任公司的股份原则上可以自由转让，但同时也允许公司章程加以限制或者禁止。在我国，也有学者认为，应该允许股份有限公司在其章程中对股份转让规定限制性条款，但这种限制性条款主要适用于非上市股份，而不适用于上市股份；主要适用于记名股票，而不适用于无记名股票。其理由是：①在实践中，相当一部分股份有限公司是非上市公司，且相当一部分股份有限公司采取发起设立而不是募集设立的方式，即股票没有公开发行，没有公众股东。这在一些家族式的股份有限公司中，情形更为突出。可见，从这个意义上看，股份有限公司的人合性也是存在的。如果说对有限责任公司的股权转让予以限制的主要原因在于其具有人合性，那么，在具有人合性的股份有限公司中也应允许其章程对股份转让予以限制。②公司章程是全体股东的协议，如果公司章程规定了对股份转让的特别限制，说明所有的股东均同意这样的设置。从意思自治的理念来看，这样的限制只要不违反法律的禁止性规范，就应被承认是有效的。③如果法律允许股份有限公司可以通过公司章程设置限制股份转让的条款，主要是基于股份有限公司也具有一定的人合性的话，那么这种限制就只能适用于封闭性公司，即非公开发行股份的股份有限公司。同时，由于无记名股东以其所持股票即可行使权利，这在性质上决定了其不可能受公司章程的限制。参见赵旭东主编：《公司法学》，高等教育出版社2006年版，第358页。

规定的其他方式转让"，主要是指实践中股票的无纸化形式，按照证券交易登记结算规则和程序，利用电子化模式进行显示和转让。

（2）转让后由公司将受让人的姓名或者名称及住所记载于股东名册，此即办理过户手续。是否记载于股东名册，只产生对抗效力，不影响转让的效力。也就是该种转让对当事人仍然有效，只是不能对抗公司，即受让人不得以股东身份请求公司分配股利或者参加公司股东会会议。当然，受让人可以请求公司为其受让的股票办理过户手续，转让人负有协助办理过户手续的义务。由于即使未办理过户手续，该种转让行为本身也有效，因此，受让人，即股票持有人，可以再背书将股票转让给第三人。

《公司法》第159条第2款规定："股东会会议召开前二十日内或者公司决定分配股利的基准日前五日内，不得变更股东名册。法律、行政法规或者国务院证券监督管理机构对上市公司股东名册变更另有规定的，从其规定。"此项规定并非不允许在此期间进行股份转让，在此期间内，股份转让仍然可以自由进行，只是该种转让不得进行股东名册的变更登记。如受让人申请股东名册的变更登记，公司应当拒绝；如公司接受其申请，并办理过户手续，应属无效。作此规定的目的有二：一是便于确认有权参加股东大会或者参与股利分配的股东，只有在册股东才有权利参加股东大会或者参加股利分配，受益所有人不能参加股东大会或者参加股利分配。也就是说，受让人不得对抗公司。如果公司违反规定办理过户手续，允许该受益所有人参加会议并形成决议，利害关系人，即股东可诉请法院撤销该种决议。如果已受领股利分配，该种分配决定无效，受益所有人则应当返还。二是在于避免集中操纵，以及因派发股息而引起股票价格过于波动。

2. 无记名股票的转让。无记名股票的转让，由股东将该股票交付给受让人后即发生转让的效力。无需背书和登记，并且这种效力，既包括转让成立的效力，也包括对抗公司和其他第三人的效力。

3. 上市股票的转让。上市股票的转让方式亦属无需背书转让。我国《公司法》第165条规定："上市公司的股票，依照有关法律、行政法规及证券交易所交易规则上市交易。"依我国相关立法规定，对于上市股票，通常将股票交由托管机构，股票买卖的交割通过证券经纪人进行，买卖双方无需直接当面交易，证券和资金从账簿上进行划拨即可成功。

（二）股份转让的限制

如前所述，股东持有的股份可以依法自由转让，但为了保护公司及全体股东的利益，《公司法》对股份转让也作了相应限制性的规定。

1. 股份转让场所的限制。为了规范股票交易，防范非法交易，《公司法》第158条规定："股东转让其股份，应当在依法设立的证券交易场所进行或者按照国务院规定的其他方式进行"。证券交易场所主要指证券交易所，如我国的上海证券交易所和深圳证券交易所。除证券交易所交易之外，还有场外交易柜台交易，我国台湾地区称店头交易（Over the counter），美国的纳斯达克（NASDAQ）亦属场外交易。在市场经济发达的国家，证券交易市场已经呈现多层级化，如一板市场（主板市场）、二板市场、三板市场（第三市场）、四板市场（第四市场），从而构成场内交易与场外交易共存的多元化交易方式，其中的四板市场甚至没有固定的交易场所，也没有中介机构，主要是投资者之间通过电子计算机网络直接进行交易。

2. 对"发起人所持本公司股份"和"公司公开发行股份前已发行股份"转让的限制。我国《公司法》第 160 条第 1 款规定："公司公开发行股份前已发行的股份，自公司股票在证券交易所上市交易之日起一年内不得转让。法律、行政法规或者国务院证券监督管理机构对上市公司的股东、实际控制人转让其所持有的本公司股份另有规定的，从其规定。"股份有限公司的发起人的资信和行为严重影响着公司的成立及成立初期的财产稳定、组织管理。同时，公司的设立宗旨、经营范围、经营方式等内容一般也都由发起人确定。因此，为了防止发起人进行公司设立欺诈，或者恶意转嫁投资风险，损害其他股东的权益，在公司设立后的一定时间内，发起人应作为股东留在公司，以保证公司稳定和运营的连续性。因此，本条规定，发起人持有的本公司股份，自公司成立之日起 1 年内不得转让。公司成立 1 年以后，发起人所持有的本公司股份可以自由转让。

"公司公开发行股份前已发行的股份，自公司股票在证券交易所上市交易之日起 1 年内不得转让。"这是根据我国资本市场的现实情况，在 2005 年修订《公司法》时新增加的规定。根据我国《证券法》的规定，向社会公开募集发行股份的公司，可以申请在依法设立的证券交易所上市交易。从我国当前的实际情况来看，股份有限公司的股票在证券交易所上市交易后，其价格往往比上市前的股票价格要高，因此，出现了低价抢购公司公开发行前的股份（即所谓原始股），等公司上市后又大量抛售以赚取差价的现象，由此产生了大量的不正当交易，扰乱了证券市场的秩序，也影响了公司的正常运营。所以规定公司公开发行股份前已发行的股份，自公司股票在证券交易所上市交易之日起 1 年内不得转让。

3. 对董事、监事、高级管理人员所持本公司股份转让的限制。《公司法》第 160 条第 2 款规定："公司董事、监事、高级管理人员应当向公司申报所持有的本公司的股份及其变动情况，在就任时确定的任职期间每年转让的股份不得超过其所持有本公司股份总数的百分之二十五；所持本公司股份自公司股票上市交易之日起一年内不得转让。上述人员离职后半年内，不得转让其所持有的本公司股份。公司章程可以对公司董事、监事、高级管理人员转让其所持有的本公司股份作出其他限制性规定。"对董事、监事、高级管理人员转让其所持本公司股份作如此限制，主要原因有二：①董事、监事、高级管理人员是公司日常经营管理的核心，其道德、职业素养都会影响公司和股东的利益。因而，他们对公司负有特殊义务，应加强其与公司之间的联系，将公司的利益与其个人利益联系在一起，以促使其尽职尽责地履行职务。②董事、监事、高级管理人员负责公司的运营，掌握着大量的公司信息，如果允许其随意转让本公司股份，可能会出现董事、监事、高级管理人员利用所掌握的信息进行内幕交易、损害公司利益以及股东利益的情况。

对 160 条第 2 款规定的内容，可解析如下：①董事、监事、高级管理人员应当向公司申报其所持有的本公司股份及变动情况，不得隐瞒。这是对其转让进行监督的前提和基础。②董事、监事、高级管理人员在任职期间每年转让的股份不得超过其所持有的本公司股份总数的 25%。2005 年修订《公司法》，改变了修订前的《公司法》关于董事、监事、高级管理人员所持有的本公司股份在其任职期间一律不得转让的限制性规定，允许上述人员在任职期间转让本公司股份，只是在转让股份的数量上进行了一定的限制，放宽了对上述人员财产处分权利的过分限制，这也与公司的实际情况相符。③董事、监事、高级管理人员持有的本公司股份，自公司股票在证券交易所上市交易之日起 1 年内不得转让。④董事、监事、高级管理人员所持有的本公司股份，自上述人员从公司离职之日起半年内不得转让。⑤在上述限制以外，公司章程可以对董事、监事、高级管理人员转让其所持有的本公司股份作出其他限制性规定，如根据实际情况以公司章程的形式规定董事、监事、高级管理人员在任职期间一律不得转让股份等。

（三）公司股份回购（出资回购）的限制

公司股份回购的限制，即收购本公司股份的限制。公司收购自己的股份，又称股份回购（Share repurchase/redemption，回赎），是指公司作为受让人从本公司股东手中买回股份。由于股份回购将导致公司成为自己的股东，使公司与股东的身份混同，权利义务不清，同时也违反了资本充实原则，影响证券交易安全、损害股东和债权人利益，因此，一般情况下公司不得回购本公司股份，但是，特殊情形除外。我国《公司法》第 89 条和第 162 条分别就有限责任公司的出资回购和股份有限公司的股份回购的除外情形作了规定。

1. 有限责任公司的出资回购限制。我国《公司法》第 89 条第 1 款、第 2 款规定，有下列情形之一的，对股东会该项决议投反对票的股东可以请求公司按照合理的价格收购其股权：①公司连续 5 年不向股东分配利润，而公司该 5 年连续盈利，并且符合本法规定的分配利润条件；②公司合并、分立、转让主要财产；③公司章程规定的营业期限届满或者章程规定的其他解散事由出现，股东会通过决议修改章程使公司存续。自股东会决议通过之日起 60 日内，股东与公司不能达成股权收购协议的，股东可以自股东会会议决议通过之日起 90 日内向人民法院提起诉讼。根据该规定，在特殊情况下，股东可以请求公司按照合理的价格收购其股权。公司收购股权是股东转让股权的一种特殊方式，但由于收购者是本公司，其性质就不单纯是股权的转让，而是股东撤回投资退出公司的行为。这是在"资本多数决"的原则下，赋予中小股东或少数股东维护自身权益的救济措施的制度设计。当公司的控股股东或代表多数表决权的股东利用股东会决议的方式，客观上造成"绑架"或"裹挟"其他股东、使其合理期待的利益落空或者蒙受额外风险的威胁时，后者可以利用这一规定的救济措施，实现退出公司的目的。股东享有的这项权利在公司法理上称为"异议股东评估权"（Appraisal rights for dissent shareholders），也称"异议股东股权回购请求权"（Repurchase rights for dissent shareholders），是指在特定交易中，法律赋予对该项交易有异议的股东请求公司以公平价格回购其股权的权利。异议股东评估权制度源于美国，并为大陆法系国家的公司法所沿用，我国 2005 年《公司法》修订过程中引进了此项制度，在我国，又称之为异议股东股份收买请求权。

当然，对异议股东评估权的行使，公司法规定有严格的条件限制，即有下列三种情形之一，并且股东会在该股东投反对票的情况下依然作出了有效的决议，该投反对票的股东才可以请求公司按照合理的价格收购其股权：①公司连续 5 年不向股东分配利润，而公司该 5 年连续盈利，并且符合公司法规定的分配利润的条件。在该情形下，股东要求分配利润的主张是合法的，但持有公司多数表决权的其他股东却通过股东会决议的形式阻碍了前者分配利润的合理利益预期的实现。②公司合并、分立、转让主要财产。在该情形下，公司现有赖以开展生产经营活动的主要财产出现变化，未来的发展充满不确定性、甚至可能产生风险；尽管股东会按照"资本多数决"原则形成了合法的决议，但与少数表决权股东的意愿相反，改变了其在设立公司时的合理利益期待，应允许其退出公司。③公司章程规定的营业期限届满或章程规定的其他解散事由出现，股东会会议通过修改章程使公司存续。章程规定的营业期限届满或章程规定的其他解散事由出现时，公司本应解散，股东可以退出经营。持有公司多数表决权的其他股东通过股东会决议修改公司章程，决定公司存续，已与公司章程订立时股东的意愿发生重大差异，应允许对此决议投反对票的股东退出公司，不能要求少数表决权股东违背自己意愿被强迫面对公司继续经营的风险。

作为保护中小股东合理利益的救济措施，为实现救济手段的可操作性，《公司法》规定了股东要求公司收购其股权的协议期限，即自股东会会议决议通过之日起60日内。如果双方在该期限内不能达成股权收购协议，则赋予请求收购的股东向人民法院提起诉讼，以寻求司法救济的权利，诉讼时效为自股东会会议决议通过之日起90日内，由人民法院对股权收购事项依法作出裁判。

《公司法》第162条第1款第4项规定了股份有限公司异议股东的股份收买请求权，但只限于对股东大会作出的公司合并、分立决议持异议的情形。与上述《公司法》第89条相比，虽然都是规定的异议股东评估权，但内容上却有所不同，第89条规定了在三种法定的情形下，股东可以请求公司以合理价格回购其所拥有的股权，从而达到离开公司的目的。这是针对有限责任公司股权流动性差而作的规定，以防止出现在公司损害股东利益时，股东没有救济措施又不能通过向他人转让股权而离开公司的情况。而股份有限公司的股份是可以自由转让的，股东对公司经营情况不满，可以直接转让其股权而离开公司。因此，《公司法》第162条第1款第4项对股份有限公司股东的异议股份回购请求权，只作了一种法定情形的规定，即"股东因对股东会作出的公司合并、分立决议持异议，要求公司收购其股份"，可以要求公司收购其股份。当股东行使这项权利时，公司就应当回购本公司的股份。

2. 股份有限公司股份回购的限制。我国《公司法》第162条规定，公司不得收购本公司股份。但是，有下列情形之一的除外：①减少公司注册资本；②与持有本公司股份的其他公司合并；③将股份用于员工持股计划或者股权激励；④股东因对股东会作出的公司合并、分立决议持异议，要求公司收购其股份；⑤将股份用于转换公司发行的可转换为股票的公司债券；⑥上市公司为维护公司价值及股东权益所必需。公司因前款第①项、第②项规定的情形收购本公司股份的，应当经股东会决议；公司因前款第③项、第⑤项、第⑥项规定的情形收购本公司股份的，可以按照公司章程或者股东会的授权，经2/3以上董事出席的董事会会议决议。公司依照本条第1款规定收购本公司股份后，属于第①项情形的，应当自收购之日起10日内注销；属于第②项、第④项情形的，应当在6个月内转让或者注销；属于第③项、第⑤项、第⑥项情形的，公司合计持有的本公司股份数不得超过本公司已发行股份总数的10%，并应当在3年内转让或者注销。上市公司收购本公司股份的，应当依照《证券法》的规定履行信息披露义务。上市公司因本条第1款第③项、第⑤项、第⑥项规定的情形收购本公司股份的，应当通过公开的集中交易方式进行。公司不得接受本公司的股份作为质权的标的。

根据上述规定，在我国，对公司持有自身股份的态度是原则禁止、例外允许。具体而言，公司在下列情形下，可以收购本公司股份：①减少公司注册资本。公司发展到一定时期，由于种种原因，比如，设立时公司预定资本过多、公司资本与现有财产不平衡、亏损过大等，为了使资本与财产相平衡就需要减少注册资本，确保公司资本的真实性。在这种情况下，公司就可以将部分股份回购。但是，须按照减少注册资本的法定程序进行，应当经股东大会决议。在收购本公司股份后，应当自收购之日起 10 日内注销。②与持有本公司股份的其他公司合并。公司收购是资本重组的重要形式，有利于公司的扩大再生产，符合市场经济发展的规律，各国法律均允许公司收购。当公司与拥有本公司股份的其他公司进行吸收合并时，被合并的其他公司的所有资产都归公司所有，其他公司所拥有的本公司股份自然也为本公司所有。同样，采取这种形式的收购应当经股东大会决议，在收购本公司股份后，应当在 6 个月内转让或注销。③将股份奖励给本公司职工。近年来，为了激励公司职工，很多股份有限公司都推行职工持股计划，即奖励职工部分本公司股份，从而把职工利益与公司利益联系在一起，激励职工更好地为公司工作。为了推行这一计划，公司就需要收购本公司的股份，再将其发放给职工。在程序上，这种收购也要经股东大会决议，为确保证券市场的稳定，收购的本公司股份不得超过本公司已发行股份总额的 5%；用于收购的资金应当从公司的税后利润中支出，并且所收购的股份应当在 1 年内转让给职工。

3. 对股票质押的限制。我国《公司法》第 162 条第 5 款规定："公司不得接受本公司的股份作为质权的标的。"股东可以以其所有的股票为自己的债务进行担保，但是股份有限公司却不得接受本公司的股份作为质权的标的。质押，属于担保的一种形式，即债务人或者第三人在不转移所有权的前提下，将某一动产或者权利转由债权人占有和控制，以保证债权人的权利的实现；在债务人不履行债务时，债权人有权以该动产或者权利折价或者以变卖、拍卖该动产或者权利的价款优先受偿。因此，质押权的设立，是以债权人可以取得质押权标的物的所有权为前提的。公司的股份作为一种权益，股票作为一种特殊的种类物，是这种权利的表征，是可以作为质押物用作质押的。但是，公司法上不允许公司接受本公司的股票作为质押权的标的。作此限制的主要原因有二：一是如果公司接受本公司的股份作为质押权的标的，相当于用自己的财产担保自己的债权，显然起不到担保的作用；二是当公司的债务人无力清偿到期债务而公司拍卖质押股票面临流拍而最终无人应买时，最后公司就成为质押股票的所有人，这又违背了公司不得拥有自己股份的基本要求。

（四）股票被盗、遗失或者灭失的处理

根据我国《公司法》第 164 条的规定，股票被盗、遗失或者灭失，股东可以依照《民事诉讼法》规定的公示催告程序进行处理。在此，《公司法》明确了股票与票据适用同样公示催告程序。

1. 依公示催告程序宣告股票无效。根据《民事诉讼法》第 229～234 条的规定，股票的公示催告程序如下：①以背书转让的票据持有人，因票据被盗、遗失或者灭失，可以向票据支付地的基层人民法院申请公示催告。申请人应当向人民法院递交申请书，写明票面金额、发票人、持票人、背书人等票据的主要内容和申请的理由、事实。②人民法院决定受理申请，应当同时通知支付人停止支付，并在 3 日内发出公告。这是为了催促利害关系人申报权利。公示催告的期间，由人民法院根据情况决定，但不得少于 60 日。③支付人收到人民法院停止支付的通知后，在公示催告程序终结前应当停止支付。公示催告期间转让该股票的行为无效。④利害关系人应当在公示催告期间向人民法院申报。人民法院收到利害关系人的申报后，应当裁定终结公示催告程序，并通知申请人和支付人。⑤没有人申报的，人民法院应当根据申请人的申请，作出判决，宣告股票无效。判决应当公告，并通知支付人。自判决公告之日起，申请人有权向支付人请求支付。⑥利害关系人因正当理由不能在判决前向人民法院申报的，自知道或者应当知道判决公告之日起 1 年内，可以向作出判决的人民法院起诉。

2. 申请补发股票。按照上述公示催告程序，人民法院宣告该股票无效后，股东可以向公司申请补发股票。

第 十 章

公司治理与公司组织机构

【本章导读】公司治理与公司组织机构是公司存在和运行的制度体现与保障，是公司成为法人组织的必要条件，也是公司实现有效治理的基础。公司法之所以称为公司的组织法，很大程度上就是取决于其对公司的权力机构、决策与代表机构、执行机构、监督机构等公司组织机构的具体规范。

本章以我国公司立法为依据，并结合外国公司法的理论和实践，论述了公司治理结构的内涵及其理论基础，公司组织机构设置的基本原则和股东会、董事会、监事会及经理这四种公司基本组织机构的职权和职责，探讨了"董监高"的勤勉义务和忠诚义务以及独立董事、外部董事、董事会秘书的产生、地位和职权。本章学习的重点在于公司治理的核心理念、公司组织机构设置的基本原则、股东会的职权与决议、董事会的职权与决议、监事会的职权、经理的职权以及"董监高"的勤勉与忠实义务及其民事责任。

第一节 公司治理与公司组织机构概述

一、公司治理的内涵及其源起

(一) 公司治理的内涵

公司治理的英文表述为"Corporation Governance"，也译作"公司治理规范"（Corporate governance norms）、"公司治理结构"或者"公司法人治理结构"（Corporate governance structure）等，其涵义基本相同，可在同一意义上使用。公司治理就是公司组织机构的现代化、法治化问题，其含义有狭义和广义之分。

从狭义上讲，公司治理可以理解为公司组织结构，所谓"结构"，应理解为兼具"机构""体系"和"控制机制"的多重含义，是因所有权和控制权相分离而产生的代理问题，它要处理的是公司股东与公司高层管理人员之间的关系问题。公司结构的设置服从于公司治理的需求，而满足公司治理的这种需求则需有三个要素：一是公司意思的形成；二是公司意思的实施和执行；三是对公司行为的监督。可见，公司组织结构的核心，是公司权力的合理分配和对经营者行使权力的监督。或者说，公司治理是指为维护股东、公司债权人以及社会公共利益，保证公司正常有效运营，由法律和章程规定的有关公司组织机构之间的权力分配与制衡的制度体系。

而从广义上讲，公司治理"涵盖了不同形式的制度安排（法律、经济）、公司内部和外部不同的制度结构（外部市场和内部组织机构等）、各种要素（股东、公司、董事、政府或社区、劳工等）、不同的手段和机制（约束和激励等）等许多方面的内容，这些方面由一定的公司治理目标贯穿起来"[1]。广义的公司治理可以理解为关于企业组织方式、控制机制、利益分配的一系列法律、机构、文化和制度安排，它界定的不

---

[1] 王红一：《公司法功能与结构法社会学分析——公司立法问题研究》，北京大学出版社 2002 年版，第 249 页。

仅是企业与其所有者之间的关系，而且包括企业与其所有利益相关者之间的关系。可见，公司治理不仅涉及公司自身能否正常运营，而且关乎公司的股东及利益相关者的利益能否实现，这对公司和整个市场经济的健康发展都具有十分关键的意义。

（二）公司治理的源起

公司与自然人不同，自然人可以通过自己的生理机能来表达意思和实施行为。而公司则是一种法人组织体，不具有自然人那样的思维和表达能力，因而公司自身无法表达意思和实施行为，公司的意思表示必须依赖于公司的组织机构。而公司机构从公司产生的那一天起就必然存在，只是不同的历史时期有不同的构成和改造而已，所以，自公司产生以来就存在着公司治理结构的问题。但是，公司治理作为一个明确的概念，却是在 20 世纪 30 年代初由美国学者伯利（Berle）和米恩斯（Means）首次提出。他们在 1932 年出版的《现代公司与私有财产》（*The Modern Corporation and Private Property*）一书中，就公司治理结构的核心问题——"两权分离"所引发的代理等问题作了较为系统的分析。伯利与米恩斯认为，由于公司规模和权力的急剧扩张，公司已经成为美国社会的支配力量，并预测到 20 世纪 50 年代，美国最大的 200 家企业将控制至少一半的国民财富，这 200 家企业正是伯利与米恩斯所谓的现代公司（Modern Corporation）。在这 200 家公司中，公司管理者手握巨大的权力并凭借此权力掌控着投资公众的财产。正是由于公司管理者掌握着巨大的权力，因此，现代公司的管理者不仅要对其股东承担责任，而且要对其职工或者雇员、客户、社区居民以及国家承担责任。19 世纪末 20 世纪初，西方资本通过公司形式向全球扩张，现代企业制度不断创新，超大型的股份公司在管理结构上由原来奉行的股东会中心主义转向董事会中心主义的模式，公司股东与管理者之间、大股东与小股东之间在权力分配和制衡的博弈中冲突不断，纠纷四起。从客观上讲，进入 20 世纪以后，市场复杂性不断增加，股东进一步走向国际化和分散化，这不仅加剧了职业管理者对公司的控制，也导致公司的股东们对公司经营层监督的"理性冷漠"（Rational apathy），即使是对公司的经营管理不满意，他们也往往选择"用脚投票"（Voting by foot），而不是积极参与过问公司的事情，股东对公司经营的控制能力越来越小。公司在自然演变的进程中所产生的必然结果是董事会逐渐成为公司的权力中心。

然而，公司管理机构的发展到此并未结束，到后来，董事会的权力也萎缩了。在大型股份有限公司中，公司的董事会议至多每月召开一次，这种会议可能仅仅召开几个小时，并且这些董事可能来自地球的任何一个地方，时差（Jet lag）还没倒过来，会议就结束了。在这样短的时间内，不仅能讨论的问题很少，而且也很难对一些重大问题进行深入的研究。而经理层则是全职专业人员，负责和控制着公司的日常经营和事务。公司实际上被控制在经理层手中，董事会实际上只是一个"橡皮图章"（Rubber-stamp）。董事会实际上并不直接参与公司管理，而只能起到有限的监管作用。因此，董事会实际上很难控制公司。经理层对企业享有完全的控制权，尤其是控制了选择公司董事的权力，其结果与其说是经理为股东利益经营还不如说是经理是为自己利益经营。这就是所谓的"经理革命"（Managerial revolution）。可见，股东离公司权力越来越远，股东事实上不能通过选举董事控制公司这一现象被称为"伯利—米恩斯命题"（Berle-Means Thesis）。

在这种情况下，如何使具有独立利益的经理层能最大限度地维护所有者利益的问题便日益突出，关注这一社会问题的经济学家、法学家开始探讨突破旧的制度框架体系去设计一种适当的组织结构和制度安排以平衡公司各方利益并最终维护股东的根本利益，公司治理的理念和制度创新由此逐渐建立和完善起来。公司治理的根本目的在于通过合理安排公司的权力构架，不断完善公司经营管理与监督控制的权力配置与制衡，促进其内部运转良性化，以实现公司的经营目标并最终实现股东利益的最大化。

二、公司治理理论基础

（一）委托代理理论

委托代理理论将持有公司股权的股东与负责公司实际管理运营的经理之间的关系界定为委托代理关系，但它并非传统法学范畴的理论，而是经济学中的企业管理理论在法学研究中的具体应用，它产生于股东所有权与企业经营权的分离。随着公司规模的不断扩大，当分散的且专业水平较低的股东不再有能力直接经营管理公司之时，其对公司的经营管理就必须通过"委托—代理"机制完成，即股东以委托人的身份将企业的业务经营和事务管理委托给代理人或受托人。该理论主要包括以下要点：

1. 股东的投资行为是公司产生的基础，公司股东是公司的所有者，因此，公司股东是委托代理关系中的委托人，而且委托人主体资格也只能属于公司股东，公司股东授权他人代为经营管理公司，以实现其自身利益的最大化为最终目标。

2. 公司经理是受托管理公司的经营者，即委托代理关系中的代理人，根据公司股东的授权范围负责公司的日常管理和运营。但经理是自利的经济人，具有机会主义的行为倾向。因此，当其自身利益的最大化与公司股东利益的最大化不一致时，公司经理则很可能作出损害委托人利益的选择。

3. 在委托代理理论中，公司股东利益的实现依赖于作为代理人的公司经理的能力和经营行为，公司的经营风险则由股东承担。因此，经理在实际经营管理过程中很可能罔顾股东的利益，而股东对经理的行为却无法进行有效的监管。这一问题产生的主要原因在于信息的不对称。委托人对代理人的了解是有限的，仅能从其表现中判断其专业能力、努力程度等，但对经理的忠诚度等主观状态却无从了解；而经理则能够掌握公司经营中的全部信息，从而可能利用信息优势谋取私利，甚至不惜损害股东利益。

4. 从委托代理理论角度出发，公司治理的关键问题就在于如何使代理人为委托人的利益服务。具体而言，就是如何解决上述信息不对称所带来的弊端，设置适当的组织机构，建立有效的激励和制衡机制，从而促使经理人为公司股东的利益最大化而努力工作。

委托代理理论最初是论述公司股东和经理人之间的关系，但随着现代公司规模的不断扩大以及公司治理问题的日益复杂化，该理论还可以扩展到股东与董事、股东与监事、董事与经理之间的关系。委托代理理论为设置公司组织机构提供了一个明确的视角，即公司组织机构的设置应最大限度地实现监督、制衡与激励的结合，从而促使代理人在实际运营过程中以委托人利益为行为宗旨。此外，该理论还提供了另一有价值的观点，即现代公司的治理应注重信息的公开，改善信息不对称的状态，使股东、董事等间接管理人能够掌握有效信息。

（二）利益相关者理论

在一定程度上，利益相关者理论是对委托代理理论的补充和修正。委托代理理论在创立之初将委托人局限于股东，仅将股东和经理之间的关系归结为委托代理关系，这显然将现代公司治理问题简单化为股东的利益问题。利益相关者理论对此进行了完善，该理论认为公司是各种投入的组合，股东作为资本的提供者，仅仅是公司的利益相关者之一，而公司职工、债权人等对公司都作出了不同形式的投资，因此，公司的实际运营状况和盈利能力对他们的影响也是至关重要的，他们的利益也应同股东的利益一样受到保护，因而也应授予其关于公司治理的相关权利。

近年来，各国公司法对公司组织机构的设置均不同程度地体现了对利益相关者的重视，如德国吸收职工代表进入监事会参加公司的决策，日本注重主办银行对公司行为的监督，各国公司法在修订过程中也越来越强调公司的社会责任等，如我国 2005 年修订的《公司法》也进一步加强了对债权人、公司职工的权益的维护，明确规定了公司社会责任的条款。2023 年修订的《公司法》则进一步完善了上述制度。

三、公司治理与公司组织机构

通过上面的分析可以看出，公司治理其实就是公司组织机构在新的历史时期的现代化和法治化，二者密不可分。公司组织机构是公司治理的物质基础，是公司治理发挥作用的有效工具。公司治理则是公司各组织机构在贯彻公司经营目标前提下的有效运行，公司的组织机构在行使各自职权时相互制衡，最终在兼顾各利益相关者利益的基础上实现公司和股东的利益。具体而言，公司组织机构与公司治理互动的关系如下：

1. 公司组织机构的存在是法人成立的必要条件，法人的内部事务的处理需要不同的组织机构间的协调运作，外部事务的处理需要明确代表机关，所以，公司组织机构是公司取得法人资格和公司成立之后得以正常运行的前提。

2. 公司组织机构的设置及其基本权限和职责的配置，按照公司治理优化的原则，由公司法加以规定，这种规定带有明确的强制性，是公司得以存在和运行的普遍性标准。

3. 公司治理的运行机制是对公司权力资源在决策机构、执行机构和监督机构之间进行最优化取向的分配与调整。

4. 公司治理的目标是要对静态的公司组织机构不能有效遏制大股东、实际控制人权力滥用和董事违反忠实、勤勉义务的弊端而进行制度创新，通过这种制度创新使公司组织机构能够克服所有权和经营权两相分离或者说"委托—代理"所产生的经营者的道德风险问题。

四、公司治理的主要模式

由于政治、经济和法律文化传统的差异，各国公司治理结构的具体模式各有特点，其间"所有者"、经营者及其监督者的角色定位存在一定差异，反映了不同的管理理念。就世界范围而言，形成了英美法系和大陆法系的公司治理模式。

（一）英美法系的公司治理模式

英美法系国家的公司组织机构由股东会和董事会组成。由于在股东会下只设董事会，不设监事会，这种模式被称为"单一委员会制"或"单轨制""一元制"。除股东会为公司的权力机关外，公司重大事项的决策权由股东推选的董事会行使，董事会是公司的执行机构,同时又是监督机构。董事会聘任经理,由经理负责公司的业务经营,经理对董事会负责,并接受董事会的监督。在这种模式中,股东会的权力实际上仅限于公司法与章程明文列举的部分,未予列举的则全部由董事会行使。因此,在公司治理结构中,董事会事实上处于核心地位。董事会是公司的经营决策机关,对公司日常的经营活动作出决策;同时董事会任命公司的高级职员如总裁、副总裁、秘书、司库等执行公司的业务。在董事会中还可以设立各种委员会,其中重要的就是由外部董事组成的审计委员会,代表董事会行使公司业务、财务的监督权。可见,英美法系模式侧重于"董事会中心主义"。

在英美法系国家的一元制公司治理模式中,虽然公司内部不设专门的监事会或监察人等监督机构,但这些国家一般公司股权结构分散,证券市场高度发达,强调在资本的流动中提高效率,股东的"用脚投票"可以对业绩不良的经营者产生持续的替代威胁,从而对公司的经营管理构成了一种有效的监督制约机制。

(二)大陆法系的公司治理模式

大陆法系国家的公司治理模式,仿效国家政治上的分权制衡制度,在公司组织机构的立法上强调决策权、执行权和监督权的三权分离与制衡,这三项权力分别赋予股东会、董事会和监事会行使。由于在股东会下分设独立的执行机关和监督机关,这种模式被称为"双重委员会制"或"二元制"。在大陆法系国家中,以德国为代表的欧洲大陆国家和以日本为代表的东亚国家所采用的公司治理模式又有所区别。

在德国,公司制度实行双层委员会制(the Two-Tier System),即公司设立具有上下级关系的股东会、监事会和董事会,其特征在于吸收劳方(职工)参与公司管理,即在监事会中设置一定比例的职工监事,[1] 行使决策权和监督权。具体来讲,股东会是公司的最高权力机构,在监事会与董事会的关系上,董事会是公司的业务执行机构,负责公司的经营管理。监事会是公司的监督机构,对董事会的经营行为进行监督。在监事会与董事会构成的双层结构中,体现民主管理的监事会居于负责经营管理的董事会之上。股东会下设监事会,监事会向股东会负责并报告工作;监事会下设董事会,董事会向监事会负责并报告工作。

对于德国公司治理结构的双层委员会制度,可以从两个角度来认识:一是监督职责与经营职责的分离;二是劳方与资方对公司共同治理,反映出进入现代社会以后,职工参与公司管理的制度已日益显示出其重要的价值。这种结构实际上也是"董事会中心主义",股东大会的权力大为削弱。但是,监事会拥有制约董事会的极大权力,其不仅行使监督权,还有任免董事并决定其报酬的决策权,以及重大业务批准权。所以,监事会与董事会之间不是处于完全平等的地位,二者之间是监督与被监督,制约与被制约,甚至是领导与被领导的关系。

在日本,公司组织机构也是由股东会、董事会和监事会(检查人)组成。监事会

---

[1] 依据德国《股份法》第96条第1款第5项之规定,监事会由股东代表及职工代表组成;再依照《企业组织法》规定,凡股份有限公司与超过500名职工的有限责任公司,其监事会应由1/3的职工监事(劳方代表)及2/3的股东监事(资方代表)组成,亦即监事会成员职工代表占1/3,由公司职工直接选出,另外2/3是股东代表,由股东会选出。

与董事会地位平行，并同时隶属于股东会。与德国公司治理模式相比，这种模式下的监督机构的地位虽然不低于经营管理机构，但实际上，日本公司治理结构都属于并列型双层委员会，即董事会和监事会或监察人同由股东会选举产生，在双层结构中处于并列地位。日本的公司制度结合自身实际充分借鉴两大法系的公司制度，建立了具有自身特色的公司组织机构。日本最初借鉴的是德国的三权分立模式，设立了股东会、董事会和监事会三个机关。第二次世界大战以后，又借鉴美国的董事会制度，[1]并在董事会内部实行经营决策与业务执行的分离模式，削弱了监事会的职权，使其仅行使财务监督权，因而监事会的地位不高，独立性较差，作用有限。所以，改革监事会制度以完善公司监督机制，是东亚国家和地区多年来公司法修改的重点内容之一。

尽管英美法系和大陆法系的公司组织机构的设置存在一定的差异，但是随着经济全球化的不断深入以及公司自身的国际化发展，现代公司组织机构的设置越来越呈现趋同化的态势，比如，更加注重股东，尤其是中小股东利益的保护，关注利益相关者权益的兼顾，强调董事会和监事会的独立地位等。

五、公司治理的基本原则

公司治理的基本原则，是指在公司法和公司章程的框架下构造公司的组织机构，明确其各自的职权范围，协调相互运作关系，以期实现良好的公司治理所应贯彻的基本精神和规则性要求。目前，世界各国公司立法的修改无不以公司治理的基本原则为指导来建立更有效的公司组织机构。例如，1999 年 5 月，由 29 个发达国家组成的经济合作和发展组织通过了《OECD 公司治理结构原则》，作为各国政府制定有关公司治理结构法律和监管制度框架的参考。虽然不同的国家因为公司发展的历史不同而形成了不尽相同的公司组织机构，但是，由于公司治理问题产生的基础相同，公司治理的基本原则具有相通性。

（一）股东权力（利）原则

股东权力（利）原则，是指公司组织机构的设置应当确认股东作为公司出资人或所有者的地位，使之确保股东能够充分行使相应权利。具体包括三个方面的内容：①确立股东会为最高权力机构。各国公司法均规定股东会为公司组织机构中的最高权力机构，公司的一切重大事项，如公司章程的变更、董事的任免、公司的合并与解散、公司重大经营方案的批准等，都必须由股东会作出决议。②全体股东平等对待的前提下，倾斜保护中小股东的权利。公司组织机构的设置应确保所有股东享有平等的权利，并承担相应的义务。与此同时，由于中小股东的弱势地位，法律应当倾斜保护中小股东的权利，以求得全体股东的实质平等。公司法中的同股同权原则、保护中小股东的累积投票制、大股东对关联交易的投票回避制等均体现了上述精神。③在股东权利受到侵害时，应当及时得到法律救济。为了切实保护股东的权利，各国公司法均

---

〔1〕 日本《公司法》经过多次修订之后，对于公司机构的设置，法律规定如下两套方案可由公司自主选择：①沿用监事会制度，即仍由 3 人以上监事组成监事会，任期由 3 年延长至 4 年，其中 1 人为外部独立监事，2005 年后独立监事增加到半数以上。②美国式，即在董事会下设若干专门委员会：分设由 3 人以上董事组成的审计委员会、提名委员会及薪酬委员会，其中外部独立董事须占各委员会人数的半数以上，原监事会职能由审计委员会承担。与此同时，允许公司以章程规定不设监事会。

规定股东权利受到侵害时应当及时得到法律救济。虽然股东诉讼的具体制度各不相同，但各国公司法均确认了当股东大会、董事会的决议违反法律规定，或者董事、监事、经理执行职务时违反法律或公司章程，造成股东或公司利益损害的，股东有提起直接诉讼或者派生诉讼的权利。

（二）权力制衡原则

权力制衡原则，是指不同的公司组织机构行使不同的权力，相互之间既配合又制约，从而提高公司治理效益，实现股东利益最大化。依据分权的要求，公司中的各组织机构只能行使特定的权力，任何一个机构都不能享有全部权力，同时也不能代替其他机构行使权力。就公司组织机构的具体设置而言，现代公司治理的基本构架一般为股东会、董事会和监事会并存，从而实现决策权、执行权和监督权的"三权"分立。其中由全体股东组成的股东会是公司的最高权力机构，行使最重要的决策权；董事会则是业务执行机构，负责公司的经营管理；监事会作为监督机构，代表股东对董事及经理进行监督。权力分立提高了公司的运营效率，同时也形成了权力制衡的基础。在分权的基础上，公司各组织机构的权力配置形成相互制衡的格局，在公司的各组织机构之间形成一个相互依赖、相互作用并相互制衡的组织系统，通过权力之间的相互制衡约束大股东、董事（会）以及经理的权力的滥用，平衡公司内部不同利益相关者的利益，实现经济利益的最大化。

（三）信息公开原则

信息不对称是公司治理出现问题的根源之一，公司的股东作为出资人，无法全面掌握董事、监事、经理的履职行为，不可能对其进行及时准确的绩效评价和监督。而董事、监事、经理等则可以利用职权优势为其自身谋利。因此，为了提高公司组织机构运营效率、提高公司信息透明度、更有效地保护股东权益，就必须加强信息公开原则的建立，构建完善的信息披露机制，尽可能地确保股东能够以最简便的方式获得真实、准确、有效的公司经营信息，从而形成对董事、监事及经理的有效监督，使其能够勤勉、忠实地为公司的利益服务。

（四）利益相关者参与公司治理原则

根据利益相关者理论，公司的利益相关主体与公司治理密切相关。随着现代公司治理的不断发展，股东以外的利益相关者也逐渐被纳入公司治理主体，即公司组织机构的设置应考虑利益相关者的参与，为其保留相应比例的席位，从而提高其对公司的关注程度和对公司尽力的热情。尽管各国对利益相关者参与公司治理作了不同的规定，但利益相关者参与公司治理日渐成为各国公司治理的发展趋势。例如，德国《公司法》规定在雇员超过一定人数的企业中，公司监事会成员应有一半的比例为职工或雇员监事。我国《公司法》也规定，公司监事会中应有适当比例的公司职工代表，并将职工代表比例的下限设为1/3。

（五）责权利相统一原则

责权利相统一原则，是指在公司组织机构的设置中，公司各利益相关主体的权利、义务和责任必须相一致，既不应当存在只有权利没有义务和责任的现象，也不应当存在有权无责或有责无权的现象。

其中，"责"即法律责任，是国家对违反法定义务、超越法定权力或滥用权力

（利）的违法行为所作的法律上的否定性评价和谴责，使侵犯主体对受侵害的合法权益承担补救责任；"权"指权利和权力；"利"指利益。将行为人的利益，同其在公司中所扮演的角色及工作成效有机地结合起来，一方面能够起到激励行为人更好地履行职责和义务的作用，另一方面可以为行为人承担责任提供物质基础。公司组织机构中的各方利益主体均为理性的"经济人"，其行为都是利益主体为追求自身利益最大化，在权衡成本与收益之后而作出的决定。如果收益与付出不成正比，即使课以经营者再重的义务和责任，也不能保证经营者忠实地不损害公司和股东的利益，更不能保证其有动力勤勉地追求公司和股东的利益。因此，良好的公司治理还应充分利用激励机制。

就一般而言，责权利成同比关系。责权利相统一原则要求权责相当，权利义务相称。权责不统一，就会导致有权无责或有责无权的局面。有权无责，意味着决策者不必对自己的决策失误付出代价，会导致权力（利）的滥用；有责无权或无利，则会使决策者因缺乏动力而怠于履行义务和承担责任，这二者均会直接导致权利行使不畅和权利救济不力。公司组织机构的有效运行应该建立在责权利相统一的基础之上。

第二节　股东会

一、股东会的概念、特征及职权

根据我国《公司法》的规定，股东会是除一人有限责任公司、一人股份有限公司和国有独资公司之外的有限责任公司和股份有限公司的法定必设机构，2023 年《公司法》修订之前将有限责任公司的这一机构称为股东会，将股份有限公司的这一机构称为股东大会，其实质并无差异。为方便起见，2023 年修订后的《公司法》将两类公司的股东会和股东大会，一并简称为股东会，不再作区分。

（一）股东会的概念及特征

股东会是指依法由全体股东组成的公司最高权力机构，是股东在公司内部行使其股权的唯一法定组织，股东必须通过参与股东会才能行使和实现自己对公司的经营管理权和控制权。股东会的法律特征如下：

1. 股东会必须由全体股东组成。我国《公司法》第 58 条规定，有限责任公司股东会由全体股东组成。第 111 条规定，股份有限公司股东会由全体股东组成。由此可以看出，股东会由全体股东组成是法定事项，持有任何数额和性质股份的股东都是股东会的当然成员，都有权参加股东会会议。股东会不应排除任何一个股东，哪怕是仅仅持有一股的股东。但是，在我国公司法实践中，有些股份有限公司采取股东代表大会制，股东代表根据股东拥有多少股份以及股东分布情况来确定，在事实上取代了股东会。这一做法显然违反了《公司法》的规定，侵害了部分股东的法定权利。

这里需要将作为公司机关的股东会（Shareholder's committee）与作为股东会会议（Shareholder's meeting）的股东会进行区分。虽然习惯上将上述二者都称为股东会，但是这二者的内涵和意义并不相同，股东会由全体股东组成，是公司的权力机关；而股东会会议则是股东行使权力而采取的会议形式，是全体股东形成统一意志的方式，它分为年会和临时会议，它并不要求全体股东必须出席，只要出席股东达到一定比例即可。

2. 股东会是法定的必设公司组织机构，但属于非常设机构。尽管目前在各国的公司实践中"董事会中心主义"盛行,但作为公司立法,各国依然规定股东会是公司必设的股东表达意愿、行使股东权利的机关,我国也不例外。但是,针对特殊类型的公司,我国相关公司法律法规也会作出灵活性的规定。比如,我国国有独资企业不设立股东会,而由国有资产监督管理机构行使股东会职权或授权董事会行使股东会的部分职权;外商投资设立的有限责任公司只设立董事会,由董事会代行股东会的权力等。

股东会虽为必设机构,但其并非常设机构,因为它是通过定期会议和特别会议等会议形式履行其职权的。

3. 股东会是公司的最高权力机构。我国《公司法》第58条规定,有限责任公司的股东会是公司的权力机构,依法行使股东会职权;第111条规定,股份有限公司的股东会是公司的权力机构,依法行使股东会职权。这表明了股东会在公司组织机构中的地位,它是公司最高意思的形成机构,是公司的最高权力机构。公司成立的前提是股东的出资,股东作为公司所有人的地位至关重要。而随着现代公司规模的不断扩大,股东日益分散,因此,就需要一个专门供股东表达意愿和将单个股东意愿汇集起来,从而形成股东集体意志的机构或场所,这就是股东会。股东会作为公司的组织机构之一,是公司的最高权力机关,这表明了股东会在公司组织机构中的至高地位。但是,股东会行使重大决策权也并非没有限制,各国公司法对股东会与董事会的职权都进行了不同的分配,股东会应当在法定范围内行使职权。股东会只对法定或公司章程特别规定的事项作出决议,它对内不能执行经营管理业务,对外也不能代表公司开展业务。

（二）股东会的职权

从理论上讲,股东会作为公司的最高权力机构,应该可以对公司的任何事项作出决议。但是,这样的做法既不符合股东会作为非常设机构的特征,也没有必要。实际上,只有公司的"重大事项"（Fundamental issues）才由股东会决定,股东会处理的"重大事项",主要包括选举和罢免董事、监事,修改公司章程,决定公司的经营方针和投资计划。董事会作为日常决策和执行机关以及监事会作为监督机关,都需要对股东会负责,它们行使职权均不得与股东会的意思相抵触,股东会甚至可以通过决议扩大或缩小二者的职权范围。

现代公司法一般都对股东会的职权作出具体规定,主要有两种方式:一是列举式,即将股东会的职权分项逐条列出,股东会只能在法律规定的职权范围内行使权力,如德国《股份法》第119条,就具体列出了股东会职权的8项内容。二是概括式,即股东会对于公司重大事项,可以作出除法律或公司章程所限制以外的一切决定,如法国《商事公司法》第155条规定,"普通股东大会可以做出除第153条和第154条所指的决定以外的一切决定。"

我国《公司法》采取了列举式和概括式相结合的方式,根据《公司法》第59条和第112条的规定,我国公司股东会职权的主要内容如下:①选举和更换董事、监事,决定有关董事、监事的报酬事项;②审议批准董事会的报告;③审议批准监事会的报告;④审议批准公司的利润分配方案和弥补亏损方案;⑤对公司增加或者减少注册资本作出决议;⑥对发行公司债券作出决议;⑦对公司合并、分立、解散、清算或者变更公司形式作出决议;⑧修改公司章程;⑨公司章程规定的其他职权。股东会可以授权董事会对发行公司债券作出决议。

此外，股东会的法定职权还包括对下列重大事项作出决议：①公司为公司股东或者实际控制人提供担保（《公司法》第 15 条第 2 款）；②上市公司在 1 年内购买、出售重大资产或者向他人提供担保金额的超过公司资产总额 30%（《公司法》第 135 条）；③股份公司因减资、与持有本公司股份的其他公司合并，或拟将股份奖励给本公司职工而需要收购本公司股份（《公司法》第 162 条第 1 款）；④董事、监事、高级管理人员，直接或者间接与本公司订立合同或者进行交易，应当就与订立合同或者进行交易有关的事项向董事会或者股东会报告，并按照公司章程的规定经董事会或者股东会决议通过（《公司法》第 182 条第 1 款）；⑤公司公开发行新股、改变招股说明书所列资金用途、申请股票上市等事项（《公司法》第 151 条，《证券法》第 13 条、第 14 条）。

由此可见，对于股东会的职权，我国法律采用了集中加分散的立法技术。而且，在法定职权之外，公司还可以通过公司章程规定股东会的其他权力，其边界是：不得与公司法规定的法定职权相矛盾；不得违反法律、行政法规的强行性规定；不得违反公司法理等。

关于股东会行使职权的特点，可以说是被动消极的，从上述法律对股东会的赋权规定可以看出，其实质上赋予了股东会对董事会的提案予以赞同或否决的权力。如股东会不能事先告知董事会如何进行具体的交易，其所能做的全部事情就是对董事会提出的提案进行支持或者反对。当然，也不能夸大股东会在控制公司方面所受到的限制。公司中一般都存在有控股股东，控股股东利用其持股优势往往能够通过董事、监事、高级管理人员的身份而有效控制公司的经营管理。

二、股东会会议的种类

股东会是以会议方式进行活动的组织体，它属于公司的非常设机构，只能通过召开会议的形式行使职权。股东会会议（Shareholder's meeting），是指公司股东行使其股东权力、形成决议而采取的组织形式。股东是公司最基本和最重要的成员，根据我国《公司法》第 4 条第 2 款的规定，公司股东对公司依法享有资产收益、参与重大决策和选择管理者等权利。然而，股东却不能以个人名义行使"重大决策和选择管理者"的权力，而只能以会议的形式来实现。股东会会议主要有如下两种形式：定期会议和临时会议。

（一）定期会议

定期会议（Scheduled meeting），又称为普通会议（General meeting）、股东常会（Regular meeting）或股东年会（Annual meeting），是指根据《公司法》或公司章程规定在特定时间段内必须召开的股东会会议。定期会议主要用于解决法定或章程规定的股东会职权范围内的例行重大事项，如公司的年度财务预决算计划、审议董事会和监事会所作的年度报告等。

根据我国《公司法》第 62 条的规定，有限责任公司的定期会议"应当按照公司章程的规定按时召开"。由此可以看出，我国法律未对有限责任公司定期会议的召开周期进行直接的规定，而是赋予公司自主决定权。这符合有限责任公司的人合性特点，有限责任公司人数最多可达 50 人，规模往往比较小，因此，公司事务的决定具有较强的随意性，自主决定定期会议的召开周期能够更好地保证公司提高经营管理的效率。

对于股份有限公司，我国《公司法》第 113 条则规定"股东会应当每年召开一次年会"。可见，在我国，股份有限公司的定期会议采取年会形式，股东会年会一般于会计年度终了后 6 个月内召开。股份有限公司规模较大，人数众多，尤其是对上市公司而言，公司的决策涉及众多的社会公众投资者，因此，大型股份有限公司的股东会应当体现出程式的规范性和正当性。这其中当然包括会议形式的规范性和正当性。

（二）临时会议

临时会议，又称为特别会议（Special meeting），是指除定期会议以外，在必要的时候，公司临时召开的股东会会议。公司的经营和管理存在很大的不确定性，在很多情况下，股东可能等不到定期会议的召开就需要作出某些决议，或者出现某些重大突发事项必须由股东会作出决议之时，就需要召开股东临时会议。

临时股东会会议召开的条件因公司形式的不同而不同：根据我国《公司法》第62 条规定，在有限责任公司，代表 1/10 以上表决权的股东，1/3 以上的董事或者监事会提议召开临时会议的，应当召开临时会议。《公司法》第 113 条规定，在股份有限公司，有下列情形之一的，应当在 2 个月内召开临时股东会会议：①董事人数不足本法规定人数或者公司章程所定人数的 2/3 时；②公司未弥补的亏损达股本总额1/3 时；③单独或者合计持有公司 10% 以上股份的股东请求时；④董事会认为必要时；⑤监事会提议召开时；⑥公司章程规定的其他情形。

在上述两种股东会会议之外，还有一种股东会会议形式，叫类别股东会。类别股东会是指在公司所发行的股份或股权分成若干类别的情形下，如果股东会对某一提案作出决议将可能使某一类别股东的权益遭受损害时，法律或者章程规定由该类别股东所组成的会议对该提案作出决议。类别股东会的决议是股东会决议生效的必备条件。类别股东会不是股东大会，也不是公司的机关，其性质是一种会议。类别股东会存在的意义在于，防止占据持股优势的类别股东控制股东会，从而不当损害数量上处于劣势的类别股东的利益。

之前，我国《公司法》没有对类别股东会作出规定。2023 年《公司法》建立了类别股制度，对类别股东会也作出了相应的规定。该法第 116 条第 1 款规定，股东出席股东会会议，所持每一股份有一表决权，类别股东除外。公司持有的本公司股份没有表决权。第 146 条又规定：发行类别股的公司，有《公司法》第 116 条第 3 款规定的事项[1]等可能影响类别股股东权利的，除应当依照第 116 条第 3 款的规定经股东会决议外，还应当经出席类别股股东会会议的股东所持表决权的 2/3 以上通过。公司章程可以对需经类别股股东会会议决议的其他事项作出规定。其实，1994 年公布的《到境外上市公司章程必备条款》为了适应境外多数公司法设置类别股东会的做法，其第 72条对类别股东会的召集程序作出了相关规定。值得注意的是，由于股权分置的历史遗留问题，我国上市公司普遍存在不同类别的股东，如流通股股东和非流通股股东，而证监会在 2005 年公布的《上市公司股权分置改革管理办法》第 16 条规定，股权分置改革方案，须经参加表决的股东所持表决权的 2/3 以上通过，并经参加表决的流通股股东所持表决权的 2/3 以上通过。由此可以看出，我国上市公司实践中早已开始采用

---

〔1〕《公司法》第 116 条第 3 款规定的事项：股东会作出修改公司章程、增加或者减少注册资本的决议，以及公司合并、分立、解散或者变更公司形式的决议，应当经出席会议的股东所持表决权的 2/3 以上通过。

类别股东会的表决方式。

三、股东会会议的基本规则

（一）股东会会议的召集与主持（Conduct of meeting）

股东会会议的召集和主持是公司规范运作的重要保障，我国《公司法》对此作了较为详细周全的规定。

《公司法》第61条、第63条规定，有限责任公司首次股东会会议由出资最多的股东召集和主持，依照《公司法》的规定行使职权。股东会会议由董事会召集，董事长主持；董事长不能履行职务或者不履行职务的，由副董事长主持；副董事长不能履行职务或者不履行职务的，由过半数的董事共同推举一名董事主持。董事会不能履行或不履行召集股东会会议职责的，由监事会召集和主持；监事会不召集或主持的，代表1/10以上表决权的股东可以自行召集和主持。

对于股份有限公司的成立大会和股东会，《公司法》第105条规定，公司设立时应发行的股份未募足，或者发行股份的股款缴足后，发起人在30日内未召开成立大会的，认股人可以按照所缴股款并加算银行同期存款利息，要求发起人返还。发起人、认股人缴纳股款或者交付非货币财产出资后，除未按期募足股份、发起人未按期召开成立大会或者成立大会决议不设立公司的情形外，不得抽回其股本。

《公司法》第114条还规定，股东会会议由董事会召集，董事长主持；董事长不能履行职务或者不履行职务的，由副董事长主持；副董事长不能履行职务或者不履行职务的，由过半数的董事共同推举一名董事主持。董事会不能履行或者不履行召集股东会会议职责的，监事会应当及时召集和主持；监事会不召集和主持的，连续90日以上单独或者合计持有公司10%以上股份的股东可以自行召集和主持。单独或者合计持有公司10%以上股份的股东请求召开临时股东会会议的，董事会、监事会应当在收到请求之日起10日内作出是否召开临时股东会会议的决定，并书面答复股东。对于召集股东会定期会议和临时会议的具体时间，《公司法》规定有限责任公司股东会定期会议按章程规定时间召集；临时会议应由法定人员提议而召集，但未规定具体时间。股份有限公司定期会议按照章程规定时间召集，但临时会议需要在法律规定情形发生后2个月内召集。

（二）股东会会议的通知（Notice of meeting）

由于股东会并非公司常设机构，股东也非公司工作人员，因此，股东们对公司需要审议的事项并不一定很熟悉，也不一定有充裕的时间。为了提高股东会开会的效率和股东的出席率，同时也为了避免控股股东或董事会在股东会上利用参会股东对所议事项没有提前准备或考虑不充分，而采取突袭手段操纵股东会决议，规定会议召集的通知程序就显得特别重要。

召开定期会议或者特别会议时，应当书面通知有表决权的股东。公司发行无记名投票的，应进行公告通知，但无需通知无表决权的股东。会议的通知只要按照股东名册上记载的地址或者股东告知的地址发送即可，如股东因地址变更等原因没有收到通知的，公司不承担责任。通知中必须明确会议的目的以及会议将要审议的事项，且会议上的议题只能限于通知所告知的事项。

对于股东会会议的通知程序，我国《公司法》第64条第1款规定，在有限责任公司，召开股东会会议，应当于会议召开 15 日前通知全体股东；但是，公司章程另有规定或者全体股东另有约定的除外。针对股份有限公司，第 103 条第 1 款规定，募集设立股份有限公司的发起人应当自公司设立时应发行股份的股款缴足之日起 30 日内召开公司成立大会。发起人应当在成立大会召开 15 日前将会议日期通知各认股人或者予以公告。成立大会应当有持有表决权过半数的认股人出席，方可举行。第 115 条规定，召开股东会会议，应当将会议召开的时间、地点和审议的事项于会议召开 20 日前通知各股东；临时股东会会议应当于会议召开 15 日前通知各股东。单独或者合计持有公司1% 以上股份的股东，可以在股东会会议召开 10 日前提出临时提案并书面提交董事会。临时提案应当有明确议题和具体决议事项。董事会应当在收到提案后 2 日内通知其他股东，并将该临时提案提交股东会审议；但临时提案违反法律、行政法规或者公司章程的规定，或者不属于股东会职权范围的除外。公司不得提高提出临时提案股东的持股比例。公开发行股份的公司，应当以公告方式作出前两款规定的通知。股东会不得对通知中未列明的事项作出决议。

（三）股东会的会议提案

股东会的会议提案是指针对应当由股东会讨论的事项所提出的具体议案。实际上，股东会的召开过程也就是对每一个具体议案作出通过或不通过的决议的过程。列入股东会会议议程的议案只有提交股东会审议，才可能被通过；没有列入股东会会议议程的议案，不能提交股东会讨论，自然也不可能被审议通过，所以，会议的提案权是一项重要的权利，根据我国《公司法》的规定，提案权人主要有以下三类：

1. 董事会。虽然我国《公司法》没有直接规定董事会的提案权，但董事会通常是股东会会议的召集人，本身又是公司的经营意思形成机关和业务执行机关，因此，董事会享有提案权是不言而喻的。股东会会议由董事会召集的，由其自己决定将议案列入会议议案；若股东会会议由其他主体召集的，则董事会提出议案的，召集人应将其列入会议议案。

2. 监事会。监事会作为公司的监督机关，我国《公司法》第 78 条第 5 项以及第131 条明确规定了监事会的提案权，从而保证其监督职能得到更好的实现。但是，我国法律对于监事会行使提案权的程序未作详细规定。根据监事会的法律地位，监事会为召集人的，由自己决定将议案列入会议议案；其他主体为召集人的，监事会如果提出提案，召集人则应当将该提案列入会议议案。

3. 少数股东。股东会会议的提案一般都是由董事会或监事会提出，而股东只能在会议上进行被动表决。为了弥补这一缺陷，法律赋予符合条件的少数股东以提案权。根据我国《公司法》第 114 条第 2 款的规定，当董事会和监事会均不履行召集股东大会的职责时，连续 90 日以上单独或者合计持有公司 10% 以上股份的股东可以自行召集和主持。作为股东大会的召集人，当然享有提案权；第 115 条第 2 款规定了股东的临时提案权，即单独或者合计持有公司 1% 以上股份的股东，可以在股东大会召开 10 日前提出临时提案并书面提交董事会。临时提案应当有明确议题和具体决议事项。董事会应当在收到提案后 2 日内通知其他股东，并将该临时提案提交股东会审议；但临时提案违反法律、行政法规或者公司章程的规定，或者不属于股东会职权范围的除外。公司不得提高提出临时提案股东的持股比例。

（四）股东行使表决权的程序

1. 表决程序是股东表决权正当行使的保障。股东会会议的一系列程序包括通知、登记、提案的审议、投票、计票、表决结果的宣布、会议决议的形成、会议记录及其签署、公告等，而这其中最重要的便是表决程序，表决程序是股东表决权正当行使的根本保障。为了使股东会形成公平、有效率的决议，提高中小股东参与公司治理的积极性，同时防止大股东利用控股地位侵害中小股东的权利，各国公司法一般都制定了表决程序的规范。

2. 股东表决权的行使方式。

（1）亲自行使。表决权一般由股东出席股东会亲自行使。

（2）代理行使。股东出席股东大会行使表决权可以委托他人代理。这对于股权分散的股份有限公司而言作用尤甚。我国《公司法》第118条规定："股东委托代理人出席股东会会议的，应当明确代理人代理的事项、权限和期限；代理人应当向公司提交股东授权委托书，并在授权范围内行使表决权。"但对于代理人资格、代理人人数、委托书的效力期限等重要问题该条均未作出具体规定，显得过于原则和抽象，可操作性较差。所以，在现实生活中，还需要通过公司章程或股东会决议将其进一步完善和细化。

在实践中，表决权的代理行使，往往与表决代理权征集相联系。所谓表决代理权征集（Solicitation of proxies），又称为表决权代理行使劝诱，是指代理人主动征集表决代理权的行为，即代理人请求股东授予其表决代理权的行为。其方式是将已经格式化的征集书发送给股东，经股东签章后，由征集代理权的代理人行使表决权。征集人可以是任何具有民事行为能力的人，但在公司实践中，通常是公司管理层，或者是公司的反对股东。通常，表决代理权的征集目的有二：①公司为了股东会的召开具备法定人数或者董事会提出的议案能够被通过。在这种情况下，一般是公司管理层代为行使。②公司以外的人，或者是公司的反对股东（Insurgents），用来作为一种争夺公司控制权的工具，形成所谓的"表决代理权竞争"（Proxy contest）。

可见，在股份持有比较分散的公众公司中，许多公众股东对于参加公司股东会会议没有多大兴趣，往往放弃行使表决权。但是，如果采用主动征集代理权的方式，则可以征集到本来没有打算行使表决权的股东的表决权。一方面可以确保股东会会议满足法定人数的要求；另一方面可以形成一种竞争局面，使公司管理层不断提高管理水平。但是，这一制度不能避免表决权被滥用以操纵公司从而损害中小股东利益的弊端。因而有必要对其进行规制，我国《上市公司治理准则》第16条规定，上市公司董事会、独立董事和符合有关条件的股东可向公司股东征集其在股东会上的投票权。上市公司及股东会召集人不得对股东征集投票权设定最低持股比例限制。投票权征集应当采取无偿的方式进行，并向被征集人充分披露具体投票意向等信息。

（3）书面行使。表决权的书面行使，又称书面投票，是指不出席股东会会议的股东以书面的形式就股东会决议事项进行赞成、反对或弃权的投票，并将该书面投票在股东会召开之前提交给公司以产生表决权行使的法律效果。在股东不愿或不能出席股东会会议时，其固然可以委托他人代为行使表决权，但难免存在一定的风险，如代理人可能不按股东意思行使表决权或代理人不能清楚表达股东的意思，因此，书面行使表决权有其存在的意义。值得注意的是，表决权的书面行使制度是以股东会的召开为前提的，与有限责任公司的全体股东一致同意不召开股东会的书面表决制度（Action without meeting）有别。[1] 关于表决权的书面行使还有三个问题需要说明：

第一，关于表决权的书面行使与代理行使的关系。二者的共同点是在股东自身不出席股东大会的前提下，使股东的表决意图能够在股东会上反映出来。二者的区别是：①表决权的代理，是通过代理人的行为将股东的意思在股东会上进行表达，如果代理人投票时违反股东本人的意思，则该股东的表决意图不能在股东会的决议中反映出来；而表决权的书面行使，则使股东的意思直接在股东会决议中反映出来。②在股东会进行之中，一旦提出动议，如果代理人就此项动议享有代理权，则出席股东会的代理人可就此行使代理权，而进行书面表决的股东由于自身未出席股东会，因而不能就此反映其自身的意思。我国《公司法》规定了表决权的代理行使，但未规定表决权的书面行使。法无禁止即可为，所以这并不妨碍公司章程规定表决权的书面行使。鉴于表决权的代理行使与书面行使的区别，公司可从中任选其一，亦可同时采用。

第二，关于书面投票的用纸。书面投票用纸，又称书面表决票。采用表决权书面行使的公司必须在股东会召集的通知中，附有书面表决票以及关于表决权行使的参考文件。书面表决票中必须就每项议案设有记载股东赞成、反对与弃权的栏目，以确保股东意思能准确地体现于书面表决票之中；且必须记载一定的必要事项，以确保股东的知情权。若股东以其书面表决票丢失为由，私自制作书面表决票，其表决权之行使一般应视为无效，这是由于书面表决票理应由公司制作，并记载法定的必要事项，但并不妨碍丢失书面表决票的股东向公司请求重新索要并提交书面表决票。

第三，关于书面表决权行使的方法和效果。不出席股东会的股东，在书面表决票上记载必要事项后，应在股东会召开前向公司提交。若股东大会进行中对原议案提出了修正案，则赞成原议案的投票作为反对修正案的投票对待。以书面行使的表决权数应当算入出席股东的表决权数。

3. 股东表决权的法律限制。为了保证股东会的决议能够公正地反映股东的普遍意思，各国公司法均规定了限制公司表决权的特定情形。即在法定情形下，某些股东所持有的股份不享有表决权。这种限制只是一定条件下的暂时限制，一旦法定情形消除，对股东表决权的限制即不复存在。股东表决权受法律限制的具体情形在本书第九章第一节股东的权利部分已经详述，在此不加重复。

（五）会议记录

有限责任公司的股东会应当对所议事项的决定作成会议记录，出席会议的股东应当在会议记录上签名。

---

〔1〕 我国《公司法》第59条第3款规定，对本条第1款所列事项股东以书面形式一致表示同意的，可以不召开股东会会议，直接作出决议，并由全体股东在决定文件上签字或盖章。可见，我国法律承认有限责任公司股东会会议可以书面表决并要求全体一致同意，此即所谓的"全体一致书面同意规则"（Unanimous written consent rule）。这一规定符合公司实际运作需求。但应注意的是，《公司法》第112条规定，本法第59条第1款、第2款关于有限责任公司股东会职权的规定，适用于股份有限公司股东大会。这里没有提及上述《公司法》第59条第3款的适用。也就是说，股份有限公司能否采取书面表决的方式，《公司法》未作任何规定。

股份有限公司的股东大会应当对所议事项的决定作成会议记录，主持人、出席会议的董事应当在会议记录上签名。会议记录应当与出席股东的签名册及代理出席的委托书一并保存。

四、股东会决议

（一）股东会决议的形成

1. 股东会决议的类别及其通过的法定比率要求。为了在股东会会议上形成决议，法律要求必须要有代表一定比例股份的股东出席，并经出席股份的一定比例通过。传统的规则是，表决某一事项必须满足法定出席股份要求，并经过出席会议的多数表决权股份通过。也就是说，一项公司决议的有效形成，必须同时满足法定的出席要求和表决要求。

所谓出席要求，又称为法定人数（Quorum），是指法律要求要有代表一定比例以上股份的股东出席会议。所谓表决要求（Voting requirement），是指法律要求决议的形成必须经过出席股份一定比例以上才能通过。通常，一项决议的形成必须经出席股份的多数通过。这就是所谓的"多数决规则"（Majority voting rule）。多数决原则又可以分为简单多数（Simple majority）（即1/2以上）和绝对多数（Super majority）（即2/3以上）。对于不同类别的股东会决议，各国法律均规定了不同的多数标准。

（1）普通决议。普通决议是相对于特别决议而言的，若公司法或公司章程无特别规定，则股东会决议一般为普通决议。普通决议通过的法定比率为，经出席会议的代表1/2以上表决权的股东通过。我国《公司法》对股东会普通决议事项授予了有限责任公司更多的自主权，根据第66条第1款的规定，股东会的议事方式和表决程序，除该法有规定的外，由公司章程规定。对于股份有限公司，《公司法》第116条第2款规定，股东会作出决议，应当经出席会议的股东所持表决权过半数通过。

（2）特别决议。特别决议事项一般由公司法或公司章程作出明确规定，而需经出席会议的代表绝对多数表决权的股东通过方为有效。对于特殊决议事项以及绝对多数标准，各国公司法作了不同的规定。我国《公司法》就特别决议事项及其通过的法定比率对有限责任公司和股份有限公司作了相同的规定，即绝对多数标准均为2/3，特别决议事项包括：修改公司章程；增加或减少注册资本；公司的分立、合并或者变更公司形式；公司的解散等。此外，《公司法》第135条规定，上市公司在1年内购买、出售重大资产或者担保金额超过公司资产总额30%的，适用特别决议规则。

应当注意的是，有限责任公司和股份有限责任公司的绝对多数标准虽然均为2/3，但其表决权行使的基数并不相同，根据《公司法》第66条第3款的规定，有限责任公司股东会特别决议"应当经代表三分之二以上表决权的股东通过"，即该2/3是以全部股东的表决权为基数的；而第116条第3款则规定股份有限公司股东会特别决议"应当经出席会议的股东所持表决权的三分之二以上通过"，即该2/3是以出席股东会的股东的表决权为基数。

2. 股东会决议的投票方式。

（1）记名投票和无记名投票。我国《公司法》对此无强制性规定，但《上市公司章程指引》第86条规定："股东大会采取记名方式投票表决。"因此，除上市公司外，其他公司股东会的投票记名与否由公司章程或股东会决定。

(2) 现场投票和网络投票。现场投票是指股东或其代理人到股东会会议现场进行集中投票；网络投票是指股东通过互联网的方式进行远程非现场投票。网络投票对于降低会议成本，吸引股东尤其是上市公司社会公众股东积极参与投票，有效监督公司管理层，改进公司的经营管理绩效都有积极作用。

(3) 直接投票和累积投票。直接投票（Straight voting）是股东会通常采用的投票方式，一般每一股东对某一决议事项只有一个表决权，这一表决权只能直接针对某一决议事项行使才能有效。根据我国《公司法》第65条、第116条的规定，有限责任公司股东"按照出资比例行使表决权；但是，公司章程另有规定的除外"；股份有限公司的股东"所持每一股份都有一表决权，类别股股东除外。公司持有的本公司股份没有表决权"。直接投票简单易行，它广泛地适用于各类公司。

累积投票（Cumulating voting）是将每一股份对多项决议事项享有的多数表决权集中起来，针对决议事项中的一项或几项来行使的投票方式。根据我国《公司法》第117条第1款的规定，累积投票制专门适用于我国股份有限公司股东大会选举董事、监事，但是并非强制性规定，而是"可以按照公司章程的规定或者股东会的决议，实行累积投票制"。我国《公司法》所规定的累积投票制仅适用于股份有限公司，而不适用于有限责任公司。这表明我国立法者更加重视对股份有限公司，尤其是上市公司中的中小股东利益的保护。累积投票制是指股东大会选举董事或者监事时，每一股份拥有与应选董事或者监事人数相同的表决权，股东拥有的表决权可以集中使用。具体而言，就是在选举股份有限公司董事或监事时，每一股份都拥有与所选举的董事或监事人数相等的若干表决权数，股东可以将这些表决权数集中起来投到其希望当选的人名下。[1]

我国1993年《公司法》未规定累积投票制，但2002年的《上市公司治理准则》第31条规定，在董事的选举过程中，应充分反映中小股东的意见。股东大会在董事选举中应积极推行累积投票制度。控股股东控股比例在30%以上的上市公司，应当采用累积投票制。采用累积投票制度的上市公司应在公司章程里规定该制度的实施细则。这是在我国规范性文件中第一次明确提出了累积投票制的要求。从《上市公司治理准则》的表述来看，其对累积投票制原则上采取的是授权性规范，只是对控股股东控股比例超过30%的上市公司采取了强制性的规定，对一般上市公司则实行许可累积投票制。在实践中，我国各上市公司大多在公司章程中明确规定了累积投票制。

累积投票的优点是有利于经济的民主化，有利于中小股东选举出代表其利益的董

---

〔1〕 在累积投票选举中，每位股东投票数的总额，等于所需要填补的董事或监事职位空缺数乘以他所持有的股份数。每位股东可以将该总票数投向一名或者数名候选人。例如，股东王某拥有20股表决股份，在选举中，需要选出3名董事，股东王某可以投出的总票数为：3×20＝60票。根据累积投票方式，他可以将60票全部投给某一位候选人或者分别投给若干候选人，由他自己决定。这使得中小股东能够在特定情况下选出一名或者数名能够代表自己的董事。例如，在上面例子中，如果股东王某将60票全部投给他自己，他自己当选为董事的可能性就大增。累积投票制起源于英国，但在美国得到了重大发展。19世纪60年代，美国伊利诺伊州（Illinois — IL）报界披露了该州某些铁路经营者欺诈小股东的行为，该州遂于1870年在《宪法》中赋予小股东累积投票权。伊利诺伊州《宪法》第三章第11条规定，任何股东在法人公司选举董事或经理人的任何场合，均得亲自或通过代理人行使累积投票权，而且此类董事或经理不得以任何其他方式选举。如今，该制度已为发达国家公司法所普遍采用。

事（即"代表董事"Watchdog director）；但是也应该看到，它也增加了董事会的派系和分歧，可能影响公司运营和决策的效率。因此，《公司法》对累积投票制一般不作强制性规定，而是作为选择性条款，多由公司自主决定是否采用。当然，一旦公司采用，则必须在公司章程中作出规定，或者由股东大会作出决议。此种决议适用普通决议方式。

（二）股东会决议的无效和撤销

针对公司决议的瑕疵，我国《公司法》将有瑕疵的股东会决议分为无效的决议和可撤销的决议，由此产生的法律后果即为股东会决议的无效和撤销。股东会是公司的权力机关，通过召开会议，形成决议行使权力。该决议一旦依法作出并生效，则变为公司的意志，对公司及股东具有约束力。因此，股东会决议对股东关系重大，一旦决议有瑕疵，可能损害股东的合法权益，所以，股东有权对其提起无效或撤销之诉。有些国家还规定了决议不存在之诉和变更不当决议之诉，我国《公司法》规定了股东会决议的无效与撤销两种诉讼方式。

我国《公司法》对股东会决议的无效和撤销制度作了较为完善的规定，其具体内容如下：

第一，公司股东会、董事会的决议内容违反法律、行政法规的无效（第25条）。

第二，公司股东会、董事会的会议召集程序、表决方式违反法律、行政法规或者公司章程，或者决议内容违反公司章程的，股东自决议作出之日起60日内，可以请求人民法院撤销。但是，股东会、董事会的会议召集程序或者表决方式仅有轻微瑕疵，对决议未产生实质影响的除外。未被通知参加股东会会议的股东自知道或者应当知道股东会决议作出之日起60日内，可以请求人民法院撤销；自决议作出之日起1年内没有行使撤销权的，撤销权消灭（第26条）。

第三，公司股东会、董事会决议被人民法院宣告无效、撤销或者确认不成立的，公司应当向公司登记机关申请撤销根据该决议已办理的登记（第28条第1款）。

下面对上述内容进行以下几点分析：

1.《公司法》将股东会决议瑕疵与董事会决议瑕疵作一并规定，并赋予完全相同的法律效力与救济措施。其他国家和地区则一般仅确立股东会决议的无效与撤销制度，而未规定董事会决议的无效与撤销制度。究其原因，便在于董事会决议瑕疵可通过股东代表诉讼制度寻求救济。我国明确规定董事会决议的无效与撤销制度也能使董事会决议瑕疵获得更为坚实的救济制度。

根据《公司法》上述条款的规定，股东会和董事会决议的瑕疵分为内容瑕疵和程序瑕疵。内容瑕疵又可分为违反法律、法规的瑕疵和违反章程的瑕疵。程序瑕疵主要指召集程序、表决方式违反法律、行政法规及违反公司章程的瑕疵。由于公司权力机关和经营决策机关的决议能否顺利执行，直接影响公司行为的效率，而决议是否公平、合法也是涉及股东权益的重要问题，法律规定对三者均要兼顾。《公司法》上述条款分别不同情况，考虑到决议内容的瑕疵和程序瑕疵在法律后果上轻重有别，违反法律及违反章程的瑕疵从性质及后果上也不相同，本着兼顾公平和效率的原则分别作了规定。公司股东会、董事会的决议内容违反法律、行政法规的无效。任何股东认为有关决议内容违反本法及其他有关法律、行政法规规定的，可以提起决议无效之诉。决议被法

院认定为无效的,自始无效。无效之诉有以下三个问题需要注意:

(1) 关于提起无效之诉的条件。我国 1993 年的《公司法》规定提起无效之诉,除了决议内容违反法律、行政法规的规定外,还要求必须侵犯了股东的合法权益,否则不给予救济。由于存在权益受侵犯这一要件的要求,那么股东就必须向法院证明其权益受侵害的事实,而对处于弱势地位的中小股东来说,要完成这一举证责任并非易事,暂且不论这一诉讼的结果如何,其先期付出成本就可能是巨大的,而实际的受益者则是其他诸多未行起诉的股东。其实每位股东都存在"搭便车"的心理,所以,这种规定在现实中很难真正地对股东进行救济,最终导致救济的落空。所以,2005 年修订后的《公司法》则取消了决议必须侵害股东合法权益这一要求,不论股东会决议是否导致股东利益受到侵害,只要决议内容违反法律和行政法规的规定,股东就有权提起无效之诉,使之真正能起到权利救济的作用。2023 年《公司法》第 26 条在原有基础上还增加了对决议请求撤销的除外条款,即"股东会、董事会的会议召集程序或者表决方式仅有轻微瑕疵,对决议未产生实质影响的除外"。根据该法第 26 条的规定,对决议请求撤销应当同时具备三个条件:①股东会、董事会的会议召集程序、表决方式存在瑕疵或者决议内容违反公司章程规定。②召集程序或者表决方式有重大瑕疵,"仅有轻微瑕疵"不得撤销。如公司章程规定召开股东会应当提前 15 天通知,实际提前 14 天通知股东等。③对决议产生实质影响,包括对决议能否通过、股东表决权是否得到充分保护的实质性影响。如通知的实际提前天数虽然比章程规定的提前天数少 1 天,但并未影响股东参加股东会等。

(2) 关于提起无效之诉的主体。从《公司法》上述条款的规定来看,仅有股东有权提起决议无效之诉是不够的。对于股东会决议的无效之诉,监事会也应当有权提起诉讼,因为监事会是公司的监督机构,由其提起无效之诉不仅与监事会的监督职责相适应,同时也是维护公司和股东利益的需要。因此,从法理上讲,对于股东会决议违反法律、行政法规的,公司股东既可以自己的名义起诉,也可要求监事会提起诉讼。在撤销之诉中,监事会提起诉讼的道理相同。

(3) 关于决议无效的法律后果。股东会决议无效,意味着股东会决议自始不发生法律效力,因而,股东会决议无效的确认之诉的判决效力具有对世性,即其效力及于第三人,且具有绝对的溯及力。股东会决议内容全部无效的,整个决议当然无效,但是,如果股东会决议中的部分内容无效,是否导致整个股东会决议无效?在这里要区分以下两种情况来对待:①决议各项内容不具有可分性,则部分决议事项无效导致整个决议当然无效;②决议各项内容具有可分性,则部分决议事项无效并不必然导致决议中的其他事项无效,即除去无效决议事项,股东会决议亦可成立的,则其他决议事项仍然有效。

2. 股东会决议的撤销。《公司法》第 26 条规定的是关于股东会决议撤销的问题。

(1) 关于决议撤销的事由或原因。关于股东会决议撤销的事由或原因,各国和地区公司立法不尽一致。[1]按照我国《公司法》第 26 条规定,决议可撤销的事由主要

---

[1] 我国台湾地区"公司法"将召集程序或决议方法违反法律或公司章程作为可撤销的原因。日本、意大利则规定,不仅召集程序或决议方法违反法律或章程为可撤销,决议内容违反章程也可以撤销。参见赵旭东主编:《公司法学》,高等教育出版社 2006 年版,第 379 页。

有：①召集程序违反法律、行政法规或公司章程。比如，未向全体股东发出通知，或通知的内容不完整，或通知时间、方法不合法。②表决方式违反法律、行政法规或公司章程。比如，决议通过的股份数未达法定要求、表决权计算违法或将特别决议事项以普通决议来表决等情形。③决议内容违反公司章程。如控制股东滥用表决权，侵害了公司章程赋予公司和小股东的利益，即为可撤销的原因。另外，如果决议内容不具有可分性，部分决议事项被撤销当然导致整个决议被撤销；若决议各项内容具有可分性，则部分决议事项被撤销并不必然导致决议中的其他事项被撤销，即股东提起股东会决议撤销之诉时，可以选择只申请撤销部分决议事项，而保留其他决议事项的效力。

（2）关于撤销之诉的原告和被告。首先，关于原告。股东固然可以提起股东会决议的撤销之诉，但是如果股东会召集程序或表决方法有瑕疵，参加股东会的股东一致通过了股东会决议，那么参加股东会的这些股东是否仍然有权就股东会决议提起撤销之诉？对此我国《公司法》未作规定。从公司立法保护股东利益的宗旨出发，应当允许其具备原告主体资格，这可以保护那些尽管在表决中同意议案但并不知道召集程序或表决方法有瑕疵的股东的利益，并且也能起到督促公司股东会在召集和表决中严格依法办事。而对于未被通知参加股东会会议的股东，《公司法》则明确规定，未被通知参加股东会会议的股东自知道或者应当知道股东会决议作出之日起 60 日内，可以请求人民法院撤销；自决议作出之日起 1 年内没有行使撤销权的，撤销权消灭。如无效之诉一样，公司的监事会同样有权提起股东会决议的撤销之诉。其次，关于被告。决议撤销之诉的被告是造成该决议通过的股东，还是公司？通说认为被告应当是公司。这是由于资本多数决原则将股东的意思拟制为公司的意思，既然决议体现了公司的意思，自然应将公司列为决议撤销之诉的被告。

（3）关于提起撤销之诉的期限和担保限制。各国或地区公司法一般未对股东会决议无效诉权的行使作特别限制，也不设置提起诉权的期限，但对股东会决议撤销请求权设置一定的限制。这是因为引起决议撤销之诉的事由并非很严重，所以在法律规定的期间内，没有提起决议撤销之诉的，不得再提起决议撤销之诉，以维护决议的稳定性。各国或地区通常都对决议撤销之诉的期间加以规定，如日本规定为 3 个月，韩国、瑞士规定为 2 个月，我国台湾地区规定为 30 天。各国或地区公司法大多不对股东会决议无效诉权的行使作特别限制，也不设置提起诉权的期限，故应适用民法一般诉讼时效，我国亦然。我国《公司法》第 26 条规定为 60 日，自决议作出之日起计算。这个 60 日应为除斥期间，不存在中止、中断和延长的情形，如果在此期间无人提起股东会决议撤销之诉，则股东会决议成为具有确定法律效力的决议。

此外，在公司法运行的实践中，可能存在恶意阻挠公司活动的掠夺性小股东，此类股东故意制造决议程序瑕疵外观或利用决议程序瑕疵，在公司决议通过后，提起诉讼阻碍公司决议的后续执行以索取诸如"撤诉补偿金"之类。为防止股东滥用决议撤销之诉，图谋不当利益，各国公司法都对股东会决议撤销请求权作了另一限制，即担保限制。2005 年《公司法》第 22 条第 3 款就决议撤销之诉规定了原告股东的提供担保的义务，即如果公司提出请求，人民法院可以要求股东提供相应担保。立法这一规定，加大了那些没有正当理由而滥用诉权的股东的成本，若原告出于恶意或重大过失而败诉，应对公司负损害赔偿的责任，从而起到防止恶意诉讼的功能。然而，提起决议撤销之诉的多为中小股东，我国公司治理的主要症结是控制股东和实际控制人滥用"资本多数决"的问题，应降低中小股东维护权益的成本，而非设置诉讼障碍。因此，2023 年《公司法》删除了 2005 年《公司法》第 22 条第 3 款关于决议撤销之诉提供担保的义务。

（4）关于撤销之诉的法律后果。根据法理，被撤销的法律行为自始无效，因此，决议撤销判决的效力应当溯及决议形成之时。当被撤销的股东会决议仅涉及公司内部关系时，这种溯及力没有任何问题，但是，如果存在善意第三人基于撤销前的股东会决议而产生了交易关系的情形，该如何处理？从保护善意第三人和维护法律关系的稳定与交易安全、交易效率的立场出发，撤销之诉的判决就此个案不应当具有溯及力，否则有违善意第三人的正当利益。

3. 公司根据股东会决议已办理变更登记的，人民法院宣告决议无效后，公司应当向公司登记机关申请撤销变更登记。基于被撤销的股东会决议而实施的变更登记事项，在法院撤销决议之诉生效后，公司也应当向公司登记机关申请撤销变更登记。

最后需要指出的是，对于程序瑕疵，[1]如果不分轻重而一律认定会议决议应当撤销，其实是无益的，甚至是低效或有害的。理由是：①对决议的无效与撤销毕竟会引起已有法律关系的不稳定，对股东、公司以及第三人的利益可能会产生损害。②就法理而言，程序正义的目的在于保障实体正义的实现，虽然程序正义是法律的生命，但是，在某些情形下对程序的违反并不必然导致实体权利受损及实体正义的落空，因为有些程序与实体正义并无关系。因此，应当根据程序上的瑕疵是否对公司实体决议产生实质上的影响来确定决议的效力，如果对实体决议并不产生实质性影响则不宜将该决议撤销。

第三节　董事会

一、董事会的概念、特征及职权

（一）董事会的概念及特征

董事会（Board of directors）是指依法由股东会选举产生、由全体董事组成的、行使公司经营管理和决策权的业务执行机关。董事会主要有以下法律特征：

1. 董事会成员是由股东会选举产生，董事会对股东会负责，执行股东会的决议。股东会作为公司的意思形成机关，其作出的各项决议由董事会负责主持实施和执行。董事会还可以聘任经理辅助其进行公司日常业务的运营。

2. 董事会是公司的经营管理和决策机关。董事会虽然为股东会的执行机关，但也有其独立的职权范围，在公司的日常运营中负责具体的经营管理和决策。而且随着股

---

[1] 根据《公司法》第 25 条、第 26 条的规定，会议决议内容违反法律、行政法规的无效；而对于会议召集程序、表决方式违反法律、行政法规或者公司章程，或者决议内容违反公司章程的，股东可以请求人民法院予以撤销，即程序瑕疵只涉及撤销的问题，而一般不涉及无效。例如，根据中国证监会《上市公司章程指引》第 170 条的规定，上市公司因意外遗漏未向某有权得到通知的人送出会议通知或者该等人没有收到会议通知，会议及会议作出的决议并不因此无效。只有会议决议内容违法时才能够被认定为无效。

东会职权的不断削弱以及董事会权力的不断扩张，董事会已是事实上的经营决策和领导机关，在法律和公司章程规定的范围内行使决策权力。

3. 董事会一般情况下是集体执行公司事务的机关。除规模较小的有限责任公司或者一人有限责任公司可选择不设董事会（但设一人担任执行董事，其职权与董事会相当，执行董事为公司的法人代表）的情形之外，董事会通常是以"会"（Board）的形式存在而行使职权，单独的董事"个人"（Individual）并不享有董事会的职权，董事会就公司重大事项形成决议，从而表达董事会成员的共同意思，故董事会为集体执行公司事务的机关，非单独的董事各自行使职权。由于董事会决策公司事务得由全体董事按一人一票（One person, One vote）的表决权制度，因而公司的董事会组成人数应当是单数。我国 2005 年《公司法》规定，有限责任公司的董事会由 3～13 人组成；股份有限公司的董事会由 5～19 人组成。2023 年《公司法》对此进行了修订，该法第 68 条第 1 款规定，有限责任公司董事会成员为 3 人以上，其成员中可以有公司职工代表。同时，该法第 120 条规定，股份公司董事会的人数适用《公司法》第 68 条 1 款的规定。故，有限责任公司和股份有限公司的董事会均由 3 人以上组成。

4. 董事会是公司的对外代表机关。在公司的组织机构中，股东会和监事会均为完全的公司内部机关，它们的行为不具有对外效力；而董事会则具有对外代表机关的性质，即董事会的活动具有对外效力，董事长、执行董事或者经理可担任公司的法定代表人，进行对外经营活动，从而使公司与交易相对人产生法律关系。

5. 董事会是公司的法定常设机关。董事会与股东会的存在形式不同，股东会以会议的形式存在，通过召开定期或不定期的会议行使职权，为非常设机构。而董事会则是公司法定的常设机关，董事会自公司成立之日起即与公司相伴随而存在。虽然它的成员可依法随时更换，但董事会本身作为一个组织却始终存在，不能更换和撤销。董事会作为公司的法定常设机关，这是与其公司经营管理和决策机关的定位分不开的。

（二）董事会的职权或职责

现代以来，各国公司董事会的职权呈不断扩张的趋势，各国公司法一般均赋予其除必须由股东会行使的权力以外的一切经营管理和决策权。董事会的职权概括起来主要包括两个方面，即对内的经营管理权和对外的业务代表权。前者主要包括公司经营管理的决策权、执行权以及人事任免权，后者是指董事会以公司的名义对外从事活动的权力。各国公司法对董事会职权的规定主要有概括式、列举式以及概括加列举式。我国《公司法》采用了概括加列举的形式，根据第 67 条的规定，董事会对股东会负责，行使下列职权：①召集股东会会议，并向股东会报告工作；②执行股东会的决议；③决定公司的经营计划和投资方案；④制订公司的利润分配方案和弥补亏损方案；⑤制订公司增加或者减少注册资本以及发行公司债券的方案；⑥制订公司合并、分立、解散或者变更公司形式的方案；⑦决定公司内部管理机构的设置；⑧决定聘任或者解聘公司经理及其报酬事项，并根据经理的提名决定聘任或者解聘公司副经理、财务负责人及其报酬事项；⑨制定公司的基本管理制度；⑩公司章程规定或者股东会授予的其他职权。公司章程对上述董事会职权的限制不得对抗善意相对人。

除此之外，根据《公司法》的规定，与董事会职权或职责相关的内容还有以下规定：

1. 根据《公司法》第 97 条和第 106 条的规定，以发起方式和募集方式设立的股份有限公司，都应由董事会向公司登记机关报送公司章程以及法律、行政法规规定的其他文件，申请设立登记。

2. 根据《公司法》第 172 条的规定，国有独资公司的董事会职权与普通有限责任公司的董事会职权相同。但是，国有公司不设股东会，国有资产监督管理机构可以授权公司董事会行使股东会的部分职权，决定公司的重大事项。

3. 根据《公司法》第 75 条的规定，规模较小或者股东人数较少的有限责任公司，可以不设董事会，设一名董事，行使本法规定的董事会的职权。该董事可以兼任公司经理。这主要是由于有限责任公司的人合性更强，且规模相对较小，如果强制性要求其设立多人组成的董事会，不仅加大了公司的运行成本，而且股东的利益也不一定能够达到平衡。因此，设置一名董事，有利于为公司提供更多的自治空间，提高运营效率。

二、董事会的组成

（一）董事

1. 董事的概念、种类、法律地位及其任职条件。

（1）董事的概念。董事（Director）是指具有董事资格、处于董事地位的人，是董事会的基本组成成员。由于董事会是按照一人一票的表决方式形成决议，故董事会由单数董事组成。各国对董事会的组成人数作出了不同的规定。董事会的组成人数属于可变规模（Variable-sized），由于法律一般只规定了董事人数的最高和最低限额，故董事会的具体董事数额由公司章程规定，且也可以通过修改公司章程增减董事人数，这样既可以防止形成独裁，或妨碍公司的民主管理，又可以提高公司的运营效率，降低决议成本。

（2）董事的种类。从世界各国的公司立法来看，关于董事的种类主要有以下几种：

内部董事（Inside director），也称执行董事（Executive director），内部董事是公司中最主要的经营管理和决策者，他们全面掌握着公司信息和内部情况。由于内部董事与经理等管理人员存在直接利益关系，因而，其行为缺乏独立性和客观性。

外部董事（Outside director），也称非执行董事（Non executive director）或者独立董事（Independent director），外部董事一般由其他公司的经理阶层、社会各界专家和机构投资者的代表构成。在美英等国家，许多大公司的外部董事比例已经远远超过内部董事。在中国，外部董事特指政府派往国有企业的非执行董事；而独立董事，则主要是指上市公司的非执行董事。

指定董事（Appointed/Provisional director），也称法定董事，是指公司在特定情形下，由法院直接任命董事，比如，在公司管理问题上，如果董事之间发生分歧导致董事会不能作出决议并使公司业务和事务不能进行，法院可以指定一名法定董事。在法院指定董事后，公司可以更换董事，但在程序上须通过有表决权股东的多数表决后方可更换指定董事。

影子董事（Shadow director），是指由于其个人地位和影响，公司的董事在进行公司决策时习惯于听从其指示和命令的董事。但如果仅仅是以职业身份提供咨询意见则不能视为影子董事。影子董事通常表现为三种情形：①大股东为避免个人责任而拒绝担任董事，但却在幕后操纵公司董事会的决策；②某人因破产而丧失担任董事资格，但却在幕后操纵公司董事会的决策；③母公司持续地操纵其子公司的业务。[1]根据我国2023年《公司法》第180条第3款的规定，公司的控股股东、实际控制人不担任董事但实际执行公司事务的，为影子董事。并且要与其他董事一样，承担忠实义务和勤勉义务。

（3）董事的法律地位。对于董事的法律地位，主要有两种学说，即代理说和信托说。代理说认为董事是公司股东的代理人；信托说则认为，董事是公司财产的受托人，股东是公司财产的委托人和受益人，因此，公司股东和董事之间的法律关系为信托关系。在大陆法系，董事地位的主导学说是委任说，董事的个人法律地位是公司的高级管理人员，是公司决策执行机关的组成成员，董事和公司之间是民法上的委任关系。

（4）董事的任职条件。鉴于董事会作为公司执行机关的重要地位，作为董事会成员的董事，其任职必须符合一定的条件，从而确保有相应能力和资格的人进入董事会，以实现对公司科学高效的管理。董事的任职条件主要包括以下几个方面：

第一，身份条件。该条件主要涉及董事是否必须具有股东资格以及是否允许法人担任董事的问题。对于股东资格是否为董事的必要条件，从世界范围看，主要有三种立法模式，即必须持有资格股的模式、无须持有资格股的模式以及任意选择模式：①必须持有资格股的模式。该模式要求董事必须有股东身份，旨在促使其努力为公司服务，并将股份作为董事违背义务时的担保，如英国、美国。随着所有权和经营权的分离，以及公司发展对专业化董事要求的不断提高，各国和地区的立法趋势是不再强调董事的股东资格。②无须持有资格股模式。该模式不要求董事必须为股东，而且不允许公司禁止非股东充任董事，如日本及我国台湾地区。③任意选择模式。该模式原则上不要求董事必须是股东，但允许公司以章程规定董事必须持有资格股，如德国。我国《公司法》顺应不再强调董事的股东资格这一潮流，未对董事的股东身份作出限制，即董事既可以是股东，也可以不是股东。

在是否允许法人担任公司董事的问题上，也有三种立法模式。美国、德国、瑞士、奥地利等国家规定，董事应当为自然人，法人不得担任董事；而在英国、比利时及我国台湾地区，则允许法人担任董事，但必须指定一名具有民事行为能力的自然人作为其常任代表。我国《公司法》对此问题未作规定，理论上应当允许法人董事的存在，但在公司实践中，我国公司董事一般为自然人。

第二，专业能力和品德条件。各国公司法都比较注重董事的品德，因为公司的经营管理在一定程度上依赖于董事的守信程度，因此，对于一些有严重违法行为甚至被追究刑事责任的人以及个人资信状况较差的人，公司法对其担任公司董事作出一定的限制。而且，作为公司董事，必须具备一定的经营管理能力，从而能够从专业角度科学高效地作出公司的运营决策。我国《公司法》第178条从消极方面（又称消极任职

---

[1]　施天涛：《公司法论》，法律出版社2006年版，第343页。

资格[1]）列举了不能担任公司董事、监事和高级管理人员的情形，即有下列情形之一的，不得担任公司的董事、监事、高级管理人员：①无民事行为能力或者限制民事行为能力；②因贪污、贿赂、侵占财产、挪用财产或者破坏社会经济秩序，被判处刑罚，或者因犯罪被剥夺政治权利，执行期满未逾5年，被宣告缓刑的，自缓刑考验期满之日起未逾2年；③担任破产清算的公司、企业的董事或者厂长、经理，对该公司、企业的破产负有责任的，自该公司、企业破产清算完结之日起未逾3年；④担任因违法被吊销营业执照、责令关闭的公司、企业的法定代表人，并负有个人责任的，自该公司、企业被吊销营业执照责令关闭之日起未逾3年；⑤个人因所负数额较大债务到期未清偿被人民法院列为失信被执行人。违反前款规定选举、委派董事、监事或者聘任高级管理人员的，该选举、委派或者聘任无效。董事、监事、高级管理人员在任职期间出现上述情形的，公司应当解除其职务。

对于董事的专业能力和品德条件的正面考察，因公司规模、所处行业、人才需求等的不同，因此不可能制定出统一的标准，只能由各个公司根据其具体情况选择德才兼备、适合公司发展的董事。

第三，年龄及民事行为能力条件。对年龄上限，多数国家不作限制，但也有少数国家对年龄超过一定限度的人士出任董事附加了一定条件。如英国《公司法》规定，如果任命一个超过70岁的董事，需要由股东会通过决议对此情况作特别说明。法国《公司法》规定，70岁以上的董事不能超过董事会成员的1/3，董事长不能超过65岁。对董事人选年龄下限，各国公司法的规定基本一致，即均规定未成年人不能担任公司董事。由于董事需要进行经营决策和复杂的商业判断，无民事行为能力人和限制民事行为人一般不具备这些条件，而且在其智力水平和精神状态下也不能预料行为的法律后果。所以，各国法律一般规定，无民事行为能力人和限制民事行为能力人不得担任公司董事职务。我国《公司法》规定，无民事行为能力人和限制民事行为能力人不能担任公司的董事，但对年龄上限未作限制。

第四，国籍条件。多数国家对董事人选的国籍没有限制，但也有少数国家规定董事人选必须具有特定国籍或居民身份。如丹麦《公司法》规定，公司至少一半的董事和全部的经理应居住在丹麦；而瑞士《公司法》则要求，如果公司只有一名董事，该董事必须是居住在瑞士境内的瑞士公民；如果有数名董事，该董事会的多数成员必须是居住在瑞士境内的瑞士公民。我国《公司法》未对董事人选的国籍或居民身份作出限制，仅对设立股份有限公司的发起人，要求须有半数以上的发起人在中华人民共和国境内有住所。

第五，其他条件。如兼职限制：其他公司的董事或实际管理人不得作为本公司董事人选；承担特定社会角色的人也不能兼任公司董事。我国《公司法》就规定，国家

---

[1] 多数国家的公司法都规定了董事的消极任职资格，法律之所以对任职董事的资格予以限制，其目的在于防止不适合的人担任公司高管，给公司的发展带来不利影响，从而危及交易安全和经济秩序的稳定。如根据英国1986年的《公司董事消极资格法》第2条的规定，如果公司董事在公司发起、设立、管理、清算、财产的接管活动中实施了可以提起公诉的犯罪行为，则法庭可以取消此人的董事身份，宣告他为不具备董事资格的人。参见张民安：《公司法上的利益平衡》，北京大学出版社2003年版，第327页。

公务员不得兼任公司的董事，监事亦不得兼任本公司董事。

2. 董事的选任和任期。

（1）董事的选任。公司董事一般由股东会选举产生，我国《公司法》规定，股东会选举和更换董事。通常在股东会召开前需要披露董事候选人的详细资料，以保证股东在投票时对候选人有足够的了解，然后在召开股东会时进行表决。股东对选举董事表决的程序一般由公司章程规定，但有时法律法规或规范性文件也会有一些强制性规定，例如，我国《上市公司治理准则》第17条就要求，单一股东及其一致行动人拥有权益的股份比例在30%以上的上市公司，应当采用累积投票制，而对其他上市公司则未作强制要求。采用累积投票制的上市公司应当在公司章程中规定实施细则。

而对于职工代表董事的产生，则并非由股东会选举产生。根据我国《公司法》第68条第1款的规定，"……职工人数三百人以上的有限责任公司，除依法设监事会并有公司职工代表的外，其董事会成员中应当有公司职工代表。董事会中的职工代表由公司职工通过职工代表大会、职工大会或者其他形式民主选举产生。"另外，国有独资公司董事会成员由国有资产监督管理机构委派，但是，其董事会成员中的职工代表由公司职工代表大会选举产生。

（2）董事的任期。选任的董事一般都有任期限制，董事的具体任期一般由公司章程作出规定，但公司法通常会对任期的最长期限进行限制。我国《公司法》第70条和第120条规定，董事任期由公司章程规定，但每届任期不得超过3年。董事任期届满，连选可以连任。公司董事因退任而丧失董事资格，其退任的情形主要包括公司章程规定的任期届满、股东会作出更换或解除董事职务的决议、董事自行辞职、董事死亡或丧失行为能力以及公司解散等。

董事在任期届满前辞职，或者董事任期虽然届满，但如果由于某种原因未及时改选，在任董事继续执行职务直至选出继任董事。这种董事称之为"延期董事"（Holdover directors）。但是，这一规则的使用必须遵守两个条件：一是这种情形须直接由公司法明确规定。二是这一原则适用于特定情形：①股东会会议的召开不规律。②由于股东势均力敌，选不出继任者而形成僵局。如我国《公司法》第70条第2款和第120条第2款规定，董事任期届满未及时改选，或者董事在任期内辞职导致董事会成员低于法定人数的，在改选出的董事就任前，原董事仍应依照法律、行政法规和公司章程的规定，履行董事职务。

3. 董事的权利和义务。

（1）董事的权利。董事会的权力必须集体行使，董事个人不享有董事会的权力，因为公司的经营管理权力是授予给董事会而不是董事个人的。但是，根据我国《公司法》的规定，董事个人却享有一定的权利，主要包括：①知情权，主要为查阅公司账簿和记录以及检查公司财产的权利，从而了解公司的营业状态。②报酬请求权，董事的报酬由股东会决议确定。根据我国《公司法》第59条规定，董事可以享受报酬。董事的报酬由股东会决定。这说明，在我国，董事的报酬只能由股东（大）会决定。但《公司法》第129条规定，公司应当定期向股东披露董事从公司获得报酬的情况。③出席董事会和行使表决的权利，董事作为董事会的一员，有权出席会议并为意思表示，这是董事的当然权利。④通过董事会而享有的其他权利。

（2）董事的义务和责任（见本章第六节中的相关内容）。

（二）董事长及其职权

董事长是公司的必设职位，根据我国《公司法》的规定，董事会设董事长一人，可以设副董事长。有限责任公司董事长、副董事长的产生办法由公司章程规定；股份有限公司董事长和副董事长由董事会以全体董事的过半数选举产生，国有独资公司的董事长、副董事长由国有资产监督管理机构从董事会成员中指定。

关于董事长的职权，1993 年的《公司法》曾规定董事长对内行使下列职权：①主持股东会（股东大会）和召集、主持董事会会议；②检查董事会决议的实施情况；③签署公司股票、公司债券。由于 1993 年《公司法》明确规定董事长是公司的法定代表人，因而赋予了董事长的上述职权。而 2005 年《公司法》第 13 条对法定代表人作了重要修订，公司的法定代表人不再限定于董事长，而可以由董事长、执行董事或者经理中的任何一人担任。2023 年《公司法》第 10 条第 1 款将法定代表人制度进一步修订为：公司的法定代表人按照公司章程的规定，由代表公司执行公司事务的董事或者经理担任。可见，立法均未再规定董事长的具体职权。只是对董事长召集和主持董事会会议的职权作了规定，即《公司法》第 72 条规定，有限责任公司的董事会会议由董事长召集和主持；董事长不能履行职务或不履行职务的，由副董事长召集和主持；副董事长不能履行职务或不履行职务的，由过半数的董事共同推举一名董事召集和主持。《公司法》第 122 条第 2 款则规定，股份有限公司董事长召集和主持董事会会议，检查董事会决议的实施情况。副董事长协助董事长工作，董事长不能履行职务或者不履行职务的，由副董事长履行职务；副董事长不能履行职务或者不履行职务的，过半数的董事共同推举一名董事履行职务。

（三）专门委员会

专门委员会（Special committees）是由董事会设立的，由公司董事组成的行使董事会部分权力或者为董事会行使权力提供帮助的董事会内部常设机构。专门委员会发端于美国的公司治理之中，[1] 为了保证决策和管理的科学性，许多大型公众公司均在董事会下设立若干专门委员会，作为董事会决策管理的参谋、咨询机构，同时也是非执行董事（Non executive directors）行使职权的主要组织形式。当然，董事会专门委员会的设置并非强制性要求。这些专门委员会主要包括：执行委员会、薪酬委员会、提名委员会、审计委员会、战略委员会、诉讼委员会等。下面就各专门委员会的构成及其职能作一简要讲解：

1. 执行委员会（Executive committee）。执行委员会通常由公司管理人员、董事或执行董事构成。其职能在于，在董事会休会期间作为董事会的代表，代理董事会执行管理。一些法律专门就执行委员会的权力作出限制以确保其权力受到约束。对执行委员会的授权一般并不免除董事会或其他成员应承担的任何责任。

2. 薪酬委员会（Compensation committee）。薪酬委员会基本上全部由非执行董事构成。薪酬委员会的地位在特定公司中取决于董事会及其与 CEO 之间的关系，许多公司

---

〔1〕 专门委员会产生的背景和理由，详见第十一章第三节"上市公司的组织机构"中有关"独立董事制度"的部分。

设立薪酬委员会以解决薪酬和雇员退休的利益问题。薪酬委员会的具体职能是：审查、批准或向董事会建议 CEO、其他管理董事或其他高级管理人员的年薪、奖金或其他直接或间接利益；就有关新的管理报酬或股票计划进行审查或向董事会建议；建立和定期审查公司对所谓的管理者额外报酬的政策；审查有关董事会成员的报酬政策；审查雇员退休计划的运行；审查公司与董事之间的利益冲突交易。

3. 提名委员会（Nominating committee）。提名委员会的地位通常取决于董事会议及其与首席执行官（CEO）的关系。在有些公司中，提名委员会在选择董事会董事或首席执行官的候选人时具有很大的发言权。提名委员会主要履行下列职能：负责在股东年会上提名董事候选人；设定董事资格；审查在任董事的业绩，并就在任董事的续任或更换提出建议；就董事会的规模和构成提出建议。

4. 审计委员会（Audit committee）。公众公司应设立审计委员会，这是美国 SEC 的要求。其主要履行下列职能：负责与公司外部审计师事务所一道检查公司的财务情况；向公司推荐会计师事务所作为独立审计师；就有关审计计划向所聘用的独立审计师进行咨询；经咨询独立审计师后，审查审计报告及相关财务报告；咨询独立审计师有关内部会计控制的适当性及相关问题；向董事会就审计结果进行汇报并就改进控制程度的适当性提出建议。

5. 战略委员会（Strategic planning committee）。又称战略规划委员会，一般由 CEO 或半数以上独立董事提名，并由董事会选举产生。其主要履行战略规划咨询方面的职能。

6. 诉讼委员会（Litigation committee）。当股东代表公司提起派生诉讼时，可能设立一个由非利害关系董事组成的诉讼委员会来审查该诉讼并决定该诉讼的进行是否符合公司的最佳利益。一般来说，法院对这种独立诉讼委员会的决定是尊重的，并可能根据这种委员会的决定来裁判是否驳回派生诉讼。

在上述委员会中，审计委员会、提名委员会和薪酬委员会具有特别重要的意义，因为这三个委员会在协调经理层与董事会的权力平衡时发挥着重要的作用。总之，专门委员会的设置有助于董事会更加专业、独立地行使职权。

我国《公司法》没有对董事会专门委员会作出详细规定，主要在该法第 121 条对股份有限公司设置审计委员会和公司可以按照公司章程的规定在董事会中设置其他委员会作了规定。但《上市公司治理准则》对董事会专门委员会的设立作了较为详细的规定，上市公司董事会可以按照股东大会的有关决议，设立战略、审计、提名、薪酬和考核委员会。专门委员会成员全部由董事组成，其中审计委员会、提名委员会、薪酬和考核委员会中独立董事应占多数并担任召集人，审计委员会中至少应有一名独立董事是会计专业人士。根据专门委员会的特征和作用，是否设立上述委员会属于公司内部经营管理事务，应由董事会根据公司经营状况进行决定。

三、董事会会议

（一）董事会会议的种类

董事会是通过会议的形式形成决议来行使职权的，同股东会会议一样，董事会会议也分为定期会议和临时会议。

1. 定期会议。定期会议（Regular/Scheduled meeting）是指根据《公司法》或公司章程的规定在特定时间内必须召开的董事会会议。我国《公司法》未对有限责任公司召开定期会议作出明确规定，而赋予有限责任公司更多的自主权，由其在章程中根据自身情况对董事会定期会议作出规定；对于股份有限公司，我国《公司法》第 123 条则规定，董事会每年度至少召开两次会议，每次会议应当于会议召开 10 日前通知全体董事和监事。

2. 临时会议。又称为特别会议（Special meeting），是指除定期会议以外，在必要之时临时召开的董事会会议。对于有限责任公司，我国《公司法》未规定如何召开董事会临时会议，主要原因在于有限责任公司有较强的人合性特征，可能根据需要随时召开董事会临时会议；对于股份有限公司，根据《公司法》第 123 条第 2 款的规定，代表 1/10 以上表决权的股东、1/3 以上董事或者监事会，可以提议召开董事会临时会议。

（二）董事会会议的召集与主持

董事会由董事长召集并主持。董事长不能履行职务或不履行职务的，由副董事长召集和主持；副董事长不能履行职务或不履行职务的，由半数以上董事共同推举一名董事召集和主持。对于股份有限公司的董事会临时会议，董事长应当自接到提议后 10 日内召集和主持。对于董事长选出前的第一次董事会会议，按照常理，一般由得票数最多的董事召集。

在召集董事会会议时，需要履行一定的通知（Notice）程序。我国《公司法》规定股份有限公司董事会每次会议应于会议召开 10 日以前通知全体董事。临时会议则由公司规定召集董事会的通知方式和时间。对于有限责任公司，其定期会议和临时会议的通知方式和时间均由公司自主决定。

（三）董事会决议的形成

一般而言，出席董事会的董事人数达到法定比例并经法定比例的董事表决通过而作出的决议方为有效的董事会决议。董事会决议的表决，实行一人一票（One person, One vote）制度。与股东会的决议相同，董事会决议也可分为普通决议和特别决议。普通决议用于决定一般事项，只需符合法定人数的出席董事的简单多数同意，即可通过。特别决议则用于决定特别事项，通常需要有 2/3 董事出席并经过半数或者更多的出席董事同意方能形成。适用特别决议的特别事项，通常由公司章程确定。

除此之外，有限责任公司董事会的议事方式和表决程序，均由其公司章程规定。这主要是考虑到有限责任公司属于封闭公司，规模通常也比较小，社会对其关注度不高，并且企业的情况差别很大，普遍适用的强制性规定如果不能有效地适应各个公司的具体情况，反而会导致公司法的权威受到影响，因此，立法在其董事会的活动方式上留有必要的空间。因而，让公司的股东通过章程予以规定，不仅是必要的，而且还会起到培养股东的权利意识和规则意识的效用。

股份有限公司董事会决议的形成，根据我国《公司法》第 124 条、第 125 条的规定，主要应遵循以下规则：①董事会会议应有过半数的董事出席方可举行。②董事会作出决议，应当经全体董事的过半数通过。③董事会会议，应由董事本人出席；董事因故不能出席，可以书面委托其他董事代为出席，委托书中应载明授权范围。④董事会应当对会议所议事项的决定作成会议记录，出席会议的董事应当在会议记录上签名。

董事会会议记录具有重要的法律意义：首先，会议记录上董事的签名可以作为出席董事会的董事人数是否符合规定的证据。其次，股东有权查阅董事会会议记录，通过签名，能够使股东了解董事履行职务的情况。最后，董事要对董事会的决议承担责任。董事会的决议违反法律、行政法规或者公司章程、股东大会决议，致使公司遭受严重损失的，参与决议的董事对公司负赔偿责任。但经证明在表决时曾表明异议并记载于会议记录的，该董事可以免除责任。

第四节 监事会

一、监事会的概念及特征

监事会（Board of supervision）是指依法由股东和职工分别选举产生的监事组成的，对公司董事和高级管理人员的经营管理行为以及公司财务进行专门监督的常设机构。各国对监事会的称谓不尽相同，有监事会、监察委员会、监察人等多种称谓，但并无实质差异。

监事会主要有以下法律特征：

1. 监事会是公司法定的专门监督机构。监事会作为公司组织机构的重要组成部分，是行使公司监督职权的法定机构，主要对公司董事、高级管理人员的经营管理行为以及公司的财务行为进行监督。

2. 监事会由依法产生的监事组成。监事的产生必须符合法定程序，监事一般由股东选举产生，但也不排除国家法律规定其他选举途径。比如，我国《公司法》就规定了职工监事由公司职工代表民主选举产生。

3. 监事会独立行使监督职权。独立性是监事会行使职权的本质要求，也是监事会对公司经营管理和公司财务有效行使监督职权的重要保证。一般而言，监事会与董事会是独立并行的关系，其行使监督职权不受董事会的干涉。

4. 监事个人与监事会并行行使监督职权。这有别于董事会行使权力的方式，董事会作为决策机构，需要形成统一的意志，以会议体的形式存在并集体行使权力，采取的是少数服从多数的原则，董事个人无单独的经营决策权。而监事会的职责是尽量发现公司经营违法、违规或者违背股东利益的行为，故监事对公司业务以及财务资料均有个人监督检查权，可以不经集体决议而行使职权。所以，法律一方面允许监事会以决议方式集体行使职权，另一方面也允许监事个人单独行权，形成监事个人监督与监事会集体监督并行监督的格局。我国之前《公司法》规定的行使监督职能的主体就是监事会或者监事，而2023年《公司法》第121条增加了股份有限公司可以按照公司章程的规定在董事会中设置由董事组成的审计委员会，行使本法规定的监事会的职权，不设监事会或者监事。

二、监事会的设置

与公司的其他组织机构相比，各国或地区的公司法对监事会的规定差异最大，且因公司类型而异。监事会的设置起源于公司所有权和经营权的不断分离，作为公司所有人的股东由于不直接参与公司的经营管理，对其而言最重要的就是对公司的直接经营管理人进行监督，以敦促其忠实、勤勉地为公司和股东利益服务。但由于各国或地区立法背景的不同，各国或地区公司监督机关的设置模式也差异较大，总结起来主要有以下四种模式：

1. 单层制。英美法系国家多采取此种模式，即公司中不单独设立监督机构，由董事会行使监督职权，有的国家设立独立董事来加强此种监督的独立性。例如，在美国，其公司中就只设董事会而不设监事会。其公司治理结构中的内部监督机制主要体现在三个方面：①建立独立董事制度。②设立董事委员会，特别是由独立董事构成的董事会委员会，包括审计委员会、提名委员会、薪酬委员会等。③改进董事会及其委员会的领导机构。包括独立董事担任董事会主席，将董事会主席与CEO[1]分开，在CEO任董事会主席时，由独立董事共同指定一名独立董事为牵头董事等。

2. 双层制。这种模式的典型代表为德国。德国公司在董事会之上设立监事会，对董事会的经营管理活动进行监督，同时享有任命董事并决定其报酬、批准公司重大决策的权力。可见，德国的监事会并非一般意义上的监事会，而是有如上述美国的董事会，兼具决策和监督的双重职能。德国的监事会由股东大会和工会机构选举产生，再由监事会公开招聘管理委员会，又称为管理董事会，简称理事会。监事会代表股东监督理事会，理事会负责企业日常经营管理活动。德国监事会的另一大特点是重视职工在行使监督职能中的作用，德国监事会包括股东监事和职工监事。在人数众多、规模较大的公司，职工监事须占到监事人数的一半。

3. 单层制或双层制的自由选择模式。在法国，对于监事会的设置与否，公司可以自主选择。监事会并非法定必设机构，公司可在章程中选择规定设置或不设置监事会。即对于采用单层制或双层制，公司具有选择权。其单层制是指只设董事会不设监事会，多适用中小企业，董事会享有代表公司的最高权力，董事长为董事会的权力代表，对公司的内部监督亦由董事会兼任；其双层制是指公司同时设立董事会和监事会，此多适用于大型公司，公司内部的监督主要由监事会负责。但法国双层制下的监事会权力不如德国。此外，法国股份有限公司还设立了另一监督机关，称为审计员或称会计监察人，由一名或数名审计员对公司的财务会计进行审计监督。法国法所采取的由公司自由选择的机制，充分体现了对公司自治的尊重。

4. 并列制。日本、韩国、我国的公司法均采取此种模式，即在股东会之下设立平行的监事会和董事会，监事会负责董事会、高级管理人员的业务和财务监督。日本的公司监督机构称为监察人。其公司组织机构由股东会、董事会、监察人三者构成，但在2001年，日本首次以立法的形式引进类似美国的独立董事制度，而且，立法尊重企业经营的自主性和灵活性，并未采取强制性的统一要求，而是同时设置两套方案由公司自主选择：一是沿用监察人制度，仍由3人以上监察人组成监察人机构；二是允许公司以章程规定不设监察人机构，而在董事会之下分别设置由3人以上的董事组成的审计委员会、提名委员会及薪酬委员会。除普通监察人外，日本的监察制度中还有会计监

---

[1] CEO 的全称是 Chief Executive Officer，即中文"首席执行官"，是指在公司内享有最高执行权的高层管理人员。CEO 最早起源于美国，盛行于 20 世纪 80 年代，其主要职能是执行董事会通过的各项决议。目前，国际上的大公司已普遍设立 CEO，我国许多公司也仿效境外的做法设立了 CEO。目前，CEO 虽然在公司实践中已普遍存在，但它并非一个法律上的概念，而是公司治理与管理实务上的概念，故各国公司法很少对 CEO 作出规定，我国法律亦无关于 CEO 的明文规定。有关 CEO 的更多论述见本章第五节的相关内容。

察人。会计监察人也由股东大会选任。会计监察人的职权，一般仅限于监察财务会计文件和附属明细表。在与普通监察人的关系上，一般认为会计监察人的监察范围限定为会计的合法性，而具体业务监察则由普通监察人履行。我国台湾地区的"公司法"亦称公司监事为"监察人"。

我国监事会的设置模式基本采取了上述模式，即并列制。在股东会下设立监事会和董事会，并吸取德国的股东代表和职工代表参加的模式，即在监事会中引入职工监事，以加强监督效力。我国 2018 年《公司法》规定，有限责任公司经营规模较大的，设立监事会；人数较少或规模较小的可设 1～2 名监事。股份有限公司必须设置监事会，监事会为公司经营活动的监督机构。国有独资公司的监事会主要由国务院或者国务院授权的机构、部门委派的人员组成，并有公司职工代表参加。2023 年《公司法》对上述监事制度进行了一定程度的改革，关于普通公司和国有独资公司的监事制度，将分别安排在本节"三、监事会的组成"和本书第十一章部分论述。

从公司运营的实际效果看，监事会设与不设各有利弊。设置监事会可望有效制衡董事会，遏制其滥用职权，但容易导致公司内部机构臃肿、关系复杂，甚至还起不到监督的作用，而成为"聋子的耳朵"——摆设；不设置监事会，可以减少公司经营成本，但董事会若失去必要的制衡，容易导致权力滥用。近年来，各种公司治理模式之间开始出现相互借鉴的趋势。

三、监事会的组成

（一）监事会的组成人数

各国公司法一般对监事会组成人数的下限作出要求，对人数上限不作硬性规定，而由公司根据其自身的经营规模、业务类型和经营范围自主决定。我国 2018 年《公司法》第 51 条第 1 款规定，有限责任公司设立监事会，其成员不得少于 3 人。股东人数较少或规模较小的有限责任公司，可以设 1～2 名监事，不设监事会；该法第 117 条第 1 款规定，股份有限公司设监事会，其成员不得少于 3 人；该法第 70 条第 1 款则规定，国有独资公司监事会成员不得少于 5 人，其中职工代表的比例不得低于 1/3，具体比例由公司章程规定。2023 年《公司法》第 69 条、第 76 条、第 83 条对上述规定有限责任公司，第 121 条、第 130 条、第 133 条对上述股份有限公司设立监事会的规定，分别进行了修订。其主要内容如下：

监事会成员为 3 人以上。监事会成员应当包括股东代表和适当比例的公司职工代表，其中职工代表的比例不得低于 1/3，具体比例由公司章程规定。监事会中的职工代表由公司职工通过职工代表大会、职工大会或者其他形式民主选举产生。董事、高级管理人员不得兼任监事。

有限责任公司和股份有限公司可以按照公司章程的规定在董事会中设置由董事组成的审计委员会，行使本法规定的监事会的职权，不设监事会或者监事。公司董事会成员中的职工代表可以成为审计委员会成员。

规模较小或者股东人数较少的有限责任公司和股份有限公司，可以不设监事会，设一名监事，行使本法规定的监事会的职权。有限责任公司经全体股东一致同意，也可以不设监事。

（二）监事

监事会由依法产生的监事组成，现代公司的监事会中多吸收公司职工代表参加，称为职工监事制。我国就实行职工监事制，根据我国《公司法》第76条、第130条的规定，监事会应当包括股东代表和适当比例的公司职工代表，并且，无论是有限责任公司，还是股份有限公司，职工代表的比例均不得低于1/3，具体比例由公司章程规定。对于股东监事和职工监事，分别采取不同的选举方式，前者由股东会选举产生，后者由公司职工通过职工代表大会、职工大会或者其他形式民主选举产生。

关于监事的任期，各国公司法的规定不尽相同。对于监事任期长短的利弊，学者们也看法不一。一般而言，监事会的任期应当短于董事会的任期，这样有利于避免熟人效应，促进监督作用的发挥，但此种做法却不利于保证监督的专业性和持续性。根据我国《公司法》第77条的规定，监事的任期每届为3年。监事任期届满，连选可以连任。监事任期届满未及时改选，或者监事在任期内辞职导致监事会成员低于法定人数的，在改选出的监事就任前，原监事仍应当依照法律、行政法规和公司章程的规定，履行监事职务。

监事的任职资格及其选任、解任，以及监事对公司的义务和责任等方面与董事基本相似，故在此不加赘述。但需要强调的一点是，根据我国《公司法》规定，董事、高级管理人员不得兼任监事。

（三）监事会主席

监事会主席是监事会的负责人以及监事会会议的召集和主持人。根据我国《公司法》第76条和第130条的规定，监事会设主席一人，由全体监事过半数选举产生。监事会主席召集和主持监事会会议；监事会主席不能履行职务或者不履行职务的，由半数以上监事共同推举一名监事召集和主持监事会会议。另外，股份有限公司的监事会可以设副主席，在监事会主席不能履行或者不履行召集和主持监事会会议的职责时，由监事会副主席召集和主持。

四、监事会的职权

监事会作为公司的法定监督机关，其职权主要包括两个方面：一是对公司董事及高级管理人员的经营管理行为进行监督；二是对公司的财务状况进行监督。监事会的监督职权由《公司法》和公司章程进行规定。根据我国《公司法》第78条的规定，监事会行使下列职权：①检查公司财务；②对董事、高级管理人员执行公司职务的行为进行监督，对违反法律、行政法规、公司章程或者股东会决议的董事、高级管理人员提出解任的建议；③当董事、高级管理人员的行为损害公司的利益时，要求董事、高级管理人员予以纠正；④提议召开临时股东会会议，在董事会不履行《公司法》规定的召集和主持股东会会议职责时召集和主持股东会会议；⑤向股东会会议提出提案；⑥依法对董事、高级管理人员提起诉讼；⑦公司章程规定的其他职权。

值得注意的是，自我国《公司法》实施以来，我国监事会的监督职能效果差强人意，甚至存在形同虚设的状况。究其原因，主要有以下几点：①我国公司的股权结构过于集中，控股股东不仅控制了股东会、董事会，也控制了监事会，从而使监事会丧失了其独立性，也就丧失了监事会对董事、高级管理人员行使监督职权的基本前提。②我国《公司法》对监事会的监督职权的制度安排缺乏系统性和保障性，如监事会和经营管理层的信息不对称，监事会所得到的信息只能出自于经营管理层，甚至是经过筛选过后的信息，监事会也就无法有效监督。③体制上的原因。在国有公司，监事多由工会主席、党委副书记、纪委书记等人兼任，与董事长、总经理等监督对象存在党政职务上的上下级关系，使其在身份、利益关系上难以独立。正是基于这一原因，《公司法》第176条规定，国有独资公司在董事会中设置由董事组成的审计委员会行使本法规定的监事会职权的，不设监事会或者监事。在国有独资公司的实践中，监事会在几年前就事实上取消了。④专业素质的原因。多数监事不具备基本的财务、经营管理知识，在专业素质上无法胜任财务、业务监督工作。⑤必要的激励和约束机制的缺乏也在很大程度上导致监事会怠于行使其监督职权。

五、监事会会议的基本规则

（一）监事会会议的召集和主持

根据上面对"监事会主席"的讲述，监事会会议原则上由监事会主席召集和主持；在设立副主席的股份有限公司，在监事会主席不能履行职责或者不履行职责的情况下，则由监事会副主席负责召集和主持；在有限责任公司和未设副主席的股份有限公司，当监事会主席不能履行职责或者不履行职责时，则由半数以上监事共同推举一名监事召集和主持监事会会议。

根据《公司法》第81条第1款的规定，有限责任公司的监事会每年度至少召开一次会议，监事可以提议召开临时监事会会议。根据《公司法》第132条第1款的规定，股份有限公司的监事会每6个月至少召开一次会议。监事可以提议召开临时监事会会议。

（二）监事会决议的形成

监事会的议事方式和表决程序，除《公司法》另有规定的外，由公司章程规定。

监事会决议应当经半数以上监事通过。监事会通过决议的法定比率"半数以上"，应是公司全体监事的半数以上。监事会应当对所议事项的决定作成会议记录，出席会议的监事应当在会议记录上签名。会议记录可以作为监事出席监事会会议、为监事会决议承担责任的依据。

总体而言，我国《公司法》关于监事会的会议程序的规定比较原则，这是因为监事会与董事会同为委员会制的公司机构，它们的会议程序大体相通，所以《公司法》关于董事会会议程序的规定可以参照适用于监事会。当然，公司自身也可以通过公司章程对监事会的会议通知、议事方式、表决程序、监事会表决权的行使等各个环节参照董事会的相关规则作出具体规定。

六、监事会行使权力的法律保障

我国2005年对《公司法》的修订，在监事会部分作了较大的修订和充实，不仅细化与扩大了监事会的职权，而且对监事会行使监督职权提供了更加全面具体的法律保障，例如，赋予监事会的调查权、质询权或者建议权等，2023年《公司法》又进行了进一步的完善。具体内容如下：

1. 对董事会决议事项的质询和建议权。根据我国《公司法》第79条第1款和第131条第1款的规定，监事可以列席董事会会议，并对董事会决议事项提出质询或者建议。

2. 对公司异常经营情况的调查权。根据我国《公司法》第79条第2款和第131条第1款的规定，监事会、不设监事会的公司的监事发现公司经营情况异常，可以进行调查。这表明，监事不仅具有事后监督的职能，也具有了事中监督的权利。

3. 聘任会计师事务所协助其工作的权利。根据我国《公司法》第 79 条第 2 款和第 131 条第 1 款的规定，监事会在行使其对异常经营状况的调查权期间，可以聘请会计师事务所等协助其工作。

4. 明确监事会行使监督职权的经费来源。监事会没有参与公司经费分配的权利，故其在行使职权过程中便存在着经费无法解决的问题。根据我国《公司法》第 79 条、第 82 条、第 131 条的规定，监事会聘请会计师事务所等协助其工作时，费用由公司承担。监事会行使职权所必需的费用，由公司承担。这就为监事会行使监督职权提供了物质保障。

5.《公司法》第 80 条第 1 款规定，监事会可以要求董事、高级管理人员提交执行职务的报告。

6. 监事会行使监督职权的信息保障。根据《公司法》第 80 条第 2 款的规定，董事、高级管理人员应当如实向监事会提供有关情况和资料，不得妨碍监事会或者监事行使职权。依此法律规定，董事和高级管理人员负有向监事会提供其所需信息的义务，这是监事会有效行使监督职能的重要基础。

第五节 经理

一、经理的概念及法律地位

经理是指由董事会聘任的、负责组织日常经营管理活动的公司常设业务执行机关。在英美法系上，"经理"含义在判例法和成文法中具有一定差异。在英美判例法上，"经理"一词的用语为"Manager"，是指被授予一定的独立经营权，被委任为经营、管理或指导他人或公司及其分支机构事务的个人。按照英美法院的判例解释，"经理"这一称谓本身就隐含着总的权力和允许合理的干预，因而被称为"经理"的雇员有权控制雇主的营业和作出合理商业判断的行为。这一解释与大陆法系的规定十分接近。但在英美成文法上，"经理"一词往往被包含在"高级职员"（Officer）这一概念中。通常称之为公司的经理层或高级管理层（Top management），包括公司总经理（General manager）或者总裁（President）、副总经理或者副总裁、司库或者财务主管（Treasurer）、秘书（Secretary）以及其他管理人员。在实务中，有的将公司经理人区分为首席执行官（Chief executive officer/CEO）、首席运营官（Chief operation officer/COO）、首席财务官（Chief financial officer/CFO）、首席法律顾问（Chief legal officer/CLO）、首席技术官（Chief technology officer /CTO）、首席信息官（Chief information officer /CIO）等。在具体的公司立法上，由于传统公司法中规定的高级职员的称谓已远不能包罗现代公司的组织结构和人员编制，所以美国不少州（如特拉华州）的公司法已取消了有关高级职员的具体规定，允许公司在章程中自行规定高级职员的任何职务称谓。

目前绝大多数国家和地区的公司法，都将经理的设置及经理权的授予原则上纳入公司自治权范围。立法不作过度干预，一般都贯彻经理立法任意主义的精神。只有德国、法国等少数国家仍然规定，经理的设置为法律的强制性规定，经理为公司的必设机关。我国 1993 年《公司法》第 50 条第 1 款规定"有限责任公司设经理，由董事会聘任或者解聘"。2018 年《公司法》第 49 条则将此条修正为"有限责任公司可以设经理，由董事会决定聘任或者解聘"，2023 年《公司法》第 74 条第 1 款，对此未作改动，这也体现了在有限责任公司中经理设立的自主性。

与股东会、董事会、监事会不同，经理机关并非会议形式的机关，其行为不需要通过会议以多数原则形成意志和决议，而是以经理个人的商业判断为标准，其法律地位如下：

1. 经理属于公司的高级管理人员。根据我国《公司法》第 265 条第 1 项的规定，高级管理人员，是指公司的经理、副经理、财务负责人，上市公司董事会秘书和公司章程规定的其他人员。公司经理负责公司日常的经营管理活动，因而拥有实现有效管理所必要的权力。

2. 经理是公司的受托人和代理人。公司经理的产生不同于董事、监事的选举方式，而是由董事会聘任产生，因此，董事会和经理之间的关系通说为"委托—代理"关系。而且，根据我国《公司法》的规定，公司经理可以担任公司的法定代表人，对外代表公司行使经营管理的职权以及代表公司参加诉讼。

3. 经理是公司的执行辅助机关。公司经理由董事会聘任和解聘，其从属于董事会，具体的职权范围通常来自董事会的授权，因此为董事会的辅助机关，辅助董事会的业务执行。由此可见，经理的设置有无必要完全由公司视自身情况而由章程决定。根据我国《公司法》的规定，有限责任公司可设经理，也可不设经理，由公司自主决定，而股份有限公司则应该设置经理。[1]这与股份有限公司的规模和经营的复杂性不无关系。

二、经理的任职资格及其聘任与解聘

（一）经理的任职资格

经理的任职资格即被选聘为经理之人的条件。经理在很大程度上是公司日常经营的实际管理者，因此，其任职资格在公司运营中便显得十分重要。经理的任职资格包括两个方面：一是积极条件，即经理应该具备的各种能力和素质，主要包括道德素质、知识素质、管理能力素质，甚至还包括生理和心理素质等。这些素质主观性很强，主要通过考察其学历、履历、工作业绩、社会声誉等综合因素而加以判断。积极条件难有统一的客观标准，完全取决于公司的内部考查，因此法律一般不作强制性规定。二是消极条件，即被选聘为经理的人所不应有的情形，对此，我国《公司法》第 178 条规定了经理的消极方面的资格限制，其与董事、监事的消极任职条件是一致的。

（二）经理的聘任与解聘

作为董事会的辅助执行机关，经理的聘任与解聘都由董事会决定。董事会对经理进行监控最主要的手段即对经理的任免权及其报酬决定权。我国《公司法》第 74 条、第 126 条明确规定，公司经理由董事会决定聘任。第 127 条还规定，公司董事会可以决定由董事会成员兼任经理。董事会在聘任经理时，应从积极和消极两个方面对其进行全面综合的考察。只有选择那些德才兼备者，才能真正保证公司的稳定经营以及公司较强的竞争力。

---

[1] 我国《公司法》第 126 条第 1 款规定，股份有限公司设经理，由董事会决定聘任或者解聘。可见，其为强制性规范。

《公司法》第74条、第126条，在规定经理由董事会决定聘任的同时，还明确规定公司经理由董事会决定解聘，并无需说明理由（Without cause）。但应注意的是，在公司与经理签订有劳动合同的情况下，合同中可能设定对公司解聘权力予以限制的条款。如果存在着该条款，解聘经理则应当说明理由（With cause）。并且，如果是在其任职期限内解聘其职务的话，则可能要承担违约责任。

公司经理的任期也由董事会决定或者在公司章程中予以规定。

三、经理权与经理职权

（一）经理权的概念及其权力来源

经理权，是公司经理在法律、公司章程或契约规定的范围内执行受托事务所需要的一切权利。我国《公司法》没有确立经理权的概念，而是具体规定了经理的职权。经理权与经理职权是两个不同的概念，经理权是作为一个一般性、抽象化的概念，是基于经理这一职位而取得的所有必需的权利（力），包括在公司外部的代表权和公司内部的经营管理权。就其外部代表权而言，即便公司章程或股东会决议予以特别限制，也不得对抗第三人，其意义主要在于公司对外关系的调整。而我国《公司法》规定的经理职权是一个具体的概念，其内容虽涉及对外关系的调整，但主要是公司对内关系的调整。

关于经理权的权利（力）来源，学者们认为，大陆法系国家或地区的公司经理权的权限范围的确定有三种方式，即法定方式、意定方式和折中方式。[1]法定方式，是指由法律明确规定公司经理权的范围，如德国《商法典》即作此规定。意定方式，是指公司经理权的范围由公司以章程或契约的形式协商确定，如我国台湾地区"公司法"第31条第1款规定："公司经理人之职权，除章程规定外，并得依契约之订定。"折中方式，是指通过法定和意定两种方式来确定公司经理权的范围，即既有法律规定的内容，又有协商确定的因素。如法国《商事公司法》第124条第1款规定："经理拥有在任何情况下以公司名义进行活动的最广泛权力。公司经理在公司宗旨范围内行使其权力，但法律明确赋予监事会和股东大会的权力除外。"该法第117条同时规定："董事会和董事长协商确定授予总经理权力的范围和期限。"

综合以上观点，可见，在大陆法系的国家和地区，总体上一方面将公司经理权作为一项法定权利加以规定，尤其是其在外部效力问题上的态度基本相同。即多数国家除将民法有关代理权的一般条款适用于经理权以外，多以商法、公司法等形式对经理权授予方式、权限范围、行使方式等问题作特别规定，使它带有浓厚的法定权利色彩；另一方面又明确规定或默认公司经理权应由公司通过章程或者契约具体规定，体现了公司在经理权的治理方面存有一定的自治空间。

而在英美法系的国家和地区，由于经理属于"高级职员"层级中不可分的一类，其独立个性与大陆法系的经理有一定的差异，并且，法律也未针对高级职员设置明确的权限，因而经理权概由章程细则或董事会决议确定。因此，在经理权的权利（力）来源上，英美法系主要由公司内部自行赋予，公司法只从维护交易安全的目的出发设立相应的限制规范。

---

〔1〕 范健、王建文：《公司法》，法律出版社2006年版，第348页。

（二）经理权的内容及我国《公司法》规定的经理职权

在大陆法系中，公司经理权主要表现为两大权能，即对外的代表权能和内部的管理权能。各国和地区民商法多明确限定经理权的对外效力范围，而从公司内部的管理权能来看，经理权又属于一种职责和义务，不能放弃也不能转让，公司经理与受其管理的人之间存在着上下级的管理与被管理的服从关系，又具有某些公权的特点和性质，因而在对内关系中具有"职权"的性质。所以，从这个角度来看，经理权又等同于经理职权。对公司经理权的具体授权范围和限制范围，各国和地区大多放权给公司章程或由契约加以规定。实践中，经理的职权范围主要包括：执行董事会确定的经营方针；招聘或解聘公司的职员；对外代表公司签订合同；负责管理公司的日常事务等。但各国和地区大多规定，对公司经理权的限制不得对抗善意第三人。比如，我国台湾地区"公司法"在其总则中就规定："公司不得以其所加于经理人职权之限制，对抗善意第三人。"[1]

我国 2018 年《公司法》列举了经理职权。我国 2018 年《公司法》第 49 条和第 113 条规定，经理对董事会负责，享有下列职权：①主持公司的生产经营管理工作，组织实施董事会决议；②组织实施公司年度经营计划和投资方案；③拟订公司内部管理机构设置方案；④拟订公司的基本管理制度；⑤制定公司的具体规章；⑥提请聘任或者解聘公司副经理、财务负责人；⑦决定聘任或者解聘除应由董事会决定聘任或者解聘以外的负责管理人员；⑧董事会授予的其他职权。但公司章程对经理职权另有规定的，从其规定。经理列席董事会会议。2023 年《公司法》取消了对经理职权的列举式规定，在其第 74 条第 2 款仅规定，经理对董事会负责，根据公司章程的规定或者董事会的授权行使职权。这是因为，通过公司章程规定或者董事会授权完全能够实现旧法所列举的职权，不仅如此，同时还赋予了公司机关更大的意思自治权。

从上述规定可以看出，我国《公司法》主要规定了经理的内部管理权限，并未明确规定经理的对外代表权，而后者才是最应对其进行规范的方面。毕竟，经理的内部管理权不是法定的，而具有任意性和示范性，公司可以通过章程的规定进行限制或扩张。

四、CEO 与我国公司经理的比较及 CEO 与董事长的关系

职业经理人 CEO 制度于 20 世纪 90 年代被引入我国的一些大公司中，就公司内部关系而言，CEO 由公司董事会聘任或解聘，因而，公司与董事会是委托人，CEO 应该是公司与董事会的职业"代理人"。CEO 的权利和义务由公司章程及董事会授权书具体订立。CEO 对第三人的职务活动是以公司与董事会的名义进行的，在上述范围内的职务活动后果也由公司与董事会承担，因而其地位就是职业"代理人"。总体来看，CEO类似于我国公司的经理，但其还享有我国公司董事会与董事长的部分职权。

（一）CEO 与我国公司经理比较

从法律地位来看，CEO 与我国公司经理，均属于我国《公司法》第 265 条所界定

---

[1]　我国台湾地区"公司法"第 36 条。参见林纪东、郑玉波等编纂：《新编基本六法全书》，五南图书出版公司 2005 年版，第叁-9 页。

的公司高级管理人员。这二者的内涵既有联系，又有区别：

1. 二者在称谓和使用范围上存在一定的区别。首席执行官 CEO，其全称为 Chief Executive Officer，而我国公司的经理，其对应的英文称谓是 Manager。相对而言，CEO 一般适用于较大的尤其是公众公司；而经理"Manager"不论公司大小皆为适用。

2. 二者在聘任与解聘上具有一致性。CEO 不是选举产生的，而是由董事会聘任和解聘的。而我国《公司法》第74条、第126条也明确规定，公司经理由董事会决定聘任或者解聘。

3. 二者的权限范围大小不一。CEO 除具有我国公司经理的职权外，原属公司董事会的一些决策权，如制订公司的年度经营计划与财务预算方案等也让渡到 CEO 手中。可见，CEO 的权限范围略大于公司经理的权限范围。

（二）CEO 与公司董事长的关系

在美国，CEO 职权的扩张，导致了董事会职权发生相应的变动。相应地，董事会的权力代表——董事长的职权被 CEO 部分分离出去。董事长的主要职责是召集和主持董事会，确保董事会的顺利召开和董事会有效地履行其职责，即董事长负责公司的总体谋划和宏观管理；而 CEO 则由董事会任命，全面负责公司的日常决策和经营管理。

第六节 董事、监事、高级管理人员的义务与民事责任

一、董事、监事、高级管理人员义务与民事责任的理论基础

要了解董事、监事、高级管理人员[1]的义务与责任，应当从他们与公司之间的关系说起。虽然董事和监事在公司中行使的职权不一样，但理论上认为他们与公司之间关系的性质是一致的。

（一）英美法系关于"董监高"与公司关系的理论基础

英美公司法是一个由制定法、普通法和衡平法相互作用、相互融合并不断发展的复杂体系，因而"董监高"与公司的关系属于何种法律性质一直存在争论，大体经历了由信托关系说、代理关系说到特殊关系说的过程。[2]

1. 信托关系说。信托关系说起源于英国早期的合股公司（Joint stock company）。信托制度是依据衡平法上的信托方式而设立并不断发展完善的一种独特的财产法律制度。其基本原理是，委托人将财产权转移于受托人，受托人以财产所有人的身份以一定的方式为受益人利益管理和处分财产，并将财产收益交给委托人所指定的受益人。根据《中华人民共和国信托法》第2条的规定，信托是指"委托人基于对受托人的信任，将其财产权委托给受托人，由受托人按委托人的意愿以自己的名义，为受益人的利益或者特定目的，进行管理或者处分的行为"。在公司法律关系中，董事会或董事虽然并不以自己的名义经营公司财产，而是以公司的名义经营财产，但是，董事会或董事通常能够按照自己的意志管理和处分公司财产，因此，人们普遍接受董事会或董事是股东的受托人这一观点。依据信托原理，董事会或董事是公司的财产受托人（Trustees），而公司股

---

〔1〕 为方便起见，本书有时将"公司董事、监事、高级管理管理人员"简称为"董监高"，公司实践中也经常作此简称。

〔2〕 参见张开平：《英美公司董事法律制度研究》，法律出版社1998年版，第43页。

东则既是公司财产的委托人，又是公司财产的受益人（Beneficiary），公司本身的独立法律地位并不明确（在早期英国判例法上，法官们提及公司总是使用"they"而不是使用"it"）[1]。此时，董事会或董事作为受托人，其对公司财产享有法律上的所有权（Legal ownership），同时，担负相应的受托人义务。受托人的这一义务，通常称为"受托义务"，译自英文"fiduciary duties"[2]，其下又包括两种具体义务，即注意义务（Duties of care）和忠实义务（Duties of loyalty，勿与 royalty 混同）。英国法将信托义务分为普通法（Common Law）义务与衡平法（Equitable Rule）义务；普通法主要处理注意义务，衡平法主要处理忠实义务。而在美国法上则直接分为注意义务与忠实义务，其中特别之处在于美国实务上另以经营判断原则（Business judgment rule）作为判断注意义务的重要标准。

2. 代理关系说。代理关系说是建立在法人拟制说基础之上的。既然公司是一个拟制的主体，它本身也就毫无行为能力可言，公司只能通过董事会的行为才能与第三人建立法律关系，从而取得权利承担义务。由此董事、董事会也就自然地被视为公司的代理人。代理关系说在很大程度上克服了信托关系说的缺陷，特别是在董事行为的对外效果、董事对公司义务与代理人的行为以及代理人对本人所负担的义务上比较接近。[3]此说成为英美法系中解释董事与公司关系的又一有重要影响的学说。

3. 特殊关系说。这是当代英美公司法中具有代表性的学说，认为董事与公司和股东的关系是信托关系说和代理关系说都不能完美解释的一种特殊关系。董事由股东选任，而董事（会）则被赋予广泛的公司管理权限，这种管理权类似于代理权，但事实上这种权力已经是法定的权力，而且股东会对该权力的控制日益只体现在选举或者罢免董事上，而并不是如一般代理关系中本人对其代理人实施持续控制（Continuous control）。董事会的权限可以部分地下放给（Delegation）其下属的经理或者各个委员会而无需征得股东会的同意，此亦与代理权的下放规则不同。另外，现代公司董事会的权力还伴随着社会责任（Society responsibility accompanies power），这也是一般代理人的义务所不能够包容的。[4]特殊关系说反映出现代公司中的董事与公司之间的关系已经无法用单一类型的普通法或者衡平法的原则来解释。

（二）大陆法系关于"董监高"与公司关系的理论基础

大陆法系多数国家或地区的公司立法关于"董监高"与公司的关系多以"委托说"[5]为其理论基础，尤以日本及我国台湾地区为典型。此说认为，公司与董事之间系委托关系。对于"委托"的解释，日本《民法典》第三编"债权"中第二章"契

---

[1]　参见张开平：《英美公司董事法律制度研究》，法律出版社1998年版，第43页。

[2]　对于 fiduciary duties 这一术语的中文翻译主要有"受托义务""诚信义务""信义义务""受信义务"和"信托义务"等多种意译，本质上是一致的。只是称为"受托义务"更符合中国人的语言习惯，中国自古就有"受人之托，忠人之事"的说法。

[3]　参见张开平：《英美公司董事法律制度研究》，法律出版社1998年版，第44页。

[4]　参见张开平：《英美公司董事法律制度研究》，法律出版社1998年版，第46页。

[5]　也可称之为"委任说"，这主要是源自日本《民法典》《公司法》，以及我国台湾地区"民法典""公司法"的称谓。我国文献也有这种称谓，如范健、王建文：《公司法》，法律出版社2006年版，第351页；刘俊海：《股份有限公司股东权的保护》，法律出版社1997年版，第218页。但是，后书2004年修订本再版时，作者将"委任"改称为"委托"，见该书第426页。

约"之第十节，即第 643~656 条作了规定：所谓委任，即当事人约定一方委任他方处理事务，他方承诺处理的契约。委托处理事务的一方称为委任人。而处理事务的一方称为受托人。委托处理的事务称为委任事务，亦称作委任标的。就公司和董事的委托关系而言，委托人是公司，受托人是董事，委托标的是公司财产的管理与经营。这种委托关系与其他委托契约不同，它仅依股东会的选任决议和董事答应任职而成立。根据委托关系的法理，董事可因其受托取得对公司事务的经营决策和业务执行权。同时，根据日本《民法典》第 644 条的规定，董事作为受托人对于公司负有作为善良管理者的注意义务，即对公司的经营，包括事务的处理，应尽其最大注意义务。另外，日本《商法典》于 1950 年修改时，借鉴英美法系中董事与公司信义关系（Fiduciary relationship）的法理，于该法第 254 条之三增加规定，董事应对公司负忠实义务。日本法学界对于忠实义务与善管义务之间的相互关系观点不一。一般认为，忠实义务是对善管义务的具体化。

关于公司高级管理人员与公司的关系，日本《公司法》第 330 条明确规定，"股份公司与高级管理人员及会计监查人员之间的关系，遵从有关委任的规定"[1]。

再考察我国台湾地区，我国台湾地区"公司法"第 192 条规定："公司与董事间之关系，除本法另有规定外，依民法关于委任之规定。"[2]我国台湾地区"民法典"第 528 条规定："委任之定义：称委任者，谓当事人约定，一方委托他方处理事务，他方允为处理之契约。"[3]至于基于委任关系而产生的"董监高"的义务，我国台湾地区于 2001 年修订"公司法"时于该法第 23 条第 1 款正式引进了忠实义务，使之与原有的善良管理人的注意义务并列，形成公司负责人之受托义务。在大多数大陆法系国家和地区的公司法，注意义务和忠实义务主要源于民事法律，其他法定义务则主要源于公司法和其他有关法律。

另外，大陆法系国家中的德国，其立法则认为董事与公司之间是代理关系。德国《民法典》第 26 条第 2 款规定："董事会在诉讼上和诉讼外代表社团；其具有法定代理人的地位；其代表权的范围可以章程加以限制，此种限制对第三人有效"。董事与公司之间的关系完全适用民法中关于代理关系的规则，但与英美法系学者所持代理说不同，在德国法看来，代表法人进行活动的人或机构是法律所指定的法定的代理人，即法定代理人，其代理权产生于法律的规定。[4]

我国《公司法》对董事与公司间的关系没有明确性，学者对此也各有看法。在学理上，由于我国公司法学界受美国、日本及我国台湾地区学说的影响较深，往往以英美国家关于董事等的义务与责任规范与理论体系为准，阐述董事、监事和高级管理人员的义务与责任。在英美法系国家和地区，由于没有设立监事制度，其相当于监事的职能由独立董事承担，而经理作为董事会聘任的高级职员，也与董事一样同属公司高级职员的组成部分，当然应承担同样的义务与责任。在大陆法系国家，尽管"董监

〔1〕《日本公司法典》，崔延花译，中国政法大学出版社 2006 年版，第 157 页。

〔2〕参见林纪东、郑玉波等编纂：《新编基本六法全书》，五南图书出版公司 2005 年版，第叁–30 页。

〔3〕参见林纪东、郑玉波等编纂：《新编基本六法全书》，五南图书出版公司 2005 年版，第贰–159 页。

〔4〕范健、蒋大兴：《公司法论》（上卷），南京大学出版社 1997 年版，第 391 页。

高"的职权与地位差异较大，但其作为公司的经营管理人员，所应承担的义务与责任也基本相同。我国《公司法》第 179 条就明确规定："董事、监事、高级管理人员应当遵守法律、行政法规和公司章程。"第 180 条规定："董事、监事、高级管理人员对公司负有忠实义务，应当采取措施避免自身利益与公司利益冲突，不得利用职权牟取不正当利益。董事、监事、高级管理人员对公司负有勤勉义务，执行职务应当为公司的最大利益尽到管理者通常应有的合理注意。公司的控股股东、实际控制人不担任公司董事但实际执行公司事务的，适用前两款规定"。在这些义务中，董事、高级管理人员主要履行经营管理职能，故其义务基本相同；而监事由于主要履行监督职能，因而，较少存在董事、高级管理人员应当承担的义务。其中，忠实义务的承担以履行公司经营管理职权为前提，故该义务主要是针对董事、高级管理人员设置，监事承担该项义务的前提条件较少。《公司法》第 180 条第 1 款即属忠实义务，虽然，该条明确规定其为董事、监事、高级管理人员应当履行的义务，但是，作为监事在有些忠实义务方面是没有前提条件的。

二、"董监高"的勤勉义务

（一）勤勉义务的内涵

勤勉义务，在大陆法系通常以民法典规定，称之为"善良管理人的注意义务"，简称善管义务。在罗马法中被称为"善良家父"的义务。[1] 而在英美法系则称之为"注意义务"（Duty of care）、"勤勉注意和技能义务"（Duty of diligence care and skill）、"注意和技能义务"（Duty of care and skill）。善管义务要求经营权主体在作出经营决策时，其行为标准必须是以公司的利益为出发点，以适当的方式并尽合理的注意履行职责。即董事须以一个合理的谨慎的人在相似的情形下所应表现的谨慎、勤勉和技能履行其职责（the exercise of that degree of diligence, care and skill which ordinarily prudent person would exercise under similar circumstances in their personal business affairs），如果董事履行其职责时，没有尽到合理的谨慎、勤勉义务而给公司造成损失的，他应当对公司承担赔偿责任。

（二）勤勉义务的判断标准

董事的勤勉义务抽象而原则，因此，有必要对其作适度的界定，制定合适的判断标准。该标准如果放得过宽，则会虚化勤勉义务，反而不利于内心追求勤勉的董事进一步改善经营并提高经营水平的积极性，从而不利于公司和股东权益的保护。但是，董事勤勉义务的衡量标准也不宜定得过于严厉，因为市场风险千变万化，并且时时存在，不可能要求董事在经营过程中万无一失。所以，各国法律都相应规定了一些尽可能宽严适度的具体判断标准。

在英国的衡平法中，所谓"合理的注意"，通常采用三类判断标准：①对于不具有某种专业资格和经验的非执行董事，适用主观标准，即只有其尽了自己最大努力时方被视为履行了合理的注意；②对于具有某种专业资格和经验的非执行董事，适用客观标准，即只有其履行了具有同类专业水平或者经验的专业人员应履行的注意程度时，才被视为尽到了合理的注意；③对于执行董事，则适用更严格的推定知悉原则，不论

---

[1]　赵旭东主编：《公司法学》，高等教育出版社 2006 年版，第 410 页。

执行董事是否具有所受聘职务所应有的技能和知识，只有其履行了专业人员应履行的技能和注意程度，才被视为合理地履行了技能和注意。而在美国，各州公司法对董事的勤勉义务采取了较为一致的标准。美国《示范公司法》第8.30条规定，董事在履行职责时应当：①出于善意（In good faith）；②以一个处于相似情形下普通谨慎之人在类似情况下所应尽到的注意去履行职责（With the care an ordinarily prudent person in a like position would exercise under similar circumstances）；③依照他能合理地认为符合公司最大利益的方式履行其职责（In a manner he reasonably believes to be in the best interest of the corporation）。

大陆法系的国家和地区，亦试图制定有关董事对公司的勤勉义务的标准。比如，在德国，其《股份法》第93条规定，董事对其管理的公司事务，应尽"通常正直而又严谨的业务领导者的注意"；在日本，董事不论是否有报酬，均应对公司承担善良管理人的注意义务；在我国台湾地区，有报酬的董事，应对公司尽善良管理人的注意义务，无报酬的董事，则仅与处理自己事务负同一注意即可。

（三）勤勉义务责任的例外

1. 商业判断规则的概念。为了使勤勉义务不至于束缚住董事的手脚和创造力，各国在强调董事注意义务的同时，也设计出一些董事勤勉义务的责任例外规则或制度，最具代表性的就是商业判断规则。商业判断规则，又称经营判断规则（Business judgment rule，BJR），是指当董事会所作决策基于合理的信息并具有一定合理性时，即使该决策从公司的角度来看是错误的、有害的，也不能追究董事的责任。这是由美国法院创设而发展出来的、免除董事就合理经营失误承担责任的一项法律制度。

2. 商业判断规则成立的条件。商业判断规则具有较强的主观性和抽象性，在实践中不易把握，美国法学会（American Law Institute，以下简称ALI）《公司治理原则：分析与建议》第4.01条（c）给出了一个标准，该标准对公司实践和法官行使自由裁量权都具有十分重要的参考价值。其主要包括以下三项内容：

（1）董事和高管与所进行的商业决策事项不存在利害关系。商业判断规则要求董事、高级管理人员与所进行的商业决策事项不存在利害关系（Not interested in the subject of his business judgment）。如果董事、高级管理人员在作出一项商业决策时，与该项交易不存在利害关系，将得到商业判断规则的保护，而可能免除责任。因为在非利害关系交易中，董事、高级管理人员与公司利益不发生冲突，不太可能将自己利益置于公司利益之上，从而侵害公司利益。

（2）董事及高管知晓决策内容，并且决策适当。商业判断规则要求董事对所进行的商业决策充分了解，并合理地相信在该种情况下是适当的（Being informed with respect to the subject of his business judgment to the extent he reasonably believes to be appropriate under the circumstance）。法律允许董事在进行决策时依赖具体负责的公司经理及公司其他职能部门准备或者提供的信息、意见或者财务报告和其他财务数据。但是，这种依赖必须具有合理性。只有董事"合理地相信"提供材料的经理或者其他人员是"可信赖的并且是有能力的"（Reliable and competent），董事的这种信赖才具有合法性。只有董事在作出决策时，其所依赖的信息或意见是可信赖的和靠得住的，并且决策适当，他才可能受到商业判断规则的保护。

（3）董事及高管应当理性地相信其行为符合公司利益最大化。商业判断规则还要求董事理性地相信其商业决策符合公司的最佳利益（Rationally believes that his business judgment is in the best interest of the corporation）。在上述董事经营决策中使用的是"合理地相信"（Reasonably believe），而在董事行为是否符合公司利益最大化的问题上，则使用的是"理性地相信"（Rationally believe）。因为，"合理地相信"要求行为人在作出经营决策时必须进行必要的了解和调查，是人力所能为的；而"理性地相信"则只要求行为人在作出经营决策时运用本身所具有的知识、经验和技能进行理性判断即可，因为商场如战场，商情瞬息万变，一项决策的最终效果是否就一定符合公司利益最大化，这是人力所无法判断的。所以，在这里，商业判断规则有必要将"合理地相信"降低为"理性地相信"标准。

目前，在美国，商业判断规则不仅在法官判案中得到了广泛的运用，而且在公司运行的实践中也普遍使用。其运用从公司重组、股利的分配、选任董事等情形，扩展到公司收购、股东代表诉讼等领域。而这一制度所蕴含的促进公司治理结构的完善、保护经营者经营自主权、鼓励企业家的首创精神、保护公司经营效率等积极价值也日益受到应有的重视。因此，借鉴与吸收这一制度来完善我国公司立法和指导司法实践，具有十分重要的现实意义。

（四）我国"董监高"勤勉义务的立法

20世纪70年代末，我国开始步入改革开放的年代，随后国有企业进行公司制改革，即现代企业制度改革。由于体制不健全和法律不完善，许多公司仅仅只是将原国有企业的名称更改为公司，并未实现根本性的变革。在这些公司中，董事会成员多数为原国有企业的领导干部，不具备应有的业务经营素质，并且，主观上也缺少勤勉义务的意识，公司（企业）管理混乱的局面没有得到根本的改善。1992年，我国进入社会主义市场经济时期，国家制定了公司基本法，但是，1993年《公司法》并没有设立"董监高"的勤勉义务，公司实践中存在的"董监高"违反勤勉义务的行为，依然得不到法律的制约，无法可依。直到2005年《公司法》进行修订，才第一次有了"董监高"勤勉义务的规范，即2005年《公司法》第148条和第150条之规定，但十分不具体，过于原则。如其第150条规定："董事、监事、高级管理人员执行公司职务时违反法律、行政法规或者公司章程的规定，给公司造成损失的，应当承担赔偿责任。"此条原则性地确立了董事、监事、高级管理人员的勤勉义务。此规定与我国台湾地区"公司法"第23条第1款之规定[1]基本相同，均未就判断勤勉义务的标准作相应规定。如果法律对"董监高"勤勉义务的标准不作规定，则必然存在着法官因无法定标准可资参照而滥用自由裁量权的潜在危险。尤其是在我国，法官公司法案件审判素养的普遍提高还有待时日，因而，在《公司法》中明确"董监高"勤勉义务的标准显得十分亟需。因此，2023年《公司法》第180条第2款规定，董事、监事、高级管理人员对公司负有勤勉义务，执行职务应当为公司的最大利益尽到管理者通常应有的合理注意。

---

[1] 我国台湾地区"公司法"第23条第1款规定："公司负责人应忠实执行业务并尽善良管理人之注意义务，如有违反致公司受有损害者，负担损害赔偿责任。"参见林纪东、郑玉波等编纂：《新编基本六法全书》，五南图书出版公司2005年版，第叁-7页。

这次修订后，勤勉义务是在执行职务的过程中为公司的最大利益尽到管理者通常应有的合理注意。当然，管理者通常应有的合理注意依然比较抽象，依然有待于具体化或者细化。但是，相较于原法宣示性的"勤勉义务"要更有意义。

三、董事、高级管理人员的忠实义务

（一）忠实义务的内涵

忠实义务（Duty of loyalty），又称为忠诚义务、信义义务等，关于其含义，立法和学理上多有不同表述。如日本有学者认为，忠实义务即董事必须遵守法令、章程以及股东大会的规定和决议，忠实地为公司履行职责的义务。[1]日本《公司法》第355条规定："董事，须遵守法令以及公司章程及股东大会决议，并须为股份公司忠诚地履行其职务。"[2]我国2023年《公司法》第180条第1款规定："董事、监事、高级管理人员对公司负有忠实义务，应当采取措施避免自身利益与公司利益冲突，不得利用职权牟取不正当利益。"就本质而言，忠实义务是为董事、监事、高级管理人员设置的一条"道德标准"。这一义务的产生是基于董事、高级管理人员与公司之间的委任关系，同时也是民法的诚实信用原则在公司法领域中的具体表现。

一般认为，忠实义务是指董事、高级管理人员经营管理公司业务时，应当竭尽忠诚地为公司工作并诚实地履行职责，毫无保留地为公司利益最大化而努力工作，当自身利益与公司整体利益发生冲突时，应以公司利益为先。忠实义务的本质决定了其必然包括两项不可或缺的内容，即：①主观上，董事、高级管理人员应在法律、法规及公司章程允许的范围内，忠实于公司利益，始终以实现和维护公司利益为履行职务的出发点；②客观上，董事、高级管理人员在履行职务时，一旦个人利益与公司利益发生冲突时，必须优先考虑公司利益，不得利用在公司的职权、职位为自己或与自己有利害关系的第三人谋取不正当利益。忠实义务的核心是强调董事、高级管理人员等应当对公司满怀忠诚，始终把公司利益放在首位，不得为个人利益而牺牲公司利益或放弃公司的最佳利益而追求私利，可见，忠实义务带有浓厚的道德因素，可以认为，它是道德义务的法律化。

由此，我们也可以看出，勤勉义务与忠实义务的区别在于：勤勉义务主要是为了克服董事的懈怠和责任心不强；忠实义务则主要是为了克服董事、高级管理人员的自私和贪腐行为。董事、高级管理人员违反忠实义务主要表现在两个方面：一是利用优势地位和职权为自己谋利；二是将自身的利益置于公司和股东利益之上，当发生利益冲突时，为保全自身利益而牺牲公司和股东的利益。

（二）忠实义务的主要内容

无论各国对董事忠实义务的评判标准如何设定，总体上讲，董事、高级管理人员忠实义务的具体内容可以概括为以下几类：

1. 自我交易方面的义务。所谓自我交易（Self-dealing），是指董事自己或者与其有利害关系者与公司进行的以经济利益为内容的各种交易。董事等对外代表公司，如果董事自己与公司进行交易，就相当于民法中代理人同时代理双方当事人，当事人双方

〔1〕〔日〕龙田节编：《商法略说》，谢次昌译，甘肃人民出版社1985年版，第52页。
〔2〕《日本公司法典》，崔延花译，中国政法大学出版社2006年版，第168页。

利益存在对立和冲突。这时，公司中存在利益冲突交易（Conflict of interest transactions），董事、高级管理人员很容易将其个人私利凌驾于公司利益之上，若此，将构成违反忠实义务。

一般而言，构成自我交易应满足主客观两个要件：①客观要件，是指在与公司相关的某项交易中，董事对该项交易拥有自身的利益。②主观要件，是指进行交易的董事知晓该交易的真实情况。关于自我交易的适用情形，英美国家的立法较为详尽和完备。美国《示范公司法》第 8.60 条规定，对于一项和公司相关的交易，存在董事自身利益的情形包括：其一，董事或其"关联人"（Related person）是这一交易的当事人或者对该交易拥有实质上的财产利益。其中，"关联人"主要是指董事的配偶、父母、子女、孙子女、同胞兄弟姐妹，以及以上所述及之人作为受益人的信托组织和产业体等。其二，法律规定的"其他人"是该项交易的当事人或者与该交易有着实质的财产利益。这里所谓的"其他人"，是指董事在其中任职的某一实体，或者该董事的合伙人、委托人、雇主等。1985 年的英国《公司法》也是将董事的自我交易界定为董事自身及其相关联者与公司之间的交易。根据该法第 346 条第 2 款规定，与董事相关联的人包括董事的配偶、子女或继子女、董事参与投资的公司、以上述人为受益人的受信托人、董事或者上述人的合伙人。

传统公司法一般对董事、经理与公司之间的交易持绝对禁止的态度，但是，随着公司的大量发展，涉及董事自我交易的情形和数量也越来越多，人们逐渐意识到，董事自身利益的存在仅仅是一种客观的事实状态，其本身并不必然会损害公司利益，相反，在很多情况下还能够增加公司的交易机会，扩大公司营利渠道。并且，确有一部分交易与公司同其他人的交易相比，对公司更具效率和效益。所以，严格禁止这类交易，并不符合公司的最佳利益。于是从 19 世纪末开始，美国的法院判例逐渐改变传统的僵化立场，一些州的公司立法也相继对原有的规则作出修改，开始有条件地承认董事自我交易的法律效力。美国《示范公司法》对董事自我交易的规制在世界上具有很大影响，在其国内已被多个州采纳。该法第 8.61（b）条规定，董事的自我交易只要符合下列条件，即是合法有效的：其一，该交易取得非利害关系董事（会）的同意或批准（Approval by disinterested directors），即得到董事会有资格董事的多数肯定票或得到董事会的下属委员会中有资格董事的多数肯定票；其二，该交易获得了股东会的批准（Approval by the shareholders），即获得了有表决权的有资格股份的多数肯定票的支持；其三，根据交易当时的情形来判断，证明该交易对公司来说是公平的（Proof that the transaction is fair）。此外，英国、日本等许多国家和地区的公司法均作了关于有条件地承认董事自我交易法律效力的规定。

总之，现代各国公司法对董事进行的自我交易普遍持有条件的许可态度，即在通过某种程序批准之后，董事与公司之间的交易方为有效。这种批准程序主要有两方面的内容：一是董事须及时披露其在该交易中的利益性质；二是经过公司有权机关的批准，对于董事与公司的某些重大交易，则须经股东会批准。我国 2018 年《公司法》对董事的自我交易也不是采绝对禁止的态度，第 148 条第 1 款第 4 项规定，董事、高级管理人员不得"违反公司章程的规定或者未经股东会、股东大会同意，与本公司订立合同或者进行交易"。2023 年《公司法》第 182 条将上述内容修订为"董事、监事、高级管理人员，直接或者间接与本公司订立合同或者进行交易，应当就与订立合同或者进行交易有关的事项向董事会或者股东会报告，并按照公司章程的规定经董事会或者股东会决议通过。董事、监事、高级管理人员的近亲属，董事、监事、高级管理人员或者其近亲属直接或者间接控制的企业，以及与董事、监事、高级管理人员有其他关联关系的关联人，与公司订立合同或者进行交易，适用前款规定。"修订之后，将自我交易的主体不仅扩大到监事，而且还扩大到"董监高"的近亲属，及其近亲属直接或者间接控制的企业，以及与"董监高"有其他关联关系的关联人。这种主体范围的扩大符合我国公司运行的实际情况，即便不是诸如实际履行经营职责的监事，只要是公司高层及其关联人，均具有实际影响力，与其相关的自我交易就需要按照公司章程的规定经董事会或者股东会决议通过。

2. 关联交易方面的义务。

（1）关联交易的概念。公司的关联交易一般是指具有投资关系或合同关系的不同主体之间所进行的交易，又称为关联方交易。我国《公司法》第265条第4项对关联关系进行了界定，即"关联关系，是指公司控股股东、实际控制人、董事、监事、高级管理人员与其直接或者间接控制的企业之间的关系，以及可能导致公司利益转移的其他关系。但是，国家控股的企业之间不仅因为同受国家控股而具有关联关系"。从本质上看，关联交易也是一种带有利益冲突的自我交易。与自我交易相似，关联交易同样是无法避免的，因此，法律不能仅仅简单地加以禁止，而是要采取一定方法将其加以规范。尽管关联交易与自我交易的表现形式有所不同，但二者在本质上却具有相同的性质。因此，我国法律对于关联交易和自我交易在规范方面具有很大的相似性。

（2）法律对关联交易的调整。正常的关联交易，可以稳定公司业务、分散经营风险，有利于公司的发展。但是，在实践中常有控制公司利用与从属公司的关联关系和控制地位，迫使从属公司与自己或其他关联方从事非公平交易，损害从属公司和少数股东利益的现象。为此，各国公司法都对关联交易进行调整，以保护从属公司及少数股东的利益。我国的公司关联交易现象是随着经济的发展、公司规模逐渐扩大、公司内部结构逐渐复杂而逐步增多的；特别是在较大的公司和上市公司中，这一现象更多。一些公司的大股东、实际控制人和管理层通过与公司的关联交易，随意挪用公司资金，为自己或关联方提供担保，通过操纵交易条件等将公司的利润转移至关联方，严重损害了公司、少数股东和债权人的利益。为此，中国证监会、财政部门、税务部门从财政、税收、上市公司监管等方面对公司关联交易控制作了一些规定，但1993年《公司法》中没有相关内容。在修订《公司法》的过程中，有很多意见要求增加相关规定。考虑到关联交易的情况较为复杂，还需要在实践中进一步总结经验，因此，我国《公司法》只在第22条作了原则性规定，此外，《公司法》还在第139条对上市公司关联交易作了特别规定。[1]《公司法》第22条规定："公司的控股股东、实际控制人、董事、监事、高级管理人员不得利用关联关系损害公司利益。违反前款规定，给公司造

---

〔1〕 关于《公司法》第139条对上市公司关联交易特殊规定的论述，见第十一章第三节"上市公司的组织机构"中的"三、上市公司重大交易与关联交易决议的特别程序"的相关内容。

成损失的，应当承担赔偿责任。"这是公司法关于关联交易的一般性规定。由此条规定可知，我国法律对关联交易的态度并非是禁止关联交易本身，而是要求有关关联人不得利用关联关系损害公司利益。如果关联人利用关联关系损害了公司利益，则应承担损害赔偿责任。

3. 禁止篡夺公司机会的义务。公司机会（Corporate opportunities）是指董事、高级管理人员在执行公司职务过程中获得的并有义务向公司披露的与公司经营活动密切相关的各种商业机会。公司机会理论（Corporate opportunity doctrine），是英美法系公司法中的一个重要理论，其基本理念就是禁止公司董事、高级管理人员把本属于公司的商业机会转归自己利用而从中谋取利益。公司机会即公司获得财产的机会，"董监高"基于其在公司中的地位可以第一时间接触到大量的内幕信息，如果他们为了谋取私利而篡夺公司机会，就违反忠实义务。对于公司机会的认定，美国判例法上有三种界定标准：①公平或者固有公平标准（Fairness or intrinsic fairness test）。这是指对公司机会的判断可辅以公正、公平等道德尺度予以衡量。根据这一标准，如果公司董事、高级管理人员取得并利用该机会对公司是不公平的，该机会就应属于公司机会。根据公平标准来确定何种机会属于公司机会固然具有实质意义，但在司法实践中却难以把握。因此，在运用该标准时，需要根据具体情况考虑多种因素。②利益或者期待利益标准（Interests and expectancy test）。根据这一标准，如果公司对该机会具有利益或者期待利益，该机会就属于公司机会。由于利益或者期待利益标准的运用必须以现存的法律利益为基础，因此，这一标准显得较为狭小。该标准只能给予公司有限的保护。③经营范围标准（Line of business test）。按照这一标准，任何机会只要在公司的经营范围内都属于公司机会。这一标准产生于早期公司通常只有单一商业目标的年代。今天，公司一般都可以从事任何合法的商业活动，因此，这一标准又显得较为宽泛。

早期英美判例法基于"受托人不得利用其地位谋利"的理念，严格禁止董事利用公司的商业机会谋取私利。即使是公司无法利用的机会，对公司以外的人是开放的，唯有对公司董事封锁。事后发现，如同自我交易和竞业禁止的法律规制一样，过于严格保护公司机会可能出现的另一后果是造成社会效益和效率的损失，同时，也不利于满足董事个人的合理要求，从而会挫伤其经营积极性。自20世纪70年代开始，加拿大率先就董事利用公司机会的行为采取了宽容的态度。20世纪80年代以来，英国法院在一些判例中也一改以往严厉的态度。在美国，ALI制定的《公司治理原则：分析与建议》对董事利用公司机会的行为也进行了程序上的设计。按照该规定，对公司拒绝利用的商业机会，董事在履行一定程序后即可利用。《公司治理原则：分析与建议》第5.12（a）款规定，在下列情况下，即使属于公司机会，董事或者经理也可以加以利用（Justification for taking a corporate opportunity）：①该公司机会已首先向公司提供，并且就该公司机会和利益冲突的所有重要事实向决策者作了披露；②该商业机会已被公司拒绝（Corporate refusal/Corporate rejection），其拒绝方式满足下列要求：a. 无利害关系董事批准公司机会之拒绝时，董事们的行为符合商业判断准则；b. 由无利害关系股东批准或承认公司机会之拒绝时，此种拒绝没有构成公司资产浪费；c. 一项公司机会没有经过上述批准被拒绝，但董事有充分理由证明利用该项机会对公司是公正的。此外，按照《公司治理原则：分析与建议》的观点还有以下几种情形董事可以利用公司机会：

①公司不能（Corporate inability）。如果公司不能利用该机会，董事、高级管理人员则可以利用该机会。这里的"不能"（Inability）主要是指"财务不能"（Financial incapacity）。②善意并不与公司竞争（In good faith and not compete with corporate）。董事、高级管理人员在善意而且不与公司竞争的情况下可以从事与公司相似的业务。③第三方不愿意与公司做生意（Third party unwillingly to do business with the corporation）。在遇到这种情形时有两种做法：一种做法是，向公司说明后，获得该机会的董事、高级管理人员可以直接利用该机会。另一种做法是，获得该机会的管理人员应当将该机会向公司予以披露，使公司有机会说服第三方，否则，该董事、高级管理人员不得利用该机会。④越权或者其他法律不能（Ultra vires or other legal incapacity）。比如，在法律禁止银行兼营证券等情形下，尽管该机会属于公司，但由于受到法律禁止，所以个人可以利用该机会。

大陆法系传统公司立法及学理均未确立禁止篡夺公司机会的原则，但随着英美法系董事忠实义务被逐渐引入，在日本等国家和地区，已确立了该原则。我国2005年《公司法》采纳了法学界的主流意见，承认了禁止篡夺公司机会义务的独立形态地位，并将其与竞业禁止义务一同规定于第149条第1款第5项之中。但是，没有制定详细的程序性规则，仅规定，董事、高级管理人员不得"未经股东会或股东大会同意，利用职务便利为自己或者他人谋取属于公司的商业机会，自营或者为他人经营与所任职公司同类的业务"。2023年《公司法》第183~185条对上述"第148条第1款第5项"的内容进行了大幅度的扩充，制定了详细的程序性规则。具体内容如下：

（1）董事、监事、高级管理人员，不得利用职务便利为自己或者他人谋取属于公司的商业机会。但是，有下列情形之一的除外：①向董事会或者股东会报告，并按照公司章程的规定经董事会或者股东会决议通过；②根据法律、行政法规或者公司章程的规定，公司不能利用该商业机会。

（2）董事、监事、高级管理人员未向董事会或者股东会报告，并按照公司章程的规定经董事会或者股东会决议通过，不得自营或者为他人经营与其任职公司同类的业务。

（3）董事会对涉及公司商业机会的事项决议时，关联董事不得参与表决，其表决权不计入表决权总数。出席董事会会议的无关联关系董事人数不足3人的，应当将该事项提交股东会审议。

4. 同业竞争。同业竞争（Intra-industry competition）问题，是一个关于公司董事及高管是否可以自营或者为他人经营与所任职公司同类业务的问题。关于这一问题，不同的法律有着不同的态度。总体上，有三种做法，即竞业自由、竞业限制和竞业禁止。

（1）竞业自由。这是指法律不禁止公司董事及高管自营或者为他人经营与所任职公司同类的业务。持这种态度的法律认为，自由竞争是市场经济的基本要求，即使公司董事及高管自营或者为他人经营与所任职公司同类的业务也不构成对公司的不正当竞争。但是，允许公司章程设定限制性条件。

（2）竞业限制。这是指法律虽然不禁止公司董事及高管自营或者为他人经营与所任职公司同类的业务，但却设定了一定的限制条件。采取这种做法的法律认为，董事及高管的同业竞争行为是否构成对公司的不正当竞争取决于该行为是否违反了法律预先设定的条件。如果违反了法律预设的条件，就构成不正当竞争，反之，则不构成不正当竞争。构成不正当竞争的，公司可依法行使归入权，即将董事及高管的违法收益收归公司所有。

（3）竞业禁止。这是指法律禁止公司董事及高管自营或者为他人经营与所任职公司同类的业务。竞业禁止是大陆法系国家的传统规则，这一规则主要认为，公司董事及高管自营或者为他人经营与所任职公司同类的业务，会损害公司的利益，从而构成对公司的不正当竞争。但这种禁止规则的合理性，一直受到人们的质疑。一方面，学者们认为，禁止竞业固然是对董事及高管所任职公司的一种保护，另一方面，禁止竞业对公司董事及高管是否公平，对社会是否有益，以及与自由竞争政策和公共政策是否发生冲突等，均值得认真地推敲。

从辩证思维的角度来看，对同业竞争采取绝对放任和绝对禁止的态度都是不可取的。事实上许多国家的现代公司法，对同业竞争大都采取了相对禁止的态度。对此，我国也采取了相对禁止的态度，《公司法》第 184 条和第 185 条规定，董事、监事、高级管理人员未向董事会或者股东会报告，并按照公司章程的规定经董事会或者股东会决议通过，不得自营或者为他人经营与其任职公司同类的业务。同时要求，董事会对同类业务的事项决议时，关联董事不得参与表决，其表决权不计入表决权总数。出席董事会会议的无关联关系董事人数不足 3 人的，应当将该事项提交股东会审议。相对禁止的普遍做法是，设置竞业活动的批准程序，经过公司机关批准的竞业活动可以合法进行，而未经批准的竞业活动则不得进行。这种程序制度的具体内容包括：

第一，确定竞业活动的批准机关。日本《公司法》第 356 条规定，"董事，在下列场合，须在股东大会公开有关该交易的重要事实，并得到其承认：①董事要为自己或第三人进行属于股份公司事业同类的交易时；②董事要为自己或第三人与股份公司进行交易时；③股份公司为董事的债务提供担保及其他要与董事之外者进行股份公司和该董事之间利益相反的交易时"[1]。我国台湾地区"公司法"第 209 条第 1 款规定，"董事为自己或他人为属于公司营业范围内之行为，应对股东会说明其行为之重要内容，并取得其许可"[2]。德国《股份法》第 88 条第 1 款规定，董事在经监事会同意后可从事与任职公司同类的营业。由此可见，不同国家或地区批准董事从事竞业活动的公司机关是不相同的，有的是股东会，有的是监事会。2005 年我国《公司法》第 149 条第 1 款第 5 项的规定，董事、高级管理人员未经股东会或股东大会的同意，不得自营或者为他人经营与其任职公司同类的业务。可见，之前我国《公司法》规定的批准董事从事竞业活动的机关是股东会。2023 年《公司法》第 184 条和第 185 条对上述规定进行了修订，即批准董事从事竞业活动的机关不仅可以是股东会，为了提高公司决策效率，还可以是董事会。当然，在"出席董事会会议的无关联关系董事人数不足三人的，应当将该事项提交股东会审议。"另外，2023 年《公司法》还要求，"董监高"从事竞业活动应当向董事会或者股东会报告，这是该议案提交董事会或者股东会决议通过的前置程序。

---

[1]　《日本公司法典》，崔延花译，中国政法大学出版社 2006 年版，第 168 页。
[2]　林纪东、郑玉波等编纂：《新编基本六法全书》，五南图书出版公司 2005 年版，第叁－34 页。

第二，确立公司批准机关对董事、高级管理人员竞业活动的表决规则。股东会对董事从事竞业活动进行批准时，必须排除有利害关系股东的表决权，只能计算"有资格股份"的表决权数。所谓"有资格股份"，指不属于进行竞业活动的董事及与其有家属、金钱利益关系的人所持有或控制的那部分股份。此外，我国台湾地区"公司法"第 209 条规定，股东会对董事竞业活动进行审批的决议，应有代表已发行股份总数 2/3 以上股东的出席，以出席股东表决权过半数之同意行之。[1]我国《公司法》没有对股东会关于此类事项的表决规则作出明确规定，只是在第 185 条规定，关于此类事项的表决出席董事会会议的无关联关系董事人数不足 3 人的，应当将该事项提交股东会审议。

第三，公司董事、高级管理人员对竞业活动事项的说明。各国法律规定，董事在申请股东会或监事会批准时，应充分披露关于其竞业活动的重要事实。充分披露的程度应当以股东会或监事会能据此判断其竞业活动是否损害公司的利益为标准，比如，从事竞业活动的方式、交易的标的情况、交易的对方当事人、时间期限、地域范围等。

5. 忠实义务的其他情形。忠实义务的内容除以上四种典型情形外，还有其他许多非典型情形，对此，我国《公司法》还从其他几个方面规定了董事、高级管理人员对公司的忠实义务：

（1）不得挪用公司资金与不得将公司资金以其个人名义或者以其他个人名义开立账户存储。董事、高级管理人员享有公司事务管理权和公司业务执行权，如果该种权力被滥用就会损害公司利益。对此，我国《公司法》第 181 条第 1 项、第 2 项规定董事、监事、高级管理人员不得侵占公司财产、挪用公司资金，不得将公司资金以其个人名义或者以其他个人名义开立账户存储。首先，侵占公司财产、挪用公司资金，就是"董监高"利用分管、负责或者办理某项业务的权利或职权所形成的便利条件，将本单位财物非法占为己有，或者擅自将公司所有或公司有支配权的资金挪作他用，主要是为其个人使用或者为与其有利害关系的他人使用。这必然会损害公司利益，影响公司资金的正常使用，从而影响公司正常的投资经营活动，同时这种行为也给公司的经营带来了不可预测的风险，会对公司利益造成危害。其次，在公司与个人没有发生正常交易的情况下，将公司资金以个人名义存储，极易造成公司财产的流失。上述两种行为都是违反了董事、高级管理人员对公司的忠实义务，应当禁止。

当然，如果公司"董监高"利用职务上的便利，将本公司财物非法占为己有，数额较大的，则构成《中华人民共和国刑法》（以下简称《刑法》）第 271 条第 1 款规定的职务侵占罪。如果是国有公司的"董监高"有上述行为的，就构成《刑法》第 271 条第 2 款规定的贪污罪。同理，如果公司"董监高"利用职务上的便利，挪用本公司资金归个人使用或者借贷给他人，数额较大、超过 3 个月未还的，或者虽未超过 3 个月，但数额较大、进行营利活动的，或者进行非法活动的，就构成《刑法》第 272 条第 1 款规定的挪用资金罪。而如果是国有公司的"董监高"有上述行为的，则构成《刑法》第 272 条第 2 款规定的挪用公款罪。

（2）不得利用职权收受贿赂或者收受其他非法收入。我国《公司法》第 181 条第

---

〔1〕 林纪东、郑玉波等编纂：《新编基本六法全书》，五南图书出版公司 2005 年版，第叁－34 页。

3 项规定，董事、监事、高级管理人员不得"利用职权贿赂或者收受其他非法收入"。由于《公司法》181 条列举的 6 项禁止义务都是禁止"董监高"违反忠实义务的具体化，因此，第 3 项中的"利用职权贿赂"，应当为"利用职权收受贿赂"为妥，其实，2018 年的《公司法》的 147 条第 2 款，其表述就是"不得利用职权收受贿赂"，其意思一目了然。

关于收受其他非法收入，《公司法》第 181 条第 4 项还规定，董事、监事、高级管理人员不得接受他人与公司交易的佣金归为己有。"董监高"如果违反此种义务，为自己谋取利益，不管该利益的表现形式如何，不管是手续费、资格股、现金还是回扣、介绍费或物品，均应将其所得返还给公司。如果这些利益是基于贿赂之目的，在英美法系国家中，董事、高级管理人员仍应将其所得返还给公司，即便其未认识到该行为属于受贿亦然；而在大陆法系国家和我国，董事、监事、高级管理人员收受之贿赂应予以没收，归入国库。但贿赂之外的其他利益则应归公司所有。

（3）不得擅自披露公司秘密。《公司法》第 181 条第 5 项规定，公司董事、监事、高级管理人员不得擅自披露公司秘密。

由于公司董事、高级管理人员违反忠实义务的行为还可能表现为各种意想不到的情形，仅有《公司法》第 181 条的列举方式难以概括其全部，所以《公司法》第 181 条第 6 项规定，公司董事、高级管理人员不得有违反对公司忠实义务的其他行为。这里的"其他行为"，泛指董事、高级管理人员违反忠实义务的任何行为。作此概括或兜底性规定，用以穷尽规制公司实践中现实和未来可能发生的各类非忠实行为。

四、影子董事的忠实、勤勉义务

影子董事（Shadow director）这一概念源自英国公司法，在我国也有人称之为事实董事，是指这类董事在公司的日常经营管理中虽然不出面，但是，公司的董事们却往往按照其意思或者指示而行动，其对公司起着根本性决策的作用。在公司实践中，一些不具有董事资格或头衔却操纵着董事会的某控股股东、某实际控制人，为避免承担责任而拒绝担任名义上的董事，却在幕后持续地操纵着公司董事们的活动，只要他作出意思表示或发出指示，董事们就会听从并加以执行。

根据《公司法》第 180 条第 3 款规定的精神，公司的控股股东、实际控制人不担任公司董事但实际执行公司事务的，适用董事对公司负有忠实义务和勤勉义务的规定。这是专门针对控股股东和实际控制人充当"影子董事"的法律规制，有助于规范滥用控制权却逃脱监管的不当行为，从而增强公司治理的透明度。

另外，相对于上市公司而言，控股股东和实际控制人充当"影子董事"的情形更为复杂，2023 年修订《公司法》时新增第 140 条对上市公司的实际控制人和代持上市公司股票的相关问题进行了规制。

五、忠实、勤勉义务体现出的德才兼备理念

如前文所述，忠实义务是为董事、监事、高级管理人员设置的一条"道德标准"。同时也是民法的诚实信用原则在公司法领域中的具体表现。忠实义务带有浓厚的道德因素，它是道德义务的法律化。

《公司法》将勤勉义务界定为，"董监高"在执行职务的过程中为公司的利益最大化尽到管理者通常应有的合理注意。勤勉中的合理注意，不仅包含勤勉二字的文意外观，即做事勤奋踏实，更要求行为人有与其职务相匹配的注意能力或者发现问题的能力，该发现而未发现是一种失职，由此给公司造成严重后果或造成重大损失的，应当承担相应的法律责任。此时，本节前述"商业判断规则"免责的前提就不存在了，行为人理应为自己未尽到管理人合理注意义务而承担相应的法律责任。

可见，勤勉不仅是一种外观上的态度，更是一种内在的能力。这种能力，在人才学上叫才干或才能。如果公司高管才不配位，必然会给公司的发展造成消极影响，迟早会给公司的事业带来损害。在某种程度上，才不配位比德不配位的危害来得更快。

综上所述，公司法对"董监高"规定的忠实与勤勉义务，从人才的角度来看，就是要求公司高管德才兼备。

六、"董监高"的民事责任

追究"董监高"违反勤勉义务和忠实义务的民事责任，首先要把握责任的性质，在此基础上才能正确适用相应的法律规范，并考察其行为是否符合相应的责任构成要件，以及决定承担何种形式的法律责任。

（一）董事、监事、高级管理人员对公司承担的民事责任的性质

我国《民法典》将民事责任分为违约责任、缔约过失责任和侵权责任。由于勤勉义务是"董监高"必须谨慎、勤勉尽责的义务，因此，当"董监高"违反勤勉义务，未能尽力履行职责时，所产生的主要是违约责任。在"董监高"违反其对公司应负的忠实义务时，一方面，"董监高"违反忠实义务的行为实质上是违反其与公司之间委托合同的行为，因而其应当向公司承担违约责任；另一方面，"董监高"违反忠实义务的行为更侵害了公司的利益，此时"董监高"应向公司承担侵权责任。所以，虽然公司和"董监高"的关系是一种委托关系，但是"董监高"致公司以损害并不限于受托人不履行义务这一种行为，同时，"董监高"，尤其是其中的董事和高级管理人员，还会因其侵权行为给公司造成损害。这样，董事赔偿责任的单一性质就被多元性所代替了。这种观点无疑符合现行公司法实践的客观情况，有利于解决董事违反忠实义务后的法律责任承担问题。

确认"董监高"对公司责任的多元性，必然会产生违约责任与侵权责任竞合的问题。关于这两种责任的竞合，我国《民法典》第186条规定："因当事人一方的违约行为，损害对方人身权益、财产权益的，受损害方有权选择请求其承担违约责任或者侵权责任。"根据该条规定，我国法律承认责任竞合的客观存在，并赋予权利人以选择请求权。在"董监高"违反忠实义务的情况下，作为请求人的公司，根据案件的具体情况，可以以违反委托合同为由要求"董监高"承担违约责任，或者以侵犯财产权为由要求其承担侵权责任。

（二）"董监高"民事责任的构成要件

1. 主体及其免责。主体即实施了或将要实施违反勤勉义务或者忠实义务行为的"董监高"。如果"董监高"违反义务的行为是基于董事会或者监事会的决议时，参与决议的董事或监事与该责任人一道承担连带责任。但如果有关董事或者监事在对是否实施违法行为进行决议时明确提出了反对或保留意见，并记载于会议记录，则其对董事会或监事会作出的会议决议不承担责任。除此免责事由之外，纵观各国的公司立法，免责事由还包括：①"商事判断规则"。见本节前文的详述。②股东会的追认。英美公

司法规定董事的有些不当行为可以经股东会作出决议进行追认，以免除其责任，但是对董事的恶意行为则不能追认。③董事会赦免。这也是美国免除董事责任的重要方式，即董事会通过一定程序作出决议对某些董事的行为进行追认，董事责任即可免除。

2. 客观方面。客观方面即"董监高"实施了或将要实施违反法律或公司章程规定义务的行为。在这种前提下，公司或股东不仅有权对已经发生的行为提起诉讼，而且对尚未实施但有证据证明将要实施并且其实施将会给公司或股东利益造成损害的行为，公司或股东也有权要求其停止该行为。

3. 主观方面。主观方面即"董监高"实施行为必须具有过错。就"董监高"违反勤勉义务和忠实义务所承担的责任而言，既可能是违约责任，也可能是侵权责任，但它们均以公司遭受"董监高"行为之损害和其主观有过错为责任构成要件。随着经济复杂性和竞争的加剧，公司经营中的不确定因素不断增加，没有人能够保证在经营决策中永不失误，因此，为了不使对"董监高"苛责过严，以致窒息其积极性和创造力，各国公司法多规定"董监高"仅在主观上具有过错时才承担责任。主观是否有过错，应参考公司的商事性质、公司章程、公司的管理程序，"董监高"的人数以及"董监高"个人的经历、知识和经验等因素，一旦判定主观有过错，"董监高"应就其过错行为对公司、股东或第三人承担赔偿责任，其赔偿范围限于公司及上述人员因此所遭受的损害。

（三）"董监高"承担民事责任的方式

1. 宣告行为无效。美国公司法称之为"宣告"（Declaration），即当"董监高"违反法律或公司章程作出决议或者进行的行为，侵害了公司或股东的权利时，公司或者股东有权请求法院确认该行为无效。我国《公司法》第 25 条、第 26 条第 1 款规定，公司股东会、董事会的决议内容违反法律、行政法规的无效。公司股东会、董事会的会议召集程序、表决方式违反法律、行政法规或者公司章程，或者决议内容违反公司章程的，股东自决议作出之日起 60 日内，可以请求人民法院撤销。但是，股东会、董事会的会议召集程序或者表决方式仅有轻微瑕疵，对决议未产生实质影响的除外。依此规定，不仅董事等违反法律强制性规范作出的违背义务的行为应无效，而且即使董事的行为经过股东会或董事会的批准，但在内容和程序上有瑕疵，也有可能被法院撤销。但须注意，在董事违反竞业禁止义务和禁止篡夺公司机会义务的情形下，董事等应当承担赔偿损失等其他法律责任，但从保护善意第三人利益和维护交易秩序出发，不宜将董事从事的竞业行为和利用公司商业机会进行的交易行为一概宣告为无效。对此，《公司法》第 28 条第 2 款规定，股东会、董事会决议被人民法院宣告无效、撤销或者确认不成立的，公司根据该决议与善意相对人形成的民事法律关系不受影响。当然，如果董事事先与第三人恶意串通的，应为无效。

2. 停止侵害。美国公司法称之为"禁令"（Injunction），即在"董监高"进行或者将进行违法行为的情况下，法院根据权利人的申请，有权责令其停止该违法行为。我国 1993 年《公司法》第 111 条规定，股东大会、董事会的决议违反法律、行政法规，侵犯股东合法权益的，股东有权向人民法院提起要求停止该违法行为和侵害行为的诉讼。这是 1993 年《公司法》关于股东诉讼的唯一明文规定，虽然这一规定遭到了不少学者的批评，例如，"过于原则""可操作性不强"，或者"不科学""模糊"之类，但在客观上这一规定为司法介入股东大会会议或者对股东大会决议进行司法审查提供了依据。该条规定被修订后的《公司法》第 25 条和 26 条所替代。

3. 公司行使归入权。归入权（Returning right），是指"董监高"因违反忠实义务而取得的收益，应当归公司所有。公司行使归入权有两个基本前提条件：一是"董监高"有违反竞业禁止义务或者禁止篡夺公司机会义务的行为；二是行为人因违反上述义务而取得收益的客观事实。如果董事的行为虽违反了相关义务的规定，但没有取得收入，公司仍不能行使归入权。

对于归入权的性质，学界有以下三种不同的观点：

（1）请求权说。由于公司归入权的行使必须依赖违反相关义务的责任人履行责任义务才能实现，公司仅凭单方的意思表示并不能使"董监高"的不法利益从责任义务人的手里自然转移到公司，而是需要公司对其行使请求权。

（2）债权说。公司归入权是一种独立的法定之债，其行使期间应适用民法诉讼时效的规定。

（3）形成权说。多数学者持这种观点，该说认为公司归入权的行使，是对义务人的利益所有权的否定，属于使法律关系发生变更的形成权。其理由有三：①公司归入权并不以基础权利为前提。请求权是权利人得请求义务人为一定行为或不为一定行为的权利，它必须以一定的基础权利（即原权利）为前提。而公司归入权并不以"董监高"对公司违反法定义务所获得的利益拥有所有权为前提条件。②公司归入权能够通过公司的单方意思表示而行使，即公司归入权在公司作出利益归入的意思表示下即可行使，而不以公司"董监高"的作为或不作为为要件。③公司归入权改变了公司"董监高"的行为后果，即其不法行为获利的后果归为公司所有。

大多数国家和地区的公司立法规定了公司行使归入权的决议机关。如德国规定，公司行使归入权时由监事会作出决议。此外，许多国家和地区还规定了公司行使归入权的期限。如德国法律规定，公司归入权自公司其他董事会成员和监事会成员得知产生归入权的行为那一刻起 3 个月后失效，如果不考虑得知的时间，该请求则自提出之日起经过 1 年后自行消灭。我国台湾地区的"公司法"第 209 条第 5 款则规定，公司归入权自所得产生后逾 1 年者，即行消灭。[1]

根据我国《公司法》的规定，"董监高"有其他违反忠实义务的行为，如接受他人与公司交易的佣金归为己有、擅自披露公司秘密等，且获取收入的，公司亦可行使归入权。[2]

4. 返还财产。如果公司财产被"董监高"挪为本人或第三人使用，则其负有返还公司财产的责任。如果董事、经理等违反忠实义务与公司之间发生的各类交易往来被认定为无效，则接受公司财产的董事、经理及其利害关系人等负有向公司返还财产的责任。

5. 赔偿损失。如果"董监高"的违法或不当行为给公司或股东造成了损害，则其

---

〔1〕 参见林纪东、郑玉波等编纂：《新编基本六法全书》，五南图书出版公司 2005 年版，第叁－34 页。

〔2〕 参见《公司法》第 186 条的规定：董事、监事、高级管理人员违反本法第 181 条至第 184 条规定所得的收入应当归公司所有。

应该对公司或股东进行赔偿。我国《公司法》第188条规定："董事、监事、高级管理人员执行职务违反法律、行政法规或者公司章程的规定，给公司造成损失的，应当承担赔偿责任。"在赔偿范围上，限于直接损失，一般不主张可得利益部分的赔偿，否则，在实践中将产生诸多问题，也会因为难以操作而给司法裁判带来诸多不便。

（四）追究民事责任的诉讼

追究"董监高"违反勤勉义务和忠实义务民事责任的诉讼包括公司或股东的直接诉讼和股东的代表诉讼。我国《公司法》对直接诉讼和间接诉讼都作了较为全面的规定。[1]

---

〔1〕　详见本书第九章第二节关于"股权的司法救济"部分。

第十一章

国家出资公司组织机构

【本章导读】深化国有企业改革、完善中国特色现代企业制度，是这次修订公司法的主要目的之一。2023 年《公司法》在 2018 年《公司法》关于国有独资公司专节的基础上，设"国家出资公司组织机构的特别规定"专章，将适用范围由国有独资有限责任公司，扩大到国有独资、国有控股的有限责任公司和股份有限公司。规定国家出资公司中中国共产党的组织，按照党章的规定发挥领导作用，研究讨论公司重大经营管理事项，支持公司的组织机构依法行使职权。要求国有独资公司董事会成员中外部董事应当过半数，避免公司内部人控制。规定国有独资公司在董事会中设置由董事组成的审计委员会行使监事会职权的，不设监事会或者监事。增加国家出资公司应当依法建立健全内部监督管理和风险控制制度的规定。本章学习的重点是掌握国家出资公司中不同类型公司组织机构的运行机理，尤其是，对国有独资公司组织机构运行的机理的把握。难点是把握中国共产党的组织在国家出资公司中如何发挥作用。

第一节 国家出资公司组织机构概述

一、国家出资公司的概念和特征

（一）国家出资公司的概念

根据《公司法》第 168 条第 2 款的规定，国家出资公司，是指国家出资的国有独资公司、国有资本控股公司，包括国家出资的有限责任公司、股份有限公司。这是对国家出资公司法律含义的界定，它明确了国家出资公司的范围。根据《中华人民共和国企业国有资产法》（以下简称《企业国有资产法》）第 5 条的规定，国家出资企业，是指国家出资的国有独资企业、国有独资公司，以及国有资本控股公司、国有资本参股公司。可见，《公司法》所称国家出资公司不包含国有资本参股公司。因此，国有资本参股公司尚不适用《公司法》第七章的"特别规定"，但是应当适用公司法其他有关规定。

（二）国家出资公司的特征

国家出资公司的基本特征如下：

1. 国家出资公司包括两类公司、三种形式。两类公司是指，国有独资公司和国有资本控股公司；三种形式是指，国有独资公司、国有资本控股的有限责任公司和国有资本控股的股份有限公司。

在国家出资公司中，国有独资公司股东只有一人，并且只能是国家，由国务院或地方人民政府享有出资人权益、履行出资人职责或者可以授权国有资产监督管理机构或者其他部门、机构代为履行出资人职责。国有资本控股公司是指在公司全部资本中，国有资本股本占较高比例，并由国家实际控制的公司。国有资本控股分为绝对控股和相对控股。绝对控股指国有资本比例不低于 50%；相对控股是指国有资本比例不足50%，但高于其他经济成分或通过协议安排而拥有实际控制权。

我国国有企业分类推进改革，不同类型的国有企业对国有资本持股比例要求不同。比如，2015 年公布的《关于国有企业功能界定与分类的指导意见》将国有企业划分为商业类和公益类。其中，主业处于关系国家安全、国民经济命脉的重要行业和关键领域、主要承担重大专项任务的商业类国有企业，要以保障国家安全和国民经济运行为目标，重点发展前瞻性战略性产业，保持国有资本控股地位，支持非国有资本参股。对处于自然垄断行业又需要实行国有全资的商业类国有企业要积极引入其他国有资本实行股权多元化。公益类国有企业以保障民生、服务社会、提供公共产品和服务为主要目标，可以采取国有独资形式，具备条件的也可以推行投资主体多元化，还可以通过购买服务、特许经营、委托代理等方式，鼓励非国有企业参与经营。

另外，2023 年《公司法》规定国家出资公司的组织机构应当符合本章的特殊规定，如果本章没有规定的，应当符合本法第三章或第五章关于有限责任公司或股份有限公司组织机构的一般规定。

2. 国务院或者地方人民政府分别代表国家依法履行出资人职责，享有出资人权益。根据《公司法》第 169 条的规定，国家出资公司，由国务院或者地方人民政府分别代表国家依法履行出资人职责，享有出资人权益。国务院或者地方人民政府可以授权国有资产监督管理机构或者其他部门、机构代表本级人民政府对国家出资公司履行出资人职责。代表本级人民政府履行出资人职责的机构、部门，统称为履行出资人职责的机构。换言之，国务院或者地方人民政府不亲自履行出资人职责的时候，可以授权给履行出资人职责的机构代为履职。

3. 党组织在国家出资公司中发挥领导作用。相对于一般公司而言，根据《公司法》第 18 条的规定，在公司中，根据中国共产党章程的规定，设立中国共产党的组织，开展党的活动。公司应当为党组织的活动提供必要条件。而在国家出资公司中，则要求党组发挥领导作用，研究讨论公司重大经营管理事项，支持公司的组织机构依法行使职权。这次公司法修订，将坚持党对国家出资企业的领导进一步上升到法律高度。

二、国家出资公司履行出资人职责的机构

（一）国务院或者地方人民政府是国家出资公司的出资人

根据《公司法》第 169 条第 1 款的规定，国务院或者地方人民政府履行出资人职责，享有出资人权利，因此，国务院及地方人民政府是国家出资公司的出资人。出资人是指国有资产最终所有权人的实际权力行使人，也是国家出资公司的出资股东。[1]这与《企业国有资产法》的相关规定进行了一定程度的协调与衔接，该法第 4 条第 2款规定，国务院确定的关系国民经济命脉和国家安全的大型国家出资企业，重要基础设施和重要自然资源等领域的国家出资企业，由国务院代表国家履行出资人职责。其他的国家出资企业，由地方人民政府代表国家履行出资人职责。

（二）被授权履行出资人职责的机构

国有资产监督管理机构一直以来都可以基于国务院或地方人民政府的授权，代表国家对国家出资公司履行出资人职责。除国有资产监督管理机构之外，国务院和地方

---

〔1〕　李曙光等：《国有资产法律保护机制研究》，经济科学出版社 2015 年版，第 30 页。

人民政府还可以根据需要授权其他部门、机构履行出资人职责，其与国有资产监督管理机构统称为履行出资人职责的机构。比如，《国有金融资本出资人职责暂行规定》授权财政部门对国有金融资本集中统一履行国有金融资本出资人职责。

履行出资人职责的机构虽然不是出资人，但是，其可以依法享有资产收益、参与重大决策和任免管理者等权利，可以制定或者参与制定国家出资企业的章程。同时，履行出资人职责的机构对本级人民政府负责，并向出资人报告履行职责的情况。对于法律、行政法规和本级人民政府规定须经本级人民政府批准的履行出资人职责的重大事项，履行出资人职责的机构应当报请本级人民政府批准。

（三）正确处理出资人与被授权机构之间的关系

作为出资人的国务院和地方人民政府应当遵循政企分开的原则，履行出资人职责的机构则应当区分社会公共管理职能与出资人的职能，国家出资公司享有依法自主经营的权利。无论是出资人还是履行出资人职责的机构，都不能干预国家出资公司依法自主生产经营。简言之，出资人和履行出资人职责的机构不是作为政府的监督管理部门对公司进行监管，而是因为履行了出资人的职责，以公司股东的身份对公司进行监督。

另外，股东权和管理权要区分开来，股东权不能超越管理权，避免对国家出资公司的过度干预。从宏观角度出发，应解决好政府与公司的边界问题；从微观角度出发，则应当建立现代公司内部治理机制，完善公司组织制度、管理制度和激励机制，从根本上改善国家出资公司的经营。

三、国家出资公司中党的领导作用

国家出资公司在市场经济中往往会作为政府干预经济、弥补市场失灵的一种重要手段，其不仅仅追求经济利益，更兼顾着政治目标和社会公益属性。[1] 因此，国家出资公司的组织机构和内部治理与其他普通公司相比有许多特别规定，其中最具特色的就是在国家出资公司中建立党组织，并按照党章的规定发挥领导作用。

《公司法》第 170 条，从法律层面确定了国家出资公司党组织的建立。并且确定了党组织享有参与研究讨论公司重大经营管理事项，支持公司组织机构依法行使职权的法定权利。党组织应当参与公司决策、执行、监督各个环节的工作，成为公司治理的有机组成部分。具体的工作方式和要求则应当根据股权结构和经营管理的实际情况并充分听取其他股东的意见，将其写入公司章程。另外，根据《公司法》第 18 条的规定，在开展党组织活动时，公司应当为其提供必要条件。

值得关注的是，2020 年公布的《国有企业公司章程制定管理办法》第 9 条规定，党组织研究讨论是董事会、经理层决策重大问题的前置程序。在国有独资公司的实践中均在遵循上述规定。但是，《公司法》第 170 条并未明确组织研究讨论是董事会、经理层决策重大问题的前置程序。那么，如果董事会、经理层决策重大问题时未经党组织讨论的前置程序是否会存在效力瑕疵从而影响交易，值得进一步研究。

---

〔1〕 李昌庚：《国有企业法研究——深化国有企业改革若干法律问题透视》，中国政法大学出版社 2021 年版，第 16 页。

四、国家出资公司内部监督和风险控制

强化内部控制和合规管理体制是完善国家出资公司治理结构，国有企业改革的一贯要求，为此，我国出台了一系列规范性文件，代表性的有：《中央企业合规管理指引（试行）》（2018 年）、《关于加强中央企业内部控制体系建设与监督工作的实施意见》（2019 年）及各省市地方国资部门出台的相关规范指引。在法律层面，《企业国有资产法》第 17 条第 2 款规定："国家出资企业应当依法建立和完善法人治理结构，建立健全内部监督管理和风险控制制度。"《公司法》结合上述法律和规范性文件，在其第 177 条规定，国家出资公司应当依法建立健全内部监督管理和风险控制制度，加强内部合规管理。具体解读如下：

1. 内部监管和风险控制。内部监管和风险控制是指由公司内部董事会、监事会、高级管理人员和全体员工实施的，旨在合理保证公司经营管理合法合规、国有资产保值增值、财务报告及相关信息真实完整、预防和应对各类风险、提高公司经营效率和效果的过程。具体来说，国家出资公司应当建立健全内控体系，进一步提升管控效能；强化内控体系执行，提高重大风险防控能力；加强信息化管控，强化内控体系刚性约束；加大企业监督评价力度，促进内控体系持续优化；加强出资人监督，全面提升内控体系有效性。

2. 内部合规管理。内部合规管理是指以有效防控合规风险为目的，以企业和员工经营管理行为为对象，开展包括制度制定、风险识别、合规审查、风险应对、责任追究、考核评价、合规培训等有组织、有计划的管理活动。国家出资公司具有加强公司内部合规管理的义务，加强形成国企合规管理意识，打造合规国企，这也是持续优化营商环境、激发市场创新活力的需要。

第二节　国有独资公司的组织机构

一、国有独资公司的概念和特征

（一）国有独资公司的概念

国有独资公司，是指国家单独出资、由国务院或者地方人民政府授权本级人民政府国有资产监督管理机构履行出资人职责的有限责任公司。这是对国有独资公司法律含义的界定，它不仅明确了国有独资公司的范围，而且强调了国有资产监督管理机构作为国有独资公司唯一股东的排他性地位。

1993 年《公司法》关于国有独资公司的规定，对国有企业改革起到了积极推动作用，2005 年《公司法》修订以后保留了国有独资公司一节的规定，同时根据我国国有企业改革和国有资产监督管理体制改革的成果，对 1993 年《公司法》关于国有独资公司的有关规定进行了修改完善，以继续为国有企业改革的不断深入提供制度支持。2023 年《公司法》列专章对包括国有独资公司在内的国家出资公司进行了系统性规范。

国有独资公司采取有限责任公司的形式，原则上适用《公司法》关于有限责任公司的一般性规定。但由于其具有独资的特点，即全部资本为国有资产，同时在设立、内部治理结构和监管等方面都区别于一般的有限责任公司，因此，在某些方面还需要作出特别规定。按照《公司法》第 168 条第 1 款的规定，国有独资公司的组织机构，

适用《公司法》第七章国家出资公司组织机构特别规定；第七章没有规定的，适用《公司法》其他规定。这是对国有独资公司组织机构法律适用的衔接性规定。这样规定一方面突出了对国家出资公司的特别规定，另一方面也较好地解决了立法技术上的问题，避免了不必要的内容重复。

（二）国有独资公司的特征

国有独资公司的主要特征有：

1. 国有独资公司为有限责任公司。国有独资公司是有限责任公司的一种，它不是独立于有限责任公司形态的一种新的公司形态。国有独资公司适用有限责任公司的一般原则，如公司财产与股东财产相分离的原则、有限责任原则等。

2. 国有独资公司股东的唯一性。国有独资公司虽属于有限责任公司，但它与一般的有限责任公司不同。最根本的区别就在于，国有独资公司仅有一个股东。所以，国有独资公司在性质上属于一人公司。

3. 国有独资公司股东的法定性。国有独资公司的股东只能是国家，只能由国家单独出资设立，具体则由国务院或者地方人民政府委托本级人民政府国有资产监督管理机构履行出资人职责，即由国有资产监督管理机构代行股东权利。

4. 国有独资公司社会责任与政治责任的双重性。国有独资公司除承担比一般公司更重大的社会责任外，还独特地承担着政治责任，从这个角度来讲，国有独资公司具有责任的双重性。公司社会责任本书前面已经探讨过了，在此不再赘述。国有独资公司的政治责任取决于此类公司设立的目的，主要涉及国家安全的行业，自然垄断的行业，提供重要公共产品的行业。[1] 比如，本书作者曾经担任外部董事所在的北京房地集团有限公司，其设立的目的就是"为中央国家机关用房服务，为国资国企调整改革服务，为首都市民安居服务，为维护古都风貌服务"[2]。其中，中央国家机关用房的建设与维修涉及高度的政治保密性和政治安全性，建筑的核心部分只能由国有独资公司进行建设，在完成此项工程的过程中该公司担负着重要的政治责任。

（三）国有独资公司与一人公司的比较

国有独资公司与一人公司相比，有以下联系和区别：

1. 二者的联系：①二者都是有限责任公司，具有法人资格，股东以其全部出资承担有限责任，公司以其全部资本对外承担责任；②二者都只有一名股东，二者组织结构上均与一般有限责任公司不同，不设股东会。

2. 国有独资公司与一人公司的区别：①股东身份不同。个人独资公司的股东可以是自然人或法人，而国有独资公司的股东只能是国家，且是由国家授权的资产管理部门代为行使股东权。②限制性不同。对个人独资公司的限制主要是防止其股东信用危机，因此规定了股东不能证明公司财产独立于股东自己的财产的，应当对公司债务承担连带责任。对国有独资公司的限制主要是防止管理层滥用管理权，因此规定了公司分立、解散等重大事项需要由国有资产管理部门决定；国有独资公司的董事长、副董

---

〔1〕 引自《中共中央关于国有企业改革和发展若干重大问题的决定》（1999 年 9 月 22 日中国共产党第十五届中央委员会第四次全体会议通过）。

〔2〕 参见北京房地集团有限责任公司官网，载 http://www.bjfdjt.com.cn/，最后访问日期：2015 年 2 月 1 日。

事长、董事、高级管理人员，未经国有资产监督管理机构同意，不得在其他有限责任公司、股份有限公司或者其他经济组织兼职。

二、国有独资公司组织机构的特别规定

现代公司治理制度的核心内容是股东会、董事会、监事会的三权分立与制衡，而国有独资公司作为一种特殊的有限责任公司，在公司治理机制上有着自己的独特特征：①国有独资公司存在产权主体缺位的问题。虽有国有资产监督管理机构履行出资人的义务，但国有资产监督管理机构并非是真正的产权主体。②国有独资公司的投资主体具有单一性，因而无法像一般公司那样建立起三权制衡的公司治理结构，公司经营所需的独立性与出资人监督难以有效协调。这些特点决定了典型的法人治理结构不能发挥作用，因此，必须在考虑国有独资公司特性的基础上，建立起适合国有独资公司的特殊治理机制与法律规则。依据《公司法》的规定，国有独资公司组织机构法律制度的基本结构是：由国务院或者地方人民政府授权本级人民政府国有资产监督管理机构、董事会、经理、审计委员会分别行使国有独资公司的决策权、经营管理权、业务执行权和监督权。

（一）国有独资公司的权力机构

国有独资公司不设股东会，由国有资产监督管理机构行使股东会职权。由于国有资产监督管理机构是国有独资公司的唯一股东，从而在国有独资公司中无需设立股东会的，而由国有资产监督管理机构作为最高权力机构，行使一般有限公司中股东会的职权。与一般有限公司中股东会不同的是，国有资产监督管理机构可依法授权公司董事会行使股东会的部分职权，决定公司的重大事项。依照《公司法》第 172 条的规定，国有独资公司不设股东会，由履行出资人职责的机构行使股东会职权。履行出资人职责的机构可以授权公司董事会行使股东会的部分职权，但公司章程的制定和修改，公司的合并、分立、解散、申请破产，增加或者减少注册资本，分配利润，应当由履行出资人职责的机构决定。国有独资公司中这种特有的股东与董事会职权的划分，较好地解决了国家与国有独资公司的关系，既能有效维护国家作为股东在公司中的最高权力机关的地位，又能最大限度地强化董事会的职权，发挥企业管理者的积极性，以实现国有资产的投资目的。

（二）国有独资公司的执行机构

我国《公司法》第 173 条规定，国有独资公司设董事会，依照《公司法》第 67 条和第 172 条的规定行使职权。国有独资公司的董事会成员中，应当过半数为外部董事，并应当有公司职工代表。董事会成员由履行出资人职责的机构委派；但是，董事会成员中的职工代表由公司职工代表大会选举产生。董事会设董事长一人，可以设副董事长。董事长、副董事长由履行出资人职责的机构从董事会成员中指定。董事会是国有独资公司的常设经营管理机构，而且是必设机关。国有独资公司的董事会成员由两部分人组成：一是由股东委派，即由国有资产监督管理机构按照董事会的任期委派或者更换；二是由公司职工民主选举产生，一般由国有独资公司职工代表大会选举产生，这是国有独资公司董事会组成的一个特点。

国有独资公司董事会的职权范围，除了公司法规定的有关有限责任公司董事会的所有职权外，还包括经国有资产监督管理机构授予的股东会的部分职权。

国有独资公司设经理，由董事会聘任或者解聘。根据《公司法》第 174 条第 2 款的规定，经履行出资人职责的机构同意，董事会成员可以兼任经理。经理依照《公司法》第 74 条关于有限责任公司经理职权的规定行使职权。国有独资公司经理的职权与一般有限责任公司的经理相同。

与一般有限公司不同的是，国有独资公司的负责人实行专任制度，根据《公司法》第 175 条的规定："国有独资公司的董事、高级管理人员，未经履行出资人职责的机构同意，不得在其他有限责任公司、股份有限公司或者其他经济组织兼职"。国有独资公司的董事长、副董事长、董事、高级管理人员，既有对公司投资人尽忠实服务的义务，又有为国有资产的运营尽勤勉注意的义务。所以，必须专人专职、固定岗位、明确职责、忠于职守。同时，按照《公司法》第 175 条的规定，只要经过国有资产监督管理机构的同意，国有独资公司的董事、高级管理人员也可以兼职。从实际情况看，国有独资公司往往根据需要设立子公司或者分公司，包括与其他经济组织共同投资设立公司。因此，国有独资公司作为法人股东需要委派代表作为董事或经理进入被投资公司。另外，国有资产监督管理机构也可能设立几个国有独资公司或其他企业，出资人根据需要，可以允许国有独资公司的董事或经理同时担任几个关联企业的董事或经理。当然，这种情况下，兼职者也应履行在一般经济组织中所普遍遵守的竞业禁止义务，即他们不能同时在两个或两个以上存在竞争关系的经营机构兼职，以免相互发生利益冲突。总之，《公司法》第 175 条的规定既确立了不得兼职的原则，又允许特殊情况下的例外。

（三）国有独资公司的监督机构

国有独资公司的监督机构，有一个逐步完善的过程。这主要体现在我国国有独资公司监事会制度从无到有，又被取消，而被 2023 年《公司法》规定的审计委员会所取代的过程。

1. 在我国，作为国有独资公司监督机构的监事会制度，有一个从无到有的发展和完善过程：

（1）1993 年《公司法》未对国有独资公司设立专门的监督机构。该法第 67 条规定，国家授权投资的机构或者部门依照法律、行政法规的规定，对国有独资公司的国有资产实施监督管理，当时《公司法》未对国有独资公司设立专门的监督机构。1999 年《公司法》修正时，在该条中明确规定国有独资公司设监事会，并规定监事会主要由国务院或者国务院授权的机构、部门委派的人员组成，且应有公司职工代表参加，监事会的成员不得少于 3 人。监事会行使公司法规定的职权和国务院规定的其他职权，监事列席董事会会议，董事、经理及财务负责人不得兼任监事。

（2）2005 年修订的《公司法》对国有独资公司中的监事会制度作了进一步的完善。2005 年《公司法》第 71 条第 1 款、第 2 款规定，国有独资公司监事会成员不得少于 5 人，其中职工代表的比例不得低于 1/3，具体比例由公司章程规定。监事会成员由国有资产监督管理机构委派；但是，监事会中的职工代表由公司职工代表大会选举产生。监事会主席由国有资产监督管理机构从监事会成员中指定。

（3）相关法规的完善。1994 年 7 月 24 日国务院公布《国有企业财产监督管理条例》，该条例于 2000 年被国务院公布的《国有企业监事会暂行条例》所取代。《国有企业监事会暂行条例》适用于包括国有独资公司在内的国有重点大型企业和地方国有重点企业。根据《国有企业监事会暂行条例》的规定，国有重点大型企业监事会由国务院派出，对国务院负责，代表国家对国有重点大型企业的国有资产保值增值状况实施监督。国务院派出监事会的企业名单，由国有企业监事会管理机构提出建议，报国务院决定。对国务院不派出监事会的国有企业包括国有独资公司，由省、自治区、直辖市人民政府参照该条例的规定，决定派出监事会。国务院向国有重点金融机构派出监事会，适用《国有重点金融机构监事会暂行条例》。

2. 国有独资公司监事会的特点及其职权。将国有独资公司的监事会与一般有限公司的监事会相比较，可以看出国有独资公司监事会的特点：一般有限责任公司的监事会由股东代表和公司职工代表组成，股东代表由股东会选举产生，职工代表由公司职工民主选举产生，监事会是公司的内部机构。而国有独资公司监事会成员中的股东代表主要由国有资产监督管理机构委派。监事会与国有独资公司的股东（即国有资产监督管理机构）一样，是公司的外部机构，是一项监督公司财产保值增值的措施。

国有独资公司监事会成员不得少于 5 人，其中职工代表的比例不得低于 1/3，具体比例由公司章程规定。监事会成员由国有资产监督管理机构委派，但是，监事会成员中的职工代表由公司职工代表大会选举产生。监事会主席由国有资产监督管理机构从监事会成员中指定。

国有独资公司监事会行使 2005 年《公司法》第 54 条第 1～3 项规定的职权，[1]其具体内容是：①检查公司财务；②对董事、高级管理人员执行公司职务的行为进行监督，对违反法律、行政法规、公司章程或者股东会决议的董事、高级管理人员提出罢免的建议；③当董事、高级管理人员的行为损害公司的利益时，要求董事、高级管理人员予以纠正。同时，监事会还行使国务院规定的其他职权。

3. 如上所述，监事会与国有独资公司的股东（即国有资产监督管理机构）一样，是公司的外部机构，是一项监督公司财产保值增值的措施。经过多年的实践证明，这种外部监督有如隔靴搔痒，未能起到有效的内部监督作用，形同虚设，而外部监督有政府的审计部门。因此，2023 年《公司法》第 176 条规定，国有独资公司在董事会中设置由董事组成的审计委员会行使本法规定的监事会职权的，不设监事会或者监事。

国有独资公司的审计委员会具有普通公司审计委员会的一般职权，根据《上市公司治理准则》第 39 条，审计委员会的主要职责包括：①监督及评估外部审计工作，提议聘请或者更换外部审计机构；②监督及评估内部审计工作，负责内部审计与外部审计的协调；③审核公司的财务信息及其披露；④监督及评估公司的内部控制；⑤负责法律法规、公司章程和董事会授权的其他事项。需要强调的是，因为国有独资公司性质特殊，其审计委员会还有监督国有资产保值增值、资产运营情况的

---

[1] 根据《国有企业监事会暂行条例》第 5 条的规定，国有企业监事会履行下列职责：①检查企业贯彻执行有关法律、行政法规和规章制度的情况；②检查企业财务，查阅企业的财务会计资料及与企业经营管理活动有关的其他资料，验证企业财务会计报告的真实性、合法性；③检查企业的经营效益、利润分配、国有资产保值增值、资产运营等情况；④检查企业负责人的经营行为，并对其经营管理业绩进行评价，提出奖惩、任免建议。

职责。公司章程可以根据实际需要规定审计委员会的其他职权。

三、国有独资公司外部董事制度

国有独资公司外部董事制度终于在我国 2023 年的《公司法》中得以确立，这项制度是在国有独资公司的运行实践中产生的，现在条件成熟了纳入到公司法当中十分必要。

（一）国有独资公司外部董事制度产生的历史背景

1. 相关文件的产生。在我国，最早规范国有独资公司外部董事的规范性文件是 2004 年 6 月 7 日国务院国有资产监督管理委员会（以下简称国资委）发布的《国务院国有资产监督管理委员会关于国有独资公司董事会建设的指导意见（试行）》（以下简称"指导意见"）。当时国资委为指导大型中央企业开展国有独资公司建立和完善董事会试点工作，加强董事会建设，依据《公司法》《企业国有资产监督管理暂行条例》等法律法规而提出指导性意见，在该"指导意见"的第二部分"董事及外部董事制度"具体规范了外部董事。同年，国资委根据上述"指导意见"专门针对外部董事问题出台《国有独资公司董事会试点企业外部董事管理办法（试行）》，该办法对外部董事的来源、任职条件、选聘程序、职责、权利义务、评价方式以及报酬等都作出了详尽的规定。为进一步加强董事会试点中央企业外部董事队伍建设，促进董事会规范有效运作，2009 年 3 月 20 日和 10 月 13 日国资委分别公布《董事会试点中央企业董事会规范运作暂行办法》《董事会试点中央企业专职外部董事管理办法（试行）》，使外部董事制度进一步建立和完善。与此同时，各地方根据上述文件，结合本地实际也纷纷制定地方性规范文件。

2. 制度实践。在上述文件产生的同时，中央和地方的国有独资公司董事会中逐渐建立起外部董事制度。2004 年 6 月，宝钢集团、神华集团、中国高新投资集团、诚通集团、国药集团、国旅集团和中国铁通集团等 7 家公司被国资委列入第一批董事会制度试点名单，并试行外部董事制度。2005 年 4 月，国务院提出了关于深化经济体制改革的意见，明确要求要"以建立健全国有大型公司董事会为重点，抓紧健全法人治理结构、外部董事和派出监事会制度"。2005 年 6 月，国资委决定将试点企业从原先 7 家扩展到 11 家。[1] 2005 年 10 月 17 日，国务院向宝钢集团有限公司 5 位外部董事颁发聘书，至此，宝钢集团有限公司董事会成为中央企业中第一家外部董事全部到位的董事会。国资委表示，建立健全外部董事制度是国有独资公司进行董事会试点的一项重要措施，也是与过去董事会最大的不同。除少数军工企业外，绝大部分中央企业都应该建立董事会制度，并由外部董事占多数，这将使董事会成员和经理层没有太大的关联，从而保证董事会决策的独立性和公正性。建立外部董事制度力图在以下五个方面发挥作用：①避免董事与经理人员高度重合，真正实现决策权与执行权的分权制衡，保证董事会能够作出独立于经理层的判断与选择；②确保由董事会挑选、考核、奖惩在董事会兼职的经理人员，避免非外部董事尤其是其中的执行董事自己挑选、考核、奖惩自己；③外部董事不

---

〔1〕 国有独资公司建立和完善董事会试点企业共有 11 家，在原有 7 家的基础上增加了中国冶金建设集团公司、中国房地产开发集团公司、中国农业发展集团总公司、新兴铸管集团有限公司。资料来源：国资委网站，http://www.sasae.gov.cn，2005 年 6 月 19 日。

负责企业的执行性事务，这个角色有利于外部董事更好地代表出资人的利益；④在企业的风险管理、内部审计、税后利润分配等方面，有利于发挥外部董事所具有的独立性作用；⑤通过选聘具有高水准的专业人士担任外部董事，能够为董事会带来更加丰富的专业知识和来自企业外部的专业经验。[1]至今，除央企建立起外部董事制度，各地方国有独资公司也建立了相应的外部董事制度。

（二）国有独资公司的外部董事的概念与制度框架

1. 外部董事的概念。外部董事指由非本公司员工的外部人员担任的董事。外部董事不在公司担任除董事和董事会专门委员会有关职务外的其他职务，不负责执行层的事务。外部董事有专职与兼职之分。前者是指专门在若干户中央企业担任外部董事职务的为专职外部董事；后者是指除外部董事职务外，在中央企业或其他单位还担任其他职务的为兼职外部董事，该单位应出具同意其兼任外部董事职务并在工作时间上予以支持的有效文件。外部董事本人应保证有足够的时间和精力履行该职务。

2. 外部董事的制度框架。国有独资公司外部董事制度框架的基本内容如下：

（1）独立性。外部董事与其担任董事的公司不应存在任何可能影响其公正履行外部董事职务的关系。本人及其直系亲属近两年内未曾在公司和公司的全资、控股子企业任职，未曾从事与公司有关的商业活动，不持有公司所投资企业的股权，不在与公司同行业的企业或与公司有业务关系的单位兼职等。

（2）选拔条件与任职培训。国资委选聘外部董事，可以特别邀请国内外知名专家、学者、企业家；外部董事应是公司主营业务投资、企业经营管理、财务会计、金融、法律、人力资源管理等某一方面的专家或具有实践经验的人士。初次任职年龄一般不超过55周岁，年满70周岁不再续聘。可以从中央企业有关人员中挑选；可以面向社会公开选聘。逐步建立外部董事人才库制度，向全社会、国内外公开信息，自愿申请入库，经审核符合条件的予以入库，国资委从人才库中选聘外部董事。除特别邀请的外部董事外，外部董事任职前需参加国资委或国资委委托有关单位举办的任职培训。

（3）薪酬待遇。确定外部董事的薪酬应充分考虑其担任的职务和承担的责任。外部董事薪酬由国资委确定，原来由所任职公司支付，现改为国资委支付，从而使外部董事更加独立于所在公司。此外，外部董事在履行职务时的出差、办公等有关待遇比照本公司非外部董事待遇执行。除此以外，外部董事不得在公司获得任何形式的其他收入或福利。

（4）任期与解聘。专职外部董事在董事会试点企业任职实行任期制，在同一企业任职时间最长不超过6年。除专职外部董事外，外部董事任期结束后不再续聘的为自动解聘，国资委不承担为其另行安排职务的义务。

（三）国有独资公司的外部董事与独立董事的区别

有关独立董事制度，本章第八节将进行专题讨论，在此仅将其与国有独资公司外部董事的主要区别进行如下概括：

1. 独立董事制度存在于股份有限公司，尤其是上市公司之中，而外部董事存在于国有独资公司之中。而且《公司法》第173条第2款要求，国有独资公司的董事会成

---

[1]　齐中熙、李荣：《为何需要建立健全外部董事制度》，载 http://news3.xinhuanet.com，2006年3月19日。

员中，应当过半数为外部董事。

2. 独立董事在董事会中主要代表中小股东的利益，扼制大股东和公司经营管理层专权。外部董事则直接受股东（国资委）委派，目的在于制约非外部董事和公司经理可能发生的不当行为。

3. 独立董事来自公司自身的选择，不排除实际上是大股东或者实际控制人的安排。而外部董事来自于国资委的选拔。

4. 独立董事的津贴由所在公司发给。而外部董事的津贴发放有一个变化，开始由国资委确定，由所在公司发放；现在改为国资委确定并发放，津贴的获取与所在公司没有瓜葛。

第三节 上市公司的组织机构[1]

一、上市公司的概念和特征

（一）上市公司的概念

我国《公司法》第 134 条规定，本法所称上市公司，是指其股票在证券交易所上市交易的股份有限公司。根据其股票是否可以在证券交易所上市交易，可将股份有限公司区分为上市公司与非上市公司。股份有限公司的股票可以公开进行交易，但公开交易并不都等于上市交易。公开交易具有各种不同的市场范围和交易方式，证券市场分为场内交易市场、场外交易市场等，在这些市场上交易的股票都是股份有限公司发行的股票，在这些市场上进行的交易都属于公开交易，只有股票在场内交易市场，即证券交易所上市交易的公司才属于上市公司。证券交易所是公开市场中的二级市场，是实行证券集中竞价交易的特殊市场，在证券交易所进行的交易又称为挂牌交易。

（二）上市公司的特征

上市公司具有如下法律特征：

1. 上市公司属于股份有限公司的一种形式。各国公司法均规定，只有股份有限公司享有股票上市交易的权利，其他任何类型的公司，包括有限公司等都不具有公开发行股票并使其股票上市交易的权利。同时，也并非所有股份有限公司发行的股票都上市交易，股票能够上市交易的只是股份有限公司中的一部分，因此，上市公司一定是股份有限公司，但股份有限公司并不一定都是上市公司。

2. 上市公司的股票上市必须符合法定条件并由证券交易所依法审核同意。由于上市公司存在着众多的公众股东，法律更加注重其交易安全。我国《公司法》规定股票上市须依照有关法律、行政法规及证券交易所交易规则。而《证券法》则对证券上市的条件和程序作了具体要求，上市的前提条件是股票须经国务院证券监督管理机构注册之后而公开发行，然后再向证券交易所提出申请，由证券交易所依法审核同意，并由双方签订上市协议等。

3. 上市公司的股票在证券交易所上市交易。

二、上市公司组织机构的特别规定

我国《公司法》有关上市公司组织机构的专门规定，主要是对上市公司的独立董

---

[1] 有关上市公司法律规制的系统性论述，详见李东方：《上市公司监管法论》，中国政法大学出版社 2013 年版。

事与董事会秘书的设置，而中国证监会 2018 年修订的《上市公司治理准则》和 2023 年《上市公司独立董事管理办法》对上市公司的董事会专门委员会的设立作了较为详细的规定。

（一）独立董事制度

1. 独立董事的概念及其特征。独立董事（Independent directors）是指不在公司担任除董事外的其他职务，并与其所受聘的公司及其主要股东不存在可能妨碍其进行客观判断的重要关系的董事。独立董事制度起源于英美法系，独立董事这一概念最早产生于美国，其在美国普通公司法上的正式法律术语称为"非利害关系董事"（Disinterested directors），主要适用于公司中"利益冲突交易"（Conflict-of-interest transactions）的情形。在美国法上，根据与公司及股东的利害关系，可以从多个角度对董事和独立董事进行分类：

（1）就与某一特定问题或者交易的关系而言，董事可区分为"利害关系董事"和"非利害关系董事"（Interested or disinterested directors）。现代公司法在许多问题的决策方面都要求利害关系董事回避，而由非利害关系董事作出决议。独立董事制度正是按照这种思维逻辑发展起来的。

（2）从董事会的构成来看，其成员可以分为"内部董事"（Inside directors）和"外部董事"（Outside directors）。内部董事指的是全职董事，这些董事由公司的内部人（Insiders）担任，包括股东以及管理人员。外部董事则是指不担任公司职务的董事，他们由外部人（Outsiders）担任。外部董事一般是其他公司的在任的 CEO 或者退休的 CEO，也可能是社会贤达，如律师、教授、银行家或者其他人。外部董事不一定就是独立董事，但独立董事则必须来自于外部董事。

（3）按照外部董事是否与公司存在关联关系，可将外部董事再区分为"关联外部董事"（Affiliated outside directors）和"非关联外部董事"（Unaffiliated outside directors）。关联外部董事是指与公司之间存在商业利益的外部董事，如本公司的投资顾问、财务顾问或者法律顾问等专业人员兼任公司董事。关联外部董事缺乏与公司利益的独立性。而非关联外部董事则是指与公司之间不存在商业利益的外部董事，这正是独立董事所必须具有的"独立性"的体现。独立董事是非关联外部董事。

从以上分类可以看出，关联外部董事和非关联外部董事均指外部董事，而利害关系董事和非利害关系董事则同时针对内部董事和外部董事。

（4）根据董事是否执行业务，可将董事区分为执行董事（Executive directors）与非执行董事（Nonexecutive directors）。执行董事又称为管理董事（Managing directors），非执行董事又称为非管理董事（Nonmanagering directors）。一般而言，内部董事是执行董事，外部董事是非执行董事。这间接地反映了独立董事主要以监督为其职能，而非以管理公司为其职能。独立董事是非执行董事。

从对独立董事概念的辨析可知，独立董事区别于其他董事的最根本的特征在于其"独立性"（Independence），主要表现在法律地位的独立性、意思表示的独立性和职能的独立性等诸多方面。独立董事由股东大会选举产生，与公司没有任何业务关联和物质利益关系，而且可以就公司董事、高级管理人员的提名、任免、报酬等事项发表独立意见，对公司关联交易、聘用或解聘会计师事务所等重大事项进行审核并发表独立意见。

2. 独立董事制度的产生与发展。20世纪六七十年代以后，西方国家尤其是美国各大公众公司的股权越来越分散。在美国"一元制"公司治理模式下，公司没有专门的监督机构，董事会是公司的经营决策机关，同时又履行监督职能，特别是负责对处于经理层的高级管理人员实施监督。这种模式有两个方面的不足：首先，由于监督的目标之一是指向董事会的决策，在董事会既决策又监督的情况下，结果只能是自己监督自己；其次，监督的另一目标是经理层的经营管理活动，而经理人员是由董事会聘任的，或者直接由董事担任，不论是哪一种情况，董事会的监督都会因缺乏独立性而变得收效甚微。特别是随着各大公司社会化的程度越来越高，股权日益分散，董事会逐渐被以CEO（首席执行官）为首的经理人员操纵，以至于董事会对经理层的监督更加软弱无力，董事会被视为公司管理的"橡皮图章"（A rubber stamp）。人们开始普遍怀疑现有制度安排下的董事会运作的独立性、公正性、透明性和客观性，继而引发了对董事会职能、结构和效率的深入研究。之后人们认为，在董事会中引进独立的非执行董事（Nonexecutive directors）可以增加董事会的客观性与独立性，从而降低经理们串通的可能性。在理论研究成果与现实需求的双重推动下，美国立法机构及中介组织自20世纪70年代以来加速推进独立董事制度的进程，独立董事的设立最终完成。

独立董事制度在美国创立后，引起了许多国家和地区的效仿。英国在20世纪80年代后期，将董事会制度改革列入重要日程，在先后出现的几个研究改善公司治理的委员会报告中，都突出强调了建立独立董事制度的重要性。在英美法系其他国家和地区，如加拿大、澳大利亚、印度、新加坡及我国香港地区也相继引进了独立董事制度。在大陆法系国家和地区，法国、意大利、日本、韩国和我国台湾地区，也在推行和发展这一制度。20世纪90年代以来，更多国家纷纷效仿，引发了一场公司治理中的"独立革命"。为增强公司在瞬息万变的社会经济环境中的应变能力，各国和地区普遍推行独立董事，优化董事会结构，以提高董事会的战略决策水平和控制经营者的能力。

3. 我国关于独立董事的规定。我国引进独立董事制度的主要原因是股权结构长期"一股独大"、严重不合理，控股股东滥用权利、内部人控制现象严重、监事会的作用被虚化。我国的独立董事制度主要针对上市公司而言，早在1997年12月16日中国证监会公布的《上市公司章程指引》就规定"公司根据需要，可以设独立董事"。2001年8月16日，中国证监会正式公布《关于在上市公司建立独立董事制度的指导意见》，要求在2002年6月30日以前，上市公司董事会成员中应当至少包括2名独立董事，在2003年6月30日以前，至少包括1/3的独立董事。2018年《公司法》第122条明确规定，上市公司设立独立董事，具体办法由国务院规定。这为独立董事制度的存在提供了基本法依据。2023年《公司法》第136条将上述规定修订为："上市公司设独立董事，具体管理办法由国务院证券监督管理机构规定。上市公司的公司章程除载明本法第九十五条规定的事项外，还应当依照法律、行政法规的规定载明董事会专门委员会的组成、职权以及董事、监事、高级管理人员薪酬考核机制等事项。"2023年中国证监会公布了《上市公司独立董事管理办法》，进一步完善了我国独立董事制度。

独立董事监督作用的有效发挥，一是要求其具有独立性；二是独立董事要有异于普通董事的特别职权：

（1）为保障独立董事的独立性，《上市公司独立董事管理办法》第 6 条规定，独立董事必须具有独立性，下列人员不得担任独立董事：①在上市公司或者其附属企业任职的人员及其配偶、父母、子女、主要社会关系；②直接或间接持有上市公司已发行股份 1% 以上或者是上市公司前 10 名股东中的自然人股东及其配偶、父母、子女；③在直接或间接持有上市公司已发行股份 5% 以上的股东单位或者在上市公司前 5 名股东单位任职的人员及其配偶、父母、子女；④在上市公司控股股东、实际控制人的附属企业任职的人员及其配偶、父母、子女；⑤与上市公司及其控股股东、实际控制人或者其各自的附属企业有重大业务往来的人员，或者在有重大业务往来的单位及其控股股东、实际控制人任职的人员；⑥为上市公司及其控股股东、实际控制人或者其各自附属企业提供财务、法律、咨询、保荐等服务的人员，包括但不限于提供服务的中介机构的项目组全体人员、各级复核人员、在报告上签字的人员、合伙人、董事、高级管理人员及主要负责人；⑦最近 12 个月内曾经具有第①项至第⑥项所列举情形的人员；⑧法律、行政法规、中国证监会规定、证券交易所业务规则和公司章程规定的不具备独立性的其他人员。前款第④项至第⑥项中的上市公司控股股东、实际控制人的附属企业，不包括与上市公司受同一国有资产管理机构控制且按照相关规定未与上市公司构成关联关系的企业。独立董事应当每年对独立性情况进行自查，并将自查情况提交董事会。董事会应当每年对在任独立董事独立性情况进行评估并出具专项意见，与年度报告同时披露。

（2）为了充分发挥独立董事的监督作用，法律除赋予其一般董事的职权外，还赋予其一些特别的职权。《上市公司独立董事管理办法》第 18 条规定，我国独立董事的特别职权包括：①独立聘请中介机构，对上市公司具体事项进行审计、咨询或者核查；②向董事会提议召开临时股东；③提议召开董事会；④依法公开向股东征集股东权利；⑤对可能损害上市公司或者中小股东权益的事项发表独立意见；⑥法律、行政法规、中国证监会规定和公司章程规定的其他职权。独立董事行使上述第①项至第③项所列职权的，应当经全体独立董事过半数同意。独立董事行使上述所列职权的，上市公司应当及时披露。上述职权不能正常行使的，上市公司应当披露具体情况和理由。

4. 我国独立董事制度的评价与完善。在我国学界，有关对独立董事制度的评价主要有以下三种不同的态度：

（1）肯定评价。这部分学者认为，独立董事制度有利于促进我国公司董事会的改造，通过独立董事制度增强董事会的监督职能，并有效填补监事会监督的盲区。在上市公司，独立董事有助于提高企业股票价值，特别是在企业面临兼并与收购的情况下，独立董事能够维护公众股东的利益。

（2）否定评价。这部分学者认为，在我国独立董事制度未能发挥预期的作用。这主要有以下两个方面原因：首先，在公司实践中，独立董事由于所获得的公司经营信息有限，在经营决策和公司财务上无法真正有效实施监督；另外，独立董事均为兼职，大多数在本单位都是一线骨干力量，因而在履行职责方面往往投入的时间不够。其次，在我国，国有股"一股独大"的股权结构下，无法通过独立董事来制约内部人的控制；在现有公司法框架内嫁接英美法系的独立董事制度，会导致我国公司制度不协调，因为我国《公司法》已将监督权职能赋予了监事会，如果独立董事再履行监督职能，则必然存在职能的重复和冲突，其结果是浪费资源或相互推诿。

（3）折中评价。这部分学者认为，独立董事制度运行的实际效果的确不尽如人意，但完全否定也根据不足。由于独立董事的特殊任职要求和享有的特别权利，他们的确能够发挥一般董事和监事难以发挥的作用。但不能对独立董事制度期望过高，仅仅依靠独立董事制度来彻底解决上市公司所有权与经营权高度分离所产生的"代理问题"是不现实的，上市公司治理的改善应当是综合治理的结果。

应当说，折中评价是一种辩证思维的方式，在对待独立董事的态度上更为可取。

本书作者担任独立董事工作的一点体会是，股权越分散，独立董事制度越适宜，股权越集中，独立董事制度越难以发挥作用，在英美国家上市公司的股权更为分散，少有像中国上市公司普遍存在的"一股独大"现象（国有企业改制的上市公司与民营企业上市公司均存在"一股独大"的问题），这也是为什么在英美国家独立董事制度相对好用的原因之一。在股权集中"一股独大"的背景下，还会出现如下情况：在没有独立董事的情况下是不同的股东根据资本的多寡安排不同比例的董事进入董事会代表自己的利益，一人一票，中小股东的利益一致时可以共同投反对票对付大股东。现在董事会中有了受控于大股东的独立董事，其不仅不能起监督作用，反而为大股东代表在董事会搞独裁提供了方便，这里分两种情况：一种情况是，由于董事会人数有限，独立董事的名额排挤了其他更多股东代表进入董事会，从而有利于大股东的代表在董事会搞"一言堂"；另一种情况是，现在董事会中有了一边倒向大股东的独立董事，稀释了反对票的力度，从而大股东的代表可以为所欲为。[1]

无论如何评价，目前联系我国实际对独立董事制度进行进一步的探索和完善则是必须的，完善的方面主要包括：①提高独立董事独立性；②强化独立董事的职权；③明确独立董事的义务；④保护独立董事的知情权；⑤推进独立董事次级委员会制度建设；⑥妥善处理独立董事与监事会的关系；⑦完善独立董事的社会信用机制；⑧引入独立董事的责任保险制度等。[2]

（二）专门委员会

独立董事制度的运行，即使在美国也同样至少面临以下两个方面的问题：

1. 独立董事利益的独立性问题。独立董事并不意味着他就能真正独立于管理层而不受其影响，他与管理层可能存在经济利益或者其他这样或者那样的关系。比如，独立董事实际上是由管理者聘请的，他们也许不想更换有权决定在将来是否继续聘任他们的管理者。如果独立董事是另外一家公司的 CEO，他可能采取消极态度，因为他可能指望他的独立董事也以同样态度对待自己。为了解决这一问题，许多人进一步建议不仅董事会的大多数或者全部成员应当由独立董事构成，而且建议公司成立主要由独立董事构成的专门委员会。

2. 决策信息的获得和工作时间的保障等问题。独立董事是独立于本公司的外部人员，自然缺乏对公司业务的了解，缺乏足够可信赖的决策信息；同时，独立董事往往

---

〔1〕 李东方：《上市公司监管法论》，中国政法大学出版社 2013 年版，第 381 页。
〔2〕 赵旭东主编：《公司法学》，高等教育出版社 2006 年版，第 398 页。

是其他单位的全职骨干雇员，其中大多数有自己的公司和业务需要去管理，因而没有充足的时间保障。为了解决独立董事的信息和时间问题，一种观点认为，应当建立职业董事制度，即职业董事专任公司董事，不兼做其他事情，这样其有时间的同时也有利于了解公司业务。但更多的意见则认为，应当利用委员会制度来帮助董事会履行职责，这样既可以使董事会了解公司情况，又不至于太花费时间。

为解决上述两方面的问题，美国现代公司法选择了委员会制度，即董事会可以设立专门委员会（Special committees），并在董事会的授权下从事某些属于董事会职能的活动。这种专门委员会实际上是公司董事会的咨议机构。这些委员会可以向董事会提供建议，并在某种意义上代表董事会（但不能代替董事会）行使董事会职能。应当注意的是，委员会的设立及其权限的授予并不构成董事法定注意义务的满足和责任的免除。

这种专门委员会制度亦为其他国家所借鉴，在我国的公司治理中也引进了这一制度。具体内容详见本章第三节"二、董事会的组成"中的相关内容。

（三）董事会秘书制度

1. 董事会秘书的概念及其沿革。董事会秘书是专门为实现董事会职能而服务的专职工作人员，是上市公司的必设机构。董事会秘书由公司董事会聘任或解聘。董事会秘书在公司中居于公司高级管理人员的法律地位，在公司组织机构中，董事会秘书隶属于董事会，是协助董事会执行业务的助理机构。董事会秘书制度源自英美法国家，这一制度在英美法国家的公司治理中发挥着重要作用。最开始，董事会秘书的职责主要局限于管理公司内部性事务。后来董事会秘书的权力逐渐扩大，取得了一定条件下的公司对外代表权。例如，在英国，董事会秘书作为公司代理人时具有与其他公司代理人相同的法律地位。其代表权主要体现在以下两个方面：①有权就日常经营管理方面的事务代表公司；②其作为公司代表有权与公司监管机关和公司登记机构进行沟通，行使对外代表权。

2. 董事会秘书的职责。关于董事会秘书的职责，我国《公司法》第138条规定，上市公司设董事会秘书，负责公司股东会和董事会会议的筹备、文件保管以及公司股东资料的管理，办理信息披露事务等事宜。这属于公司基本法规定的董事会秘书的法定职责。此外，作为自律性的规则，我国《上海证券交易所股票上市规则（2023年8月修订）》在第四章第四节也规定了董事会秘书的职责，即董事会秘书对上市公司和董事会负责，履行如下职责：①负责公司信息披露事务，协调公司信息披露工作，组织制定公司信息披露事务管理制度，督促公司及相关信息披露义务人遵守信息披露相关规定；②负责投资者关系管理，协调公司与证券监管机构、投资者及实际控制人、中介机构、媒体等之间的信息沟通；③筹备组织董事会会议和股东大会会议，参加股东大会会议、董事会会议、监事会会议及高级管理人员相关会议，负责董事会会议记录工作并签字；④负责公司信息披露的保密工作，在未公开重大信息泄露时，立即向本所报告并披露；⑤关注媒体报道并主动求证真实情况，督促公司等相关主体及时回复本所问询；⑥组织公司董事、监事和高级管理人员就相关法律法规、本所相关规定进行培训，协助前述人员了解各自在信息披露中的职责；⑦督促董事、监事和高级管理人员遵守法律法规、本所相关规定和公司章程，切实履行其所作出的承诺;在知悉公司、董事、监事和高级管理人员作出或者可能作出违反有关规定的决议时,应当予以提醒并立即如实向本所报告;⑧负责公司股票及其衍生品种变动管理事务;⑨法律法规和本所要求履行的其他职责。

前面提及英国的董事会秘书具有对外代表权,应当说对外代表权属于董事会秘书职责或者职权的一个重要方面。从上述我国《公司法》第138条规定的内容可见,《公司法》对于董事会秘书的对外代表权没有涉及。而《上市公司章程指引》《上市公司治理准则》《上海证券交易所股票上市规则(2023年8月修订)》对其对外代表权亦未作明确规定。由于董事会秘书是公司与证券交易所、证券监督管理机构及众多投资者之间的重要桥梁,因此,是否赋予其对外代表权、其代表的法律效力如何,以及与公司其他代表人如何协调等问题显得十分重要,这在理论上和实践中都值得深入探讨。应当承认,我国对于董事会秘书的研究尚未充分展开,而有关董事会秘书对外代表权的研究更为薄弱。

3. 董事会秘书的任职资格、义务与责任。董事会秘书属于公司高级管理人员,其选任应当符合《公司法》第178条关于公司高级管理人员任职资格的规定;其义务和责任与董事、监事和经理一样也适用《公司法》第179~188条的规定,即董事会秘书也要依法承担勤勉义务和忠实义务并承担相应的法律责任。

三、上市公司重大交易与关联交易决议的特别程序

上市公司相关交易决议的特别规定,包括上市公司购买、出售重大资产或者担保金额超过法定金额的决议程序和上市公司关联交易的决议规则。

(一)上市公司重大交易决议的特别程序

我国《公司法》第135条规定:"上市公司在一年内购买、出售重大资产或者向他人提供担保的金额超过公司资产总额百分之三十的,应当由股东会作出决议,并经出席会议的股东所持表决权的三分之二以上通过。"公司购买、出售重大资产或者对外提供担保属于公司业务经营事项,本应该由公司董事会决定。但是,如果公司购买、出售重大资产或者对外提供担保数额较大,则应当由公司股东大会决定,并经特别决议作出决定。因为这样的交易可能对公司构成重大影响,从而使得公司资本结构发生根本变化。比如,购买重大资产可能导致公司大量资金流出,出售重大资产可能导致公司事实上被出售,对外提供巨额担保可能导致公司债务负担无限增加。更何况,上市公司股东人数众多,股本规模大,重大的资产变动会产生较大的风险,给公司的长期经营和广大股东的长远利益带来影响,因此,《公司法》第135条根据上市公司的特殊情况,在第59条规定的股东会职权一般事项外,增加一项股东会的特别职权。对于一般事项的表决,经过出席股东会会议的股东所持表决权过半数通过即可形成股东会决议。但由于上市公司股权比较分散,为更好地保护大多数股东的利益,减少大股东操纵的情况,该法条将上述事项作为上市公司股东大会的特别决议事项,规定应当经过出席会议的股东所持表决权的2/3以上通过。《公司法》通过上述交易决议的特别程序使公司利益有所保障。

(二)上市公司关联交易决议的特别程序

《公司法》第139条规定:"上市公司董事与董事会会议决议事项所涉及的企业或者个人有关联关系的,该董事应当及时向董事会书面报告。有关联关系的董事不得对

该项决议行使表决权，也不得代理其他董事行使表决权。该董事会会议由过半数的无关联关系董事出席即可举行，董事会会议所作决议须经无关联关系董事过半数通过。出席董事会会议的无关联关系董事人数不足三人的，应当将该事项提交上市公司股东会审议。"这是关于上市公司董事对关联交易回避表决的规定。近年来，我国一些上市公司的关联人利用与上市公司关联交易掏空公司资产情形比较严重，并引起了社会的普遍关注和不满。可以说，《公司法》关于上市公司关联交易决议的特别规定正是在这一背景下作出的。在适用本条规定时，应当注意如下几点：

1. 对关联交易规制的根本目的在于考量关联人是否利用关联关系损害了上市公司的利益。因此，为保证关联交易的公平性，《公司法》在这里采取的是一种程序公正的方法，即上市公司关联交易决议的特别程序。

2. 董事与董事会会议决议事项所涉及的企业有关联关系的，应当回避董事会会议对该事项的表决。法律规定这项义务，主要是考虑董事与董事会会议表决事项所涉及的企业若存在关联关系，有可能在该项交易上与公司存在利益冲突，禁止董事在与公司有利益冲突的情况下对与其有关联的交易行使表决权或者代理他人行使表决权，有利于防止董事利用其在公司所处地位，通过牺牲公司的利益来谋求自己的利益或者为他人牟取利益。

3. 董事会表决与董事有关联的交易事项，应当有过半数的无关联董事出席方可举行董事会会议。董事会会议对该类事项作出决议须经无关联关系董事过半数通过。这样规定主要是为了便于对这类关联交易事项的监督，防止少数人操纵董事会表决，确保董事会对这类关联交易事项所作的决议能够公正合理地体现上市公司利益和大多数股东的利益。

4. 出席董事会会议的无关联关系董事人数不足 3 人的，应当将该事项提交上市公司股东会审议。出席董事会的无关联关系董事人数太少，容易造成少数人操纵表决，使董事会会议决议难以体现大多数股东的意志和利益。因此，为了有效地保护公司利益和多数股东的利益，当出席董事会的无关联董事人数不足 3 人时，应当将与董事有关联的交易事项提交上市公司股东会会议审议。当然，这里还有一种可能，那就是全体董事都涉及关联交易的情形，此时自然也应当由股东大会决议。

关联交易的其他内容见本章第六节"董事、监事、高级管理人员的义务与民事责任"中的"董事及公司高级管理人员的忠实义务"部分。

四、上市公司股东、实际控制人的信息披露及依法代持股票

《公司法》第 140 条规定，上市公司应当依法披露股东、实际控制人的信息，相关信息应当真实、准确、完整。禁止违反法律、行政法规的规定代持上市公司股票。该条是 2023 年公司法修订的新增条文。

《证券法》与《上市公司信息披露管理办法》等规范中的信息披露制度，针对的是法律要求的负有披露义务的全部对象。而此条要求披露的对象是上市公司的股东和实际控制人。这与前述《公司法》第 180 条第 3 款的规定是相呼应的，即公司的控股股东、实际控制人不担任公司董事但实际执行公司事务的，负有忠实义务和勤勉义务。换言之，前述"影子董事"负有忠实义务和勤勉义务。对上市公司"影子董事"的识别，很大程度上靠强制信息披露制度去实现。

同时，还要求不得违反法律、行政法规的规定代持上市公司股票，否则不具有法律效力。在代持股的法律关系中，存在名义持股人或称名义股东和实际出资人或称实际控制人。根据股份代持协议，实际控制人参与公司的运营和管理，一旦实际控制人的行为损害公司债权人和其他股东的权益，或者做出违反公司规定的行为，可能会将责任推给名义股东，从而影响市场秩序。目前法律对上市公司股权代持效力问题没有明确规定，有待于进一步研究并加强立法，而对有限责任公司的"股权代持"规范则相对成熟。

五、上市公司与其控股子公司交叉持股的限制

《公司法》第 141 条规定，上市公司控股子公司不得取得该上市公司的股份。上市公司控股子公司因公司合并、质权行使等原因持有上市公司股份的，不得行使所持股份对应的表决权，并应当及时处分相关上市公司股份。

第 141 条是《公司法》2023 年修订的新增条款，是关于禁止上市公司控股子公司持有上市公司股份的规定。该条旨在防止上市公司管理层利用交叉持股架空上市公司股东权利，形成对上市公司的控制权。

根据《公司法》第 265 条关于控股股东的规定，上市公司的控股子公司是指上市公司持有的公司股份占其股本总额 50% 以上，或者上市公司持有股份的比例虽然不足 50%，但其持有的股份所享有的表决权已足以对股东会的决议产生重大影响。此时，如果上市公司的控股子公司取得该上市公司股份，上市公司与其控股子公司就形成交叉持股。

虽然交叉持股有优势互补、协同发展、防止恶意收购等积极效应，但是对上市公司来说，与控股子公司交叉持股可能会引致资本虚增、股权结构不清晰等问题。上市公司的管理层又可利用控股子公司所持股份对应的表决权进一步限制中小股东的表决权，加强自身对于上市公司的控制。一般而言，交叉持股会影响上市公司的信息披露以及广大中小投资者的合法权益。因此，沪深证券交易所的股票上市规则已经明确规定上市公司控股子公司不得取得该上市公司发行的股份。[1] 现该规定被上升至公司法的基本法地位，进一步加强了上市公司股权结构和公司治理的规范程度，也更有利于保护投资者的合法权益。

《公司法》第 141 条第 2 款是关于上市公司控股子公司被动取得上市公司股份后应及时处分股份并限制行使对应表决权的规定。即上市公司控股子公司因公司合并、质权行使等原因持有上市公司股份的，不得行使所持股份对应的表决权，并应当及时处分相关上市公司股份。但是，该条并未进一步规定控股子公司处分股份的具体合理期限。根据《深圳证券交易所股票上市规则（2023 年 8 月修订）》第 3.4.15 条规定，确因特殊原因持有股份的，应当在 1 年内消除该情形。控股子公司可以通过转让、减资等方式处分股份。同时，为了减少此类交叉持股的不利影响，控股子公司持有上市公司股权期间，不得行使对应的表决权。

---

〔1〕 参见《上海证券交易所股票上市规则（2023 年 8 月修订）》第 3.4.15 条。

第 十 二 章

公司变更

【本章导读】在现代市场经济条件下，公司的合并、收购、重大资产出售与控制权转让、分立与公司形式变更等，都是公司变更的主要形式和手段，是公司生产经营过程中市场规律作用的必然结果，是公司资本运营的重要法律形式。公司变更反映了市场主体在市场竞争中处于一种不断被淘汰、更新与合作的动态过程，也是资产重组、产业调整，通过市场来优化配置资源的法律形式。

为保护公司股东、债权人的合法权益，维护社会经济秩序的稳定，我国《公司法》对公司的合并、分立及形式变更的相关内容进行了较为原则性的规定，操作性还不够强，因而本章结合外国公司法上的相关制度，对公司的合并、收购、重大资产出售与控制权转让、分立与公司形式变更等的变更方式、程序和法律效果进行阐述。本章学习的难点是对外国公司变更制度的理解，重点是将外国的相关制度与中国公司变更的理论和实践相联系。

第一节　公司的合并

一、公司合并的概念、特征及其作用

（一）公司合并的概念

公司合并（Corporate merger and consolidation/corporate combination），是指两个或两个以上的公司基于合同的约定，按照法律的规定，不经过清算程序而直接归并为一个公司的法律行为。关于合并的性质，理论上有人格合一说和现物出资说。前者认为，两个以上的公司合而为一是人格的合一或者人格合并。后者认为，合并的本质是通过以解散公司的全部营业向存续公司或者新设公司现物出资而形成的资本增加（吸收合并）或公司设立（新设合并）。不过，公司合并的本质是人格的继承，是一种人格的合并。人格合一说为通说。[1]

与公司合并相关的概念主要有兼并、收购以及公司并购等，这些概念与公司合并有很多交叉的地方，同时也有很多区别，为了对公司合并有更深的理解，下面讲述公司合并与相关概念的区别和联系。

1. 公司兼并与公司合并。公司兼并（Merger），是指一个公司采取各种形式有偿接受其他公司的产权，使被兼并公司丧失法人资格或改变法人实体的经济行为。一般认为兼并有狭义和广义之分。狭义上的兼并即是公司合并中的吸收合并，通常是由一家占优势的公司吸收一家或者多家公司进自己的企业，并以自己的名义继续经营，而被吸收的企业在合并后丧失法人地位，解散消灭，在这个意义上公司兼并是公司合并的一种形式。而广义上的公司兼并包括公司合并、公司收购和公司资产出售等多种形式的公司资产重组。这个意义上的公司兼并包括了公司合并。总之，无论是狭义还是广

〔1〕 参见［韩］李哲松：《韩国公司法》，吴日焕译，中国政法大学出版社2000年版，第89~92页。

义，公司兼并和公司合并都是互相包含的关系，因此，不能将二者完全等同。同时，也要注意二者之间的区别：公司兼并更侧重于强势一方利用其优势地位吸收另一公司，而公司合并则不突出某一方的强弱。

2. 公司收购与公司合并。公司收购（Corporate acquisition），是指收购公司通过购买目标公司的资产或者股权以达到控制目标公司的法律行为。在我国，公司收购作为法律概念出现在《证券法》中，该法第四章"上市公司的收购"对公司收购作了详细的规定。公司收购，主要有资产收购和股权收购两种。从公司合并和公司收购的概念来看，二者既存在一定的联系[1]又有明显的区别。一方面，公司合并和公司收购存在一定的交叉重合，在收购公司将目标公司的资产或股权全部收购并导致目标公司消灭的情况下，这种收购行为就属于公司合并。另一方面，公司合并和公司收购存在明显的区别：一是主体不同，公司合并的主体是两个或两个以上的公司，而公司收购的主体则不同，除目标公司必须为公司外，收购方可以是公司，也可以是其他主体，如自然人（常见于 MBO 管理层收购）；二是法律后果不同，公司合并（无论是新设合并还是吸收合并）必然导致一个或多个公司的消灭，而在公司收购中，通常目标公司会依然存续。

3. 公司并购与公司合并。公司并购（Corporate merger & acquisition/M&A）是一个在外国法中常见的法律概念，而在我国的《公司法》中并无这个概念，但在我国一些法规性文件中有使用这一法律概念的，如 2006 年公布的《关于外国投资者并购境内企业的规定》，其中第 2 条规定，外国投资者并购境内企业，系指外国投资者购买境内非外商投资企业股东的股权或认购境内公司增资，使该境内公司变更设立为外商投资企业；或者，外国投资者设立外商投资企业，并通过该企业协议购买境内企业资产且运营该资产，或，外国投资者协议购买境内企业资产，并以该资产投资设立外商投资企业运营该资产。此外，在实践中，"并购"这一概念也得到了广泛的运用。

我国学界通常认为，公司并购就是上面所讲的公司兼并和公司收购的合称；也有的法律文献将公司合并与公司收购并称为"公司并购"。因此，从这个意义上来说，公司合并与公司并购既有交叉重合，又有各自的特点。

4. 经营者集中与公司合并。经营者集中（The concentration of business operators），是指经营者之间合并，或者取得其他经营者的控制权、影响力。经营者集中与公司合并的联系在于：①公司合并是经营者集中的方式之一。②二者都能够促进国民经济的部门结构、产业结构的调整和社会资源的合理配置，有利于社会经济的稳定发展。二者的区别在于：①主体不同。经营者集中的主体广于公司合并的主体，经营者集中的主体是经营者，我国《反垄断法》第 15 条第 1 款明确规定了经营者的概念："本法所称经营者，是指从事商品生产、经营或者提供服务的自然人、法人和非法人组织"。公司合并的主体特指公司。②方式不同。根据我国《反垄断法》第 25 条的规定，经营者集中的方式有如下三种，即经营者合并；经营者通过取得股权或资产的方式取得对其

---

[1] 公司合并与公司收购，这二者都是实现规模经济的手段，人们通常将这二者并称为"公司并购"（Corporate merger and acquisition/M&A）。也有人将公司合并称之为法定合并（Statutory merger），而将公司收购称为非法定兼并（Non-statutory amalgamation）。

他经营者的控制权；经营者通过合同等方式取得对其他经营者的控制权或者能够对其他经营者施加决定性影响。③结果不同。经营者集中的结果有两种：一是经营者合并，即一方或多方经营者的主体资格消灭；二是经营者主体资格不发生变化，即一方经营者在不合并的前提下通过取得股权、资产的方式取得对其他经营者的控制权或通过合同等方式取得对其他经营者的控制权或者能够对其他经营者施加决定性影响。公司合并的结果是参与合并的一方或多方主体资格的消灭。④法律规制不同。经营者集中主要受《反垄断法》规制，当经营者集中达到国务院规定的申报标准的，经营者应当事先向国务院反垄断机构申报，未申报的不得实施集中。规制公司合并的则主要是《公司法》。

（二）公司合并的特征

通过公司合并的概念以及对其相关概念的辨析，并结合其他国家对公司合并的规定，可以看出公司合并主要具有以下的法律特征：

1. 公司合并的主体是两个或者两个以上的公司。即公司合并的当事人是具有独立法人资格的公司，合并只能在公司之间进行。公司合并的双方或多方必须都是公司，虽然在实践中公司会和各种形式的企业进行合并，但如果合并的另一方不是公司则不属于公司合并。公司合并包括有限责任公司之间的合并、股份公司之间的合并以及有限责任公司和股份公司之间的合并。

2. 公司合并是公司之间意思自治的结果。公司合并的基础是合并协议，即合并是一种合意行为。公司与公司之间的合并是两个或两个以上的公司通过协商之后而达成合并协议的行为。从本质上看，公司合并是一种合同行为，合并各方通过签订协议确定彼此的权利和义务，也可据此作为未来解决纠纷的依据。

3. 公司合并无需经过清算程序，但必须按照《公司法》的规定进行，履行相关的法定程序。公司合并虽然是两个公司之间意思自治的结果，法律本不应对其作过多干预，但是公司合并属于公司组织结构的变更。公司组织结构的变更不仅仅涉及合并各方（如合并与被合并公司的股东及其债权人）的权益，也涉及合并各方之外的第三方甚至整个社会的公共利益，因此有必要对公司合并的一些事项作出强制性规定，以协调好各方主体的利益。同时，由于公司合并涉及财务、债权债务以及人员安置等，社会关系比较复杂，为提高效率、避免日后纠纷，公司的合并也需要严格按照法定的程序来进行。《公司法》主要规定的是合并规则和程序以及对债权人和少数股东的保护等措施。另外，需要注意，一般的公司解散或者消灭通常需要进行清算，而公司合并中也出现公司消灭的情况，但该消灭的公司无需进行清算程序。

4. 公司合并的结果是参与合并的一方或多方公司主体资格的消灭。公司合并按照当事人之间的协议和法律程序完成之后，会产生一系列的法律后果，除一方或多方公司主体资格的消灭之外，还会有权利义务的转移、公司财产和股权的变更等。

（三）公司合并的作用

公司合并的作用主要体现在以下三个方面：

1. 公司合并在微观上可以扩大公司的生产经营规模，实现生产要素的合理流动和优化组合，在竞争中求得新的生存和发展空间。

2. 由于公司合并无需经过清算程序，因而也就无需终止公司的一切法律关系，这对公司的经营发展及公司股东、债权人、职工的利益保护都较为有利。

3. 公司合并在宏观上能够实现国民经济的部门结构、产业结构的调整和社会资源的合理配置，有利于社会经济的稳定发展。

二、公司合并的形式

公司在进行合并时，根据自身的条件和未来发展的需要，可以采取不同的形式。通常，根据公司合并前后存续状态的不同，将公司合并分为吸收合并和新设合并。我国《公司法》第218条第1款也规定："公司合并可以采取吸收合并或者新设合并。"

1. 吸收合并。《公司法》第218条第2款规定，一个公司吸收其他公司为吸收合并，被吸收的公司解散。吸收合并即狭义上的兼并（Merger），又称为存续合并，是指两个或两个以上的公司合并后，其中一个公司吸收其他参与合并的公司而继续存在，而其他公司主体资格同时消灭的公司合并。在这种合并中，存续公司仍然保持原有公司名称，而且有权获得被吸收公司的财产和债权，同时也有义务承担被吸收公司的债务。这种继续存在的公司为存续公司（Surviving corporation），由于合并而失去法人资格的公司为消灭公司（Disappearing corporation）或者被兼并公司（Mergered corporation）。从法律形式上讲，吸收合并可表现为"甲公司＋乙公司＝甲公司"，也就是经过合并，甲公司作为实施合并的公司仍具有法人地位，但乙公司作为被合并公司已丧失法人地位，成为甲公司的一部分，即甲公司兼并了乙公司。此法律关系的变化如图12－1所示：

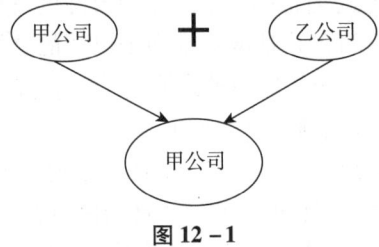

图 12－1

2. 新设合并。《公司法》第218条第2款规定，两个以上公司合并设立一个新的公司为新设合并，合并各方解散。新设合并，又称为创设合并（Newly-created corporation），是指两个或两个以上的公司合并后，成立一个新的公司，而参与合并的原有各公司均归于消灭的公司合并。在这种合并中，新设立的公司是在接管原有公司的全部资产和业务的基础上设立的。在这种情形下，被合并公司的法人资格均发生消灭并产生一个新的公司。从法律形式上讲，它表现为"甲公司＋乙公司＝丙公司"，丙公司为新设立的法人企业，甲、乙公司则丧失其法人资格。在新设合并中，新设立的公司具有新的公司名称，新设立的公司概括承受消灭各方的全部资产和负债，参与合并的各公司的股份转化成新公司的股份。新设合并如图12－2所示：

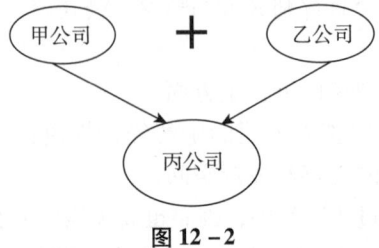

图 12－2

3. 公司实务中几种公司合并的操作技术。在公司实践中，无论是吸收合并还是新设合并，都离不开具体的操作技术。现代公司合并的技术花样翻新，已有术语已经无法完全表现公司合并实际的交易方式或者说合并的操作技术。故在此只能就一些较为典型的操作技术进行介绍：

（1）现金合并。现金合并（Cash merger），是指在合并中，消灭公司的股东被要求接受现金作为收购其股份或者资产的对价。所以这里分两种情形：①以现金购买股份，即允许存续公司向消灭公司的股东支付现金，从而"买断"（Cash out）该公司股东的股份，存续公司成为消灭公司的股东。②以现金购买资产，即存续公司以现金购买消灭公司的全部资产，包括债权和债务。消灭公司失去其全部资产，同时获得存续公司向其支付的现金。消灭公司解散，债权债务全部转移，无需清算。消灭公司的股东依据其在原公司里的股份分取出售公司资产所得的现金。

（2）易股合并。易股合并（Share exchange merger），是指在合并交易中，消灭公司（Disappearing corporation）的股东接受存续公司的股份作为合并对价的合并。即在公司合并交易中，被合并的公司的股东被要求接受合并公司的股份作为其原先公司股份的对价。在这种合并中，合并完成后，消灭公司的股东接受存续公司的股票而成为存续公司的股东。

（3）母子公司合并。现代许多吸收合并主要是通过母子公司之间的合并交易来完成的。母子公司合并（Parent-subsidiary merger），可分为两类情形：

第一类是上游合并与下游合并。①将子公司并入其母公司称为"上游合并"（Upstream merger），上游合并的目的主要是取得对该子公司的完全控制权。②将母公司并入子公司称为"下游合并"（Downstream merger），下游合并有多种用途，可以用来实现不同的目的。常见的用途是其可以作为一种改变公司注册地或管辖地的手段。例如，某公司决定将其注册地迁移到一个更适合公司发展的地点就可以利用该地已有的全资子公司，或者先期新设一家全资子公司，然后采用下游合并方式将该公司归入其子公司，并以等额方式将该公司的股份转换为子公司的股份。

第二类是长线合并与简易合并。如果甲公司长期持有乙公司的控制股份，而现在甲公司要将乙公司合并，即为"长线合并"（Long-term merger）；如果甲公司持有乙公司90％以上股份，而现在甲公司与乙公司合并，则为"简易合并"（Short-form merger）。

（4）两步合并。所谓"两步合并"（Two-step merger），是指在公司收购中，收购公司通过收购第一步先取得目标公司的全部股份或者控股股份，从而使目标公司成为收购公司的全资或者控股子公司，之后收购公司再将该公司予以合并。两步合并的好处是：首先，可以减少程序上的障碍，如果收购公司取得了目标公司90％以上的股份时，则可以采用简易合并程序。如果收购公司取得了目标公司的控制股份，收购公司可以改组目标公司董事会，经过改组的目标公司董事会自然会同意与收购公司合并。其次，由于收购公司的最终目标是在第二步通过合并方式实现的，因而大大降低了公司运作的成本。合并的成本必然低于收购的成本，因为合并一般都是在存续公司的绝对控制之下完成的。

根据《公司法》第219条的规定，公司与其持股90％以上的公司合并，被合并的公司不需经股东会决议，但应当通知其他股东，其他股东有权请求公司按照合理的价格收购其股权或者股份。公司合并支付的价款不超过本公司净资产 10% 的，可以不经股东会决议；但是，公司章程另有规定的除外。公司依照前两款规定合并不经股东会决议的，应当经董事会决议。

三、公司合并的程序

根据我国《公司法》的有关规定，公司合并的基本程序如下：

（一）订立合并协议（Merger agreement）

合并因当事公司之间的合同而成立。《公司法》第 220 条规定，公司合并，应当由合并各方签订合并协议。关于合并协议的主要条款，我国《公司法》未作具体规定，但是《关于外商投资企业合并与分立的规定》（2001 修订）对公司合并协议的内容作了具体规定，可以参照。该规定第 21 条规定，公司合并协议应包括下列主要内容：①合并协议各方的名称、住所、法定代表人；②合并后公司的名称、住所、法定代表人；③合并后公司的投资总额和注册资本；④合并形式；⑤合并协议各方债权、债务的承继方案；⑥职工安置办法；⑦违约责任；⑧解决争议的方式；⑨签约日期、地点；⑩合并协议各方认为需要规定的其他事项。

（二）通过合并协议

1. 董事会决议。公司合并应首先由董事会作出合并决议。公司合并方案的提出是公司董事会权限范围内的事情，由于公司合并构成了对股东利益的重大影响。因此，公司合并计划经由董事会同意后，还需要提交股东会审议。

2. 股东会决议。公司合并是公司资产重新配置的重大法律行为，关系到股东、债权人和公司的利益，属于公司的重大事项，所以公司合并的决定权不在董事会，而必须由公司的股东会作出决议。根据《公司法》第 59 条、第 66 条、第 67 条、第 116 条、第 172 条的规定，公司董事会（或执行董事）制定的公司合并方案，需通过股东会特别决议通过。其中，有限责任公司股东会对公司合并作出决议，必须经代表 2/3 以上表决权的股东通过。股东会决议可以是以召开股东会的形式作出，也可以是不以召开股东会的形式直接作出，以直接形式作出的，须股东书面一致表示同意。股份有限公司股东大会对公司合并作出的决议，必须经出席会议的股东所持表决权的 2/3 以上通过。

（三）编制资产负债表及财产清单

《公司法》第 220 条规定，公司合并，应当编制资产负债表及财产清单。资产负债表及财产清单是公司的重要财务文件，编制资产负债表及财产清单的目的在于明确参与合并的各公司现有资产的状况；编制财产清单，应包括公司所有的动产、不动产、债权债务及其他资产或者负债，并须分门别类标明价格，记载于财产目录表中，以此作为合并各方处理相关债权债务、提出合并条件的重要依据，同时也是保护债权人合法权益的需要。上述表册，应当按规定置备，以供债权人查阅。如有虚假记载，公司负责人应承担相应的法律责任。

（四）通知或者公告债权人

公司合并使公司的资产重新配置，其效果直接关系到公司债权人利益的实现。因此，我国《公司法》第 220 条明确规定，公司应当自作出合并决议之日起 10 日内通知债权人，并于 30 日内在报纸上或者国家企业信用信息公示系统公告。通知债权人和公告是公司合并的必经程序，如有违反，应承担相应的法律责任。根据《公司法》第 255条的规定，如果公司合并不依法通知债权人或者公告的，由公司登记机关责令改正，同时对公司处以 1 万元以上 10 万元以下的罚款。

（五）债权人异议权

《公司法》第 220 条规定，债权人自接到通知之日起 30 日内，未接到通知的自公告之日起 45 日内，可以要求公司清偿债务或者提供相应的担保。公司应自合并决议后，指定一定期限允许债权人提出异议。债权人在此期间内未提出异议的，视为承认合并。如债权人在此期间内提出异议，可以要求公司清偿债务或提供相应的担保。

（六）办理公司变更或者设立登记

在完成上述步骤后，根据《公司法》第 34 条的规定，公司发生合并时，登记事项如果发生变更的，应向公司登记机关办理变更登记。公司登记事项未经登记或者未经变更登记，不得对抗善意相对人。属于新设合并的，合并各方都应被注销，由新设的公司办理设立登记；属于吸收合并的，应当办理有关资产、股东、管理者等相关的变更登记，被吸收的公司应被注销。

四、公司合并的法律效果

公司合并发生以下法律效果：

（一）公司的注销、设立和变更

在公司新设合并中，参加合并的各方公司法人资格均归于消灭，无需经过清算即可进行注销登记，新设立的公司应重新制定公司章程，召集创立大会，办理相应的设立登记，从而确立新的公司法人资格；在公司吸收合并中，被吸收的公司法人资格归于消灭，也无需经过清算即可进行注销登记，存续的公司因股东、公司资本、公司章程都发生了变化，故应进行相应的变更登记。

（二）公司权利和义务的概括承受

无论是新设合并还是吸收合并，参与合并各方公司原有的权利义务均概括地转移给合并后新设或存续的公司，由后者全部概括承受。《公司法》第 221 条规定："公司合并时，合并各方的债权、债务，应当由合并后存续的公司或者新设的公司承继。"这种承继为当然承受，不附加任何条件，同时这种承继也是概括承受，包括动产、不动产、债权、债务等全部移转于合并后的公司，这是对债权人合法权益的重要保障。

在合并完成后，无论其是否办理被兼并公司的注销登记，存续公司都应承担被兼并公司的债务，登记与否不影响债务的承担。2020 年 12 月 29 日公布的《最高人民法院关于审理与企业改制相关的民事纠纷案件若干问题的规定》（2020 修正）第 33 条对此作了明确的规定，企业吸收合并或新设合并后，被兼并企业应当办理而未办理工商注销登记，债权人起诉被兼并企业的，人民法院应当根据企业兼并后的具体情况，告知债权人追加责任主体，并判令责任主体承担民事责任。

（三）公司股东资格的当然承继

参与合并的各公司股东以其持有的股份或出资，按合并合同的规定，换取合并后新设或存续公司的股份或出资，从而成为合并后公司的股东。不同意合并的股东，有权请求公司按合并时的公平价格收买其持有的股份，同时放弃合并后新设或存续公司的股东资格。所以公司股东在公司合并时，其股东资格原则上并不会因此而消失，多数情况下只是发生股权变动。还有一种例外的情形是，在现金合并中被合并公司股东卖出股份，从而不再具有在新设或存续公司中的股东资格。

五、公司合并中对利害关系人的保护

（一）公司合并中对债权人利益的保护

公司合并作为公司运营变动的重大事项，对公司债权人利益的影响巨大。因而应当在制度层面上完善对债权人利益的保护。关于公司合并中债权人利益保护的理论基础主要有三种不同的观点：①债务人公司财产减少说。这种观点认为，公司合并中保护债权人的必要性在于防止作为债权人担保基础的公司财产的直接或间接减少的风险。对公司合并中债权人的保护的必要性与资本减少时债权人保护的必要性相类似。公司合并中因合并各方公司财产的合并、公司债权人的交叉等，可能引起作为债权人担保的公司财产的直接或间接的计算上或实际上的减少，进而会影响债权人的利益，因此，应当对债权人的利益进行特别保护。②债务人更替说。这种观点认为，由于公司合并要发生合并一方公司甚至合并各方公司的解散，而解散公司的债务由存续公司或新设公司承继，因而合并是债务人的更替，进而需要对债权人的利益进行特别保护。③公司解散、清算说。这种观点认为，公司合并导致合并一方公司甚至合并各方公司的解散、消灭，作为债务人的公司已经不复存在，自然会对债权人利益产生重大影响，因此，应如公司解散进行清算一样，对债权人利益制定特别的保护程序。

纵观世界各国的相关立法，一般通过以下途径对公司合并中的债权人利益予以保护：一是在实体法层面上规定因合并而消灭的公司的债权债务由合并后的存续公司或者新设公司概括承受，二是在程序法层面上赋予债权人知情权、异议权等。关于实体法层面的保护，前已述及。这里主要进一步讨论程序法层面对债权人的特别保护制度。

1. 赋予债权人法定知情权。即在公司合并中，通过法定的通知或公告等告知程序，使债权人的法定知情权得以实现。一般各国都规定公司必须告知债权人公司合并的事实和债权人所享有的合并异议权。告知的效力在于，当债权人收到告知后，如果未能在规定的期限内对公司合并提出异议，则丧失异议权。

2. 赋予债权人以合并异议权。合并异议权制度是公司合并中债权人保护的核心程序制度。各国在对债权人享有异议权的态度上存在分歧，即债权人异议权的行使是否要设定条件。对此，主要有以下两种做法：①以合并对其债权产生危害为异议权行使的前提条件。即债权人提出的异议申请并不当然成立，只有在债权受到合并危害的情况下，债权人的异议权才有效成立，从而产生公司对其清偿债务或者提供担保的法律后果。至于是否构成对债权人的利益产生危害，由谁来作出判断，以及采取何种保护措施？对此，一些国家的法律规定：法院参与异议程序，作出是否采取清偿或提供担保等保护措施的决定。法国和意大利均采取这种做法。公司合并中存在效率与公平等诸多价值取向，因而法律对利害关系人提供救济并非是无限度的，在对法律的公平价值无损害的前提下，兼顾公司合并所追求的效率与效益价值，对异议权设定条件具有相当的合理性。②对异议权的成立无需设定条件。即只要债权人按相应的程序向合并公司提出异议，该异议就当然成立，公司就应当对债权人的债权进行清偿或者提供担保。换言之，债权人行使异议权的法律效力就是公司应当对债权人的债权进行清偿或者提供担保。这种做法实际上是承认债权人异议权的无条件性。同时，法院不参与异议程序，清偿或提供担保等保护措施的决定由公司作出。我国和日本均采取这种做法。

3. 未适当履行债权人保护程序合并的法律后果。在实践中，常常出现公司对合并未公告或未适当公告，或者在债权人提出异议后未清偿债务或提供担保就进行了公司的合并。对这种合并的法律效力，不同的立法对此有不同的规定，归纳起来，主要有以下三种：①合并只对提出异议的债权人无效。如果在没有适当履行债权人保护程序、债权人异议仍然存在的情况下而进行了合并，异议债权人可以公司不履行或者不适当履行债权人保护程序作为无效的理由，提出公司合并无效之诉。②不得对抗异议债权人。公司未适当履行债权人保护程序并不导致合并无效，也不产生妨碍合并进程的效果，只是产生合并不得对抗异议债权人的后果。③异议诉请具有阻止合并实施的效力。在异议未经撤销或判决执行前，合并中止进行。只有异议被法院驳回，或者对债权人进行清偿或者提供担保的情况下，才可以继续进行合并。

在我国，债权人保护程序在合并开始时进行。公司不履行或者不适当履行债权人保护程序，其合并程序将受到阻却。可见，我国《公司法》在债权人异议权的保护上，采取了一种最为严格的制度。对此，日本的做法是赋予异议债权人在公司合并开始后的 6 个月内有提起合并无效之诉的权利，如果在诉讼进行中至口头辩论结束之前，合并公司对异议债权人进行了清偿或担保，则诉讼可以被驳回。这种做法给予了合并公司以事后补救的机会和自主选择权，减少了公司合并无效情形的发生。[1]这种处理的目的在于顾全到合并中的各方利益，有可取之处。

(二) 公司合并中对股东利益的保护

如何保护公司股东利益是公司合并中必须关注的重要问题。合并给股东利益造成的影响某种程度上可能比对债权人利益造成的影响更大。公司合并中的股东，包括合并后存续公司和消灭公司的股东。公司合并一旦实现，消灭公司的股东要么是发生股东身份的转变，成了存续公司的股东，要么是由于得到相应的对价而丧失股东身份；存续公司股东也会因为公司权利义务关系的变化而使自身利益受到不同程度的影响。这其中，中小股东利益受到的影响最大，甚至其利益还可能被控制股东所侵害。所以，公司合并中对股东利益的保护主要是对中小股东的利益保护。

1. 对公司股东的信息披露。这主要是针对公司合并中可能出现的控制股东"暗箱操作"。公司合并的相关当事人必须履行信息披露的义务，这种义务不只是内容方面，还包括形式要求，即信息披露须符合真实性、准确性、完整性和及时性的要求。由于《公司法》与《证券法》的分工和协调，我国有关公司信息披露义务的规定详见于《证券法》之中，例如，《证券法》第 80 条第 2 款第 9 项规定，上市公司作出合并、分立的决定，属于对上市公司股票交易价格产生较大影响的重大事件，在投资者尚未得知时，上市公司应当立即将有关该事件的起因、目前的状态和可能产生的法律后果向国务院证券监督管理机构和证券交易所报送临时报告，并予公告。《公司法》对公司合并中公司的信息披露制度没有作专门的规定，但通过一些法律条文可以推导出有关公司合并信息披露的内容。例如，《公司法》第 57 条和第 110 条都规定公司股东有权查

〔1〕 赵旭东主编：《公司法学》，高等教育出版社 2006 年版，第 476 页。

阅、复制股东会会议记录和董事会会议决议，其中就包括了公司负有将其作出的有关合并的决议向股东披露的义务。

2. 异议股东的股份回购请求权。对公司股东会作出公司合并、分立的决议持有异议的股东，可以请求公司以公正的价格收购自己所持股份。有关异议股东的股份回购请求权，在本书第九章已有论述，在此不加重复。

3. 公司合并中股东利益保护的其他制度。我国公司法律对公司合并中股东特别是中小股东利益的保护，除了上述的信息披露制度和异议股东股份回购请求权制度外，还在《公司法》不少条文中有所体现，归纳起来主要有以下三个方面的内容：①赋予股东在公司合并中实体性和程序性的合法权益。例如，关于公司合并的方案及协议等必须由股东会决议通过的规定，实际上赋予了股东集体对该重大事项的否决权。②规定对股东负有信义义务的人的勤勉、忠实义务和责任，以及控制股东的诚信义务等。③规定股东在其直接利益和间接利益受到侵害时的法律救济制度，包括股东直接诉讼和派生诉讼。

（三）公司合并中对职工利益的保护

与股东和债权人的利益一样，职工利益的保护也是公司合并制度应当着重关注的领域。从某种角度来看，职工地位弱势，其利益较前二者更易受到损害。对职工合法权益的保护是公司社会责任的应有之义。在公司合并中，如果不能有效地保护职工权益，往往容易引起社会局部甚至较大范围的动荡，所以许多国家的法律对公司合并中公司职工利益的保护都有相应的规定。

1. 公司职工对公司合并决定的建议权和监督权。我国《公司法》第17条第3款规定："公司研究决定改制、解散、申请破产以及经营方面的重大问题、制定重要的规章制度时，应当听取公司工会的意见，并通过职工代表大会或者其他形式听取职工的意见和建议。"这里的"改制以及经营方面的重大问题"即包含了公司合并、分立这类公司重大事项。

2. 关于在公司合并过程中，消灭公司职工劳动合同的承继问题。在公司合并时，消灭公司的原有劳动合同，其权利义务是否也遵循"概括承受"的原则，不免发生疑义。[1]在理论上，关于劳动合同是否应该由存续公司承继，存在着重视企业利益保护与重视职工利益保护的不同立场。持前者立场的称为商法学说，持后者立场的称为劳动法学说或者概括承继说。商法学说主张在劳动关系上也应严格遵循商法关于营业转让的一般法理，即承认双方当事企业的自由约定，这无疑有利于企业；[2]劳动法学说或概括承继说强调对职工利益的保护，该学说认为，营业转让是以包含劳动关系的营业的有机一体性为根据的，因此，即使合并双方有相反的约定，消灭公司职工的劳动合同仍是当然地由存续公司概括承继。

从立法上看，美国判例法有继任人责任概念，但是在劳动法上，该责任概念未广泛要求继任雇主对前任雇主的雇员的接收，其主要适用于解决继任雇主对前任雇主的集体谈判义务。美国坚持"自愿雇佣"的基本原则，强调劳动合同当事人平等的意思

---

〔1〕 詹文凯：《企业并购对于劳动契约之影响》，载《月旦法学》2002年第4期。

〔2〕 参见王健、宋永泉：《公司合并与职工权益保护》，载《法学论坛》2003年第1期。

自治，但是职工与雇主能否真正处于平等的谈判地位却存在很大疑问。尽管美国判例法发展了诸如"公共政策""诚实信用"等原则以限制雇主的解雇自由，但这种限制仍未从根本上改变自由解雇权。因此，在公司合并过程中，公司之间并未产生存续公司接收消灭公司职工的严重冲突问题，其主要原因在于存续公司与消灭公司原则上均拥有解雇职工的自由，让其承担接收另一方职工的义务并无多大法律意义。我国台湾地区现行"企业并购法"第 16 条（留用劳工之权限）规定，并购后存续公司、新设公司或受让公司应于并购基准日 30 日前，以书面载明劳动条件通知新旧雇主商定留用之劳工。该受通知之劳工，应于受通知日起 10 日内，以书面通知新雇主是否同意留用，届期未为通知者，视为同意留用。前项同意留用之劳工，因个人因素不愿留用时，不得请求雇主给予资遣费。留用劳工于并购前在消灭公司、让与公司或被分割公司之工作年资，并购后存续公司、新设公司或受让公司应予以承认。[1] 英国 1981 年《企业转让（劳动保护）条例》第 5 条规定，转让企业职工的劳动合同在转让后继续有效，如同该合同是由这些职工与受让企业订立的一样。因此，转让企业职工在转让后自动成为受让企业的职工，防止企业职工因企业转让而导致失业。这一规定实际上使合并企业承担了无条件接受被合并企业职工的法定义务。

我国《公司法》对公司合并后消灭公司中的劳动合同是否应当存续没有作出明确规定，但一些规章中却有所涉及。例如，我国 1989 年公布且现行有效的《国家体改委、国家计委、财政部、国家国有资产管理局关于企业兼并的暂行办法》第 9 条规定："在目前社会保险制度还不健全的条件下，被兼并方企业的职工，包括固定工、合同工和离、退休职工，原则上由兼并方企业接收，在确定资产转让价格时要考虑这一因素。同时，要积极创造条件，推进社会保险制度的配套改革，逐步过渡到由社会吸收、消化。被兼并方企业职工的所有制身份可以暂时不变。"即原企业职工原则上由兼并企业接收。1995 年劳动部公布且现行有效的《关于贯彻执行〈中华人民共和国劳动法〉若干问题的意见》第 13 条规定："用人单位发生分立或合并后，分立或合并后的用人单位可依据其实际情况与原用人单位的劳动者遵循平等自愿、协商一致的原则变更原劳动合同。"而对于国有小型企业职工的安置措施则有所不同，1999 年《国家经济贸易委员会、财政部、中国人民银行关于出售国有小型企业中若干问题意见的通知》第 9 条第 2 款规定，出售企业的全部职工原则上由购买者负责妥善安置，并负责参加各项社会保险。对原来未参加基本养老保险、医疗保险、失业保险等社会保险的企业，按当地政府有关规定，由购买者与社会保险经办机构落实参加基本养老保险、基本医疗保险、失业保险等社会保险的有关事宜。对出售后愿意继续留在该企业工作的职工，购买者应与其重新签订劳动合同，明确职工与购买者的劳动关系，按照《中华人民共和国劳动法》（以下简称《劳动法》）的规定，履行应尽义务。劳动合同期限一般应不短于职工与出售企业原签订劳动合同的期限。不愿留在该企业工作的职工，可自谋职业。自谋职业的职工，应与企业解除劳动关系，可按当地政府规定领取安置费，并可按照当地政府规定继续参加社会保险。任何部门和单位不得在企业出售中终止职工社会保险关系。不得借出售企业之机，违反国家有关规定对职工"买断工龄"或为职工

---

[1] 参见林纪东、郑玉波等编纂：《新编基本六法全书》，五南图书出版公司 2005 年版，第捌 - 468 页。

办理提前退休，把职工推向社会。

3. 关于在公司合并过程中，解雇公司职工的法律问题。许多国家的法律规定在公司合并时，消灭公司的职工应转移至存续公司，以保障消灭公司职工劳动合同项下的利益。为确保该项规定的有效实施，应当对存续公司解雇消灭公司职工的权利进行限制，因为如果存续公司可以在合并完成后任意解雇消灭公司的职工，则由存续公司接收消灭公司职工就失去了实际意义。从有关国家的实践看，在此可以适用的理论基础主要有以下两个：

第一，整理解雇理论。整理解雇，又称经济性解雇或经济性裁员，它是指因企业不景气，或采取技术革新、组织变更等合理化措施，需要裁减员工而实施的解雇。在公司合并完成后，存续公司通常会对本公司进行一定形式的重组以提高公司的经营绩效，由此可能会有裁减职工的客观需要。事实上，公司合并作为一种资产重组方式，通常会伴随着公司生产力内部要素的重组，因此，一些国家的法律均认可合并公司的该种现实需要。

关于整理解雇的条件，从有关国家的实践来看，对企业解雇职工的条件限制大致有两种不同做法：一是在法律上明确规定解雇职工的条件，例如，英国1978年《劳动保护（合并）法》规定，解雇职工应基于该法规定的五项公平的解雇理由。德国的《解雇限制法》则要求解雇应具有社会的正当理由。二是法律无解雇条件的规定，但法院的判例发展了相关理论，主张解雇职工应有条件限制。例如，美国一直以来遵循"自愿解雇"理论，认为职工有退职自由，企业有解雇自由，但是鉴于劳动者事实上的弱者地位，美国法院提出了"善意与公正交易"理论，主张解雇职工应有正当的理由。日本的判例与学说也提出了正当事由说与权利滥用说。由此可见，企业解雇职工应有正当的理由这一原则基本上已普遍地确立。[1]

第二，拟制解雇理论。一般来说，终止劳动合同关系大致有三种方式：雇主与职工合意解除劳动合同、雇主单方面决定终止劳动合同、职工单方面终止劳动合同。有时虽然从表面上看劳动合同终止是因职工主动辞职或职工与雇主双方的合意，但职工辞职或同意合意解除劳动合同的真实原因，是由于雇主方面的不当行为或影响所致。法律将这种劳动合同的终止也视为雇主的故意解雇，从而使职工获得被解雇职工应有的权益，此即所谓的拟制解雇。例如，英国1981年《企业转让（劳动保护）条例》对拟制解雇就有专门规定，即当一家企业的营业转让于另一家企业时，转让企业的雇员也随之转移于受让企业。作为一项原则，雇主身份的变化对雇员并不构成拟制解雇，但有两个例外：受让企业对雇员的工作条件作了重大变更，并且构成对雇员利益侵害的；雇员能够证明雇主身份的变更是一项重大的变更，并且对其利益构成侵害的。[2]

我国《公司法》对存续公司解雇消灭公司职工的法律问题未作明确规定。关于整理解雇问题，根据《劳动法》第27条的规定，用人单位濒临破产进行法定整顿期间或者生产经营状况发生严重困难，确需裁减人员的，应当提前30日向工会或者全体职工说明情况，听取工会或者职工的意见，经向劳动行政部门报告后，可以裁减

---

〔1〕 王健、宋永泉：《公司合并与职工权益保护》，载《法学论坛》2003年第1期。

〔2〕 王健、宋永泉：《公司合并与职工权益保护》，载《法学论坛》2003年第1期。

人员。用人单位依据该条规定裁减人员，在 6 个月内录用人员的，应当优先录用被裁减的人员。关于拟制解雇问题，2001 年《最高人民法院关于审理劳动争议案件适用法律若干问题的解释》第 15 条规定，用人单位有下列情形之一，迫使劳动者提出解除劳动合同的，用人单位应当支付劳动者的报酬和经济补偿，并可支付赔偿金：①以暴力、胁迫或者非法限制人身自由的手段强迫劳动的；②未按照劳动合同约定支付劳动报酬或者提供劳动条件的；③克扣或者无故拖欠劳动者工资的；④拒不支付劳动者延长工作时间工资报酬的；⑤低于当地最低工资标准支付劳动者工资的。

六、公司合并中的反垄断法规制

就公司个体而言，公司如果能够在市场中处于垄断地位，这就意味着高效和高额的垄断利润，因此，以营利为目的而设立的公司，其理所当然地会在公司合并中寻求对市场的垄断，公司合并是公司规模成长壮大的必由之路。然而，就整个社会而言，当公司合并形成的垄断超过一定的限度，则可能极大地限制正常竞争，危害一国的市场经济秩序。因此，各国法律都对公司合并作了不同程度的限制和特别要求，尤其是对其中的垄断行为进行了更为严厉的规制。美国是世界上最早制定反垄断法的国家，其对公司合并进行规制的法律主要有《谢尔曼法》《克莱顿法》和《兼并指南》。例如，1914 年的《克莱顿法》第 7 条就是专门针对企业合并行为而作出的规定。该条规定，禁止任何人获得他人的股份，如果该获得行为将实质削弱竞争，或在任何产品市场、地域市场可能导致垄断。经过几十年的不断实践，该法增加了许多有关企业合并的内容，美国反垄断主管机关为判断一项合并是否严重减少竞争，还专门设计了五步分析法[1]：第一步，在界定相关市场的基础上，分析企业合并是否显著增加市场集中度并导致集中化的市场；第二步，根据市场集中度及有关事实，分析合并对市场的影响及是否引起潜在的反竞争效果；第三步，评估新的市场进入是否能及时、充分地抵消合并的反竞争效果；第四步，分析合并是否产生当事人不能通过其他途径实现的效率；第五步，评估在没有合并的情况下，合并当事人是否会因破产退出市场。通过对市场集中、潜在反竞争效果、市场进入、效率、破产等五大因素的详细分析，反垄断主管机关可判断一项合并是否严重减少竞争。《克莱顿法》还增加了大企业合并事前申报制度的规定，该法成为美国规制企业合并最重要的法律。大陆法系的德国，自1957 年颁布《反对限制竞争法》以来，到 1998 年经历了 6 次修订，在修订中增加了许多关于企业合并的内容，该法与欧共体企业合并的规制法的共同适用，对规制合并中可能出现的限制竞争性垄断发挥了重要作用。1990 年欧共体理事会颁布了《欧共体企业合并控制法》，适用于欧共体成员国企业合并中的垄断规制。日本对公司合并反垄断规制的主要法律是《关于禁止私人垄断和确保公正交易的法律》，该法经多次修改，加强了对公司合并规制的内容。[2]为了对公司合并进行反垄断规制，其前提必须是了解公司合并的有关情况，通过一定程序对可能引起垄断、限制竞争的合并进行审查。因此，不少国家建立了公司合并的申报、审查法律制度。有申报义务的公司向反垄断执法机构申报其合并意向后，合并审查程序即开始。反垄断机构按

---

〔1〕 刘和平：《欧美并购控制法实体标准比较研究》，载《法律科学（西北政法学院学报）》2005 年第 1 期。

〔2〕 参见周友苏：《新公司法论》，法律出版社 2006 年版，第 482 页。

照法律规定的程序，在规定的期限内决定是否批准该合并。[1]

在我国的《反垄断法》出台之前，2003 年 3 月公布的《外国投资者并购境内企业暂行规定》，是我国第一个具有反垄断意义的规制合并垄断的法律规范。其中对外国投资者并购境内企业作了反垄断的原则性规定，如其第 3 条规定："外国投资者并购境内企业应遵守中国的法律、行政法规和部门规章，遵循公平合理、等价有偿、诚实信用的原则，不得造成过度集中、排除或限制竞争，不得扰乱社会经济秩序和损害社会公共利益。"2006 年商务部、国务院国有资产监督管理委员会、国家税务总局、国家工商行政管理总局、中国证券监督管理委员会、国家外汇管理局等六部委对上述暂行规定进行了重大修订，由 26 条增加至 61 条，成为《关于外国投资者并购境内企业的规定》而公布实施。其中，专设第五章反垄断审查。由于该规章的适用范围有限，法律位阶较低，起不到基本法的作用，对我国公司合并中所形成的垄断还难以起到规制的作用。2007 年我国公布了《反垄断法》，该法第四章专章对"经营者集中"进行了规定，在我国正式建立了经营者集中规制制度。合并垄断规制制度亦包含其中，故以下所称经营者集中与公司合并为同义语。[2]经营者集中规制制度的主要内容如下：

（一）经营者集中的界定

根据《反垄断法》第 25 条的规定，经营者集中是指下列三种情形：①经营者合并；②经营者通过取得股权或者资产的方式取得对其他经营者的控制权；③经营者通过合同等方式取得对其他经营者的控制权或者能够对其他经营者施加决定性影响。

（二）事前申报制度

与大多数国家的反垄断法一样，我国反垄断法也建立了经营者事前申报制度。《反垄断法》第 26 条第 1 款规定，经营者集中达到国务院规定的申报标准的，经营者应当事先向国务院反垄断执法机构申报，未申报的不得实施集中。根据这一规定，并非所有的经营者集中都要进行事前申报，只有达到一定规模的经营者集中才需要申报。一定规模究竟有多大，《反垄断法》没有规定，具体交由国务院来决定。

根据《反垄断法》第 27 条的规定，经营者集中有下列情形之一的，可以不向国务院反垄断执法机构申报：①参与集中的一个经营者拥有其他每个经营者 50% 以上有表决权的股份或者资产的；②参与集中的每个经营者 50% 以上有表决权的股份或者资产被同一个未参与集中的经营者拥有的。这被称为经营者集中申报制度。

（三）申报文件与内容

《反垄断法》第 28 条和第 29 条规定，经营者向国务院反垄断执法机构申报集中，应当提交下列文件、资料：①申报书；②集中对相关市场竞争状况影响的说明；③集中协议；④参与集中的经营者经会计师事务所审计的上一会计年度财务会计报告；⑤国务院反垄断执法机构规定的其他文件、资料。申报书应当载明参与集中的经营者的名称、住所、经营范围、预定实施集中的日期和国务院反垄断执法机构规定的其他事项。经

---

〔1〕 参见卢代富：《严厉与宽容：反垄断中的企业合并控制政策》，载《现代法学》1998 年第 4 期；朱宏文：《现代反垄断法的发展与我国的反垄断立法——以企业合并控制为中心》，载《社会科学研究》2001 年第 3 期。

〔2〕 关于经营者集中与公司合并的异同前文已作详细比较，尽管经营者集中的外延要大于公司合并，但公司合并是其最主要的部分，为论述方便，故在此不加细分。

营者提交的文件、资料不完备的，应当在国务院反垄断执法机构规定的期限内补交文件、资料。经营者逾期未补交文件、资料的，视为未申报。

（四）审查期限与审查标准

1. 审查期限。反垄断执法机构对经营者集中的审查分为两个阶段，其对每个阶段审查期限的规定是不同的。第一阶段为初步审查，根据《反垄断法》第 30 条的规定，国务院反垄断执法机构进行初步审查的期限为 30 日，自收到经营者提交的文件、资料之日起计算。进行初步审查的结果是，作出是否实施进一步审查的决定，并书面通知经营者。国务院反垄断执法机构作出决定前，经营者不得实施集中。国务院反垄断执法机构作出不实施进一步审查的决定或者逾期未作出决定的，经营者可以实施集中。

第二阶段的审查可称为实质性审查。根据《反垄断法》第 31 条的规定，国务院反垄断执法机构决定实施进一步审查的，应当自决定之日起 90 日内审查完毕，作出是否禁止经营者集中的决定，并书面通知经营者。作出禁止经营者集中的决定，应当说明理由。审查期间，经营者不得实施集中。有下列情形之一的，国务院反垄断执法机构经书面通知经营者，可以延长上述规定的审查期限，但最长不得超过 60 日：①经营者同意延长审查期限的；②经营者提交的文件、资料不准确，需要进一步核实的；③经营者申报后有关情况发生重大变化的。国务院反垄断执法机构逾期未作出决定的，经营者可以实施集中。

2. 审查标准。根据《反垄断法》第 34 条的规定，经营者集中具有或者可能具有排除、限制竞争效果的，国务院反垄断执法机构应当作出禁止经营者集中的决定。但是，经营者能够证明该集中对竞争产生的有利影响明显大于不利影响，或者符合社会公共利益的，国务院反垄断执法机构可以作出对经营者集中不予禁止的决定。从这一规定可以看出，我国规制经营者集中的主要标准应该是"排除、限制竞争效果"。此种规定符合经营者集中规制的国际发展趋势。在审查与判断经营者集中是否具有或者可能具有"排除、限制竞争效果"时，根据《反垄断法》第 33 条的规定，应当考虑下列因素：①参与集中的经营者在相关市场的市场份额及其对市场的控制力；②相关市场的市场集中度；③经营者集中对市场进入、技术进步的影响；④经营者集中对消费者和其他有关经营者的影响；⑤经营者集中对国民经济发展的影响；⑥国务院反垄断执法机构认为应当考虑的影响市场竞争的其他因素。

此外，《反垄断法》第 38 条规定，对外资并购境内企业或者以其他方式参与经营者集中，涉及国家安全的，除依照《反垄断法》规定进行经营者集中审查外，还应当按照国家有关规定进行国家安全审查。

（五）决定与公布

国务院反垄断执法机构对于禁止经营者集中的决定，必须书面通知经营者。如果国务院反垄断执法机构没有及时作出决定，则视为允许经营者集中。《反垄断法》第 35 条规定，对不予禁止的经营者集中，国务院反垄断执法机构可以决定附加减少集中对竞争产生不利影响的限制性条件。这种决定可称为附加限制性条件的不予禁止决定。

《反垄断法》第 36 条还规定，国务院反垄断执法机构应当将禁止经营者集中的决定或者对经营者集中附加限制性条件的决定，及时向社会公布。

（六）救济与法律责任

1. 救济。依据《反垄断法》第65条规定，对反垄断执法机构依据《反垄断法》第34条、第35条作出的决定不服的，可以先依法申请行政复议；对行政复议决定不服的，可以依法提起行政诉讼。对反垄断执法机构作出的上述规定以外的决定不服的，可以依法申请行政复议或者提起行政诉讼。

2. 法律责任。参与集中的经营者如果违反了《反垄断法》关于经营者集中的实体性与程序性的规定，相关经营者将承担相应的行政责任和刑事责任：①《反垄断法》第58条规定，经营者违反本法规定实施集中，且具有或者可能具有排除、限制竞争效果的，由国务院反垄断执法机构责令停止实施集中、限期处分股份或者资产、限期转让营业以及采取其他必要措施恢复到集中前的状态，处上一年度销售额10%以下的罚款；不具有排除、限制竞争效果的，处500万元以下的罚款。②《反垄断法》第62条规定，对反垄断执法机构依法实施的审查和调查，拒绝提供有关材料、信息，或者提供虚假材料、信息，或者隐匿、销毁、转移证据，或者有其他拒绝、阻碍调查行为的，由反垄断执法机构责令改正，对单位处上一年度销售额1%以下的罚款，上一年度没有销售额或者销售额难以计算的，处500万元以下的罚款；对个人处50万元以下的罚款。

七、对特殊公司合并的监管

一般的公司合并，只要遵守了《公司法》的相关规定，按法定程序进行，并照顾特殊群体的利益，即可实施合并。但对于一些特殊的公司进行合并，除遵守以上的规定外，还要接受相关法律的特别监管。

（一）国有独资公司合并的监管

国有独资公司在我国属于一种特殊公司，随着大规模的国企进行股份制改造，国有独资公司日益减少。国有独资公司通常都是为了控制和掌握国家经济命脉、维护国家安全、维护社会公共利益等目的而存在，因此，对这类企业的合并，法律就要对其进行特别的监管。根据我国《公司法》第172条的规定，国有独资公司的合并必须由履行出资人职责的机构决定。

（二）对外资并购我国境内公司的监管

改革开放以来，为引进国外的先进技术和管理经验，实现资源的合理配置，促进经济的发展，我国不断扩大对外开放，引进外资。外资进入中国有很多方式，并购境内企业就是其中一个较为行之有效的方式。但是外资并购境内公司毕竟不同于国内公司之间的合并，可能会涉及对国内产业的冲击、国家经济安全的影响等问题，因此需要有相关的法律法规对外资并购境内公司进行监管。我国《公司法》对外资并购境内公司未予规定，但是《关于外国投资者并购境内企业的规定》作出了较为具体的规定，比如，外国投资者并购境内企业需符合我国的产业政策、需经审批机关批准以及反垄断审查等。我国加入WTO已有二十年的历史，我国还将进一步对外开放市场，对外资并购我国境内公司的限制会不断减少，然而到任何时候，对这种并购进行特殊监管始终是必要的。

八、公司合并无效及其诉讼

（一）合并无效概述

合并无效，是指在合并交易中存在着合并瑕疵从而导致合并行为不发生法律效力。

公司法制度比较成熟的国家，其公司法一般都规定了公司合并无效制度，但是我国现行《公司法》没有规定这一制度。前面已提及，公司合并作为一种民事行为，如果缺少民事行为的生效要件，则合并应当无效。公司实践中也完全可能出现公司合并无效的情形，合并无效常见的情形主要有：①合并协议无效。比如，合并协议没有得到主管机关的批准以及合并协议的订立存在着无权代理、欺诈等情形时，该种协议可能发生无效或者被撤销。如果该种协议发生无效或者被撤销，合并的基础丧失，合并本身也可能发生无效。②合并决议有瑕疵。比如，股东会决议不符合法定表决要求，或者剥夺了某类股份的表决权而导致合并决议的无效或者被撤销等。③违反债权人保护的程序。比如，公司未依法定程序提供相应条件，满足债权人行使其异议权。

（二）合并无效之诉

1. 公司合并无效之诉概述。主张公司合并无效只能以诉讼的方式为实现途径，合并出现无效原因时，利害关系人可在一定期限内以诉讼方式主张合并无效。合并无效之诉属于形成之诉。公司合并属于团体法上的行为并产生团体法上的效果，如果动辄使合并无效，必将影响众多利害关系人的利益。[1]因而公司法上的合并诉讼制度要发挥两方面的作用：一是为利害关系人提供方便高效的诉讼程序，以保障其实体权利主张得以实现；二是限制这种诉讼，避免相关当事人诉讼权利的滥用。前者如，确立被告为存续公司或者新设公司，原告限于股东、董事、监事、清算人、破产管理人，或者不承认合并的债权人；后者如，合并无效诉讼应在合并生效之后一定期限内（一般为6个月）提起，此期间为除斥期间。

2. 公司合并无效之诉之无效判决的对世效力和溯及力问题。①合并无效的判决确定后，合并无效判决具有对世效力。所谓无效判决的对世效力，就是法院一旦判决合并无效，该种判决不仅对原告、被告，而且对第三人产生效力。因此，无效判决生效后，任何人均须遵守该判决。②合并无效判决不具有溯及力。由于公司合并属于商事行为，学理上通常认为商事行为的无效不能简单地适用民事行为无效的规则，确认公司设立无效以及公司合并、分立无效的判决，通常不具溯及既往的效力，其基本原理在于商事法律以维护商事法律关系的稳定和促进商事流转为宗旨。所以合并无效的判决只对将来发生效力，而不对过去已经发生的交易发生效力。即对合并无效判决确定之前的存续公司或者新设公司视为事实公司存在，其所为的对内对外法律行为均为有效。如果合并无效判决具有溯及效力，必将使得合并交易从一开始就无效，并将会对合并后已经发生的交易产生不利影响，从而影响交易的安全。

3. 无效判决的后果。公司合并无效判决产生以下四个方面的后果：[2]①恢复原状。由于合并无效的确定，当事公司还原于合并前的状态。这里又分两种情形：在吸收合并的情况下，被消灭的公司复活，并从存续公司中分立；在新设合并的情况下，被消灭的当事公司均复活，并从新设公司中分立。②因合并而承继的权

---

〔1〕 施天涛：《公司法论》，法律出版社2006年版，第530页。

〔2〕 参见施天涛：《公司法论》，法律出版社2006年版，第531页。

利义务的处理。因合并而继受的权利义务原则上复归于复活的消灭公司，但是由于合并无效判决没有溯及力，合并后的存续公司或者新设公司已经处分的权利或者已经履行的义务，应将其价额折算为现存价值进行清算。③合并后取得的财产及债务。因合并而取得的财产或者承担的债务由复活之消灭公司共有或者分担。就财产的分配而言，有协议的，根据协议确定；没有协议的，根据公平原则分割。就债务分担而言，有协议的，根据协议确定；没有协议的，由合并各方承担连带责任。④合并无效判决的登记。合并无效的判决确定后，应在总公司和分公司所在地办理登记。存续公司应办理变更登记，新设公司应办理解散登记，消灭公司应办理恢复登记。

（三）我国公司无效合并之诉的操作

我国《公司法》虽然没有直接规定公司合并无效制度，但是对于合并无效的确认和处理，可以结合《公司法》其他相关规定，并适用《民法典》及相关司法解释的规定和有关原则进行。由于公司合并是参与合并的公司基于合并协议而进行的法律行为，如果合并行为存在违反法律和行政法规的强制性规范的事由，利害关系人可以提起请求确认合并协议无效之诉，如果该协议无效或者被撤销，合并本身也就无效。对于我国公司无效合并之诉的操作，有以下几个方面的问题值得注意：

1. 合并无效的原因。公司合并只要违反了相应的强制性规范，均可作为合并无效的诉因，其中违反《公司法》第 59 条和第 112 条的规定，未经股东会决议而进行的合并是导致合并无效的常见原因。

2. 无效原因的补正。虽然公司合并存在无效原因，但是为了稳定社会经济关系，保护交易安全，在法院判决合并无效之前，应给予当事人以补正的机会。如果当事人在法院判决之前，补正有关无效原因，合并仍应确认有效。例如，《最高人民法院关于审理与企业改制相关的民事纠纷案件若干问题的规定》（2020 修正）第 30 条对此作出了明确的规定：企业兼并协议自当事人签字盖章之日起生效。需经政府主管部门批准的，兼并协议自批准之日起生效；未经批准的，企业兼并协议不生效。但当事人在一审法庭辩论终结前补办报批手续的，人民法院应当确认该兼并协议有效。

3. 相关司法解释的参照适用。《最高人民法院关于审理与企业改制相关的民事纠纷案件若干问题的规定》（2020 修正），对解决企业出售、兼并无效的法律问题作出了一些规定，其中，第 17 ~ 19 条分别对确认企业出售合同不生效、企业出售行为无效以及撤销出售行为进行了规定。[1]公司合并无效亦可参照适用。

---

[1] 该司法解释第 17 条规定，以协议转让形式出售企业，企业出售合同未经有审批权的地方人民政府或其授权的职能部门审批的，人民法院在审理相关的民事纠纷案件时，应当确认该企业出售合同不生效。第 18 条规定，企业出售中，当事人双方恶意串通，损害国家利益的，人民法院在审理相关的民事纠纷案件时，应当确认该企业出售行为无效。第 19 条规定，企业出售中，出卖人实施的行为具有《民法典》第 147 条、第 151 条规定的情形，买受人在法定期限内行使撤销权的，人民法院应当予以支持。即下列合同，当事人一方有权请求人民法院或者仲裁机构变更或者撤销：①因重大误解订立的；②在订立合同时显失公平的。《民法典》148 条还规定，一方以欺诈、胁迫的手段或者乘人之危，使对方在违背真实意思的情况下订立的合同，受损害方有权请求人民法院或者仲裁机构变更或者撤销。当事人请求变更的，人民法院或者仲裁机构不得撤销。

第二节　公司收购

一、公司收购的概念、特征及其动机

（一）公司收购的概念

公司收购（Corporate take-over/corporate acquisition），是指公司收购人以控股或者兼并为目的而取得其他公司的股份或者资产的行为。公司收购与公司合并具有密切的联系，二者都是实现规模经济的途径，通常被并称为"公司并购"（Corporate merger and acquisition/M&A）。也有的学者将公司合并称为法定合并（Statutory merger）；而将公司收购称为非法定兼并（Non-statutory amalgamation）。所以，公司收购与公司合并尽管在法律机制上有所不同，但在经济意义上却有异曲同工之妙。

在现代资本市场，公司并购活动十分活跃，从19世纪末20世纪初以来相继形成过以下六次大的并购浪潮（Merger waves）：第一次大约发生在1880~1900年，主要表现为"横向并购"（Horizontal consolidation）；第二次大约发生在1920年，主要表现为"纵向并购"（Vertical integration）；第三次大约发生在1950~1960年，主要表现为"混合并购"（Conglomerate mergers）；第四次大约发生在1970~1980年，主要表现为"杠杆并购"（Leveraged buyout/LBO）；第五次大约发生在1990年，主要表现为"收购合并"，即先收购、后兼并，也就是本章第一节提及的两步式并购（Two-step M&A）；第六次大约发生在20世纪90年代后期的"纵向并购"，即垂直并购（Vertical merger），这种并购的优势在于可以形成供、产、销一条龙，更好地应对市场的激烈竞争。对于纵向并购在世纪之交形成一股浪潮，究其原因现在有两种看法：一是技术决定论；二是市场缺陷论。

上述六次并购浪潮，其特点是每次浪潮都有一个代表性的并购类型占主导地位，对现代经济生活影响颇深。

公司并购形态复杂多样，其中的权利义务关系受到多个部门法的调整，除大量的公司法、证券法等商法系列外，还包括竞争法、税法、环境资源保护法以及劳工法等大量的经济法和社会法系列。

（二）公司收购的特征

公司收购制度在西方国家已经较为完备，美国尤甚。故这里的公司收购制度的特征主要是对这些国家公司收购制度的抽象和概括，其主要内容表现如下：

1. 公司收购的主体是投资者。作为收购公司的投资者既可以是自然人，也可以是法人，通常将这二者统称为收购人。在收购人是公司的情况下，收购人被称为收购公司（Acquiring corporation）。一般情形下是收购人多为公司。收购人可以是单数，也可以是复数。由此可将公司收购划分为单独收购和共同收购。在共同收购中，共同收购人之间往往是存在着关联关系的关联人，关联人在法律上常被称为"一致行动人"（Persons acting in concert）。

2. 公司收购的目的是控股或者兼并。一般而言，收购人收购公司的目的是取得对目标公司（Object corporation）或者被收购公司（Acquired corporation）的控股地位或者直接兼并目标公司，也可能控股是其第一步，在将来具备条件时再行兼并目标公司。由此可将公司收购分为控股收购和兼并收购。控股收购的结果是导致目标公司成为收

购公司的全资或者控股子公司。兼并收购的结果是导致目标公司被收购公司兼并。控股收购往往是兼并收购的前奏或手段。

3. 公司收购的方式为公开标购和私下协商收购两种方式。由此可将收购区分为公开收购或者要约收购（Tender offer/Takeover bid）和私下收购或者协议收购（Private negotiation）。

4. 公司收购的对象是目标公司。目标公司可以是上市公司，也可以是非上市公司。目标公司是上市公司的，为上市公司收购；目标公司为非上市公司的，为非上市公司收购。上市公司收购受《证券法》和《公司法》共同调整，但主要由《证券法》调整。

5. 公司收购的对价可以是现金，也可以是证券或者其他财产，还可以是现金、证券或者其他财产的结合。由此可将公司收购区分为现金收购（Cash offer）和易券收购（Exchange offer）。实务中，收购人可能用现金作为部分收购对价，其余部分则采用证券作为收购对价。

6. 公司收购的客体是目标公司的股份或者资产。由此可将公司收购分为股权收购和资产收购。股权收购（Equity acquisition）是指购买目标公司全部或者部分股权的行为。而资产收购（Assets acquisition）则是指购买目标公司全部或者实质性全部资产的行为。在股权收购中，如果收购资金来源于融资，则称之为杠杆收购（Leveraged buy-out/LBO）。[1]

（三）收购人的收购动机

关于收购人的收购动机美国哈佛大学的克拉克（Clark）教授将其归纳为如下五个方面：[2]

1. 收购人希望获得目标公司的"潜在价值"（Potential value）。目标公司原本是有潜力的，但是由于目标公司的管理者经营管理不善而导致公司价值没有被有效地挖掘出来。在这种情形下，收购人通过收购目标公司并更换其原来的管理层，期望通过提升公司管理水平和经营效率获取更大的利润（Gains from better management）。

2. 收购人希望获得"协作利益"（Synergistic benefits）。公司实力的增长主要靠两种途径实现：一是内部增长（Internal growth），二是外部扩展（External extension）。外部扩展更具捷径性，公司收购是公司实现外部扩展的一种重要方式。经济规模是合并的最为显著的效应，公司收购是实现规模经济的重要手段。规模经济效应还有一个重要的积极意义就是：企业越大，越不容易被他人吞并（Too big to swallow）。

3. 收购人希望通过收购获得"垄断利益"（Monopoly benefits）。

---

[1] 杠杆收购是指由外部投资者发动的公司收购行为。杠杆收购的资金绝大部分是借来的，比如，发行"垃圾债券"（Junk bonds）。在杠杆收购之后，这笔债务由被收购的目标公司承担，或者将被收购的目标公司的某些资产予以出售来偿付这笔债务。杠杆收购一开始可能是采取要约收购的形式收购目标公司已发行在外的全部股份，随后采用"清扫式"合并（Mop-up merger）方式扫除剩余股份。由此可见，杠杆收购可能导致"私有化"（Privatization），即在杠杆收购完成之后，目标公司不再是公众公司。在杠杆收购中，如果公司管理层参与收购则为管理层收购（Management buyout/MBO）。管理层收购是杠杆收购的一种特殊形式。参见施天涛：《公司法论》，法律出版社2006年版，第482页。

[2] 施天涛：《公司法论》，法律出版社2006年版，第483页。

4. 收购公司管理层希望通过收购而获得"管理好处"（Managerial benefits）。收购公司管理层希望以收购方式将企业做大并借此提升自己的地位，获得更大的权力、报酬和声望。

5. 收购人希望通过收购获得"劫掠收益"（Looting gains）。收购人通过收购获得对目标公司的控制权，并可以此劫掠目标公司利益。

其实，收购人的收购动机远不只上述五种，比如，收购人通过收购而获得对目标公司的控制权，从而可以寄希望于将来再转让该控制权时可以获取控制权溢价（Control premiums）。可以说，只要人们能够认识到公司收购有多少种价值，收购人就有多少种动机。当然，不可否认克拉克（Clark）教授归纳的五种收购动机具有典型性。

二、上市公司收购

从制度层面来看，上市公司收购是公司收购中最重要的部分。故本节对公司收购的解读，主要以上市公司为例。我国《证券法》也单列一章（即该法第四章）专门规制上市公司。

（一）上市公司收购概述

1. 上市公司收购的概念。上市公司收购是指收购人为了取得或者巩固目标公司的控制权而从事的一系列的行为和安排。上市公司收购既包括对上市公司股权的收购，也包括对上市公司资产的收购。但在证券法律中，上市公司收购主要是指对上市公司股权的收购。

2. 上市公司收购具有以下特征：

（1）收购的对象是上市公司。上市公司是指经证券交易所批准，股票在证券交易所上市交易的股份有限公司。

（2）收购的标的是上市公司的股份。对上市公司进行收购，目的是获得或者巩固对上市公司的控制权。要想控制上市公司，必须在上市公司的股东大会上拥有表决权，使自己的意志能够上升为上市公司的意志，这样就必须持有上市公司一定数量的股份。

（3）收购的主体是收购人，包括投资者及其一致行动人。投资者可以是任何自然人、法人。一致行动是指投资者通过协议、其他安排，与其他投资者共同扩大其所能够支配的一个上市公司股份表决权数量的行为。在上市公司的收购及相关股份权益变动中有一致行动情形的投资者，互为一致行动人。

（4）收购是一种投资者之间的股份转让行为。上市公司收购是上市公司的收购人与上市公司股东之间进行股份转让的行为。由于上市公司不得持有本公司的股份，所以收购不是收购人与上市公司进行股份转让的行为。

（5）收购的目的是获得或者巩固对上市公司的控制权。收购一般都是为了控制上市公司，在投资者没有控制上市公司时，收购的目的就是取得控制权；在投资者已经取得控制权，而其控制地位受到挑战时，收购的目的就是巩固控制权。投资者控制上市公司一般有两种方式：一是投资者单独持有上市公司的股份，二是投资者通过协议、其他安排与其他人共同持有一个上市公司的股份。不管投资者采用何种方式收购上市公司，只要投资者控制了上市公司，收购的目的就达到了。

3. 上市公司收购的立法状况。由于上市公司收购对一国的社会经济影响巨大，故各国均对其采取宽严不一的法律监管。就各国有关上市公司收购的监管法体制而言，可以分为自律型监管和政府型监管两大类。英美两国分别为这两种类型的典型代表。

英国是实行证券自律性监管体制的典型代表。英国对上市公司收购的监管，虽然涉及《公司法》《金融服务法》和《公平交易法》，但主要是通过英国公司收购与合并委员会[1]1968年制定的《伦敦城收购与兼并守则》（又称《城市法典》或《伦敦城法典》）和1980年制定的《大宗股票买卖规则》等自律性规范进行的。

美国是实行证券监管政府主导体制的典型代表。其对上市公司收购的法律监管主要是通过制定成文法来实现的。美国有关收购的立法包括联邦立法和州立法。联邦立法主要是1968年制定的《威廉姆斯法案》，这是美国最早全面调整上市公司收购的法律，但该法案不是一个独立的立法，而是1934年《证券交易法》的修正案。美国各州从20世纪60年代开始了公司收购的立法，特点是将公司收购作为公司的内部事务，规定于各州的公司法中。对于收购中的反垄断问题，美国主要是通过一般的反垄断法加以规范，即《谢尔曼法》《克莱顿法》《联邦贸易委员会法》等。2002年，针对安然、世通等财务欺诈事件，美国国会出台了《2002年公众公司会计改革和投资者保护法案》。该法案由美国众议院金融服务委员会主席奥克斯利和参议院银行委员会主席萨班斯联合提出，又被称作《2002年萨班斯—奥克斯利法案》（以下简称"萨班斯法案"）。法案对美国《1933年证券法》《1934年证券交易法》作了不少修订，在会计职业监管、公司治理、证券市场监管等方面作出了许多新的规定。总之，美国对上市公司收购的规制，有着完备的立法体系。

我国的上市公司收购始于1993年的"宝安收购延中"事件，[2]至今已有近20年的收购实践。经过20年的不断探索，我国已初步形成上市公司收购的法律体系。这个体系包括：《公司法》《证券法》《反垄断法》《股票条例》《上市公司收购管理办法》等法律法规以及其他一些规范性文件、自律性规范。我国收购立法的基本取向是：在信息公开的前提下，鼓励上市公司的收购，放松管制，运用市场的力量加强对收购人的行为约束。

（二）上市公司收购的种类

上市公司的收购，按照不同的标准可以划分为不同的种类。

1. 要约收购、协议收购与其他合法方式收购。依据收购采用的方式，可以分为要约收购、协议收购与其他合法方式收购。

（1）要约收购，是指收购人公开向目标公司的股东发出要约，并按要约中的条件购买目标公司的股票，以期达到对目标公司控制权的获得或者巩固。要约收购的受要约人为目标公司的全体股东，发出的要约必须公开，公开的方式在我国为公告。要约收购是上市公司收购的一种传统方式，也可以说是最重要的一种方式，各国的上市公司收购立法均将要约收购作为规范的重点。

（2）协议收购，是指投资者及其一致行动人在证券交易所以外与目标公司的股东，

---

〔1〕 英国公司收购与合并委员会不是官方机构，是一个会员制式的组织。

〔2〕 1993年9月30日，深圳宝安上海分公司在上海证券交易所大量购入上海延中公司股票，并据此要求延中公司召开董事会，重新选举董事长。延中公司董事会提出宝安公司没有按照《股票条例》的规定履行信息披露义务，从而引发中国证券市场上第一个"敌意收购事件"，此为"宝延事件"。

主要是持股比例较高的大股东，就股票的价格、数量等方面私下协商，购买目标公司的股票，以期达到对目标公司控制权的获得和巩固。在我国，由于上市公司的股权结构特殊，在股权分置改革之前，大量的非流通股存在，使得协议收购一度成为收购的主要方式。当然，协议收购的对象不限于非流通股，流通股也是协议收购的对象。

（3）其他合法方式收购。要约收购与协议收购是上市公司收购的两种基本方式。除了这两种收购方式外，我国还存在过集中竞价收购，其是指收购人在场内交易市场上，通过证券交易所集中竞价交易的方式对目标公司进行的收购。2005 年修订后的《证券法》，为了给上市公司收购方式的创新留出空间，在要约收购与协议收购方式之外，规定了其他合法方式收购（该法第 62 条）。依据《上市公司收购管理办法》第 15 条及其第五章的规定，其他合法方式应包括国有股权的行政划转、执行法院裁定、继承、赠与等方式。需要说明的是：在国有股行政划转、司法裁定等方式构成的上市公司收购中，收购方（即行政划转的受让方和司法裁决的胜诉方）可能没有取得上市公司控制权的主观动机，但如果上述行为的结果是收购方获得了或可能获得上市公司的控制权，即是收购，收购方就应履行相关义务。

2. 强制收购与自愿收购。依据收购是否构成法律义务，可以分为强制收购与自愿收购。

（1）强制收购，是指投资者及其一致行动人持有一个上市公司的股份达到一定比例时，如果愿意继续增持股份的，应当向上市公司所有股东发出收购要约，表示愿意以收购要约中的条件购买该上市公司的股份。

（2）自愿收购，是指投资者及其一致行动人持有一个上市公司的股份达到一定比例时，自主决定通过发出收购要约以增持目标公司股份。

强制要约收购受到法律的严格规制，如我国《证券法》。

3. 敌意收购与友好收购。依据目标公司的管理层与收购人是否合作，可以分为敌意收购与友好收购。

（1）敌意收购（Hostile takeover），是指收购人事先不与目标公司沟通，在目标公司的管理层毫无防备的情况下而进行的公司收购。敌意收购的成本较高，因为在收购的过程中目标公司的董事会往往会反抗或阻挠，一旦目标公司的董事会拒绝被收购而采取反收购措施，就会对双方造成不必要的人力、财力消耗。

（2）友好收购（Friendly takeover），是指收购人事先与目标公司进行沟通，在得到目标公司管理层同意的情况下实施的收购。友好收购的成本低，有利于保守商业秘密，成功率高。

协议收购多发生在目标公司的股权相对集中，尤其是目标公司可能存在控股股东的情况下，因此，协议收购的目标公司一般为"所有者"控制型公司，即股东掌握着公司的终极控制权，大部分协议收购会得到目标公司经营者的合作，因而协议收购多为友好收购。要约收购多发生在目标公司的股权比较分散，目标公司的股东与公司的控制权分离的情况下，其收购的最大特点是不需事先征得目标公司管理层的同意，因而要约收购一般是敌意收购。

4. 全部收购与部分收购。依据收购目标公司股份的比例，可以分为全部收购与部分收购。

（1）全部收购是收购人向目标公司的全体股东发出要约，收购目标公司的所有股份。

（2）部分收购是收购人向目标公司的全体股东发出要约，收购占目标公司股份总数一定比例的股份，目标公司的股东可以根据这一比例出售自己的股份。

全部收购与部分收购是要约收购中使用的一种分类，我国2019年修订后的《证券法》既允许全部收购也允许部分收购。

5. 横向收购、纵向收购与混合收购。根据收购人与目标公司是否处在同一行业部门，可以分为横向收购、纵向收购和混合收购。

（1）横向收购，又称水平收购（Horizontal takeover），是指收购人与目标公司处在同一行业而进行的收购。收购的目的是追求规模经济效益，这是采用最早、也是最常见的一种收购形式。

（2）纵向收购，又称垂直收购（Vertical takeover），是指收购人与目标公司分处不同的行业而进行的收购。在这种收购中，收购人与目标公司之间通常存在着协作关系，或者生产过程、经营环节上相互衔接。纵向收购可以形成供、产、销一条龙，更好地应对市场的竞争。这种收购的目的在于保证原材料的供应、实现生产经营的连续性，降低销售成本，争取更好的经济效益。

（3）混合收购（Conglomerate takeover），是指既非竞争对手又非现实中或潜在的客户或供应商，从事不相关类型经营的公司之间的收购。

6. 现金收购、换股收购和混合收购。依据收购人支付对价的形式，可以分为现金收购、换股收购和混合收购。对其内涵，前面已有叙述，在此不加重复。

三、上市公司收购中的反收购

（一）反收购概述

上市公司收购作为一种证券交易行为，其主体是收购人与目标公司的股东，本与目标公司经营者无关。但由于收购的结果往往意味着公司经营者的改变和公司经营策略的变化，这对目标公司原经营者的利益、目标公司及股东的利益都至关重要。为了维护自己的利益或公司股东的利益，目标公司的经营者经常利用手中的权力，动用公司的资源，采取一系列措施防止收购的发生或者挫败已经发生的收购。这些措施由两大部分组成，即"收购防御策略"（Defensive tactics/measures）和"收购抵御策略"（Anti-takeover tactics/measures）。

一般来说，收购人在收购要约中都会向目标公司的股东提出高于当时市场股价的有吸引力的溢价，股东可以由此获利，因而对收购的阻碍可能不利于股东的利益。但是目标公司的经营者也可能有充分的理由认为收购人提出的要约价格仍然没有反映公司股票的内在价值，或者收购人提出的对公司未来的经营计划会损害公司的发展，因而收购行动并不符合公司股东的最大利益，应当对收购行动予以防范和回击。由于目标公司经营者和公司股东之间存在着潜在的利益冲突，所以如何既要鼓励公司董事会运用其专业知识和技能保护公司股东的利益，又要防止经营者为保护自己的私利而阻止、破坏对目标公司有利的收购行动，一直是各国立法者费尽心思要解决的问题。

上市公司反收购的法律规制所涉及的主要是目标公司股东和公司经营者之间的问题，这在本质上是一个公司法人内部治理结构的问题。因此，一些国家收购立法对反收购的规制主要体现在《公司法》中,《证券法》中的有关规定仅仅是对《公司法》的补充。

(二)反收购措施

随着公司收购的发展,目标公司为对抗敌意收购行为,创造出了许多反收购措施。根据采取反收购措施的阶段不同,主要分为防御策略与抵御策略两种类型。

1. 防御策略(Defensive tactics/measures)。这是公司经营者为防止本公司成为他人收购的目标,事先采取的预防性措施。其典型策略如下:

(1)"驱鲨剂条款"。"驱鲨剂条款"(Shark repellent provision),是指通过在公司章程中设计一些收购人不愿接受的条款而为控制权的转移制造障碍的反收购措施。这一做法有时被称为"豪猪条款"(Porcupine provision)。这类条款较为常见的有:①交错选举董事条款(Staggered terms provision)是规定每次股东大会只改选一部分董事(如1/3),每个董事任期3年,这一条款使得获得多数股权的人,至少要经过两次股东大会才能获得公司的控制权,但这一条款的作用有限,收购人可以利用自己的股权通过股东大会修改公司章程。②更换董事需要说明理由(Remove with cause)加大了收购后改组董事会的难度。如果更换董事需要说明理由再配合以交叉董事制,就更能够有效地防御公司收购。特别是在正常情况下,股东可以更换董事而无需说明理由,但是在交叉董事的情况下,股东没有合理的理由则不能更换董事,除非章程有相反规定。③特别决议条款,又称公平价格条款(Fair price provisions)是规定在收购人取得目标公司一定比例的股份时,除非经非利害关系人股东多数同意(或收购人以公平价格收购持异议股东),否则该取得股份没有投票权。

(2)"毒丸策略"。"毒丸"(Poison pill)从其原始形式来看,是指目标公司以股利形式向公司原有普通股东发行一系列可转换优先股(Convertible preferred stock)。"毒丸策略"是公司分配给股东具有优先表决权、偿付权的有价证券,或者一种购买期权(Call option)。当某些"触发事件"(Triggering event)发生时(比如,外部人对目标公司进行现金要约收购),将会导致目标公司股东能够以较低价格购买公司的股票或债券,或以较高的价格向收购人出售股份或者债权。毒丸策略的指导思想是通过发行若干不同证券或期权,稀释收购人的持股或者弱化目标公司的财务状况,使收购人在收购后遭受经济上严重不利的后果。毒丸策略在实践中有多种形式,如向内翻转毒丸和向外翻转毒丸。向内翻转毒丸条款(Flip-in provision)是目标公司给予股东一种购买权,当收购人未经目标公司经营者同意而收购目标公司股份达一定比例时,其他股东低价认股的权利即生效,有权以较低的价格购买目标公司的股份,这将导致目标公司的股份总数激增,不仅稀释了收购人持股,而且加重了其负担。向外翻转毒丸条款(Flip-over provision)是指公司作为分红给予股东一种购买权,如果收购人将目标公司兼并,被挤出的股东可以凭此权利以半价购买合并后存续公司(一般是收购公司)的股份。

(3)为收购制造法律障碍。目标公司可以设置合法的障碍以阻止收购(Creating legal obstacles to the takeover)。比如,目标公司可以收购一家其股份的转让需要获得政府同意的企业(例如,一家母公司持有一家保险子公司),以此增加收购难度。又如,目标公司可以购买一个同行企业,以此增加收购违反《反托拉斯法》的危险性。再如,目标公司可以提起诉讼，以违反《收购法》（如起诉收购人的收购要约中有错误陈述或者误导陈述或者重大遗漏）、《反托拉斯法》或者其他法律为由，要求禁止该收购要约。采用这种防御措施的真实目的"并非在于目标公司管理层希望在诉讼中最终获得胜诉，而是为其赢得宝贵时间而已"。

2. 抵御策略（Anti-takeover tactics/measures）。这是发生在收购行为后，公司经营者为对抗收购而采取的各种策略。其典型策略如下：

（1）新股发行。新股发行是指目标公司向原股东配售新股，或者向特定主体定向发行或向社会公众发行新股，通过增加股本总额稀释收购者持股，或使特定主体持股增加的方式使收购难度加大。

（2）股份回购。股份回购（Repurchase/Redemption），又称"自我收购"（Self tender offer），是指目标公司购买自己发行在外股份的行为，该方式可以提高目标公司经营者或控股股东的持股比例，增加他们对公司的控制力，同时还会提高目标公司股份价格，迫使收购人提高出价。但是应当说明的是，在进行这样的购买时需要预先予以披露，且在不同的国家将受到不同的回购法律制度的限制。

（3）寻找白衣骑士。寻找白衣骑士是收购发生后，目标公司经营者往往寻找一个更能友好合作的公司，使其以更高的价格向目标公司的股东们发出收购要约，以挫败敌意收购者，这个友好公司被形象地称为"白衣骑士"（White knights）。白衣骑士实际上是一个救援者，目标公司为了吸引救援者或减少本公司的吸引力，往往给予救援者一种选择权，即购买期权（Call option），使救援者在敌意收购人获得目标公司一定比例的股份时，有权以一定价格（多为优惠价格）购买目标公司最有价值的子公司、分公司或财产，即所谓的"皇冠明珠"（Crown jewels），而这种交易则被称为"定局交易"或"锁定交易"（Lock up）。定局交易会使敌意收购人在完成收购后一无所获，因此在很大程度上增加了救援者在收购战中获胜的可能性；另外，救援者一旦收购失败，这种选择权可以为救援者提供补偿。

反收购措施的核心思想是使目标公司变得不再具有吸引力，或者是使收购者为取得公司控制权而付出高昂代价，乃至不可能取得目标公司控制权，以防止收购行为的发生，或者挫败已发生的收购行为。区分收购预防策略与收购抵御策略的意义在于法律规制不同，实践中并无严格界限，比如，"毒丸策略"，目标公司在收购开始前可以采取，收购开始后同样可以使用。

此外，在公司收购的实务中反收购的策略还有许多，比如，花钱打发收购人上路（To pay off the acquirer to go away），即通常所谓的"绿色邮件"（Greenmail）；再如，目标公司可以通过杠杆资本重组（Leveraged capitalization）或者杠杆翻新（Leveraged recap）而使自己变得不具有吸引力以及"拒绝出售"（Just Say No）、"焦土政策"（Scorched earth）等都是行之有效的反收购措施。

（三）我国法律对反收购的规制

我国现行《公司法》没有直接针对反收购问题的规定，侧重于董事行为是否符合忠实义务的审查。《证券法》对上市公司收购的立法则过于原则，根本没有涉及上市公司的反收购问题。但在实践中，上市公司收购中的反收购现象已经出现，如在1993年发生的"宝延事件"中，延中公司在整个事件中采取了一系列宣传、经济等方面的反收购措施。宝延事件之后，许多上市公司对反收购问题给予了高度重视，采取了一系列相应的反收购预防措施，比如，员工内部持股计划、在公司章程中增订反收购条款限制董事会改选的人数等。2019 年修订后的《证券法》于第 77 条第 1 款授权国务院证券监督管理部门制定了《上市公司收购管理办法》，该办法第 8 条、第 32～34 条对反收购问题进行了规定。第 8 条具体内容是：被收购公司的董事、高级管理人员对公司负有忠实义务和勤勉义务，应当公平对待收购本公司的所有收购人。被收购公司董事会针对收购所作出的决策及采取的措施，应当有利于维护本公司及其股东的利益，不得滥用职权对收购设置不适当的障碍，不得用公司资源向收购人提供任何形式的财务资助，不得损害公司及股东的合法权益。

该办法第 32 条规定，被收购公司的董事会应当对收购人的主体资格、资信情况及收购意图进行调查，对要约条件进行分析，对股东是否接受要约提出建议，并聘请独立财务顾问提出专业意见，在收购人公告要约收购报告书后 20 日内，被收购公司董事会应当将被收购公司董事会报告书和独立财务顾问的专业意见。收购人对收购要约条件做出重大变更的，被收购公司董事会应当在 3 个工作日内公告提交董事会及独立财务顾问就要约条件的变更情况所出具的补充意见。

该办法第 33、34 条规定，收购人作出提示性公告后至要约收购完成前，被收购公司除继续从事正常的经营活动或者执行股东大会已作出的决议外，未经股东大会批准，被收购公司董事会不得通过处置公司资产、对外投资、调整公司主要业务、担保、贷款等方式，对公司资产、负债、权益或者经营成果造成重大影响。在要约收购期间，被收购公司董事不得辞职。由此可以看出，我国不禁止董事会提出有关反收购的议案，但必须经股东大会批准方可采取反收购措施。

第三节　公司重大资产出售与控制权转让

无论是公司重大资产的出售，还是公司控制权的转让，都会导致公司财产结构或者治理结构发生重大的变化，故此二者与前述公司的合并、收购等同属公司的重大变更事项。

一、公司重大资产出售

（一）重大资产出售的概念及其特征

重大资产出售（Sale of substantial assets），又称主要资产转让，是指一公司非依营业常规将其全部或者实质性全部资产出售的行为。重大资产出售的法律特征如下：

1. 重大资产出售是一种资产转让行为。这种转让既是一种出售行为，也是一种收购行为，因为相对于资产购买方而言，其属于资产收购行为。所以资产出售与资产收购相当于同枚硬币的一体两面，不可分离。将某公司的重大资产出售给另一公司一般要求两个公司达成协议，这种转让协议的内容与合并协议的内容大致相同。但是由于出售实质性全部资产包括一系列财产的转移，所以这种买卖协议要比合并协议更复杂些。

2. 重大资产出售的实质是营业转让。这是因为，重大资产出售的标的是公司的全部或者实质性全部资产，而对于"全部或者实质性全部"（All or substantially all）资产进行判断的基本标准就是看该种出售是否将要导致公司营业的改变。

3. 重大资产出售的方式是一种特殊的营业行为。一般而言，以公司全部资产对债务进行担保的质押、抵押或者信托契约（Pledge，mortgage or deed of trust）均属于常规营业方式，依这种常规营业方式而出售公司全部或者实质性全部资产，不隶属于这一概念。当然，现实中正常营业达到这种程度是十分罕见的。重大资产出售的行为，不是一种日常营业行为，而是公司在特定情况下的一种特殊抉择。

（二）重大资产出售的法律程序

1. 股东会决议。出售公司"全部或者实质性全部"资产首先应当经过董事会同意，然后提交股东会决议。在股东会会议上，须经有表决权的多数表决同意才算通过。我国《公司法》第 135 条规定："上市公司在一年内购买、出售重大资产或者向他人提供担保的金额超过公司资产总额百分之三十的，应当由股东会作出决议，并经出席会议的股东所持表决权的三分之二以上通过。"公司购买、出售重大资产或者对外提供担保属于公司业务经营事项，本应该由公司董事会决定。但是如果公司购买、出售重大资产或者对外提供担保数额较大，则应当由公司股东大会决定，并经特别决议作出决定。

2. 异议股东行使股份回购请求权。重大资产出售对公司股东利益影响巨大，所以法律赋予出售公司异议股东股份回购请求权。然而，就购买公司而言，大多数国家的公司法律规定，购买公司股东对该交易不享有表决权和股份回购请求权。[1]

（三）重大资产出售的后果

1. 对出售公司的后果。公司重大资产出售之后，出售公司会有两种后果：一是继续存在并可以将其出售所得再行投资；二是出售公司被解散，并将出售所得分配给出售公司的股东。后一种结果更为常见。在后一种情况下，出售公司必须遵守如下法定的公司终止程序：

（1）必须由公司董事会作出解散决议，并提交股东会同意。

（2）必须进行清算，其中重要的是须对债权人进行清偿。如果在向股东分配之前没有清偿债务，将导致接受分配的股东的责任，同意进行这种分配的董事也将承担责任。因为无论是股东还是董事，都有过错。

（3）在对债务进行清偿完毕之后，如有剩余财产，则需要向股东进行分配。分配财产时，公司应遵循不同种类的股份的先后顺序进行分配。

2. 对购买公司的后果。资产出售是一种买卖行为，按照买卖双方的交易协议，原则上购买公司对出售公司债务人不承担责任。但是如果该交易构成了"事实合并"（De facto merger），购买公司就应该遵循公司合并的规则，自动承担出售公司的债务。[2]检测是否构成事实合并的依据是：购买公司是否全盘接受了出售公司的组织、

---

[1] 有时也有例外，比如，为了该交易的进行，购买公司发行新股而致使其股东权益发生重大稀释，如果该公司的股票上市交易的话，上市规则要求须经股东决议同意。

[2] 除了"事实合并"收购公司须承担债务之外，还有三种例外情形：① "默示责任承担协议"（Implied agreement to assume the liability）。这是指从购买公司的行为推断出其有承担责任的意思，则购买公司须承担责任。② "欺诈性转让"（Fraudulent conveyance）。这是指购买人向公司股东支付而不是向公司支付，或者有其他欺诈行为。③购买公司实际上是出售公司的延续。这是指出售公司的所有人设立一个新的公司购买其资产并继续营业。在这种情况下，该买卖的真实目的是使其所有者能继续营业而不用承担原公司债务。

管理、人事，出售公司是否立即解散或者无所作为，购买公司支付的对价是否为股票而不是现金等因素。

二、公司控制权转让

公司控制权实质上是权利主体对公司经济资源进行占据、把握和处分，并由之对公司事务作出决策的权能。公司的控制在现代社会已经是一种极其常见的经济现象，任何一家公司事实上都存在被某种利益集团或者某些人控制的公司管治关系。[1]正因如此，公司控制权本身就成为很有价值的商品，因此可以用来交换套现，获取现实的财产或者其他资源，公司控制权的转让由此而生。

（一）控制权转让的概念及其特征

控制权转让（Transfer of control），又称为控制权出售（Sale of control），是指公司居于控制地位的股东转让其控制股份的行为。控制权出售会在两种情形下发生：一是控制股东为出售而出售，二是伴随着公司股权收购或者资产收购的交易行为而发生的附随性出售。与其他股份转让行为相比较，控制权的转让具有一系列的特殊性，其特征如下：

1. 控制权转让的主体是控制股东。控制股东拥有的股份足以控制公司，控制股份的转让即意味着公司控制权的转让。

2. 控制权转让的客体是控制股份。能够控制公司的股份被称为控制股份（Control shares）。拥有该种股份即意味着拥有控制公司、任命公司管理者和决定公司政策等方面的权力。

3. 控制权转让的价格。控制股东所拥有的股份具有一种溢价权益（Premiums），或称之为"控制权溢价"（Control premiums），它表现为一般股东与控制股东所持股份在出售时的价格差额。例如，收购人向一般股东提出的要约是每股30元，而向控制股东提出的要约却是每股60元。这里所存在的50%的差价就是控制权溢价。

4. 控制权转让的动机。收购人通常都要寻求被收购公司的控制股东的合作，从而为彻底收购公司铺平道路，这往往也是一个必要的前置步骤。为了获得控制股东的配合与支持，收购人甘愿向这些控制股东支付远远高于一般股东股份的价格（即控制权溢价）来购买其股份。

5. 控制权转让的后果。在控制权出售之后即导致公司控制权的实际转移。随后将出现一系列的连锁反应，最明显的变化就是原先的董事将会相继辞职，并由新的人选替代，公司形成新的董事会、新的决策层。

（二）控制权出售中控制股东的忠实义务

对公司控制权出售的传统规则是，作为一般原则只要与收购人达成协议，控制股东可以任何价格转让其股份。收购人向控制股东所支付的溢价再高，出售股东也没有义务就其所得的溢价与其他股东分享。

在传统公司法看来，股东不存在对公司承担忠实义务的前提，因为公司就是股东自己的。但现代公司法理认为，在特定情况下，股东尤其是控制股东应当对公司或者其他股东承担忠实义务，在公司控制权转让的关系中更是如此。如上所述，在股份转让交易

---

[1]　甘培忠：《公司控制权的正当行使》，法律出版社2006年版，第1页。

中，出售股东可以以任何价格出售其所拥有的股份并因此获得溢价，这无可厚非。但是根据忠实义务的精神，控制股东在特定例外的情况下，必须承担本属"董监高"所要承担的忠实义务。这是因为在公司控制权转让关系中，并不仅仅是出售人和买受人才与该交易发生利益关系。当控制股东将其股份出售给购买人时，他所出售的并不止于其股份上的财产权益，同时也包含了营运中的企业（A going business）控制权的出售。在此情形下，该公司的中小股东、优先股东以及无担保债权人等也均享有重要的利益。因此，控制股东在出售其控制股份时对这些利益相关人应当承担忠实义务。

在美国的公司判例中，控制股东承担忠实义务的情形主要有以下几种：

1. 集体机会的转换。所谓"集体机会的转换"（Diversion of collective opportunity），是指某种机会原本属于公司或者所有股东，但由于某种原因导致该种机会为控制股东侵夺并获得控制溢价。如果某种机会一旦被认定为属于集体机会，控制股东所取得的控制溢价则应归属于公司或者按比例（On a pro rata basis）由所有股东分享，而不是被控制股东独吞。

2. 董事职务的出售。"董事职务的出售"（Sale of corporate office/directorship），或者称为"表决权出售"（Sale of vote），是指控制股东将其选举董事的表决权出售给收购人，其结果无异于出售董事职务。这一理论将控制溢价看作是公司职位的出售对价而不是股份出售的对价。因为职位的出售是违反公共政策的，所以超额支付的部分则可以由公司为了上述利益相关人的利益而行使归入权。

3. 与收购人订立附属合同。与收购人订立附属合同（Side contracts with the buyer）的原因在于，收购人可能希望保留被收购公司的一些关键人物，或者希望这些重要人物留下来担任顾问，或者不使其流入到其他公司而成为自己的竞争对手，于是收购人就要与公司的某些董事或者管理人员签订雇佣合同、顾问合同或者非竞争合同等。本来签订这些合同本身没有什么问题，但是，如果这些合同是在出售公司的谈判过程中带有商业贿赂而损害利益相关人的利益，则属控制股东违反了忠实义务。

4. 劫掠。劫掠行为（Looting conduct）是一种侵占公司资产的行为，向劫掠者出售大宗股份无异于是对劫掠者的一种帮助，因为劫掠者在取得对董事会的控制后将会"劫掠"公司资产。根据"劫掠"理论，如果控制股东将其股份出售给劫掠者（Sale to looters），而该劫掠者随后对公司进行劫掠，那么该股东则应当对该公司由此所遭受的损失进行赔偿。

在上述四种例外的情形下，控制股东须要承担忠实义务和相应的民事责任。这种民事责任体现为返还控制溢价，从公司法理上讲，只有公司才有权力要求控制股东返还。因此，股东针对该类交易所提起的诉讼在本质上只能是派生诉讼。

关于控制权转让，当代美国出现了一个新的理论叫平等对待建议（Proposal to require equal treatment）。由于该理论过于激进，迄今尚未得到过美国法院的正式采用。该建议的内容由两部分组成：①对于出售控制权所获得的控制权溢价，由控制股东与其他股东分享。理由是，控制股东所掌握的公司控制权属于公司资产（Corporate assets），因而控制股东出售其控制股份获得的溢价尤其独占是不公平的。反对者则认为，分享控制溢价将会窒息转让而不是增加少数股东的财富。如果必须将控制权溢价与其他股东分享或者归入公司所有，控制股东将会拒绝出售，控制权出售的积极意义也就不存在了。②为了实现上述目的，购买人购买控制股份必须按比例（Pro rata basis）向所有股东发出收购要约。比如，收购人打算购买公司51%的股份，那么购买人不能仅仅向持有51%的控制股东以支付溢价的方式向其购买，而是平等地向所有的股东发出购买51%股份的要约。但批评者认为，这种按比例收购规则是不现实的。无论就收购人而言，还是对控制股东来说，要做到这一点都是很困难的。

我国《公司法》对控制股东在进行控制权出售中的忠实义务未作具体规定，只是在第21条概括规定了股东不得滥用股东权利，对于公司、其他股东以及公司债权人负有诚信义务。

第四节　公司的分立

一、公司分立的概念、特征及其意义

（一）公司分立的概念

公司分立（Corporate division/corporate separation），是指一个公司依照法律规定和合同约定，不经过清算程序，分立为两个或两个以上公司的法律行为。我国台湾地区"公司法"称公司分立为公司分割，公司分割系指一公司将其经济上成为一整体之营业部门之财产（含资产与负债）以对既存公司（即吸收分割）或新设公司（即新设分割）为"现物出资"之方式，由被分割公司或被分割公司股东，取得既存公司所发行之新股或新设公司新设发行之股份，并由既存公司或新设公司概括承受该营业部门之资产与负债。[1]

为了进一步明晰公司分立的概念，有必要将其与几个容易混淆的概念进行比较：

1. 公司分立与营业转让（即重大资产出售或资产剥离）的比较：①内容不同。这二者的共同点是原公司都要将一部分资产剥离出去，但是在重大资产出售中，虽然出售公司要将一部分资产转让分离出去，但是出售公司将因此获得对价，所以出售公司的资产总额不变，公司资产负债表中的所有者权益（包括股本）也不因此而变动，只是资产内部的科目发生变动；而在公司分立中，原公司分离一部分资产后，不会获得对价，资产总额因此减少，所有者权益（包括股本）也会因此而减少。②对股东地位的影响不同。重大资产出售并不一定会影响股东地位，在出售公司继续存在的情况下，其影响的只是买卖双方公司的资产形态，而公司分立则直接影响股东的地位。在新设分立中，原公司的股东对原公司的股权因原公司的消灭而消灭，但是相应地获得分立出来的公司的股权；在派生分立中，原公司的股东对原公司的股权将减少，但是相应地获得分立出来的公司的股权。③法律性质不同。营业转让或者重大资产出售的本质是买卖合同，而公司分立的本质则是公司人格的变化。

2. 公司派生分立与转投资的比较：①对资产负债表的影响不同。在转投资中，本公司的资产总额不变，变化的只是资产的形态，即资产科目内的现金科目减少，而长期投资增加；而在公司派生分立中，原公司不仅资产总额减少，而且所有者权益（包括股本）会相应减少。②对股东地位的影响不同。在公司派生分立中，原公司的股东对原公司的股权将减少，但是相应地其将获得分立出来的公司的股权；而转投资则对

---

[1]　王文宇：《公司法论》，元照出版公司2003年版，第542页。

本公司股东的地位没有任何影响，只是本公司自身成了被转投资公司的股东。

公司分立制度自 1966 年被法国《公司法》确立以来，相继为其他国家和地区所引进。尤其是自 1982 年欧共体（EC）制定第 6 号指令后，[1] 许多欧共体国家已经采用了这一制度。此外，日本、韩国以及我国台湾地区[2] 等均对公司分立作出了专门规定。

美国公司法上的公司分立有其特殊性，其公司分立主要表现为：Spin-off、Split-off 和 Split-up 三种形式。①Spin-off 是指被分立公司将其特定营业或财产作为现物出资设立新公司，而取得新设公司所发行的股份，被分立公司再依照股东的持股比例将新设公司的股份平均分配给原公司的股东。②Split-off 是指被分立公司将其特定营业或财产作为现物出资设立子公司，从而取得子公司所发行的股份，但被分立公司股东在取得子公司的股份时，须让与部分被分立公司的股份为对价，被分立公司股份的下部有偿消灭，以新设公司的股份和原出资公司股份进行交换。③Split-up 是指原公司将其所有营业或者财产作为现物出资设立数家新公司，以取得新公司所发行的股份，其后被分立公司再按照股东持股比例将所取得的新设公司的股份分配给原有股东，被分立公司因清算而消灭。[3]

我国 2023 年和 2018 年《公司法》均安排了公司分立制度。

（二）公司分立的特征

公司分立有如下四个特征：

1. 公司分立是一个公司分成两个或两个以上具有独立法人资格公司的行为。

2. 公司分立是公司的自主行为，由公司自行决定，无需征得第三方同意。

3. 由于公司分立将导致公司资产和所有者权益的减少，并导致公司人格的变化，因此，公司分立虽然不经过清算程序，但必须依法定程序进行。

4. 公司分立应当就公司财产作相应分割，由分立各方充分协商，根据签订的分立协议对原公司的权利义务进行承担。

（三）公司分立的意义

我国台湾地区新"公司法"第 317 条对于引入公司分割立法的意义作了说明："公司分割得以适度缩小公司规模，并利用特定部门分离独立，以求企业经营之专业化及效率化，对于公司之组织调整有所助益。"[4] 故大规模的企业常运用公司分割方式，进行企业组织的再造与重组，以因应企业组织过度膨胀或业务分化过于复杂的问题。[5]

公司分立的意义还在于，可以调整公司的生产经营方向和地区布局，便于加强专业化分工和管理，有利于调整公司的组织结构和产品结构，能动地适应市场发展的需要。

此外，公司分立还可以成为一种解决公司纷争和规避法律的手段。前者如，在公

---

〔1〕《欧盟公司法指令》第 6 号令规定，公司分立区分为吸收分立、新设分立和混合分立三种。

〔2〕 我国台湾地区"公司法"2001 年经修正增加了公司分割的规定，即"本法原无公司分割制度，2001 年修法时参照外国立法例，引进公司分割制度"。参见王文宇：《公司法论》，元照出版公司 2003 年版，第 542 ~ 543 页。

〔3〕 施天涛：《公司法论》，法律出版社 2006 年版，第 532 页。

〔4〕 林纪东、郑玉波等编纂：《新编基本六法全书》，五南图书出版公司 2005 年版，第叁-53 页。

〔5〕 王文宇：《公司法论》，元照出版公司 2003 年版，第 543 页。

司经营过程中股东之间发生纷争，互不妥协，并影响到公司正常经营。此时若将企业一分为二或者一分为多，各自经营，则不失为一种解决问题的办法。后者如，某公司因其规模过大而受到反垄断法的禁止时，则可运用公司分立的方式满足反垄断法的要求，企业既可事先主动进行分立，亦可在主管机关责令分立的情况下，进行事后被动分立。

二、公司分立的形式

公司分立主要有两种形式：新设分立和派生分立。

新设分立，又称解散分立，是指一个公司分解为两个或两个以上的公司，原公司解散的分立方式。在新设分立的情况下，原公司需要办理注销登记，新设公司需办理设立登记。新设分立如图 12 - 3 所示：

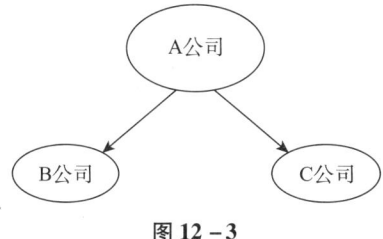

图 12 - 3

派生分立，又称存续分立，是指一个公司分解为两个或两个以上的公司，原公司继续存在，并另外设立一个或一个以上新公司的行为。在派生分立的情况下，原公司虽然继续存在，但却减少了注册资本，需办理变更登记，派生出的新公司则应办理设立登记。派生分立可用图 12 - 4 表示：

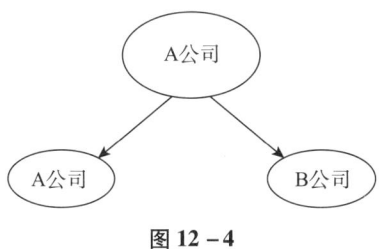

图 12 - 4

新设分立和派生分立通常被称为单纯分立。此外，有些国家和地区的公司法还规定了一种较为复杂的分立形式，称为合并分立。它是指一个公司以其资产的一部分或分成若干份的全部资产，同另一个或几个公司的部分资产共同成立一个或几个公司。我国《公司法》没有具体规定公司分立的方式，在公司实践中以公司单纯分立为主要分立方式。

三、公司分立的程序

公司分立的程序与公司合并大致相同，主要有以下几个步骤：

（一）拟定分立方案

公司分立，应当由公司的执行机构就公司分立的有关事项拟订分立方案。根据《公司法》第 67 条和第 120 条的规定，公司分立方案的制订是公司董事会的职权之一。通常情况下，公司分立方案主要包括下列内容：①拟分立各方的名称、住所、法定代表人；②分立的形式；③分立后存续公司或新设公司的名称、住所、法定代表人；④分立后存续公司或新设公司的投资总额和注册资本；⑤分立协议各方对拟分立公司债权、债务的处理办法；⑥职工安置办法；⑦违约责任；⑧解决争议的方式；⑨签约日期、地点；⑩拟分立协议各方认为需要规定的其他事项。

（二）股东会通过分立方案

公司分立关系到公司股东、债权人的切身利益，属于公司的重大事项，所以公司分立必须由公司的股东会作出决议，且需经股东会特别决议通过。其中，有限责任公司股东会对公司分立作出决议，必须经代表 2/3 以上表决权的股东通过；股东会可以是以召开股东会的形式作出，也可以是不以召开股东会直接作出，以直接形式作出的，须股东书面一致表示同意。国有独资公司的分立必须由履行出资人职责的机构决定。股份有限公司股东大会对公司分立作出的决议，必须经出席会议的股东所持表决权的 2/3 以上通过。

（三）编制资产负债表及财产清单

我国《公司法》第 222 条第 2 款规定："公司分立，应当编制资产负债表及财产清单……"公司分立之前，编制资产负债表和财产清单，其目的就在于厘清分立前公司的资产、负债、收益等情况，防止因公司分立后无法查清原公司的账目，对分立工作的开展提供信息保障，同时也有利于公司债权人对公司分立前的资产状况进行了解，保护债权人的知情权。

（四）通知债权人和公告

我国《公司法》第 222 条明确规定，公司分立，其财产作相应的分割，公司应当自作出分立决议之日起 10 日内通知债权人，并于 30 日内在报纸上或者国家企业信用信息公示系统公告。通知债权人和公告是公司分立的必经程序，如有违反，应承担相应的法律责任。根据《公司法》第 255 条的规定，如果公司分立不依法通知债权人或者公告的，由公司登记机关责令改正，同时对公司处以 1 万元以上 10 万元以下的罚款。债权人原则上也应当在法定期限内提出公司清偿债务或者提供相应的担保的要求。

（五）办理公司变更或者设立登记

在完成上述步骤后，根据《公司法》第二章"公司登记"的相关规定，公司发生分立，属于新设分立情况的，原公司应办理注销登记，新设立的公司办理设立登记手续；属于派生分立的，原公司要办理变更登记，派生成立的新公司则要办理设立登记手续。

四、公司分立的法律效果

（一）公司的注销、设立和变更

在公司新设分立中，原公司解散，其法人资格归于消灭，无需经过清算即可进行注销登记，同时产生两个或两个以上的新公司，新设立的公司应重新制定公司章程，召集创立大会，办理相应的设立登记手续；在公司派生分立中，原公司的相关登记事项发生变化，也无需经过清算即可进行变更登记，并产生新的公司人格——分立出来的公司，新公司需经过设立登记方能成立。

（二）公司权利义务的概括承受

公司按照法定的条件和程序分立，在新设分立中，原公司将被注销，因此其权利义务一并转移给分立后新设立的公司；在派生分立中，分立后存续的公司与新设立的公司对原公司的债务承担连带责任。但是，公司在分立前与债权人就债务清偿达成的书面协议另有约定的除外。正如《公司法》第 223 条之规定："公司分立前的债务由分立后的公司承担连带责任。但是，公司在分立前与债权人就债务清偿达成的书面协议另有约定的除外。"换言之，公司分立后的债务承担的法定方式是由分立后的公司承担连带责任，但此连带责任可由公司在分立前与债权人通过协议的方式排除。此规定体现了公司分立对债权人利益更为切实有效的法律保护。

（三）公司股东资格的当然承继

公司依法分立后，拟分立公司的股东，可按照分立协议的有关规定，转化成为分立后新设公司或者存续公司的股东；而不同意公司分立的股东，有权请求公司按分立时的公平价格收买其持有的股份，从而放弃分立后新设或存续公司的股东资格。所以公司股东在公司分立时，其股东资格原则上并不会因此消失，多数情况下只是发生股权变动。

五、公司分立中对利害关系人的保护

从表面上看，公司分立是一个公司可以自主决定的事项，不涉及其他的主体。但作为公司重大事项的变更，其对公司利害关系人，如公司债权人、中小股东以及职工等主体的利益会直接产生重大影响。

（一）公司分立中对债权人利益的保护

由于公司分立直接涉及公司资产总额的减少，从而直接威胁到债权人的债权实现利益。在实践中，还存在一些公司为了恶意逃避债务而通过公司分立的形式转移、隐匿资产。在公司分立的过程中，保护债权人利益的主要措施如下：

1. 保障债权人的知情权。我国《公司法》第 222 条规定，公司应当自作出分立决议之日起 10 日内通知债权人，并于 30 日内在报纸上或者国家企业信用信息公示系统公告。这是债权人享有的法定知情权，另外，《公司法》第 255 条也规定了公司分立时不依法通知或公告债权人的，应当承担相应的法律责任，这是对债权人的知情权的法律保障。

2. 连带责任制度保障债权人利益。公司分立之后，如果只能允许债权人向分立后的一个或其中几个公司请求债权，显然对债权人不利，对于这种情况，各国立法一般都通过连带责任制度以保障债权人的债权。《公司法》第 223 条规定，公司分立前的债务由分立后的公司承担连带责任。这一制度致使公司无论如何分立，资产如何分配，债权人都可以向任何分立后的公司请求债权，而他们之间相互承担连带责任。在这里需要注意的是，《公司法》第 223 条还规定，公司在分立前与债权人就债务清偿达成的书面协议另有约定的除外，也就是说在这里约定大于法定，如果债权人与公司之间达成了协议，则按照该协议清偿债务。对此，我国《民法典》第 67 条也规定，法人合并的，其权利和义务由合并后的法人享有和承担。法人分立的，其权利和义务由分立后的法人享有连带债权，承担连带债务，但是债权人和债务人另有约定的除外。

（二）公司分立中对中小股东利益的保护

公司分立中对中小股东利益的保护，主要是通过保障中小股东的知情权、表决权和异议股东回购请求权等来实现的。我国《公司法》第 62 条、第 89 条、第 116 条、

第 162 条对保护中小股东在公司分立时的权利作出了具体规定。其与公司合并中对中小股东利益保护的原理基本一致，详见本章第一节的相关论述，在此不再赘述。

（三）公司分立中对职工利益的保护

与公司合并一样，在公司分立过程中，职工的利益也很容易受到损害。其保护内容与公司合并中的职工利益保护相似，对此本章第一节已有详细论述，故在此不加赘述。

六、公司分立无效及其诉讼

（一）分立无效的原因

我国的《公司法》虽然没有规定公司分立无效制度，但是公司分立无效这种情况是完全可能发生的，因此有必要探讨分立无效的规制。公司分立的无效原因主要表现在两个方面：一是从实质上看，公司分立的决议或者公司分立协议内容违反法律、行政法规的强制性规定或者显著不当。二是从程序上看，公司分立没有遵守法定的程序要求，比如，公司分立未经股东会通过。

（二）分立无效之诉

公司分立无效，只能以诉讼的方式主张，该种诉讼为分立无效诉讼，在性质上，属于形成之诉。有资格提起分立无效之诉的原告人为公司（包括分立后的存续公司、新设公司和吸收公司）股东、董事、监事、清算人以及债权人等。而适当的被告则是公司，包括存续公司、新设公司以及吸收公司。

法院一旦作出分立无效的判决，将发生分立无效的后果：因分立而新设的公司归于无效；如果分立公司已经消灭，则应恢复原状。具体而言，新设分立的，新设的公司解散，被消灭的公司恢复；派生分立的，派生出的公司应当解散，存续的公司恢复到原来的状态。因分立发生的财产分割以及债权债务安排也应当恢复原状，分立后新设公司取得的财产及债务由分立公司享有或者承担。

为了维护交易的安全和市场秩序的稳定以及保护善意第三人的合法权益，分立无效的判决不具有溯及力。因分立而新设的公司所发生的一切交易不因分立无效而发生无效，即公司分立无效的判决，只对判决以后发生的事项有效力。公司分立后无效判决作出前公司与第三方发生的债权债务关系，由恢复后的公司承继。

第五节　公司形式的变更

一、公司组织变更的概念、特征及其作用

公司组织变更是指在不中断公司法人资格的情况下，公司通过改变其组织形式而转变成为另一种类型的公司的法律行为。

公司不同组织形式具有不同的优缺点，也具有各自不同的针对性与适应性。各国公司法都允许投资者基于其自身情况作出最符合其自身利益的公司类型的选择。但是，这种选择可能只是开始时适合，之后随着公司资本结构、规模及业务范围等发生变化，原本合适的组织形态变得不符合实际需要。比如，有限责任公司经不断吸收投资者，使股东发展到数十人之多，为提高公司经营决策的效力，实现股权自由转让，就有必要将其转换为股份有限公司，从而消除其较为浓厚的人合公司色彩。股份有限公司经股份转让，股份集中于少数几个股东之手，为满足股东保守公司经营秘密的需要，就

有必要放弃要承担更高信息披露义务的股份有限公司这一组织形态。在此情形下，当然就应当依照现实情况与需要，对公司组织形式作必要的调整。因此，各国公司法都规定，公司无需经过解散程序，公司的经营也不因此而中断，仅通过变更登记，即可变更为其他形态的公司。我国《公司法》也确认了这一制度。

公司组织变更有以下三个特征：

1. 变更种类和程序的法定性。公司形式的变更对公司、股东和债权人都会带来重大影响，所以各国公司法大都对公司变更的种类和程序作了严格的规定。即公司组织变更必须严格按照公司法有关公司设立的条件和程序进行。

2. 公司人格的同一性。公司形式变更制度的基本功能和设立目的就是在不中断公司法人人格的前提下，由一种组织形式转变成另一种组织形式。实现公司形式的迅速转换，其实质是将公司解散和重新设立两个单独的法律行为合为一个法律行为，在这一转换过程中营业无需中断，也没有解散登记和设立登记，只需要进行变更登记，从而使程序得以简化，成本得以节约。

3. 变更内容的复合性。公司的名称、住所、注册资本、经营范围等事项的改变并不必然导致公司其他事项的变更，其变更内容具有单一性，可进行单一的变更登记。但是公司形式的变更，则必然引发公司整体的变更，即公司章程、注册资本、公司名称、组织机构等诸多方面的变更，因此其变更内容具有复合性。

由此可见，公司组织变更的作用在于，公司在生产经营过程中，通过变更组织形式，避免了中断公司业务活动而使公司和股东利益受损的不利后果，并且能够适应社会经济的不断发展，适时调整经营策略，获得更好的经济效益。

二、公司组织变更的形式

对于组织变更形式，各国立法及学说主要采限制主义和非限制主义两类。

（一）限制主义立法例

根据限制主义立法例，公司组织形式的变更仅限于性质类似的公司之间。资合公司之间或者是人合公司之间才能实现组织形式的变更，而不能在资合公司与人合公司之间进行相互变更。此立法理由在于，资合公司与人合公司之间在资本结构、股东责任、组织机构等方面都具有重大差异，存在法律人格基础上的异质性，其相互之间的转换很难维持法律人格的同一性。目前，日本、韩国及我国台湾地区均采限制主义立法例。如韩国公司法学者就认为，人合公司和资合公司由于社员的责任和内部组织完全不同，如果承认他们相互之间的组织变更，那么很难维持其同一性。因此，商法只承认人合公司相互间与资合公司相互间的组织变更。韩国《商法》第242条、第286条、第604条第1款、第607条第1款就无限公司与两合公司之间的相互转换，有限责任公司与股份有限公司之间的相互转换，共四种类型作了明确规定。[1]

（二）非限制主义立法例

非限制主义认为，公司组织变更应当充分尊重公司的意思自治，不应当对其进行过多干预，公司可以自主决定公司组织形式的变更，而不将其变更权限定于人合公司内部或者资合公司内部。采非限制主义立法的国家和地区，主要有德国、法国和我国

---

〔1〕　参见［韩］李哲松：《韩国公司法》，吴日焕译，中国政法大学出版社2000年版，第103页。

澳门地区。如法国的公司立法规定，有限公司可以变更其形式为无限公司、两合公司、股份两合公司；股份有限公司可以变更其形式为有限公司、无限公司、两合公司、股份两合公司等；如《澳门商法典》第 307 条第 1 款规定："任何公司在设立及登记后，得采用另一公司种类，但法律禁止者除外。"该条第 3 款还明确规定："公司组织之变更不导致该公司之解散。"

（三）我国公司组织变更的形式

我国公司的法定形式只有两种，一是有限责任公司，二是股份有限公司。因此，公司组织变更形式最多也只有两种，一是有限责任公司变更为股份有限公司，二是股份有限公司变更为有限责任公司。我国《公司法》第 12 条规定了有限责任公司和股份有限公司在满足了一定条件之后可以互相变更："有限责任公司变更为股份有限公司，应当符合本法规定的股份有限公司的条件。股份有限公司变更为有限责任公司，应当符合本法规定的有限责任公司的条件。有限责任公司变更为股份有限公司的，或者股份有限公司变更为有限责任公司的，公司变更前的债权、债务由变更后的公司承继。"

在实践中，有限公司变更为股份有限公司的情形更为常见，因为公司成立之后一般都想发展壮大，而有限责任公司发展壮大的一个快速有效的方式就是通过变更为股份有限公司，进行公开发行股份，扩充自己的实力。当然，现实中也存在股份有限公司转变为有限责任公司的情形，有的股份有限公司不再具备相应条件时，就没有必要再保持股份有限公司的形式，那样反而会增加运营的成本。

三、公司组织变更的法定条件

根据我国《公司法》第 12 条的规定，公司进行组织变更，必须符合法定条件。

（一）有限责任公司变更为股份有限公司的法定条件

1. 发起人条件。应当有 1 人以上 200 以下为发起人，其中须有半数以上的发起人在中国境内有住所。

2. 资本及其他相关条件。①公司发起人的出资方式必须符合《公司法》第 48 条、第 98 条的规定。②公司注册资本的缴纳须符合《公司法》第 96 条、第 97 条的规定。③根据《公司法》第 108 条的规定，有限责任公司变更为股份有限公司时，应当将有限责任公司的资产折合为股份有限公司的股份。此处折合的股份总额不得高于变更前公司的净资产额，即公司的资产总额减去负债总额的余额。之所以要求有限责任公司在变更为股份有限公司时，原有限责任公司的资产所折合的股份总额应当与公司的净资产额相等，是为了确保公司资本的真实，防止损害其他股东以及第三人的利益。④如果需要增加资本而向社会公开募集股份，则应当根据《公司法》有关向社会公开募集股份的规定办理。即向国务院证券监督管理部门递交募股申请，并报送有关文件，由国务院证券管理部门批准；公告招股说明书和财务会计报表及附属明细表，制作认股书等，使社会公众认购所发行的股份，并缴纳股款。

（二）股份有限公司变更为有限责任公司的法定条件

股份有限公司变更为有限责任公司应当符合以下条件：①股东应当在 50 人以下；②有符合公司章程规定的全体股东认缴的出资额或实际出资；③公司名称、章程、组织机构符合《公司法》的规定；④有公司住所，具备生产经营必要的条件。

四、公司组织变更的程序

根据《公司法》的规定，公司组织形式的变更，应遵循下列法定程序：

（一）董事会拟定公司组织变更的方案

根据《公司法》第67条、第120条的规定，在有限责任公司和股份有限公司中，拟定公司组织变更的方案是董事会的职权之一。

（二）股东会、股东大会决议

公司组织变更将直接影响公司股东的权益和责任，属于公司重大事项的范畴，应当依法经过公司股东会的决议程序。根据《公司法》第59条、第66条、第112条、第116条的规定，公司组织变更须经公司股东会特别决议通过。其中，有限责任公司股东会对公司组织变更作出决议，必须经代表2/3以上表决权的股东通过。国有独资公司的组织变更须由履行出资人职责的机构决定。股份有限公司股东会对公司组织变更作出的决议，必须经出席会议的股东所持表决权的2/3以上通过。

（三）通知或公告债权人

当公司组织形态发生变更时，向债权人发出通知或公告，是各国公司法保护债权人利益的基本措施。如德国《公司改组法》第204条规定，公司组织形态变更中对债权人的保护准用公司合并中对债权人保护的规定，但债权人只有在其债权的清偿因公司组织形式变更而受到危害时才享有此项权利。我国《公司法》对此未作明确规定，但为保护债权人利益，《公司法》第12条第2款规定，有限责任公司与股份有限公司相互变更时，"公司变更前的债权、债务由变更后的公司承继"。

（四）主管部门批准

我国《公司法》第29条第2款规定："法律、行政法规规定设立公司必须报经批准的，应当在公司登记前依法办理批准手续。"可见，当公司组织变更涉及报批事项的，应办理相关的批准手续；对不需要报批的，可以直接申请变更。

（五）依法办理登记手续

公司组织的变更，涉及公司诸多事项的变更，如公司名称、资本和章程等，因此，公司组织变更的，应当到登记机关依法办理变更登记。公司组织变更是否应同时办理解散登记，对此，各国和地区的方式不一。有的国家和地区，如法国和我国台湾地区，公司组织变更登记时，只需办理变更登记；而在日本、韩国则需同时办理变更前公司形式的解散登记和变更后公司形式的设立登记。实务中，我国公司组织变更登记所采取的方式近似后者。

五、公司组织变更的法律效力

公司组织变更只是公司类型的改变，其公司人格继续存在。因此，公司组织变更前公司的权利义务当然由变更后的公司继续享有和承担。

第十三章

公司的终止与清算

【本章导读】公司的解散和清算是公司退出市场的重要法律制度。公司解散是公司法人终止的法定事由之一，而公司清算则是公司解散的必经程序。公司的解散和清算，涉及对公司股东、债权人等多方面利益的保护。

本章主要对公司解散和清算的诸多概念进行辨析并对其各自特征进行描述，重点阐述公司解散的原因与类型、公司清算的程序以及清算组的地位和职权等内容。本章的难点在于对"清算中公司"诸多实务性问题的把握。

第一节　公司的终止

一、公司终止的概念、特征及其原因

（一）公司终止的概念和特征

公司终止是指根据法定程序使公司的法人资格归于消灭的事实状态和法律结果。公司终止这一术语，既表示公司法人资格被消灭的一系列法律过程，也表示公司法人资格被消灭而最终形成的一种结果。公司作为市场主体在经济活动中，其准入和退出都有其自身规律，即公司设立必须遵守市场准入制度。同样，公司在竞争机制下退出市场，也必须遵守市场退出制度。公司终止就是这样一种市场退出制度，是公司法不可或缺的一个组成部分。公司终止作为一种法律过程和最终后果，有其自身的特征：

1. 公司终止的过程必须依法定程序进行。马克思曾经说："人的本质不是单个人所固有的抽象物，在其现实性上，它是一切社会关系的总和。"其实，作为公司法律拟制的人，公司也是诸多社会经济关系的总和，它的终止会影响股东、公司员工、债权人等利益主体的权益，因此，其终止不可任意为之，必须依法定程序进行。只有在法律没有强制性规范的情况下，才可由公司章程或股东决定。

2. 公司终止以清算为必经程序。这是指对公司存续期间的经营活动和财产状况以及相关债权债务状况进行清理，依法了结其经营业务，偿还公司债务，对剩余财产进行分配等程序。履行完毕清算程序并在公司登记机关办理注销登记后，公司在法律上才最终消灭。

3. 公司终止的法律后果是产生公司的法人资格和市场经营主体资格的消灭。公司法人不可能具有自然人出生、死亡的自然生理过程，其权利能力和行为能力均由法律所赋予。因此，它的产生和消灭都应当依据法律规定的程序进行，经过清算程序之后，公司的法人资格和市场经营主体资格才归于消灭。公司终止是导致公司消灭的唯一原因。

（二）公司终止的原因

公司终止的原因亦即公司终止的事由，根据我国《公司法》的规定，公司终止主

要有两个原因：①解散；②破产。由于这两个问题构成公司终止的主要内容，所以下面单独列出标题进行讲述。

二、公司的解散

（一）公司解散的概念和特征

1. 公司解散的概念。关于公司解散（Dissolution）的概念，学界有着多种解释，比如，"公司解散，是指引起公司法人人格消灭的法律事实"[1]；"公司解散，指因章程或法律规定公司解散事由之发生，而导致公司之法人人格消灭"[2]。这些观点从不同的角度解释了公司解散的含义。本书认为，公司解散，是指已经依法成立的公司因法律或公司章程规定的事由发生而停止其营业活动，并逐步终止其法人资格而实施的行为和程序。

为了对公司"解散"这一概念有更深的理解，下面将其与若干容易混同的概念进行比较：

（1）解散与撤销、吊销营业执照、责令关闭、责令停产。这些词语在我国的使用比较混乱，在立法和学理上亦未完全形成统一认识，各种法律、行政法规、部委规章、司法解释在涉及行政处罚方式时，时常混用。这里有两点需要辨明：①撤销、吊销营业执照、责令关闭、责令停产等均属于行政处罚措施；②撤销、吊销营业执照、责令关闭属于公司强制解散的原因，而责令停产与解散没有关系，它仅仅是一种行政处罚措施。

（2）解散与终止、消灭。解散是公司终止的原因之一；公司消灭多用于学理上对公司终止的描述；立法语言一般使用"终止"而非"消灭"。

（3）解散与破产。二者同属于公司终止的原因，为并列概念。

（4）解散与公司合并、分立。公司合并、分立可能导致公司解散，但不必然导致公司解散。因合并、分立导致公司解散的，无需清算。

（5）解散与清算。解散是公司终止的原因行为，而清算则是公司终止的必经程序。因破产而终止公司的，必须经过破产清算。

（6）解散与注销。解散并不必然导致公司终止，但是，任何原因产生的公司终止必须在清算终结之后，办理注销登记手续，公司方为终止。公司注销才是公司终止的唯一标志。

2. 公司解散的基本特征。通过上述对解散概念的辨析，可以归纳出公司解散具有如下基本特征：

（1）公司解散的主体是依法成立的公司。公司解散以公司依法成立为前提：如果属于非法成立，则发生公司成立无效的法律后果，应当予以撤销而不是解散；如果未设立公司而以公司名义开展经营活动的，则属于非法行为，应当依法予以取缔而不是解散。

（2）公司解散必须有解散事由。公司解散事由通常源于法律法规的规定，或者是公司章程的规定，没有解散事由，公司不得随意解散。学理上通常将公司的解散事由

〔1〕 王保树、崔勤之：《中国公司法原理》，社会科学文献出版社 2006 年版，第 298 页。
〔2〕 王文宇：《公司法论》，元照出版公司 2003 年版，第 174 页。

归纳为两种情形：一是自愿解散事由，二是强制解散事由。我国《公司法》第229条第1款规定，公司因下列原因解散：①公司章程规定的营业期限届满或者公司章程规定的其他解散事由出现；②股东会决议解散；③因公司合并或者分立需要解散；④依法被吊销营业执照、责令关闭或者被撤销；⑤人民法院依照《公司法》第231条的规定予以解散。《公司法》第231条规定，公司经营管理发生严重困难，继续存续会使股东利益受到重大损失，通过其他途径不能解决的，持有公司10%以上表决权的股东，可以请求人民法院解散公司。

（3）公司解散本身并不意味着公司的终止或者消灭。"公司并非因解散事由之发生，其人格立即消灭（因合并、分割或者破产而解散者除外），依《公司法》之规定，公司解散后尚须经清算程序，于清算完结前，公司人格于清算目的范围内仍然存续，须俟清算完结后，公司之人格始为消灭。"[1]已经成立的公司，基于一定的原因而解散，只是导致其营业上权利能力的丧失，其法人资格仍视为存续，只有等到公司清算完毕并注销后，解散公司的主体资格才消灭。我国《公司法》第236条第3款规定，清算期间，公司存续，但不得开展与清算无关的经营活动。公司财产在未依照前款规定清偿前，不得分配给股东。

（4）公司解散既是一种行为，也是一种程序。解散公司行为的性质比较复杂，既可能是公司行为，也可能是立法行为，还可能是行政行为和司法行为。在自愿解散的情况下，解散公司体现为一种公司行为。法定解散属于立法行为。命令解散属于行政行为或者司法行为。同时，公司解散也是一种程序，无论是基于自愿解散的事由，还是基于强制解散事由，都必须按照法定程序进行。

（二）公司解散的分类与原因

法律规定公司必须依一定原因解散，这既是为了保护公司股东和债权人的利益，也是为了维护社会经济秩序的稳定。因解散原因的不同，解散可分为自愿解散和强制解散两类。

1. 自愿解散。自愿解散（Voluntary dissolution），是指公司根据公司章程或者股东决议而发生的解散。这种解散与外在意志无关，取决于公司股东的意志，股东可以选择解散公司或者不解散公司，属于一种自愿行为而非法律的强制，故又称为任意解散。但是自愿解散不等于随意解散，在自愿解散的情况下，解散的原因和程序仍然必须符合法律的有关规定。我国《公司法》第229条明确规定了形成公司自愿解散的几种原因：

（1）公司章程规定的解散事由出现。公司章程规定的解散事由包括两种情形：①公司章程规定的营业期限届满。现代公司法一般都承认公司存在的永久性，原则上公司章程可以不必记载营业期限这一事项。但是如果公司章程规定了公司存续期间，当公司营业期限届满，又没有按照法律或者章程的规定延长期限，公司即进入解散程序，无需经过股东会另行作出解散决议。我国1993年《公司法》对公司延长营业期限没有明确规定，2005年《公司法》则作了明确规定。2023年《公司法》第230条规定，有《公司法》第229条第1款第1项、第2项情形，且尚未向股东分配财产的，可以通过

---

〔1〕 王文宇：《公司法论》，元照出版公司2003年版，第174页。

修改公司章程或者经股东会决议而存续。依照上述规定修改公司章程，有限责任公司须经持有 2/3 以上表决权的股东通过，股份有限公司须经出席股东大会会议的股东所持表决权的 2/3 以上通过。《中外合资经营企业法》则规定不同行业、不同情况的中外合资经营的有限责任公司，其合营期限应作不同的约定。2019 年我国颁布《中华人民共和国外商投资法》废除了上述法律规定，统一按公司法的规定处理。②公司章程规定的其他解散事由。各国公司法为体现当事人意思自治的原则，在不违反法律强制性和禁止性规定的情况下，允许公司章程载明公司解散的其他事由。解散事由一般是公司章程的相对必要记载事项，股东在制定公司章程时可以预设公司的各种解散事由。如果在公司经营中，章程预设的解散事由出现，股东会可以决议解散公司。与公司营业期限届满股东会可以决议延长相同，《公司法》第 230 条规定，股东会可以 2/3 多数通过决议修改公司章程，以延长公司的经营期限。

（2）公司股东会决议解散。在既没有出现强制解散事由又没有出现公司章程规定的解散事由时，公司的权力机关——股东会，可以形成公司解散的决议。公司的解散属于公司的特别重大事项，所以权力机关通过决议时适用比其他决议更加严格的程序。根据《公司法》第 59 条、第 66 条、第 116 条、第 172 条的规定，股东会有权作出公司解散的决议，但必须通过股东会的特别表决程序。其中，有限责任公司必须经持有 2/3 以上表决权的股东通过。股东会决议可以以召开股东会的形式作出，也可以是不以召开股东会而直接作出。以直接形式作出的，股东须以书面方式一致表示同意。国有独资公司的解散应由履行出资人的机构决定。股份有限公司股东大会对公司解散作出的决议，必须经出席会议的股东所持表决权的 2/3 以上通过。

（3）公司因合并或分立而解散。当公司吸收合并时，吸收方存续，被吸收方解散；当公司新设合并时，合并各方均解散。当公司分立时，如果原公司存续，则不存在解散问题；如果原公司分立后不再存在，则原公司应解散。公司的合并、分立决议均应由股东会作出。无论因合并还是分立导致公司解散，都无需履行清算程序。

2. 强制解散。强制解散（Compulsory dissolution/Involuntary dissolution），是指公司非因自己的意志，而是基于法律规定、政府有关部门的决定或者因法院的裁判而发生的公司解散。其中，基于法律规定的解散一般又称为法定解散（Statutory dissolution），基于行政主管机关的命令的解散称为命令解散（Dissolution by order）或称行政解散（Administrative dissolution），基于法院的裁判的解散则称作司法解散（Judicial dissolution）。

（1）法定解散。即基于法律规定的公司解散事由的发生而解散公司的情形。主要包括两种情形：①股东经变动不足法定最低人数。公司是社团法人，所以一定数量的股东是公司成立和存续的基础。许多国家的公司法都对公司股东的法定最低人数作出了强制性的规定。在不承认"一人公司"的公司法中，股东经变动只剩下一人时即构成解散公司的法定理由。我国《公司法》既承认一人有限责任公司，也承认一人股份有限公司。所以，在我国，公司股东人数变为一人时，并不构成解散公司的法定事由。当然，股东会决议解散的，则属自愿解散。②各国公司法均普遍规定公司破产必须解散公司，即公司不能清偿到期债务，法院可以根据债权人或者债务人的申请依法宣告公司破产，公司得以解散。根据我国《公司法》及相关法律规定，法院依法宣告公司破产的，公司自法院作出破产宣告之日起即告解散。破产宣告是为保护多数人的利益，使之能得到公平清偿结果而设置的一种诉讼程序。破产是公司被强制解散的原因之一。

（2）行政命令解散。行政命令解散是指公司违反有关法律法规或者损害社会公共利益，由行政主管机关依职权命令公司解散的情形。依据《公司法》第229条第1款第4项规定，公司因依法被吊销营业执照、责令关闭或者被撤销而解散。公司一旦受到吊销营业执照、责令关闭或者被撤销等行政处罚时，必然引起公司解散。这种解散属于强制解散。下面对这三种行政命令解散作简单介绍：

第一，吊销营业执照。即剥夺被处罚公司已取得的营业执照，使其丧失继续从事生产经营资格的一种行政处罚措施。公司依法被吊销营业执照的情况主要有：①虚报注册资本的；②用虚假证明或其他欺骗手段取得公司法人资格的；③变更、注销后，一定期限内不公告或者公告内容与核准内容不实的；④伪造、涂改、出租、出借、转让营业执照的；⑤公司成立后无正当理由超过6个月未开业的，或者开业后自行停业连续6个月以上的。在此需要注意的是，营业执照只是公司营业资格的一种象征，公司被吊销营业执照，其法人资格依然存在，并未被消灭。程序上，公司在吊销营业执照之后应当停止经营业务，依法组织清算，清算结束后办理注销登记，至此公司法人人格才消灭。

第二，责令关闭。即公司严重违反工商管理、市场经营、税收、劳动、环境保护等法律法规的规定，有关行政机关为维护社会秩序，作出行政决定以终止该公司的主体资格，使其不能进入市场进行生产活动的一种行政处罚。

第三，撤销。这是指公司违法采取欺诈手段，违法取得公司登记，情节严重的，按照2018年《公司法》第198条的规定，可以由公司登记机关撤销公司登记。撤销公司设立登记从根本上否认了公司的民事主体资格的合法性，被撤销公司登记的公司的民事主体资格归于消灭，这也是其与吊销营业执照的一个重大区别，其处罚力度过大。基于此，2023年《公司法》第250条删除了对采取欺诈手段取得公司登记的情节严重的行为由公司登记机关直接进行撤销登记的处罚，而交由利害关系人申请撤销公司登记的权利。根据《市场主体登记管理条例》第40条的规定，提交虚假材料或者采取其他欺诈手段隐瞒重要事实取得市场主体登记的，受虚假市场主体登记影响的自然人、法人和其他组织可以向登记机关提出撤销市场主体登记的申请。登记机关受理申请后，应当及时开展调查。经调查认定存在虚假市场主体登记情形的，登记机关应当撤销市场主体登记。因虚假市场主体登记被撤销的市场主体，其直接责任人自市场主体登记被撤销之日起3年内不得再次申请市场主体登记。登记机关应当通过国家企业信用信息公示系统予以公示。

（3）司法解散。司法解散又可分为法院命令解散和法院裁判解散两种情形。①法院命令解散是指法院应公司利害关系人或检察官之请求，或依职权以危害公共利益为由命令公司解散。命令解散案件属于非讼案件范畴。命令解散是为事后纠正公司设立准则主义引起滥设公司的弊端而设立的制度。例如，日本《商法典》就规定，为维护公共利益，法院可依利害关系人请求，因公司为了达到不法目的而设立时；或公司无正当理由，在成立后1年内未开业，或停业1年以上时；或公司执行业务的股东或董事，不顾法务大臣的书面警告，继续反复实施超越或滥用法令或章程规定的权限行为、违反刑罚法令的行为时，命令该公司解散。我国《公司法》没有规定公司的命令解散。②法院裁判解散是指法院在特定情形下，依利害关系人申请作出裁决而解散公司的情形。归纳起来，下列利害关系人可基于下列理由申请法院解散公司：其一，公司申请解散。公司本来可以自行决定解散公司，属于自愿解散情形。但是，如果公司在自愿解散中遇到障碍，而公司自身又无法克服，则可以申请法院解散公司并在法院的指导监督下清算公司。其二，股东申请解散。股东申请解散公司主要是为了解决公司僵局或者欺压或者资产浪费等问题。允许股东申请法院解散公司的实质是为公司中少数股东利益提供一种保护机制或者退出机制。其三，债权人申请解散。债权人申请解散公司主要是因为其债权清偿可能发生障碍。我国 2005 年《公司法》新增规定了裁判解散制度。2023 年《公司法》对此未作修改。

（三）我国司法裁判解散制度

1. 概述。我国《公司法》规定的司法解散属于裁判解散，《公司法》第 231 条规定，当公司经营管理发生严重困难，继续存续会使股东利益受到重大损失，通过其他途径不能解决的，持有公司 10% 以上表决权的股东，可以请求人民法院解散公司。该条规定的目的在于解决公司僵局。所谓公司僵局（Corporate deadlock），是指公司的运行机制完全失控，股东大会、董事会包括监事会等权力机构和管理机构已经无法对公司的任何事项作出任何决议，公司事务处于瘫痪状态。公司僵局对公司和股东的利益均构成现实的损害和潜在的威胁，具体情形包括：因相互之间的争斗、股东和董事大量的时间和精力被无谓地消耗，各方相互之间已经丧失了最起码的信任，彼此合作的基础已完全破裂；因管理的瘫痪和混乱，公司的财产在持续地耗损和流失；因经营决策无法作出，公司的业务活动不能正常进行。公司僵局这种现象在公司实践中并非少见。当时为了正确适用 2005 年《公司法》第 183 条的规定，最高人民法院于 2008 年 5 月 12 日公布了《公司法解释（二）》，且根据社会发展，《公司法解释（二）》已于 2020 年作了修正。

2. 主要内容。

（1）适用条件。适用司法裁判解散的前提条件是公司经营管理发生严重困难，继续存续会使股东利益受到重大损失。经营管理发生困难有两种情况：一是公司权力的运行发生困难导致公司僵局。公司僵局可能发生在股东会层面，也可能发生在董事会层面。至此公司已无存在的必要，应当通过解散来保护利害关系人的利益。二是公司的对外经营活动发生困难。公司在对外交易过程中已经无法与交易对方进行正常业务往来，公司继续经营必将严重损害股东的利益。因此，赋予股东向法院申请解散公司的权利，这同时也成为《公司法》保护股东利益的一项重要制度。为了增强司法中的操作性，《公司法解释（二）》第 1 条明确列举了四种适用司法裁判解散的具体情形：①公司持续 2 年以上无法召开股东会，公司经营管理发生严重困难的；②股东表决时无法达到法定或者公司章程规定的比例，持续 2 年以上不能做出有效的股东会或者股东大会决议，公司经营管理发生严重困难的；③公司董事长期冲突，且无法通过股东会或者股东大会解决，公司经营管理发生严重困难的；④经营管理发生其他严重困难，公司继续存续会使股东利益受到重大损失的情形。

另外，《公司法解释（二）》第 2 条还规定，股东提起解散公司诉讼，同时又申请人民法院对公司进行清算的，人民法院对其提出的清算申请不予受理。人民法院可以告知原告，在人民法院判决解散公司后，公司应当依照《民法典》第70条、《公司法》第232条和该解释第7条的规定，自行组织清算或者另行申请人民法院对公司进行清算。

（2）通过其他途径不能解决该种僵局。在公司经营管理发生严重困难情况下，公司本应解散，但是按照《公司法》的要求，公司解散这类重大事项应当由股东大会决定，而陷入僵局的公司已经不可能作出任何决议，当然包括解散公司的决议。因此，当事人只能寻求司法救济——向人民法院提出解散公司的诉讼请求，公司才能依照法院的判决摆脱困境，顺利解散。同时，司法解散应是最终的救济方式，如果公司可以通过其他途径克服此种困难，则不应采取司法解散的方式。无论如何，解散公司仅是一种无可奈何的最后选择，如果能够通过其他途径解决该种僵局，较之于解散公司，公司的继续存在总是一种更优的选择。

（3）诉讼当事人。①原告。提起司法解散的主体是持有公司10%以上表决权的股东。《公司法》第231条对提起该种诉讼的股东资格进行了限制，即只有持有10%以上表决权的股东才可以请求解散公司。因为司法解散是决定公司终止的重大事项，涉及全体股东的切身利益，操作不当极可能造成股东权利的滥用，从而导致其他股东利益受损。所以并非任何股东都享有请求权，只有与公司的利益关系达到一定程度的股东才享有此种权利，我国《公司法》将这种利益关系的程度限定在持有10%表决权的股东。《公司法解释（二）》第4条第2款、第3款进一步明确："原告以其他股东为被告一并提起诉讼的，人民法院应当告知原告将其他股东变更为第三人；原告坚持不予变更的，人民法院应当驳回原告对其他股东的起诉。原告提起解散公司诉讼应当告知其他股东，或者由人民法院通知其参加诉讼。其他股东或者有关利害关系人申请以共同原告或者第三人身份参加诉讼的，人民法院应予准许。"②被告。《公司法解释（二）》第4条第1款规定，股东提起解散公司诉讼应当以公司为被告。

（4）管辖法院。《公司法解释（二）》第24条规定，解散公司诉讼案件和公司清算案件由公司住所地人民法院管辖。公司住所地是指公司主要办事机构所在地。公司办事机构所在地不明确的，由其注册地人民法院管辖。基层人民法院管辖县、县级市或者区的公司登记机关核准登记公司的解散诉讼案件和公司清算案件；中级人民法院管辖地区、地级市以上的公司登记机关核准登记公司的解散诉讼案件和公司清算案件。

（5）法院主持调解。《公司法解释（二）》第5条规定，人民法院审理解散公司诉讼案件，应当注重调解。当事人协商同意由公司或者股东收购股份，或者以减资等方式使公司存续，且不违反法律、行政法规强制性规定的，人民法院应予支持。当事人不能协商一致使公司存续的，人民法院应当及时判决。经人民法院调解公司收购原告股份的，公司应当自调解书生效之日起6个月内将股份转让或者注销。股份转让或者注销之前，原告不得以公司收购其股份为由对抗公司债权人。

（6）裁判效力。《公司法解释（二）》第6条规定，人民法院关于解散公司诉讼作出的判决，对公司全体股东具有法律约束力。人民法院判决驳回解散公司诉讼请求后，提起该诉讼的股东或者其他股东又以同一事实和理由提起解散公司诉讼的，人民法院不予受理。

（四）公司解散登记和解散的法律效力

1. 公司解散登记。公司解散登记是指公司解散时，除了因破产和合并而解散外，应在法定期限内向公司所在地的登记机关办理解散登记，经核准登记后，登记机关把公司解散的信息进行公告的程序。大陆法系国家的公司法一般都规定了公司解散登记制度以加强对债权人的保护。例如，日本《商法典》第96条规定，公司解散时，除合并及破产情形外，应于2周内在本公司所在地，3周内在分公司所在地进行解散登记。公司解散登记的目的主要是公示公司解散的信息，这样做一方面能够使登记机关及时了解和掌握企业的各种变化，便于加强监督管理，促使公司及时依法清算；另一方面能够使与公司有关的利害关系人，尤其是债权人知悉公司解散的事实，避免遭受不可预见的损害，从而保护各方利益，维护市场交易的安全和稳定。解散登记主要有如下法律特征：

（1）解散登记是对公司解散行为合法性的确认。在公司作出解散决议后，应由公司向登记机关提出解散登记申请，申请书除写明必备的解散事由外，还需对解散决议合法性进行说明，以表明公司解散决议符合法律或者公司章程的规定。

（2）公司解散应从解散登记之日发生效力。公司自解散登记之日起停止正常生产经营活动，公司进入清算阶段。公司解散后，除合并、分立与破产之外，必须进行清算。任何公司的解散只有进行清算，才能最终发生终止公司的效果。但在合并分立情形中，因债权债务概括转移，无需进行清算。公司被宣告破产后，其清算被置于破产程序中。

（3）解散登记仅发生公司变动的效力。解散登记实际上是公司变动登记，解散登记不发生消灭公司人格的效果，因为公司解散后仍然需要进行清算；解散登记与清算完毕后的注销登记不同，注销登记导致公司人格发生消灭，是公司清算结束的标志。

我国《公司法》只规定了公司的注销登记制度，而未规定公司解散登记。我国《公司法》第239条规定，公司清算结束后，清算组应当制作清算报告，报股东会或者人民法院确认，并报送公司登记机关，申请注销公司登记。由此可见，注销登记与解散登记从发生时间和法律效果而言都有所不同。注销登记发生在公司清算完毕，所有财产分配完毕，公司债权债务关系理清并解除之后；而解散登记发生在公司清算之前，是公司开始清算的时间标志；注销登记使公司法人资格最终消灭，公司主体消失，而解散登记并不使公司人格消灭，公司在权利能力和行为能力受限制的条件下继续存在。

公司解散登记并公告是顺利进行公司清算的基础和前提，同时也可以使相关利害关系人及时获取公司解散的有关信息，并及时采取有关措施保护自身利益，所以，我国可以考虑借鉴其他国家的立法经验，建立公司解散登记制度。

2. 公司解散的法律效力。公司解散是公司终止营业和终结法律主体资格的起点，解散意味着公司即将进入清算阶段，只有进行清理财产、偿还债务、分割剩余财产等一系列工作之后，公司才能消灭其法人资格，最终退出市场。所以，公司解散的直接法律效力之一就是启动了清算程序。除此之外，公司解散的法律效力还包括：①公司机构发生重大变化。清算组成立后，公司原有的机构如董事会、经理等丧失其职能，不得执行公司业务，对外也不得代表公司活动，由清算组代为行使内部职能和对外职能，即由清算组代为一切法律行为。②公司的权利能力和行为能力受到限制。除为清算之必要，公司不得从事任何经营性活动，不得处理公司财产。公司与股东的法律关系依然存在，《公司法》关于股东与公司关系的规定依然适用。只有在办理公司注销登记之后，公司人格消灭，公司的权利能力和行为能力才彻底丧失。

（五）小结

《公司法》第229条关于公司解散的原因与类型可用图13-1进行归纳和总结：

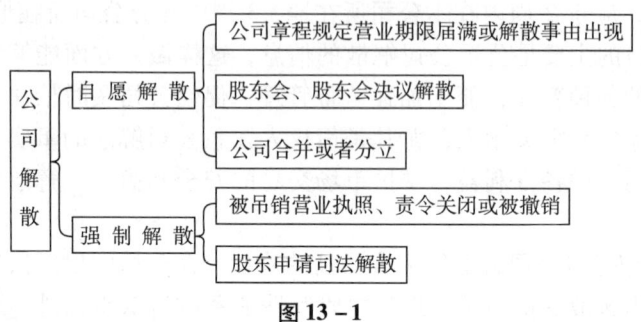

图 13-1

三、公司的破产

就公司终止的角度而言，公司破产与公司解散为同位概念，二者同为公司终止的原因。

（一）公司破产的概念和特征

在英文中，Bankruptcy 和 Insolvency 均为"破产"之意。从词源上讲，Bankrupt 一词源于意大利语"Bancarotta"。也有学者认为英语中的"Bankrupt"一词源于拉丁语的 Falletux，语意为失败。Banca 意为"板凳"，Rotta 意为"砸烂"。在中世纪后期意大利的城市中，当时商人在市中心交易场所各自有自己的板凳，当某个商人不能偿付债务时，其债权人按照惯例可以砸烂其板凳，以表示其经营失败。[1]在英国历史上，Bankruptcy 与 Insolvency 的使用是有区别的。1571~1861年间，英国实行商人破产主义，对不能清偿债务的商人，使用 bankruptcy，含有惩罚和蔑视之意；而对其他诸如医生、神职人员、地主、律师等士绅，则使用 Insolvency，该词没有贬义的味道。英国1986年以前的破产立法称为"Bankruptcy Act"，1986年改称为"Insolvency Law"（该法在我国香港地区被译作无力偿债法）。立法用语的变化，反映了破产法救助债务人，特别是拯救陷入困境的企业的新任务。另外，由于社会文化和法律历史发展的不同，在不同国家 Bankruptcy 和 Insolvency 也会有不同的用法，例如，在澳大利亚，自然人破产程序与公司破产程序有着各自不同的发展历程，前者被称为"Bankruptcy"，后者被称为"Insolvency"。破产是商品经济发展到一定时期必然出现的法律现象。各国法律文献对破产的解释同中存异。日本《新法学辞典》对破产的解释是：在债务人陷于不能清偿其债务的场合，对所有债权人以债务人的总财产公平清偿的程序。[2]英国《牛津法律大辞典》对破产的解释是：强制取得债务人的财产并予以变价，按债权受偿的先后顺序把债务人的财产按比例分配给债权人的一种程序。在英国，申请宣告无力偿还债务是一种可

---

〔1〕 王卫国：《破产法》，人民法院出版社1999年版，第2页。

〔2〕 ［日］我妻荣主编：《新法律学辞典》，中国政法大学出版社1991年版，第782页。

对之发布接管令的破产行为。美国《布莱克法律辞典》将破产称作：一个人无力清偿债务的状态；无偿还其债务的能力；缺乏偿付其债务的财力；一个人的资产和债务这样一种相对状态，即前者在能够即时动用的情况下，不足以清偿后者。

我国 2006 年 8 月公布了《企业破产法》，该法第 2 条对企业破产进行了界定：企业法人不能清偿到期债务，并且资产不足以清偿全部债务或者明显缺乏清偿能力的，依照《企业破产法》的规定清理债务。同时，企业法人有上述规定情形，或者有明显丧失清偿能力可能的，可以依照《企业破产法》的规定进行重整。据此可以将公司破产定义为：公司法人不能清偿到期债务，并且资产不足以清偿全部债务或者明显缺乏清偿能力时，由债权人或债务人诉请法院宣告该公司法人破产并依破产程序偿还债务的一种法律制度。公司破产的法律特征主要有：

1. 公司发生了不能清偿到期债务，并且资产不足以清偿全部债务或者明显缺乏清偿能力的情形。所谓不能清偿到期债务是指规定了确切期限的债务已经到了应当清偿期而公司不能偿还。大陆法系国家多奉行破产原因概括主义，赋予法院处理各种破产案件以较大的自由裁量权。德国和日本等国通常将支付不能作为一般破产原因，规定如果债务人停止支付，就推定为支付不能且不附加任何条件。以法国为代表的商人破产主义立法，宣告商人破产的唯一原因是停止支付。而英美法系国家多采破产原因列举主义，这是指对破产原因不作抽象性规定，而是结合具体的案情，从分析破产行为入手来探寻破产程序开始的依据和原因。其在立法上采用"破产行为"一词取代破产原因，即债务人所为的构成破产先决条件的行为，债权人据此可以申请法院宣告债务人破产。我国《企业破产法》采用的是概括主义的立法例。

2. 破产制度设置的目的在于使各债权人的债权得以公平受偿。破产债务人往往面对的是众多债权人，如果采取普通方式偿还债务，难以避免出现债权人竞相请求偿还或者债务人厚此薄彼的个别优先清偿，从而损害其他债权人的受偿利益。所以，必须采取破产程序将债务人的全部财产按照一定的程序和比例公平合理地分配给债权人，协调不同的利益冲突。

3. 进入破产程序后，破产债务人不得随意处分其财产。一旦进入破产程序，破产债务人就丧失对其原有财产管理和处分的权利。其财产由法院指定破产管理人进行管理，处理变价以及分配事宜。任何人包括债权人都不得随意执行破产债务人的财产。

4. 破产对于债权人、破产企业以及社会都具有重要作用。对债权人而言，破产具有使其获得平等的待遇、公平受偿的作用。对破产企业而言，破产既是一种鼓励竞争、淘汰落后的机制，又是一种起死回生的机制。对社会而言，破产可以淘汰那些经营不善的企业，实现社会资源的优化配置，促进经济发展，维护社会稳定。

5. 破产既有实体问题，又有程序问题。实体规则是指如何确认和落实当事人的实体权利；程序规则是指就破产案件所实施的程序，包括破产申请、债权人会议、破产宣告、破产清算以及破产和解和整顿等。破产程序，除《企业破产法》有规定外，亦准用《民事诉讼法》有关破产的规定。

（二）破产制度中几个重要的概念

1. 破产财产。债务人财产在破产宣告后，称为破产财产。债务人财产是指破产案件受理时属于债务人的全部财产与财产权利，以及破产案件受理后至破产程序终结前取得的财产及财产权利。[1]破产债务人的财产不仅静态构成十分复杂，而且在破产宣告之后财产的流转和增减变化情况也非常复杂，一项财产要界定为破产财产，必须符合以下几个特征：

（1）必须是破产企业可以独立支配的财产。这是指由法律规定的在破产宣告时属于破产人的一切财产，包括宣告破产时破产企业所有或者经营管理的全部财产。企业经营管理的财产原则上属于企业支配的财产，至于企业占有的属于他人的财产，则不是企业独立支配的财产，所有人有权在破产程序开始前将其取回。

（2）必须是破产程序终结前属于破产企业的财产。关于破产财产范围的认定，各国立法例存在着差异，归纳起来主要有两种情况：一是固定主义。这是指仅以宣告破产时属于破产人的财产为限而不及于破产宣告后所获得的财产。这种立法原为德国《破产法》首创，原因在于破产债权是破产宣告前已成立的债权，那么进行清偿的财产也应当以破产宣告时企业所拥有的财产为限。以期对应，如此破产财产的范围就比较容易确定，防止破产程序因为破产财产的不断变化而无限拖延。有观点认为，如此规定还有利于促进破产人在破产宣告前后正常进行经济活动，获得一定收益，促成破产人与债权人达成和解协议。[2]二是膨胀主义。这是指破产财产在时间上不限于破产宣告时，可延伸至破产程序进行中破产人新取得的财产。这种主张以法国《破产法》为代表。理由是将新取得的财产纳入进来从而使可供分配的财产额增加，债权人的分配数额随之增加，对于破产债权人来说更显公平。

我国采取的是膨胀主义理论，体现在《企业破产法》中则是指破产企业在破产宣告后至破产程序终结前所取得的破产财产，以及应当由破产企业行使权利的其他财产。具体来说有：有形财产、无形财产、货币和有价证券、投资收益等。若一项财产在破产宣告前所有权已经转移，则不能被列入破产财产的范围。已作为担保物的财产不属于破产财产，担保物的价款超过其所担保的债务数额的，超过部分属于破产财产。在破产宣告后，破产程序终结前取得的财产具体来说有：因破产企业的债务人的清偿和财产持有人的交还而取得的财产，因未履行合同的继续履行而取得的财产，由破产企业享有的投资权益所产生的收益，破产财产所生之孳息，清算期间继续营业的收益，基于其他合法原因取得的财产。应当由破产企业行使的权利具体表现为：合同债权、非合同债权、票据权利、股东权以及其他请求权。

（3）必须是依法可强制清偿的财产。即在破产清算中，可根据法律规定按照清偿顺序加以清偿。这就排除了已作为担保物的财产。

2. 破产债权。破产债权是指基于破产宣告前的原因成立，依破产程序申报确认的，可从破产财产中公平受偿的无财产担保的债权和放弃优先受偿权的有财产担保的债权。破产债权不同于一般债权，它是一种特定化了的债权，其实质仍然是基于合同、侵权行为、无因管理、不当得利或其他法律上的原因而产生的债权。从形式和内容上分，破产债权可分为形式意义上的破产债权和实质意义上的破产债权。前者指破产宣告前成立的可对破产人行使的一切财产上的请求权，后者指债权人依法申报并可依破产程序公平受

---

[1] 赵旭东主编：《商法学》，高等教育出版社2007年版，第769页。
[2] 参见林秀芹、夏雅丽、薛夷风：《公司法》，科学出版社2010年版，第294页。

偿的债权。实质意义上的债权是形式意义上的债权的基础，前者以后者为实现途径，后者是前者依破产程序转化的结果。从完整意义上来说，破产债权是形式和内容的有机统一。

破产债权的基本特征如下：

（1）破产债权是一种特定化了的一般债权。一般债权的债务人只有在向债权人清偿其所有债务后才能消除与债权人之间的债权债务关系；而破产债权的债务人只要依破产程序将破产财产对债权人进行清偿就可消除与债权人之间的债权债务关系，债权人之债权是否得以满足则在所不问。

（2）破产债权必须是破产宣告前成立的债权。破产宣告后新成立的债权不得成为破产债权。破产宣告后，破产人即丧失对财产的管理和处分权，破产财产由破产管理人（Bankruptcy curator）管理，任何人单独与破产企业进行民事活动所产生的债权都不属于破产债权，应由行为人自行承担责任。

（3）破产债权以无财产担保债权或放弃优先受偿权利的有财产担保的债权为限。有财产担保的债权以债务人的特定财产为清偿保障，当债务人不履行清偿义务时，债权人享有就该担保物的优先受偿权，而不受破产程序的限制。当担保债权人放弃其优先受偿的权利时，才属于破产债权。

（4）破产债权必须是经过依法申报并得以确认的可强制执行的债权。债权人逾期未申报债权的视为自动放弃债权，已申报但未经债权人会议确认的，不得成为破产债权。破产债权还必须是受到法律保护的债权，已经超过诉讼时效、超过执行期限的债权，或因走私等形成的非法债权因不受法律保护，也不属于破产债权。

3. 除斥债权。除斥债权，是指虽在破产宣告前已经成立，但依法不得依破产程序在破产财产中行使请求权的债权。一般包括：债权人参加破产程序的费用、破产宣告后的利息、罚款与罚金及其他相关费用、因破产宣告而解除合同所产生的损害赔偿和违约金。

4. 破产抵销权和撤销权。

（1）抵销权是指当法院受理破产申请前，债权人与债务人互负债权债务的，债权人可以向破产管理人主张其享有的债权不依普通破产债权的分配顺序受偿，而先与债务人的债权债务抵销。这种抵销权不同于合同法中的抵销权，无论给付种类是否相同，清偿期限是否到期，都可以主张抵销。但是，主张抵销的债权债务都必须成立于破产宣告前。

（2）撤销权是指债务人在法院受理破产申请前1年内实施了有损债权人利益的行为，破产管理人享有请求法院予以撤销该行为的权利。我国《企业破产法》以列举的方式规定了何为"有损债权人利益的行为"。[1]管理人行使撤销权后并经法院裁定认可后，得以返还或赔偿的财产归属于破产财产，由其他债权人公平受偿，提前清偿的债务归入破产债权，由破产债权人公平受偿。

---

〔1〕《企业破产法》第31条规定：人民法院受理破产申请前1年内，涉及债务人财产的下列行为，管理人有权请求人民法院予以撤销：①无偿转让财产的；②以明显不合理的价格进行交易的；③对没有财产担保的债务提供财产担保的；④对未到期的债务提前清偿的；⑤放弃债权的。

5. 破产费用和共益债务。

（1）破产费用是指法院受理破产申请后发生的下列费用：收取的破产案件的诉讼费用，管理人管理、变价和分配债务人财产的费用，管理人执行职务的费用、报酬和聘用工作人员的费用。破产费用先于破产债权后于有财产担保的债权从破产财产中支付。[1]

（2）共益债务是指法院受理破产申请后发生的下列债务：因管理人或者债务人请求对方当事人履行双方均未履行完毕的合同所产生的债务，债务人财产受无因管理或者因债务人不当得利所产生的债务，为债务人继续营业而应支付的劳动报酬和社会保险费用以及由此产生的其他债务，管理人或者相关人员执行职务致人损害所产生的债务，债务人财产致人损害所产生的债务。[2]

（3）破产费用和共益债务由债务人财产随时清偿。债务人财产不足以清偿所有破产费用和共益债务的，先行清偿破产费用。债务人财产不足以清偿所有破产费用或者共益债务的，按照比例清偿。债务人财产不足以清偿破产费用的，管理人应当提请人民法院终结破产程序。人民法院应当自收到请求之日起15日内裁定终结破产程序，并予以公告。[3]

（三）破产程序

公司破产须依据法律按照一定的程序进行，各国立法基本上都对破产程序作了比较详细的规定，总体而言，这些程序主要按以下步骤进行：

1. 破产申请的提出。破产案件的申请是破产程序启动的前提条件，也是破产程序开始的法定因素。破产申请是指债权人或者债务人向法院请求宣告债务人破产的意思表示，是债权人和债务人对破产请求权的具体行使。破产申请的提出人可以是债权人，也可以是债务人，在特定情况下也可以由清算组织提出。但是，根据我国《企业破产法》和《公司法》[4]的规定，债权人、债务人和负有清算责任的人向法院申请启动破产程序的前提和要求是不相同的。对于债权人，当债务人不能清偿到期债务时就可向法院提出对债务人进行重整或清算的申请；对于债务人，当其不能清偿到期债务并且资不抵债或者明显缺乏偿债能力时可向法院提出重整、和解或清算的申请；对于清算组，只有当公司解散但是仍未清算或未清算完毕，资不抵债时，才可向法院提出清算的申请。[5]无论哪类主体向法院提起申请，都必须向法院提交相关申请材料，以便法院作出是否受理的决定。申请的主体不同，提交的材料亦有所差别。

2. 破产案件的受理。破产程序的正式启动以法院对破产案件的受理为标志。破产案件的受理是指法院对债权人、债务人或者清算组等提出的破产申请进行审查，按照受理条件决定是否立案的行为。法院的审查包括实质审查和形式审查。实质审查一般是指审查该公司是否满足破产的实质构成要件。在我国，企业破产的实质要件有：①被申请人必须为企业法人，我国法律未规定自然人、个体工商户、农村承包经营户、个人合伙等具有破产能力；②被申请人不能清偿到期债务；③被申请人

---

[1] 参见《企业破产法》第41条。
[2] 参见《企业破产法》第42条。
[3] 参见《企业破产法》第43条。
[4] 参见《公司法》第237条。
[5] 参见《企业破产法》第7条。

资不抵债或者明显缺乏偿债能力。后两个构成要件以审查被申请人是否已经达到破产界限为目的。除了实质要件的审查，法院还要对申请人提交申请进行形式要件的审查，这主要是对申请人所提交的关于申请破产的诸如申请书、财产状况说明、债权债务清册等相关材料进行审查。

法院审查后，可针对不同的情况作出不同的决定：①受理裁定。法院对申请人提供的材料审查后，认为符合受理条件且无不予受理情况的，作出立案的决定，并制作案件受理通知书通知申请人。[1]②不予受理的裁定。申请不符合受理条件，或者债务人有隐匿、转移财产等行为，为了逃避债务而申请破产，或者债务人对债权人的债权提出异议，人民法院认为异议成立的情况下，人民法院应作出不予受理的裁定。③驳回申请裁定。法院发现债权人借申请破产毁损债务人的商业信誉，意图损害公平竞争，或者发现债务人巨额财产下落不明且不能解释财产去向的，法院应作出驳回申请的裁定。[2]

法院应当自裁定受理破产申请之日起 25 日内通知已知债权人，并予以公告。[3]至此，破产程序进入正式启动并发挥法律作用的阶段。

3. 法院指定破产管理人，成立债权人会议。法院受理破产申请，应当指定管理人对破产企业的财产进行管理。指定破产管理人的意义在于避免债务人对其财产进行恶意处分，由一个专门的中立机构接管破产财产并负责对其进行清理、变价以及处理分配，以充分保护债权人的利益。管理人可以由有关部门、机构的人员组成的清算组或者依法设立的律师事务所、会计师事务所、破产清算事务所等社会中介机构担任。[4]我国法律规定，管理人应当勤勉尽责，忠实执行职务，对法院负责，接受债权人会议和债权人委员会的监督。[5]《企业破产法》对管理人的职责作出了明确的规定，债权人会议认为管理人不能依法、公正执行职务或者有其他不能胜任职务的情形的，可以申请法院予以更换。[6]

法院受理破产申请后，还应当组成债权人会议。债权人会议，是指由全体债权人共同组成的表达债权人共同的意思，参与破产程序并对有关破产事项进行决议的机构。除了债权未获确认的债权人和有财产担保并已行使优先受偿权获得足额清偿的债权人外，其他债权人都可以成为债权人会议的成员。[7]债权人会议是一种自治机构，在破产程序中具有重要的法律地位，全体债权人通过协商和表决程序独立自主地决定有关破产事项。在债权人会议组成之前，各债权人可以对各自的债权在申报期限内进行申报。管理人收到债权申报材料后，应当登记造册，对申报的债权进行审查并编制债权表，提交第一次债权人会议核查。第一次债权人会议由法院召集，以后的债权人会议，在法院认为有必要时，或者管理人、债权人委员会、占债权总额 1/4 以上的债权人向债权人会议主席提议

---

〔1〕 参见《企业破产法》第 10 条、第 11 条。
〔2〕 对于不予受理和驳回裁定的救济程序，参见《企业破产法》第 12 条。
〔3〕 参见《企业破产法》第 14 条。
〔4〕 参见《企业破产法》第 24 条。
〔5〕 参见《企业破产法》第 22 条、第 27 条、第 61 条、第 68 条。
〔6〕 参见《企业破产法》第 25 条、第 61 条。
〔7〕 参见《企业破产法》第 59 条。

时召开。[1]债权人会议根据法律规定和协商确定的议事程序决定破产事项，作出的决议对全体债权人产生约束力。[2]

4. 破产重整与破产和解。在破产程序终结前，债务人可以向法院申请破产重整。破产重整是指债务人已具有破产原因或有破产原因之虞时，对企业采取适当措施以改善企业经营管理，帮助企业恢复生机的破产预防制度。[3]破产重整是在破产程序启动后，给企业一个重生的机会，以避免企业破产给社会经济造成损失和影响而专门设立的一项法律制度。我国《企业破产法》设专章（即第八章）从重整条件、重整期间以及重整计划的作出和实施等方面对重整制度作了详细的规定。

除重整制度外，债权人还可以申请和解。对于和解制度，我国《企业破产法》也设专章（即第九章）进行了规定。和解是指债务人与债权人在自愿的基础上为避免企业破产，就债务人延期清偿债务或者减少债务数额等事项达成协议，以终止破产程序。最早关于和解的规定源于法国1673年的《商事敕令》，它承认债务人在不经清算程序处理无力偿还债务的情况下，同大多数债权人达成的部分还债协议具备合法性。世界上大多数国家的破产法都设置了和解制度，例如，英国设置了和解前置制度，日本设置了双和解制度。我国《企业破产法》明确规定了和解程序的启动、达成和解协议的程序以及和解协议的法律效力等事项。

关于和解的法律性质，各国学说看法不一：①和解裁判说。即和解协议仅有债权人会议的通过还不具备法律效力，必须经法院认可。②和解契约说。即和解协议的实质是契约，由债务人提出，经债权人同意和法院认定，债务人和所有债权人都应当遵守。③特殊行为说。即和解是债务人和债权人的一种契约行为和法院认定的一种裁判行为的总和，具有特殊性。对于和解协议的法律性质，我国法律采和解裁判说，认为和解协议由债权人会议与债务人按一定的法律程序经协商自愿达成，须经法院认可后产生法律效力。

5. 破产宣告。破产宣告是指法院以裁定的形式宣布被申请人破产。债务人被宣告破产后，名称上开始变化，债务人称作破产人，债务人的财产称作破产财产，债权人享有的债权称作破产债权。[4]并且破产人自破产宣告之日起，原则上停止一切生产经营活动，但是为债权人利益确有必要继续生产经营的，须经人民法院许可。[5]同时，破产财产由清算组接管，行为由清算组做出。法院应当通知在其他民事诉讼程序中对破产公司的财产采取查封、冻结、扣押等强制措施的法院解除该强制措施。

6. 破产清算和破产程序的终结。法院宣告企业破产后，企业依法进入破产清算程序。在清算程序中，由法院成立的清算组负责破产财产的保管、清理、变价、处理和分配。对有财产担保的债权，就该担保物对相应债权人进行优先偿还。对其他在同一清偿等级的债权，按照法律规定的顺序以破产财产依次进行偿还。根据我国法律规定，

[1] 参见《企业破产法》第62条。
[2] 参见《企业破产法》第64条。
[3] 施天涛：《公司法论》，法律出版社2006年版，第613页。
[4] 参见《企业破产法》第107条。
[5] 参见2002年7月公布的《最高人民法院关于审理企业破产案件若干问题的规定》第33条。

破产清算清偿顺序依次是：破产费用和共益债务、破产公司所欠职工工资和劳动保险费用、税款等。以上款项清偿完毕后，破产财产之剩余部分对普通债权进行清偿，若破产财产不足以清偿同一顺序的清偿要求的，按照比例分配。破产企业的董事、监事和高级管理人员的工资按照该企业职工的平均工资计算。[1]

　　破产人无财产可供分配的，破产管理人应当请求人民法院裁定终结破产程序。破产管理人在最后分配完结后，应当及时向人民法院提交破产财产分配报告，并提请人民法院裁定终结破产程序。人民法院应当自收到破产管理人终结破产程序的请求之日起 15 日内作出是否终结破产程序的裁定。裁定终结的，应当予以公告。[2]破产管理人应当自破产程序终结之日起 10 日内，持人民法院终结破产程序的裁定，向破产人的原登记机关办理注销登记。[3]至此，公司完全终止，法人资格即告消灭。

　　四、本节图例总结

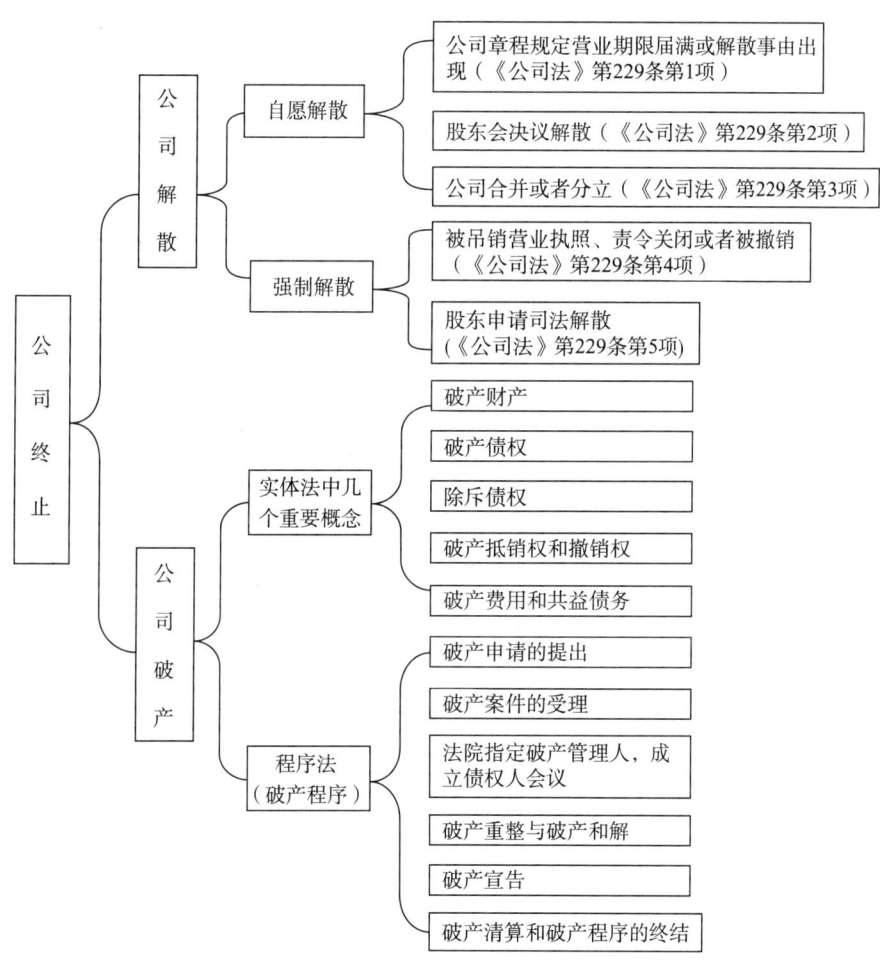

〔1〕　参见《企业破产法》第 113 条。
〔2〕　参见《企业破产法》第 120 条。
〔3〕　参见《企业破产法》第 121 条。

第二节　公司清算

一、公司清算的概念和特征

（一）清算的概念

公司清算有广义、狭义之分。广义的公司清算是指公司的解散清算和破产清算，此二者发生的前提完全不同，在内容和程序上也存在重大差别。狭义的公司清算乃指其中之一种，但通常指解散清算。由于在公司的合并与分立中，二者虽然是公司的解散事由，但是其债权债务发生概括转移的效果，所以无需进行清算；公司被宣告破产后虽然要进行清算，但是其需要适用专门的破产程序，称为破产清算，即破产管理人必须按照《企业破产法》的规定在法院的主持下进行清算。因此，本节的公司清算仅指狭义的公司解散清算。另外，因我国采取"先解散后清算"的模式，故公司清算（Liquidation/winding up）的定义，是指公司解散后，清算组依法对公司的财产和债权债务关系进行清理、处分和分配，从而消灭公司法人资格的一种法律行为和法律程序。民间亦称为公司清盘。

（二）公司清算的特征

公司清算具有以下特征：

1. 公司清算的发生时间是在公司解散后，是公司终止的必经程序。公司解散事由发生后，应当进入清算阶段，清算期间，公司仍具有法人资格，只是业务活动范围有所限制，即不得开展与清算无关的经营活动。各国立法都规定了解散公司必须经过清算程序：对外防止公司在解散过程中隐匿财产、逃避债务，损害利害关系人的利益；对内防止董事、经理或者控制股东在公司终止前擅自处分公司的财产，或者不公平地分配公司财产。可见，公司清算涉及诸多法律关系主体的利益，因而必须严格履行法定的程序。只有完成了清算程序后的公司才能办理注销登记，公司的法人人格才能得以消灭。

2. 清算期间，公司的代表机构为清算组织。公司董事会不再依职权代表公司，而改由清算组接管公司的财产和事务，负责处理相关破产事宜，对外代表公司进行诉讼活动。公司的印章、财务文件等均由清算组接管。公司股东会、监事会等机构在清算事务范围内行使原有职权。

3. 清算期间，公司的权利能力、行为能力受到限制。在清算期间，公司不得再进行新的经营活动，公司的全部活动应局限于终结现存的法律关系，处理剩余财产。公司清算的范围主要包括清理公司的债权债务情况、清缴公司所欠税款、处理与清算有关的公司未了结的业务、分配公司清偿债务后的剩余财产等。《公司法》第 236 条第 3 款明确规定，清算期间，公司存续，但不得开展与清算无关的经营活动。故处于清算阶段的公司通常被称为"清算法人"或"清算中公司"。

4. 公司清算的目的是通过终止公司人格从而保护相关主体的利益。公司清算，使得公司权利义务得以消灭，最终使公司这一法律主体的人格归于终止。但这只是手段，其根本目的在于平衡和保护相关主体的利益，因为公司终止涉及多方主体的经济利益，若没有一个公平的公司退出机制，公司终止就会陷入混乱和纷争的无序状态。所以，公司清算的重要意义在于维护公司终止秩序，平衡各方利益，从而顺利结束与公司有关的一切法律关系，维护正常的市场秩序。为实现上述目的，在清算过程中公司财产必须先支付清算费用、职工工资和劳动保险费用、缴纳所欠税款、清偿公司债务，这之后如果还有剩余财产，才能对股东进行分配。

二、清算中公司

清算中公司是指处于清算过程中的公司。清算中公司在公司实务中面临许多重大问题需要解决，因此将其单列一题讲述。

（一）清算中公司的性质

对于清算中公司的法律性质，学界大致有四种学说：①人格消灭说。即公司因解散而丧失法人资格，公司财产归股东所共有。基于该学说，公司在清算程序之前，其法人资格即告消灭，继而导致清算程序无法进行，公司各种债权债务关系无法处理，所以该学说已基本遭摒弃。日、德等一些国家的学者曾经持此观点。②清算公司说。即清算中的公司与正常营业中的公司只是目的不同，清算中的公司是专为清算目的而存在的，其余并无差异。基于该学说，公司可以通过修改章程等方式从而改变其清算的目的，转变为该公司正常营业时的经营目的为新的目的，这就改变了公司清算的实质和公司终止的意义。③法律拟制说。即公司在清算过程中其实已丧失法人资格，并且不得从事经营业务范围内的活动。但是，为方便清算活动的开展，在清算范围内由于法律的拟制，公司仍视为存在，享有一定的权利能力。公司的本质是法律所拟制的独立人格，从成立时至终止时就取得法律拟制的法人资格。如果在解散宣告后清算过程中公司即丧失了法人资格，则意味着丧失了法律所拟制的独立人格。若基于该学说，法律在清算过程中又赋予公司一个拟制人格，这种做法无疑是多此一举，不如在清算过程中不剥夺其独立人格，这样更加有利于法律资源的节约。④同一人格说。即公司虽已解散，但其法人资格在清算终结前视为继续存在，并且与清算前的法人资格并无本质区别，只是在权利能力范围方面有所缩减而已，公司自然地、概括地承受着公司正常存续期间所产生的各项权利和义务。此说更符合现代公司法的精神。各国和地区现行立法多采用此学说作为公司解散法律制度的理论基础之一。例如，日本《民法典》第 73 条规定："解散了的法人，在清算目的范围内，结束清算前，看作继续存在。"我国台湾地区"民法"第 40 条第 2 款规定："法人至清算终结止，在清算之必要范围内，视为存续。"[1]

我国《公司法》采纳了"同一人格说"，第 236 条第 3 款规定，"清算期间，公司存续，但不得开展与清算无关的经营活动"。也就是说，公司经宣告解散后，其法人人格于解散后，清算完结前仍然存在。但是，这时公司存在的意义只是为了便于清算，因而其权利能力只限于清算范围内，而不得从事非以清算为目的的其他法律行为。如公司超越其清算范围而继续从事经营业务的，依法不发生法律效力。清算公司与未解散前的公司互为一体，在未解散前所存在的法律关系原则上不因解散而有所变更，而由清算公司继续承受并结清。进入清算程序后，公司原有代表及执行业务的机关均丧失其职权，而由清算人代表公司行使权力。所以，清算人是清算中公司的代表人和业务执行机关，对内执行清算业务，对外代表清算中公司。公司股东会、监事会等机构

---

[1]　林纪东、郑玉波等编纂：《新编基本六法全书》，五南图书出版公司 2005 年版，第贰 – 11 页。

只能在清算事务范围内行使原有职权。

（二）清算中公司与清算组的关系

我国《公司法》没有明确规定清算组的法律地位，但是，《公司法》第 234 条规定，清算组在清算期间行使下列职权：①清理公司财产，分别编制资产负债表和财产清单；②通知、公告债权人；③处理与清算有关的公司未了结的业务；④清缴所欠税款以及清算过程中产生的税款；⑤清理债权、债务；⑥分配公司清偿债务后的剩余财产；⑦代表公司参与民事诉讼活动。由此可见，清算组对内执行清算事务，对外代表清算中公司，其地位相当于正常营业中的董事会、经理。因而，清算组的性质相当于清算中公司的法人机关，代行董事会、经理的职权。行使这一职权具有如下特点：

1. 清算组不是作为一个独立的法律主体而存在，其相当于清算中公司的机关。清算人既系取代董事之地位而执行清算事务，因此，清算人于执行清算事务之范围内，其权利义务与董事相同。清算人与公司间之关系，依民法关于委任之规定。[1]无论是对内还是对外，清算组均为清算中公司的业务执行机关和法定代表机关。

2. 既然清算组在清算事务中居于董事会的地位，因此，其不能取代股东会和监事会的职权，股东会仍为公司的权力机构，监事会也仍然是公司的监督机构。

3. 基于清算组的性质和地位，其应当以公司的名义进行民事活动和诉讼行为。在公司清算实践中，一些清算组无视清算中公司的法律地位，以自己的名义独立从事民事活动和诉讼行为，但又没有承担民事责任的能力。其依据是最高人民法院《关于贯彻执行〈中华人民共和国民法通则〉若干问题的意见（试行）》（已失效）第 60 条第 2 款规定："对于涉及终止的企业法人债权、债务的民事诉讼，清算组织可以用自己的名义参加诉讼。"这一规定与清算中公司的法律地位和《公司法》的相关规定并不吻合[2]，容易造成司法实践的混乱。在此情形下，于 2008 年出台且 2020 年修正的最高人民法院《公司法解释（二）》第 10 条第 1 款根据当时 2008 年的《公司法》，进一步明确规定："公司依法清算结束并办理注销登记前，有关公司的民事诉讼，应当以公司的名义进行。"

（三）被吊销营业执照的公司与清算中公司的关系

这实际上是一个被吊销营业执照的公司是否要进行清算的问题，如果要进行清算，则其为清算中公司。对此，1993 年《公司法》的规定是不明确的，因此现实生活中一些被吊销营业执照的公司不进行清算，甚至故意利用法律上的漏洞来逃避债务，给债权人的利益带来损害。因此，被吊销营业执照的公司是否要进行清算，必须在立法上得以确立。在此有一个理论前提必须厘清，即公司资格可以分为公司法人资格和公司营业资格。公司法人资格与公司营业资格具有关联性，但并不具有等同性。前者是公司作为民事主体的资格，后者是公司开展营业活动的资格。吊销营业执照取消的只是其公司营业资格，并没有连同其公司法人资格一并取消。它只是公司解散的原因，但并不导致公司的终止，因此，吊销营业执照并没有剥夺公司的法人主体资格。被吊销营业执照的公司应当解散，并进行清算。在该清算完结之前，其法人资格并没有消灭。

─────────────

〔1〕 柯芳枝：《公司法论》，中国政法大学出版社 2004 年版，第 503 页。

〔2〕《公司法》第 234 条关于清算组职权的第 7 项规定：清算组"代表公司参与民事诉讼活动"。

《公司法》在第229条第1款第4项已将公司被吊销营业执照的情形规定为公司解散的原因。这从法律上表明，公司被吊销营业执照与其他原因解散一样，也需要经过清算，公司才能消灭。

（四）被撤销公司登记的公司与清算中公司的关系

撤销公司登记是我国2018年《公司法》第198条规定的对违法公司采取的一种行政处罚。如前文所述，撤销公司设立登记从根本上否认了公司的民事主体资格的合法性，被撤销公司登记的公司的民事主体资格归于消灭，这也是其与吊销营业执照的一个重大区别，其处罚力度过大。基于此，2023年《公司法》第250条删除了对采取欺诈手段取得公司登记的情节严重的行为由公司登记机关直接进行撤销登记的处罚，而交由利害关系人根据《市场主体登记管理条例》第40条的规定申请撤销公司登记的权利。

被撤销登记的公司本来是不具备成立条件的，其公司法人资格的取得是通过欺诈手段骗取的，或者说公司本来不应当成立，但行为人以违法方式又使公司通过合法的形式得以成立。由此可见，撤销公司登记虽然也属于由利害关系人申请而强制解散的情况，但与其他强制解散情况最明显的区别在于：被撤销公司登记的公司，由于其法人资格是通过欺诈手段取得的，因此，它仅仅是在形式上享有法人资格但事实上并不具备法人条件的公司，而且是自始就不具备法人条件的公司，公司登记机关撤销公司登记是对其不具备公司法人条件的一种确认，或者说是对客观事实的恢复；而其他被强制解散的公司，不存在自始就不具备法人条件的问题，而是一直具备法人条件，只是因为出现了违法行为或法律规定的情况而需要通过解散程序来取消其公司法人资格。

根据一般的推理，清算程序是对公司法人的清算，或者说公司具备法人资格是进入清算的前提，既然被撤销公司登记的公司根本就不具备法人资格，那么，其作为清算中公司的前提似乎就不存在，因为撤销公司登记就意味着法律对该公司自始没有予以法人资格事实的认可，也就没有必要通过清算来消灭其法人资格了。

但值得指出的是，公司设立无效不同于合同无效，合同无效在法律效力上是"自始无效"，而公司设立无效在法律效力上却没有溯及力，即不能按照"自始无效"来处理。之所以如此，是因为无效设立的公司事实上可能已经以公司名义完成了一系列的交易行为，如果认定其法人资格"自始无效"，可能给交易相对人带来不利，造成交易秩序的混乱。因此，许多国家都规定公司设立无效不具有溯及力。我国《公司法》虽然没有对此作出直接规定，但是，交由利害关系人根据《市场主体登记管理条例》第40条规定申请撤销公司登记的权利，也可以推导出公司设立无效不具有溯及力的结论。根据《公司法》的规定，公司解散后就意味着公司应当进行清算，只有完成了清算程序，法人资格才能消灭。《公司法》第232条也明确规定，公司因被撤销而解散的，应当在解散事由出现之日起15日内成立清算组，开始清算。所以，被撤销公司登记的公司应当具有清算中公司的地位。

（五）公司未经合法清算程序而被注销情形下债权人的权利救济

实践中，公司清算违反法定程序，或者公司未经清算就予以注销，从而损害债权人合法权益的情况时有发生。就法理而言，公司终止并不意味着公司清算义务和责任的解除；公司未经清算就注销，并不等于其已经消灭，此时仍应当将其视为清算中公司。债权人应该以原有限责任公司的股东、原股份公司的董事、控股股东为被告提起诉讼。而提起诉讼的根据则在于上述法律主体所应承担的清算义务，对此《公司法解释（二）》区分两种情形，分别规定了相应的救济措施。

1. 清算义务人怠于履行清算职责时的救济措施。这里又有以下三种不同的救济途径：[1]

（1）有限责任公司的股东、股份有限公司的董事和控股股东未在法定期限内成立清算组开始清算，导致公司财产贬值、流失、毁损或者灭失，债权人可以主张其在造成损失范围内对公司债务承担赔偿责任。

（2）有限责任公司的股东、股份有限公司的董事和控股股东因怠于履行义务，导致公司主要财产、账册、重要文件等灭失，无法进行清算，债权人可以主张其对公司债务承担连带清偿责任。

（3）如果上述情形是实际控制人的原因造成，债权人可以主张实际控制人对公司债务承担相应的民事责任。

上述责任人为二人以上的，其中一人或者数人承担民事责任后，可以向其他责任人主张按照过错大小分担责任。

2. 清算义务人未清算或者未经依法清算而注销公司时的救济措施。这里又区分四种情形对债权人的利益进行保护：[2]

（1）清算义务人在公司解散后，恶意处置公司财产给债权人造成损失，或者未经依法清算，以虚假的清算报告骗取公司登记机关办理法人注销登记，债权人可以主张其对公司债务承担相应的赔偿责任。

（2）公司未经清算即办理注销登记，导致公司无法进行清算，债权人可以主张有限责任公司的股东、股份有限公司的董事和控股股东，以及公司的实际控制人对公司债务承担清偿责任。责任人为二人以上的，其中一人或者数人承担民事责任后，可以向其他责任人主张按照过错大小分担责任。

（3）公司未经依法清算即办理注销登记，股东或者第三人在公司登记机关办理注销登记时承诺对公司债务承担责任，债权人可以主张其对公司债务承担相应的民事责任。

（4）公司解散时，股东尚未缴纳的出资均应作为清算财产。股东尚未缴纳的出资，包括到期应缴未缴的出资，以及依照《公司法》第47条和第96条的规定分期缴纳尚未届满缴纳期限的出资；公司财产不足以清偿债务时，债权人主张未缴出资股东，以及公司设立时的其他股东或者发起人在未缴出资范围内对公司债务承担连带清偿责任的，人民法院应依法予以支持。

（六）公司解散时利害关系人的清算请求权（即清算中公司启动主体扩大的问题）根据2018年的《公司法》，当公司出现法定解散事由时，如果股东不履行清算义务，逾期不成立清算组，并且债权人也不向人民法院申请清算，在这种情况下与公司有利

---

〔1〕 参见《公司法解释（二）》第18条、第21条的规定。
〔2〕 参见《公司法解释（二）》第19～22条的规定。

害关系的其他主体是否可以向人民法院申请清算。对此问题，2018 年《公司法》第183 条只规定由债权人申请法院组织清算组进行清算，而未规定其他利害关系人的清算请求权。

其实，由于公司怠于履行清算责任而损害的主体不仅仅限于公司债权人，公司职工、股东，甚至还有代表国家行政的税务机关，他们均是与公司清算有关的利害关系人。尤其是股东，如果公司长期不进行清算，股东的剩余分配权将得不到实现，此时股东提起公司清算的愿望要远远甚于债权人。因此，公司解散时利害关系人的清算请求权问题，实际上是公司清算申请人范围扩大的问题，也就是关于清算中公司启动主体扩大的问题。2018 年《公司法》的规定，一方面不利于公司股东、债权人及其他利益相关者的利益保护；另一方面在出现公司僵局或者清算僵局时单纯依靠债权人的申请，使得救济手段过于单一，甚至无法操作。因此，应当扩大清算中公司的启动主体，维护公司利害关系人的各方利益，实现法律的公平正义价值。

三、公司清算的种类

根据不同的划分标准，公司清算在法律上可以分为以下几类：

（一）任意清算和法定清算

这是按照公司清算是否依法定程序进行的划分。

1. 任意清算，是指在公司自愿解散的情况下，依照公司章程的规定或者全体股东的意见而进行的清算。任意清算体现了当事人意思自治的原则，处分财产的顺序、方式等均由股东一致同意确定，法律不加以干预。任意清算一般只适用于无限公司、两合公司这类结构简单且股东对公司债务承担无限责任的人合公司。其法理依据在于这些公司的全体或者部分股东承担的是无限连带责任，在清算过程中法律无需干预债权人的利益保护问题，此时债权人的私力救济优于公权力的介入。当然，如果这些公司的股东愿意，亦可选择法定清算的方式。我国不存在这类公司，因而不适用任意清算。

2. 法定清算，是指公司按照法律规定的程序和方法进行的清算。为了突出保护债权人和相关利害关系人的利益，使公司财产得以公平分配，提高公司的清算效率，大多数国家都规定必须按照法律规定的程序清算，即法定清算制度。法定清算一般适用于有限责任公司和股份有限公司，因为这两类公司的社会影响相当广泛，社会关系比较复杂，涉及的利益关系众多，最主要的是在这两类公司中股东所承担的是一种有限责任，即以出资额为限对公司债务承担责任，这就决定了公司在终止时清算是否合法关系到债权人的切身利益。由于我国《公司法》只规定了这两种公司形式，所以《公司法》所讲的清算仅指法定清算。

（二）普通清算和特别清算

这是以清算是否受到法律或者行政机关干预为标准的划分。

1. 普通清算（General liquidation），是指公司在解散后，依法自行成立清算组按照法定程序进行的清算。在普通清算中，公司一般应自作出解散决议之日起的法定期限内，由章程规定的清算人员或者公司权力机构从执行机构中选出的清算人员，按照法律规定的程序进行清算。《公司法》第 232 条的第 1 款规定：公司因本法第 229 条第 1 款第 1 项、第 2 项、第 4 项、第 5 项规定而解散的，应当清算。董事为公司清算义务人，应当在解散事由出现之日起 15 日内组成清算组进行清算。清算组由董事组成，但是公司章程另有规定或者股东会决议另选他人的除外。清算义务人未及时履行清算义务，给公司或者债权人造成损失的，应当承担赔偿责任。其中，《公司法》第 229 条第 1 款第 1 项、第 2 项、第 4 项、第 5 项的规定分别是：公司因公司章程规定的营业期限届满或者公司章程规定的其他解散事由出现而解散；公司因股东会决议解散；公司因依法被吊销营业执照、责令关闭或者被撤销而解散；公司因出现公司僵局而由相应股东请求人民法院依法判决而予以解散。

2. 特别清算（Special liquidation），是指公司在普通清算过程中，出现了显著的障碍而无法继续进行普通清算程序时，由政府有关部门或者法院介入而进行的清算。在特别清算中所指的障碍一般包括法律障碍和事实障碍。法律障碍是指由于法律行为而使普通清算难以继续进行的状况，如公司的财产已被查封、强制执行、部分财产已脱离公司占有致使公司无法对其处分等；事实障碍是指普通清算事实上难以继续进行的状况。在特别清算中，法院、债权人要对清算事务进行严格的监督和积极的干预。对此，《公司法解释（二）》第 7 条第 2 款进一步规定了适用特别清算的情形，即有下列情形之一，债权人申请人民法院指定清算组进行清算的，人民法院应予受理：①公司解散逾期不成立清算组进行清算的；②虽然成立清算组但故意拖延清算的；③违法清算可能严重损害债权人或者股东利益的。并且，具有本条上述所列情形的，不但债权人可以提起清算申请，而且在债权人未提起清算申请的情况下，公司股东也可以申请人民法院指定清算组对公司进行清算，其法理前面已作讨论。

3. 普通清算和特别清算的关系。[1] 普通清算是特别清算的前提，只有当普通清算程序开始后才有可能启动特别清算程序，当然，特别清算却不是普通清算的必然结果。二者之间有明显的区分：普通清算由公司自行组织，尊重公司的意思自治，清算组由公司自行选任；而特别清算则由法院或者行政机关等公共权力机关介入，清算组亦由公共权力机关选任。

（三）正常（解散）清算和破产清算

这是根据公司终止原因的不同所作出的划分。

1. 正常（解散）清算也被称为非破产清算或者公司解散清算，是指按照公司法律规定的解散程序而进行的清算，旨在表明公司的财产足以支付公司债务情况下的清算。在正常清算的情况下，公司资产一般足以清偿全部债务，债务清偿完毕后可能还有剩余财产分配给股东。

2. 破产清算是指公司因不能清偿到期债务被人民法院宣告破产后，由法院组织清算组按照破产清算程序，对公司财产进行清理、估价、处理、分配，并最终消灭公司法人资格的清算。

---

[1] 《外商投资企业清算办法》明确区分了普通清算和特别清算：企业能够自行组织清算委员会进行清算的，依照本办法关于普通清算的规定办理。企业不能自行组织清算委员会或者依照普通清算的规定进行清算出现严重障碍的，企业董事会或者联合管理委员会等权力机构、投资者或者债权人可以向企业审批机关申请进行特别清算。企业审批机关批准进行特别清算的，依照本办法关于特别清算的规定办理。企业被依法责令关闭而解散进行清算的，依照本办法关于特别清算的规定办理。（该"办法"1996 年 7 月 9 日由对外贸易与经济合作部公布，该"办法"曾经是我国唯一一部专门规范清算制度的行政法规，现已失效。）

3. 正常（解散）清算与破产清算的关系。正常清算在特定条件下可以转化为破产清算。《公司法》第237条规定："清算组在清理公司财产、编制资产负债表和财产清单后，发现公司财产不足清偿债务的，应当依法向人民法院申请破产清算。人民法院受理破产申请后，清算组应当将清算事务移交给人民法院指定的破产管理人。"虽然正常清算可转化为破产清算，但是，二者有着明显的区别：

（1）正常清算是在公司解散时资产状况还不明了的情况下启动的，如果公司此时尚拥有足以偿还债务的财产，则进行正常清算终结公司；破产清算是在正常清算过程中发现公司资不抵债、不能清偿到期债务的情况，由法院宣告公司破产，此时应进行破产清算。

（2）正常清算的程序任意性较强，充分尊重公司的意思自治；破产清算则必须严格依照法律所规定的程序进行，强制性比较突出。

（3）正常清算中清算组由公司自行选任，只有在发生特殊情况时才由法院指定人员担任；破产清算中的清算组只能由法院从法定人员中选任，并且选任的方法和程序皆与正常清算有所不同。

（4）正常清算能够使所有债权人的债权得以实现，其目的旨在终止公司，消灭公司法人资格；而破产清算发生的原因是公司资不抵债，这就意味着并非所有债权人都能得以清偿，目的在于使每位债权人可以公平受偿。

另外，破产清算也不同于特别清算。特别清算是一种结合了普通清算和破产清算共同特点的混合产物，这种程序介于两类清算之间。由于特别清算与破产清算特征较为相似，比较容易造成混淆，所以有必要对二者进行区别：特别清算是在普通清算无法适用时才启动的一种清算程序，并非一定由于公司破产所致。特别清算程序一般根据《公司法》相关规定进行，破产清算程序一般根据《企业破产法》相关规定进行。而且，在破产清算中，债权人可以组成债权人会议对破产事项进行表决，对清算组进行监督，但是特别清算中债权人不具备这种权利和法律地位。

上述各种清算中，由于破产清算专门由《企业破产法》调整，因此，《公司法》规定的清算为普通清算和特别清算。

四、清算组织

公司进行清算，都要成立清算组织。

（一）清算组的概念及其法律地位

清算组是公司清算组织的简称，是指在公司解散清算过程中，具体从事公司财产及债权债务清理事务的法定组织。在公司清算过程中，公司的法律主体资格并没有消失，但是公司的权利能力又受到限制，因此，需要有专门的机构负责公司的清算活动，这个专门机构就是清算组织。各国和地区的公司法对清算组的称谓不太一致，美国《标准公司法》称为财产管理人及保管人，德国公司法称为清算人，我国香港特区则称为清盘官。我国《公司法》则称为清算组。清算人这一概念从字面上看既可以是单个人，也可以是多数人；而清算组作为一个组织从字面上看则至少须由二人或二人以上构成，其实并不一定，因为，按照《公司法》第232条第2款的规定"清算组由董事组成，但是公司章程另有规定或者股东会决议另选他人的除外"来解释，并未规定清算组的具体人数，对于一人公司而言，由于只有单个股东，其清算组完全可以由一人组成。

公司清算组在公司清算范围和期间内，相当于公司原有的执行机构，是公司法律主体资格的代表机构，接管公司董事会的全部权力，对外代表清算中的公司为意思表示，对内执行各项清算义务，它在公司清算过程中实施的各种行为都可被视为是公司的行为。

（二）清算组的成立与组成

清算组作为公司清算阶段的代表机关和执行机关，其产生机制应当严格按照法律的规定进行。由于各国法律规范的差异和清算种类的不同，清算组成立的原因也各异，具体可以分为以下几种：

1. 清算组的成立以法律的直接规定为依据。一些大陆法系国家公司法规定由董事会成员来担任清算组成员。相比其他人，董事会成员更加熟悉公司业务，此以德国公司法为典型。德国《股份法》规定，董事会成员作为清算人处理清算事宜，但是章程或者股东大会决议可以任命其他人员作为清算人。[1]日本《商法典》规定，无限公司的清算人由执行业务的股东担任，有限公司的清算人由董事担任，但公司章程另有规定或股东另选其他清算人的除外。

2. 清算组的成立由股东大会进行选举。在公司自愿解散的情况下，清算组成员由公司权力机构——股东会选举产生，如果股东会无法任命清算组，将由法院应利害关系人的申请任命清算组。

3. 清算组的成立以公司章程的规定为准则。一些国家的公司法关于清算组成员的选任属于任意性条款，这就意味着公司可以在章程中对清算组成立事宜进行协商确定，根据公司法的基本原则，公司章程的规定一般优于法律的任意性规定适用。

4. 清算组的成立由法院决定。在特别清算和破产清算中，清算组的成员一般由法院依职权指定。

在我国，《公司法》第 232 条第 2 款对清算组的成立作了规定，即清算组由董事组成，但是公司章程另有规定或者股东会决议另选他人的除外。

原则上清算组的任期根据清算期限而定，故清算组没有独立的任期制度。不过也有国家规定了清算组的任期，清算组不得超过法定任期期限。例如，法国《商事公司法》第 409 条规定，清算人的任期不得超过 3 年。我国《外商投资企业清算办法》规定，清算期间为 180 日，最长不得超过 270 日。

有的国家法律还规定了清算组的成立登记制度，无论何种原因成立的清算组都应当进行登记。登记机关一般为公司成立的登记机关，也有的国家规定为法院。例如，瑞士《债务法》第 583 条规定，清算人应当在商事登记处登记；第 740 条规定，清算人委员会的姓名应当由董事会在商事登记处登记，董事会亲自负责的清算也不例外。关于登记期限，各国一般规定为成立后的 2 周或者 15 天。登记的事项一般包括清算人姓名、住所或者居所、成立日期和代表清算人。日本《商法典》还规定股份公司除登记外，清算人还应当向法院申报。我国法律未规定清算组成立后应当进行登记。

---

[1]《德国股份公司法》，贾红梅、郑冲译，法律出版社 1999 年版，第 162 页。

（三）清算组的职权

清算组的职权是指公司清算组及其组成人员，在公司清算过程中所拥有的权力和职责。清算组的清算工作不同于一般的公司经营，因为是特殊状况下的公司，为保证公司清算工作的顺利进行，依法维护公司、股东及债权人的合法权益，《公司法》第234 条对清算组的职权作了如下规定：

1. 清理公司财产，分别编制资产负债表和财产清单。公司清算组织一经成立，就应该立即接管公司及其财产，并进行全面的清理核查，在查实公司全部资产及负债的基础上编制资产负债表及财产清单。

2. 通知、公告债权人。清算工作涉及多方利益，尤其是债权人的利益，因此，为保护好债权人的合法权益，清算组在接管公司财产后，应尽快通知、公告债权人，并进行债权登记，为下一步工作的顺利开展奠定基础。

3. 处理与清算有关的公司未了结的业务。清算组在清算工作中，应遵守法律、法规的规定，按照有利于保护公司合法权益的原则，有权决定公司未了结业务的进行与否，以尽快结束公司业务、减少股东损失。这里的未了结业务主要是指公司解散前已经订立的、清算时尚在履行中的相关合同或事项。

4. 清缴所欠税款以及清算过程中产生的税款。清算组应当对公司的纳税事宜进行清查，对公司解散后所欠国家税款，应当依法缴纳。

5. 清理债权、债务。这项职权包括两个方面，即收取债权和清偿债务。这项职权是清算组的主要工作内容之一，收取债权可以增加公司的清算财产，便于处理公司的对外债务；而清偿债务是保护债权人合法权益，实现清算价值的有效途径。

6. 分配公司清偿债务后的剩余财产。清算组清理公司财产，在支付清算费用、职工工资、社会保险费用和法定补偿金，缴纳所欠税款，清偿公司债务后，所剩余的财产属于公司股东权益，有限责任公司应按出资比例，股份有限公司按持股份额分配给各股东。

7. 代表公司参与民事诉讼活动。公司清算组在清算过程中，就涉及公司民事权利义务的争议向人民法院起诉或应诉，依法代表公司参加民事诉讼活动。清算组在其职权范围内代表公司参与民事诉讼受法律保护。《公司法解释（二）》第10 条第2 款还规定，公司成立清算组的，由清算组负责人代表公司参加诉讼；尚未成立清算组的，由原法定代表人代表公司参加诉讼。其中，清算组负责人的产生，一般由清算组会议决定。大陆法系公司法通常规定，在清算组为数人的情况下，各清算组成员均可代表清算中公司，即实行共同代表制。我国实行单一代表人制，即负责人代表。

（四）清算组成员的权利和义务

1. 权利。清算组成员有获得报酬的权利。公司自行组织清算组的，其成员报酬由股东会确定；由法院指定清算组的，其成员报酬由法院确定。

2. 义务。清算组一经成立，即承担与其职权相关的义务。《公司法》第235 ～ 239 条所作的规定，属于与其职权相关的事务性义务。这将在清算程序部分详述，这里主要概括讲述清算组成员的勤勉和忠实义务以及违信责任。

由于公司清算组在公司清算范围和期间内，相当于公司原有的执行机构和代表机构，即接管公司董事会的全部权力，对内执行各项清算义务，对外代表清算中的公司为意思表示。此种情况下清算组成员的地位相当于公司董事的地位，因此，清算组成员与公司董事一样对公司、股东负有勤勉和忠实义务。而且，对公司债权人也负有勤勉和忠实义务。否则，将承担违信责任。

关于清算组成员违信责任，《公司法》第238条概括规定，清算组成员履行清算职责，负有忠实义务和勤勉义务。清算组成员怠于履行清算职责，给公司造成损失的，应当承担赔偿责任；因故意或者重大过失给债权人造成损失的，应当承担赔偿责任。依此立法精神，《公司法解释（二）》对清算组成员的违信责任作出了如下具体规定：

（1）清算组未按照法律规定履行通知和公告义务，导致债权人未及时申报债权而未获清偿，债权人主张清算组成员对因此造成的损失承担赔偿责任的，人民法院应依法予以支持。[1]

（2）执行未经确认的清算方案给公司或者债权人造成损失，公司、股东、董事、公司其他利害关系人或者债权人主张清算组成员承担赔偿责任的，人民法院应依法予以支持。[2]

（3）清算组成员从事清算事务时，违反法律、行政法规或者公司章程给公司或者债权人造成损失，公司或者债权人主张其承担赔偿责任的，人民法院应依法予以支持。如果公司怠于起诉追究该赔偿责任的，股东可以提起代表诉讼；公司已经清算完毕注销，股东可以直接以清算组成员为被告、其他股东为第三人向人民法院提起诉讼的，人民法院应予受理。[3]

五、公司清算的程序

所谓公司清算的程序，是指在公司解散清算过程中，按照有关法律、法规的规定而应当经过的具体步骤。根据《公司法》及有关法律法规的规定，公司清算的程序主要包括以下几个步骤：

（一）组成清算组

公司应当在解散事由出现一定的期间内，依法成立清算组，只有清算组正式成立以后，公司才进入实质性清算阶段。按照《公司法》的规定，公司在除合并、分立以外的自愿解散中，应自解散决定作出后15日内成立清算组，有限责任公司的清算组由股东组成，股份有限公司的清算组由董事或者股东大会确定的人员组成。逾期不成立清算组进行清算的，债权人可以申请人民法院指定有关人员组成清算组进行清算。

（二）通知、公告债权人并进行债权登记

公司清算组成立后应当立即在法定期限内直接通知已知的债权人，并同时以公告的方式通知未知的债权人，以便债权人在法定期限内向清算组申报债权。债权人依法申报债权的，清算组应进行登记，以作为财产分配的依据。《公司法》第235条第1款和相关司法解释对此作了具体的规定：清算组应当自成立之日起10日内将公司解散清算事宜书面通知全体已知债权人，并于60日内根据公司规模和营业地域范围在全国或者公司注册登记地省级有影响的报纸上或者国家企业信用信息公示系统

---

〔1〕 参见《公司法解释（二）》第11条第2款的规定。
〔2〕 参见《公司法解释（二）》第15条第2款的规定。
〔3〕 参见《公司法解释（二）》第23条第1款、第3款的规定。

进行公告。[1]

债权人应当自接到通知书之日起 30 日内，未接到通知书的自公告之日起 45 日内，向清算组申报其债权。债权人申报债权，应当说明债权的有关事项，并提供证明材料。清算组应当对债权进行登记。在申报债权期间，清算组不得对债权人进行清偿。

在债权申报和登记方面，还有以下四个实务方面的问题，需要依法妥善处理：[2]

1. 异议债权的重新核定。公司清算时，债权人对清算组核定的债权有异议的，可以要求清算组重新核定。清算组不予重新核定，或者债权人对重新核定的债权仍有异议，债权人以公司为被告向人民法院提起诉讼请求确认的，人民法院应予受理。

2. 逾期未申报债权的补充申报。债权人在规定的期限内未申报债权，在公司清算程序终结前补充申报的，清算组应予登记。公司清算程序终结，是指清算报告经股东会、股东大会或者人民法院确认完毕。

3. 补充申报债权的清偿范围。债权人补充申报的债权，可以在公司尚未分配财产中依法清偿。公司尚未分配财产不能全额清偿，债权人主张股东以其在剩余财产分配中已经取得的财产予以清偿的，人民法院应予支持；但债权人因重大过错未在规定期限内申报债权的除外。

4. 补充申报债权引发破产清算的禁止。债权人或者清算组，以公司尚未分配财产和股东在剩余财产分配中已经取得的财产，不能全额清偿补充申报的债权为由，向人民法院提出破产清算申请的，人民法院不予受理。这是因为债权人之间地位是平等的，补充申报程序不能危及已实现债权的其他债权人。如果允许补充申报债权人以资不抵债为由申请破产，就会造成解散清算程序向破产清算程序的转换，这就使已经进行的财产清理、债权申报等程序归于无效。这不但加大了清算成本，而且也直接侵害到已实现债权的其他债权人的利益。因此，法律禁止补充申报债权引发破产清算。

（三）清理公司财产，编制资产负债表和财产清单

公司清算组成立之后，要全面清理公司的全部财产，包括固定资产和流动资产、有形资产和知识产权等无形资产以及债权和债务。在清理财产后，清算组需要编制资产负债表和财产清单，为之后清算工作的开展奠定基础。有些国家和地区，如日本，其公司法还要求清算人将上述材料送交股东。有限责任公司因股东人数较少，应提交每位股东查阅。股份有限公司应提交监察人，并交股东大会确认。监察人应当在股东大会开会前做出监察报告书提交清算人。我国《公司法》第 236 条规定，清算组将这些材料报送股东会或者人民法院确认。

（四）特定情况下，向人民法院申请宣告破产

公司清算组在进行清算时，如遇到法律规定的特殊情况，可以向人民法院申请宣告破产，从而由正常清算转向破产清算。按照《公司法》第 237 条和有关司法解释的规定，因公司解散而进行的清算，清算组在清理公司财产、编制资产负债表和财产清单后，发现公司财产不足以清偿债务的，应当依法向人民法院申请破产清算。

债权人利益的最大化和清算效率是公司清算制度的重要价值目标，为此最高人

---

[1] 参见《公司法解释（二）》第 11 条第 1 款的规定。

[2] 参见《公司法解释（二）》第 12～14 条的规定。

民法院在《公司法》的基础上，引入了公司强制清算中资不抵债时的债务清偿协定机制，[1]即人民法院指定的清算组在清理公司财产、编制资产负债表和财产清单时，发现公司财产不足以清偿债务的，可以与债权人协商制作有关债务清偿方案。债务清偿方案经全体债权人确认且不损害其他利害关系人利益的，人民法院可依清算组的申请裁定予以认可。清算组依据该清偿方案清偿债务后，应当向人民法院申请裁定终结清算程序。债权人对债务清偿方案不予确认或者人民法院不予认可的，清算组应当依法向人民法院申请宣告破产。

公司经人民法院裁定宣告破产后，清算组应当将清算事务移交给人民法院。转向破产清算的，按照《民事诉讼法》和《企业破产法》等规定的程序进行。[2]

（五）制定清算方案，并报股东会或者法院确认[3]

公司清算组在清理公司财产、编制资产负债表和财产清单后，应当提出合理的财产估价方案，计算出公司可分配财产的数额，提出分配方案，以供股东、债权人以及有关机关的审查和质疑。清算方案应当充分酝酿、全面考虑，应尽可能地征求和听取公司股东、债权人、职工等相关利益主体的意见和建议。公司自行清算的，清算方案应当报股东会或者股东大会决议确认；人民法院组织清算的，清算方案应当报人民法院确认。

未经确认的清算方案，清算组不得执行。执行未经确认的清算方案给公司或者债权人造成损失，公司、股东或者债权人可以主张清算组成员承担赔偿责任。

（六）收取债权、清偿债务、分配剩余财产

公司的清算方案经股东会或人民法院确认后，公司清算组即可根据《公司法》第236条及有关法律、法规的规定，按照清算方案收取债权、清偿债务和分配剩余财产。公司财产分配的法定顺序依次为：①支付清算费用；②支付职工工资；③支付社会保险费用和法定补偿金；④缴纳所欠税款；⑤清偿公司债务；⑥按照出资人的出资比例或股东的持股比例分配剩余财产。

（七）制作清算文件、进行公司注销登记

公司清算结束后，清算组应当制作清算报告和清算期间的财务收支报表、会计账簿等清算文件。清算文件材料是整个清算工作的书面总结，是清算程序的书面证明，清算文件应报公司股东会、股东大会或者人民法院确认，并报送公司登记机关，申请公司注销登记。至此，公司清算工作全面结束，[4]公司清算实现了它的最终法律效力——公司人格消灭。

---

[1] 参见《公司法解释（二）》第17条的规定。

[2] 参见《公司法》第242条的规定。

[3] 参见《公司法解释（二）》第15条的规定。

[4] 《公司法解释（二）》第16条规定，人民法院组织清算的，清算组应当自成立之日起6个月内清算完毕。因特殊情况无法在6个月内完成清算的，清算组应当向人民法院申请延长。

第十四章

外国公司分支机构

【本章导读】各国出于对本国社会制度、法律传统和经济发展利弊的考虑，对本国公司和外国公司在设立和保护等方面采取不尽相同的态度，我国《公司法》以专章对"外国公司的分支机构"的有关法律问题作了规定，作为外国公司在我国进行营业性活动的基本规则。

　　本章从外国公司的法律概念入手，介绍了外国公司国籍的确定、外国公司分支机构的性质及法律地位、外国公司分支机构的设立和撤销、外国公司分支机构的权利和义务等，对外国公司分支机构的理论和实践进行了较为全面的解读。本章的学习重点主要在于把握外国公司国籍确定的基本准则，了解外国公司分支机构的法律地位及其责任形式。

第一节　外国公司分支机构概述

一、外国公司的概念及其特征

（一）外国公司的概念

在国家间的民商事交往中，各国出于对本国社会制度、法律传统和经济发展利弊的考虑，对本国公司和外国公司在设立和保护等方面采取不尽相同的态度，即如何确定一个国家境内的公司是本国公司还是外国公司，这不仅涉及该公司在东道国的待遇，而且涉及该公司的营业活动受何种法律管辖的问题。因而对本国公司和外国公司的区分确有必要。但以何种标准来区分本国公司和外国公司最为恰当，颇费思量。国际上通常的做法是用公司所属的国籍来作判断，也就是说，凡具有本国国籍的公司为本国公司，凡国籍隶属于外国的公司为外国公司。国籍的获得是公司在一个国家境内从事有效法律行为，享有权利和承担义务的基础，同时也是该公司从事域外活动的依据。但公司国籍的标准本身又是一个非常复杂的问题，在各国立法和司法实践中存有较大差异。概括而言，有关公司国籍的判断标准，主要有以下几种学说：

1. 公司住所地说。该学说认为公司的住所是公司的经营活动或者经营管理中心等，公司的国籍应当以公司的住所所在地作为判断依据，即公司的住所在哪一个国家，该公司即属哪国法人。这里需注意，经营活动中心与经营管理中心是两个不同的概念，这二者均可作为确定公司住所地的标准。法国、意大利等一些欧洲大陆国家多采用这种学说来确定公司的国籍。

公司住所地说有两个方面的不足：一是公司住所地各国的标准不统一，不仅存在经营活动中心与经营管理中心的不统一，而且还有总公司所在地、事实上的公司所在地、公司主要办事机构所在地等标准来确定公司住所，所以借此确定公司国籍难免出现争议；二是以此标准来确定公司国籍，公司很容易通过变更住所而改变国籍，从而轻易规避某国法律的管辖。

2. 公司设立注册登记地说。也称登记地说或者设立行为地说，该学说认为公司的国籍应依其注册登记地而定，即凡在本国注册登记的公司均为本国公司，而在外国注册登记的公司则为外国公司。这种主张主要为英美法系的一些国家采用。该学说的理论依据是，公司可以通过比拟自然人取得国籍的方式而取得"出生地"的国籍，公司注册登记地的法律赋予公司法律上的主体资格，故其注册登记地所在国就应是其国籍所属国。

注册登记说的优点有二：一是登记地国可以确切了解公司的真正情况；二是以公司的登记地为公司的国籍，其国籍比较固定，不经公司登记国同意，该公司不能变更自己的国籍。注册登记地说的不足也是明显的：其一，以注册登记地为国籍，很难看出该公司实际由何人控制；其二，当事人为达到规避法律的目的，可选择到设立限制较少或者更有利于自己的国家去登记。

3. 资本控制说。又称为股东国籍说，该学说认为公司作为由股东建立的组织，其权利实际上由股东享有，公司不能独立于其股东而存在，因此只能与其股东同一国籍。或者说，确定公司国籍时首先要看公司的资本控制在哪一国（公民）的手中，再根据资本控制者的国籍来确定公司的国籍。该学说弊端较多，除了在一国与他国关系发生急剧变化或者在战争时期可能被适用外，现在多数国家不以该学说作为确定公司国籍的原则。总体而言，该学说的不足至少有三：①令公司的国籍难以确定，尤其是股份有限公司，一方面，由于其股东具有很大的流动性，股东国籍构成处于不断变动之中，相应地也就难以借此确定公司的国籍；另一方面，由于其人数众多，当股东国籍各不相同时，究竟应依人数还是依股份多少来确定其国籍，没有标准，尤其是发行无记名股票的股份有限公司，其国籍就更难以确定。②如果一个公司的主要股东或多数股东都是外国人，则该公司就会处于东道国的法律管辖之外，公司东道国的主权因此受损。③如果能够控制该公司的股东的国籍不隶属于东道国，则该公司的生产经营活动及合法权益就不能受到东道国法律的充分保护，于公司十分不利。

4. 设立准据法说。该学说认为公司是依据哪一个国家的法律而设立，其就属于哪一个国家的公司。换言之，公司是根据某一国家法律的规定并且在该国家明示或默示许可的基础上成立的，因此，公司的国籍应当根据公司成立时所依据的某国法律来判断。由于公司设立的准据法通常也就是公司的注册登记地法，所以这种学说与设立注册登记地说基本相符。

5. 复合标准说。又称为混合标准说，该学说旨在防止公司的设立人不当规避法律、加强内国对外国公司的监管，从而将两种或两种以上的标准相结合共同来确定公司的国籍。实践中有结合公司的住所地和登记注册地两项标准来确定公司国籍的做法，也有结合公司的设立地和准据法两项标准来确定公司国籍的做法，由各国根据本国的实际情况及发展阶段，从保护本国经济利益、促进国际经济交往的角度出发进行取舍。

就我国而言，《公司法》第 243 条规定："本法所称外国公司，是指依照外国法律在中华人民共和国境外设立的公司。"根据这一定义，我国对公司国籍问题采复合标准说，即由准据法和设立地两个因素来共同确定公司的国籍。即对于外国公司具有以下两个判断因素：

（1）外国公司须依据外国法律设立。外国公司是按照所属国法律规定的条件和程序设立的公司，至于"公司"的性质和形式，其认定也以该所属国法律为依据，即只要它在所属国法律中被视为公司，无论它采用何种公司形式，亦无论该种公司形式在我国法律中是否具有相应的法律地位，我国均承认它为外国公司。[1]之所以讨论这一问题，是因为我国《公司法》只确认了有限责任公司和股份有限公司两种类型。如果依外国法律在我国境外所设立的公司属于无限责任公司、两合公司等我国《公司法》未确认的公司类型时，那么我们是否承认这些外国公司在我国设立的分支机构？从某种意义上讲，2005年《公司法》在修订时在该法第196条取消"外国公司属于外国法人"（1993年《公司法》第203条的规定）的要求，说明我国已经不再限定在我国境内设立分支机构的外国公司的类型仅限于有限责任公司和股份有限公司两种。所以，无论该外国公司是否与我国《公司法》规定的公司形式相一致，只要其具有外国公司资格，就可允许其在我国设立分支机构，并且法律规定的外国公司分支机构中必须标明的外国公司责任形式（《公司法》第246条），也应由该公司设立地所在国公司法律规定。

（2）外国公司须在中国境外设立，即公司的设立、注册、登记等行为均须发生于中国境外。至于公司投资者的国籍以及公司机构设于何处，则在所不问。

基于上述认定标准，可以将外商在中国投资设立的中外合资经营企业、中外合作经营企业和外商独资企业与外国公司予以区分，上述三类企业虽然都有外国资本的参与，但并不具有外国国籍，在性质上不属于外国公司，而是依我国法律在我国境内设立的企业，是具有我国国籍的内国企业。

（二）外国公司的法律特征

这里所谓的外国公司的法律特征，是指我国《公司法》所规范的外国公司分支机构中的"外国公司"特征：

1. 按照外国法律在中国境外设立。这里"按照外国法律"，并不具体过问是依照哪一国家的法律，也不过问外国公司在哪一国家注册、股东的国籍及各股东的出资额在注册资本中所占比例的大小等。

2. 外国公司具有外国国籍。根据我国《公司法》所采用的公司国籍确定标准，外国公司具有与其设立时所依据的法律及注册地国家相同的国籍，即具有外国国籍。

3. 经申请获准在中国取得直接的经营资格。我国《公司法》所规范的外国公司必须符合两个条件：一是该外国公司须在中国设立代表该外国公司的分支经营机构；二是该分支经营机构不具有法人资格。该外国公司只有通过其分支机构取得在我国的经营资格，才能在我国境内开展营业活动，这也是对外国公司承认的一种方式。

所谓对外国公司的承认，是指一个外国公司如果要在东道国境内从事生产经营活动，必须得到东道国对其法律主体资格的承认，如果不承认，该外国公司就不得在东道国境内营业。各国或地区的公司法中一般都有关于外国公司的规定，在对其承认、在本国开展营业的方式（如设立分支机构）以及监管机制等方面作出具体规

---

〔1〕　各国或者地区对于在本国或者本地区设立分支机构的外国公司的法律形式要求不尽一致。有的国家或者地区的公司立法的要求相对宽松，例如，我国台湾地区的"公司法"即不要求外国公司必须是法人，而只要求外国公司须先在其本国设立登记并开始营业。各国或者地区宽严不一的规定，主要是基于外国公司不同的法律形式决定了其责任形式的不同。

定，使之成为公司法的有机组成部分。我国《公司法》也对外国公司及其分支机构作了专章规定。事实上，在各国或地区的公司法中，对外国公司的法律规范，并不是对所有外国公司及其各种行为的规范，而是只对到本国或本地区境内投资、设立分支机构直接从事经营活动的外国公司所作的必要规定。这与外国公司不是在本国境内直接从事经营活动，而仅与本国发生诸如贸易、通讯等契约关系是完全不一样的，对于后者，除了另有协定或者条约外，本国法律对该外国公司原则上不具有约束力。

二、外国公司分支机构的概念、特征及其与相关概念的区别

（一）外国公司分支机构的概念

外国公司欲进入我国营业、从事经济活动，除进行直接的贸易洽谈外，还可以投资设立子公司、中外合资经营企业、中外合作经营企业，或者以外国公司名义设立分支机构，直接或者间接地从事经营活动。其中，外国公司在我国设立分支机构是其进入我国进行营业活动的重要形式。

但我国《公司法》中未就外国公司分支机构的概念予以界定，由此造成了理解和适用上的难度。这里首先有两个前提要说明：

第一，外国公司分支机构与外国公司分公司的关系。在确定外国公司分支机构的概念之前，至少可以认为，外国公司分支机构是外国公司在东道国境内设立的从事生产经营活动的场所或者办事机构，从这一点来看，它实际上是该外国公司在其本国之外的国家设立的分公司，是外国公司本身经营活动的一种延伸。然而"从事生产经营活动的场所或者办事机构"并非分公司这一概念能够完全涵盖，可以认为，外国公司分支机构包括了分公司，但不能反过来说，分公司等于外国公司分支机构。

第二，我国《公司法》关于外国公司分支机构的规定，其目的在于规范外国公司在我国的活动，而并不是规范外国公司本身。这正如民法中关于外国人的规定一样，《公司法》上关于外国公司分支机构的规定，是规定外国公司分支机构在本国的地位以及本国对外国公司分支机构的许可与监管问题。

明确了上述两个前提，现在来讨论外国公司分支机构的形式除了分公司，是否还包括代表处、代办处、办事处或者工程项目的承包点等形式，这在实务界和理论界均颇有争议。分歧的焦点主要集中在两个方面：一是关于《公司法》第249条所称的"业务活动"应作何种理解。即《公司法》有关外国公司分支机构的规范使用了不同的表述，如《公司法》第245条、第247条中均使用了"经营活动"字样，但在第248条中却使用了"业务活动"字样。"业务活动"应如何界定，其与"经营活动"是否属于同一范畴，是否包括经营活动之外的服务于公司经营活动的其他经济活动。二是关于分公司与其他形式的外国公司代表处、代办处、工程承包点在法律性质上是否同一、存在何种差异。有学者认为，外国公司的代表处是外国公司在内国联络、服务性机构，不以营利为目的，不得从事生产经营活动，与从事经营活动的分公司具有质的差别，不能归于外国公司分支机构范畴。另外一种观点认为，所谓"以营利为目的"是指主体的最终目标，并不囿于"直接从事经营活动"，代表处、代办处等机构的中介、信息服务等活动，其最终目的仍然在于实现经营盈利，可归于间接经营活动范畴。故外国公司代表处、代办处、承包点等机构不应排除于《公司法》所称的外国公司分

支机构范畴之外。

上述不同的观点都值得认真思考，但是有一点是可以肯定的，即"外国公司的分支机构"与"外国公司的分公司"不是同义语，前者的范围应当更宽一些，《公司法》之所以不将"外国公司的分支机构"直接称为"外国公司的分公司"其主要原因也在于此。最后，依据我国《公司法》的相关规定，给外国公司分支机构作如下定义：外国公司分支机构是指外国公司依照我国法律规定，经我国主管机关批准，在我国境内设立并领取营业执照，从事经营活动的非法人经济组织机构。

（二）外国公司分支机构的特征

外国公司分支机构具有如下特征：

1. 外国公司分支机构以外国公司的存在为前提。外国公司分支机构隶属于外国公司，是外国公司的组成部分，没有自己的公司名称和公司章程，不能独立于外国公司而存在，它必须由外国公司设立，并只能以所属的外国公司的名义进行活动。因此，外国公司分支机构是以外国公司的存在为前提的，即外国公司在中国境内成立分支机构之前，必须先在其所属国依法成立，未取得所属国公司资格的，不能在中国境内设立分支机构。至于其在所在国是否具备法人资格，我国现行《公司法》已经没有这样的要求了，当然注重外国公司的责任形式依然不可忽视。

实际上，各国和地区的公司法有关外国公司的规定，通常也就是关于外国公司分支机构的规定，在这种语境下，外国公司与外国公司分支机构也就具有了同一的法律意义。于是，有的国家或地区在其法律中对于外国公司和外国公司分支机构的地位不加区分，而是将外国公司与外国公司分支机构同样看待。例如，日本《商法典》第三编第六章"外国公司"中就没有专门规定"外国公司的分支机构"，而仅规定了"外国公司在日本进行继续性交易时，须确定代表人，并于其住所或者其他场所设置营业所"；"该外国公司必须就其营业所的设立进行登记"。[1]我国现行《公司法》在其专章"外国公司的分支机构"中对外国公司与外国公司分支机构作了明确的区分。

2. 外国公司分支机构须依我国法律在我国境内设立。[2]外国公司在我国设立分支机构，须依我国法律相关规定进行，须经我国政府主管部门批准设立，并到我国工商行政管理机关依法办理登记手续，领取营业执照，受我国法律的保护和管辖。当然，外国公司的分支机构虽然经我国政府主管部门批准设立，但该分支机构与其在本国的公司具有相同国籍。外国公司在中国境内设立分支机构，必须在中国境内指定负责该分支机构的代表人或者代理人，并向该分支机构拨付与其所从事的经营活动相适应的资金。外国公司的分支机构应当在其名称中标明该外国公司的国籍及责任形式，并在本机构中置备该外国公司章程。外国公司分支机构的设立，是依照我国法律对外国公司的权利义务主体资格及其在中国境内开展营业活动的资格予以确认的结果。一般而言，经我国政府批准的外国公司分支机构，在法定期限内，其权利义务与我国同种类公司基本相同。对于我国《公司法》确认的有限责任公司和股份有限公司两种类型以外的公司形式，如何适用法律的问题，我国《公司法》未作规定。对此，一些外国的

---

[1]　赵旭东主编：《公司法学》，高等教育出版社 2006 年版，第 518 页。

[2]　参见《公司法》第 244～246 条的规定。

公司法规定，这类外国公司在东道国的经营活动可以比照东道国内同类企业形式适用相关法律。比如，无限公司与普通合伙企业相似，两合公司与有限合伙企业相似，因而可比照适用关于这两类合伙企业的法律规定。

3. 外国公司分支机构必须在我国从事以营利为目的的生产经营活动，并在我国境内营业。外国公司在他国可能设立多种常驻工作机构，其中只有经依法登记从事生产经营活动的分支机构才可能是公司法意义上的外国公司分支机构。之所以如此要求，是由其所属外国公司作为公司本身的性质所决定的。如果外国公司设立的分支机构无意在我国开展经营活动，其所从事的只是一种非营利性活动，那么该分支机构就不属于《公司法》所规范的外国公司分支机构。

（三）外国公司分支机构与相关概念的区别

在我国，外国公司的分支机构与外国企业在我国的常驻代表机构和外国公司在我国单独投资设立的外商独资企业容易混淆，故在此进行区分。

1. 外国企业常驻代表机构。又称外国企业在华常驻代表处，是指外国公司派驻我国境内的办事机构。常驻代表机构的业务范围最初应当在向登记机关提交的文件中写明，由市场监管机关确认后（特殊行业需审批），该经营范围将被规定在常驻代表机构登记证上。外国企业的驻华常驻代表机构只能在其登记证规定的范围内从事活动。就性质而言，常驻代表机构是非独立核算的非法人组织，这是它与外国公司的分支机构的相似之处。但它仅仅代表其所属企业在我国境内从事下列活动：①与外国企业产品或者服务有关的市场调查、展示、宣传活动；②与外国企业产品销售、服务提供、境内采购、境内投资有关的联络活动。并且，法律、行政法规或者国务院规定代表机构从事上述业务活动须经批准的，应当取得批准。总体而言，代表机构不得从事营利性活动，当然，中国缔结或者参加的国际条约、协定另有规定的，从其规定，但是中国声明保留的条款除外。[1]

2. 外商独资企业。即依照我国法律在我国境内设立的全部资本由外国投资者投资的企业。外商独资企业与外国公司分支机构二者的主要区别如下：

（1）外商独资企业是依我国法律在我国境内设立的，属于具有中国国籍的中国企业；而外国公司分支机构本身是外国公司的组成部分，属于具有外国国籍的外国企业，有些国家或地区的公司法中将这种外国公司的分支机构直接称为外国公司。

（2）外商独资企业能够以自己的名义对外进行活动，以自己的财产独立承担法律责任，一般为有限责任公司的形式；而外国公司分支机构不具有独立的法律主体资格，不能独立承担民事责任。

（3）外商独资企业一般按照有限责任公司的治理模式来进行公司治理；而外国公司分支机构不具有公司治理的内部组织机构。

三、外国公司分支机构法律地位

我国《公司法》第247条规定："外国公司在中华人民共和国境内设立的分支机构不具有中国法人资格。外国公司对其分支机构在中华人民共和国境内进行经营活动承担民事责任。"根据这一规定，可知外国公司分支机构不具有中国法人资格，其

---

[1] 参见《外国企业常驻代表机构登记管理条例》第13条、第14条的规定。

开展经营活动所产生的民事责任由其所属的外国公司承担。外国公司与其在我国境内设立的分支机构的法律关系，相当于总公司与分公司的法律关系。具体而言，外国公司分支机构的法律地位表现在以下几个方面：

（一）外国公司分支机构不具有独立的法人资格

外国公司分支机构是外国公司为生产经营需要在中国境内设立的一个派出机构，不具有独立的法人资格。这体现在以下四个方面：

1. 外国公司分支机构没有自己的公司名称和公司章程。外国公司分支机构须在其名称中标明所属外国公司的国籍及责任形式，并在本机构中置备所属外国公司的章程，在其所属外国公司的授权范围内以该外国公司的名义从事经营活动。

2. 外国公司分支机构没有自己的独立财产。外国公司分支机构从事经营活动所需的资金由其所属外国公司拨付，其实际占有、使用的财产是该外国公司的财产，列入该外国公司的资产负债表中。

3. 外国公司分支机构不具有董事会、股东会等独立完整的组织机构，而由其所属外国公司指定代表人或者代理人负责。

4. 外国公司分支机构不能独立承担民事责任。外国公司分支机构在中国境内从事经营活动是以外国公司的名义进行的，由此产生的法律后果归属于设立该分支机构的外国公司，外国公司以其全部财产对分支机构从事经营活动产生的债务承担责任。实践中，外国公司分支机构在中国境内从事经营活动产生债务时，一般首先由分支机构来进行清偿，当分支机构不能清偿时，再由所属外国公司来进行清偿。所属外国公司也可以直接清偿。

（二）外国公司分支机构在我国具有民事诉讼当事人资格

外国公司分支机构不具备法人资格，其进行生产经营活动时只能领取非法人营业执照。领取非法人营业执照的外国公司分支机构，在我国可以以"其他组织"名义作为民事诉讼的当事人。《民事诉讼法》第51条第1款规定："公民、法人和其他组织可以作为民事诉讼的当事人。"《最高人民法院关于适用〈中华人民共和国民事诉讼法〉的解释》第52条规定，民事诉讼法第51条规定的其他组织是指合法成立、有一定的组织机构和财产，但又不具备法人资格的组织，包括法人依法设立并领取营业执照的分支机构。因此，在民事诉讼中，外国公司分支机构具有诉讼当事人资格。实际上，我国《公司法》的规定只是明确了外国公司的分支机构不具有我国法人资格，因而外国公司应当对其在我国境内设立的分支机构在我国境内进行的经营活动承担法律责任；而对于外国公司分支机构在其合法成立、具有一定的财产以及组织机构后，因其自身的经营活动而产生的法律责任，允许其首先由自身所有的财产来承担责任更符合我国的利益。

（三）外国公司分支机构从事业务活动受我国法律约束和保护

我国法律对外国公司分支机构的设立、撤销、清算等均作了相应的规定，外国公司分支机构在我国境内从事生产经营活动，应当遵守我国的法律。正如我国《公司法》第248条的规定："经批准设立的外国公司分支机构，在中华人民共和国境内从事业务活动，应当遵守中国的法律，不得损害中国的社会公共利益，其合法权益受中国法律保护。"

外国公司分支机构经批准并依法设立、取得营业执照后，就取得了在我国境内从事生产经营活动的资格。但其经营活动不得违反我国的法律和社会公共利益，而是应当受到相应的限制，主要体现在对其经营范围的禁止或限制，如外国公司分支机构不得从事军工、航空、通讯、能源等与国计民生关系重大的特殊行业。同时，外国公司分支机构的合法权益受我国法律的保护。对任何侵害其合法权益的行为，外国公司分支机构都可以取得法律上的救济。外国公司在其分支机构的合法经营活动受到不法侵害时，享有在中国提起诉讼、寻求司法保护的权利。

第二节　外国公司分支机构的设立

一、外国公司分支机构设立的概念和条件

外国公司分支机构的设立，是指外国公司依照东道国法律规定的条件和程序，在东道国境内设立分支机构从而取得在东道国境内从事经营活动资格的法律行为。

各国法律一般都对外国公司在本国境内设立分支机构的条件和程序作出了相应规定。在我国，根据《公司法》第 245 条、第 246 条等相关规定，外国公司在中国设立分支机构，必须符合以下基本条件：

（一）外国公司必须在中国境内指定负责该分支机构的代表人或代理人

这里的代表人是指分支机构的代表人，属于外国公司及其分支机构的内部人员，而代理人则是指受外国公司的委托，以该公司名义活动的人。由于外国公司分支机构的所属公司在中国境外，难以由该外国公司对分支机构营业进行即时地跟踪控制，需要在中国指定代表人或者代理人进行具体的活动。因此，《公司法》规定必须在中国境内设置负责该分支机构的代表人或代理人，代表该外国公司组织生产经营活动、签订合同、行使权利、履行义务、承担责任、参加民事诉讼活动等。

对于外国公司分支机构的代表人或代理人的资格，有的国家法律规定必须在本国有住所，例如，瑞士、法国、瑞典等国的法律都明确规定，外国公司在这些国家设立分支机构，只能授权在这些国家有住所的人作为该分支机构的代表。我国的公司法律未对外国公司分支机构的代表人或代理人的资格作出明确的规定。我国有关法律只对变更代表人或代理人时的登记事宜作了规定，即要求该代表人或代理人在更换或离境前，外国公司应另行选定代表人或代理人，并将其姓名、国籍、住所或居所向主管机关申请登记。申请登记时，应附上授权证书或委托证书。

（二）外国公司必须向分支机构拨付与其所从事的经营活动相适应的资金

法律之所以作出如此规定，其目的有三：

1. 资金是外国公司分支机构作为一个经济组织或经济实体得以存在、发展的物质基础，是其相对独立地从事经营活动的物质保障。《公司法》规定外国公司设立分支机构须拨付相应资金就是为了保证该外国公司分支机构的经营活动能够得以正常进行，维护正常的经营秩序。

2. 资金能够反映出外国公司分支机构的规模和经营活动能力，是分支机构经济信用的基础，是其在法定范围内相对独立承担民事责任的保证。

3. 资金是为了使外国公司分支机构有能力承担相应的民事责任，以防止外国公司在我国境内从事诈骗活动或者进行无本经营，从而保护相关债权人的利益和社会公共

利益。我国《公司法》第245条第2款还规定，对外国公司分支机构的经营资金需要规定最低限额的，由国务院另行规定。[1]按照《公司法》的精神，国务院2001年公布的《中华人民共和国外资金融机构管理条例》就规定，外国银行在中国设立分行的，应由其总行无偿拨付相当数额的营运资金。

需要强调的是，外国公司必须向分支机构拨付与其所从事的经营活动相适应的资金，该资金并非外国公司分支机构承担民事责任的限度。外国公司分支机构承担民事责任超过其限度的，应当由设立该分支机构的外国公司全部承担。

二、外国公司分支机构设立的程序

设立外国公司分支机构应当按照我国《公司法》规定的程序进行。根据我国《公司法》第244条第1款的规定，外国公司在中国境内设立分支机构，应当向中国主管机关提出申请，并提交其公司章程、所属国的公司登记证书等有关文件，经批准后，向公司登记机关依法办理登记，领取营业执照。具体而言，外国公司在我国设立分支机构的程序可以概括为以下几个步骤：

（一）申请人提出设立申请

根据我国《公司法》的规定，在我国境内设立外国公司分支机构，应当向主管机关提出申请。申请人应是外国公司。外国公司在我国设立分支机构的主管机关一般为国务院商务部及其授权机构，涉及特定经营行业的则需经特定行业主管机关批准，如银行业需经中国银监会批准。

外国公司向中国主管机关提出设立分支机构申请，应当提交其公司章程、所属国的公司登记证书等有关文件。具体包括：①设立外国公司分支机构的申请书；②申请公司的公司章程；③申请公司所属国的公司登记证书；④同申请公司有业务往来的金融机构出具的资信证明；⑤申请公司董事及公司其他负责人的姓名、国籍、住所；⑥申请公司申请设立分支机构前3年的财务会计报告；⑦申请公司股东会或董事会关于在中国设立分支机构的决议；⑧申请公司承担税务、债务的责任保证书；⑨申请公司在中国境内指定负责该分支机构的代表人或代理人的姓名、国籍以及授权委托书；⑩所设分支机构的经营计划书等。

（二）经过中国主管机关审批

依照我国《公司法》和《市场主体登记管理条例》的相关规定，我国公司的分支机构即分公司的设立，原则上采取准则主义，即公司在作出设立分公司的决定后，可径向公司登记机关申请登记；而对于法律、行政法规规定须报经有关部门审批的，则采取许可主义。与国内公司分支机构设立不同，外国公司分支机构的设立则一律实行许可主义，即外国公司设立分支机构，必须经由我国有关主管部门审核批准。

有关审核批准具体程序，我国《公司法》未作出详细规定，而是授权国务院就外国公司分支机构的审批办法另行规定。[2]此种处理方法主要基于以下两点考虑：一是有关主管机关对外国公司分支机构市场准入的审批权限需由国务院在具体审批办法中加以确定；二是考虑到某些行业或地区不宜设立外国公司的分支机构，这些具体限制

---

〔1〕　此规定与1993年《公司法》第201条第2款的规定相同，未作修改。

〔2〕　《公司法》第244条第2款规定，外国公司分支机构的审批办法由国务院另行规定。

规定也需要由国务院根据我国的实际情况进行规定，并且根据情况变化适时调整。目前，外国公司在我国境内设立分支机构的，主要有外国银行分行、外国保险公司分公司和外国石油公司分公司等。这些分支机构设立审批的具体审批机关分别为：外国银行在我国境内设立分行，由中国银监会审批；[1] 外国保险公司在我国境内设立分公司，由保险监督管理机构审批；[2] 外国石油公司在我国境内设立分公司，由中国石油天然气总公司或中国海洋石油总公司提出意见，报商务部审批。

（三）经公司登记机关依法办理登记并公告，领取营业执照

1. 登记程序。外国公司在中国境内设立分支机构的申请获得中国主管机关批准后，申请人凭批准文件，并提交公司登记所需的有关文件，向公司登记机关办理登记手续，领取营业执照。在实践中，外国公司在我国设立分支机构，一般要由国家工商行政管理局进行登记，经国家市场监督管理局委托，省、自治区、直辖市的市场监督管理局对本辖区内的外国公司分支机构的设立进行登记。未经登记，不得在中国境内从事生产经营活动。外国公司分支机构成立后，应当进行公告。

外国公司分支机构申请进行设立登记时应提交下列文件和相关证明：①申请在中国设立分支机构的外国公司法定代表人签署的登记申请书；②提出该申请的外国公司章程及所属国已为登记的证明书；③我国有关主管机关批准该外国公司在中国设立分支机构的批准文件；④外国公司分支机构的营业场地使用证书；⑤外国公司所属国（地区）政府有关部门出具的公司合法开业证明；⑥外国公司的资金信用证明；⑦验资报告；⑧外国公司董事长或总经理委派的中国项目负责人的授权书、简历及身份证明；⑨其他有关文件。

外国公司分支机构的登记事项，通常应包括：①外国公司分支机构的名称；②外国公司分支机构所属公司的国籍；③外国公司分支机构的住所或营业场所所在地；④外国公司分支机构用于经营活动的资金额；⑤外国公司分支机构的负责人；⑥外国公司分支机构的业务范围、经营期限等。

经审查符合法律、法规规定条件的，公司登记机关给予注册登记，发给营业执照。外国公司分支机构自公司登记机关核准登记并颁发营业执照之日起，即为成立之日，可以开始从事业务活动。外国公司应依法自开业之日起一定期限内向税务机关办理税务登记。外国公司分支机构要求变更名称、经营范围、代表人、经营期限、注册地址的，应当向原审批机关提出申请，获得批准后，向登记机关办理变更登记手续。

2. 登记的效力。外国公司分支机构登记的效力主要表现在两个方面：

（1）规范性效力。即外国公司分支机构只有履行了合法登记手续，才能获得民事主体资格，受我国法律管辖，其合法权益才能得到我国法律的保护。

（2）公示性效力。即外国公司分支机构只有履行了合法登记手续，才能就其登记的事项对抗第三人；对没有登记或者登记不实的事项，不得对抗第三人。

---

[1] 参见《中华人民共和国外资银行管理条例》第7条规定，设立外资银行及其分支机构，应当经银行业监督管理机构审查批准。

[2] 参见《中华人民共和国外资保险公司管理条例》第11条。

第三节　外国公司分支机构的权利和义务

外国公司分支机构作为外国公司在东道国的一个派出机构，在取得在东道国的工商登记后，即享有在东道国境内从事业务活动的权利，同时也要承担东道国法律规定的相应义务。许多国家和地区的公司法都对外国公司分支机构的权利义务予以专门规定。我国《公司法》第248条对外国公司的权利和义务作了概括性规定："经批准设立的外国公司分支机构，在中华人民共和国境内从事业务活动，应当遵守中国的法律，不得损害中国的社会公共利益，其合法权益受中国法律保护。"

一、外国公司分支机构的权利

根据我国《公司法》的规定，外国公司分支机构的权利可以概括为以下两个方面：

1. 在我国境内依法从事生产经营活动。外国公司分支机构取得中国工商行政管理机关颁发的营业执照后，就取得了在中国境内从事生产经营活动的资格，具有与中国公司基本相同的权利。如依法取得财产的所有权、订立合同等权利。同时，法律对外国公司分支机构的范围也会有所限制，主要体现在禁止或限制外国公司分支机构从事军工、航空、通讯、能源等与国计民生关系重大的特殊行业。

2. 合法权益受中国法律保护。中国法律对中国境内的一切经济组织的合法权益都要依法保护，这也是中国在吸引外资过程中的郑重承诺。中国有关管理机关应依法履行自己的职责，切实保护外国公司分支机构的合法权益。对任何侵害其合法权益的行为，外国公司分支机构都可以取得法律上的救济。外国公司在其分支机构的合法经营活动受到不法侵害时，享有在中国提起诉讼、寻求司法保护的权利，以维护其合法权益。

二、外国公司分支机构的义务

外国公司在中国境内设立的分支机构在依法享有权利的同时，也应承担相应的义务。除我国法律予以特别规定以外，外国公司分支机构的义务与我国同类分公司所负有的义务基本相同。根据我国法律的规定，外国公司分支机构在我国从事业务活动应承担的主要义务可概括为以下三个方面：

1. 遵守中国法律，不得损害中国的社会公共利益。外国公司在中国境内设立分支机构开展业务活动，本质上是外国投资者对中国的投资。依属地管辖原则，外国公司分支机构在中国境内的营业活动，应受中国法律管辖，这是我国主权原则的体现。同时，外国公司分支机构在中国境内营业，不得损害中国的社会公共利益。比如，外国公司分支机构不得在中国境内非法开展业务，不得拒绝履行其应当履行的义务，不得扰乱中国正常的经济秩序；外国公司分支机构所从事的营业项目，必须符合中国的产业政策，在国家允许的范围内进行，不得进入中国禁止外资进入的特定行业；外国公司分支机构同样也要接受工商、税务部门以及外汇、海关等部门的管理和监督。

2. 在名称中标明所属外国公司的国籍及责任形式，并在本机构中置备所属外国公司章程。因外国公司分支机构不具备中国法人资格，其在中国境内进行经营活动而产生的民事责任由外国公司承担，因此，外国公司的国籍和责任形式宜明示于与其发生业务关系的相对人及社会公众。对外国公司分支机构作出这一要求，一则便于有关主管机关对其进行监督管理，二则便于相对人及社会公众了解其情况，增进交易安全。

公司章程是全面指导公司经营行为和业务活动的基本规范，也是国家对外国公司在中国境内设立分支机构进行管理的重要依据。置备公司章程的目的在于便利主管机关及外国公司分支机构的债权人查阅，以加强对该分支机构的管理，保护分支机构债权人的利益。

3. 外国公司分支机构被撤销时应依法进行清算。根据《公司法》第 249 条的规定，外国公司撤销其在中国境内的分支机构时，应当依法清偿债务，依照《公司法》有关公司清算程序的规定进行清算。未清偿债务之前，不得将其分支机构的财产移至中国境外。

第四节　外国公司分支机构的撤销与清算

一、外国公司分支机构的撤销

外国公司分支机构的撤销是指外国公司依法终结其在东道国设立的分支机构的业务活动，使已经设立的该分支机构归于消灭的法律行为。外国公司分支机构撤销的原因可以概括为两种情形：一是主动撤销；二是由于被强制吊销营业执照而被迫撤销。外国公司分支机构主动要求撤销一般是发生在该外国公司已经完成了在东道国从事营业活动的预定目标，需要转移营业地，或者无意继续在东道国投资经营，或者外国公司分支机构由于亏损严重而无力继续经营等情形。东道国政府强令外国公司分支机构撤销，一般是由于该外国公司分支机构严重违反东道国的法律。

我国《公司法》未明确规定外国公司分支机构的撤销原因，综合相关法律法规的规定，一般应包括下列几种情形：

（一）外国公司自行决定撤销

外国公司出于某种原因或需要，向主管机关申请批准撤销其设立的分支机构，是外国公司分支机构撤销的一种常见情形。外国公司自行决定撤销分支机构的原因包括分支机构已完成在我国从事投资和营业的预定目标；无意在我国继续投资经营，拟将在我国的分支机构向他国转移或收回投资；分支机构发生亏损，无力继续经营；分支机构在我国遭受不可抗力，无法继续经营等。

（二）外国公司分支机构因经营期限届满而撤销

外国公司分支机构设立之时，外国公司向中国主管机关提交设立分支机构的申请文件中应包含有经营期限的记载。中国公司登记机关对外国公司分支机构进行登记时，也应对其经营期限作出明确登记。外国公司分支机构经营期限届满，外国公司应依法撤销其分支机构。当然，外国公司分支机构在经营期限届满前的合理期限内，经原审批机关批准，可申请办理延期登记。延期申请不被批准，或逾期不申请延期的，则外国公司分支机构就不能再继续营业而应依法解散。

（三）外国公司分支机构因违法经营而被撤销

外国公司分支机构从事生产经营活动严重违反东道国法律的，将被依法责令撤销。我国《公司法》第 261 条规定："外国公司违反本法规定，擅自在中华人民共和国境内设立分支机构的，由公司登记机关责令改正或者关闭，可以并处五万元以上二十万元以下的罚款。"此外，如果外国公司分支机构违反我国工商管理、海关、财税、金融、外汇、环境保护等法律，情节严重的，有关主管部门也有权责令其停止，并吊销其营业执照。

（四）外国公司分支机构因无故歇业而被撤销

外国公司分支机构取得营业执照后，应当依法从事营业活动，如果其无故歇业达到一定期限，有关主管机关可强制该外国公司分支机构解散。我国有关法律规定，外国公司分支机构成立后无正当理由超过 6 个月未开业，或者开业后无正当理由连续停业 6 个月以上的，由公司登记机关依法吊销其营业执照。

（五）因外国公司的终止而被撤销

外国公司分支机构在本质上相当于该外国公司在中国设立的分公司，它的存续和运营以外国公司法人的存在为前提。当分支机构所属外国公司因宣告破产、股东会决议解散、被依法撤销等原因而终止时，该外国公司分支机构亦应撤销。

二、外国公司分支机构的清算

外国公司分支机构的清算是指外国公司分支机构被撤销后，为了终结其现存的各种法律关系，了结分支机构债务，而对分支机构所发生的债权债务进行清理处分的法律行为。外国公司分支机构的清算，依照《公司法》有关公司清算程序的规定进行，主要包括：成立清算组织、通知和公告债权人、债权申报和登记、清理财产和债权债务、制定清算方案、执行清算方案、制作清算报告以及注销登记等程序。为了防止外国公司借其分支机构撤销之机，转移财产、逃避法定或约定义务，我国《公司法》第 249 条明确规定，外国公司未清偿债务前不得将其分支机构的财产移至中国境外。因此，外国公司分支机构的清算对于保障债权人及相关利害关系人的合法权益有着十分重要的意义。

外国公司分支机构的清算依《公司法》有关公司清算程序的规定执行。其清算程序主要包括如下步骤：

（一）成立清算组

在外国公司分支机构主动撤销的情形下，应当在 15 日内成立清算组；逾期不成立清算组的，债权人可以申请人民法院指定有关人员组成清算组，进行清算。如果是由于外国公司分支机构违反法律规定被依法责令关闭的，则由有关主管机关组织外国公司、有关机关及专业人员成立清算组进行清算。清算组的主要职责是清理财产、了结业务、清偿债务等。

（二）通知和公告债权人，进行债权登记

清算组应当自成立之日起 10 日内通知债权人，并于 60 日内在报纸上进行公告。债权人应当自接到通知书之日起 30 日内，未接到通知书的自公告之日起 45 日内，向清算组申报其债权。债权人申报债权，应当说明债权的有关事项，并提供证明材料。清算组应当对债权进行登记。在申报债权期间，清算组不得对债权人进行清偿。

（三）制定清算方案，清理债权债务

清算组在清理外国公司分支机构财产、编制资产负债表和财产清单后，应当制定清算方案，报我国主管机关确认。外国公司分支机构在清算期间，不得基于非清算目的处分其财产。分支机构财产能够清偿债务的，分别按顺序支付清算费用、职工工资和劳动保险费用、缴纳所欠税款、清偿公司债务。在未清偿债务之前，外国公司不得将其分支机构的财产移至中国境外。对于外国公司分支机构的所有清算未了的债务，由其所属的外国公司予以清偿。

（四）结束清算，办理分支机构注销登记

清算结束后，清算人应当制作清算报告，报有关主管机关确认，并报送原公司登记机关，在法定期限内申请注销登记，由登记机关发布公告、缴销营业执照。至此，外国公司分支机构完全终止。

第 十 五 章

公司法律责任

【本章导读】法律责任制度是任何一部法律都不可缺少的重要组成部分。本章在对法律责任作一般介绍的基础上，结合《公司法》及相关法律法规的有关规定，对公司法律责任进行简要概括和梳理。本章的重点在于了解公司设立、存续、清算过程中不同主体的民事、行政和刑事责任。这些责任前面的章节有的可能已经有所涉及，但本章是对公司法律责任的总体归纳，从而探索公司法律责任的内在机理，所以角度不同，各有自己的意义。

第一节 公司法律责任概述

一、公司法律责任的概念和特征

法律责任是指法律主体违反法律规定和相关义务依法应由其承担的法律后果。[1]法律责任制度是任何一部法律不可或缺的重要组成部分，明确法律责任对保证法律关系主体权利的实现，预防违法行为的产生，减少和解决纠纷，具有十分重要的意义。

公司法律责任的概念有广义和狭义之分。广义的公司法律责任是指违反公司法律的规定而应承担的法律责任，既包括公司应承担的法律责任，也包括公司的发起人、股东、负责人、清算人员以及其他相关主体应承担的法律责任。狭义的公司法律责任则专指公司因违法行为而应承担的法律责任。本书中的公司法律责任采用广义的概念。

从我国《公司法》的具体规定来看，公司法律责任主要具有以下三个方面的特征：

（一）责任内容的法定性

我国公司立法对公司法律责任的发生、对违法者应承担法律责任的条件、种类、处罚等都作了规定，从而使对法律责任的追究具有法定性。行政执法机关、司法机关在追究违法者的法律责任时，一定要严格依据法定的条件、程序和规则进行。

（二）责任形式的综合性，并且集中规定与分散规定相结合

《公司法》规定的法律责任形式包括民事责任、行政责任、刑事责任。对此，修订后的《公司法》在法律责任制度的设定上采取了集中规定与分散规定相结合的方式，即将民事责任分散规定在《公司法》各章之中。《公司法》第十四章"法律责任"中主要集中规定了各种主体的行政责任，而对于民事责任在该章中仅有一条规定，[2]即第263条规定："公司违反本法规定，应当承担民事赔偿责任和缴纳罚款、罚金的，其财产不足以支付时，先承担民事赔偿责任。"关于刑事责任，该章则以总括的方式，即以其正文的最后一条"违反本法规定，构成犯罪的，依法追究刑事责任"（《公司法》第264条）加以规定。

---

[1] 关于法律责任的性质有不同的观点，主要有后果说、处罚说、手段说、义务说等，本书采用后果说。
[2] 1993年《公司法》在第十章"法律责任"中第207条、第214条、第215条均规定了有关民事责任的内容。

（三）责任主体的多元性

公司法律责任的主体既包括公司，也包括公司的发起人、股东、负责人、清算人员以及其他相关主体。

此外，责任制裁形式的多样性，也属于公司法律责任的特征。例如，在行政责任中，规定了罚款、没收违法所得、责令改正、责令停止违法行为、取消资格、吊销营业执照等形式。具体到罚款，又根据行为和情节的不同规定了1万元以上5万元以下、3万元以上30万元以下、5万元以上50万元以下、5万元以上20万元以下、1万元以上10万元以下、5%以上15%以下、5%以上10%以下、1倍以上5倍以下等多种不同幅度等。

二、公司法律责任的形式

（一）民事责任

公司法上的民事责任是指参与公司活动的民事主体因违反公司法律相关规定而应承担的民事法律后果。我国《公司法》关于民事责任的规定分散于各个章节中，主要包括：①公司股东、发起人的补足出资责任、对足额出资股东的违约责任；②公司股东滥用股东权的损害赔偿责任、公司法人人格否认后的连带责任；③控股股东通过关联交易损害公司利益的赔偿责任；④公司发起人的设立责任；⑤公司董事的董事会决议的损害赔偿责任；⑥董事、高级管理人员违法所得的返还责任；⑦董事、监事、高级管理人员违法行为的赔偿责任；⑧清算组成员的损害赔偿责任；⑨中介机构的损害赔偿责任等。

从我国《公司法》规定的民事责任来看，具有以下几个特点：

1. 设定民事责任的规范主要分散于各章。我国《公司法》关于民事责任的规定主要散见于各章节之中，而"法律责任"专章中涉及民事责任的规定仅有一条。

2. 责任形式主要为财产责任形式。公司民事责任的形式除了财产责任形式外，基本不涉及其他诸如消除影响、恢复名誉、赔礼道歉等民事责任形式，体现了公司民事违法行为主要是侵害权利人财产权益、公司民事责任的设计主要是救济权利人财产权益的特点。

3. 民事责任序位优先。即在一定条件下，当民事赔偿责任与行政责任、刑事责任中的有关财产责任并存时，优先承担民事赔偿责任。《公司法》第263条规定："公司违反本法规定，应当承担民事赔偿责任和缴纳罚款、罚金的，其财产不足以支付时，先承担民事赔偿责任。"该条规定是"私权优先"原则在《公司法》中的具体体现。在此需要说明的是，民事责任序位优先仅适用于公司这一责任主体，而非其他公司法上的责任主体。

（二）行政责任

公司法上的行政责任是指公司法律关系中的主体因实施违反公司法的行为所应承担的行政法律后果。我国《公司法》关于行政责任的规定主要集中在第十四章。行政责任的具体形式可分为行政处罚与行政处分。行政处罚是指国家行政机关依照行政法律法规对违法的行为人所作出的制裁。行政处分是指国家行政机关依照相关法律法规对其内部工作人员（如公司登记机关的工作人员）的违法行为所作出的处罚。《公司法》中关于行政责任的规定既有行政处罚又有行政处分，但以行政处罚为主。其中，行政处罚的具体方式有罚款、没收违法所得、责令停业或关闭、取消资格、责令纠正违法行为等。目前行政处分有警告、记过、记大过、降级、撤职、留用察看、开除等七种方式。而对于行政处分的具体方式《公司法》未作出明确的规定，相关国家行政机关可在具体情况下选择适用。

从我国《公司法》规定的行政责任来看，具有以下几个特点：

1. 行政责任具有惩罚性功能。《公司法》对一些具有社会危害性、需要国家公权力进行一定程度的干预、没有达到刑法所规定的社会危害程度的行为，予以行政处罚。

2. 行政责任的主体和形式具有多样性。从责任主体来看，不仅参与公司的各主体有可能承担行政责任，而且与公司成立、存续、清算有关的公司登记机关及其工作人员，承担资产评估、验资或者验证的机构及其工作人员等都有可能承担行政责任。从责任形式来看，包括罚款、没收违法所得、责令停业或关闭、取消资格、责令纠正违法行为等。

3. 实施行政处罚的主体是国家授权的行政主管机关。只有国家授权的行政主管机关才能追究当事人的行政责任，其他单位和个人都无权追究有关人员的行政责任。这也是行政法律责任区别于民事法律责任和刑事法律责任的特点之一。对民事法律责任而言，责任的追究由相关民事主体来主导；对刑事法律责任而言，其追究机关则是国家的司法机关。

（三）刑事责任

1. 概述。公司法上的刑事责任是指公司及其有关人员，严重违反《公司法》及相关法律规定并符合《刑法》规定的犯罪构成要件而应承担的法律后果。在立法体例上，我国《公司法》只对涉及公司的犯罪及其刑事责任作出了概括性规定，而不规定具体的犯罪构成和具体的刑罚。1993 年《公司法》关于刑事责任的规定是在"法律责任"一章中，对 17 个可能涉及公司犯罪的条文均在其末尾写明"构成犯罪的，依法追究刑事责任"，这样显得十分繁复。2005《公司法》修订后，将原有的 17 条相关条文概括为一条来表述，即 2018 年《公司法》第 215 条："违反本法规定，构成犯罪的，依法追究刑事责任。"这样总体上显得简练而清晰，2023 年《公司法》对应条款第 264 条未作变动。结合《刑法》的相关内容，违反《公司法》的有关犯罪行为主要有：虚报注册资本罪，虚假出资或者抽逃出资罪，提供虚假财务报告罪，提供虚假证明文件罪，出具证明文件重大失实罪，妨害清算罪，公司、企业人员受贿罪，对公司、企业人员行贿罪，侵占罪，挪用资金罪等。

2. 违法公司法的犯罪构成要件。

（1）犯罪的主体。公司法上犯罪主体包括单位及其相关人员，即单位和自然人均可能构成违反《公司法》的犯罪主体。一般而言，自然人实施犯罪而作为犯罪主体的情况比较多，但是在违反《公司法》的犯罪当中，单位作为犯罪主体的现象较其他领域要多。

（2）犯罪的主观方面。在违反《公司法》的犯罪当中，一般为故意犯罪。

（3）犯罪的客观方面。这主要是指受《刑法》规制的各种违反《公司法》的行为，且"情节严重""造成严重后果""数额较大、巨大或者特别巨大"。

（4）犯罪侵害的客体。公司法所保护的经济利益和经济秩序是该犯罪侵害的客体。

第二节 公司设立过程中的法律责任

为了成立公司，在设立过程中要完成订立出资协议、缴纳出资、制定公司章程、组建公司机构、办理公司登记等一系列行为。正如本书第二章所述，公司设立的实质在于使一个尚不存在或正在形成的公司逐渐具备条件进而取得民事主体资格的过程。在这一过程中设立行为所涉及的法律责任包括民事责任、行政责任和刑事责任。

一、公司设立过程中相关主体的民事责任

（一）设立人（发起人）[1]、股东的民事责任

1. 公司不能成立时设立人的民事责任。公司不能成立，是指设立人未能够完成设立行为，公司最终没有成立。公司设立失败，不存在由公司承担公司设立过程中的民事责任的问题，此时法律为保护债权人及相关利害关系人，一般要求发起人对设立行为所产生的债务、费用等承担连带责任。

我国《公司法》第44条第2款规定了有限责任公司不能成立时设立人的民事责任：公司未成立的，其法律后果由公司设立时的股东承受；设立时的股东为二人以上的，享有连带债权，承担连带债务。

公司不能成立时，对认股人已缴纳的股款，负返还股款并加算银行同期存款利息的连带责任。

有限责任公司的设立行为与股份有限公司的设立行为在性质上并无大异，所实施的法律行为也基本相同，较大区别在于没有认股人问题。因此，有限责任公司不能成立时，设立人所应承担的民事责任，除了不存在发起人对认股人"返还股款并加算银行同期存款利息"的法律责任外，其余基本相同，应当比照适用有限责任公司的规定。正如《公司法》第107条的规定：本法第44条、第49条第3款、第51条、第52条、第53条的规定，适用于股份有限公司。

2. 公司设立过程中设立人对公司或者他人造成损害的赔偿责任。设立人在公司设立过程中，应当善意地履行好作为筹办人的义务，使公司得以顺利成立。公司成立后，将依法继受设立过程中所产生的债权债务。但是，如果设立人在设立过程中，因为自己的过失而导致公司的利益受到损害，那么成立后的公司有权要求设立人赔偿这些损失。对此，《公司法》第44条第3款、第4款规定，设立时的股东为设立公司以自己的名义从事民事活动产生的民事责任，第三人有权选择请求公司或者公司设立时的股东承担。设立时的股东因履行公司设立职责造成他人损害的，公司或者无过错的股东承担赔偿责任后，可以向有过错的股东追偿。

3. 设立人、股东对公司的资本充实责任。公司的资本由股东的出资组成。没有股东的出资，公司就没有成立的财产基础。因此，出资义务是股东最基本、最重要的义务之一。为确保股东对公司资本的按期足额缴纳，《公司法》对有限责任公司和股份有限公司的资本充实责任均作了较为完善的规定。具体内容如下：[2]

①股东未按期足额缴纳出资的，除应当向公司足额缴纳外，还应当对给公司造成

---

[1] 设立人的称谓包含了发起人在内，相关解释详见本书第二章"公司设立制度"的内容。

[2] 参见《公司法》第49条第3款、第51条、第52条、第53条。

的损失承担赔偿责任。②有限责任公司成立后，董事会应当对股东的出资情况进行核查，发现股东未按期足额缴纳公司章程规定的出资的，应当由公司向该股东发出书面催缴书，催缴出资。未及时履行上述规定的义务，给公司造成损失的，负有责任的董事应当承担赔偿责任。③股东未按照公司章程规定的出资日期缴纳出资，公司依照《公司法》第51条第1款规定发出书面催缴书催缴出资的，可以载明缴纳出资的宽限期；宽限期自公司发出催缴书之日起，不得少于60日。宽限期届满，股东仍未履行出资义务的，公司经董事会决议可以向该股东发出失权通知，通知应当以书面形式发出。自通知发出之日起，该股东丧失其未缴纳出资的股权。依照上述规定丧失的股权应当依法转让，或者相应减少注册资本并注销该股权；6个月内未转让或者注销的，由公司其他股东按照其出资比例足额缴纳相应出资。股东对失权有异议的，应当自接到失权通知之日起30日内，向人民法院提起诉讼。④公司成立后，股东不得抽逃出资。违反前述规定的，股东应当返还抽逃的出资；给公司造成损失的，负有责任的董事、监事、高级管理人员应当与该股东承担连带赔偿责任。

4. 设立人、股东的出资违约责任。设立人、股东的出资违约责任是指设立人、股东不履行出资义务时对其他出资人所应承担的违约责任。《公司法》第99条规定了公司发起人的出资违约责任，"发起人不按照其认购的股份缴纳股款，或者作为出资的非货币财产的实际价额显著低于所认购的股份的，其他发起人与该发起人在出资不足的范围内承担连带责任。"

（二）中介机构在公司设立过程中的民事责任

在公司设立过程中，承担资产评估、验资或者验证的机构出具的评估报告、验资或者验证证明是公司设立过程中的重要资料。中介机构在出具这些材料的过程中应该做到独立、真实、准确、完整。根据《公司法》第257条第2款的规定，承担资产评估、验资或者验证的机构因其出具的评估结果、验资或者验证证明不实，给公司债权人造成损失，除能够证明自己没有过错外，应当在其评估或者证明不实的金额范围内承担赔偿责任。在规制中介机构如实出具评估结果、验资或者验证证明方面，《公司法》明确设定的过错推定原则，加重了中介机构的举证责任，旨在促使中介机构能够更加真实地从事评估、验资、验证等事务。

二、公司设立过程中相关主体的行政责任

（一）公司在公司设立过程中的行政责任

1. 欺诈取得公司登记的行政责任。根据《公司法》第250条的规定，虚报注册资本、提交虚假材料或者采取其他欺诈手段隐瞒重要事实取得公司登记的，由公司登记机关责令改正，对虚报注册资本的公司，处以虚报注册资本金额5%以上15%以下的罚款；对提交虚假材料或者采取其他欺诈手段隐瞒重要事实的公司，处以5万元以上200万元以下的罚款；情节严重的，吊销营业执照。对直接负责的主管人员和其他直接责任人员处以3万元以上30万元以下的罚款。

2. 外国公司擅自设立分支机构的行政责任。根据《公司法》第261条的规定，外国公司擅自在中华人民共和国境内设立分支机构的，由公司登记机关责令改正或者关闭，可以并处5万元以上20万元以下的罚款。

（二）设立人、股东在公司设立过程中的行政责任

设立人、股东在公司设立过程中的行政责任，主要是指设立人、股东因虚假出资而应承担的行政责任。根据《公司法》第 252 条的规定，公司的发起人、股东虚假出资，未交付或者未按期交付作为出资的货币或者非货币财产的，由公司登记机关责令改正，可以处以 5 万元以上 20 万元以下的罚款；情节严重的，处以虚假出资金额 5%以上 15%以下的罚款。对直接负责的主管人员和其他直接责任人员处以 1 万元以上 10 万元以下的罚款。

（三）中介机构在公司设立过程中的行政责任

中介机构在公司设立过程中的行政责任主要是指提供虚假材料或者提供有重大遗漏的报告的行政责任。根据《公司法》第 257 条第 1 款的规定，承担资产评估、验资或者验证的机构提供虚假材料或者提供有重大遗漏的报告的，由有关部门依照《中华人民共和国资产评估法》《注册会计师法》等法律、行政法规的规定处罚。

（四）公司登记机关相关责任人员在公司设立过程中的行政责任

公司登记机关对符合要件的公司进行登记并颁发营业执照的行为，是一种典型的行政许可行为。公司登记机关对于符合条件的公司登记申请应当依法予以登记，对于不符合条件的登记申请应当不予登记。否则，对直接负责的主管人员和其他直接责任人员，依法给予行政处分。公司登记机关的上级部门强令公司登记机关对不符合《公司法》规定条件的登记申请予以登记，或者对符合《公司法》规定条件的登记申请不予登记的，或者对违法登记进行包庇的，对直接负责的主管人员和其他直接责任人员依法给予行政处分。

三、公司设立过程中相关主体的刑事责任

根据我国《刑法》的有关规定，公司及相关主体在公司设立过程中的违法犯罪行为及其刑事责任主要有以下几种：

（一）虚报注册资本罪

这里主要针对的是申请公司登记的自然人或单位。根据我国《刑法》第 158 条的规定，申请公司登记使用虚假证明文件或者采取其他欺诈手段虚报注册资本，欺骗公司登记主管部门，取得公司登记，虚报注册资本数额巨大、后果严重或者有其他严重情节的，处 3 年以下有期徒刑或者拘役，并处或者单处虚报注册资本金额 1%以上 5%以下罚金。单位犯前款罪的，对单位判处罚金，并对其直接负责的主管人员和其他直接责任人员，处 3 年以下有期徒刑或者拘役。

（二）虚假出资罪

这里主要针对的是公司设立人和股东。根据我国《刑法》第 159 条的规定，公司发起人、股东违反公司法的规定未交付货币、实物或者未转移财产权，虚假出资，或者在公司成立后又抽逃其出资，数额巨大、后果严重或者有其他严重情节的，处 5 年以下有期徒刑或者拘役，并处或者单处虚假出资金额或者抽逃出资金额 2%以上 10%以下罚金。单位犯前款罪的，对单位判处罚金，并对其直接负责的主管人员和其他直接责任人员，处 5 年以下有期徒刑或者拘役。

（三）提供虚假证明文件罪和出具证明文件重大失实罪

这里主要针对的是中介组织从业人员。根据我国《刑法》第 229 条的规定，承担

资产评估、验资、验证、会计、审计、法律服务等职责的中介组织的人员故意提供虚假证明文件，情节严重的，处 5 年以下有期徒刑或者拘役，并处罚金。有前款行为，同时索取他人财物或者非法收受他人财物构成犯罪的，处 5 年以上 10 年以下有期徒刑，并处罚金。另外，上述人员如果严重不负责任，出具的证明文件有重大失实，造成严重后果的，处 3 年以下有期徒刑或者拘役，并处或者单处罚金。

（四）滥用管理公司、证券职权罪

这里主要针对的是公司登记机关等国家主管部门的国家机关工作人员。根据我国《刑法》第 403 条的规定，国家有关主管部门的国家机关工作人员，徇私舞弊，滥用职权，对不符合法律规定条件的公司设立、登记申请或者股票、债券发行、上市申请，予以批准或者登记，致使公共财产、国家和人民利益遭受重大损失的，处 5 年以下有期徒刑或者拘役。上级部门强令登记机关及其工作人员实施上述行为的，对其直接负责的主管人员，依照前款的规定处罚。

第三节　公司存续过程中的法律责任

一、公司存续过程中相关主体的民事责任

（一）股东在公司存续过程中的民事责任

公司成立后，公司以其全部财产对外承担责任，股东原则上以出资为限对公司承担责任。但是股东在行使股东权利的过程中，可能会损害公司、其他股东、公司债权人等相关利害关系人的利益及社会公共利益。当上述情形发生时，股东则要对这些被侵害主体承担相应的民事责任。

1. 滥用股东权利的损害赔偿责任。任何权利的行使都是有限度的，超过该限度行使权利即为权利的滥用。权利滥用禁止理论是近代民法为制止个人利益极度膨胀、危及其他民事主体的合法权益和市民社会的和谐秩序而发展起来的一条法律原则。公司股东依据公司法及其他法律获得的权利，其行使也应该受到权利滥用禁止的限制。当股东利用其权利谋取不正当利益，使公司或其他股东的利益受到损害时，即为股东权利滥用。此种行为就应当受到权利滥用禁止原则的限制。所以，我国《公司法》第 21 条规定，公司股东应当遵守法律、行政法规和公司章程，依法行使股东权利，不得滥用股东权利损害公司或者其他股东的利益。公司股东滥用股东权利给公司或者其他股东造成损失的，应当承担赔偿责任。

2. 公司法人人格否认时的连带责任。[1]公司独立人格和股东有限责任制度有其优越的一面，但也有其消极的一面。股东掌握着公司控制权，其存在着利用公司独立人格和股东有限责任逃避债务或者规避法定义务，损害公司债权人的利益或者社会公共利益的可能。所以，我国《公司法》规定了公司法人人格否认制度。《公司法》第 23 条规定，公司股东滥用公司法人独立地位和股东有限责任，逃避债务，严重损害公司债权人利益的，应当对公司债务承担连带责任。股东利用其控制的两个以上公司实施前款规定行为的，各公司应当对任一公司的债务承担连带责任。只有一个股东的公司，股东不能证明公司财产独立于股东自己的财产的，应当对公司债务承担连带责任。

---

[1] 公司法人人格否认责任的其余内容，详见本书第五章"公司人格制度"。

3. 利用关联关系损害公司利益的赔偿责任。关联关系是指公司控股股东、实际控制人、董事、监事、高级管理人员与其直接或者间接控制的企业之间的关系，以及可能导致公司利益转移的其他关系。公司控股股东、实际控制人、董事、监事、高级管理人员具有直接或者间接控制企业的能力，这种能力如果不受法律规制，则可能被滥用，即被用以谋取不正当利益，从而可能损害公司利益。因此，《公司法》第22条规定，公司的控股股东、实际控制人、董事、监事、高级管理人员不得利用其关联关系损害公司利益。违反上述规定，给公司造成损失的，应当承担赔偿责任。

（二）董事、监事、高级管理人员在公司存续过程中的民事责任[1]

公司董事、监事、高级管理人员是公司运行过程中的主要参与者与执行者，公司一般经营事项的决策、公司经营状况的管理和监督、公司具体经营事务的执行等都是由公司董事、监事、高级管理人员来负责的。因此，对公司董事、监事、高级管理人员的义务履行和责任承担作出规制是必须的。如果董事、监事、高级管理人员滥用权力、违反义务，则应承担相应的法律责任。

1. 董事对董事会决议的民事责任。董事会在公司中的地位至关重要，尤其是在股权高度分散的股份公司中，董事会的地位更是显赫，几乎决定着公司的命运。董事在执行职务时应当遵守法律法规，遵守公司章程，遵守股东大会决议，恪尽职守，忠诚勤勉，维护公司最高利益。如果董事的行为违反上述原则，给公司造成损害，则应承担赔偿责任。如果该项损害行为是由董事会集体决议作出的，那么参与决议的公司董事便要承担赔偿责任。这是各国公司法中普遍确认的规则。根据我国《公司法》第125条第2款的规定，董事应当对董事会的决议承担责任。董事会的决议违反法律、行政法规或者公司章程、股东会决议，给公司遭受严重损失的，参与决议的董事对公司负赔偿责任；经证明在表决时曾表明异议并记载于会议记录的，该董事可以免除责任。

2. 董事、监事、高级管理人员违反忠实义务谋取私利的收入返还责任。董事、监事、高级管理人员掌握着公司的经营管理权，其经营管理权的行使可能会为董事、监事、高级管理人员进行利益冲突交易、篡夺公司商业机会、从事竞业经营、将公司利益向个人输送等提供可操作的空间。为防范此类行为的发生，我国《公司法》第181~186条明确规定，董事、监事、高级管理人员不得有下列行为：

（1）董事、监事、高级管理人员不得有下列行为：①侵占公司财产、挪用公司资金；②将公司资金以其个人名义或者以其他个人名义开立账户存储；③利用职权贿赂或者收受其他非法收入；④接受他人与公司交易的佣金归为己有；⑤擅自披露公司秘密；⑥违反对公司忠实义务的其他行为。

（2）董事、监事、高级管理人员，直接或者间接与本公司订立合同或者进行交易，应当就与订立合同或者进行交易有关的事项向董事会或者股东会报告，并按照公司章程的规定经董事会或者股东会决议通过。

董事、监事、高级管理人员的近亲属，董事、监事、高级管理人员或者其近亲属直接或者间接控制的企业，以及与董事、监事、高级管理人员有其他关联关系的关联

---

[1] 学习这一部分内容时，请注意与本书第十章第六节"董事、监事、高级管理人员的义务与民事责任"的内容相衔接。

人，与公司订立合同或者进行交易，适用上述规定。

（3）董事、监事、高级管理人员，不得利用职务便利为自己或者他人谋取属于公司的商业机会。但是，有下列情形之一的除外：①向董事会或者股东会报告，并按照公司章程的规定经董事会或者股东会决议通过；②根据法律、行政法规或者公司章程的规定，公司不能利用该商业机会。

（4）董事、监事、高级管理人员未向董事会或者股东会报告，并按照公司章程的规定经董事会或者股东会决议通过，不得自营或者为他人经营与其任职公司同类的业务。

（5）董事会对上述第（2）项至第（4）项规定的事项决议时，关联董事不得参与表决，其表决权不计入表决权总数。出席董事会会议的无关联关系董事人数不足3人的，应当将该事项提交股东会审议。

（6）董事、监事、高级管理人员违反上述第（1）项至第（4）规定所得的收入应当归公司所有。

3. 董事、监事、高级管理人员违法行为的赔偿责任。董事、监事、高级管理人员执行公司职务时违反法律、行政法规或者公司章程的规定，给公司造成损失的，应当承担赔偿责任。董事、监事、高级管理人员违反法律、行政法规或者公司章程的规定，损害股东利益的，股东可以向人民法院提起诉讼。[1]

二、公司存续过程中相关主体的行政责任

（一）公司在公司存续过程中的行政责任

1. 在法定会计账簿以外另立会计账簿或者提供存在虚假记载或者隐瞒重要事实财务会计报告的行政责任。根据《公司法》第254条的规定，有下列行为之一的，由县级以上人民政府财政部门依照《会计法》等法律、行政法规的规定处罚：①在法定的会计账簿以外另立会计账簿；②提供存在虚假记载或者隐瞒重要事实的财务会计报告。

2. 擅自歇业的行政责任。根据《公司法》第260条第1款的规定，公司成立后无正当理由超过6个月未开业的，或者开业后自行停业连续6个月以上的，公司登记机关可以吊销营业执照，但公司依法办理歇业的除外。

3. 不依法办理变更登记手续的行政责任。根据《公司法》第260条第2款的规定，公司登记事项发生变更时，未依照法律规定办理有关变更登记的，由公司登记机关责令限期登记；逾期不登记的，处以1万元以上10万元以下的罚款。

4. 利用公司名义从事严重违法行为的行政责任。根据《公司法》第262条的规定，利用公司名义从事危害国家安全、社会公共利益的严重违法行为的，吊销营业执照。

（二）设立人、股东在公司存续过程中的行政责任

设立人、股东在公司存续过程中的行政责任，主要指在公司存续过程中抽逃资金的行政责任。根据《公司法》第253条的规定，公司的发起人、股东在公司成立后，抽逃其出资的，由公司登记机关责令改正，处以所抽逃出资金额5%以上15%以下的罚款；对直接负责的主管人员和其他直接责任人员处以3万元以上30万元以下的罚款。

---

〔1〕　股东提起诉讼的内容，详见本书第九章第二节关于"股权的司法救济"部分。

三、公司存续过程中相关主体的刑事责任

根据我国《刑法》的有关规定，公司及相关主体在公司存续过程中的违法犯罪行为及其刑事责任主要有以下几种：

（一）违规披露、不披露重要信息罪

根据《刑法》第 161 条第 1 款的规定，依法负有信息披露义务的公司、企业向股东和社会公众提供虚假的或者隐瞒重要事实的财务会计报告，或者对依法应当披露的其他重要信息不按照规定披露，严重损害股东或者其他人利益，或者有其他严重情节的，对其直接负责的主管人员和其他直接责任人员，处 5 年以下有期徒刑或者拘役，并处或者单处罚金；情节特别严重的，处 5 以上 10 年以下有期徒刑，并处罚金。

（二）隐匿、故意销毁会计凭证、会计账簿、财务会计报告罪

根据《刑法》第 162 条之一的规定，隐匿或者故意销毁依法应当保存的会计凭证、会计账簿、财务会计报告，情节严重的，处 5 年以下有期徒刑或者拘役，并处或者单处 2 万元以上 20 万元以下罚金。单位犯前款罪的，对单位判处罚金，并对其直接负责的主管人员和其他直接责任人员，依照前款的规定处罚。

（三）欺诈发行债券罪

根据《刑法》第 160 条第 1 款的规定，在招股说明书、认股书、公司、企业债券募集办法等发行文件中隐瞒重要事实或者编造重大虚假内容，发行股票或者公司、企业债券、存托凭证或者国务院依法认定的其他证券，数额巨大、后果严重或者有其他严重情节的，处 5 年以下有期徒刑或者拘役，并处或者单处罚金；数额特别巨大、后果特别严重或者有其他特别严重情节的，处 5 年以上有期徒刑，并处罚金。第 3 款规定，单位犯前两款罪的，对单位判处非法募集资金金额 20% 以上 1 倍以下罚金，并对其直接负责的主管人员和其他直接责任人员，依照第 1 款的规定处罚。

（四）擅自发行股票、公司、企业债券罪

根据《刑法》第 179 条的规定，未经国家有关主管部门批准，擅自发行股票或者公司、企业债券，数额巨大、后果严重或者有其他严重情节的，处 5 年以下有期徒刑或者拘役，并处或者单处非法募集资金金额 1% 以上 5% 以下罚金。单位犯前款罪的，对单位判处罚金，并对其直接负责的主管人员和其他直接责任人员，处 5 年以下有期徒刑或者拘役。

（五）虚假出资、抽逃出资罪

根据《刑法》第 159 条的规定，公司发起人、股东违反公司法的规定未交付货印、实物或者未转移财产权，虚假出资，或者在公司成立后又抽逃其出资，数额巨大、后果严重或者有其他严重情节的，处 5 年以下有期徒刑或者拘役，并处或者单处虚假出资金额或者抽逃出资金额 2% 以上 10% 以下罚金。单位犯前款罪的，对单位判处罚金，并对其直接负责的主管人员和其他直接责任人员，处 5 年以下有期徒刑或者拘役。

（六）职务侵占罪

根据《刑法》第 271 条第 1 款的规定，公司、企业或者其他单位的人员，利用职务上的便利，将本单位财物非法占为己有，数额较大的，处 3 年以下有期徒刑或者拘役，并处罚金；数额巨大的，处 3 年以上 10 年以下有期徒刑，并处罚金；数额特别巨大的，处 10 年以上有期徒刑或者无期徒刑，并处罚金。

（七）挪用资金罪

根据《刑法》第 272 条第 1 款的规定，公司、企业或者其他单位的工作人员，利用职务上的便利，挪用本单位资金归个人使用或者借贷给他人，数额较大、超过 3 个月未还的，或者虽未超过 3 个月，但数额较大、进行营利活动的，或者进行非法活动的，处 3 年以下有期徒刑或者拘役；挪用本单位资金数额巨大的，处 3 年以上 7 年以下有期徒刑；数额特别巨大的，处 7 年以上有期徒刑。

（八）非国家工作人员受贿罪

根据《刑法》第 163 条第 1 款、第 2 款的规定，公司、企业或者其他单位的工作人员，利用职务上的便利，索取他人财物或者非法收受他人财物，为他人谋取利益，数额较大的，处 3 年以下有期徒刑或者拘役，并处罚金；数额巨大或者有其他严重情节的，处 3 年以上 10 年以下有期徒刑，并处罚金，数额特别巨大或者有其他特别严重情节的，处 10 年以上有期徒刑或者无期徒刑，并处罚金。公司、企业或者其他单位的工作人员在经济往来中，利用职务上的便利，违反国家规定，收受各种名义的回扣、手续费，归个人所有的，依照上述规定处罚。

第四节　公司清算过程中的法律责任

在清算的过程中，公司机构成员和清算组成员如有违反法律法规等行为造成债权人损失或公司财产损失的，应当承担法律责任。公司清算的法律责任既有民事责任、行政责任，构成犯罪的还应承担刑事责任。我国《公司法》《刑法》及其他法律规范规定了公司清算过程中各相关人员应当承担法律责任的情形。

一、公司清算过程中相关主体的民事责任

在公司清算期间，清算组是公司的执行机关，负责公司清算期间的各项事务，清算组成员是公司在这个特殊阶段中具体事务的执行者。根据《公司法》第 238 条的规定，清算组成员履行清算职责，负有忠实义务和勤勉义务。清算组成员怠于履行清算职责，给公司造成损失的，应当承担赔偿责任；因故意或者重大过失给债权人造成损失的，应当承担赔偿责任。[1]

二、公司清算过程中相关主体的行政责任

（一）公司在公司清算过程中的行政责任

1. 不依法通知或公告债权人的行政责任。公司的清算与公司债权人等利害关系人的切身利益息息相关，及时、准确地通知或公告债权人是公司进入清算阶段的基本义务。清算组应当自成立之日起 10 日内通知债权人，并于 60 日内在报纸上公告。根据《公司法》第 255 条的规定，公司在进行清算时，不依照法律规定通知或者公告债权人的，由公司登记机关责令改正，对公司处以 1 万元以上 10 万元以下的罚款。

2. 清算期间违法处置公司财产的行政责任。公司清算应严格依照法律规定的条件和程序处置、分配公司财产。根据《公司法》第 256 条的规定，公司在进行清算时，隐匿财产，对资产负债表或者财产清单作虚假记载，或者在未清偿债务前分配公司财

---

〔1〕 学习这一部分内容时，请注意与本书第十三章第二节“公司清算”的内容相衔接，清算民事责任的其余内容也在该章节之中进行了详细论述，在此不加重复。

产的，由公司登记机关责令改正，对公司处以隐匿财产或者未清偿债务前分配公司财产金额5%以上10%以下的罚款；对直接负责的主管人员和其他直接责任人员处以1万元以上10万元以下的罚款。

（二）2023年修订的《公司法》在公司清算过程中行政责任的新变化

1. 对清算期间开展经营活动行政责任的取消。2018年《公司法》认为，公司进入清算阶段后，虽然公司的人格尚未清灭，但不得开展与清算无关的经营活动。根据2018年《公司法》第205条的规定，公司在清算期间开展与清算无关的经营活动的，由公司登记机关予以警告，没收违法所得。2023年《公司法》取消了这一禁止性规定的行政责任，当然，清算期间，公司不得开展与清算无关经营活动的原则不变。即《公司法》第236条第3款的规定："清算期间，公司存续，但不得开展与清算无关的经营活动。公司财产在未依照前款规定清偿前，不得分配给股东。"

2. 取消清算组在公司清算过程中的行政责任。公司清算结束后，清算组应当制作清算报告，报股东会或者有关主管机关、人民法院确认，并报送公司登记机关，申请注销公司登记，公告公司终止。2018年《公司法》第206条第1款的规定，清算组不依照《公司法》的规定向公司登记机关报送清算报告，或者报送清算报告隐瞒重要事实或者有重大遗漏的，由公司登记机关责令改正。2023年《公司法》取消了这一行政责任的规定，而代之以民事责任，即2023年《公司法》第232条第3款规定，清算义务人未及时履行清算义务，给公司或者债权人造成损失的，应当承担赔偿责任。

3. 取消清算组成员在公司清算过程中的行政责任。清算组成员在清算期间，应当忠于职守，依法履行清算义务。清算组成员不得利用职权收受贿赂或者谋取其他非法收入，不得侵占公司财产。2018年《公司法》第206条第2款的规定，清算组成员利用职权徇私舞弊、谋取非法收入或者侵占公司财产的，由公司登记机关责令退还公司财产，没收违法所得，并可处以违法所得1倍以上5倍以下的罚款。2023年《公司法》取消了这一行政责任的规定，而代之以忠实义务和勤勉义务，外加民事责任。即2023年《公司法》第238条规定，清算组成员履行清算职责，负有忠实义务和勤勉义务。清算组成员怠于履行清算职责，给公司造成损失的，应当承担赔偿责任；因故意或者重大过失给债权人造成损失的，应当承担赔偿责任。

综上所述，《公司法》在公司清算过程中，在行政责任方面发生了以下新的变化：其一，取消违反清算期间进行经营活动的行政责任；其二，取消清算组和清算组成员的原定行政责任，而转化为民事责任，由当事人按照侵权责任法自行通过民事维权途径寻求救济，弥补损失。上述变化体现了经济法的一个重要理念，即政府在干预市场方面尽量保持谦抑性，审慎干预。因为设定行政责任就是一种国家直接干预的表现形式，适时、合理地取消原有的一些行政责任，而转化为民事责任形式，体现出政府干预市场的适度性。

三、公司清算过程中相关主体的刑事责任

有关公司清算过程中相关主体的刑事责任的规定较少，主要就是妨害清算罪。根据《刑法》第162条的规定，公司、企业进行清算时，隐匿财产，对资产负债表或者财产清单作虚伪记载或者在未清偿债务前分配公司、企业财产，严重损害债权人或者其他人利益的，对其直接负责的主管人员和其他直接责任人员，处5年以下有期徒刑或者拘役，并处或者单处2万元以上20万元以下罚金。

结 束 语

——市场在配置资源中起决定性作用的法律表达

2023 年公司法修订完成之际，恰逢"市场在资源配置中起决定性作用和更好发挥政府作用"（以下简称"论断"）提出十周年，无论是巧合还是有意，这一"论断"的法律表达都是值得在公司法修订完成之机去揭示的。

对于政府与市场的关系，我国政府经历了一个由认识有误逐步走向认识正确的艰难历程。这个历程经历了以下四个时期：计划经济时期（1954~1978 年），有计划的商品经济时期（1978~1984~1992 年），市场在资源配置中起基础性作用时期（1992~2013 年），市场在资源配置中起决定性作用时期（2013~今）。回顾中国40 多年的改革历程，其核心就是坚持市场化的改革方向。从计划经济到市场经济的转变，极大地调动了人们的积极性、创造性，社会因此释放出了巨大的经济活力和社会创造力。可以说，中国改革开放所取得的所有成果，都是市场经济不断深化的结果。中共十九大报告坚持并重申："坚持社会主义市场经济改革方向"，"使市场在资源配置中起决定性作用"。中共二十大报告提出"构建高水平社会主义市场经济体制"，并再次强调要"充分发挥市场在资源配置中的决定性作用，更好发挥政府作用"。推进中国式现代化，加快建设现代化经济体系，就要把全面依法治国贯彻到市场经济运行、政府经济治理的各个方面和全过程，善于以法治思维和法治方式推动有效市场和有为政府更好地结合。

从法治的角度来看，"市场在配置资源中决定性作用"，就是要求市场主体之间的经济活动通过意思自治来实现，这是一种私法的运行，靠包括公司法在内的民商法来规范。所谓"更好发挥政府作用"，则是指国家干预，干预市场在配置资源作用过程中发生失灵的情形，是一种公法的运行，靠经济法和行政法来规范。当然，上述私法与公法的两种运行，并不是等量齐观的。其中，私法运行为根本、为基础，从而维护市场在资源配置中起决定性作用；而公法运行则是次要的、派生的，仅仅在市场失灵的范围内出现，以规范政府的干预行为。我们必须明白，政府干预必须是审慎的和谦抑的，政府应当敬畏市场，应当充分尊重市场自身的规律、尊重市场主体之间的意思自治、尊重市场主体和全社会人员的私权利。

公司是最重要的市场主体。公司法则是这一最重要市场主体的组织法，是社会主义市场经济法律体系中的基础性法律。公司法是政府干预市场是否适度的试金石。1993 年《公司法》由于刚刚确立中国走社会主义市场经济的道路，《公司法》体现出较强的政府干预性。例如，1993 年《公司法》第 4 条第 4 款规定，公司中的国有资产所有权属于国家。第 23 条则规定，公司的注册资本为在公司登记机关登记的全体股东实缴的出资额。体现了较强的政府干预性，对公司的运行和发展造成了不利影响。2005 年修订的《公司法》对上述计划经济特色较浓的条款进行了重大修改，特别是2013 年《公司法》将公司的注册资本的实缴制改为了认缴制。给予了公司更多的授权性规范。这两次重大修改，体现出政府对市场主体较为适度的干预，充分尊重了市场主体应有的意思自治空间。使政府与市场的关系越来越走向良性循环。2023 年的《公司法》修订在原有基础上，更进一步理顺了政府与市场主体的关系。这里仅以 2023 年《公司法》在公司清算过程中行政责任的新变化来说明这一点。2023 年《公司法》在公司清算过程中，在行政责任方面发生的新变化如下：①取消违反清算期间进行经营活动的行政责任；②取消清算组和清算组成员的原定行政责任，而转化为民事责任，由当事人按照侵权责任法自行通过民事维权途径寻求救济，弥补损失。上述变化，就充分体现了"市场在配置资源中决定性作用和更好发挥政府作用"，一方面，充分调动市场主体的能动性，通过民事活动去实现自己的民事权利；另一方面，政府在干预市场方面尽量保持谦抑性，审慎干预。因为设定行政责任就是一种国家直接干预的表现形式，适时、合理地取消原有的一些行政责任，而转化为民事责任形式，体现出政府干预市场的适度性。